QUELLEN ZUR GESCHICHTE
DES WIENER KONGRESSES
1814/1815

AUSGEWÄHLTE QUELLEN
ZUR DEUTSCHEN GESCHICHTE
DER NEUZEIT

FREIHERR VOM STEIN-GEDÄCHTNISAUSGABE

Begründet von Rudolf Buchner
und fortgeführt von Winfried Baumgart

Band XXIII

QUELLEN ZUR GESCHICHTE DES WIENER KONGRESSES 1814/1815

Herausgegeben von

KLAUS MÜLLER

1986

WISSENSCHAFTLICHE BUCHGESELLSCHAFT

DARMSTADT

CIP-Kurztitelaufnahme der Deutschen Bibliothek

Wiener Kongreß ‹1814–1815›:
Quellen zur Geschichte des Wiener Kongresses:
1814/1815 / hrsg. von Klaus Müller. – Darmstadt:
Wissenschaftliche Buchgesellschaft, 1986.
(Ausgewählte Quellen zur deutschen Geschichte
der Neuzeit; Bd. 23)
ISBN 3-534-04825-3
NE: Müller, Klaus [Hrsg.]; HST; GT

1 2 3 4 5

Bestellnummer 4825-3

Satz: Maschinensetzerei Janß, Pfungstadt
Druck und Einband: Wissenschaftliche Buchgesellschaft, Darmstadt
Printed in Germany
Schrift: Linotype Garamond, 9/11

ISSN 0571-9178
ISBN 3-534-04825-3

INHALT

SYSTEMATISCHES VERZEICHNIS DER QUELLEN

I. Quellen zur Vorgeschichte des Kongresses

II. Instruktionen

III. Quellen zur Organisation des Kongresses

IV. Quellen zum polnisch-sächsischen Konflikt

V. Quellen zur deutschen Verfassungsfrage

VI. Quellen zu den Territorialproblemen Mitteleuropas

VII. Quellen zu den Problemen Italiens

CHRONOLOGISCHES VERZEICHNIS DER QUELLEN

QUELLEN- UND LITERATURVERZEICHNIS

1. Ungedruckte Quellen

Haus-, Hof- und Staatsarchiv (HHStA), Wien
Kongreßakten 2, 7
Staatskanzlei Neapel 37
Bayerisches Hauptstaatsarchiv (BayHStA), München
MA 1028, 1031, 1033, 1034
Hauptstaatsarchiv, Stuttgart
E 70b Bü 40
Staatsarchiv, Dresden
Loc. 2954 I
Generallandesarchiv (GLA), Karlsruhe
Rep 48 Nr. 2921
Staatsarchiv Schwerin in Bundesarchiv, Koblenz
Kiste XXVIII/3 Fasc. I Nr. 37
Riksarkivet, Stockholm
Högkvarterets arkiv 1813–1814
Archivio di Stato, Turin
Materie Politiche, Trattati, Trattati Nazionali
ed Esteri mazzo 6, fasc. 1

2. Gedruckte Quellen

Acten des Wiener Congresses in den Jahren 1814 und 1815. Hrsg. v. Johann Ludwig Klüber. Bd. 1–8 [nebst] Suppl. Bd. 9. Erlangen 1815–18, 1835 [Ndr. Osnabrück 1966] (Zit.: Klüber).

Alte Stein-Ausgabe s. Freiherr vom Stein. Briefwechsel.

Angeberg s. Le Congrès de Vienne.

Archiv des Wiener Kongresses. Heft 3. Nürnberg 1815.

British Diplomacy 1813–1815. Select Documents dealing with the Reconstruction of Europe. Ed. by C. K. Webster. London 1921 (Zit.: Webster).

British and Foreign State Papers. Compiled by the Librarian and Keeper of the Papers, Foreign Office. Vol. 2. London 1839 (Zit.: British . . . State Papers).

Castlereagh 9, 10 s. Correspondence . . . of Castlereagh.

Castlereagh's Denkschriften, Lord –, Depeschen, Schriftenwechsel und sonstige amtlich-diplomatische oder vertrauliche Mittheilungen. Hrsg. v. seinem Bruder Charles William Vane, Marquis of Londonderry. Sachl. gesichtet u. dt. bearb. v. Siegmund Frankenberg. Teil 4. Hamburg 1854.

Congrès de Vienne et les Traités de 1815. Le –. Précédé et suivi des actes diplomatiques qui s'y rattachent. Avec une introduction historique par Capefigue [Hrsg. v. comte d'Angeberg (= Leonard Jakób Borejko Chodźko)]. Partie 1–2. Paris [1863] (Zit.: Angeberg).

Consolidated Treaty Series. The –. Ed. and annotated by Clive Parry. Vol. 42, 53, 59, 60, 62–65. New York (1969) (Zit.: CTS).

Correspondance inédite du Prince de Talleyrand et du Roi Louis XVIII pendant le Congrès de Vienne. Publ. sur les manuscrits conservés au Dépôt des Affaires étrangères avec préface, éclaircissements et notes par G. Pallain. Paris 1881 (Zit.: Talleyrand, Correspondance).

Correspondence, Despatches, and other Papers, of Viscount Castlereagh, second Marquess of Londonderry. Ed. by Charles William Vane, Marquess of Londonderry. Vol. 9, 10 = Third Series: Military and Diplomatic Vol. 1, 2. London 1852, 1853 (Zit.: Castlereagh).

CTS s. The Consolidated Treaty Series.

Dessous du congrès de Vienne. Les –. D'après les documents originaux des archives du Ministère Imperial et Royal de l'Intérieur à Vienne. T. 1–2. Ed. par M[aurice] – H[enri] Weil. Paris 1917.

Deutsche Bund. Der –. Eine Zeitschrift für das öffentliche Recht Deutschlands und der gesammten deutschen Länder. Hrsg. v. [Karl Ernst] Schmid. Bd. 1, Heft 3. Hildburghausen 1815.

Deutsche Bundesakte, Die – und der schweizerische Bundesvertrag von 1815. Bearb. v. Werner Näf. Bern 1959, Bern, Frankfurt a. M. ²1974 (Quellen zur neueren Geschichte. Bd. 26) (Zit.: Näf).

Deutsche Verfassungsfrage 1812–1815. Die –. Eingel. u. zusammengest. v. Manfred Botzenhart. Göttingen (1968) (Historische Texte/Neuzeit Heft 3).

Fournier, Geheimpolizei s. Die Geheimpolizei auf dem Wiener Kongreß.

[Gagern, Hans Christoph Ernst Freiherr von:] Mein Antheil an der Politik. Bd. 2: Nach Napoleons Fall. Der Congreß zu Wien. Stuttgart, Tübingen 1826.

Gedenkstukken der allgemeene geschiedenis van Nederland van 1795 tot 1840. Uitgegeven door H[ermann] T[heodor] Colenbrander. Deel 7. Den Haag 1914 (Rijks Geschiedkundige Publicatiën. Bd. 23).

Geheimpolizei auf dem Wiener Kongreß. Die –. Eine Auswahl aus ihren Papieren. Hrsg. v. August Fournier. Wien, Leipzig 1913 (Zit.: Fournier, Geheimpolizei).

Gentz s. Aus dem Nachlaß Varnhagen's von Ense.

Huber, Ernst Rudolf; Wolfgang Huber: Staat und Kirche im 19. und 20. Jahrhundert. Dokumente zur Geschichte des deutschen Staatskirchenrechts. Bd. 1: Staat und Kirche vom Ausgang des alten Reichs bis zum Vorabend der bürgerlichen Revolution. Berlin (1973).

Humboldts Gesammelte Schriften. Wilhelm von –. Hrsg. v. d. Königlich Preussischen Akademie der Wissenschaften. Abt. 2: Politische Denkschriften. Hrsg. v. Bruno Gebhardt. Bd. 2 = Bd. XI des Gesamtwerks. Berlin 1903 (Zit.: Humboldt).

Klüber s. Acten des Wiener Congresses.

Memoiren des Fürsten Talleyrand. Hrsg. mit e. Vorrede u. Anm. v. Herzog von Broglie.

Dt. Original-Ausg. v. Adolf Ebeling. Bd. 2. Köln, Leipzig 1891 (Zit.: Talleyrand, Memoiren).

Mémoires du prince de Talleyrand, publ. avec une préface et des notes par le duc de Broglie. T. 2. Paris 1891 (Zit.: Talleyrand, Mémoires).

Metternich's nachgelassenen Papieren. Aus –. Hrsg. v. d. Sohne des Staatskanzlers Fürsten Richard Metternich-Winneburg. Geordn. u. zusammengest. v. Alfons v[on] Klinkowström. Autorisirte deutsche Original-Ausgabe. Theil 1, Bd. 1. Wien 1880 (Zit.: Metternich).

Missione Consalvi e il Congresso di Vienna. La –. Vol. 1–3. A cura di Alessandro Roveri [u. a.]. Documenti per la storia delle relazioni diplomatiche fra le grandi potenze europee e gli stati italiani. Serie 1: 1814–1830, parte 3: Rapporti tra stati europei. Rom 1970–73 (Fonti per la Storia d'Italia. Bd. 105, 115, 127).

Nachlaß Varnhagen's von Ense. Aus dem –. Tagebücher von Friedrich von Gentz. [Hrsg. v. Ludmilla Assing.] Bd. 1. Leipzig 1873 (Zit.: Gentz).

Näf s. Die Deutsche Bundesakte.

Neue Stein-Ausgabe s. Freiherr vom Stein. Briefe.

Oesterreichs Theilnahme an den Befreiungskriegen. Ein Beitrag zur Geschichte der Jahre 1813 bis 1815 nach Aufzeichnungen von Friedrich von Gentz nebst einem Anhang „Briefwechsel zwischen dem Fürsten Schwarzenberg und Metternich". Hrsg. v. Richard Fürst Metternich-Winneburg. Geordn. u. zusammengst. v. Alfons Freiherrn von Klinkowström. Wien 1887.

Ontstaan der Grondwet. Bronnenverzameling uitgegeven door H[ermann] T[heodor] Colenbrander. Deel 2: 1815. Den Haag 1909 (Rijks Geschiedkundige Publicatiën, Kleine Serie. Bd. 7).

[Pappermann, Karl Heinrich August:] Diplomatische Geschichte der Jahre 1813, 1814, 1815. 2 Teile. Leipzig 1863.

Patzer s. Wiener Kongreßtagebuch.

Preußen's Staatsverträge. Zusammengest. durch Friedrich Wilhelm von Rohrscheidt. Berlin 1852.

Quellen-Sammlung zu dem Oeffentlichen Recht des Teutschen Bundes. . . . hrsg. v. Johann Ludwig Klüber. Erlangen ³1830.

Reinhard, Hans von: Bürgermeister des eidgenössischen Standes Zürich und Landammann der Schweiz. Nach Reinhards nachgelassenen Denkschriften, Tagebüchern und Briefwechsel bearb. v. Conrad von Muralt. Zürich 1838.

Relazioni diplomatiche fra l'Austria e il Regno di Sardegna. Le –. Serie 1: 1814–1830. A cura di Narciso Nada. Vol. 1. Rom 1964 (Fonti per la storia d'Italia. Bd. 70).

Repertorium der Abschiede der eidgenössischen Tagsazungen aus den Jahren 1814 bis 1848. Bearb. v. Wilhelm Fetscherin. Bd. 2 (§§ 76–178). Bern 1876.

Rosenkrantz, Niels: Ministre des Affaires étrangères du Danemark. Journal du Congrès de Vienne 1814–1815. Publ. par Georg Nørregård. Kopenhagen 1953.

Stein, Karl Freiherr vom: Briefwechsel, Denkschriften und Aufzeichnungen. Im Auftrag der Reichsregierung, der Preußischen Staatsregierung und des Deutschen und Preußischen Städtetages bearb. v. Erich Botzenhart. Bd. 4, 5. Berlin [1933, 1934] (Zit.: Alte Stein-Ausgabe).

Stein, Karl Freiherr vom: Briefe und Amtliche Schriften. Bearb. v. Erich Botzenhart.

Neu hrsg. v. Walther Hubatsch. Bd. 4, 5. (Stuttgart u. a.) 1963, 1964 (Zit.: Neue Stein-Ausgabe).

Stein, Karl Freiherr vom: Staatsschriften und politische Briefe. Hrsg. u. eingel. von Hans Thimme. München 1921 (Der deutsche Staatsgedanke 1. Reihe. Bd. 9) (Zit.: Thimme).

Supplementary Despatches, Correspondence, and Memoranda of Field Marshal Arthur Duke of Wellington. Ed. by his son the Duke of Wellington. Vol. 9. London 1862 (Zit.: Wellington, Suppl. Desp. IX).

Talleyrand, Correspondance s. Correspondance inédite.

Talleyrand, Memoiren s. Memoiren des Fürsten Talleyrand.

Talleyrand, Mémoires s. Mémoires du prince de Talleyrand.

Talleyrand's Briefwechsel mit König Ludwig XVIII. während des Wiener Congresses. Nach den im Archiv des Ministeriums des Auswärtigen zu Paris aufbewahrten Handschriften hrsg. v. G. Pallain. Autoris. dt. Ausgabe besorgt v. Paul Bailleu. Leipzig, Paris 1881 (Zit.: Talleyrand, Briefwechsel).

Thimme s. Freiherr vom Stein. Staatsschriften.

Varnhagen von Ense s. Nachlaß Varnhagen's.

Vnešnjaja politika Rossii XIX i načala XX veka. Dokumenty rossijskogo ministerstva inostrannych del. Serija pervaja 1801–1815 gg. [Die Außenpolitik Rußlands im 19. und zu Beginn des 20. Jahrhunderts. Dokumente des russischen Außenministeriums. Serie 1: 1801–1815.] T. 2, 7, 8. Moskau 1961–1972.

Webster s. British Diplomacy.

Weil, Les dessous s. Les dessous.

Wellington, Suppl. Desp. IX s. Supplementary Despatches.

Wiener Kongreß 1814/15. Der –. Die Neuordnung Europas. Hrsg. v. Hans-Dieter Dyroff. (München) (1966).

Wiener Kongreß in Augenzeugenberichten. Der –. Hrsg. u. eingel. v. Hilde Spiel. (Düsseldorf) (1965).

Wiener Kongreßtagebuch 1814/15. Wie der Rechnungsbeamte Matthias Franz Perth den Wiener Kongreß erlebte. Eingel., hrsg. u. komment. v. Franz Patzer. Wien, München (1981) (Veröffentlichungen aus der Wiener Stadt- und Landesbibliothek 8. Folge; Wiener Schriften. Bd. 50) (Zit.: Patzer).

3. Literatur

Absolutismus und Zeitalter der Französischen Revolution (1715–1815). Bearb. v. Klaus Müller. Darmstadt 1982 (Quellenkunde zur deutschen Geschichte der Neuzeit von 1500 bis zur Gegenwart. Bd. 3).

Apian-Bennewitz, Fritz: Leopold von Plessen und die Verfassungspolitik der deutschen Kleinstaaten auf dem Wiener Kongreß 1814/15. Phil. Diss. Rostock 1930.

Aretin, Karl Otmar von: Bayerns Weg zum souveränen Staat. Landstände und konstitutionelle Monarchie 1714–1818. München (1976).

Arneth, Alfred Ritter von: Geschichte Maria Theresia's. Bd. 10. Wien 1879 (Zit.: Maria Theresia).

–: Johann Freiherr von Wessenberg. Ein österreichischer Staatsmann des neunzehnten Jahrhunderts. 2 Bde. Wien, Leipzig 1898.
Baumgart, Winfried: Die großen Friedensschlüsse der Neuzeit (1435–1945). Ein Forschungsüberblick. In: GWU 29 (1978) S. 778–806.
Baumgarten, H[ermann]: Verhandlungen über die deutsche Bundesverfassung im Sommer 1814. In: Im Neuen Reich 9 (1879/II) S. 549–561.
Bender, Karl-Heinz: Die französische Außenpolitik auf dem Wiener Kongreß. Eine Fallstudie zur Gleichgewichtspolitik oder ein Begriff in der politischen Praxis. In: Imago Linguae. Beiträge zu Sprache, Deutung und Übersetzen. Festschrift zum 60. Geburtstag von Fritz Paepcke. München (1977) S. 45–59.
Berding, Helmut: Die Ächtung des Sklavenhandels auf dem Wiener Kongreß 1814/15. In: HZ 219 (1974) S. 265–289.
Bianchi, Nicomede: Storia Documentata della Diplomazia Europea in Italia (1814–1861). Vol. 1: 1814–1820. Turin 1865.
Bittner, Ludwig: Chronologisches Verzeichnis der österreichischen Staatsverträge. Bd. 2: Die österreichischen Staatsverträge von 1763 bis 1847. Wien 1909 (Veröffentlichungen der Kommission für Neuere Geschichte Österreichs. Bd. 8).
Born, Karl Erich: Hardenbergs Pläne und Versuche zur Neuordnung Europas und Deutschlands 1813/15. In: GWU 8 (1957) S. 550–564.
Bourgoing, [Jean] Freiherr von: Vom Wiener Kongreß. Zeit- und Sittenbilder. Brünn [u. a.] 1943, Wien, München ²1964.
Brandes, Karl Friedrich: Graf Münster und die Wiedererstehung Hannovers 1809–1815. Phil. Diss. Berlin. Urach 1938.
Carlson, Ernst: Sverige på kongressen i Wien 1814–1815. In: HistTStockholm 3 (1883) S. 67–136.
Congrès, Le – de Vienne et l'Europe [Nebentitel: The Congress of Vienna and Europe. Bibliographical Studies]. Paris [u. a.] (1964).
Dakin, Douglas: The Congress of Vienna, 1814–15, and its Antecedents. In: Europe's Balance of Power 1815–1848. Ed. by Alan Sked. London 1979, S. 14–33.
Delbrück, Hans: Friedrich Wilhelm III. und Hardenberg auf dem Wiener Kongreß. In: HZ 63 (1889) S. 242–265.
Doeberl, M.: Bayern und Deutschland im 19. Jahrhundert. . . München 1917.
Dökert, Walter: Die englische Politik auf dem Wiener Kongreß. Phil. Diss. Leipzig. Weida i. Zh. 1911.
Duchhardt, Heinz: Gleichgewicht der Kräfte, Convenance, europäisches Konzert. Friedenskongresse und Friedensschlüsse vom Zeitalter Ludwigs XIV. bis zum Wiener Kongreß. Darmstadt 1976 (Erträge der Forschung. Bd. 56).
Dupuis, Charles: Le Ministère de Talleyrand en 1814. T. 1–2. Paris 1919–1920.
Egloffstein, Hermann Freiherr von: Carl August auf dem Wiener Kongreß. Festschrift zur Jahrhundertfeier des Bestehens des Großherzogtums Sachsen-Weimar-Eisenach. Jena 1915.
Engelmann, Ursmar: Zur deutschen Kirchenfrage auf dem Wiener Kongreß. In: HJb 92 (1972) S. 373–391.
Ferrero, Guglielmo: Wiederaufbau. Talleyrand in Wien (1814–1815). München (1950).
Fisch, Jörg: Krieg und Frieden im Friedensvertrag. Eine universalgeschichtliche Studie

über Grundlagen und Formelemente des Friedensschlusses. (Stuttgart) (1979) (Sprache und Geschichte. Bd. 3).

Fischer, Heinz: Die oranischen Erblande und die Vergrößerung der Niederlande 1813–1815. Limburg 1936.

Flathe, Th.: Geschichte des Kurstaates und Königreiches Sachsen. Bd. 3: Neuere Geschichte Sachsens von 1806–1866. Gotha 1873 (Geschichte der europäischen Staaten. Bd. 35, 2).

Fournier, August: Zur Geschichte der polnischen Frage 1814 u[nd] 1815. In: MIÖG 20 (1899) S. 444–475 (Zit.: Poln. Frage). Revidiert u. ergänzt wiederabgedr. u. d. T. Zur Vorgeschichte des Wiener Kongresses (Die polnische Frage.) In: Ders., Historische Studien und Skizzen. 2. Reihe. Wien, Leipzig 1908, S. 290–327 (Zit.: Studien).

–: Der Congress von Châtillon. Die Politik im Kriege von 1814. Eine historische Studie. Leipzig [u. a.] 1900 (Zit.: Châtillon).

–: Londoner Präludien zum Wiener Kongreß (Geheime Berichte Metternichs an Kaiser Franz). In: DtRev 43 I (1918) S. 125–136, 205–216, 43 II (1918) S. 24–33 (Zit.: Präludien).

Frielinghaus, Herta: Preußen und England vom Wiener Kongreß bis zum Tode Castlereaghs 1822. Phil. Diss. Köln 1936.

Gebhardt, Bruno: Wilhelm von Humboldt als Staatsmann. 2 Bde. Stuttgart 1896–1899.

Gigli, Guido: Il Congresso di Vienna (1814–1815). Florenz 1938.

Glaser, Maria: Die badische Politik und die deutsche Frage zur Zeit der Befreiungskriege und des Wiener Kongresses. In: ZGORh 80 (1928) S. 268–317.

Goldmann, Karl: Die preussisch-britischen Beziehungen in den Jahren 1812–1815. Würzburg 1934.

Graubard, Stephen R.: Castlereagh and the Peace of Europe. In: The Journal of British Studies 2 (1962/63) S. 79–87.

Griewank, Karl: Preussen und die Neuordnung Deutschlands 1813–1815. In: ForschBrandPrG 52 (1940) S. 234–279 (Zit.: Preußen).

–: Preußische Neuordnungspläne für Mitteleuropa aus dem Jahre 1814. In: DALd-Volksforsch 6 (1942) S. 342–360 (Zit.: Neuordnungspläne).

–: Der Wiener Kongreß und die europäische Restauration 1814/15. 2., völlig neubearb. Aufl. Leipzig 1954, [3]1963 (Zit.: Wiener Kongreß).

Grimsted, Patricia Kennedy: The Foreign Ministers of Alexander I. Political Attitudes and the Conduct of Russian Diplomacy, 1801–1825. Berkeley, Los Angeles 1969.

Großmann, Karl: Metternichs Plan eines italienischen Bundes. In: Historische Blätter 4 (1931) S. 37–76.

Gruner, Wolf D.: Die Interaktion von britischer Deutschland- und Europapolitik zur Zeit des Wiener Kongresses und in der Anfangsphase des Deutschen Bundes. In: Großbritannien und Deutschland. Europäische Aspekte der politisch-kulturellen Beziehungen beider Länder in Geschichte und Gegenwart. München (1974) S. 93–138.

Hartmann, Hans-Joachim: Das Schicksal der preußisch-österreichischen Verfassungsvorschläge, insbesondere des Entwurfs vom 14. Oktober 1814, auf dem Wiener Kongreß. Jur. Diss. Göttingen 1964.

Hausheer, Peter: Der Einfluß der „Hundert Tage" auf die politische Willensbildung und die Beschlüsse der europäischen Mächte. Phil.-hist. Diss. Bern. Lachen 1951.

Haussherr, Hans: Rußland und Europa in der Epoche des Wiener Kongresses. In: JbGOsteur 8, 1 (1960) S. 10–31.

Hoff, Johann Friedrich: Die Mediatisiertenfrage in den Jahren 1813–1815. Berlin, Leipzig 1913 (Abhandlungen zur Mittleren und Neueren Geschichte. Bd. 46).

Höjer, Torvald T:son: Carl XIV Johan. [Bd. 2:] Kronprinstiden. Stockholm (1943).

–: Bernadotte. Maréchal de France, Roi de Suède. Bd. 2. (Paris) 1971.

Hölzle, Erwin: Württemberg im Zeitalter Napoleons und der Deutschen Erhebung. Eine deutsche Geschichte der Wendezeit im einzelstaatlichen Raum. Stuttgart, Berlin (1937).

Huber, Ernst Rudolf: Deutsche Verfassungsgeschichte seit 1789. Bd. 1: Reform und Restauration 1789 bis 1830. Stuttgart [u. a.] (^{2}1975).

Keil, Walter: Die Beeinflussung des Wiener Kongresses durch Bayern unter dem Ministerium Montgelas. Phil. Diss. (MS) Erlangen 1950.

Kissinger, Henry A.: Großmachtdiplomatie. Von der Staatskunst Castlereaghs und Metternichs. Frankfurt [u. a.] 1975 (Ullstein Buch 2945; Übers. aus d. Amerik.).

Klemmer, Liselotte: Aloys von Rechberg als bayerischer Politiker (1766–1849). (München) 1975 (Miscellanea Bavarica Monacensia. Bd. 60).

Klinkenburg, Ernst Moritz: Die Entstehung der deutsch-niederländischen Grenze im Zusammenhang mit der Neuordnung des niederländisch-niederrheinischen Raumes 1813–1815. Leipzig 1940 (Deutsche Schriften zur Landes- und Volksforschung. Bd. 7).

Kohlschmidt, Walter: Die sächsische Frage auf dem Wiener Kongreß und die sächsische Diplomatie dieser Zeit. Phil. Diss. Leipzig. Dresden 1930.

Kraehe, Enno E.: Metternich's German Policy. Vol. 1: The Contest with Napoleon, 1799–1814. Vol. 2: The Congress of Vienna 1814/1815. Princeton 1963–1983.

–: Raison d'état et idéologie dans la politique allemande de Metternich (1809–1820). In: RevHistModContemp 13 (1966) S. 181–194 (Zit.: Raison d'état).

Kraft, Johannes: Prinzipien Talleyrands in der Außen- und Innenpolitik. Bonn 1958 (Schriften zu Rechtslehre und Politik. Bd. 17).

Krausnick, Kurt: Ernst Graf von Münster in der europäischen Politik von 1806–1815. Phil. Diss. Berlin. Bielefeld 1936.

Lange, Günther: Die Rolle Englands bei der Wiederherstellung und Vergrößerung Hannovers 1813–1815. In: NdSächsJbLdG 28 (1956) S. 73–178.

Linker, Berndt Michael: Die diplomatischen Beziehungen zwischen Bayern und England in den Jahren 1804–1818. Phil. Diss. München 1971.

Mager, Wolfgang: Das Problem der landständischen Verfassungen auf dem Wiener Kongreß 1814/15. In: HZ 217 (1973) S. 296–346.

Markert, Werner: Metternich und Alexander I. Die Rivalität der Mächte in der europäischen Allianz. In: Schicksalswege deutscher Vergangenheit. Beiträge zur geschichtlichen Deutung der letzten hundertfünfzig Jahre. (Festschrift für Siegfried A. Kaehler). Düsseldorf 1950, S. 147–176.

Maturi, Walter: Il congresso di Vienna e la restaurazione dei Borboni. In: RivStorItal Serie V, Vol. 3, Fasc. 1 (1938) S. 32–72, Fasc. 2 (1938) S. 1–61.

Mauersberg, Hans: Rekonstruktionsprojekte deutscher Staaten auf dem Wiener Kongreß und die ihr [!] dienlichen bevölkerungsstatistischen und sonstigen Unterlagen nach den Gesandtschaftsberichten des kgl. britischen und hannöverschen Bevollmächtigten, des Grafen Münster. In: Wirtschaft, Geschichte und Wirtschaftsgeschichte. Festschrift für Friedrich Lütge. Stuttgart 1966, S. 266–283.

Mayr, Karl Josef: Aufbau und Arbeitsweise des Wiener Kongresses. In: ArchivalZ 45 (1939) S. 64–127.

Müller s. Absolutismus.

Münster, Georg Herbert Graf zu: Politische Skizzen über die Lage Europas vom Wiener Kongreß bis zur Gegenwart (1815–1867). Leipzig 1867.

Nicolson, Harold: The Congress of Vienna. A Study in Allied Unity: 1812–1822. London ²1970 u. ö.

Nørregaard, Georg: Danmark og Wienerkongressen 1814–15. Kopenhagen 1948.

Oechsli, Wilhelm: Geschichte der Schweiz im Neunzehnten Jahrhundert. Bd. 2: 1813–1830. Leipzig 1913 (Staatengeschichte der neuesten Zeit. Bd. 30).

Olshausen, Klothilde v[on]: Die Stellung der Großmächte zur sächsischen Frage auf dem Wiener Kongreß und deren Rückwirkung auf die Gestaltung der preußischen Ostgrenze. Phil. Diss. München. Quakenbrück 1933.

Oncken, Wilhelm: Aus den letzten Monaten des Jahres 1813. Archivalische Mittheilungen. In: Hist Taschb 6. Folge, 2 (1883) S. 1–40 (Zit.: Jahr 1813).

–: Oesterreich und Preußen im Befreiungskriege. Urkundliche Aufschlüsse über die politische Geschichte des Jahres 1813. 2 Bde. Berlin 1876–1879 (Zit.: Oesterreich).

–: Das Zeitalter der Revolution, des Kaiserreiches und der Befreiungskriege. 2 Bde. Berlin 1884–1886 (Allgemeine Geschichte in Einzeldarstellungen. Bd. IV, 1).

Pertz, G[eorg] H[einrich]: Das Leben des Ministers Freiherrn vom Stein. Bd. 4: 1814, 1815. Berlin 1851.

Pfister, Albert: Aus dem Lager der Verbündeten 1814 und 1815. Stuttgart, Leipzig 1897.

Pirenne, Jacques-Henri: La Sainte-Alliance. Organisation européenne de la paix mondiale. Bd. 1: Les Traités de Paix 1814–1815. Neuchâtel (1946).

Quint, Wolfgang: Souveränitätsbegriff und Souveränitätspolitik in Bayern von der Mitte des 17. bis zur ersten Hälfte des 19. Jahrhunderts. Berlin (1971) (Schriften zur Verfassungsgeschichte. Bd. 15).

Real, Willy: Die deutsche Verfassungsfrage am Ausgang der napoleonischen Herrschaft bis zum Beginn des Wiener Kongresses. Phil. Diss. Münster. Borna–Leipzig 1935.

Renier, G. J.: Great Britain and the Establishment of the Kingdom of the Netherlands 1813–1815. A Study in British Foreign Policy. Den Haag 1930.

Restauration, Liberalismus und nationale Bewegung (1815–1870). Akten, Urkunden und persönliche Quellen. Bearb. v. Wolfram Siemann. Darmstadt 1982 (Quellenkunde zur deutschen Geschichte der Neuzeit von 1500 bis zur Gegenwart. Bd. 4).

Rie, Robert: Der Wiener Kongreß und das Völkerrecht. Bonn 1957.

Rinieri, Ilario: Il Congresso di Vienna e la S. Sede (1813–1815). Rom 1904 (La diplomazia pontifica nel secolo XIX. Vol. 4).

Ritter, Gerhard: Stein. Eine politische Biographie. Stuttgart (³1958).

Rößler, Hellmuth: Zwischen Revolution und Reaktion. Ein Lebensbild des Reichsfreiherrn Hans Christoph von Gagern 1766–1852. Göttingen [u. a.] (1958) (Veröffentlichungen der Historischen Kommission für Nassau. Bd. 14) (Zit.: Gagern).

–: Graf Johann Philipp Stadion, Napoleons deutscher Gegenspieler. Bd. 2: 1809 bis 1824. Wien, München (1966).

Ruck, Erwin: Die römische Kurie und die deutsche Kirchenfrage auf dem Wiener Kongreß. Basel 1917.

Schaeder, Hildegard: Die dritte Koalition und die Heilige Allianz. Nach neuen Quellen. Königsberg, Berlin 1934, Darmstadt ²1963 (Osteuropäische Forschungen NF. Bd. 16).

Schieder, Theodor: Europäische Friedensschlüsse von Wien bis Versailles. In: Entspannung, Sicherheit, Frieden. Hrsg. v. Alfred Domes. Köln (1968), S. 33–52.

Schmidt, Wilhelm Adolf: Geschichte der Deutschen Verfassungsfrage während der Befreiungskriege und des Wiener Kongresses 1812 bis 1815. Aus dessen Nachlaß hrsg. v. Alfred Stern. Stuttgart 1890.

Schwarz, Hans W.: Die Vorgeschichte des Vertrags von Ried. München 1932.

Seco, Carlos: La reina de Etruria y el Congreso de Viena. In: Estudios de la Guerra de la Independencia. Zaragoza 1966, S. 161–190.

Siemann s. Restauration.

Šil'der, N. K.: Imperator Aleksandr Pervyj. Ego žizn' i carstvovanie. T. 3. St. Petersburg 1905.

Srbik, Heinrich Ritter von: Metternich, der Staatsmann und der Mensch. Bd. 1. München (³1957).

Straus, Hannah Alice: The Attitude of the Congress of Vienna toward Nationalism in Germany, Italy and Poland. New York 1949 (Studies in History, Economics and Public Law. Bd. 558).

Sweet, Paul R.: Friedrich von Gentz – Defender of the Old Order. Madison/Wisconsin 1941.

–: Wilhelm von Humboldt. A Biography. Vol. 1–2. Columbus 1978–1980 (Zit.: Humboldt).

Thackeray, Frank W.: Antecedents of Revolution: Alexander I. and the Polish Kingdom, 1815–1825. New York 1980 (East European Monographs. Bd. 57).

Tiedemann, Helmut: Der deutsche Kaisergedanke vor und nach dem Wiener Kongreß. Breslau 1932 (Untersuchungen zur deutschen Staats- und Rechtsgeschichte. Bd. 143).

Ulmann, Heinrich: Zur Entstehung der Kaisernote der 29 Kleinstaaten vom 16. November 1814. Nach hessischen Gesandtschaftsberichten. In: HZ 116 (1916) S. 459–483.

Villa-Urrutia, W. R. de: España en el Congreso de Viena según la correspondencia oficial de D. Pedro Gómez Labrador, Marqués de Labrador. In: Revista de Archivos, Bibliotecas y Museos 15 (1906) S. 1–27, 177–211, 337–373; 16 (1907) S. 1–23, 165–183, 319–344; 17 (1907) S. 41–58, 181–195. Auch als Buch erschienen Madrid 1928.

Walter, Gero: Der Zusammenbruch des Heiligen Römischen Reichs deutscher Nation und die Problematik seiner Restauration in den Jahren 1814/15. Heidelberg, Karlsruhe 1980 (Studien und Quellen zur Geschichte des deutschen Verfassungsrechts. Reihe A, Bd. 12).

Webster, Charles: The Congress of Vienna 1814–1815. London 1919, Neuausg. London (1963) (Zit.: Congress).

Webster, Charles: The Foreign Policy of Castlereagh 1812–1815. Britain and the Reconstruction of Europe. London 1931, Ndr. London 1963 (Zit.: Castlereagh).

Weil, M[aurice]-H[enri]: Le Prince Eugène et Murat 1813–1814. Opérations militaires, négociations diplomatiques. T. III. Paris 1902 (Zit.: Eugène).

–: Joachim Murat, Roi de Naples. La Dernière Année de Règne (Mai 1814–Mai 1815). T. 2: Le Congrès de Vienne . . . Paris 1909 (Zit.: Murat).

Weil, [Maurice-Henri]: Le Revirement de la Politique Autrichienne à l'égard de Joachim Murat et les Négociations secrètes entre Paris et Vienne (12 Novembre 1814 – 4 Mars 1815) d'après des documents inédits du K. u. K. Haus-, Hof- und Staats-Archiv de Vienne et du R. Archivio di Stato de Turin. In: Biblioteca di Storia Italiana Recente (1800–1870) 2 (1909) S. 393–435 (Zit.: Revirement).

Wiedemann, Franz: Zur Geschichte des Aufrufs von Kalisch 1813. In: ForschBrandPrG 45 (1933) S. 262–285.

Winter, Alexander: Karl Philipp Fürst von Wrede als Berater des Königs Max Joseph und des Kronprinzen Ludwig von Bayern (1813–1825). (München) 1968 (Miscellanea Bavarica Monacensia. Bd. 7).

Wolff, Karl: Die deutsche Publizistik in der Zeit der Freiheitskämpfe und des Wiener Kongresses 1813–1815. Phil. Diss. Leipzig. Plauen 1934.

Wunder, Bernd: Landstände und Rechtsstaat. Zur Entstehung und Verwirklichung des Art. 13 DBA. In: ZHF 5 (1978) S. 139–185.

EINLEITUNG

1.

Obwohl der Wiener Kongreß verhältnismäßig gut erforscht ist,[1] gibt es für ihn wie für die meisten Friedensschlüsse der europäischen Neuzeit keine wissenschaftlichen Ansprüchen genügende umfassende Aktenedition.[2] Die großen Publikationen von Klüber und Angeberg bieten zwar eine Fülle wichtigen Materials, insbesondere Protokolle der Kommissionssitzungen sowie der zwischen den Mächten ausgetauschten Noten und Memoranden, sie beruhen jedoch nicht auf einer systematischen Erforschung der archivalischen Überlieferung. Wissenschaftlich fundierte Editionen liegen nur für Teilbereiche vor. So wird die englische Politik in dem ältere Veröffentlichungen und Archivmaterial verarbeitenden Werk des englischen Diplomatiehistorikers Webster sichtbar, während für Rußland nunmehr der entsprechende Band der großen Aktenpublikation über die Außenpolitik des Zarenreichs im 19. und frühen 20. Jahrhundert vorliegt. Die Politik der drei anderen Großmächte, Österreichs, Frankreichs und Preußens, ist weniger gut dokumentiert. Während österreichische Akten nur in Spezialuntersuchungen wie denen von Fournier publiziert wurden, liegen für Frankreich vor allem die Memoiren und Korrespondenzen Talleyrands und für Preußen die Humboldtsche Werkausgabe vor. Für die kuriale Politik besitzen wir jetzt die allerdings nicht vollständige Ausgabe der Korrespondenz des Kongreßvertreters Consalvi; dagegen ist im Rahmen der 'Fonti per la Storia d'Italia' noch keine Publikation über die Politik anderer italienischer Staaten, insbesondere Sardiniens, auf dem Wiener Kongreß erschienen.[3]

Der vorliegende Band kann die aufgezeigten Lücken selbstverständlich nicht schließen. Er verfolgt bescheidenere Ziele. Er soll unter Berücksichtigung des gedruckten Materials, das durch eine Reihe ungedruckter Aktenstücke ergänzt wird, einen Überblick über die zentralen Probleme des Wiener Kongresses ermöglichen. Dazu zählt die Organisation des Kongresses selbst, da sie sehr grundsätzliche Fragen nach Selbstverständnis und Funktion der europäischen Staatengemeinschaft aufwarf, des weiteren die Auseinandersetzung um Polen

[1] Vgl. Baumgart, S. 793; Duchhardt, S. 127–196.

[2] Zu den Quellenpublikationen über den Wiener Kongreß Müller, gemäß Register.

[3] Eine Übersicht über dieses Quellenwerk bietet Siemann, S. 31–35.

und Sachsen und in engem Zusammenhang damit die Regelung der mittel- und südeuropäischen Grenz- und Territorialprobleme und schließlich die deutsche Verfassungsfrage.

Wir sind uns bewußt, daß wir damit nicht alle Aspekte des Kongresses berücksichtigt haben. Obwohl Jacques-Henri Pirenne mit Recht eine stärkere Beachtung der außereuropäischen Bezüge der europäischen Politik des frühen 19. Jahrhunderts gefordert und gezeigt hat, daß der Gegensatz zwischen England und Rußland auf dem Wiener Kongreß letztlich nur vor dem Hintergrund ihrer weltpolitischen Rivalität verstanden werden kann, spielten außereuropäische Fragen auf dem Kongreß selbst doch keine beherrschende Rolle.[4] Deshalb konnten die Diskussionen über die Abschaffung des Sklavenhandels,[5] der die kolonialen Interessen Englands, Frankreichs und der iberischen Mächte tangierte, unberücksichtigt bleiben. Nicht weiter verfolgt wurden auch das Problem der Freiheit der Flußschiffahrt und die Entstehung des Reglements über den Rang der diplomatischen Vertreter (vgl. Nr. 105 Anm. 3). Ausgespart blieben auch die durch zahlreiche Memoiren und vor allem durch die Berichte der österreichischen Geheimpolizei hervorragend dokumentierten „sittengeschichtlichen" Aspekte des Kongresses.[6] Eine weitere Einschränkung ergab sich aus dem begrenzten Umfang unserer Edition. Keine der zentralen Fragen konnte so eingehend dokumentiert werden, daß der Gang der Verhandlungen in allen seinen Phasen belegt wird. Wir haben uns jedoch bemüht und sehen darin die eigentliche Aufgabe dieses Bandes, die Aktenstücke zusammenzutragen, in denen die grundsätzlichen Positionen der bedeutenderen am Kongreß beteiligten Mächte erkennbar werden. Deshalb wurde auch versucht, wenigstens die wichtigeren Gesandteninstruktionen zu veröffentlichen. Sie sollen in ihrem Wert nicht überschätzt werden – auch die ungedruckten Stücke bieten wohl keine Überraschungen –, aber sie lassen doch, auch wo sie Anweisungen für die propagandistische Verwertung der eigenen Politik geben, erkennen, welche Erwartungen die Mächte mit dem Kongreß verbanden, von welchen Maximalforderungen sie ausgingen und mit welchen Argumenten diese präsentiert werden sollten. Nicht nur die Instruktion Talleyrands (Nr. 14) spiegelt die ideologischen Prämissen, von denen der Verfasser ausging. Dem gleichen Ziel, prinzipielle Positionen zu dokumentieren, dient der Abdruck von Entwürfen zur deutschen Verfassungsfrage. Auch dabei war Vollständigkeit nicht erreichbar, doch haben wir hier wie in den anderen Teilen

[4] Pirenne, I bes. S. 1–4, 101.

[5] Vgl. hierzu die Untersuchung von Berding mit weiterer Literatur.

[6] Hierzu die Editionen von Fournier, Geheimpolizei und Weil, Les dessous. Eine gute Auswahl bietet die Publikation 'Der Wiener Kongreß in Augenzeugenberichten' von Hilde Spiel.

der Edition versucht, mit Hilfe der Anmerkungen weiteres gedrucktes Material zu erschließen.[7] Auf diese Weise möchte der vorliegende Band auch zur besseren Nutzung der nicht sehr übersichtlich aufgebauten älteren Editionen beitragen.

Einer besonderen Begründung bedarf der Verzicht auf den Abdruck der deutschen Bundesakte vom 8. Juni und der Kongreßakte vom 9. Juni 1815, zu dem wir uns aus Raumgründen entschließen mußten. Beide Urkunden sind jedoch leicht zugänglich, die Bundesakte sogar in der wohlfeilen Ausgabe von Werner Näf, die zugleich den zuverlässigsten Text bietet.[8] Die vollständige Kongreßakte nach der offiziellen englischen Ausgabe enthält 'The Consolidated Treaty Series';[9] Klüber legte seiner 'Quellen-Sammlung' die offizielle österreichische Ausgabe zugrunde,[10] während der Druck des Hildburghausenschen Geheimrats Karl Ernst Schmid auf der preußischen Originalausfertigung fußt; Schmids Druck ist auch eine deutsche Übersetzung beigefügt.[11]

Die Wiedergabe der Texte, auch der übersetzten, erfolgt in der Orthographie der Druckvorlage. Hervorhebungen werden grundsätzlich durch Sperrdruck wiedergegeben. Kursiv erscheinen erläuternde Zusätze des Herausgebers. Die gelegentlich eigenwillige, aber keine Leseschwierigkeiten verursachende Interpunktion des 19. Jahrhunderts wurde durchweg beibehalten. Fremdsprachliche Texte wurden mit Ausnahme der englischsprachigen ins Deutsche übersetzt. Dabei haben wir uns sowohl um Lesbarkeit als auch um Nähe zum Original und zu dessen Eigentümlichkeiten in Gedankenführung und Stil bemüht.[12]

Die kommentierenden Anmerkungen des Herausgebers sind dem Charakter der Reihe entsprechend knapp gehalten. Originalanmerkungen zu den Texten werden mit Asterikus markiert. Anmerkungen früherer Herausgeber sind als solche gekennzeichnet. Textvarianten werden durch Kleinbuchstaben angezeigt.

[7] Die in unseren Texten erwähnten Aktenstücke wurden identifiziert, soweit sie gedruckt vorliegen.

[8] Näf, S. 28–44.

[9] CTS, 64 S. 454–493.

[10] Quellen-Sammlung, S. 12–99.

[11] Der Deutsche Bund, I 3 S. 1–208. Hierzu Quellen-Sammlung, S. 1, 4.

[12] Für Unterstützung bei der Übersetzung der Texte bin ich meinen Mitarbeitern am Historischen Seminar der Universität Düsseldorf, insbesondere Frau Inge Schmidt-Elmendorff, zu großem Dank verpflichtet.

2.

Nach seiner historischen Bedeutung steht das Werk des Wiener Kongresses in der Reihe der großen Friedensschlüsse der europäischen Neuzeit.[13] Wie diese haben die Regelungen von 1815 die politische Gestalt Europas für eine lange Reihe von Jahrzehnten geprägt. Wie insbesondere die Westfälischen Friedensverträge ordnete das Wiener Vertragswerk sowohl die zwischenstaatlichen Beziehungen als auch die inneren Verhältnisse des mitteleuropäischen Raumes.[14] Anders als seine Vorgänger war der Wiener Kongreß kein Friedenskongreß im strengen Sinne des Wortes. Sein Ursprung liegt in dem Anfang 1814 bei den Beratungen in Langres gefaßten Beschluß der vier Großmächte, Englands, Rußlands, Österreichs und Preußens, die Bestimmung über die von Frankreich abzutretenden Gebiete nicht im Rahmen der Friedensverhandlungen, sondern auf einem Kongreß in Wien, für den der Zar und der preußische König ihr persönliches Erscheinen zusagten, ohne Einmischung des Kriegsgegners und der kleineren Mächte zu treffen.[15] Nach der Restauration der Bourbonen fanden sich die Sieger jedoch auf französisches Drängen zu einem allen am Krieg beteiligten Mächten offenstehenden allgemeinen Kongreß bereit,[16] dessen Programm durch den Pariser Frieden vom 30. Mai 1814 abgesteckt wurde. In einem Geheimartikel mußte Frankreich freilich eine gewisse Einschränkung seines Mitspracherechts anerkennen (Nr. 3).

Nach dem Willen der Großmächte sollte der Kongreß, wie Metternich es ausdrückte, „weniger zum Negociiren als zum Unterfertigen bestimmt sein" (Nr. 2), da man sich noch vor seinem Zusammentreten im Kreis der Siegermächte über die wichtigsten Fragen zu einigen hoffte. Doch weder in Paris noch bei den Verhandlungen der Alliierten in London im Sommer 1814 gelangte man in den entscheidenden Streitpunkten der Mächte untereinander zu einem Durchbruch. Auch die ursprünglich vorgesehene Terminplanung für den Kongreß mußte modifiziert werden (Nr. 2–4). Es hatte sich gezeigt, daß die europäischen Mächte zwar nach langen und wechselvollen Anstrengungen in der Lage waren, den Hegemoniebestrebungen des aus der Revolution hervorgangenen Napoleon erfolgreich zu begegnen, daß die Errichtung einer neuen europäischen Friedensordnung, die nach der übereinstimmenden Meinung aller verantwortlichen Staatsmänner nicht einfach in der Wiederherstellung der von der Revolution und ihrem Erben umgestoßenen Verhältnisse des Ancien régime bestehen konnte, den Ausgleich sehr heterogener Machtinteres-

[13] Vgl. hierzu den Überblick von Duchhardt.

[14] Schieder, S. 34f.

[15] Webster, Congress S. 52; ders., Castlereagh S. 206f.

[16] Griewank, Wiener Kongreß, S. 90f., 95f.

sen und ideologischer Positionen voraussetzte. Zwar war man sich in Paris einig darüber geworden, daß „ein wirkliches und dauerhaftes System des Gleichgewichts in Europa" (Nr. 3) angestrebt werden müsse, aber dieses Zauberwort, das seit einem Jahrhundert schon Eingang in die Friedensverträge gefunden hatte,[17] wurde von den einzelnen Staatsmännern sehr unterschiedlich ausgelegt, sobald es in die politische Wirklichkeit umgesetzt werden sollte.[18]

Die Interessengegensätze, die eine rasche Einigung der Großmächte verhinderten, werden deutlich sichtbar, wenn man sich ihre allgemeinen politischen Zielvorstellungen am Vorabend des Kongresses vergegenwärtigt. Überlegungen zur Neugestaltung Europas hatten die Kriege gegen die Revolution und Napoleon schon früh hervorgebracht; von besonderer Bedeutung für die Politik der Weltmächte Rußland und England im Jahre 1814 waren Friedenspläne, die der junge Alexander I. und William Pitt im Jahre 1804 und 1805 für die Verhandlungen über die Bildung der 3. Koalition entworfen hatten. Die von Fürst Adam Czartoryski und Alexanders Florentiner Mentor Scipione Piattoli beeinflußte Geheiminstruktion für den im September 1804 nach London reisenden Sonderbotschafter Novosil'cev[19] enthielt das Programm einer nach der Niederwerfung Napoleons unter der Ägide Rußlands und Englands zu errichtenden, dem Völkerrecht verpflichteten europäischen Liga. Die neue europäische Ordnung sollte vom Grundsatz des „natürlichen Gleichgewichts" zwischen den Staaten und einer „weisen Freiheit" der Völker geprägt sein. Alexander sprach aber auch, wenngleich in allgemeinen Wendungen, von „Vorteilen", die der Krieg den Führungsmächten einbringen müsse, sowie von der Notwendigkeit einer Änderung des von England praktizierten Seerechts.

Die Antwort William Pitts vom 19. Januar 1805[20] ging zwar auf die Ideen der Menschheitsbeglückung in den Vorschlägen des Zaren nicht weiter ein, auch nicht auf den Wunsch nach Änderung des englischen Seerechts – 1814 erreichte Castlereagh in Langres den ausdrücklichen Verzicht der Verbündeten auf eine Erörterung des 'Code maritime'[21] –, aber er äußerte sich zustimmend zu Alexanders Ligaplan und den Vorstellungen des Zaren von der Neugestaltung der europäischen Landkarte: Das Ziel der Eindämmung Frankreichs und damit der Wiederherstellung des europäischen Gleichgewichts sollte nach Pitts Meinung in Italien durch Sardinien und Österreich als Schutzmächte der Halbinsel erreicht werden, während er die wiederhergestellten Vereinigten Nieder-

[17] Fisch, S. 445.

[18] Dakin, S. 15; Schieder, S. 34f.; zur Gleichgewichtsidee auf dem Wiener Kongreß mit einem Literaturüberblick Duchhardt, S. 170–175.

[19] Geheime Instruktion vom 11. (23.) 9. 1804. Vnešnjaja politika Rossii, II S. 138–146. Hierzu Schaeder, S. 28–31. Vgl. auch Haussherr, S. 14f.

[20] Webster, S. 389–394.

[21] Fournier, Châtillon, S. 66, 306f. Vgl. auch Kissinger, S. 45, 114.

lande durch eine Barriere und ein im Westen verstärktes Preußen gegen Frankreich schützen wollte. Für die Sicherheit des zersplitterten deutschen Raumes sollten Österreich und Preußen sorgen. Pitts Ideen blieben auch in der Zeit des Wiener Kongresses richtungweisend für die englische Politik.[22] Aus deren Sicht diente das europäische Gleichgewicht der Sicherung Mitteleuropas gegen Hegemoniebestrebungen. Ein in der Balance befindlicher Kontinent war Voraussetzung für die maritime Suprematie des Inselreichs, die die englische Politik durch die kolonial- und handelspolitischen Bestimmungen des Pariser Friedens und durch Verträge mit Spanien und den Niederlanden bereits vor Beginn des Kongresses im Sommer 1814 zu untermauern verstanden hatte.[23]

Mit der Idee des Gleichgewichts versuchte auch Alexander I. seine politischen Ziele zu legitimieren. Während sein weltpolitisches Rivalitätsdenken gegenüber England letztlich auf die Herstellung eines „maritimen Gleichgewichts“[24] abzielte, bemühten er und seine Berater sich um den Nachweis, daß die Ziele Rußlands in Polen dem Gleichgewichtsgedanken nicht widersprächen.[25] Wie diese Ziele freilich konkret aussahen und wie fest Alexander auf ihnen beharren werde, wurde seinen Verbündeten erst in Wien völlig klar, nachdem Rußland im Reichenbacher Vertrag (Nr. 36 Anm. 4) noch die Auflösung des Herzogtums Warschau zugesagt hatte und nachdem in der Umgebung des Zaren die unterschiedlichsten Vorstellungen über die Zukunft Polens vertreten worden waren, von der Idee der Wiederherstellung des alten Königreichs (Czartoryski) bis zur Ablehnung jeglicher Wiederbelebung polnischer Staatlichkeit (Nesselrode).[26] Die Kongreßinstruktion für Nesselrode (Nr. 12) forderte zwar fast das gesamte Herzogtum Warschau für Rußland, gab aber keine Auskunft über die für Polen geplante politische Verfassung.

Früher und energischer als Castlereagh bekämpfte Metternich Alexanders Expansionspolitik[27] im Namen einer Gleichgewichtsidee, die deutlich seine geistige Herkunft aus der Staats- und Völkerrechtslehre des 18. Jahrhunderts erkennen läßt[28]. Metternichs Gleichgewichtssystem sollte der Unabhängigkeit eines von Österreich geführten Mitteleuropa dienen, das durch engen Anschluß an die Seemächte (Nr. 2) und auf der Basis österreichisch-preußischer Zusammenarbeit (Nr. 5) in der Lage war, den Hegemoniebestrebungen Frank-

[22] Webster, S. 196; über Pitt und Castlereagh auch die Studie von Graubard.

[23] Pirenne, I S. 79–92, 105.

[24] So die Formulierung von Pirenne, I S. 47.

[25] Griewank, Wiener Kongreß S. 112f.; Angeberg, I S. 357.

[26] Thackeray, S. 7–9; Straus, S. 124–130; Markert, S. 153f.; Grimsted, S. 104–150, 269–286.

[27] Srbik, I S. 167f., 182f., sowie das Werk von Kraehe.

[28] Srbik, I S. 88–97, 357–360; Griewank, Wiener Kongreß S. 60, 113.

reichs und – in der Epoche des Wiener Kongresses – mehr noch Rußlands einen Riegel vorzuschieben.

Auf die Wiederherstellung eines „gerechten Gleichgewichts“ zielte auch Hardenbergs ‘Plan für die künftige Gestaltung Europas’ (Nr. 1), den er den Ministern der Quadrupelallianz im Frühjahr 1814 vorlegte.[29] Auch Hardenberg wollte ein starkes und einiges Mitteleuropa unter Anlehnung an England, aber anders als Metternich legte Hardenberg größeres Gewicht auf die Erhaltung des antifranzösischen Verteidigungssystems der vier Großmächte, neigte er dazu, bei aller Antipathie gegen die russischen Polenpläne die von Alexander I. ausgehende Bedrohung des Gleichgewichts geringer einzuschätzen.[30]

Diese sich abzeichnenden Gegensätze zwischen den Verbündeten boten Frankreich die Chance, sein politisches Gewicht im Konzert der europäischen Mächte wieder zur Geltung zu bringen und auf einen Gleichgewichtszustand in Europa hinzuarbeiten, der den Aufstieg neuer Hegemonialmächte ausschloß. Nach der von Talleyrand selbst verfaßten[31] französischen Kongreßinstruktion (Nr. 14) war damit der französischen Politik das Ziel gesetzt, der Entstehung eines russischen Übergewichts in Osteuropa, einer österreichischen Vorherrschaft in Italien und einer preußischen Dominanz in Deutschland entgegenzuarbeiten. In der Konsequenz lief das, wie Albert Sorel gesagt hat, auf die Wiederaufnahme der klassischen Pariser Politik hinaus, den kleineren gegen die großen Staaten beizustehen.[32] Es war kein Zufall, daß in der sächsischen (Nr. 10) und in der bayerischen Instruktion (Nr. 16) Frankreich als eine Macht genannt wurde, von der man Unterstützung gegen die Großmächte erwartete.

Der Idee des europäischen Gleichgewichts huldigten auch kleinere und mittlere Staaten wie Sardinien, das sich als Hüter der italienischen Unabhängigkeit und des Gleichgewichts auf der Apenninenhalbinsel gegen Österreich und Frankreich verstand (Nr. 7, 8), oder die Niederlande, die die Übernahme der Barrierefunktion gegen Frankreich durch „einen angemessenen Gebietszuwachs“ abgesichert sehen wollten (Nr. 11), und endlich auch die Schweiz, die mit der Anerkennung ihrer Neutralität durch den Kongreß eine „der ersten Bedingungen des politischen Gleichgewichts“ erfüllt glaubte (Nr. 15). Eine wesentliche Aufgabe des Kongresses bestand darin, diese sehr unterschiedlichen Gleichgewichtskonzeptionen miteinander in Einklang zu bringen.

[29] Griewank, Neuordnungspläne S. 343.

[30] Vgl. hierzu die Arbeit von Born.

[31] Dupuis, II S. 334.

[32] Zitiert ebenda s. 335; zu Talleyrands Gleichgewichtskonzeption vgl. auch Bender sowie Kraft, S. 33–47.

3.

Obwohl Monarchen- und mehr noch Diplomatenkongresse eine lange Tradition in der europäischen Geschichte hatten,[33] gab es keine allgemein anerkannten Regeln für ihre Arbeit. Im Pariser Frieden hatte man weder den Kreis der Teilnehmer präzise festgelegt noch genauere Vereinbarungen über den Modus der Entscheidungsfindung getroffen. Beide Fragen bargen politische Probleme erster Ordnung in sich und wurden daher, als die führenden Staatsmänner im September in Wien eintrafen, sehr unterschiedlich beantwortet.

Eine erste Beratung über die Organisation des Kongresses fand am 16. September zwischen Castlereagh, Metternich und Nesselrode statt (Nr. 18).[34] Es wurde zwar Einvernehmen darüber erzielt, daß die Minister der vier Alliierten, denen der 1. Geheimartikel des Pariser Vertrages (Nr. 3) die Kompetenz zusprach, Prinzipien für die Neuordnung Europas zu entwickeln, „sich untereinander über den Gang und die Reihenfolge der Geschäfte einigen, die dem Kongreß zur Entscheidung vorgelegt werden"; offenbar auf Drängen Castlereaghs, der auf das politische Gewicht Frankreichs in der zu erwartenden Auseinandersetzung mit Rußland nicht verzichten wollte, wurde jedoch ein weiterer, um Frankreich und Spanien vergrößerter Ausschuß mit der Aufgabe gebildet, als "effective Cabinet" die Geschäfte des Kongresses zu führen (Nr. 18, 23; vgl. auch Nr. 17). Die Preußen, die nach dem 16. September an den Besprechungen der Alliierten teilnahmen, haben den Sechserausschuß zwar nicht mehr beseitigen können, aber durchgesetzt, daß die „Initiative" der Vier bei der Erarbeitung eines Entwurfs über die territoriale Neuordnung anerkannt wurde. Dieser Entwurf sollte Frankreich und Spanien erst mitgeteilt werden, wenn die Vier sich darüber verständigt hatten (Nr. 19, 20). Neben dem Komitee der Sechs wurde ein von Österreich, Preußen, Bayern, Hannover und Württemberg zu bildender Ausschuß vorgesehen, der Grundlagen für die „Organisation Deutschlands" erarbeiten sollte (Nr. 19).

Aufgabe des Sechserausschusses sollte es nach dem Beschluß der Vier vom 22. September auch sein, Geschäftsgang und Verhandlungsweise des Kongresses festzulegen (Nr. 19). Da Entscheidungen über einschlägige Projekte, u. a. einen Plan Humboldts vom 23. September (Nr. 22, vgl. auch Nr. 23), der dem Problem der Eröffnung des Kongresses und der Frage der Bestimmung der Teilnehmer durch eine an alle Bevollmächtigten ohne Unterschied zu erlassende Deklaration der sechs Mächte über die verabredete Arbeitsweise aus dem Weg gehen wollte, nicht ohne Zustimmung Frankreichs getroffen werden konnten,

[33] Für die Zeit nach 1648 vgl. Duchhardt mit der älteren Literatur.

[34] Hierzu und zum Folgenden Webster, Congress S. 73–113; Nicolson, S. 134–147; Griewank, Wiener Kongreß, S. 145–154 sowie die Arbeit von Mayr.

nahm der erst am 23. September eingetroffene Talleyrand am 30. September die Gelegenheit wahr, die Forderung Portugals nach Beteiligung aller Unterzeichner des Pariser Friedens (neben Portugal auch Schweden) an dem Leitungsausschuß zu unterstützen sowie im Interesse der kleineren Staaten das baldige Zusammentreten des Kongresses zu verlangen (Nr. 24).

Während die Siegermächte die Hinzuziehung Portugals und Schwedens zugestanden, hat Talleyrand eine förmliche Eröffnungssitzung des Kongresses und damit eine Entscheidung über die Teilnahmeberechtigten (besonders problematisch im Falle Neapels und Sachsens) nicht durchsetzen können. Eine von Gentz entworfene und von diesem als diplomatisches Meisterwerk gerühmte Deklaration vom 8. Oktober (Nr. 25), auf die sich die Acht nach langen Diskussionen geeinigt hatten (Nr. 26), verschob die förmliche Kongreßeröffnung zunächst auf den 1. November. An diesem Tag aber erging – und damit war Talleyrands „demokratische" Kongreßidee tot – lediglich die Aufforderung an die Gesandten, ihre Vollmachten zwecks Prüfung einer aus den Vertretern von drei Mächten bestehenden Kommission vorzulegen (Nr. 27).

So ist der Kongreß formell, wie Gentz später notierte,[35] nur durch seinen Schlußakt, die Unterzeichnung des Vertragswerks durch die acht Mächte, zu dem dann die übrigen Staaten nach und nach ihren Beitritt erklärten,[36] ins Leben getreten. Die eigentliche Arbeit des Wiener Kongresses vollzog sich in einer Vielzahl von vertraulichen Besprechungen und offiziellen Kommissionssitzungen (Nr. 28), deren Ergebnisse schließlich Eingang in die Schlußakte fanden. Das Komitee der Acht blieb zwar nach der Formulierung Josef Karl Mayrs der „Zentralpunkt des Kongresses",[37] an politischer Bedeutung aber übertraf es die durch die polnisch-sächsische Krise wiederbelebte Konferenz der vier Alliierten, die durch die Aufnahme Talleyrands seit dem 12. Januar 1815 zur Fünferkonferenz erweitert wurde (Nr. 58, 59). Gentz zufolge war sie der „einzige und wirkliche Kongreß", weil hier die Entscheidung nicht nur über das Schicksal Polens und Sachsens, sondern auch über andere wichtige Fragen, z. B. über die territoriale Neuordnung Italiens, fiel.[38]

Eine eigene Kommission für Italien zu berufen, lehnte Metternich ab, da dieses anders als Deutschland „nur eine Ansammlung unabhängiger Staaten darstelle, die unter der gleichen geographischen Bezeichnung zusammengefaßt seien". So einigten sich die Acht darauf, die Fragen Italiens nacheinander zu behandeln und zunächst nur eine Kommission für die Durchführung der im Pariser Frieden vorgesehenen Vereinigung Genuas mit Sardinien zu berufen

[35] Gentz, I S. 283.
[36] Bittner, II S. 120f.
[37] Mayr, S. 81.
[38] Ebenda, S. 84–89.

(Nr. 111). Für die Lösung der schweizerischen Probleme setzten die Alliierten eine aus ihrer Mitte gebildete Kommission ein, zu der sie allerdings seit Ende November auch einen Vertreter Frankreichs, wenngleich nicht mit voller Gleichberechtigung, zulassen mußten (Nr. 28, vgl. auch Nr. 99, 100).[39] Einen Erfolg für Talleyrands Bemühungen, Frankreichs Mitspracherecht zu sichern, bedeutete es auch, daß ein Vertreter seines Landes in die in der zweiten Dezemberhälfte gebildete statistische Kommission berufen wurde, die sich mit der Überprüfung der für die territorialen Fragen wichtigen geographischen und demographischen Daten befassen sollte (Nr. 52). Weitere Kommissionen wurden eingesetzt, u. a. für das Problem des Sklavenhandels (Abolitionskommission), für die Regelung der freien Schiffahrt und schließlich für die Zusammenfassung der Ergebnisse der Kongreßarbeit in einem förmlichen Vertrag, einer Schlußakte (Redaktionskommission). Die Erstellung eines solchen Dokuments, dessen Redaktion im wesentlichen Friedrich von Gentz zufiel, setzten vor allem England und Frankreich gegen den von Rußland vertretenen Wunsch nach Abschluß von Partikularkonventionen durch.[40]

4.

Die Tätigkeit der Kongreßkommissionen verlief nicht kontinuierlich, sondern hing in hohem Maße vom Stand der Auseinandersetzungen um die den Kongreß von vornherein beherrschende Frage nach dem Schicksal des Herzogtums Warschau und des Königreichs Sachsen ab. Das polnische Problem war auch deshalb so schwierig zu lösen, weil es Alexander I. gelungen war, in den mit Preußen in Breslau und Kalisch (Nr. 12 Anm. 2) und mit Österreich und Preußen in Reichenbach und Teplitz (Nr. 36 Anm. 4, 5) getroffenen Vereinbarungen eine Festlegung darauf zu vermeiden, was mit dem von Napoleon 1807 bzw. 1809 aus preußischen und österreichischen Anteilen aus den polnischen Teilungen gebildeten Herzogtum Warschau, das 1813 von russischen Truppen besetzt worden war, geschehen solle. Auch der Pariser Friede gab darauf keinen Hinweis, und bei den Londoner Gesprächen des Sommers 1814 war klar geworden, daß die Lösung des Problems auf dem Kongreß gesucht werden müsse. Nur die Absicht des Zaren, den größten Teil des Herzogtums zu behalten und in irgendeiner Form mit Rußland zu verbinden, war den verantwortlichen Staatsmännern der Koalition klar. Preußen hatte Alexander in dem Vertrag von Breslau/Kalisch nur eine militärisch sinnvolle Landverbindung

[39] Ebenda, S. 97f.

[40] Über die wechselvolle Geschichte der verschiedenen Redaktionskommissionen ebenda, S. 114–119.

zwischen Altpreußen und Schlesien zugesagt und ihm den Verzicht auf weiteres polnisches Gebiet durch Hinweise auf Sachsen als Entschädigung annehmbar zu machen gesucht.[41]

Die Besetzung Sachsens, dessen König Friedrich August zu lange auf der Seite Napoleons ausgeharrt hatte (vgl. hierzu Nr. 10), durch russische Truppen gab dem Zaren nun die Möglichkeit, über das Land zu verfügen und es Preußen Ende September 1814 zur vorläufigen Inbesitznahme zu überlassen.[42] Wie Hardenbergs Plan vom April 1814 (Nr. 1) erkennen läßt, war Preußen jedoch nicht bereit, auf polnische Gebiete über die Kalischer Zusage hinaus zu verzichten. Für die Realisierung der sächsischen Ambitionen Preußens bestanden zu Beginn des Kongresses günstige Aussichten. Metternich, so jedenfalls hatte Hardenberg dem Zaren im Januar 1814 berichtet, hatte sich mündlich mit dem Erwerb Sachsens einverstanden erklärt; dies war offenbar in der Intention geschehen, Preußens Unterstützung gegen Alexanders Expansionspolitik zu gewinnen (vgl. Nr. 5).[43] Eine grundsätzliche Unterstützung der preußischen Absichten auf Sachsen durfte Hardenberg auch bei Castlereagh voraussetzen.[44]

Das volle Ausmaß der russischen Pläne wurde erst zu Beginn des Kongresses Ende September in Gesprächen Castlereaghs mit dem Zaren und Nesselrode deutlich (Nr. 29, 30); Alexander wollte nahezu das gesamte Herzogtum Warschau zu einem unter russischer Oberhoheit stehenden Königreich mit eigener nationaler Verwaltung machen. Castlereagh ließ keinen Zweifel daran, daß er diese Pläne als Ausdruck eines Hegemoniestrebens betrachtete, und versuchte in einem sich über die nächsten Wochen hinziehenden, auch mit Rücksicht auf die öffentliche Meinung seines Landes (vgl. Nr. 34) geführten Notenwechsel den Zaren zu einer Modifizierung seiner Pläne zu bewegen,[45] zugleich aber mit Preußen und Österreich eine diplomatische Front gegen Rußland aufzubauen. Unter der Bedingung, daß Preußens sächsische Forderungen erfüllt würden, bekundete Hardenberg Bereitschaft, gemeinsam mit Österreich und England Rußland entgegenzutreten (Nr. 32). In der Tat hat Castlereagh am 11. Oktober Hardenberg eine entsprechende Zusage gegeben, die er freilich an die Bedingung knüpfte, daß Preußen Sachsen nicht als Entschädigung für Verluste in Polen betrachte, sondern im Gegenteil bereit sei, das „Interesse Europas" gegen Rußland zu verteidigen (Nr. 33).[46]

[41] Oncken, Oesterreich I S. 245.

[42] Oncken, II S. 843f.

[43] Olshausen, S. 8f.; Fournier, Châtillon S. 361. Die Zustimmung seines Kaisers hat Metternich erst im Oktober 1814 erhalten. Dies betont Kraehe, II S. 197.

[44] Frielinghaus, S. 17; Olshausen, S. 18.

[45] Hierzu Webster, Nr. CXVI, CXXV, CXXXV.

[46] Zum preußisch-englischen Verhältnis vgl. auch Goldmann, S. 64f.

Auch Metternich, der hellsichtigste und ausdauerndste Gegner Alexanders, war zur Nachgiebigkeit gegenüber Preußens Forderungen bereit, als Hardenberg ihn um Zustimmung zur Vereinigung Sachsens mit Preußen und zum Verzicht, Bayern die Festung Mainz zu überlassen, ersuchte (Nr. 31). Obwohl starke Kräfte am Wiener Hof in einem Vorrücken Preußens an die nordböhmische Grenze (Nr. 38, vgl. auch Nr. 44) eine militärische Gefährdung Österreichs sahen, erklärte sich Metternich am 22. Oktober bereit, der Annexion erforderlichenfalls zuzustimmen, sofern es gelinge, völlige Übereinstimmung in der polnischen Frage herzustellen, Main und Mosel als Verteidigungslinien Süddeutschlands zu erhalten sowie das Schicksal von Mainz einer späteren Regelung vorzubehalten (Nr. 35). Metternich hat diese Zusagen offenbar ernst gemeint, weil ihm nur so das vorrangige Ziel der Eindämmung Rußlands erreichbar schien.[47]

Zar Alexander gelang es jedoch, die diplomatische Front der drei Mächte, die ihn durch Metternich mit der Forderung nach der Weichselgrenze konfrontierten (Nr. 36), aufzulösen, indem er den preußischen König auf seine Seite zog, der in der berühmten Unterredung von Anfang November Hardenberg verbot, „ferner die [polnische] Sache gemeinschaftlich mit Österreich und England zu behandeln" (so Stein in Nr. 39). Die in der Note Metternichs vom 2. November umschriebenen Positionen der österreichischen Regierung vermochte Hardenberg nun nicht mehr zu unterstützen (Nr. 40).[48] Castlereagh mußte er am 7. November eingestehen, daß seine Bemühungen, Alexander zum Einlenken zu veranlassen, vergebens gewesen seien, daß er daher Nachgiebigkeit in der Frage der polnischen Verfassung und Aufgabe der Weichsellinie empfehle (Nr. 41).

Damit war nicht nur der gemeinsamen Front der drei Mächte gegen Rußland weitgehend der Boden entzogen, es war auch die wichtigste Voraussetzung entfallen, an die Metternich seine Zustimmung zum Erwerb Sachsens geknüpft hatte. Auch Castlereagh mußte das Scheitern seiner Bemühungen einsehen (Nr. 42), zumal man ihm aus London zu verstehen gab, daß ein Krieg wegen Polen nicht in Frage komme (Nr. 43). Geschickt schob Metternich nun Hardenberg die Aufgabe zu, anstelle Castlereaghs die genauen Ziele des Zaren und den Grad seiner Konzessionsbereitschaft in der polnischen Frage zu erkunden.[49] Anfang Dezember mußte Hardenberg das Scheitern seiner Vermittlungsbemühungen eingestehen (Nr. 45 mit Anm. 2, Nr. 46); er beharrte aber auf dem Erwerb Sachsens.

Für Metternich war nun jedoch der Zeitpunkt gekommen, sich offen von der

[47] Griewank, Wiener Kongreß S. 214–220.

[48] Vgl. Goldmann, S. 68.

[49] Olshausen, S. 68.

Position des 22. Oktober loszusagen (Nr. 47), mit schweren Folgen auch für die Behandlung der deutschen Verfassungs- und Territorialfragen, in denen die beiden deutschen Großmächte zunächst einen gemeinsamen Kurs gesteuert hatten. Hardenbergs Versuch, Sachsen durch die Verpflanzung seines Königs an den Rhein für sein Land zu retten (Nr. 48), fand weder bei Metternich noch bei Castlereagh Anklang (Nr. 50, 52). Tief enttäuscht über diesen Mißerfolg ließ sich Hardenberg schließlich zu einem höchst undiplomatischen Vorgehen, dem sog. 'Depeschenverrat', der Mitteilung seiner vertraulichen Korrespondenz mit Metternich an den Zaren, hinreißen, um diesem zu beweisen, daß die Schwierigkeiten um Sachsen nur daher rührten, daß Preußen nicht auf die antirussische Linie Österreichs und Englands eingeschwenkt sei (Nr. 49). Der Schritt brachte Preußen mehr Schaden als Nutzen.

In dieser verfahrenen Situation baten die beiden deutschen Mächte Castlereagh um Vermittlung in der sächsischen Frage (Nr. 50). Doch diese heikle Aufgabe wollte Castlereagh nun nicht ohne Rückendeckung durch Frankreich unternehmen. Damit war die Stunde Talleyrands gekommen. Die Möglichkeit, Frankreich als Gegengewicht gegen Preußen und Rußland zu verwenden, hatte Castlereagh eigentlich nie ganz aus dem Auge verloren, aber ein entscheidendes Hindernis in Talleyrands Unverständnis für seine Gleichgewichtskonzeption gesehen, die eine starke Mitte Europas mit einem um Sachsen vergrößerten Preußen implizierte (Nr. 37). Talleyrand hatte sich stets als scharfer Gegner sowohl der preußischen als auch der russischen Ziele hervorgetan.[50] Nun, da Österreich und auch England nicht mehr bereit waren, Preußen ganz Sachsen zu überlassen (Nr. 47, 52), ergab sich eine gemeinsame Basis mit dem gegen die Auslöschung Sachsens plädierenden Talleyrand. Es lag auf der Linie der sich nun abzeichnenden neuen Konstellation der Mächte, daß Metternich Talleyrand seine Note an Hardenberg vom 10. Dezember offiziell mitteilte, dieser darauf mit einer wortreichen Darlegung seiner Legitimitätsprinzipien antwortete und diese auch Castlereagh zukommen ließ (Nr. 51). Da Alexander I., nachdem er alle Versuche, seine polnischen Pläne zu durchkreuzen, erfolgreich zurückgewiesen hatte, einem Kompromiß in der sächsischen Frage nicht mehr abgeneigt war und förmliche Konferenzen der vier Mächte anregte, um zu festen Abmachungen über Polen und Sachsen zu gelangen, konnte sich Castlereagh schon am 25. Dezember optimistisch über die Chancen seiner Vermittlungspolitik äußern.[51]

Sie hatte freilich noch eine schwere Krise zu durchstehen. Aus Castlereaghs neuer politischer Perspektive mochte es konsequent erscheinen, daß er in den Sitzungen der vier Mächte am 29. und 30. Dezember für die Zulassung Frank-

[50] Vgl. z. B. Talleyrand, Briefwechsel S. 63–71.

[51] Webster, S. 272 f.

reichs zu den Beratungen eintrat, die jedoch die preußischen Vertreter Humboldt und Hardenberg und zunächst auch die Russen ablehnten. Den sächsischen Teilungsplänen Österreichs und Englands setzten die Preußen energischen Widerstand entgegen, was Hardenberg schließlich sogar durch eine offene Kriegsdrohung bekräftigte (Nr. 53, 54). Castlereagh – durch den Frieden von Gent mit den Vereinigten Staaten weltpolitisch entlastet (Nr. 57) – nahm dies zum Anlaß, mit Metternich und Talleyrand in Verhandlungen über eine geheime Defensivallianz einzutreten, die am 3. Januar 1815 zum Abschluß führten (Nr. 55). Die Tripelallianz verpflichtete die Vertragspartner auf „den vollen und wahrhaften Sinn" der Bestimmungen des Pariser Friedens und auf gegenseitige Unterstützung bei einem Angriff. Talleyrand konnte darin mit einigem Recht die Auflösung der Viermächtekoalition sehen – allerdings nicht, wie er zugleich meinte, „für immer" (Nr. 57). Die Rückkehr Napoleons im März 1815 (Nr. 118) führte zur Erneuerung der Allianz; sie hat das Jahr 1815 als „europäisches Konzert" überdauert.[52]

Angesichts der neuen Konstellation der Mächte vermochte Preußen seinen Widerstand gegen den Eintritt Talleyrands in die Viermächtekonferenz nicht länger aufrechtzuerhalten. Am 3. Januar trat Hardenberg den Rückzug an (Nr. 56), dem sich Rußland anschloß, beide allerdings unter der dann auch zugestandenen Bedingung, daß die Einigung über Sachsen nicht von der Zustimmung des Königs von Sachsen abhängig gemacht werden dürfe (Nr. 58). Die Kriegsgefahr, wenn sie wirklich bestanden hatte,[53] war damit praktisch abgewendet, und die Konferenz der nunmehr fünf Mächte konnte sich der Suche nach einer Kompromißlösung zuwenden, die nach Lage der Dinge nur in der Teilung Polens und Sachsens bestehen konnte.

Anfang Februar schon war man sich einig geworden (Nr. 62). Doch ist in diesen vier Wochen noch hart um Einzelfragen gerungen worden. Strittig war vor allem der Verlauf der Grenzlinie, durch die Sachsen geteilt werden sollte, und im Zusammenhang damit der Besitz der Stadt Leipzig sowie der Festungen Erfurt und Torgau. Die österreichischen Militärs um Schwarzenberg wollten diese Ausfalltore nach Süden auf keinen Fall in die Hände Preußens fallen lassen. Eine Kompromißlösung kam schließlich vor allem durch die intensive Vermittlungstätigkeit Castlereaghs zustande, der aus innenpolitischen Gründen nicht mehr lange in Wien bleiben konnte (vgl. Nr. 61). Ende Januar hatte er den Österreichern die Zustimmung zum Erwerb von Erfurt und Torgau durch Preußen abgerungen, sofern Leipzig bei Sachsen verbleiben konnte; gemeinsam mit Metternich und Talleyrand hatte er ein entsprechendes Projekt erarbeitet, das er Hardenberg vorlegte (Nr. 60). Der letzte Widerstand Preu-

[52] Vgl. Dakin, S. 30; Bertier de Sauvigny in: Le Congrès de Vienne et l'Europe, S. 18.
[53] Griewank, Wiener Kongreß S. 249f.

ßens gegen den Verzicht auf Leipzig wurde schließlich durch den Zaren beseitigt, der Preußen die Weichselfestung Thorn überließ. Darüber hinausgehende Kompensationswünsche Friedrich Wilhelms III. in Sachsen fing Castlereagh durch den erzwungenen Verzicht Hollands und Hannovers auf für sie bestimmte Gebiete mit insgesamt 100000 Seelen ab (Nr. 62).

König Friedrich August von Sachsen hat der Teilung seines Landes zunächst hartnäckigen Widerstand entgegengesetzt, den die Alliierten schließlich, auch unter dem Eindruck der Rückkehr seines früheren Protektors Napoleon aus Elba, durch ein Ultimatum brachen. Am 18. Mai wurde der Frieden zwischen Preußen und Sachsen unterzeichnet.[54]

Die neue Teilung Polens erfolgte weitgehend zugunsten Rußlands. Preußen erhielt einen Teil seiner Erwerbungen aus der zweiten polnischen Teilung bis zur Prosna und Drewenz als Großherzogtum Posen zurück; Österreich behielt die Erwerbungen aus der ersten Teilung, aber ohne Zamość, jedoch unter Rückgabe von Tarnopol und einiger Abtretungen des Jahres 1809. Krakau wurde unter Oberaufsicht der drei Teilungsmächte eine Freie Stadt, während das übrige Herzogtum Warschau als Königreich Polen unter eigener Verwaltung mit dem russischen Reich verbunden wurde. In diesen Bestimmungen der Wiener Schlußakte manifestierte sich das Scheitern der gegenüber Rußland verfolgten Eindämmungspolitik.

5.

Erst die Lösung der polnisch-sächsischen Frage machte den Weg frei für die Entscheidung der übrigen Probleme, deren Behandlung unter dem Einfluß der Kongreßkrise seit dem Spätjahr 1814 ins Stocken geraten war. Dies galt insbesondere für die deutsche Verfassungsfrage. Der Pariser Vertrag hatte dazu in Anknüpfung an einen entsprechenden Artikel des Bündnisses von Chaumont (Nr. 63 Anm. 3) mit der Bestimmung über die Unabhängigkeit der „Staaten Deutschlands", die durch ein „föderatives Band" vereinigt sein sollten, eine wichtige, aber in gewissen Grenzen doch auslegbare Vorentscheidung getroffen. Diese Bestimmung war ihrerseits eine Folge der vertraglichen Zusicherungen, durch die deutschen Mittel- und Kleinstaaten bei ihrem Anschluß an die antinapoleonische Koalition ihre Souveränität – allerdings mit unterschiedlichen Einschränkungen – zugesichert worden war (Nr. 16 Anm. 5, 13 Anm. 8, 63 Anm. 4).[55] Die Vorschläge, die seit dem Frühjahr 1814 für die Neugestaltung Deutschlands erarbeitet wurden,[56] hatten sich in diesem Rahmen zu bewegen.

[54] Kohlschmidt, S. 125–162; Olshausen, S. 132–135.

[55] Vgl. Kraehe, I Kap. VIII; Überblick bei v. Aretin, S. 120f.

[56] Über vorherige Pläne im Überblick Huber, I S. 510–543 sowie die Quellenauswahl 'Die deutsche Verfassungsfrage' von Botzenhart.

Stein hat als erster versucht, ihn skizzenhaft auszufüllen und in Modifikation seiner früheren Entwürfe, die die Wiederherstellung des Kaisertums forderten, die oberste Gewalt des deutschen Bundesstaates einem Direktorium aus Österreich, Preußen, Bayern und Hannover mit weitgehenden Kompetenzen gegenüber den Bundesstaaten zugewiesen (Nr. 63). Sein Vorschlag, durch einen aus Humboldt, dem Grafen Solms-Laubach, dem ihm eng verbundenen Vorsitzenden des Vereins der Mediatisierten,[57] und einem Vertreter Österreichs zusammengesetzten Ausschuß einen Verfassungsplan entwerfen zu lassen, den dann die Alliierten den Gesandten der deutschen Fürsten zur Unterzeichnung vorlegen sollten, wurde nicht verwirklicht; vielmehr ging noch im März ein wichtiger Anstoß zur Behandlung der deutschen Verfassungsfrage von den alliierten Ministern aus, die angesichts zahlreicher Klagen Mediatisierter über vor allem süddeutsche Fürsten eine Festlegung der Untertanenrechte und Klarheit über die Stellung von Landständen in den deutschen Staaten wünschten. Humboldts Ausarbeitungen für einen künftigen Verfassungsausschuß waren ein Ergebnis dieser Beschlüsse der vier Mächte (Nr. 64).[58] Mit seiner Konstruktion eines starken Bundesstaates und der Forderung nach Landständen sowie gesetzlicher Sicherung „der Rechte eines jeden deutschen Untertanen im allgemeinen und der mediatisierten Fürsten und Grafen im besonderen" Steins Ideen nahestehend, räumte Humboldt anders als dieser den Hauptmächten Österreich und Preußen eine besonders starke Stellung ein.[59] Humboldts Entwürfe lagen Hardenberg vor, als dieser Anfang Juli einen Verfassungsplan (erste Fassung der 41 Artikel) erarbeitete, den er am 17. Juli mit Stein und Solms-Laubach in Frankfurt erörterte. Das Ergebnis dieser Besprechungen war die zweite Fassung der 41 Artikel (Nr. 65), die Anfang September in Wien den preußisch-hannoverschen Vorkonferenzen und Anfang Oktober den Beratungen zwischen diesen beiden Mächten und Österreich zugrunde lag. Deren Ergebnis waren die sog. Zwölf Artikel (Nr. 71), die offizielle Vorlage Österreichs und Preußens für die Beratungen des von den Alliierten eingesetzten deutschen Komitees.

Daß diese Vorlage ihrem wesentlichen Inhalt nach aus dem preußischen Lager kam, hat Gerhard Ritter auch damit erklärt, daß die norddeutsche Macht mehr als der Habsburgerstaat an einer raschen Lösung der Verfassungsfrage interessiert sein mußte, war doch eine Neuordnung der preußischen Länder erst möglich, wenn über deren staatsrechtliches Verhältnis zu den übrigen deutschen Staaten entschieden war.[60] Hardenberg hat seinen Verfassungsentwurf freilich in enger Fühlungnahme mit Metternich erarbeitet; er hat im Juni in

[57] Dazu Hoff, S. 18f.; Ritter, S. 486.

[58] Gebhardt, II S. 115f.

[59] Hartmann, S. 16.

[60] Ritter, S. 489.

London mit diesem über die Verfassungsfrage konferiert und Metternich Anfang Juli in Paris die Grundzüge seines Plans mitgeteilt.[61] Hardenberg wußte, daß dieser nur in engem Einvernehmen mit Österreich realisierbar war (Nr. 67). Denn sein Entwurf sah eine Hegemonialstellung der beiden deutschen Großmächte vor, die das Bundesdirektorium übernehmen sollten. Das Instrument, das Preußen die Herrschaft über Norddeutschland, Österreich über Süddeutschland sichern sollte, war die auch schon von Humboldt vorgesehene Kreisverfassung mit einem Rat von sieben Kreisobersten, dem eigentlichen Führungsorgan des Bundes, dem die Vertretung nach außen und die Verfügung über die Exekutive zustand. Diese Verfassungskonstruktion lief auf eine Mediatisierung der nicht zu den Kreisobersten zählenden Staaten hinaus und räumte den Großmächten, indem sie nur diesen als Inhabern von Gebieten außerhalb des Bundes das Recht auf eine selbständige Außenpolitik gab, den unbedingten Dominat in Deutschland ein.

Unterstützt wurde dieses Projekt von den Mediatisierten unter Führung Solms-Laubachs und Steins, die sich von seiner Verwirklichung eine Verbesserung ihrer Rechtsstellung erhofften. Denn wie schon in Steins und Humboldts Entwürfen waren in den 41 Artikeln landständische Verfassungen und Bestimmungen über die Sicherung der Untertanenrechte vorgesehen, die nicht nur nach Meinung Solms-Laubachs verhindern sollten, daß es in den ehemaligen Rheinbundstaaten weiterhin „sultanisch herging" (Nr. 69). In der adligen Opposition gegen die Rheinbundstaaten glaubten Zeitgenossen geradezu ein revolutionäres Potential zu sehen (Nr. 76).

Auf die Kontroverse, die sich vor einigen Jahren an der Deutung der Absichten, die Preußen, Österreich und die Adelspartei mit den Bestimmungen über Landstände und Untertanenrechte verbanden, entzündete, auf die Frage, ob darin der Versuch der deutschen Großmächte gesehen werden muß, im Bund mit den Mediatisierten die ehemaligen Rheinbundstaaten zu schwächen (so Mager), oder ob es dabei primär um die staatsrechtliche Garantie einer ständisch gegliederten Gesellschaft ging, in der ständisch abgestufte Freiheit und Sicherheit des Eigentums gegen „Despotismus" gewährleistet werden sollten (so Wunder), kann hier nicht im einzelnen eingegangen werden. Uns scheint jedoch, daß Magers Deutung die politischen Ziele der Großmächte zu sehr auf einen sicher bedenkenswerten Aspekt reduziert und die Tatsache nicht zu erklären vermag, daß die Alliierten insgesamt für die Sicherung der Untertanenrechte eintraten. Ziel war, wie Wunder formuliert, „die Integration der Rheinbundstaaten in das von den Alliierten geschaffene, restaurative Europa" [62]. Um dies zu erreichen, haben Stein und unter seinem sowie Solms-Laubachs Einfluß

[61] Fournier, Präludien 43 II S. 24; Griewank, Preußen S. 245.

[62] Wunder, S. 154.

auch Hardenberg in der zweiten Fassung der 41 Artikel sogar für den Ausschluß der altpreußischen und altösterreichischen Länder aus dem deutschen Bund plädiert. Dann erst, so argumentierte Solms-Laubach, ließe sich in den ehemaligen Rheinbundstaaten dem Despotismus wirksam begegnen, ohne daß deren Regierungen den ständischen Gedanken dadurch diskreditieren könnten, daß sie auf mögliche Folgewirkungen ständischer Opposition auch für die Stabilität der beiden Großmächte hinwiesen (Nr. 69).

Der Gedanke, den Bund auf die Gebiete westlich von Elbe und Inn zu beschränken, ist freilich schon in den Vorkonferenzen mit Hannover gefallen.[63] Doch räumten noch die Zwölf Artikel Österreich und Preußen das Recht ein, in Sachen Landstände und Untertanenrechte nach Maßgabe ihrer „besonderen Verhältnisse" zu verfahren (Nr. 71 Artikel 12).[64] Im übrigen bewahrten die Zwölf Artikel, wenn auch mit einigen Abschwächungen etwa bei den Untertanenrechten, wichtige Elemente des Hardenbergschen Entwurfs, d. h. die Möglichkeit, die „Regierungsrechte" der Einzelstaaten zugunsten des Bundes einzuschränken, die Vorherrschaft der deutschen Großmächte sowie die Privilegierung Bayerns, Hannovers und Württembergs, die mit Österreich und Preußen gemeinsam den Rat der Kreisobersten bilden sollten, vor der Masse der übrigen Mittel- und der Kleinstaaten. Die in Art. VIII vorgesehenen Kreisstände stellten einen Rückgriff auf Hardenbergs Londoner Zehn Artikel (Nr. 65 Anm. 1) dar und sollten, wie Kraehe zeigt, die Möglichkeit bieten, die Mediatisierten politisch aufzuwerten.[65]

Mit der Zustimmung zu dieser Lösung hatte Metternich – gegen starke Bedenken unter seinen Beratern[66] – seine eigenen verfassungspolitischen Vorstellungen, die bei strikter Gegnerschaft gegen eine Restauration des untergegangenen Kaisertums ursprünglich eher einer staatenbündischen Lösung zuneigten,[67] nicht unerheblich modifiziert. Immerhin aber hatte er durchgesetzt, daß der in seinen Augen zu „weitläufige" Plan Hardenbergs auf einige wenige Basisartikel reduziert worden war (Nr. 68). Schließlich hatte er nicht ohne einen gewissen Erfolg gegen die Tendenz Hardenbergs Front gemacht, den Kreisobersten eine besonders starke Stellung einzuräumen (Art. VIII); Metternich war demgegenüber für die Rechte der kleineren Staaten eingetreten (Art. III), eine Tendenz, die in den Verfassungsverhandlungen des Kongresses immer wieder deutlich werden sollte.[68]

[63] Schmidt, S. 197.

[64] Dazu Mager, S. 329.

[65] Kraehe, II S. 160f.

[66] Hartmann, S. 28f.

[67] Vgl. Metternich, I S. 165, 207 sowie Nr. 68 Anm. 2. Zur Literatur Hartmann, S. 17–20, 32–34.

[68] Kraehe, II bes. Kap. VI, IX.

Metternichs Motive für das enge Zusammengehen mit Preußen auch in der Verfassungsfrage sind wiederum in seiner europäischen Politik zu suchen. Unter der einvernehmlichen Führung der deutschen Großmächte sollte die europäische Mitte so organisiert werden, daß sie gegen Frankreich und vor allem gegen Rußland zur Erhaltung des europäischen Gleichgewichts beitragen konnte.[69] Dabei mußte allerdings die Gefahr vermieden werden, die deutschen Mittelstaaten durch allzu zentralisierende Tendenzen in die Arme dieser Flügelmächte zu treiben (vgl. Nr. 66).

Die verfassungspolitischen Vorstellungen der süddeutschen Mittelstaaten ergeben sich deutlich aus den bayerischen und württembergischen Kongreßinstruktionen sowie aus dem die 41 Artikel kommentierenden Gesandtschaftsbericht des badischen Vertreters Hacke (Nr. 13, 16, 70). Die Süddeutschen waren nicht bereit, die in den Verträgen des Jahres 1813 zugestandene Souveränität erheblichen Einschränkungen zu unterwerfen. Die bayerische Instruktion spezifizierte dies dahin, daß die deutsche Verfassung nur auf ein Militärbündnis der deutschen Königreiche zu gründen sei, denen eine Hegemonialstellung gegenüber den übrigen Staaten eingeräumt werden solle.[70] Diese mußten sich somit sowohl von den Großmächten als auch von den größeren Mittelstaaten durch Mediatisierungsabsichten bedroht fühlen. Die Vorstellungen der kleineren Staaten[71] zielten deshalb auf eine Verfassung, die durch Schaffung eines kräftigen föderativen Bandes[72] die staatliche Selbständigkeit aller Einzelstaaten gegen begehrliche Nachbarn, vor allem Preußen, schützen sollte. Besonders weitgehende Zugeständnisse an das 'Deutsche Reich', das von einem Fürstenrat oder einem gewählten Oberhaupt geführt werden sollte, sah die Instruktion für den Gesandten von Mecklenburg-Schwerin vor (Nr. 6).

Die Reaktion Bayerns und Württembergs auf die dem deutschen Ausschuß vorgelegten Zwölf Artikel war zwar nicht völlig ablehnend, aber die beiden Staaten übten an wichtigen Prinzipien wie der Stimmverteilung im Rat der Kreisobersten, der Beschränkung ihrer außenpolitischen Handlungsfreiheit und dem Bundesgericht heftige Kritik (vgl. Nr. 75, 82).[73] Wie ernst Metternichs Absicht war, die mit Preußen vereinbarten Verfassungsprinzipien gegen den Widerstand der süddeutschen Staaten durchzusetzen, zeigte seine Bereitschaft, auf ein Abkommen mit Preußen und Hannover über die unverzichtbaren Punkte der Zwölf Artikel einzugehen (Nr. 77).[74] Es wurde am 21. Okto-

[69] Kraehe, Raison d'état S. 190f.

[70] Zur Haltung der süddeutschen Staaten vgl. Real, S. 25–54.

[71] Ebenda S. 57–65.

[72] So die Instruktion Karl Augusts von Weimar vom 22. 9. 1814. Egloffstein, S. 256–259, hier S. 256.

[73] Außerdem Hartmann, S. 42–48.

[74] Gebhardt, II S. 141f.; Kraehe, II S. 200f.

ber, einen Tag vor der Wiener Zustimmung zum Erwerb Sachsens durch Preußen (Nr. 35), unterzeichnet, wobei Metternich allerdings u. a. durchsetzen konnte, daß man das Prinzip der Kreisverfassung für verhandlungsfähig erklärte.

Widerstand wurde auch bei den Kleinstaaten wach (Nr. 73, 74); diese fanden Unterstützung bei Stein (Nr. 78), der in ihnen ein Gegengewicht gegen die partikularistische Opposition Bayerns und Württembergs gegen die Zwölf Artikel zu finden hoffte, denen er in diesen Tagen auch durch eine von ihm angeregte Intervention Rußlands Unterstützung zu verschaffen suchte (Nr. 79).[75] Die Note der Bevollmächtigten von 29 Fürsten und Freien Städten vom 16. November wandte sich jedoch viel grundsätzlicher gegen den Ausschluß der Kleinstaaten von den Verfassungsberatungen und forderte „ein Oberhaupt", d. h. einen Kaiser „an der Spitze der Deutschen Staatenverbindung" (Nr. 81).

Es waren freilich nicht innerdeutsche Widerstände, die die Verfassungsberatungen seit Mitte November zum Erliegen brachten; vielmehr entzogen die Auseinandersetzungen um die polnisch-sächsische Frage der österreichisch-preußischen Zusammenarbeit nun die Grundlage.[76] Metternichs Kurswechsel im Spätjahr 1814 wirkte sich auch auf die deutsche Verfassungsfrage aus. Im Dezember warb er für einen von Wessenberg ausgearbeiteten Verfassungsplan, der die Kreisverfassung aufgab und Österreich den Vorsitz im Bundesrat zusprach (Nr. 83, 85). Dieser die Gleichheit der Mitgliedstaaten betonende Entwurf,[77] dessen Grundtendenz Metternich bei aller Zustimmung zu den Zwölf Artikeln im Grunde stets den Vorzug gegeben hatte, hat die österreichische Verfassungspolitik der Folgezeit stark geprägt. Erst nach Beilegung der polnisch-sächsischen Krise kam der Gedankenaustausch zwischen Österreich und Preußen wieder in Gang, wobei freilich Steins „Kaiseragitation" im Februar und März 1815 (Nr. 86, 87) ebenso zur Verzögerung des Abschlusses beitrug wie die Vorbereitung des Krieges gegen Napoleon, der das politische Gewicht der beteiligten deutschen Mittel- und Kleinstaaten verstärkte, was nicht ohne Bedeutung für die Regelung der territorialen und der verfassungsrechtlichen Fragen bleiben konnte.[78]

Ausschußverhandlungen über die deutsche Frage begannen erst am 23. Mai, nunmehr jedoch unter Beteiligung auch kleinstaatlicher Vertreter. Österreich

[75] Ritter, S. 500–502.

[76] Hartmann, S. 46–48; die Kompromißfähigkeit der Politik Bayerns und Württembergs ergibt sich auch aus Nr. 82 u. 84. Kraehe, II S. 250f., weist darauf hin, daß die von Württemberg verlangte Diskussion der territorialen Probleme des Bundes angesichts der sächsisch-polnischen Krise weiteren Beratungen des Deutschen Ausschusses den Boden entzog.

[77] Kraehe, II S. 279–281.

[78] Ebenda, Kap. XII.

und Preußen hatten sich zuvor auf einen Entwurf geeinigt, der zwar anders als der Wessenberg-Plan eine unterschiedliche Gewichtung der Stimmen der einzelnen Staaten in Aussicht nahm, der aber auf die Festlegung landständischer Rechte verzichtete und ein Bundesgericht mit recht eingeschränkten Kompetenzen vorsah (Nr. 89). Daß auch dieser Entwurf bei den Süddeutschen noch erheblichem Widerstand begegnen werde, konnte Metternich bei einem Gespräch mit dem bayerischen Gesandten Rechberg am 17. Mai feststellen (Nr. 88). In der Tat fiel gerade Bayern – Württemberg hatte sich an den Ausschußsitzungen gar nicht beteiligt, Baden entsandte nur einen Beobachter – nun eine entscheidende Rolle zu. In den dramatisch verlaufenden Schlußberatungen hat Rechberg noch wichtige Zugeständnisse an den bayerischen Standpunkt, vor allem die Streichung des Bundesgerichts und die weitgehende Wahrung des einzelstaatlichen Bündnisrechts, durchgesetzt (Nr. 90). Auf einen bayerischen Antrag ging es schließlich auch zurück, daß die von dem päpstlichen Vertreter Consalvi seit November 1814 betriebene Sicherung der „Vorrechte“ der katholischen Kirche (Nr. 80) in der Bundesakte unterblieb, nachdem eine auch den Kardinal befriedigende Formulierung des im österreichisch-preußischen Entwurf enthaltenen Kirchenartikels nicht gelungen war. Auch ein solcher Artikel hätte freilich, wie Consalvi wußte, den der Kirche in Deutschland schädlichen territorialen Beschlüssen des Kongresses keinen Abbruch mehr tun können. So entschloß sich der Kardinal zum Protest (Nr. 91).

6.

Abhängig von der Lösung der polnisch-sächsischen Krise war auch die Regelung der territorialen Probleme Italiens, Hollands, Deutschlands und der Schweiz. Nachdem die untereinander zerstrittenen neunzehn Schweizer Kantone sich unter dem Druck der Großmächte am 9. September 1814 auf einen Bundesvertrag geeinigt hatten,[79] blieb es dem Kongreß überlassen, deren Grenzstreitigkeiten und territoriale Ansprüche an die Nachbarstaaten zu regeln sowie die Integrität und Neutralität der Eidgenossenschaft anzuerkennen (vgl. Nr. 15). Diese Aufgabe übernahm das am 14. November zusammentretende, von den Großmächten beschickte Schweizer Komitee, vor dem die eidgenössische Gesandtschaft einen Tag später ihre Anliegen vortragen durfte (Nr. 99). Seit dem 30. November gehörte ihm auch ein Vertreter Frankreichs an, ohne dessen Mitwirkung vor allem die Realisierung des Genfer Wunsches nach einer Landverbindung mit dem Waadtland nicht gut möglich schien. Talleyrand hatte zunächst die Bereitschaft erkennen lassen, einen Teil des Landes

[79] Oechsli, II S. 146–150.

Gex im Tausch gegen einen Teil des Bistums Basel, durch das im übrigen Bern für den ganz oder teilweise verlorenen Aargau entschädigt werden sollte, abzutreten (Nr. 98). Im Dezember lehnte er das von den Alliierten befürwortete Geschäft jedoch ab, weil die französischen Bedingungen nicht voll akzeptiert wurden und weil er die Genfer allzu eng mit England verbunden glaubte.

Talleyrand versuchte nun auch südlich des Genfer Sees eine Verbesserung der Situation des neuen Kantons durch Abtretung savoyischen Gebiets, die schon die sardinische Kongreßinstruktion strikt ablehnte, zu verhindern (Nr. 7, 8). Sie ist schließlich unter Übergehung Talleyrands im Zusammenspiel Genfs mit Sardinien und den Alliierten doch in bescheidenem Umfang erreicht worden. Gegen die Einbeziehung Nordsavoyens in die schweizerische Neutralität und gegen die Abtretung der Reichslehen in Ligurien (vgl. Nr. 7) durch Österreich überließ Sardinien Genf ein Gebiet mit 9500 Seelen (Nr. 105).[80]

Hatten bei diesem Handel auch konfessionelle Probleme eine Rolle gespielt, so trugen sie im Falle des Veltlin, Bormios und Chiavennas dazu bei, daß die Eidgenossenschaft sich von diesen ehemals graubündischen katholischen Untertanenlanden zugunsten der österreichischen Lombardei trennen mußte. Die Verhandlungen des Schweizer Komitees ließen die gegensätzlichen Standpunkte der Graubündner, der Veltliner und der offiziellen Vertreter der Eidgenossenschaft in dieser Frage deutlich erkennen (Nr. 100). Eine für diese günstige Regelung kam schließlich auch deshalb nicht zustande, weil der Wortführer der Schweizer Vertretung, Reinhard, keine klare Konzeption zu entwickeln vermochte.[81]

Die von den acht Signatarmächten des Pariser Friedens unterzeichnete Erklärung vom 20. März 1815 legte schließlich – ergänzt durch die einige Tage später getroffene Vereinbarung zwischen Genf und Sardinien – das Gefüge der neuen Eidgenossenschaft fest und sagte bei Annahme dieser Erklärung durch die Tagsatzung die Garantie der schweizerischen Neutralität zu; diese erfolgte dann am 20. November 1815.

Wie eng die territorialen Probleme Hollands und des deutschen Raums miteinander verknüpft waren, zeigt ein Blick in Hardenbergs schon erwähnte Aprildenkschrift (Nr. 1),[82] in der ein umfassender Versuch unternommen wurde, die einschlägigen allgemein gehaltenen Beschlüsse der Alliierten, die der Pariser Friede vom 30. Mai (Nr. 3) im wesentlichen bestätigte, aus preußischer Sicht zu konkretisieren. Nach Hardenbergs Vorstellungen sollte Preußen an beide Ufer des Rheins nördlich des Mains (darüber hinaus nach Mainz)

[80] Vgl. ebenda, S. 296–300.

[81] Ebenda, S. 274–283.

[82] Vgl. die kartographische Darstellung bei Klinkenburg, S. 69 sowie Karte 1 am Schluß des Bandes.

vorrücken, ihm sollten die nassauischen Lande zufallen, während der Raum bis zur französischen Grenze unter das um Belgien zu erweiternde Holland sowie Baden, Bayern und Hessen-Darmstadt aufgeteilt werden sollte. Österreich war wieder eine starke Position in Süddeutschland zugedacht. Außerdem sah das Memorandum den Erwerb Sachsens durch Preußen vor. In der Grundkonzeption entsprach Hardenbergs Plan den englischen Vorstellungen einer gemeinsamen Lenkung Deutschlands durch Österreich und Preußen sowie den Barrierewünschen der englischen Gleichgewichtspolitik.

Allerdings stieß der Umfang der preußischen Territorialforderungen auf den Widerstand des von England stark protegierten Oraniers, der sich strikt gegen die Aufgabe seiner deutschen Erblande aussprach (Nr. 11). Die Schwierigkeiten, auf die die preußischen Absichten auf Mainz stießen, das Österreich im Juni 1814 Bayern zugesagt hatte, sowie die Absicht, die Festungen Jülich und Luxemburg in der Hand der Verbündeten zu lassen, bestimmten Hardenberg zu Beginn des Kongresses, eine Änderung seines Planes vorzuschlagen: Bayern sollte Luxemburg als Entschädigung für Mainz erhalten, während die militärische Stellung Preußens durch die Festung Jülich verstärkt werden sollte (Nr. 93). Castlereagh stimmte zwar dem Argument zu, die Niederlande seien zu schwach, allein die Verteidigung im Westen zu tragen (Nr. 94), ließ sich aber durch Wellington davon überzeugen, daß Bayern hierfür ebensowenig in Frage komme,[83] Luxemburg vielmehr von Preußen übernommen werden solle, während Jülich mit dem Niederrhein an die Vereinigten Niederlande gelangen müsse (Nr. 96, 97). Wie jedoch der Vertrauensmann des Oraniers in der englischen Kongreßgesandtschaft, Lord Clancarty, schon Anfang Oktober feststellte, hing die Entscheidung über die Grenzziehung im Westen letztlich von der Lösung der polnisch-sächsischen Frage ab (Nr. 95).

In der Tat mußte sich die Teilung Sachsens auch auf die preußischen Ansprüche im Westen auswirken; Clancarty schlug deshalb schon am 4. Januar Wilhelm VI. vor, seine Erblande aufzugeben, um dafür eine starke Stellung rechts der Maas sowie das Herzogtum Luxemburg, das ihm zugleich die Mitgliedschaft im Deutschen Bunde gebe, zu erhalten (Nr. 101). Nachdem sich die Fünfmächtekonferenz am 12. Januar darüber klargeworden war, daß die „Wiederherstellung Preußens" notwendigerweise auch die Behandlung der territorialen Angelegenheiten Österreichs, Hollands, Hannovers und Bayerns impliziere,[84] ist es ihr in den folgenden vier Wochen gelungen, die wichtigsten der damit verbundenen Probleme zu erledigen. Die Regelung der niederländischen Frage konnte freilich nur gegen den Widerstand Wilhelms VI. (vgl. Nr. 102) und unter weitgehender Ausschaltung seiner Kongreßgesandtschaft

[83] Vgl. hierzu Linker, S. 129f.

[84] Protokoll der Sitzung vom 12. 1. 1815 bei Angeberg, II S. 1883f.

durchgesetzt werden (Nr. 103). Sie gab dem Oranier das Land Luxemburg, allerdings nur in Personalunion mit den Vereinigten Niederlanden und als Bestandteil des Deutschen Bundes mit der Hauptstadt als Bundesfestung, nachdem Preußen auf den Erwerb des Landes verzichtet hatte. Dafür mußte der Fürst seine oranischen Erblande aufgeben und sich bei der Grenzziehung östlich der Maas mit einem bescheideneren Gewinn begnügen, der noch im letzten Augenblick durch Castlereagh selbstherrlich um Eupen vermindert wurde, um Preußens Zustimmung zum sächsischen Arrangement zu erreichen (Nr. 62).

Ein ähnliches Opfer verlangte der englische Minister auch Hannover ab, für dessen Wiederherstellung Graf Münster auf dem Kongreß unermüdlich stritt (Nr. 83). Sein Hauptziel hat Münster jedoch erreicht, den Erwerb Ostfrieslands, mit dem Hannover unmittelbar an Holland grenzte. Dies diente auch der Sicherung der Niederlande und lag ebenso wie die Abdrängung Preußens von der Nordsee im Sinne der englischen Europapolitik.[85]

Das territoriale Arrangement mit Preußen war freilich an die Bedingung geknüpft, daß Hannover das Herzogtum Lauenburg abtrat, das Preußen wiederum dazu verwenden wollte, um Schwedisch-Pommern, das Dänemark im Kieler Frieden von Schweden als Ersatz für Norwegen abgetreten worden war, zu erlangen. Der Ausgleich zwischen Schweden, Dänemark und Preußen war kein Thema des Kongresses selbst (vgl. Nr. 92), sondern wurde seit Oktober 1814 in Verhandlungen am Rande des Kongresses erörtert.[86] England konnte insofern Druck auf die schwedische Konzessionsbereitschaft gegenüber Dänemark ausüben und es zur Herausgabe Vorpommerns veranlassen, als es Schweden noch Entschädigungszahlungen für die Insel Guadeloupe schuldete (Nr. 104). Der endgültige Ausgleich kam im Juni 1815 zustande.[87]

Keine abschließende Regelung auf dem Kongreß fanden die österreichisch-bayerischen Grenzprobleme sowie das Schicksal der von diesen Mächten gemeinsam besetzten Gebiete zwischen Rhein und Mosel und die Herrschaft über die Festung Mainz (vgl. Nr. 104). Hierüber hat man sich erst im Zusammenhang mit dem Abschluß des 2. Pariser Friedens im November 1815 und durch einen bayerisch-österreichischen Vertrag vom 14. April 1816 verständigt.[88] Österreich zog sich nun endgültig aus Süddeutschland zurück.

[85] Griewank, Wiener Kongreß S. 259. Über die Wiederherstellung Hannovers vgl. die Arbeiten von Brandes, Krausnick und Lange.

[86] Höjer, Bernadotte II S. 218.

[87] Hierzu ebenda, S. 254–257; Nørregaard, S. 190–204.

[88] Griewank, Wiener Kongreß S. 265–271, 352f.

7.

Statt dessen hat der Kaiserstaat 1814/15 mit Unterstützung Englands die Vorherrschaft auf der Apenninenhalbinsel errungen.[89] Italien, so wollten es Metternich und Castlereagh, sollte wieder in die Hand unabhängiger Einzelstaaten gelangen. Die Idee der Einigung Italiens sei auszulöschen, erklärte Metternich dem sardinischen Gesandten (Nr. 106) und dem päpstlichen Vertreter (Nr. 108). Deshalb befürwortete er die Wiederherstellung des Kirchenstaates, wenn auch nicht im alten Umfang, sowie des Königreichs Sardinien, während er in Toskana und Modena habsburgische Dynasten eingesetzt sehen wollte. Frankreichs politischer Einfluß in Italien sollte ausgeschaltet werden. Darum hatte Metternich keine Skrupel gehabt, im Vertrag vom 11. Januar 1814 (Nr. 107 Anm. 1) Murat, dem Sohn der Revolution, seinen Staat zu garantieren, was eine Restauration der auf Sizilien zurückgedrängten spanischen Bourbonen wenigstens vorerst ausschloß. Schlußstein seines italienischen politischen Systems sollte eine Lega italica unter österreichischer Führung sein, die freilich nicht wie der Deutsche Bund auf dem Kongreß erörtert werden durfte (vgl. Nr. 111). Metternich hat in zahlreichen Gesprächen mit italienischen Diplomaten für diesen Bund geworben, der die innere und äußere Sicherheit der Halbinsel garantieren sollte (Nr. 107, 108, 110), und nach Abschluß des Kongresses mit Neapel und Sardinien Verhandlungen über ein „föderatives Verteidigungssystem in Italien" geführt (Nr. 120). Bei Sardinien waren Metternichs Ideen freilich von vornherein auf starke Vorbehalte gestoßen (vgl. Nr. 8).[90]

Daß die Regelung der italienischen Fragen – abgesehen von der Vereinigung Genuas mit Sardinien (Nr. 111) – nur schleppend vorankam, hing einmal mit der die Mächte voll in Anspruch nehmenden polnisch-sächsischen Krise zusammen, entsprach aber auch Metternichs Wunsch, in dieser schwierigen Situation Zeit zu gewinnen, um das neapolitanische Problem ohne Entfesselung von Aufständen zugunsten eines nationale und liberale Parolen vertretenden Murat behutsam unter Wahrung der österreichischen Interessen und ohne militärisches Eingreifen Frankreichs in Italien zu lösen (Nr. 114, 115). Gegen eine überstürzte Behandlung der Frage sprach sich auch Castlereagh gegenüber dem auf eine Erklärung des Kongresses gegen Murat drängenden und legitimistisch argumentierenden Talleyrand aus (Nr. 113, 116). Die Möglichkeit zur Verständigung mit Frankreich über Italien unter Umgehend Talleyrands ergab sich, als Ludwigs XVIII. Hausminister Blacas den Weg zu Geheimverhandlungen in Paris eröffnete.[91] Sie traten in ihre entscheidende Phase, als Castle-

[89] Überblick über das Werk des Kongresses bezügl. Italiens Gigli, S. 129–184.

[90] Vgl. auch Großmann, S. 48–50.

[91] Hierzu Weil, Revirement, sowie ders., Murat II passim, III S. 1–29.

reagh auf der Rückreise nach England Ludwig XVIII. Metternichs italienisches Programm vorlegte (Nr. 117). Österreich gab Murat darin preis, ohne sich jedoch auf einen Zeitpunkt für aktives Vorgehen gegen ihn festzulegen. Murat hat ihn schließlich durch seinen Anschluß an den zurückgekehrten Napoleon selbst herbeigeführt (Nr. 118).

Die Neuordnung Italiens, auf die der Fünfmächteausschuß sich im Mai und Juni 1815 in Wien einigte, stimmte weitgehend mit Metternichs Programm (Nr. 117) überein. Neapel fiel an den Bourbonen Ferdinand IV. Das Großherzogtum Toskana, dem nun die Insel Elba zugeschlagen wurde, erhielt Ferdinand III. zurück, während Kaiserin Marie-Luise mit Parma, Piacenza und Guastalla versorgt wurde. Anders als es Metternich beabsichtigt hatte, wurde die Infantin Marie-Luise, die ehemalige Königin von Etrurien, mit Lucca abgefunden.[92] Die Abmachungen über den Kirchenstaat entsprachen zwar nicht den von Consalvi vorgetragenen Restitutionswünschen des Heiligen Stuhls (Nr. 108, 109), kamen ihnen aber, wie der Kardinal anerkennen mußte, sehr nahe. Der Protest, den er dennoch einlegte, richtete sich nur gegen den entschädigungslosen Verlust von Avignon und Venaissin sowie des auf dem linken Poufer gelegenen Teils von Ferrara (Nr. 119).

8.

Die in Wien vereinbarte Neuordnung Europas konnte durch den Krieg gegen Napoleon nicht mehr in Frage gestellt werden. Entgegen den Wünschen der deutschen Patrioten behielt Frankreich im 2. Pariser Frieden vom 20. November 1815[93] das Elsaß, wurde allerdings zu einigen Grenzkorrekturen gezwungen: Landau kam der bayerischen Pfalz zugute, während die Lande an der Saar an Preußen fielen. Die Schweiz erhielt aus dem Lande Gex die Verbindung zwischen Genf und dem Waadtland und Sardinien den im 1. Pariser Frieden bei Frankreich verbliebenen Teil von Savoyen.

Die Ordnung von 1815 hat bei aller Begrenztheit und Unvollkommenheit ihrer Regelungen die Wandlungen der europäischen Staatenwelt des 19. Jahrhunderts überdauert. Obwohl der Kongreß mit seiner europäisch ausgerichteten Gleichgewichtsordnung weder der globalen Rivalität zwischen England und Rußland noch überhaupt den Problemen der überseeischen Welt Rechnung getragen hat, obwohl er den nationalen Gegebenheiten und den aufkeimenden liberalen und nationalen Bestrebungen ein sozialkonservatives Konzept entgegensetzte und deshalb von der zeitgenössischen deutschen Publizi-

[92] Hierzu Seco, S. 172–178.
[93] CTS, 65 S. 253–257.

stik ziemlich einhellig verurteilt wurde[94] und obwohl das System von 1815 vor allem von den Ostmächten einseitig in den Dienst einer Repressionspolitik gegen revolutionäre Bewegungen gestellt wurde, die „eine wirklich gemeineuropäische Politik, wie sie 1815 erträumt war, mehr und mehr unmöglich" machte,[95] besaß das Werk von 1815 dennoch genügend Flexibilität, um alle Veränderungen im europäischen System, die Revolutionen sowie die nationale Einigung Italiens und Deutschlands, zu überstehen. England blieb der auch wirtschaftlich überlegene Wächter des europäischen Gleichgewichts, um dessen Erhaltung sich die europäische Pentarchie auf den Kongressen des folgenden Jahrhunderts unter bewußter Anknüpfung an die Verträge von 1815 immer wieder bemühte.

Wenn der Kongreß im Anschluß an die Usancen des 18. Jahrhunderts ein 'Reglement über den Rang der diplomatischen Vertreter' beschloß (vgl. Nr. 105 Anm. 3), so spiegelt dies auch die Tatsache, daß die Restauration von 1815 von Angehörigen der alteuropäischen Führungsschicht gestaltet wurde, die in hohem Maße noch die Politik des 19. Jahrhunderts mitbestimmt hat. Vielleicht liegt auch in dieser sozialen Kontinuität ein Grund für die Dauerhaftigkeit der in Wien ausgehandelten Ordnung, die erst ihre Funktionsfähigkeit einbüßte, als im 20. Jahrhundert die Möglichkeit, innereuropäische Spannungen in überseeisch-koloniale Räume abzuleiten, dahinschwand.[96]

[94] Wolff, S. 35–41.

[95] Griewank, Wiener Kongreß S. 378.

[96] Ebenda, S. 383–386; Schieder, S. 44.

QUELLEN

I.

QUELLEN ZUR VORGESCHICHTE DES KONGRESSES

1. Hardenbergs 'Plan für die künftige Gestaltung Europas'

Legt seine Vorstellungen über die territoriale Neugestaltung der europäischen Landkarte mit detaillierten Angaben über die augenblickliche und die erstrebte Bevölkerungsverteilung vor.

Griewank, Neuordnungspläne S. 348–360.
Übers. d. Hrsg. aus d. Franz.[1]

Paris, 29. April 1814

Plan für die künftige Gestaltung Europas

Der Fall Bonapartes hat dessen ungeheuerliche Pläne einer Universalherrschaft zunichte gemacht, und die Alliierten, deren edle Bemühungen dieses glückliche Ergebnis herbeigeführt haben, müssen nun das große Werk, zu dem sie sich vereint haben, vollenden, indem sie durch ein gerechtes Gleichgewicht und eine ausgewogene Machtverteilung Europa eine Ordnung geben, die geeignet ist, das Ziel zu sichern, das Gegenstand ihres glorreichen Unternehmens war.

Frankreich geht auf die alten Grenzen zurück, die es vor der Revolution hatte. Um den Einfluß, den es in Europa besaß, wiederzuerlangen, benötigt es darüber hinaus keine Vergrößerung, aber einige Veränderungen von wechselseitigem Interesse können sowohl ihm als auch seinen Nachbarn zuträglich sein.

England – größer noch durch den männlichen und dauerhaften Widerstand, den es der Tyrannei ständig entgegengesetzt hat, und durch die Opfer, die es für das Allgemeinwohl erbringen will, als durch seine Macht –, Spanien und Portugal behalten oder erhalten zurück, was sie in Europa besaßen.

Rußland, dessen edelmütiger Herrscher und tapfere Armee so viel für die gemeinsame Sache getan haben, hat jedes Anrecht auf eine beträchtliche Vergrößerung.

Die intermediären Mächte Österreich, Preußen, Holland und Sardinien sollen wiederhergestellt werden; sie sollen den Machtumfang und die

[1] Im französischen Original unterstrichene Wörter werden gesperrt gedruckt wiedergegeben. – Zu diesem Aktenstück s. Karte 1 am Schluß des Bandes.

Abrundung erhalten, die für die Aufrechterhaltung sowohl des Gleichgewichts als auch ihrer eigenen Unabhängigkeit notwendig sind.

Die durch Bonaparte ganz oder teilweise beraubten Staaten Toskana, Modena, die Staaten des Papstes und des Königs von Sizilien sollen soweit wieder hergestellt werden, wie die Umstände es erlauben.

Schweden soll in den Besitz Norwegens, das ihm garantiert worden ist, gesetzt werden.

Der König von Neapel wird auf der Vergrößerung bestehen, die ihm versprochen worden ist.

Die Schweiz soll frei und unabhängig von jenem fremden Einfluß sein, der auf ihr lastete.

Deutschland endlich wird einen Bund souveräner, aber untereinander durch einen Bundesvertrag wohl geeinter Staaten bilden. Dieser Vertrag wird vor allem ein militärisches System einrichten, das stark ist und die Unabhängigkeit der deutschen Gemeinschaft *[corps germanique]* aufrechterhalten kann; er wird die Verfügungen enthalten, die erforderlich sind für die Beziehungen der Herrscher untereinander, zu ihren Untertanen und zu den ausländischen Mächten sowie für das Vertragsrecht, die Gerichtsverwaltung, den Handel usw.: mit einem Wort, er wird als Verfassung dienen. Holland und die Schweiz wären zu einer ständigen Allianz mit dem Bund eingeladen.

Ich lasse Dänemark beiseite, für das eine weitere Entschädigung in Deutschland unmöglich zu finden ist; ich bemerke nur, daß die deutschen Besitzungen, die es behalten wird, nicht vom Bund getrennt werden dürften, und daß Preußen das schwedische Pommern und die Insel Rügen nicht in seinen Händen lassen kann. Es muß deren Erwerb durchführen, sei es mittels einer Summe Bargeld oder durch ein angemessenes Tauschgeschäft.

Nach diesen allgemeinen Prinzipien sind die folgenden Berechnungen angestellt worden.

Es ist unerläßlich, daß sich die alliierten Großmächte untereinander vollkommen einigen, bevor sie mit Frankreich verhandeln, damit der von S. M. dem Kaiser aller Reußen für alle unsere militärischen und politischen Operationen mit soviel Weisheit aufgestellte Grundsatz keine Beeinträchtigung erfährt, nämlich „daß auf der einen Seite Europa spricht und handelt, Frankreich aber auf der anderen Seite".

Rußland kann passende Erwerbungen nur an seinen Grenzen und im Herzogtum Warschau machen. Nach einer genauen Berechnung enthält dieses Herzogtum eine Bevölkerung von 4334600 Seelen.

Österreich verlangt als in militärischer, finanzieller und kommerzieller Hinsicht unbedingt erforderlich

1. Krakau mit dem auf der beigefügten Karte[2] gekennzeichneten Rayon	150 000 Seelen	
2. den Bezirk Zamosc, der dort ebenfalls gekennzeichnet ist, d. h. die Kreise Tomaszow, Tarnogrod und Zamosc	164 000 Seelen	
		314 000 Seelen
Preußen verlangt, worauf es aus den gleichen Gründen und um das ehemalige Preußen mit Schlesien zu verbinden, nicht verzichten kann,		
1. Das Departement Bromberg, mit Ausnahme der Kreise Radzijewo und Brzec	292 287 Seelen	
2. Vom Departement Plock und auf dem linken Ufer der Drewenz ein eine Meile breites Gebiet von Gureznow *[wohl: Grondzow]* bis zur Weichsel	8 000 Seelen	
3. das Departement Posen	581 036 Seelen	
4. die Kreise Konin, Kalicz, Adelnow, Ostrzeszow, Warta, Czieradz *[Sieradz]*, Wilun und Tschenstochau im Westen der Warthe	369 856 Seelen	
5. die Kreise Lelow und Pilica, die das neue Schlesien bilden würden,	73 648 Seelen	
		1 324 827 Seelen
Rußland würde abgeben		1 638 827 Seelen
und würde vom Herzogtum Warschau behalten		2 695 773 Seelen
Rußland besitzt vom ehemaligen Polen die Gouvernements von		
Mohilew	795 000 Seelen	
Witebsk	745 000 Seelen	
Minsk	890 000 Seelen	
Wilna	816 000 Seelen	

[2] Konnte nicht ermittelt werden.

Grodno	546 000 Seelen	
Wolhynien	1 158 000 Seelen	
Podolien	1 197 000 Seelen	
Kurland	405 000 Seelen	
den Bezirk Bialystok	162 000 Seelen	
den 1809 erworbenen Teil Ostgaliziens	400 000 Seelen	
		7 114 000 Seelen
		9 809 773 Seelen
Österreich verlangt die 1809 abgetretenen 400 000 Seelen zurück, so daß Rußland, wenn es dieser Forderung entspräche,		400 000 Seelen
unter seinem Zepter vom ehemaligen Polen vereinigen würde,		9 409 773 Seelen
und seine Vergrößerung im Gefolge des jetzigen Krieges würde betragen		2 295 773 Seelen
Die Gesamtheit dessen, was Österreich verlangt, umfaßt:		
Krakau mit einem Rayon	150 000 Seelen	
den Distrikt von Zamosc	164 000 Seelen	
den 1809 abgetretenen Teil Ostgaliziens	400 000 Seelen	
		714 000 Seelen
Österreich besaß zu Beginn des jetzigen Krieges von seinen früheren Staaten		19 450 000 Seelen
Es würde erwerben oder zurückerhalten:		
1. In Deutschland		
das Inn- und Hausruckviertel von Bayern	214 000 Seelen	
Tirol mit Trient, Brixen und dem Kreis Bregenz, einschließlich dem, was im Augenblick zum Königreich Italien gehört,	700 000 Seelen	
Den Kreis Villach in Kärnten	160 000 Seelen	
Krain	432 000 Seelen	
Friaul	124 000 Seelen	

Das Gouvernement Triest	124 000 Seelen	
Einen Teil des Breisgaus	156 000 Seelen	
Lindau, Rothenfels, Staufen und Wildenfels	20 000 Seelen	
Salzburg, Berchtesgaden und Passau	240 000 Seelen	
Die Stadt Passau mit einem Rayon	10 000 Seelen	
Einen Teil Bayerns auf dem rechten Innufer	64 000 Seelen	
Den südlichen Teil des ehemaligen Bistums Augsburg oberhalb von Füssen	16 000 Seelen	
Einen Teil der Staaten Württembergs, um die Verbindung zum Breisgau zu haben,	96 000 Seelen	
Einen Teil des Landes Baden	244 000 Seelen	
		2 600 000 Seelen
2. In Italien		
den Staat Venedig	1 390 000 Seelen	
Einen Teil des Königreichs Italien zwischen der Etsch und dem Tessin	2 107 000 Seelen	
		3 497 000 Seelen
3. An der Adria		
Einen Teil Kroatiens, der Militärgrenze und der Küste	570 000 Seelen	
Dalmatien	361 000 Seelen	
		931 000 Seelen
4. Vom ehemaligen Polen		
Krakau mit einem Rayon	150 000 Seelen	
Den Distrikt Zamosc	164 000 Seelen	
Die Abtretung von 1809 in Galizien	400 000 Seelen	
		714 000 Seelen
Gesamtheit der Erstattungen und Erwerbungen Österreichs		7 742 000 Seelen
Gesamtumfang der österreichischen Monarchie, wie sie wiederhergestellt würde,		27 192 000 Seelen

Sie besaß nach dem Frieden von Lunéville		25 548 000 Seelen
würde folglich erwerben		1 644 000 Seelen
Die Abtretungen zu Lasten Bayerns, Württembergs, Badens scheinen unumgänglich, um die österreichischen Staaten abzurunden und miteinander zu verbinden. Weiter unten findet man, wie diese drei Häuser entschädigt werden können. Ein Drittel Tirols war zuletzt Teil des Königreichs Italien. Man würde mit der Österreichischen Monarchie zu den Bedingungen, über die man sich für die kleinen deutschen Fürsten einigen wird, verbinden:		
Hohenzollern-Hechingen	39 000 Seelen	
Hohenzollern-Sigmaringen	14 000 Seelen	
Lichtenstein	5 000 Seelen	
		58 000 Seelen
Preußen befand sich zum Zeitpunkt des jetzigen Krieges und im Gefolge seiner Katastrophe im Besitz von		4 662 000 Seelen
und zwar nach den Zählungen von 1810, von denen man jetzt beträchtliche Abzüge machen muß. Es würde zurückerhalten und neu erwerben:		
1. Deutschland		
a) von seinen seit 1805 verlorenen ehemaligen Provinzen		
Den Kreis Cottbus	35 000 Seelen	
Die Altmark	115 000 Seelen	
Einen Teil Magdeburgs	237 000 Seelen	
Halberstadt	152 000 Seelen	
Hildesheim	124 000 Seelen	
Goslar	5 500 Seelen	
Das Eichsfeld	84 000 Seelen	
Erfurt und Blankenhain	51 500 Seelen	

Mühlhausen	16000 Seelen
Nordhausen	9000 Seelen
Minden	71000 Seelen
Ravensberg	91000 Seelen
Mark	138000 Seelen
Essen	16000 Seelen
Werden	8000 Seelen
Kleve auf dem rechten Rheinufer	55000 Seelen
Elten	2000 Seelen
Ostfriesland	118000 Seelen
Paderborn	98000 Seelen
Münster	126000 Seelen
Tecklenburg und Lingen	46000 Seelen
	1598000 Seelen

Man muß jedoch davon abziehen

Für Hannover 300000 Seelen einschließlich des Landes Hildesheim. – Für Weimar, Erfurt und Blankenhain, unter Vorbehalt der Befestigungen von Erfurt und des Garnison- und Befestigungsrechts in der Stadt, 51500 Seelen

Für den König von Sachsen den größten Teil von

Münster	116000 Seelen
Paderborn	98000 Seelen
	214000 Seelen

als ein Herzogtum, in dem man sich eine Militärstraße vorbehalten muß.

Der König würde lebenslang seinen Titel behalten.	565500 Seelen
Es verblieben Preußen	1032500 Seelen

Ansbach und Bayreuth mit 510000 Seelen würden bei Bayern und Württemberg bleiben, so groß auch das

Bedauern des Königs ist, dem Wunsch der Bewohner dieser ehemaligen brandenburgischen Provinzen, wieder unter seine Herrschaft zu gelangen, nicht zu entsprechen.

b)	Das Königreich Sachsen in seiner Gesamtheit, wobei der König den Titel des Königs von Preußen und Sachsen annimmt, außer einem Bezirk von 50000 Seelen für den Herzog von Sachsen-Weimar. Nach den genauesten Daten hat das Königreich Sachsen 2083500 Einwohner, von denen verblieben	2033500 Seelen
c)	Die ehemaligen preußischen Provinzen auf dem linken Rheinufer, die man auf 122000 Seelen schätzt, wobei indessen eine Abtretung längs der Maas an Holland vorzusehen ist, damit dieses Land den gesamten Lauf dieses Flusses erhält. Über diesen Gegenstand muß man sich noch genauer verständigen; bis dahin rechnet man hier für Preußen mit	100000 Seelen
d)	Es erscheint wesentlich für die Sicherheit Preußens und vor allem, um im Norden Deutschlands ein gemeinsames Verteidigungssystem zwischen dieser Macht, Hannover und Holland richtig aufzubauen, Preußen	
		3166000 Seelen

den Rhein von Mainz einschließlich bis Wesel zu geben. Zweifellos wäre nichts falscher, als eine Grenze nach dem Lauf eines Stromes oder Flusses zu bestimmen. Dieses Prinzip ist militärisch ungenügend und schädlich für die Verwaltung und das Privateigentum. Die Ströme sollen ganz oder vielmehr auf beiden Ufern einer und derselben Macht gehören. Preußen fordert daher, von der Umgebung von Guntersblum oberhalb von Mainz und einem für diesen Platz festzulegenden Rayon ausgehend, von Rüsselsheim zwischen Main und Rhein an einen auf der beigefügten Karte gekennzeichneten Saum auf dem linken Rheinufer bis unterhalb von Wesel, der nach den Örtlichkeiten zu bestimmen ist und für den man hier etwa anrechnet 412000 Seelen

e) Die fast allgemein verbreitete Meinung scheint das Haus Nassau auf eine für es günstige Art auf dem linken Rheinufer und in Anbindung an Holland unterbringen zu wollen. Die zur Zeit im Besitz dieses Hauses befindlichen Staaten scheinen hingegen Preußen zufallen zu müssen, um diesem die erforderliche Festigkeit und Abrundung am Rhein zu geben. Preußen erhielte also durch diese Regelung

Hadamar, Bielstein, Siegen, Dillenburg, Diez und Dortmund	137000 Seelen
Corvey	10000 Seelen
Die Besitzungen von Usingen und Weilburg	196000 Seelen
	343000 Seelen

f) Das Herzogtum Berg kann wegen seiner Lage nur an Preußen kommen — 295000 Seelen

g) Das vor kurzem durch das Haus Darmstadt erworbene Herzogtum Westfalen muß ebenfalls gegen eine dem ersteren zu zahlende Entschädigung mit dem Amt Itter und einigen von ihm abhängigen Gebieten an Preußen kommen — 129000 Seelen

h) Schließlich braucht Preußen, um passende Tauschgeschäfte mit Hessen vorzunehmen und gegenseitigen Interessen zu genügen,

Fulda	91000 Seelen
Wetzlar	6000 Seelen

97000 Seelen

Die Gesamtheit dessen, was Preußen in Deutschland erhalten würde, — 4442000 Seelen

2. Vom Herzogtum Warschau.
Preußen würde von dem, was es vor dem Krieg von 1807 besaß, behalten, was oben im einzelnen in dem Abschnitt über Rußland ausgeführt ist, — 1324827 Seelen

3. Die Stadt Danzig mit ihrem Gebiet bleibt bei Preußen mit einer Bevölkerung von — 80000 Seelen

4. Ebenfalls das Fürstentum Neufchâtel, das dem väterlichen Regiment des Hauses Brandenburg unterstellt ist, möglichst mit einer kleinen Abrundung, die es vom Bistum Basel in Höhe von 6000 Seelen wünscht,	54000 Seelen	
Die Gesamtheit dessen, was Preußen zurückbekommen oder erwerben würde		5900827 Seelen
und was es besitzen würde,		10562827 Seelen
Von dieser Summe müssen noch etwa 100000 Seelen abgezogen werden, die sich Preußen den Häusern Hessen-Kassel und Hessen-Darmstadt abzutreten erbietet, um die allgemeine Neuordnung zu erleichtern.		100000 Seelen
		10462827 Seelen
Preußen besaß gemäß dem Frieden von Lunéville im Jahre 1805		9856000 Seelen
Es würde sich demzufolge vergrößern um		602827 Seelen
Die Entschädigungen für die Häuser Darmstadt und Nassau werden unten im einzelnen aufgeführt. Es wären mit Preußen zu verbinden nach den Prinzipien, die man für die kleinen Fürsten und Staaten aufstellen wird, die dem Rheinbund angehörten oder seit seiner Gründung mediatisiert und einer Herrschaft unterstellt worden sind, nämlich Gimborn und Neustadt der von Berg	6500 Seelen	

Westerburg und Schadeck der von Berg	7000 Seelen
Homburg, das Wittgenstein gehörte, der von Berg	4500 Seelen
Reichenstein, Landskron, Rüde der von Berg	6000 Seelen
Rheda und Hohenlimburg der von Berg	16000 Seelen
Recklinghausen der von Berg	18000 Seelen
Röttberg der Westfalens	13000 Seelen
Holzapfel und Schaumburg der von Nassau	7000 Seelen
Neuwied und Wied-Runkel der von Berg und Nassau	34000 Seelen
Solms der von Nassau	10000 Seelen
Wittgenstein der von Darmstadt	20000 Seelen
Croy der Frankreichs	9600 Seelen
Salm-Salm der Frankreichs	36700 Seelen
Salm-Kyrburg der Frankreichs	16700 seelen
Rheingrafen der Frankreichs	47000 Seelen
Gehmen *[Gemen]* der Frankreichs	2300 Seelen
Steinfurt und Alpen der Frankreichs	3400 Seelen
Schauen der Westfalens	1100 Seelen
Waldeck und Pyrmont vom Rheinbund	48000 Seelen
Lippe-Detmold vom Rheinbund	75000 Seelen
Reuß vom Rheinbund	82000 Seelen
Schwarzburg	114000 Seelen
Stollberg	34000 Seelen
	6118000 Seelen

Holland, dessen Bedeutung für die Abstützung des Systems, das man in Europa einzurichten beabsichtigt, und besonders für die Unabhängigkeit Norddeutschlands und Preußens allgemein anerkannt wird, muß stark gemacht werden und eine territoriale Kraft erhalten, die es befähigt, sich erfolgreich gegen jeden Angriff zu verteidigen.

Um dieses Ziel zu erreichen, schlagen wir vor, ihm anzugliedern:

Belgien mit Ausnahme einiger Parzellen, die Frankreich verbleiben würden;

einen Teil der ehemaligen deutschen Besitzungen auf dem linken Rheinufer. Dies ist die Grenze, die man diesem neuen Staat unter der Bezeichnung der Vereinigten Provinzen der Niederlande geben würde: vom Dollart an der Nordsee an würden die alten Grenzen zwischen Holland und Deutschland bis zur Maas unverrückt bleiben. Preußen würde jedoch den Vereinigten Provinzen die Enklaven von Huysen und Sevenaar abtreten, und man würde gemeinsam die Grenze zwischen Emmerich und Genep regeln. Die Maas würde die Grenze von Genep bis Lüttich bilden; dieser Fluß würde den Vereinigten Provinzen gehören, jedoch unter dem Vorbehalt der freien Schiffahrt und der Befreiung von allen auch den Untertanen der Vereinigten Provinzen nicht auferlegten Abgaben für die anliegenden Länder. Alle Festungen an der Maas, namentlich Venlo, Roermond und Maastricht würden Holland gehören mit Rayons auf dem rechten Ufer. Der auf dem linken Ufer der Maas gelegene Teil des Preußischen Geldern würde den Vereinigten Provinzen abgetreten, ebenso Lüttich mit dem größten Teil des Landes dieses Namens; es würde auf dem rechten Ufer der Maas einen Rayon zur Befestigung erhalten.

Man hat oben schon erwähnt, daß das Haus Nassau Holland angenähert oder mit ihm verschmolzen werden soll. Der oranische Zweig wird durch die beträchtlichen Abtretungen, die man an Holland machen wird, sehr reichlich für all das entschädigt, was er in Deutschland besitzt oder besaß, und angenommen, er wollte eine Sekundogenitur einrichten, wäre es an ihm, sie aus diesen Abtretungen zu bilden und die entsprechenden Maßregeln zu treffen. Es handelt sich also darum, für die Zweige Weilburg und Usingen, die zu einem verschmolzen werden, ein genügendes und angemessenes Äquivalent zu finden. Dieses bietet sich an in den schönen Gegenden längs der Maas in den Kantonen Erkelenz, Jülich, Düren, Eschweiler, Burtscheid, Aachen, Linnich, Geilenkirchen, Heinsberg, Brachten *[Bracht]*, Sittard, Oisbeck *[Oirsbeek]*, Herl *[Heerlen]*, Roldue *[Rollduc]*, Gulpen, Dalheim *[Dalhem]*, Fleron, Herve, Aubel, Eupen, Limburg, Verviers, Spa in ihren jetzigen Grenzen und in einem Teil der Kantone Louvegnée *[Louveigné]*, Merschen *[Meerssen]*, Maseyk *[Maaseik]* und Roermond. Die Festung Jülich mit einem Militärrayon würde Holland gehören. Es hätte außerdem Militärstraßen durch dieses neue nassauische Land und die Schiffahrt auf der Rur zwischen Jülich und Roermond. Ein Vertrag würde die Beziehungen zwischen den beiden Ländern festlegen. Das Haus Nassau gewinnt durch diese Maßregel in jeder Hinsicht. Seine ehemaligen Besitzungen, die ihm in diesem Augenblick noch mit den Souveränitäts- und Eigentumsrechten ge-

hören, enthalten nur	191 000 Seelen	
Es übt Souveränitätsrechte über mehrere von Bonaparte mediatisierte Staaten aus mit	81 000 Seelen	
		272 000 Seelen
Das Land, das man für es bestimmt, hat		276 800 Seelen
Demnach erhält es einen Überschuß von		4 800 Seelen

und den sehr großen Vorteil, über das hinaus, was es besaß, ein Land mit 85 800 Seelen zu vollem Eigentum zu erwerben.

Die Stadt und Festung Luxemburg würde Holland gehören. Die Grenze von Lüttich an wäre so festzusetzen, daß sie der Straße von Lüttich nach Vallambert, Neufville *[Neuville]*, Terwagne, Bois, Baillonville, Marche-en-Famène *[Famenne]*, Journal, Bastogne, Martelange, Arlon, Steinfort nach Luxemburg folgte, mit einem Saum im Osten dieser Straße, der Holland gehören würde. Von Luxemburg aus würde sie bis hin zur Mosel, bis Neunkirchen verlaufen.

Hier beginnt die Grenze mit dem ehemaligen Frankreich; sie folgt den Departements Forêts oder Sambre-et-Meuse, Jemappes und Lys. Man könnte die folgenden Änderungen zulassen:

Die Kantone Gedinne, Beauraing, Florenne und Valcourt; Hastier-la-Vaux *[Hastière-Lavaux]* und Waulsor *[Waulsort]* im Kanton Dinant des Departement Sambre-et-Meuse; die Kantone Chimay, Beaumont, Merbes-le-Chateau und Dour des Departement Jemappes könnten bei Frankreich bleiben, um ihm bessere Grenzen, passendere Gebiete und Verbindungen mit den Plätzen Givet, Philippeville, Maubeuge und Valenciennes zu geben. Die Grenzen zwischen Frankreich und den Vereinigten Provinzen würden wie früher zwischen Furnes und Dünkirchen an der Nordsee enden. Die Plätze Nieuport, Ostende, Furnes, Dixmuyden, Ypern, Menin, Courtrai, Oudenarde, Tournai, Ath, Mons, Charleroi, Namur, Dinant, Huy würden bei den Vereinigten Provinzen bleiben und bildeten auf dieser Seite eine genügende Barriere. Die holländischen Besitzungen betrugen vor der Vereinigung Hollands mit Frankreich

	521 Quadratmeilen	1 889 000 Seelen

Durch die vorgeschlagene Maßregel würde es erwerben:

Fast das gesamte Belgien und einen

Teil der deutschen Besitzungen auf dem linken Rheinufer	523 $\frac{1}{2}$ Quadratmeilen	2728500 Seelen
Jülich mit einem Rayon	$1\frac{1}{4}$ Quadratmeilen	6500 Seelen
Insgesamt	$1045\frac{3}{4}$ Quadratmeilen	4624000 Seelen
einschließlich der Entschädigung des Hauses Oranien für seine Besitzungen in Deutschland. Dieses hatte dort vor dem Vertrag von Lunéville		127000 Seelen

Für Fulda, Corvey, Dortmund und Weingarten kann es keine Entschädigung verlangen, da diese Besitzungen ihm für den Verlust von Holland zugewiesen worden waren. Wir kommen später, wenn von Deutschland die Rede ist, auf die deutschen Länder auf dem linken Rheinufer und auf die Bestimmung zurück, die man ihnen mit Ausnahme dessen geben kann, was Preußen, Holland und dem Hause Nassau bereits zugewiesen wurde.

Sprechen wir nun von den Maßregeln in Italien, mit Ausnahme der Teile dieses Landes, die oben für Österreich bestimmt worden sind.

Zunächst gehen wir von der Annahme aus, daß die Insel Sizilien, das Königreich Neapel, die Insel Sardinien und die Insel Korsika den Herrschern verbleiben, die sie zur Zeit besitzen; und daß das Schicksal von Parma und Piacenza und der Insel Elba durch die Konvention mit Bonaparte[3] geregelt ist.

Der König von Sardinien soll als Grenznachbar Frankreichs gestärkt werden, soweit es die Umstände erlauben, und eine gute militärische Grenze erhalten. Er besaß vor der Revolution

Sardinien	520000 Seelen	
Piemont	2181845 Seelen	
Savoyen	400000 Seelen	
die Grafschaft Nizza	87071 Seelen	
		3188916 Seelen

Jetzt besitzt er noch:

a) Sardinien	520000 Seelen	
Man würde ihm zurückgeben und ihm zuweisen:		

[3] Vertrag von Fontainebleau vom 11. 4. 1814. Angeberg, I S. 148–151.

b) Piemont mit dem Teil, der davon abgetrennt worden ist, um ihn bis zum Tessin dem Königreich Italien zuzuschlagen	2 181 845 Seelen	
c) die Republik Genua ohne La Spezia	550 226 Seelen	
d) das Departement der Seealpen oder die Grafschaft Nizza	87 075 Seelen	
e) Savoyen entweder ganz oder teilweise und mindestens das, was erforderlich ist, um die Grenze gut zu sichern. Dieser Artikel hängt von den Vereinbarungen mit Frankreich ab. Bis dahin setzen wir hierfür ganz Savoyen ein	400 000 Seelen	
Insgesamt		3 739 142 Seelen
oder etwas weniger.		
Zusätzlich		550 226 Seelen

Die Toskana würde dem Großherzog von Würzburg zurückgegeben, der dieses Großherzogtum an Bayern abträte. Die Toskana würde die kleinen außerhalb liegenden Enklaven verlieren, würde aber hingegen Piombino und den Stato dei Presidii und die Inseln Gorgona, Giglio und Gianuti erwerben. All dies kann veranschlagt werden auf 1 100 000 Seelen

Modena würde an den Erzherzog Franz zurückfallen		335 280 Seelen	
Man könnte hinzufügen:			
Lucca	120 000 Seelen		
La Spezia	40 210 Seelen		
		160 210 Seelen	
			495 490 Seelen

wenn man nicht auf andere Art über diese 160 210 Seelen verfügen will, die man jedoch angesichts der Nähe der Insel Elba anscheinend kaum dem Prinzen Eugène Beauharnais geben kann.

Es bliebe auch zu bestimmen, wem diese Insel nach dem Tod Bonapartes zufällt.

Der König von Sizilien soll für das Königreich Neapel entschädigt werden, der Papst zumindest in einen Großteil seiner früheren Staaten wiedereingesetzt werden. Schließlich handelt es sich darum zu bestimmen, ob der König von Neapel die in seinem Vertrag mit Österreich festgelegte

Entschädigung für Sizilien erhalten soll.[4] Betrachten wir diese Objekte insgesamt.

Der Teil des ehemaligen Kirchenstaats diesseits des Apennins umfaßt		695 000 Seelen
Dieser würde in jedem Fall ganz dem Papst verbleiben.		
Man könnte dem von dem Teil jenseits des Apennins das Departement Metauro mit Ascona und Senigallia hinzufügen,		304 000 Seelen
so daß der Hl. Vater hätte		999 000 Seelen
Man würde dem König von Sizilien die Departements Unterpo, Reno und Rubicone mit Ferrara, Bologna, Ravenna und		901 000 Seelen
die Ionischen Inseln geben,		166 000 Seelen
		1 067 000 Seelen
und es hinge von der abschließenden Vereinbarung mit dem König von Neapel ab, ob man ihm oder dem König von Sizilien die Departements Trento *[Tronto]* und Musone zuwiese.		417 000 Seelen
Kommen wir zu Deutschland.		
Der Anteil Österreichs und Preußens ist oben bestimmt worden.		
Bayern besitzt nach den besten statistischen Informationen, die man sich beschaffen konnte, eine Bevölkerung von		3 500 000 Seelen
Österreich fordert von ihm die Abtretung der folgenden Länder:		
des bayerischen Teils Tirols	318 000 Seelen	
des Inn- und Hausruckviertels	214 000 Seelen	
einen Teil Bayerns auf dem rechten Innufer	64 000 Seelen	
die Stadt Passau mit einem Rayon	10 000 Seelen	
den oberen Teil des Fürstentums Passau	24 000 Seelen	
Salzburg	196 000 Seelen	

[4] Vertrag vom 11. 1. 1814. CTS, 63 S. 18–23.

Berchtesgaden	20000 Seelen	
den südlichen Teil des ehemaligen Bistums Augsburg oberhalb Füssen	16000 Seelen	
Lindau, Rothenfels, Staufen und Wildenfels	20000 Seelen	
		882000 Seelen

Bayern kann durch die folgenden Mittel vollkommen entschädigt werden und sogar einige Vorteile erhalten:

Man gibt ihm:

a) das Großherzogtum Würzburg. Es wäre angemessen, das Amt Königsberg, das im Großherzogtum eingeschlossen ist und Sachsen-Hildburghausen gehört, gegen einen benachbarten Teil dieses letzteren Landes zu tauschen	311000 Seelen	
b) das Departement Aschaffenburg des ehemaligen Großherzogtums Frankfurt mit Ausnahme der Bezirke Orb und Oberndorf, aber einschließlich des Bezirks Hammelburg des Landes Fulda	85000 Seelen	
c) die Kreise Main und Tauber, Odenwald und Neckar, die jetzt Baden gehören,	268000 Seelen	
d) die zu Darmstadt gehörenden Ämter Hirschhorn, Neckarsteinach und Lindenfels und die Souveränität über die Länder Löwenstein, Erbach, Leiningen, mit einem Wort, alles was südöstlich einer Linie, die von Heppenheim nach Obernburg zu ziehen ist, liegt.	50000 Seelen	
		714000 Seelen

e) auf dem linken Rheinufer die Kantone Landau, Bergzabern,

Annweiler, Waldfischbach, Kaiserslautern, Otterberg, Winnweiler, Göllheim, Grünstadt, Dürckheim, Neustadt, Edenkoben, Germersheim, Speyer, Mutterstadt und Frankenthal in ihren jetzigen Grenzen mit Ausnahme von Bobenheim bei Worms	193 000 Seelen	
Insgesamt		907 000 Seelen
Bayern wird abtreten		882 000 Seelen
und folglich gewinnen		25 000 Seelen

Es wird den Großteil der schönen Besitzungen wiedererlangen, die die ehemalige Pfalz bildeten, und Untertanen, die sich ihm verbunden fühlen; es wird die Plätze Mannheim, Philippsburg und Landau haben, die entweder neu befestigt oder unterhalten werden müssen.

Wir behalten uns vor, unten aufzuzeigen, durch welche Vorteile man Frankreich dazu bewegen kann, die Enklave von Landau und einen kleinen Teil des Elsaß abzutreten.

Des weiteren bemerken wir, daß Bayern durch die Regelungen, die wir für Baden und Darmstadt vorschlagen werden, auf dem linken Rheinufer nur an diese beiden Staaten angrenzt.

Bayern wird nach der vorgeschlagenen Regelung besitzen	3 525 000 Seelen
Es besaß nach dem Frieden von Lunéville	2 384 000 Seelen
und wird im Vergleich mit dem damaligen Zustand gewinnen	1 141 000 Seelen

Es scheint, daß Bayern, um seine Verbindungen besser zu festigen, sich von Württemberg die Ämter wieder abtreten lassen sollte, die früher dem Land Ansbach gehörten, Mergentheim und die Souveränität über die Länder des Hauses Hohenlohe, gegen ein Äquivalent in der Umgebung von Ulm oder anderswo.

Württemberg soll an Österreich abtreten die Landvogtei am Bodensee	36 000 Seelen	
die Landvogtei des oberen Neckar	60 000 Seelen	
		96 000 Seelen
und an Baden: von der Landvogtei des Schwarzwaldes	25 000 Seelen	
		121 000 Seelen
es wird hingegen erhalten:		
von Baden den Großteil des Kreises Kenzingen	105 000 Seelen	
die Souveränität über Hohengeroldseck, das dem Fürsten von der Leyen gehört,	5 000 Seelen	
das Eigentum von Weingarten	10 000 Seelen	
Wimpfen, das Darmstadt gehört,	3 000 Seelen	
	123 000 Seelen	
es gewinnt demzufolge		2 000 Seelen
Man muß noch bemerken, daß Württemberg den Vorteil hat, daß seine Besitzungen an den Rhein grenzen.		
Württemberg besaß nach dem Frieden von Lunéville		771 000 Seelen
Die neuen Besitzungen werden umfassen		1 332 000 Seelen
was einen Überschuß macht von		561 000 Seelen
Baden hat am meisten durch die revolutionären Umwälzungen der letzten Zeit gewonnen. Seine ursprünglichen Besitzungen vor der Revolution betrugen nur	195 000 Seelen	
Seitdem ist diese Masse mehr als vervierfacht worden, so daß die jetzigen Besitzungen des Hauses Baden eine Bevölkerung haben von	965 000 Seelen	

Kein anderer Staat in Deutschland

ist in diesem Maße gewachsen, und es ist daher nur gerecht, daß sich dieses Haus zu Tauschaktionen bereit erklärt, um die allgemeine Neuordnung zu erleichtern, solange man ihm sein altes Patrimonium fast ganz erhält und es nicht nur völlig entschädigt, sondern ihm sogar mehr gibt, als es besaß, indem man ihm Länder zuweist, über die es sowohl die Souveränität als auch das Eigentumsrecht haben wird, während dieses einem ziemlich beträchtlichen Teil seiner jetzigen Besitzungen, die mediatisierten Staaten gehören, fehlt.

Baden tritt ab		
an Österreich	400 000 Seelen	
an Bayern	268 000 Seelen	
an Württemberg	105 000 Seelen	
		773 000 Seelen

Aber Baden behält auf dem rechten Rheinufer mit dem Großteil der Besitzungen seiner Vorfahren und des ehemaligen Bistums Bruchsal *[d. h. Speyer]* die Städte Karlsruhe, Durlach, Rastatt, Baden, Pforzheim und Bruchsal; es bekommt dort von Württemberg in der Umgebung von Pforzheim ein Gebiet von 25 000 Seelen; das Ganze bildet eine Bevölkerung von 217 000 Seelen

Auf dem linken Rheinufer wird man ihm, wenn es möglich ist, wegen der betroffenen Parzellen mit Frankreich einig zu werden, das ganze Land geben, das in der folgenden Grenze eingeschlossen ist: Diese würde Rastatt gegenüber beginnen und würde, entlang der französischen Grenze und die Mosel überquerend, die Grenze der Vereinigten Provinzen der Niederlande in der Nähe von Neunkirchen jenseits von Remich erreichen. Von dort würde sie der Grenze der Vereinigten Provinzen bis zu der des Hauses Nassau in Esneux an der Ourthe folgen, dann der Grenze des Landes, das Preußen, Darmstadt und Bayern zugeteilt ist, bis zum Rhein und dabei die Kantone Stavelot, Malmedy, Monschau, Froitzheim, Zülpich, Gemünd, Blankenheim, Adenau, Virneburg, Kaisersesch, Kochem, Rhaunen, Hermeskeil, Wadern, St. Wendel, Waldmohr, Landstuhl, Kontwig, Pirmasens, Dahn, Weißenburg und Kandel einschließen.

Dieser Raum besitzt eine Bevölkerung von	768 250 Seelen	
Insgesamt	985 250 Seelen	
Baden besitzt jetzt	965 000 Seelen	
und würde gewinnen	20 250 Seelen	
Baden besaß nach dem Frieden von Lunéville		771 000 Seelen
im Vergleich damit ergäbe sich für dieses Haus ein Überschuß von		214 250 Seelen
Darmstadt besitzt zur Zeit eine Bevölkerung von	550 000 Seelen	
Man fordert von ihm folgende Abtretungen:		
an Preußen das Herzogtum Westfalen und die Ämter Itter und Königsberg	129 000 Seelen	
darüber hinaus die Souveränität über das Land Wittgenstein	20 000 Seelen	
an Bayern das Gebiet zwischen Heppenheim und Obernburg, das zum großen Teil mediatisierte Staaten enthält,	50 000 Seelen	
an Württemberg Wimpfen	3 000 Seelen	
Es würde also verlieren	202 000 Seelen	

Die Entschädigungen würden sein:		
Hessen-Kassel würde an Hessen-Darmstadt zwecks gegenseitiger Abrundung ein Gebiet abtreten von	52 800 Seelen	
Weiter unten wird man sehen, wie Kassel entschädigt werden kann.		
Preußen wird an Darmstadt von dem Gebiet, das es vom Hause Nassau erhält, abtreten	32 150 Seelen	
Darmstadt erhält die Souveränität über das Land Isenburg auf dem linken Mainufer	13 000 Seelen	
und auf dem linken Rheinufer die Kantone Worms mit Bobenheim, Pfeddersheim, Bechtheim mit dem Teil des Kantons Alzey auf dem linken Ufer des Salzbach, die Kantone Kirchheim, Bolanden, Rockenhausen, Wolfstein, Lauterecken (mit Ausnahme von Reiffelbach und Schmidtweiler), die Kantone Grumbach, Kusel, Baumholder, Herrstein, Kirn und einen Teil der Kantone Sobernheim und Meisenheim. Dieses Gebiet grenzt an den Teil des Großherzogtums an, in dem Darmstadt liegt, und bietet große Vorteile. Es wird von preußischen, badischen und bayerischen Besitzungen umgeben und enthält	104 050 Seelen	
	202 000 Seelen	
Das Haus Darmstadt besaß gemäß dem Vertrag von Lunéville		388 000 Seelen
und wird jetzt besitzen		550 000 Seelen
was einen Überschuß ausmacht von		162 000 Seelen
Hessen-Kassel hatte vor dem Krieg eine Bevölkerung von		497 000 Seelen
Man fordert von ihm:		
Für eine gegenseitige Abrundung mit Darmstadt	52 800 Seelen	

Die Parzellen, die dieses Haus am Rhein und in der Untergrafschaft Katzenelnbogen besaß, und einige andere Enklaven, namentlich seinen Teil der Grafschaft Schaumburg, Freudenberg, Plesse, seinen Anteil an Tre[*f*]furt und Schmalkalden *[verlangt man]* für Preußen, um dessen Besitzungen abzurunden, entweder dadurch, daß es diese Parzellen behält, oder durch Tausch — 45 400 Seelen

98 200 Seelen

Hessen-Kassel würde durch einen Teil des Landes Fulda und der ehemaligen Mainzer Ämter entschädigt, durch die Souveränität über das Land Isenburg auf dem rechten Mainufer mit 20 000 Seelen; schließlich bietet Preußen an, sogar eine Gebietsvermehrung zu geben und dem Hause Hessen-Kassel in den Vereinbarungen mit ihm Vorteile zu gewähren.

Hannover erhält von Preußen die 300 000 Seelen, von denen oben die Rede war. Preußen und Hannover einigen sich nach ihrem Belieben, und darüber hinaus fügt man für Hannover die im Norden Westfalens oberhalb von Bentheim usw. mediatisierten Staaten hinzu.

Die Häuser von Sachsen: der König von Sachsen erhält:

den größten Teil des ehemaligen Bistums Münster	116 000 Seelen
das ehemalige Bistum Paderborn	98 000 Seelen
Insgesamt	214 000 Seelen

Er behält Zeit seines Lebens den Königstitel, und seine Nachfolger nehmen den Titel Herzog von Sachsen-Münster und -Paderborn an.

Der Herzog von Weimar wird Erfurt und Blankenhain haben, mit Ausnahme der Befestigungen von Erfurt und des Rechts, die Stadt zu befestigen und eine preußische Garnison hineinzulegen,	51 500 Seelen
eine anderweitige Erweiterung, die Preußen ihm geben wird, von	50 000 Seelen
	101 500 Seelen

Preußen behält sich vor, einvernehmliche Regelungen über Ländertausch mit dem Hause Gotha zu treffen. Die Hansestädte Hamburg, Lübeck und Bremen werden freie Städte sein und dem Deutschen Bund angehören, ebenso wie Frankfurt a. M., wo die Versammlungen des Bundes abgehalten werden. Die Beziehungen dieser vier Städte werden durch den Bundesvertrag bestimmt.

Durch die obigen Gebietsverteilungen werden die beiden deutschen Großmächte an den Rhein gebracht, und Holland wird sehr stark gemacht, was für die Erhaltung seiner Unabhängigkeit wesentlich ist. Jeder der vorherrschenden Fürsten behält nicht nur seine jetzigen Besitzungen, sondern gewinnt sogar große Vorteile.

Wir behalten uns vor, ein besonderes Memorandum über den Bundesvertrag zu verfassen, der Deutschland als Verfassung dienen wird. Die kleinen Staaten des Rheinbundes, von denen hier nicht die Rede war, werden den Mediatisierten gleichgestellt, und die Gerechtigkeit verlangt gebieterisch, daß deren Stellung verbessert und besser gesichert wird.

Die folgende Zusammenfassung wird nicht ohne Interesse sein:

	Vor der Revolution	Besaßen dem Frieden von Lunéville gemäß	Besitzen zur Zeit einschließlich der betroffenen Staaten	werden nach den obigen Maßregeln besitzen
	Seelen	Seelen	Seelen	Seelen
Bayern	2 178 000	2 384 000	3 500 000	3 525 000
Württemberg	706 000	771 000	1 330 000	1 332 000
Baden	240 000	434 000	965 000	985 250
Hessen-Darmstadt	331 000	388 000	550 000	550 000
Nassau-Usingen und Weilburg	142 000	196 000	272 000	276 800
	3 597 000	4 173 000	6 617 000	6 669 050

Es bleibt mir noch, die für die Grenzen Frankreichs zu treffenden Maßregeln genauer darzulegen. Getreu den für die Verhandlungen von Châtillon aufgestellten Grundsätzen und im Einklang mit der Erklärung

S. M. des Kaisers aller Reußen nach dem Einzug in Paris werden wir nicht nur Änderungen der alten Grenzen bei gegenseitigem Interesse zustimmen, sondern Frankreich sogar einige Vorteile gewähren.

Wir schlagen dazu das Folgende vor, das die beigefügte Karte deutlicher erklärt:

Frankreich würde behalten:

a) Avignon und das Venaissin	200000 Seelen	
b) Mülhausen und sein Gebiet	10000 Seelen	
Montbéliard, Salm, Saarwerden, Kriechingen und mehrere Parzellen der ehemaligen Pfalz, von Zweibrücken, Speyer und Hanau-Lichtenberg, die mit den neuen Departements vereint worden sind,	140000 Seelen	
		350000 Seelen
c) die Kantone Chimay, Beaumont, Merbes-le-Château und Dour des Department Jemappes	62500 Seelen	
		412500 Seelen
d) die Kantone Gedinne, Beauraing, Florenne und Valcourt mit einem Teil des Kantons Dinant des Departement Sambre-et-Meuse	35750 Seelen	
e) die Kantone Saarbrücken, Arneval *[Arnual]*, und einen Teil des Kantons Lobach *[Lebach]* des Saardepartement.	19500 Seelen	
		467750 Seelen

Frankreich würde abtreten, um regelmäßigere Grenzen zu schaffen und um die Neuordnung in Deutschland zu vereinfachen,

a) den Kanton Tholey und einen kleinen Distrikt zwischen Mosel und Saar im Norden einer von Perl nach Hilbring zu ziehenden Linie	21750 Seelen	
b) vom Departement Oberrhein die Kantone Landau, Bergzabern, Kandel, Lauterburg,		

Selz, Sulz, Weißenburg und Dahn mit der Festung Landau	110250 Seelen	
Insgesamt		132000 Seelen
Überschuß zugunsten Frankreichs		335750 Seelen

Von den Staaten des Hauses Savoyen habe ich bei den Frankreich zu machenden Abtretungen nichts hinzugefügt, weil ich der Überzeugung bin, daß man nichts von diesem ehemaligen Besitz des Königs von Sardinien wegnehmen sollte. Zumindest dürfte man weder die Grafschaft Nizza noch alles, was wie diese unentbehrlich ist, um den Staaten dieses Fürsten nach Italien hin eine in höchstem Maße notwendige, gute militärische Grenze zu geben, jemals abtreten.

Sollte Frankreich der Abtretung der Festung Landau widerstreben, könnte man vielleicht eine andere Festung in den Niederlanden finden, die man ohne Schwierigkeit als Entschädigung verwenden könnte.

Hüningen, die Feste Joux und das Fort de l'Écluse würden zur Sicherheit der Schweiz geschleift, und die Feste Louis würde im jetzigen Zustand bleiben.

Ich beende diese Arbeit, indem ich den Wunsch ausspreche: möge der neue Besitzstand so früh wie möglich geregelt und eingerichtet werden, damit die provisorischen Verwaltungen und das Spiel der Leidenschaften und Intrigen aufhören, die den weisen und wohltuenden Ansichten der verbündeten Mächte Hindernisse zu bereiten drohen.

Paris, den 29. April 1814
Hardenberg

2. Schreiben Metternichs an Hudelist

Die Aufgaben des Wiener Kongresses. Das von Metternich angestrebte politische System.

Arneth, I S. 211 f. (Absatz 1–2, 4); Fournier, Präludien 43 I S. 126 Anm. 2 (Absatz 3).

Paris, 24. Mai 1814

Mit Anfang August wird der Congreß in Wien eröffnet. Da wir uns in der Zwischenzeit, insofern es nicht bereits geschah, mit den deutschen Fürsten einverstehen werden und unsere Ausgleichung unter den Großmächten definitiv in England [1] stattfinden wird, so wird dieser Congreß weniger zum Nego-

[1] Über die Londoner Verhandlungen der Verbündeten im Sommer 1814 vgl. Dupuis, II S. 95–154.

ciiren als zum Unterfertigen bestimmt sein und sich in der ersten Hinsicht hauptsächlich auf die Erwägung einiger durch ganz Europa laufenden gesellschaftlichen Fragen beschränken. Da hier eigentlich nur der Friede mit Frankreich geschlossen wird und in Folge dieses Friedens die Anerkennung der stipulirten Ordnung der Dinge in Europa ohne näheres Detail vorkommt, so sind die anderen Fragen alle für Wien vorzubereiten. Hieher gehören z. B. die Unterthansverhältnisse, welche durch die französische Gesetzgebung gänzlich verrückt wurden, und die Aufstellung liberaler Grundsätze für die Schifffahrt der Flüsse, eine Frage, welche wir hier bereits in Thesi dem Tractat einverleiben und die für uns von der größten Wichtigkeit ist.

Ich folge dem russischen Kaiser nach England. Dort werden wir hauptsächlich die polnische Sache unter englischer Vermittlung betreiben und bestimmen. Das hiesige Terrain ist keineswegs zu dieser Negociation geeignet, weil es zu sehr unter dem Einflusse aller elenden polnischen Franzosen und französischen Polen steht. Mit England sind wir ganz einig und ich bürge Ihnen für die intimsten Verhältnisse und deren Dauer; der russische Schwindel ist ganz gesunken.

Ich hätte gewünscht, daß der Kaiser, welcher durch den Prinz-Regenten auf den Knien gebeten wurde (dieses ist sein eigener Ausdruck), auf einige Tage nach England zu reisen sich entschlossen hätte. Die Sache war aber nicht zu erreichen.

Mein Stand in England wird hiedurch nicht leichter, aber ich werde dennoch mein Ziel, die Begründung eines festen Systems zwischen Oesterreich, England, Spanien und Preußen erreichen, an welches System ich Baiern als Schutzwehr gegen Frankreich vollkommen anzuschließen mich anheischig mache. Hiedurch wird zum ersten Male meine Lieblingsidee der Herstellung eines auf die Mittelmächte gegründeten Systems, an welches die Seemächte ganz natürlich sich anreihen, hergestellt. Dieses System werde ich, insofern es möglich ist, auf die Pforte ausdehnen, sie sicher aber durch selbes schützen.

3. Friedensvertrag zwischen Österreich, Preußen, Rußland, Großbritannien, Schweden/Norwegen, Portugal und Frankreich (Auszug)[1]

Vereinbarungen über die auf dem künftigen Kongreß zu erledigenden Angelegenheiten.

Talleyrand, Memoiren II S. 132–153, hier S. 138f., 146, 150f. (Offener Vertrag und Zusatzartikel); Pappermann, I S. 502 f. (Geheime Separatartikel; v. Hrsg. korrigierte Übers.). Franz. Text: CTS, 63 S. 172–202, hier S. 180f., 190–194.[2]

Paris, 30. Mai 1814

Präambel.
Artikel I: Wiederherstellung von Frieden und Freundschaft.
Artikel II–III: Die Grenzen Frankreichs.

Artikel IV. Um die Verbindung der Stadt Genf mit anderen am See liegenden Teilen des Schweizergebietes zu sichern, willigt Frankreich darin ein, daß der Gebrauch der Straße durch Versoix den beiden Ländern gemeinschaftlich sei. Die respektiven Regierungen werden sich gütlich über die Mittel verstehen, dem Schleichhandel zuvorzukommen, den Postenlauf zu ordnen und die Straßen zu unterhalten.

Artikel V. Die Schiffahrt auf dem Rhein, von dem Punkte an, wo er schiffbar wird, bis zum Meere und umgekehrt wird dergestalt frei sein, daß man sie keinem verbieten könne, und bei dem künftigen Kongreß wird man sich mit den Grundsätzen beschäftigen, nach welchen die Staaten am Rhein auf die gleichförmigste und auf die für den Handel aller Nationen günstigste Weise Zölle erheben können. Es wird untersucht und in dem künftigen Kongreß entschieden, auf welche Weise man, um den Verkehr der Völker zu erleichtern, und um sie unter sich bekannter zu machen, die obige Verfügung gleichfalls auf alle anderen Flüsse ausdehnen könne, welche in ihrem schiffbaren Laufe verschiedene Staaten trennen oder durchströmen.

Artikel VI. Holland, unter der Landesherrschaft des Hauses Oranien, erhält einen Länderzuwachs. Der Titel und die Ausübung der Landesherrschaft können daselbst in keinem Falle einem Prinzen angehören, der eine fremde Krone trägt oder zu einer fremden Krone berufen ist.

Deutschlands Staaten werden unabhängig und durch ein Bündnis *[Lien Fédératif]* vereinigt sein.

Die unabhängige Schweiz fährt fort, sich durch sich selbst zu regieren.

[1] Vgl. Dupuis, I S. 333–404; Griewank, Wiener Kongreß S. 77–94.

[2] Genaue vertragstechnische Angaben bei Bittner, II S. 97f.

Italien, außerhalb der Grenzen der Länder, die wieder an Österreich kommen, wird aus souveränen Staaten bestehen.

[...]

Artikel XXXII. Binnen zwei Monaten werden alle hohen in gegenwärtigem Kriege ein- und andererseits verwickelten Mächte Bevollmächtigte nach Wien senden, um in einem Generalkongresse die zur Ergänzung der Verfügungen des gegenwärtigen Traktats nötigen Anordnungen zu treffen.

[...]

Zusatzartikel zum Vertrag mit Großbritannien

Artikel I. Se. Allerchristlichste Majestät, welche ohne Rückhalt gleiche Gesinnungen mit Sr. britischen Majestät in Hinsicht eines Handels hegen, der sowohl von dem Prinzip der natürlichen Gerechtigkeit, als auch von der Aufklärung unserer Zeit gemißbilligt wird, verbinden sich, bei dem künftigen Kongreß Ihre Kräfte mit denen Sr. britischen Majestät zu vereinigen, um die Abschaffung des Sklavenhandels durch die sämtliche Mächte der Christenheit dergestalt zu bewerkstelligen, daß besagter Sklavenhandel, der in jedem Falle von seiten Frankreichs aufhören wird, innerhalb fünf Jahren ein allgemeines Ende nehmen, und daß in dieser Zeitfrist kein Sklavenhändler anderwärts als in den Kolonien des Landes, worin er Unterthan ist, Sklaven einführen und verkaufen könne.

[...]

Geheime Separatartikel, vereinbart zwischen Österreich, Preußen, Rußland, Großbritannien und Frankreich [3]

Artikel I. Die Verfügung über die Gebiete, denen Se. allerchristlichste Majestät durch den 3. Artikel des öffentlichen Vertrags entsagt, und die Beziehungen, aus denen ein wirkliches und dauerhaftes System des Gleichgewichts in Europa hervorgehen soll, werden auf dem Kongreß nach den Prinzipien geregelt, die die verbündeten Mächte unter sich festgestellt haben, sowie nach den in den folgenden Artikeln enthaltenen allgemeinen Bestimmungen.

Artikel II. Die Besitzungen Sr. k. k. apostol. Majestät in Italien werden durch den Po und den Ticino und den Lago Maggiore begrenzt werden. Der König von Sardinien wird wieder in den Besitz seiner alten Staaten mit Ausnahme desjenigen Theils von Savoyen treten, welcher Frankreich im dritten Artikel des gegenwärtigen Vertrags zugesichert ist. Er wird eine Gebietsver-

[3] Artikel II ist im preußisch-französischen Vertrag nicht enthalten. Vgl. Preußen's Staatsverträge, S. 756; Angeberg, I S. 175f.

größerung durch den Staat Genua erhalten. Genua wird ein Freihafen bleiben, und die Mächte behalten es sich vor, mit dem Könige von Sardinien deshalb Verabredungen zu treffen.

Frankreich wird im Vereine mit den verbündeten Mächten, und wie sie, die staatliche Einrichtung, welche die Schweiz unter diesfallsiger Veranstaltung besagter Mächte und nach den mit ihnen festgestellten Grundlagen sich geben wird, anerkennen und garantieren.

Artikel III. Da die Herstellung eines gerechten Gleichgewichts in Europa erfordert, daß Hollands Verhältnisse in einer Weise festgestellt werden, welche es in den Stand setzt, seine Unabhängigkeit durch eigene Mittel aufrechtzuerhalten, so werden die Länder zwischen dem Meere, den Grenzen Frankreichs, wie sich solche durch den gegenwärtigen Vertrag bestimmt finden, und der Maas für immer mit Holland vereinigt werden.

Die Grenzen auf dem rechten Ufer der Maas werden so, wie es in militärischer Beziehung für Holland und seine Nachbarn angemessen erscheint, bestimmt werden.

Die freie Schiffahrt auf der Schelde wird nach denselben Grundsätzen, wie die Schiffahrt des Rheins in dem 5. Artikel des gegenwärtigen Vertrags, geregelt werden.

Artikel IV. Die deutschen Länder auf dem linken Rheinufer, welche seit 1792 mit Frankreich vereinigt gewesen sind, werden zur Vergrößerung Hollands und zu Entschädigungen für Preußen und andere deutsche Staaten dienen.

[. . .]

4. Bericht Metternichs an Franz I.

Berichtet über die Londoner Beratungen und Beschlüsse über die Niederlande sowie über die Erneuerung des Vertrages von Chaumont. Terminplanung für den Kongreß.

Fournier, Präludien 43 II S. 27–29.

Eigenhändig London, 28. Juni 1814

Euer Majestät!

Ich benütze die Reise des Grafen Clamm nach Wien um Ew. Majestät den gegenwärtigen gehorsamsten Bericht zu unterlegen.

Drey Gegenstände haben uns seit meiner lezten Expedition hier hauptsächlich beschäftigt:

1. Die Maßregeln in Betreff der Vereinigung der Niederlande und Ihrer provisorischen Administration.

2. Das Verhältniß, in welchem die Mächte bis zum Ausschlage des Congresses in Militärischer Hinsicht stehen zu bleiben haben.

3. Die Nachträglichen Einrichtungen, um die Zwischen-Zeit bis zur Eröffnung des Congresses gehörig zu benützen.

ad 1^m^

Geruhen Ew. Majestät aus den gehorsamst angebogenen zwey Protokollen zu ersehen, welche Maßregeln für die Niederlande abgeredet worden sind. Die Punkte des Protokolls über die Vereinigung[1] sprechen für sich. Ich kann zu dem 3. allein noch die Bemerkung beyfügen, daß die angeführten Gesichtspunkte Ld. Clancartis nichts anders sind als die vollkommenste Gleichheit zwischen den beyden Ländern, Holland und den Niederlanden, eine Gleichheit, welche auf die Alternative in dem Auffenthalte des Hofes, in der Versammlung des Gesetzgebenden Körpers p. p. ausgedehnt wird.[2]

Das zweite Protokoll[3] betrifft die Zurücknahme mehrerer vexatorischen Maßregeln, welche bisher von den preußischen Civil- und Militairbehörden in den Niederlanden ausgeübt wurden, und welche nun auf die ganz natürliche Eintreibung der direkten Steuern beschränkt werden, welche für die Zeit der Ockupation der Provinzen und die Theilung der 3 Mächte zu fallen haben.

ad 2^m^

Da es unumgänglich nöthig ist, daß die Mächte bis zur Ausgleichung der großen Europäischen Angelegenheiten in einem Zustande bleiben, welche dem nöthigen unter ihnen zu beobachtenden Gleichgewichte angemeßen ist, so haben wir vereinigt den Vorschlag gethan, daß jede der 4 großen Mächte vor der Hand 75000 Mann auf dem Kriegsfuße erhalte.[4] Dem Tracktate von Chaumont gemäß muß England, wenn es diese Zahl nicht stellt, den Ersatz im Gelde leisten. Hierhin geht unser Antrag. Wenn Ew. Majestät berechnen, daß in Italien, in Galizien und Böhmen Truppen zu bleiben haben, und hierzu die 10000 Mann rechnen, welche wenigstens zwischen Mainz und auf dem linken Rhein-Ufer zu bleiben haben, so werden sich Allerhöchstdieselben überzeigen, daß die Summe von 75000 Mann nicht stark angenommen ist. Was selbe aber in jeder Rücksicht sehr vermindert, ist die Truppen-Zahl, welche Preußen

[1] Protokoll der Konferenz vom 21. 6. 1814 in Ontstaan, II S. 32f.; mit falscher Datierung und falscher Ortsangabe auch bei Angeberg, I S. 182f.

[2] Clancartys Punkte gingen in die von dem souveränen Fürsten, Wilhelm VI., unterzeichnete Annahmeakte vom 21. 7. 1814 ein, die die Grundsätze für die Vereinigung der nördlichen und südlichen Niederlande festlegte. Druck: Angeberg, I S. 207–209.

[3] Nicht nachzuweisen. Gemeint sind wohl die am 21. 6. getroffenen Absprachen über die preußischen Forderungen in Belgien. H. Fagel an van Nagell, 21. 6. 1814. Gedenkstukken, VII S. 609–611. Vgl. Renier, S. 260.

[4] Die näheren Bestimmungen enthält der am 29. 6. vereinbarte Vertrag über die Erneuerung des Bündnisses von Chaumont. CTS, 63 S. 252–254.

und Rußland bis zum Ausschlage der Dinge auf dem Fuße erhalten werden. Preußen wird zwischen der Maß und dem Rheine, dann in seinen neuen und alten westphälischen Provinzen wenigstens 150000 Mann und in Preußen mehr als 50000 Mann mobil erhalten. Rußland stellt sicher 150000 Mann in dem Herzogthum Warschau und auf dem Niemen auf. Da wir in Rücksicht dieser großen Verhältnisse ganz auf Bayern zählen können, so haben Ew. Majestät, im Falle die 75000 Mann als Fuß der Aufstellung angenommen werden und bloß Ew. Majestät diese Zahl nicht vermehren sollten, höchstes auf 100 bis 110000 Mann mobiler Truppen zu rechnen.

Da es hier mehr auf Demonstrationen als auf eine Kriegerische Operation ankömmt, so dürfte diese Zahl auch für mehr, als sie ist, ausgegeben werden. Die gesammte politische Constellation macht es mir jedoch mit jedem Tage wünschenswerther, daß Ew. Majestät den Respektabelst-Möglichen Fuß als das kräftigste Negotiations-Mittel erhalten.

Dieser Gegenstand ist übrigens erst in Deliberation; ich werde ihn um so mehr nur ad referendum nehmen, als ich auf diese Weise die Dislokation der aufzustellenden Corps erfahre, ohne in dem Falle zu sein, eine Dislokation der Armee Ew. Majestät, zu welcher mir ohnedieß alle Daten fehlen, von mir zu geben.

ad 3^{m}

Sind wir übereingekommen, den folgenden Gang zu beobachten: a. Mit halbem August werden wir und Preußen vereint den Plan der deutschen Verfaßung ins Reine bringen, und zu dieser Diskußion sodann Hannover, Bayern und Würtemberg beyziehen. b. Am 10. September treffen Lord Castlereagh, der St. Kanzler Hardenberg und Graf Nesselrode in Wien ein, damit wir die Vereinigung unter Uns über die Territorial-Vertheilung zu treffen Möglichkeit finden. c. mit Ende September treffen sodann der rußische Kaiser und der König v. Preußen ein. Am 1. Oktober versammelt sich der Congreß. Wenn der rußische Kaiser sich nicht ganz auf Abwegen verliert, so unterliegt es keinem Zweifel, daß wir dieses so große Werk in weniger als 6 Wochen beendigen werden.

Der Prinz Regent ist gestern Abends wieder hier eingetroffen. Ich werde Morgen die lezte Conferenz mit den Ministern halten, und Uebermorgen frühe bestimmt abgehen. Der St. Kanzler Hardenberg und Graf Nesselrode reisen mit mir; der erstere nach Paris; der zweyte sezt seinen Weg gerade nach Petersburg fort.

Ueber mehrere sehr wichtige Gegenstände behalte ich mir vor, Ew. Majestät meinen Unterthänigsten Mündlichen Bericht abzustatten. Ich werde am 14. spätestens zu Wien sein.

Metternich

5. Weisung Metternichs an Zichy (Auszug)

Österreich wünscht, eine enge Zusammenarbeit mit Preußen in der Polenpolitik und in der deutschen Verfassungsfrage zur Grundlage seiner Politik zu machen.

Fournier, Studien S. 314–318; hier S. 314–317; ferner ders., Poln. Frage S. 463–467; hier S. 463–466; Dupuis, II S. 297–301. Übers. d. Hrsg. aus d. Franz.

Wien, 1. August 1814*

Ich nutze den ersten Augenblick der Muße, den ich seit meiner Rückkehr nach Wien gefunden habe, um Eurer Exzellenz das Bild unserer politischen Beziehungen zum Zeitpunkt der Trennung der Kabinette zu schildern und die Richtung anzugeben, die bei der preußischen Regierung zu verfolgen ist, um die guten Beziehungen zu erhalten, die wir mit ihr angeknüpft haben und die unser größtes Interesse uns für die sehr nahegerückte Zeit, in der der Kongreß unsere Situation in Europa endgültig festgelegt, zu vervollkommnen gebietet.

Unsere Beziehungen zu dem Hof von Berlin haben sich im Verlauf des Krieges niemals geändert, und wenn wir gelegentlich den persönlichen Einfluß zu bedauern hatten, den der Kaiser Alexander auf den Geist des Königs ausübt, und das Wohlgefallen dieses Souveräns für Ideen und Pläne, die oft für seine Verbündeten gefährlich sind, so haben wir in der tapferen preußischen Armee stets die heldenhafteste Opferbereitschaft für das edle Ziel unserer gemeinsamen Anstrengungen und bei dem Ministerium, vornehmlich aber bei seinem achtenswerten Leiter, einen ebenso reinen wie aufgeklärten Geist der Verständigung sowie ein Vertrauen gefunden, das wir bei allen Gelegenheiten erwidert haben. Die preußische Regierung hat ihrerseits anerkennen müssen, wie sehr wir ihre Überzeugung von der Notwendigkeit einer engeren Verbindung der Höfe von Berlin und Wien teilen, um das große Werk zu festigen, das der Friedensvertrag mit Frankreich nur umrissen hat, und wie sehr wir von der Dringlichkeit überzeugt sind, uns in der größtmöglichen Übereinstimmung zu verbinden, um die Entwicklung der durch die Verträge geheiligten Prinzipien in einem Sinne zu lenken, der, indem er die Ruhe und das Wohlergehen der beiden Monarchien sicherstellt, ihre Mittel und ihre Handlungen nach außen zusammenwirken läßt zur Aufrechterhaltung des Friedens und des Gleichgewichts in Europa.

Sie hat auch eingesehen, daß wir uns hinsichtlich ihrer Ansichten über die zukünftigen Erwerbungen Preußens mit einer Hingabe von Vertrauen auf ihre

* Expediert durch den Kurier Renard.

Prinzipien eingelassen haben, die alle gewöhnlichen Erwägungen der Klugheit und der Berechnung zwischen Nachbarmächten ausschließt. Beziehungen, die auf ein solches gegenseitiges Vertrauen gegründet sind, auf die beiderseitige Kenntnis, die zwei zu gegenseitiger Achtung geborene Souveräne von ihrem Charakter erworben haben, können nur dauerhaft sein; und eine sehr enge Verbindung, zu deren Festigung schon die gänzliche Gleichheit der Interessen beider Länder genügte, kann sich durch die ganz persönlichen Gefühle derer, die berufen sind, sie zu pflegen, nur verstärken. Dieses friedliche und auf die Erhaltung der Ordnung gerichtete Bündnis wird einen ebenso starken wie dauerhaften Halt bei einer Macht finden, die selbst durch ihre geographische Lage vor den täglichen Interessenkollisionen der kontinentalen Mächte geschützt ist und dadurch außer Reichweite der Leidenschaften liegt, die manchmal die solidesten Beziehungen zwischen ihnen verändern; diese Macht kann ihren Vorteil nur in der Aufrechterhaltung einer Ordnung der Dinge finden, die, indem sie ihr die Kraft eines Wohlstandes garantiert, den zu vermindern allen Anstrengungen ihrer Gegner nicht gelang, ihr gleichzeitig genau den Einfluß sichert, dessen sie zum Unglück Europas beraubt worden war.

England, zu dem wir unsere alten und engen Beziehungen wiederangeknüpft haben, wird seine Entschlüsse, seine Mittel und seine Anstrengungen immer mit denen Österreichs und Preußens für das segensreiche Ziel einer Aufrechterhaltung des Friedens verbinden; und die Erfahrung des Jahrhunderts hat bewiesen, daß das Bündnis der Mächte Deutschlands und der Seemächte, die ganz zentral liegen in Europa, weil sie von zwei Seiten durch Nachbarmächte bedroht sind, allein ein Gleichgewicht aufrechtzuerhalten vermag, das an gar keiner Stelle verletzt werden kann, ohne daß sie gerade wegen ihrer Lage die Auswirkungen zu spüren bekommen; ein Gleichgewicht, das niemals verletzt werden kann ohne eine Annäherung der Flügelmächte und ihr Bestreben zu einer Vereinigung im Zentrum.

Diese Prinzipien von unbestreitbarer Evidenz schreiben den beiden Höfen von Wien und Berlin die Marschrichtung in diesem wichtigen Augenblick vor, der soviel Unsicherheit beenden, über Schicksal und Wohlergehen so vieler Völker entscheiden und schließlich, wie wir hoffen, eine lange Zeit der Ruhe und des Wohlstandes für Europa einleiten wird.

Zwischen uns und Preußen besteht keine wirkliche Unstimmigkeit, was die Bedingungen betrifft, die als Grundlage der politischen Existenz und des künftigen Besitzstandes der beiden Länder dienen sollen. Was auch die Überlegungen sein mögen, die uns unter anderen Umständen hätten veranlassen können, die Ausdehnung der preußischen Monarchie an unseren nördlichen Grenzen zu fürchten, welches Bedauern auch die Zerstörung eines alten, unseren Interessen und dem Gleichgewicht der Mächte in Deutschland häufig nützlichen Königreichs hervorrufen mag, so werden die Erwerbungen Preußens in Sachsen auf unserer Seite kein Hindernis finden; und wir sind gleichermaßen überzeugt, daß die beiderseitigen Ansprüche der Höfe von Berlin und München auf den Besitz von Mainz und die Notwendigkeit, in der wir uns befinden werden, uns ersteren entgegenzustellen und den anderen nach Bedürfnis durch einen Mittelweg auszuweichen, unseren guten Beziehungen zu Preußen keinen Abbruch tun werden. Die beiden Gegenstände, die die sorgfältigste Aufmerksamkeit der Höfe von Wien und von Berlin erfordern und auf die sich alle Erwägungen der gegenseitigen Interessen konzentrieren müssen, sind Polen und die künftige Organisation Deutschlands. Der Kaiser Alexander, der unglücklicherweise durch Intriganten und politische Visionäre jeder Art beeinflußt und durch die neue Art von Ruhm verführt wird, den er zu erwerben hofft, wenn er angeblich liberalen und menschenfreundlichen Ideen seinen Schutz gewährt, hat sich die nur allzu reale Idee der Wiederherstellung eines unter russischem Zepter und wahrscheinlich unter der Verwaltung des Großfürsten Konstantin stehenden Königreichs Polen zu eigen gemacht, das sich aus dem Herzogtum Warschau und allen Teilen des Landes zusammensetzen soll, die sich unter vorläufiger Verwaltung befinden, mit Ausnahme eines Gebietes von einer Million oder einer Million einhunderttausend Einwohnern, das an Preußen abgetreten werden soll. Er hat nicht verstanden, daß die Polen, wenn sie seine Pläne begünstigten, sich dieser scheinbaren Wiederherstellung nur bedienen wollten, um ohne ihn und gegen ihn das ständige Ziel ihrer Wünsche und Intrigen zu erreichen, ganz so, wie sie sich früher des Kaisers Napoleon bedienten, um die von Polen abgetrennten Teile wiederanzugliedern und mit der Zeit ein Ganzes daraus zu machen, indem sie sich der Unterstützung ihrer Feinde bedienten. Österreich und Preußen können niemals der Verwirklichung eines solchen Vorhabens zustimmen, das für das erstere den sicheren Verlust einer seiner kostbarsten Besitzungen mit sich brächte, für das andere die Isolation und gänzliche Abhängigkeit einer seiner reichsten Provinzen, Ostpreußens; sie können dem russischen Erwerb starker militärischer Stellungen auf dem linken Ufer der Weichsel moralisch und politisch nicht[a] zustimmen; Österreich kann nicht auf den Besitz Krakaus und seines Umlandes, Preußen nicht auf den von Danzig und Thorn verzichten; schließlich können sie nicht, wenn sie dem immensen russischen Reich eine beträchtliche Vergrößerung seines Gebietes gewähren, die Einführung eines so gefährlichen Prinzips erlauben, wie es die Wiederherstellung Polens wäre, die in ihren Folgen alle bestehenden Verträge in der Welt zerstören würde; und um die Pläne Rußlands zu durchkreuzen, müssen sie alle Mittel anwenden, bei Bedarf sogar das der Verkündung eines unabhängigen Polen, um die Kräfte dieses Landes gegen Rußland zu wenden, und im Notfall müssen sie der Existenz eines durch die Anerkennung der

[a] Das entscheidende Wort 'ne' fehlt bei Fournier.

Großmächte gefestigten und in seinen Grenzen festumrissenen Staates, der in seiner Unabhängigkeit ein natürlicher Feind seines mächtigen Nachbarn wäre und folglich die Unterstützung Österreichs, Preußens und der Pforte suchen müßte, den Vorzug geben vor der Einrichtung eines Herdes der Erhebung im Herzen ihrer Staaten, der jeden Besitz heikel, jedes Recht unsicher machen und der die öffentliche Meinung der entferntesten und kostbarsten Provinzen der beiden Monarchien vergiften würde. Mehrere Tatsachen und meine letzte Unterredung mit Kaiser Alexander in Bruchsal[1] lassen uns annehmen, daß dieser Souverän bis zu einem gewissen Punkt von seiner Idee abgekommen ist, die Anklang weder in Preußen noch bei der englischen Regierung, bei der die Ungehörigkeiten und Schliche, die er sich während seines Aufenthaltes in London erlaubt hat,[2] eine sehr große Frostigkeit gezeitigt haben, noch bei der französischen Regierung gefunden hat, die ihm aus dem gleichen Grunde grollt, und gegen den wir uns bei allen Gelegenheiten laut und entschieden erklärt haben; die Hoffnung ist erlaubt, daß sein Aufenthalt in Rußland, wo die öffentliche Meinung sich jeder Teilung der Macht und des Einflusses mit Fremden gänzlich widersetzt, ihm endlich die Unmöglichkeit und die Gefährlichkeit seines Plans beweisen wird. Es ist allemal von der größten Bedeutung, daß die beiden Höfe sich auf den entschiedensten Widerstand gegen jeden Vorschlag dieser Art, der von Rußland gemacht werden könnte, und gegen jede Handlung einstellen, die entgegen den positiven Verbindlichkeiten, die Kaiser Alexander übernommen hat, auf dieses Ziel hinführen könnte. Wann immer Ihre Gespräche mit dem Fürsten Hardenberg Ihnen Gelegenheit dazu bieten, können Sie, Herr Graf, auf diesem Punkt gar nicht genug beharren; sowohl die Aufgeklärtheit als auch die Loyalität dieses würdigen Ministers garantieren uns, daß er seinen Souverän dazu bringen wird, in einem Sinne zu handeln, der mit den häufigen Erklärungen, die er mir in dieser Hinsicht gemacht hat, übereinkommt.

Der Plan der künftigen Organisation Deutschlands, den Fürst Hardenberg ausgearbeitet[3] und den er mir in London mitgeteilt hat, liefert Stoff für eine ernsthafte Überlegung. Ich möchte sehr wünschen, daß er mir unverzüglich eine Kopie übersendet, die als Grundlage für die vorbereitenden Konferenzen dienen könnte, die sehr bald zwischen Baron von Humboldt und mir eröffnet werden; Eure Exzellenz wird also beauftragt, ihn meinerseits um die Übermittlung zu bitten.

[1] Mitte Juli 1814. Fournier, Präludien 43 I S. 135; 44, S. 32. Kraehe, II S. 76f.

[2] Dazu Dupuis, II S. 108–113.

[3] Es handelt sich wohl um den in zehn Punkten konzipierten Verfassungsplan Hardenbergs, aus dem seine 41 Artikel (Nr. 65) hervorgingen. Kraehe, II S. 401–404. Über Hardenbergs Verfassungsberatungen mit Metternich in London vgl. Fournier, Präludien 43 II S. 24. Kraehe, II S. 66–71.

Im allgemeinen können Sie, Herr Graf, nicht genug mit dem Staatskanzler im Sinne der Depesche sprechen, die ich Ihnen heute schicke, und ihm nicht häufig genug die Versicherung des vollständigen Vertrauens wiederholen, das wir in seinen Charakter und seine Prinzipien setzen, noch die Versicherung der Aufrichtigkeit unseres Wunsches genug wiederholen, unter allen Umständen im innigsten Einverständnis mit dem preußischen Hof zu handeln und unsere Verbindung mit ihm zur Grundlage unserer Politik und zur wichtigsten Garantie der künftigen Ruhe und des künftigen Glücks Europas zu machen.

[. . .]

II.

INSTRUKTIONEN

6. Instruktion Friedrich Franz' von Mecklenburg-Schwerin für von Plessen [1]

Von Plessen soll sich 1. für ein starkes, von einem kleinen Fürstenrat unter dem Vorsitz eines ständigen oder gewählten Oberhaupts geleitetes Reich und 2. für die besonderen Interessen von Mecklenburg-Schwerin einsetzen.

Kiste XXVIII/3 Fasc. I Nr. 37 Anlage b, Staatsarchiv Schwerin in Bundesarchiv Koblenz.

Konzept Schwerin, 15. Juni 1814

Instruction für den Minister von Plessen zu den ihm aufgetragenen Gescheften bey dem Congresse zur Regulirung der Deutschen Angelegenheiten

Bey den Verhandlungen über die künftige Einrichtung des Deutschen Reichs haben Wir zweyerley Interesse: Erstlich das allgemeine Interesse des Deutschen Reichs indem Wir dessen größte Selbständigkeit, und Festigkeit wünschen, und zweitens das besondere Interesse Unseres Fürstlichen Hauses und Unserer Lande.

I

In Rücksicht auf das erste, habt Ihr so viel Ihr könnt dazu beyzutragen, daß das gesammte Deutsche Reich, so weit sich seine Grenzen nach dem jetzt in Paris abgeschlossenen Frieden [2] erstrecken können, ein einziges und unzertrennliches Ganze bleibe.

§ 1. Seine Form, und innere Einrichtung wird sich nach dem Karacter richten müßen, welchen das Bündnis erhält, durch welches die einzelnen Theile desselben verbunden werden.

§ 2. Können diese gleich nicht alle sich an Umfang und innerer Stärke gleich seyn, so müßen sie es doch in Ansehung ihrer Rechte unter sich und in Beziehung auf das Ganze werden; so wie sie zur Erhaltung des Ganzen mit gleichen, wenn gleich verhältnißmäßigen Kräften beytragen müßen.

§ 3. Dieß wird freylich vielleicht einen Rang; oder verschiedene Classen unter den einzelnen Bestandtheilen des Reichs herbey führen; ohnerachtet es

[1] Vgl. hierzu Apian-Bennewitz, S. 9–11.

[2] Nr. 3 S. 61–63.

nicht in dem Begriffe eines reinen Foederativ Systems liegt, für welches der in Paris unterzeichnete Frieden stimmt. Sollte dieß der Fall werden, so habt ihr euch nach allen Kräften dahin zu bemühen, daß Wir den Platz zwischen denen Fürsten wieder einnehmen, zwischen welchen Wir ihn bey der alten Reichs Verfassung gehabt haben, wobey ihr euch auf das uns bekanntlich gemachte Versprechen der Churfürsten Würde berufen könnt.

§ 4. Uebrigens würde Uns, wenn Wir den gehörigen Platz erhalten, die Einrichtung eines wahren Deutschen Reichs mit einem[3] zu wählenden; oder auch erblichen Oberhaupte, vollkommen so angenehm seyn, als ein Foederativ System.

§ 5. Das Haupt Augenmerk muß dahin gehen, daß das gesammte Deutsche Reich durch ein festes Band, und durch gehörige Mittel zur immerwährenden, und nöthigenfalls schnell zu verstärkenden und aufzubietenden Vertheidigung gegen alle Angriffe von Außen völlig gesichert werde. Alles was dahin führt ohne die Gleichheit der Rechte der Reichsländer gegen einander zu schmälern, soll Uns genehm seyn.

§ 6. Das schließt eine gewisse, dem Reichs Oberhaupte oder den Creyß Vorstehern durch Reichs Grundgesetze zu bestimmende und zu begrenzende größere Gewalt; Oberaufsicht, und dergleichen, welches zur Erhaltung der Ordnung; Aufbietung der einzelnen Kräfte, und Anordnung der gesammten Macht nothwendig ist, nicht aus.

§ 7. Aber eben so, ist auch für Erhaltung der Einigkeit und Ruhe im Innern zu sorgen, so wie für Aufrechterhaltung und Anwendung der Reichs Gesetze, und hierzu dürfte, auch wenn das Reich ein gemeinschaftliches Oberhaupt bekäme, ein Fürsten-Rath das angemessene Mittel seyn, welcher nur aus einer geringeren Zahl der Vordermänner, unter dem Vorsitze des Reichs Oberhauptes; oder in Ermangelung dessen, eines Präsidenten, der entweder durch Wahl der übrigen; oder in gewissen Zeit Abschnitten durch die Reihenfolge aller, bestellt würde, bestehen dürfte.

§ 8. Einen *[!]* perpetuirlichen *[!]* Reichstag, wo jedes Reichsland seinen Abgesandten hätte, scheint Uns nicht rathsam; so bald aber ein Gegenstand zur Frage kommt, der nicht bloß die Aufrechterhaltung und Anwendung der Reichs Grund Gesetze betrifft; sondern, wo es darauf ankommt

1. Etwas in den Reichs Grund Gesetzen abzuändern; oder
2. zu außerordentlichen Reichsbedürfnissen andre, als die einmal festgesetzten ordinairen Steuern zu fordern und zu erheben;
3. oder einen Frieden zu schließen; oder endlich wenn
4. ein Reichs Stand mit dem Ausspruch und den Verfügungen des Permanen-

[3] In der Vorlage unterstrichen.

ten Fürsten Rathes nicht zu Frieden wäre, und an das gesammte Reich recurrirte;

so müßten gesammte Reichs Stände zusammen berufen werden.

§ 9. Da die einzelnen Reichs Stände sich an Macht und Stärke nicht gleich seyn können; so ist, bey einer Creyß Eintheilung darnach zu trachten, daß doch diese in dieser Hinsicht nicht zu ungleich ausfallen; damit im Reiche selbst eine Art von politischem Gleichgewichte bleibt.

§ 10. Wenn auf solche Art für die öffentlichen Verhältnisse der Reichsstände unter sich gesorgt ist; wird noch auf ein Reichs Gericht für die Fälle bedacht zu nehmen seyn, wo ein Reichs Fürst als solcher, mit seinen Land-Ständen; oder mit Einzelnen seiner Unterthanen Streit bekäme.

Hat ein Reichs Stand, oder ein Reichs Fürst als solcher mit einem andern Reichs Fürsten Streit; so gehört das nicht vor dieses gelehrte Reichs Gericht, sondern vor den Fürsten-Rath. Hat aber ein Fürst Streit mit seinen Unterthanen so gehört dieser Streit, so wie jeder Streit unter den Unterthanen selbst, vor die Gerichte des eigenen Landes, und muß vor dem Oberappellations Gerichte eines jeden Landes definitive entschieden werden.

§ 11. Nach der Form und dem Geiste der Allgemeinen Reichs Verfassung, sollten billig, soviel möglich, die innern Staats Verfassungen der einzelnen Reichslande gebildet werden. Wenigstens sollten die Grund Prinzipien aller sich gleich seyn, weil dadurch gewiß am meisten Zusammenfallen des ganzen Reichs und wahrer allgemeiner deutscher National Sinn bewirkt wird, wenn alle Deutschen Völker, auch im einzelnen, nach einerley Grundsätzen regiert werden.

§ 12. Vielleicht wäre in dieser Rücksicht auch im ganzen Deutschen Reiche einerley Maaß und Gewicht, einerley Meilen Maaß, und einerley Münz Fuß einzuführen.

§ 13. Wenn nach deutscher Gewohnheit in den Reichsländern Stände beyzubehalten sind; so dürfte doch in den protestantischen Ländern, wo der Landesherr der Oberste Bischof ist, und daher den ganzen Geistlichen Stand vertritt, der Geistliche Stand keinen besonderen Land Stand ausmachen können. Wo einzelne Stifter oder Prälaten sich dazu qualificiren; müssen sie sich den übrigen Grundbesitzern anschließen. Der Bauern-Stand kann nur dort, und dann einen Landstand ausmachen, wo er freyes Eigenthum hat; sonst gehört er in die Kategorie der Pächter, und diese werden, wie alle andern Unterthanen, von ihrer Ortsherrschaft oder vom Landesherrn vertreten.

Es dürfte also in der Regel immer die Verfassung hiesiger Lande am angemessensten bleiben, daß 1. Grundbesitzer auf dem platten Lande ausser den Domainen des Fürsten; 2. die Bürgerschaften in den Städten, welche aber von ihren Magisträten repräsentirt werden; und 3. die Domainen, für welche der Fürst spricht, die drey, das Ganze bildende Stände ausmachten. Daß jeder

Grundbesitzer auf dem platten Lande für sich einen Land-Stand ausmache, und seine Stimme gezählt werde, scheint nicht gut; sondern eine Repräsentation durch eine verhältnißmäßige Zahl – (etwa der der Städte gleich) – gewählter Deputierten, mit welchen definitive unterhandelt werden kann, zweckmäßiger.

§ 14. Dabey müßte der Landes Herr nicht immer; sondern nur dann auf ein Veto beschränkt seyn, wenn beide Stände sich völlig einig wären. Stehen ihre vota sich entgegen; so muß er mit dem voto für seine Domainen den Ausschlag geben, und sollte er glauben, weder dem einen noch dem andern rein beytreten zu können; so muß er das Recht und die Pflicht haben, als Landes Herr ihre Vota zu modificiren und so zum allgemeinen besten zu vereinigen.

§ 15. Besonders wird diese Zusammensetzung der Land Stände practisch bedeutend, wenn von Steuern die Rede ist.

Ueber die ordinairen, ewig feststehenden Steuern, mag sich jedes Land in sich selbst leicht einig werden. Sie sind wol allenthalben schon durch lange Observanz sanctionirt, und werden nirgends erdrückend seyn, sie mögen auf die eine oder die andre Art, mit oder ohne Prägravation einiger einzelner Classen erhoben werden.

Anders ist es der Fall mit den außerordentlichen Steuern zu besonderen Zwecken. Diese können, da sie oft großen augenblicklichen Bedürfnissen abhelfen müßen, die Anstrengung aller Kräfte eines Landes erfordern, und machen deshalb eine gleiche Anziehung Aller nothwendig, wenn sie nicht für Einzelne erdrückend werden sollen.

Hier muß den Würkungen des Egoismuß, welcher sich in den Landes Versammlungen bey einzelnen Individuen; oder einzelnen Claßen regen könnte, vorgebaut werden, und es muß keinem Stande erlaubt seyn, und einfallen können, solcher Steuer sich zu entziehen, sobald das Bedürfniß als unvermeidlich anerkannt werden muß, und nicht mit Grunde behauptet werden kann, daß die geforderte und auszuschreibende Steuer die nothwendig erforderliche Summa übersteigt.

§ 16. Dieß läßt sich wohl als staatsrechtlicher Grundsatz aufstellen und festsetzen: schwieriger aber wird es seyn, im voraus allgemein zu bestimmen, wie es werden soll wenn man sich in den Landes Verfassungen über den Modum der Erhebung nicht eins werden kann. Zwar würde dann auch hier das in §pho 14 gesagte anwendlich werden: aber besser möchte es doch vielleicht noch seyn, wenn es möglich wäre zu ausserordentlichen, – wenigstens zu ausserordentlichen Reichs Steuern – einen allgemeinen Steuer Modum Reichsgesetzlich zu machen. Es scheint als wenn es keine gleichere Besteurungs Art geben könnte als die Einkommens Steuer, doch bedarf dieß einer gründlichen Untersuchung und Bearbeitung.

§ 17. Noch ein wichtiger Punct ist endlich die militairische Organisation und die Recrutierung des Militaires.

Das Conscriptions System ist gegen deutsche Sitte. Es ist hart, für gewöhnlich, wehrhafte Männer jedes Standes in Reih und Glied unter das Gewehr zu stellen.

Dennoch scheint die Billigkeit zu erfordern, daß auch diese Last mit möglichst gleichen Schultern von Allen getragen werde.

Dem Deutschen National Karacter möchte freye Werbung am angemessensten seyn, und vielleicht könnte sie ausreichen; wenn sie nicht auf die einzelnen Länder beschränkt würde; sondern jeder Deutsche die Freyheit behielte dem gemeinsamen Vaterlande als Soldat, in dem Reichslande zu dienen, wo es ihm am besten gefiele; und Zurückforderung und Auslieferung nur dann statt fände, wo ein einmal gegebenes Wort gebrochen wäre.

§ 18. Den nicht zum gemeinen Soldaten Dienst geeigneten Ständen und Individuen, das Mittel der Stellvertreter um sich persönlich davon zu befreyen anzuweisen, scheint zu viel nachtheiliges für das Militair zu haben: deshalb möchte es doch am gerechtesten seyn, sie zur Ausgleichung einen angemessenen Geld Beytrag in eine Militair oder Invaliden Casse zahlen zu lassen, wenn eine freye Werbung nicht für ausreichend gehalten, und deshalb eine durchgehende Verpflichtung der Landeseinwohner zum Militairdienst, mit Exemtionen, beschlossen werden sollte.

§ 19. Ein allgemeines militairisches System scheint nothwendig. Besondere Reichs Truppen neben eigenen Staats Truppen, und von diesen abgesondert zu halten, hat in früheren Zeiten die Erfahrung als nicht gut gezeigt. Alles Militair in den Deutschen Reichslanden muß dem Reiche gehören und zu dessen Disposition stehen, und die Reichs Gesetze müßen bestimmen, was für Militair, und wie viel jedes Reichs-Land halten soll, und dieß muß so bestimmt werden, daß nicht alles Militair aufgeboten werden darf; oder auch neben den Linien Truppen noch eine Land Milice (National Garde) besteht, welche bloß zur Beschützung des eigenen Landes während des Feld Dienstes des anderen Militaires und zur Erhaltung der inneren Ruhe gebraucht wird.

§ 20. Diese militairische Einrichtung wird einen Reichs-General-Stab nothwendig machen, welcher keinem einzelnen Lande oder Creyse, sondern dem ganzen Reiche angehören muß; den militairischen Oberbefehl über die Reichs Truppen aller Reichsländer führt; sie von Zeit zu Zeit, ohne alle Ausnahme, inspicirt; dem Fürsten Rathe Rapport erstattet, und auf dessen Instruction in vorkommenden Fällen die nöthige Anzahl von Truppen aufbietet, im Kriege selbst aber, so wohl die Ernährung und Verpflegung der Truppen mit allem, was dahin gehört besorgt, als auch die Kriegs Operationen leitet, und die commandirenden Generäle der verschiedenen Armee Corps ernennt. Ein Generalissimus, welcher der Chef von diesen allen wäre müßte wohl von dem Fürsten

Rathe gewählt werden, zu den andern Stellen im Reichs General-Stab könnten vielleicht die Reichs Stände, nach Verhältniß ihrer Contingente präsentiren.

§ 21. Wird gleich bey diesen Einrichtungen das ius pacis et belli einzelner Reichsstände wegfallen müßen; so müßte doch jedem das ius legationis erhalten werden.

§ 22. Sollte endlich, unter den Materien der allgemeinen Deliberationen, auch unter andern eine Reclamation von oder für den ehemaligen Deutschen Orden zum Zweck dessen Wiederherstellung erscheinen; so müßte, falls sie starke Begünstigung finden sollte, doch auf jeden Fall das, durch den Friedensschluß des ehemaligen Deutschen Kayers mit Frankreich requirirte Eigenthum einzelner Fürsten und Privatleute an die ewigen Güter des Ordens respectirt und der Orden neu dotirt werden. Auch stünde dann zu wünschen, daß der Orden für unsere Zeiten brauchbarer gemacht und indem er eine Versorgungs Anstalt für den Deutschen Adel würde, auch zweckmäßig zur Vertheidigung des Deutschen Reichs gegen jeden Reichs Feind gebraucht würde. Vielleicht könnte er so dotirt werden, daß er eine beständige Vormauer bildete.

II

In Rücksicht auf das besondere Interesse Unseres Fürstlichen Hauses und Unserer Lande wünschen Wir, daß ihr euch folgendes angelegen seyn lasset

§ 23. 1. Daß bey Gelegenheit so mancher Regulirungen über Länder-Besitz Unser bisheriges Pfand Recht an der Stadt und Herrschaft Wismar, ohne weiteres, in ein reines und vollkommenes Eigenthums Recht verwandelt werde.

§ 24. 2. Daß wegen der, von dem ehemaligen Deutschen Orden gemachten Requisitionen keine reclamirende Ansprüche an Uns gemacht werden.

§ 25. 3. Da Uns der zu Paris unterzeichnete Frieden[4] wohl keine Hofnung läßt für Uns und Unsere Lande, eine Vergütung der Schäden und Kosten, welche Wir der französischen Usurpationen wegen, anfangs besonders um Rußlands willen, und nachher als Reichs Mitstand und gezwungener Bundes Genosse des Rheinbundes seit 1806 erlitten haben, unmittelbar von Frankreich zu erhalten; so habt ihr dennoch euch zu bemühen, diese Erleidungen vorzustellen, und sie dazu geltend zu machen, daß Wir auf irgend eine andere Art einige Entschädigung, und eine Vergeltung Unserer Anstrengungen für die gemeinsame Sache erhalten.

Rußland und Engelland, um derentwillen Wir hauptsächlich dieß alles erlitten haben, sollten wohl billig geneigt seyn, sich jetzt zu Unserm Vortheil zu verwenden.

[4] Nr. 3 S. 61–63.

Beide könnten Uns vielleicht zu Schwedisch Pommern verhelfen, und zu Lübeck, (wenn es keine freye Reichsstadt werden sollte), – und letzteres *[d. h. England-Hannover]*, könnte Uns vielleicht das Lauenburgische, auf welches Wir ohnedem Rechte haben, wenigstens das Amt Neuhaus abtreten, wenn es anderwärts neue Länder acquiriert; – auch liegen auf solchem Fall zwischen Mecklenburg und Hamburg noch einige einzelne kleine Holstein-Dänische Aemter und Besitzungen.

§ 26. Ferner wäre es nicht unbillig, wenn Uns Dänemark für den Schaden entschädigen müßte, welchen Uns seine Truppen und Lager zugefügt haben, ohnerachtet Wir für Uns selbst keinen Krieg mit demselben angefangen hatten; sondern Unsere Truppen nur den Befehlen des Generals der deutschen Nord Armee folgen mußten.

§ 27. Im Allgemeinen sind euch Unsere Verhältnisse zu gut bekannt, als daß ihr nicht allenthalben, wo sich nur Gelegenheit dazu findet, nach eurem Uns rühmlichst bekannten Diensteifer, Unser Bestes wahrnehmen solltet, auch wenn der Gegenstand hier nicht speziell benannt wäre, und Wir empfehlen euch hier am Schlusse nur nochmals, was Wir ad § 3 schon wegen Unseres Ranges unter den deutschen Fürsten gesagt haben.

Gegeben auf Unserer Vestung Schwerin, den
15. Jun*[i]* 1814

[Friedrich Franz, Paraphe]

v. B*[randenstein]*

7. Instruktion Viktor Emanuels für Saint-Marsan

Informiert den Gesandten über die territorialen und politischen Ziele Sardiniens auf dem Wiener Kongreß.

Materie Politiche, Trattati, Trattati Nazionali ed Esteri mazzo 6, fasc. 1 Archivio di Stato Turin. Übers. d. Hrsg. aus d. Franz.

Ausfertigung Turin, 26. Juni 1814

Der König von Sardinien, Zypern und Jerusalem etc. etc. etc.

Instruktionen für Sie, Marquis Antoine Marie Philippe Asinari von St. Marzan, für Ihren Auftrag als Gesandter und bevollmächtigter Minister auf dem Wiener Kongreß in Österreich

Nachdem wir Sie beauftragt haben, unsere Rechte auf dem Kongreß zu vertreten und zu verteidigen, der in Wien zur Feststellung eines allgemeinen Friedens auf soliden und haltbaren Grundlagen eröffnet werden soll, zweifeln wir nicht, daß Ihre Talente und Ihre Umsicht, die unsere Wahl bestimmt haben, Sie schon hinreichend über die Bedeutung der Mission unterrichtet haben, die wir uns entschlossen haben, Ihnen anzuvertrauen, da es sich darum handelt, die Gesinnung der Minister der Mächte, die an dem Kongreß teilnehmen werden, dazu geneigt zu machen, Maßnahmen über uns zu treffen, welche mit dem Glück unserer Völker übereinstimmen und die soviel wie möglich die Ruhe und den Frieden in unseren Staaten sichern können. Die wichtigsten Punkte, die uns betreffen, sind die folgenden.

1°. Die Erhaltung unserer früheren Staaten.

2°. Die Anerkennung unserer Rechte auf das Herzogtum Piacenza.

3°. Unser Recht auf ansehnliche Entschädigung für die Verluste, die wir seit der Invasion unserer Staaten durch die französische Regierung erlitten haben.

4°. Die Notwendigkeit, ein Gleichgewicht in Italien zu schaffen zwischen unserer Macht, der es durch ihre Lage aufgegeben ist, dessen Unabhängigkeit zu bewahren, und den Staaten der Nachbarmächte.

5°. Die Freiheit, die Maßnahmen zu treffen, die die Gerechtigkeit und die Klugheit uns eingeben, um die Interessen unserer Heiligen Religion, unsere Ruhe und das Wohl unserer Untertanen gegen den Geist der Gleichgültigkeit und der übertriebenen Toleranz zu schützen, durch den man versuchen möchte, uns zu Kompromissen über so wesentliche Punkte, die wir als unsere ersten Pflichten ansehen, zu veranlassen.

6°. Die Erhaltung unserer Rechte in den Versammlungen des Deutschen Staatswesens, falls es wie in der Vergangenheit oder in einer anderen Form wiederhergestellt werden sollte.

Was nun erstens unsere ehemaligen Staaten betrifft, wünschen wir, daß Sie von dem sehr tiefen Schmerz überzeugt sind, den wir empfunden haben, als wir erfuhren, daß man durch einen Vertrag,[1] an dem wir keinen Anteil hatten, Frankreich einen beträchtlichen Teil Savoyens überlassen hat, dieser Provinz, welche unserer Familie den Namen gegeben hat und die deren Wiege gewesen ist. Die Anhänglichkeit, die unsere guten Untertanen von Savoyen uns in jeder Lage bezeugt haben, insbesondere aber, als die Generäle der Koalitionstruppen beim Einmarsch in diese Provinz unsere Regierung ausriefen, die Notwendigkeit, jenseits der Alpen einen Besitz von ebenem Land zu haben, der die militärischen Operationen zur Verteidigung der Höhen erleichtert, das Bedürfnis, den Bewohnern der Berge bequeme Verbindungen mit dem Flachland zu erhalten, das sie mit Unterhaltsmitteln versorgt, sind so viele Gründe, die zum Vorteil unserer Staaten erfordern, daß Savoyen uns vollständig erhalten bleibt, und die Sie bestimmen werden, mit all dem Eifer, der Sie auszeichnet,

[1] Gemeint ist Artikel III, 8 des Pariser Friedens vom 30. 5. 1814, CTS, 63 S. 178.

dahin zu wirken, die Unversehrtheit eines Landes aufrechtzuerhalten, über das man ohne unser Wissen und gegen unseren Willen verfügt hat. Falls sich die Unterhändler jedoch nach Ihren Beobachtungen geneigt zeigen sollten, über eine Änderung der Demarkationslinie zu verhandeln, könnten wir dieser Änderung nicht zustimmen, sofern sie das Ziel hätte, unsere Grenzen auf allen Punkten zurückzuverlegen, da der Nachteil, den Frankreich seinerseits in der gegenwärtigen Lage finden muß, es sehr wohl veranlassen kann, eine Änderung zu verlangen.

Vergeblich würden die Anstifter der Aufteilung Savoyens dem die 1796 durch den Frieden von Paris erfolgte Abtretung dieses Landes entgegenhalten;[2] dieser Vertrag hatte Piemont garantiert, das überfallen wurde; nach unserer Thronbesteigung erhielten wir von den Souveränen alle unsere alten Titel, und wir haben sie selbst wieder angenommen; dieser Frieden wäre eher dazu angetan, uns Anspruch auf neue Entschädigungsleistungen zu geben, denn als Basis dafür zu dienen, uns unserer Staaten zu berauben, weil er doch den ganzen Widerstand ins Gedächtnis ruft, den unsere Regierung vier aufeinanderfolgende Jahre hindurch den Versuchen Frankreichs entgegengesetzt hat; die geringe Kooperation von seiten der Alliierten aber, die Hilfsleistungen zu teuer verkaufen wollten, die dazu bestimmt waren, ihre eigenen Interessen zu verteidigen, zwangen die Regierung, nachdem sie alle ihre Mittel ausgeschöpft hatte, die gemeinsame Sache aufzugeben, die sie zuerst preisgegeben hatte.

Da sich dennoch große Schwierigkeiten ergeben können, wenn man auf einen von so vielen Mächten unterzeichneten Vertrag zurückkommt, und da zuviel Hitze und Lebhaftigkeit bei diesen Vorstellungen dazu führen könnten, die Höfe, die Frankreich den Besitz dieses Landes garantiert haben, gegen uns einzunehmen, oder zumindest ihren Eifer für uns abzukühlen, überlassen wir es Ihrer Klugheit, diese Vorstellungen nach der Einstellung der Minister der anderen Mächte einzurichten und in dieser Angelegenheit die Grenzen zu setzen, die der Vorteil unseres Dienstes verlangt.

Wenn übrigens dennoch die Vorstellungen, die Ihre Klugheit Ihnen zu machen erlaubt, nicht dazu führen, daß uns der Teil Savoyens, der auf Grund des Vertrages vom 30. Mai[3] abgetrennt wurde, zurückgegeben wird, können diese doch einer neuen Amputation dieses Landes von seiten Genfs und im Chablais entgegenarbeiten, dessen Opfer die Minister der alliierten Mächte trotz ihrer in Paris zum Ausdruck gebrachten günstigen Haltung in dieser Frage wegen der dringenden Bitten und der fortwährenden Intrigen der Genfer und der Schweizer dennoch von uns fordern könnten.

[2] Friedensvertrag zwischen Frankreich und Sardinien vom 15. 5. 1796, CTS, 53 S. 101–106.

[3] Wie Anm. 1.

Die österreichischen Generäle haben durch ihre Reden Grund zu der Annahme gegeben, daß diese Furcht vor der Abtretung des Chablais und des Faucigny nur ein vom Hause Österreich ins Spiel gebrachtes Mittel ist, uns zu veranlassen, ihm einen Teil der Provinz Novara, und zwar insbesondere denjenigen, der von der Straße von Mailand zum Simplon durchquert wird, abzutreten und im Tausch die Zusicherung der Erhaltung von zwei Provinzen, die uns auf Grund so vieler Rechte gehören, zu erhalten. Wie dem auch sei, es ist gut möglich, daß die Käufer der in diesen Provinzen, besonders aber im Chablais gelegenen Nationalgüter alle Mittel anwenden, sich ihrer Erwerbungen zu versichern, entweder indem sie sich Frankreich unterwerfen, das durch den Vertrag vom 30. Mai[4] und durch seine Verfassungsurkunde deren Besitz gerade sanktioniert hat, oder indem sie sich Genf unterwerfen, dessen Finanzprinzipien diesen Erwerbungen nur günstig sein können. Sie werden unter den der vorliegenden Instruktion beiliegenden Noten ein für diesen Gegenstand relevantes Schriftstück finden.

Was wir also vor allem für den Fall, daß Savoyen endgültig aufgeteilt werden müßte, wünschen, ist, daß, wenn man sich damit beschäftigt, uns eine Vergrößerung in Italien zu gewähren, man sich nicht darauf beschränkt, sie nach dem Teil Savoyens, den man uns nimmt, zu bemessen, und daß die Gebietsteile, die man uns abtreten würde, uns nicht als Entschädigung für Savoyen, wohl aber als Entschädigung für unsere anderen Verluste gegeben würden, denn wir wollen unsererseits, soweit dies mit den Umständen vereinbar ist, vermeiden, dieser Aufteilung beizupflichten, um uns unsere Rechte auf dieses Land für einen glücklicheren Zeitpunkt vorzubehalten, zu dem es uns gestattet wäre, sie geltend zu machen.

Wenn Sie also auf dem Wiener Kongreß die Gründe für unsere Forderung nach dieser Vergrößerung darlegen, werden Sie die unbestreitbaren Rechte ins Gedächtnis rufen, die wir durch die Beendigung der Herrschaft der Infanten auf das Herzogtum Piacenza erworben haben; denn nach diesen berief der Vertrag von Paris vom 10. Juni 1763 uns;[5] diese Rechte bilden den Gegenstand einer Note, die wir der vorliegenden Instruktion beifügen.

Die Verluste, die wir durch die zweite Invasion in unsere Staaten im Jahre 1800 erlitten haben, welche die Zerstörung beinahe aller unserer festen Plätze, die Plünderung unserer Arsenale und aller unserer Kriegsvorräte herbeigeführt hat, können einen weiteren Grund für Vorstellungen von unserer Seite für Entschädigungen in Italien darstellen; wir werden Ihnen baldigst ein Verzeichnis bezüglich dieses Gegenstandes schicken.

Dieser Grund scheint uns wenigstens ebensoviel Recht auf eine Entschädi-

[4] CTS, 63 S. 189 (Artikel 27).

[5] Ebenda, 42 S. 413, 418, 429–433.

gung zu geben wie vielen anderen Fürsten, die ihre Vergrößerung oder sogar ihre politische Existenz nur ihrem Schwanken oder ihrer Untreue im Kampf um die Unabhängigkeit Europas verdankten und denen man soeben dennoch beträchtliche Entschädigungen zugebilligt hat, vielleicht um sie dafür zu belohnen, daß sie endlich aufgehört haben, unter den Fahnen Napoleons zu kämpfen. Ihre gewohnte Klugheit wird Sie erkennen lassen, bis zu welchem Punkt Sie von diesen Bemerkungen bei den verschiedenen Ministern privat und auf dem Kongreß Gebrauch machen können.

Nach den gegenwärtigen Einstellungen der Kabinette scheint es, daß man uns als Entschädigung für das, was uns zustehen würde, einen Teil der Riviera von Genua abtreten will. Die Annexion dieses Landes bietet bei weitem nicht die Vorteile, die man voraussetzt: außer einem Teil der Riviera östlich von Genua, über die man anscheinend zugunsten irgendeines anderen Fürsten verfügen will, werden die Stadt und der Hafen von Genua, so sagt man, Privilegien bewahren, die unsere Herrschaft dort stark einschränken werden; es scheint, daß der Golf von La Spezia England verbleiben wird; das Fürstentum Monaco ist von der Abtretung ausgenommen und wird eine französische Garnison behalten; wenn man dem hinzufügt, daß wir im Fürstentum Oneglia und im Distrikt von Loano bereits einen Teil der Riviera besitzen, so ist das, was übrigbleibt, weit davon entfernt, als eine reichliche Entschädigung für all die Rechte dargestellt werden zu können, zu deren Aufgabe man uns veranlassen möchte. Im übrigen werden diese Vergrößerungen, die an sich bereits wenig beträchtlich sind, es noch weniger, wenn man sie in Beziehung zu der Lage der übrigen Mächte in Italien setzt; ohne von den Absichten zu sprechen, die Österreich anscheinend auf die Provinz Novara und die Legationen hat, besitzt das Haus Österreich durch die Staaten Mailand und Venedig, deren Besitzer der Kaiser ist, und durch die Erzherzogin Marie Luise, dem Erzherzog Franz von Este, seiner Mutter, der Erzherzogin Beatrix, und dem Großherzog von Toskana zugewiesenen Staaten alles Land von unseren Staaten an bis zu denen Seiner Heiligkeit, d. h. mehr als ein Drittel und den besten Teil Italiens; dieser grenzt an die Staaten dieses selben Hauses in Deutschland und gibt ihm einen weit beträchtlicheren Einfluß, als wenn seine Staaten getrennt wären, wie es die österreichischen Niederlande und ein großer Teil der anderen Besitzungen des Hauses Österreich in Deutschland waren.

Weit davon entfernt, ein Übergewicht gegen diese Macht zu erwerben, würden wir uns ihrem Einfluß unterworfen finden, weil wir uns an allen Punkten unserer Grenzen außerhalb der Alpen österreichischen Untertanen gegenübersähen.

Die Wirkung dieses Einflusses könnte beträchtlich eingeschränkt werden, wenn noch eine Liga möglich wäre, die die anderen Staaten in dem Ziel verbindet, einträchtig über die Unabhängigkeit des Teils der Halbinsel, der nicht der

Gewalt der österreichischen Macht unterworfen ist, zu wachen; aber wenn sie zustande käme, dürfte sie nur aus wenigen Mächten gebildet werden, deren Mittel in keinem Verhältnis zu denen des Hauses Österreich stünden; wer könnte sich übrigens für diejenige dieser Mächte verbürgen, die, nachdem sie Bonaparte verlassen hatte, es verstand, sich die Vergrößerung eines Königreichs zusagen zu lassen, für das er *[Murat]* ihm verpflichtet war;[6] überdies kündigen uns alle Umstände seines Verhaltens, seitdem der Krieg in Italien begonnen hatte, und vor allem die Allianz, die er mit Österreich geschlossen hat, genügend an, wie künftig seine Einstellung zu dieser Macht wäre, da er nur ihr die Erhaltung einer Existenz verdankt, die vom selben Schicksal bedroht war, wie die aller anderen politischen Schöpfungen Napoleons; nur dadurch, daß er auf die Pläne Österreichs für die Aufteilung Italiens einging, vermochte er sich seines Schutzes zu versichern; und diese Allianz scheint um so fester, als Murat sie nicht brechen und diese Stütze verlieren könnte, ohne Gefahr zu laufen, in das Nichts zurückzukehren, das das Erbteil der anderen Geschöpfe Napoleons geworden ist.

Die einzige nichtitalienische Macht, die an die österreichischen Besitzungen in Italien grenzt und die daher mit größerem Interesse und mit größerer Leichtigkeit ihre Mittel mit den Kräften der italienischen Fürsten vereinigen könnte, ist zu sehr schon seit langem für ihren wenig beweglichen Charakter bekannt, und ihre neue Bundesordnung drängt sie stets mehr als sonst zur Neutralität, wenn ihre Freiheit nicht unmittelbar bedroht wird.

Spanien, das während so vieler Jahrhunderte so viel Anteil an der Beherrschung Italiens hatte und das vor der Revolution noch einen beträchtlichen Teil der Regierung seiner Infanten unterworfen sah, sollte nicht gleichgültig dagegen sein, daß seine Familie aller Staaten, die sie hier besaß, beraubt wird. Die Schritte, die es in diesem Sinne bei den p.p. Verbündeten und besonders auf dem Wiener Kongreß unternehmen könnte, würden vollkommen mit unseren Absichten übereinstimmen; denn wenn man dem König von Etrurien seine alten Staaten oder Entschädigungen in Italien zugesteht, würde man gewissermaßen die Vorherrschaft schwächen, die das Haus Österreich hier für sich vorbereitet, indem man Spanien so einen unmittelbaren Grund gäbe, sich der Interessen dieses Landes anzunehmen.

Dieser Kongreß wird eine günstige Gelegenheit bieten, mit der Unterstützung der anderen Mächte, die wir günstig für uns eingenommen wissen, in Verhandlungen mit Österreich einzutreten, damit es seinerseits die in unseren Staaten eingeschlossenen kaiserlichen Lehen abtritt; diese Abtretung ist bereits Gegenstand von Verhandlungen gewesen, die in anderen Zeiten angeknüpft wurden, ohne daß sie aber hätte durchgeführt werden können; die Vereinigung

[6] Vgl. Nr. 107 S. 462 Anm. 1.

dieser wenig bedeutenden Landesteile, die nur das Wohl des Dienstes behindern und die öffentliche Ruhe stören, mit unseren Staaten ist indessen in unseren Augen sehr wichtig: die österreichischen Minister werden diese Abtretungen zweifellos sehr hoch veranschlagen; wir schicken Ihnen eine Note sowie eine Landkarte, die sich auf diesen Gegenstand beziehen und die Sie über den wirklichen Stand der Angelegenheit aufklären sowie bei dieser Verhandlung leiten werden.

Wenn wir nun zur Prüfung des allgemeinen Gleichgewichts von Europa übergehen, werden Sie zunächst feststellen, wie sehr wir uns in der jetzigen Lage mit Großbritannien und mit Rußland verbunden halten müssen. Diese beiden Mächte, von denen die eine nach der Vorherrschaft auf dem Meer trachtet und die andere wegen ihrer Ausdehnung auf dem europäischen Kontinent einen so großen Einfluß haben wird, werden immer am meisten daran interessiert sein, die Halbinsel vor dem Laster der Ausdehnung zweier ihrer mächtigsten Rivalen, Österreichs und Frankreichs, zu sichern und zu garantieren. Diese Überlegungen hatten seit langem dazu geführt, zwischen unserem Haus und den Königen von England jenes Einverständnis zu bewahren, dessen so glückliche Auswirkungen wir erfahren haben; in gleicher Weise haben wir unaufhörlich freundschaftliche Beziehungen mit Rußland unterhalten, seitdem die Eroberungen der Zaren ihnen einen Einfluß im politischen System Europas gegeben haben. Diese beiden Mächte können nur mit Vergnügen die Möglichkeiten wahrnehmen, die Kräfte des Souveräns zu vergrößern, der durch die Lage seiner Staaten dazu berufen ist, ihr natürlicher Verbündeter zu sein, und der mehr als alle anderen in der Lage ist, für die Unabhängigkeit Italiens zu sorgen, eine Aufgabe, die ihm von der Natur selbst anvertraut worden zu sein scheint.

Ein wegen seiner Natur wie der zu theoretischen Einstellung mehrerer Kabinette ebenso heikles Ziel besteht darin, unsere Handlungsfreiheit zu sichern, die wir, soweit es möglich ist, in ihrer Fülle zu bewahren wünschen, sei es, um die seit mehreren Jahrhunderten mit so großem Erfolg praktizierte Regierungsform aufrechtzuerhalten, sei es, um den Ungerechtigkeiten und Mißständen abzuhelfen, die die Folge der Invasion unserer Festlandsstaaten durch die Franzosen sind, und im allgemeinen wegen der Auswahl der Personen und der Maßnahmen, die wir für geeignet halten, um das Wohl unserer Staaten sicherzustellen; obgleich *[da?]* es schwierig ist, über einen in seinen Einzelheiten so verschiedenartigen Gegenstand für jeden Artikel in nähere Erläuterungen unserer Auffassungen einzutreten, wünschen wir, daß Sie sich in allem nach Ihrer üblichen Klugheit und unseren Ihnen wohlbekannten Absichten richten, die kein anderes Ziel haben, als alle unsere Handlungen auf das größte Wohl unserer Heiligen Katholischen Religion und den größten Nutzen und die beste Ruhe der Völker auszurichten, über die uns die göttliche Vorsehung die Herrschaft anvertraut hat.

Sie können auch jedesmal, wenn Sie der Ansicht sind, daß das Wohl unseres Dienstes es erfordert, uns besondere Fragen vorlegen, um noch genauer unsere Absichten über einzelne dieser Artikel zu erfahren.

Was den sechsten Artikel betrifft, der sich auf unsere Rechte in unserer Eigenschaft als Reichsvikar in Italien bezieht, kennen Sie die Streitigkeiten, durch die man uns bei verschiedenen Gelegenheiten die Privilegien streitig machen wollte, auf die wir in dieser Eigenschaft ein Anrecht hatten. Eine auf diesen Gegenstand bezügliche Note, welche wir Ihnen aus Zeitmangel vor Ihrer Abreise nicht aushändigen können, die Ihnen aber baldigst zugeschickt wird, wird Sie befähigen, eine vollkommene Kenntnis dieser Rechte zu haben, deren Erfüllung wir beanspruchen, und sie wird Sie bei den Schritten leiten, die Sie in dem Augenblick auf dem Wiener Kongreß unternehmen werden, in dem die Minister sich mit der Wiederherstellung des Deutschen Reichs beschäftigen werden.

Indem wir Sie zu unserem außerordentlichen Gesandten und bevollmächtigten Minister beim Wiener Kongreß bestellen, beauftragen wir auch den Grafen Joachim Alexander Rossi, unseren außerordentlichen Gesandten und bevollmächtigten Minister beim Kaiser von Österreich, mit Ihnen in derselben Eigenschaft am Kongreß teilzunehmen. Unsere Absicht ist indessen, daß Sie dort die Initiative behalten und die Feder führen, so daß Sie gegebenenfalls, wenn er zur Zeit der Eröffnung des Kongresses noch nicht in Wien angekommen oder durch irgendeinen anderen berechtigten Grund an der Teilnahme gehindert wäre, uns dort allein ohne seine Dazwischenkunft vertreten sowie verhandeln, abschließen und so in unserem Namen unterzeichnen können. Sie werden ihm folglich zur Zeit seiner Ankunft in Wien Mitteilung von der vorliegenden Instruktion geben, nach der er sich richten wird.

Sie können, wenn Sie es für nützlich für unseren Dienst halten, mit unseren Ministern in St. Petersburg, Berlin, Paris und London korrespondieren.

Wir behalten uns vor, Ihnen die in der vorliegenden Instruktion erwähnten Noten zukommen zu lassen, die noch nicht fertig sein konnten.

Wir bitten Gott, daß er Sie in seinen heiligen Schutz nimmt und daß er Sie auf Ihrer Reise begleitet. Gegeben zu Turin am sechsundzwanzigsten Tag des Monats Juni 1814.

V. Emanuel

De Vallaise

8. Sonderinstruktion Vallesas für Saint-Marsan

Unterrichtet ihn über Bestrebungen, Teile Savoyens mit der Schweiz zu vereinigen. Österreichische Bündniswünsche sollen hinhaltend behandelt werden.

Materie Politiche, Trattati, Trattati Nazionali ed Esteri mazzo 6, fasc. 1 Archivio di Stato Turin. Übers. d. Hrsg. aus d. Franz.

Ausfertigung Turin, 27. Juni 1814

Sonderinstruktionen
für Herrn Marquis von St. Marsan, bevollmächtigten Minister
auf dem Wiener Kongreß

Herr Marquis!

Den Instruktionen, die Seine Majestät Ihnen unter dem gestrigen Datum geschickt hat, beauftragt er mich, die vorliegenden, die sich auf die jetzige Lage seiner Staaten beziehen, hinzuzufügen.

1°. Er wünscht, daß Sie den Kaiser und König stets in seiner günstigen Geneigtheit erhalten, Piemont in dem Maße von seinen Truppen räumen zu lassen, wie die piemontesischen Regimenter aufgestellt werden.

2°. Da Marschall Graf von Bellegarde es sehr richtig fand, was der Unterzeichnete ihm über die Absicht des Königs gesagt hat, das erste Korps piemontesischer Truppen, das aufgestellt würde, in die Festung von Turin zu legen, wird es für den Dienst Seiner Majestät nützlich sein, wenn Sie in Wien Zustimmung zu dieser Besetzung wie auch zu der von Alexandria und Fenestrelle erreichen, wo der König in dem Maße Truppen zu garnisonieren beabsichtigt, wie ihre Aufstellung es ihm erlauben wird.

3°. Wenn Graf Bubna bei sich eine Menge der Regierung Seiner Majestät wenig verbundener Personen sieht und insbesondere mehrere Anhänger der Freimaurerei empfängt, so kann dieses Verhalten, das den Geist der Uneinigkeit stützt und belebt, der im Augenblick des Herrschaftswechsels nur zu natürlich ist, dem König nur wenig genehm sein; folglich kann ihm die Ernennung eines Gesandten und die Abberufung des Generals nur recht sein.

4°. Der nicht an Frankreich abgetretene Teil Savoyens ist noch durch die österreichische Regierung besetzt. Der König fordert, dort wie in seinen übrigen Staaten seine Regierung einzurichten.

Auf Anfrage der zentralen Kommission des Departements Genfer See hat General Bubna diese mit Schreiben vom 10. Juni ermächtigt, die nicht an

Frankreich abgetretenen Staaten provisorisch zu verwalten, wie Sie in besagtem Brief, dessen Kopie hier angefügt ist, sehen werden. Auf Grund dieser Antwort hat die zentrale Kommission des Departements Genfer See ein Rundschreiben veröffentlicht, durch das die Arrondissements Bonneville und Thonon und ein Teil des Arrondissements Genf so lange unter der unmittelbaren Leitung dieser Autorität verbleiben, bis Ihre Majestäten, die alliierten Mächte, das Schicksal dieser Teile des Departements verkündet haben. Rundschreiben vom 13. Juni 1814, unterzeichnet Bastian, Vizepräsident.

„Herr Capo d'Istria hat auf der Rückkehr aus Paris und auf der Reise nach Zürich am 14. Juni in Genf Station gemacht. Bei einem Besuch, den ihm die zentrale Verwaltungskommission machte, haben die Herren Bastian und Montfalcon, Bürgermeister von Carrouge, die sich zu Vertretern der Bewohner des Chablais und des Faucigny gemacht haben, ihm den Wunsch dieser beiden Provinzen nach Vereinigung mit der Schweiz ausgesprochen. Man vermutet, daß der Minister ihnen geantwortet hat, Abgeordnete der Zürcher Tagsatzung zu entsenden, und daß er ihnen versprochen hat, ihre Forderung zu unterstützen. Seit diesem Aufenthalt hat die Partei der Drahtzieher im Namen der zentralen Kommission des *[Departement]* Genfer See und des Wahlkollegiums eine Adresse an die Tagsatzung ausgearbeitet; sie haben sie an verschiedene Mitglieder verschickt, um sie von ihnen unterschreiben zu lassen, und sie sammeln selbst in den Pfarreien Unterschriften der Gemeinderäte." (Auszug aus einem Brief vom 20. Juni)

Diese Notizen und die beiliegenden Aktenstücke können Sie über die Intrige einer Partei aufklären, von der sich Seine Majestät noch mit einer neuen Amputation Savoyens bedroht fühlt.

5°. Die Bedeutung, die das Königreich Bayern durch die Vergrößerungen gewinnt, welche es seit der Herrschaft Napoleons erhalten hat, und durch die, die es auf dem kommenden Kongreß erlangen zu müssen scheint, haben Seine Majestät bewogen, eine Gesandtschaft dort einzurichten. Er wünscht daher, daß Sie ihm die Neigungen dieses Kabinetts zur Kenntnis bringen sowie mitteilen, welcher Rang für die Person angebracht wäre, die man dorthin schickt. Seine Majestät wünscht solche Auskünfte auch über die Errichtung einer Gesandtschaft in Holland.

6°. Es scheint, daß das österreichische Kabinett sehr auf die Geneigtheit Seiner Majestät für es *[und seine Bereitschaft]* zählt, sich zu einem Abkommen bewegen zu lassen, das sie zum Zweck der Verteidigung ihrer Staaten verbindet. Dieser Plan kann vorerst nicht gut vom König angenommen werden, ohne seine Alliierten Rußland und Großbritannien zu schockieren oder zu verstimmen, aber eine klar ausgesprochene Absage wäre unzeitgemäß: man müßte also viel guten Willen zeigen, ohne sich indessen zu etwas zu verpflichten.

Ich bitte Sie, Herr Marquis, die Versicherung der ganz ausgezeichneten Wertschätzung entgegenzunehmen, mit welcher ich die Ehre habe, zu sein

Turin, den 27. Juni 1814

Ihr untertänigster und
gehorsamster Diener
Graf De Vallaise

Herrn Marquis von St. Marsan,
Bevollmächtigter Minister auf
dem Wiener Kongreß

9. Instruktion Karls XIII. für Carl Graf von Löwenhielm

Die Schwierigkeiten bei der Ausführung des Kieler Friedens. Schwedische Absichten auf Lübeck.

Ausfertigung in: Högkvarterets arkiv 1813–1814, Riksarkivet Stockholm; Druck: Carlson, S. 129f. (mit unrichtigem Datum). Übers. d. Hrsg. aus d. Franz.

Stockholm, 9. Juli 1814[1]

§ 1

Der König hat S. M. dem Kaiser von Österreich und S. M. dem König von Preußen seine guten Dienste zugesagt, um ihnen auf dem Kongreß, der endgültig die Geschicke des Kontinents regeln wird, Entschädigungen zu erwirken; S. M. will, daß Graf von Löwenhielm in der Eigenschaft seines Bevollmächtigten im Sinne der Verträge,[2] die S. M. mit ihnen abgeschlossen hat, für die Interessen dieser beiden Souveräne Sorge trägt. Die Artikel dieser Verträge, die das Verhalten des Grafen von Löwenhielm regeln sollen, sind in Kopie beigefügt.

§ 2

Schwedisch-Pommern wurde an den König von Dänemark als Entschädigung für den Verlust Norwegens abgetreten. Infolge eines Krieges, in dem

[1] Das Datum und die Unterschriften unter der Instruktion nach der Ausfertigung. Vgl. auch Höjer, Carl XIV Johan [II] S. 500.

[2] Offensiv- und Defensivvertrag zwischen Preußen und Schweden, Stockholm, 22. 4. 1813. CTS, 62 S. 225–231. Bündnisvertrag zwischen Österreich und Schweden, Langres, 2. 2. 1814. CTS, 63 S. 63–66.

Holstein erobert wurde, hätte sich der König von Dänemark damit begnügen müssen, wieder in den Besitz seiner verlorenen Provinzen zu gelangen, aber da der Kronprinz sich aus Rücksicht auf seine Verbündeten entschlossen hatte, die Streitigkeiten mit Dänemark so bald wie möglich beizulegen, um sich an den Rhein begeben zu können, billigte S. Kgl. Hoheit Seiner Dänischen Majestät die günstigsten Bedingungen zu, immer in der Hoffnung, daß durch die Loyalität dieses Monarchen Norwegen unverzüglich an Schweden zurückgegeben würde. S. Kgl. Hoheit hat sich unglücklicherweise in dieser Hoffnung getäuscht gesehen, und Schweden war gezwungen, alle Maßnahmen zu ergreifen, um sich durch einen Krieg den Besitz dieses Landes zu sichern. Da der Vertrag von Kiel[3] bezüglich Norwegens keineswegs erfüllt wurde, ist die Verpflichtung des Königs, Pommern an Seine Dänische Majestät abzutreten, erloschen.

In dem Wunsch, das beste Einvernehmen mit seinen Verbündeten in Deutschland zu unterhalten, und in der Annahme, daß Schwedisch-Pommern Preußen zur Arrondierung dienen könnte, ist der König nicht abgeneigt, sich mit Seiner Preußischen Majestät über einen Gegenstand von so großer Bedeutung zu verständigen; aber da Schweden in Deutschland einen Absatzmarkt für seine Produkte braucht und da es nichts für seine aktive Beteiligung am Erfolg der verbündeten Armeen in dem gerade beendeten Krieg erhalten hat, wünscht der König, daß Graf von Löwenhielm versucht, das Protektorat über die Stadt Lübeck zugunsten der schwedischen Krone zu erlangen.

S. M. betrachtet dieses Zugeständnis als ein Mittel zur Ausweitung des Handels seines Landes zum beiderseitigen Wohl Schwedens und der Stadt Lübeck und beabsichtigt keineswegs, die Privilegien zu mindern noch in irgendeiner Weise die Freiheit zu beeinträchtigen, deren sich die Stadt Lübeck vor dem Einmarsch der französischen Truppen erfreute, und S. M. hofft, daß seine Verbündeten ihm einen Vorteil zukommen lassen werden, der tatsächlich nur seinem Handel von Nutzen ist.

§ 3

Obwohl der König davon überzeugt ist, daß die Verbündeten, die zu den Waffen gegriffen haben, um die Gerechtigkeit in Europa wiederaufleben zu lassen, entschlossen sind, sie in einem Augenblick zu behaupten, wo es um eine Regelung geht, die die Grundlage der allgemeinen Ruhe bilden soll, ist es dennoch möglich, daß durch den Zusammenprall der verschiedenartigen Interessen die schwachen Staaten Gefahr laufen, der Macht zum Opfer zu fallen. Es wäre dem König angenehm, wenn Graf von Löwenhielm in solchen Fällen

[3] Vom 14. 1. 1814. CTS, 63 S. 45–57.

durch kluge Anregungen und gemäßigte Vorstellungen zu ihren Gunsten einschreiten könnte, wie es seine Eigenschaft als Bevollmächtigter eines Souveräns verlangt, der das Gute wünscht, der sich aber nicht in der Lage findet, aktiv an den Verhandlungen teilzunehmen, die so große Veränderungen herbeiführen sollen.

Graf von Löwenhielm soll also mit dem ihm eigenen Scharfblick versuchen, die Mächte herauszufinden und zu unterscheiden, die die Vermittlung Schwedens zur Unterstützung ihrer Interessen wünschen könnten. Wenn er dies in Erfahrung gebracht hat, soll er die günstigste Gelegenheit ergreifen, um den an der Vermittlung Schwedens interessierten Höfen Hoffnung zu machen und als Gegenleistung ihre Vermittlung für die Erlangung des Protektorats über Lübeck für Schweden zu fordern.

Karl

J. Lagerheim

10. Instruktion Friedrich Augusts von Sachsen für Schulenburg (Auszug)

Soll die Zulassung Sachsens zum Kongreß erwirken. Das Herzogtum Warschau ist der König bereit, gegen Entschädigung abzutreten, er verlangt aber volle Wiederherstellung Sachsens und begründet diese Forderung mit rechtlichen und politischen Argumenten.

Loc. 2954 I fol. 95–109, Staatsarchiv Dresden.
Übers. d. Hrsg. aus d. Franz.

Kopie der Ausfertigung Friedrichsfelde, 9. August 1814

Da seitens der Mächte, die auf der einen oder anderen Seite in den letzten Krieg verwickelt waren, ein allgemeiner Kongreß in Wien abgehalten werden soll, um die Vereinbarungen zu treffen, die die Verfügungen des am 30. Mai dieses Jahres in Paris unterzeichneten Friedensvertrags[1] vervollständigen sollen, hat der König sich entschlossen, ebenfalls einen Bevollmächtigten dorthin zu schicken, um seine Interessen zu vertreten, an den genannten Vereinbarungen mitzuwirken und in seinem Namen abzuschließen; und da er volles Vertrauen in den Eifer für seinen Dienst sowie in die Einsicht und Gewandtheit des Herrn Friedrich Albert Grafen von Schulenburg und Klosterrode, seines Kammerherrn, setzt, hat Seine Majestät ihn zu seinem Bevollmächtigten ernannt und läßt ihn zu diesem Zweck mit den beigefügten Vollmachten und den folgenden Instruktionen versehen, die ihm als Richtlinien bei dem wichtigen Auftrag dienen werden, der ihm anvertraut wird.

[1] Nr. 3 S. 61–63.

1.

Es ist nicht anzunehmen, daß man der Zulassung eines Bevollmächtigten des Königs zu dem Kongreß Hindernisse entgegenstellen wird, wenn sie aber wider Erwarten auf Schwierigkeiten stoßen würde, vielleicht unter dem Vorwand, daß Seine Majestät nicht frei ist und daß seine Person und alle seine Staaten sich in der Gewalt der alliierten Mächte befinden, wird man vorzustellen haben, daß der König, da er als Verbündeter Frankreichs in den Krieg verwickelt und als Feind behandelt wurde, nicht gut von der Anwendung des Artikels 32 des Friedensvertrags von Paris ausgeschlossen werden kann; daß man es den Grundsätzen der Gerechtigkeit gemäß Seiner Majestät nicht verwehren kann, wegen seiner Interessen und der seiner Staaten angehört zu werden; daß, obgleich er für seine Person nicht frei ist, nichts für ihn Verbindliches über sein künftiges Schicksal und das seiner Staaten ohne seine ausdrückliche Zustimmung festgelegt werden könnte; daß es in der Geschichte nicht an Beispielen dafür fehlt, daß man mit gefangenen Herrschern verhandelt und Verträge abgeschlossen hat, wie es mit den Königen von Frankreich, Johann und Franz I., und anderen geschah, und daß es gegenwärtig niemanden gibt, der seitens und im Namen des Königs verhandeln kann; und daß allein schon zur Bestätigung der mit einem gefangenen Fürsten getroffenen Absprachen seine persönliche Freiheit notwendig ist.[2]

Der Bevollmächtigte des Königs wird diese Vorstellungen gegebenenfalls den Ministern der fünf Hauptunterzeichnerstaaten des Vertrags von Paris machen, und nach Bedarf wird er gleichzeitig die Vermittlung und die Unterstützung der Bevollmächtigten der anderen Fürsten, die solche zu dem Kongreß entsandt haben, vor allem der von Bayern und Württemberg, in Anspruch nehmen, damit sie zur Erhaltung der Rechte des Königs mitwirken. Wenn er dennoch nicht als Bevollmächtigter angenommen werden sollte, wird er trotzdem am Ort des Kongresses bleiben, um vor allem durch die Vermittlung der wohlgesonnenen Mächte für die Belange Seiner Majestät zu sorgen.

2.

Von seiner Ankunft in Wien an wird er die notwendigen Schritte unternehmen, um Privataudienzen der Herrscher zu erhalten, die dort versammelt sein

[2] Schulenburg wurde zunächst nicht zugelassen. Offizielle Verhandlungen mit ihm begannen erst am 3. 5. 1815. Kohlschmidt, S. 88f. Nach Abschluß des Friedensvertrags mit Sachsens am 18. 5. 1815 nahm er an den Konferenzen über die deutsche Bundesverfassung teil. Klüber, II S. 339.

oder dort noch ankommen werden, in denen er die Sache des Königs vertreten wird, indem er sich bemüht, sie von der Rechtmäßigkeit dieser Sache zu überzeugen, weil der König einer der ersten gewesen ist, die sich von Kaiser Napoleon gelöst haben, und daß er nicht zu ihm gehalten hat und seinen Absichten nicht nachgekommen ist, wenn man berücksichtigt, daß seine Rückkehr von Prag nach Dresden[3] und alle ihre Folgen durch die Macht der Umstände bestimmt waren, durch die Notwendigkeit, großes Unheil von Sachsen abzuwenden, das sich in der Gewalt der Franzosen befand, und wegen der Unmöglichkeit, Österreich wegen der zu ergreifenden Partei zu konsultieren.

Der Bevollmächtigte des Königs wird sich insbesondere bei dem Kaiser von Österreich auf das freundschaftliche Interesse berufen, das er stets für den König, seine Familie und seine Staaten aufgebracht hat und dessen sichtbare Beweise Seine Majestät auf die mächtige Unterstützung dieses Monarchen zählen lassen; bei dem Kaiser von Rußland wird er sich auf dessen Großmut, auf die schriftlich an den König gerichtete Aufforderung, ihm volles Vertrauen entgegenzubringen, das zu erwidern die Ereignisse ihm hoffentlich ermöglichen würden, sowie auf die Versicherung berufen, die dieser Monarch General von Watzdorf in Frankfurt am Main[4] gegeben hat, daß Sachsen wohl auf alle Fälle sächsisch bliebe und daß er hoffe, daß Gott ihm die Mittel gewähren werde, beim Friedensschluß endlich seine Freundschaft und sein Interesse für die königliche Dynastie zu beweisen; schließlich wird er sich bei dem König von Preußen auf die Gefühle der Gerechtigkeit und Billigkeit berufen, die die Grundlage seines Charakters ausmachen, und auf die alten Beziehungen guter Nachbarschaft und Freundschaft, die zwischen Sachsen und Preußen bestanden haben und die der König bereit ist, nach Kräften wiederherzustellen und zu pflegen.

3.

Im übrigen wird er sich bemühen, das Vertrauen der Minister der drei obenerwähnten Herrscher und der anderen Mächte zu gewinnen, die an dem Kongreß teilnehmen werden, sie der Sache des Königs gewogen zu machen und sich hauptsächlich der Unterstützung der Bevollmächtigten Frankreichs, Englands, Bayerns und Württembergs zu versichern.

Allenthalben wird er dafür sorgen, die ungünstigen Eindrücke zu beseitigen, die gegen den König bestehen könnten, die falschen Vorstellungen zu berichtigen, die man sich von seiner Politik gebildet haben könnte, die Meinung und den Vorwurf zu zerstören, er sei der persönliche Feind der Herrscher von Ruß-

[3] Dazu Kraehe, I S. 169–172; Kohlschmidt, S. 98–100.

[4] Ebenda, S. 83.

land und Preußen gewesen, wohingegen Seine Majestät in diesem Krieg nicht als Hauptbeteiligter, sondern als Verbündeter wider Willen des Kaisers Napoleon gehandelt hat, daß ihn dies mit den anderen Mitgliedern des Rheinbundes verbindet, daß er sich, sobald er konnte, in die Arme der Alliierten geworfen und seitdem nicht aufgehört hat, Schritte zu unternehmen, um sich ihnen anzuschließen.

Zu diesem Zweck kann er von der beigefügten Darstellung des politischen Verhaltens des Königs seit dem Beginn seiner Herrschaft und während seiner Gefangenschaft Gebrauch machen.

4.

Da die Zulassung eines Bevollmächtigten des Königs auf dem Kongreß nicht als eine noch zweifelhafte Frage behandelt werden kann, sondern als ein unbestreitbares Prinzip, wird der Bevollmächtigte Seiner Majestät, nachdem er es begründet und durchgesetzt hat, sich zu Beginn des Kongresses durch seine Vollmachten legitimieren und sodann an den Konferenzen teilzunehmen und mit den anderen Bevollmächtigten, soweit es sie angeht, über die Interessen des Königs und seiner Staaten zu verhandeln sowie an den Vereinbarungen mitzuwirken haben, die die Verfügungen des Vertrags von Paris, namentlich was Deutschland angeht, vervollständigen sollen. Um sich darauf vorzubereiten und ein unsicheres Vorgehen zu vermeiden, wird er alle ihm zu Gebote stehenden Mittel gebrauchen, um über die Vorstellungen der verschiedenen Höfe und die von den Großmächten, sei es in Paris, sei es danach, getroffenen Verpflichtungen und Vereinbarungen sowohl im allgemeinen als vor allem hinsichtlich der Staaten des Königs unterrichtet zu sein.

5.

Es hat nicht den Anschein, daß das Herzogtum Warschau für den König wiederzuerlangen ist, nachdem Preußen und Österreich die Verträge von Tilsit und Wien durch einen Zusatzartikel zum Vertrag von Paris haben ungültig machen lassen.[5] Grundsätzlich können die Vereinbarungen zwischen zwei Mächten den wohlerworbenen Rechten einer dritten keinen Eintrag tun, und die des Königs auf das Herzogtum Warschau sind ihm mit Zustimmung der Höfe von Wien und Berlin übertragen und von allen Mächten Europas, ausgenommen Großbritannien, anerkannt worden. Sie können nicht faktisch aufgehoben werden, sondern es wird der ausdrückliche Verzicht des Königs nötig sein,

[5] CTS, 63 S. 196f.

damit dieses Land in rechtmäßiger Weise unter eine andere Herrschaft gelangen kann.

Der Bevollmächtigte des Königs wird sich bemühen, die Vorstellungen und Absichten der verbündeten Herrscher in dieser Hinsicht zu ergründen, und wenn er bemerkte, daß sie auf der Abtretung des Herzogtums Warschau bestehen sollten, wird er zu verstehen geben, daß Seine Majestät bereit ist, dem zuzustimmen unter der ausdrücklichen Bedingung seiner vollständigen Wiedereinsetzung in den Besitz des Königreichs Sachsen, daß er aber berechtigt ist, eine angemessene Entschädigung dafür zu erwarten, um so mehr, als man durch Artikel 4 der am 8. Oktober bzw. am 2. November letzten Jahres mit den Königen von Bayern und Württemberg abgeschlossenen Verträge[6] diesen den freien und friedlichen Besitz ihrer damaligen Staaten mit allen Herrschaftsrechten zugesichert hat, folglich auch derer, die diese Fürsten mit Unterstützung Kaiser Napoleons erworben haben, und wenn sie vielleicht einen Teil davon wieder aufgeben mußten, werden sie zweifellos anderswo dafür entschädigt werden. Da der König für seine wie auch immer geartete Entschädigung kein Gebiet vorschlagen kann, das nicht irgendeiner der verbündeten Mächte oder einem anderen Besitzer gehört, muß er die Eröffnungen abwarten, die man ihm diesbezüglich machen wird.

6.–8.: Entschädigungen kann der König auch für verschiedene finanzielle Ansprüche, die er an das Herzogtum Warschau hat, verlangen; keinesfalls vermag er Ansprüche, die Frankreich an ihn als ehemaligen Herzog von Warschau stellen könnte, zu erfüllen.

9.

Wenn der König der Abtretung des Herzogtums Warschau zustimmt und möglicherweise sogar auf eine territoriale Entschädigung verzichtet, muß er um so stärker auf der Erhaltung der Unversehrtheit und Unabhängigkeit Sachsens in seiner ganzen Ausdehnung unter der Garantie der vertragsschließenden Mächte bestehen sowie auf der vollständigen Wiedereinsetzung Seiner Majestät in den Besitz seines Königreichs, seiner Domänen und seines sonstigen Eigentums, folglich in den Genuß aller seiner Herrschafts- und anderen Rechte für sich und sein Haus.

Die Unversehrtheit des Königreichs Sachsen meint nicht nur die in der Kanzleisprache eigentlich so genannten Erbprovinzen, sondern auch die, die ihnen nicht eingegliedert sind, ebenso wie die beiden Lausitzen, den Cottbuser Kreis und die im Königreich Sachsen liegenden Enklaven, die zu Böhmen gehört hatten; mit einem Wort, alles, was der König nach den Verträgen von Til-

[6] CTS, 62 S. 426, 468.

sit von 1807 und von Wien von 1809 in Deutschland besitzt.[7] In diesem Sinne hatte Österreich dem König durch die Übereinkunft vom 20. April vergangenen Jahres auch die Unversehrtheit seiner erblichen Besitzungen garantiert.[8] Wenn dies Schwierigkeiten von seiten Preußens begegnen sollte, das Cottbus wahrscheinlich nicht aus den Händen geben will, müßte man als Grundlage der Unversehrtheit des Königreichs Sachsen und seiner Unabhängigkeit den Status quo vor dem Vertrag von Posen[9] festlegen; notwendige Folge wäre dann die Rückgabe der Teile seines ehemaligen Gebietes, die Seine Majestät im Austausch gegen den Cottbuser Kreis an den König von Westfalen abtreten mußte.
Zu den vom König beanspruchten Rechten gehören auch die Ansprüche, die sich u. a. aus Erbverträgen ergeben.

10.

Es haben sich Gerüchte verbreitet, denen zufolge Sachsen nach Eroberungsrecht entweder zwischen Österreich und Preußen aufgeteilt oder ganz mit der preußischen Monarchie vereinigt werden soll. Diese Gerüchte scheinen keinen Glauben zu verdienen. Zunächst ist das beanspruchte Eroberungsrecht als Rechtssatz unzulässig. Es beruht lediglich auf einer willkürlichen Gewohnheit und galt nur in barbarischen Zeiten. Die Verbündeten haben es selbst mißbilligt, wenn sie sich darauf beschränkten, Frankreich das wieder zu nehmen, was es unrechtmäßig erobert hatte. Nach den wahren Grundsätzen des gereinigten Völkerrechts kann das Kriegsrecht sich nicht bis zur Auslöschung eines ganzen Staates erstrecken, sondern es kann nur eine gerechte Genugtuung und Sicherheit für die Zukunft zum Gegenstand haben. Desgleichen wurden die einfachen Verbündeten einer kriegführenden Macht den gleichen Prinzipien zufolge früher nicht als unmittelbare Gegener betrachtet noch als solche behandelt, sondern als Hilfstruppen, die nur ihre Verpflichtungen erfüllt hatten. Warum also sollte der König nicht nur seine durch förmliche Verträge neu erworbenen Besitzungen verlieren, sondern auch die, die ihm rechtmäßig von seinen Vorfahren überkommen sind? Warum sollte Sachsen, das mehr als irgendein anderes Land unter dem letzten Feldzug gelitten hat, das schließlich Anstrengungen für die Sache der verbündeten Mächte gegen Frankreich unternommen hat und das berechtigt wäre, eine Entschädigung zu erwarten, geopfert werden, um eine Genugtuung zu geben, die von dem Hauptbeteiligten geschuldet wird, während man diesem seine alten Grenzen beläßt, ihm selbst Arrondierungen zugesteht, ihm keinerlei Kontribution auferlegt und nach Arti-

[7] CTS, 59 S. 257–263 (9. 7. 1807); 60 S. 479–485 (14. 10. 1809).
[8] Wie Anm. 3.
[9] CTS, 59 S. 133–135 (11. 12. 1806).

kel 18 des Friedensvertrages sogar auf die Gesamtheit der Summen verzichtet, die die Regierungen auf Grund von Verträgen von Frankreich zu beanspruchen haben? Würde man die Nichterfüllung der Wiener Konvention vom vergangenen Jahr übel vermerken? Der König ist diese Verpflichtungen nur Österreich gegenüber eingegangen, als er noch Verbündeter Frankreichs war. Aber Österreich tut dies nicht; es weiß, daß das, was sich in Prag ereignete, eine Folge außerordentlicher Umstände war und nicht dem Charakter des Königs zur Last gelegt werden kann, der in der Bedrängnis des Augenblicks die Partei ergreifen mußte, die ihm geeignet erschien, Sachsen zu retten, ohne Österreich bloßzustellen. Mit welchem Recht könnten sich Rußland und Preußen an die Stelle dieser Macht setzen und eine Rache übernehmen, an die Österreich nicht denkt? Kann man die anderen Mitglieder der königlichen Familie für das bestrafen, was man dem König vorwerfen zu können glaubt, dessen Nachkommen sie nicht einmal sind? Kann man den ernestinischen Zweig des Hauses Sachsen seiner möglichen Rechte berauben? Die Auslöschung Sachsens als eines unabhängigen Staates ist als Unterpfand der Sicherheit für die Zukunft nicht mehr erforderlich. Die Kräfte dieses Königreichs stehen zu wenig im Verhältnis zu denen seiner Nachbarn, als daß diese seine Macht zu fürchten hätten, und der während einer langen Regierungszeit bewiesene moralische Charakter seines Herrschers kann sie gegen jeden Mißbrauch sicherstellen.

Die Einverleibung Sachsens wäre daher ein Unrecht. Sie stünde aber auch in Widerspruch zu den Grundsätzen der gesunden Politik. Diese Politik predigt nicht nur Mäßigung, sondern die verbündeten Herrscher haben mehr als einmal gegenüber Europa erklärt, daß sie nicht Krieg führten, um zu erobern und sich zu vergrößern, sondern um einen festen und dauerhaften Frieden wiederherzustellen, um Deutschland zu befreien und die Unversehrtheit und Unabhängigkeit der europäischen Staaten zu sichern. Wollen sie ihren Ruhm verdunkeln, indem sie im Falle Sachsens diese Erklärungen verleugnen? Preußen und Österreich haben ein gleiches Interesse am Bestand eines Mittelstaates zwischen der Mark Brandenburg und Böhmen, um eine Vermehrung der Berühungsstellen zu vermeiden, und die letztere dieser Mächte hat diesen Grundsatz schon anerkannt, indem sie durch die Wiener Konvention die Unversehrtheit Sachsens garantiert hat. Wollen sie zu ihrem Nachteil davon abgehen, in Sachsen, statt es zu einem Bollwerk zu machen, die Saat für Klagen, Bitterkeit und Auseinandersetzungen ausstreuen und Mißtrauen und Beunruhigung unter den zweit- und drittrangigen Mächten Deutschlands verbreiten, die daraus die Befürchtung ableiten müßten, früher oder später das Schicksal Sachsens zu erleiden? Der Kaiser von Rußland hat den König gebeten, ihm volles Vertrauen entgegenzubringen; er hat versichert, daß Sachsen in jedem Fall Sachsen bleiben würde und daß er hoffe, seine Freundschaft und seine Anteilnahme für die königliche Familie zu beweisen; er hat sich an den obenerwähnten tröstlichen

Erklärungen der Verbündeten beteiligt. Wäre es mit den edlen und großmütigen Gefühlen dieses Monarchen und mit den Beweisen, die er für sie gegeben hat, zu vereinbaren, daß Seine Kaiserliche Majestät seine Zustimmung dazu gäbe, einen König beseitigen zu lassen, der durch verwandtschaftliche Beziehungen mit allen großen Herrscherhäusern verbunden sowie in ganz Europa als ein den Grundsätzen der Gerechtigkeit, der Treue und der Mäßigung ergebener Fürst bekannt ist, und seine Familie ohne ihre Verfehlung ihrer alten und gerechten Anrechte auf das Königreich Sachsen berauben zu lassen?

Alle diese Überlegungen wird der Bevollmächtigte des Königs zur rechten Zeit und am rechten Ort erforderlichenfalls zur Geltung zu bringen haben, damit die Aufrechterhaltung Sachsens in seiner Unversehrtheit gemäß einem der beiden in dem vorstehenden Paragraphen bezeichneten Status quo als Grundsatz angenommen wird; diese Überlegungen verhindern auch die Annahme, daß die Alliierten die Idee einer Teilung Sachsens oder seiner Vereinigung mit Preußen nähren können. Es scheint auch sicher, daß es nicht die Österreichs ist. Wenn Preußen dennoch den Plan der Vereinigung entwickelt hat, wenn Rußland ihn unterstützen wollte und wenn es anderen Mächten nicht gelänge, seine Preisgabe zu veranlassen, ist der König entschlossen, was auch immer geschieht, einer Abtretung seines Königreichs niemals zuzustimmen, weder gegen eine finanzielle Entschädigung, die seine Ehre und seine Würde verletzte, noch gegen ein territoriales Äquivalent, da er ein treues Volk, das er liebt und von dem er, was immer einige Übelgesinnte darüber sagen, geliebt wird, nicht gegen ein anderes eintauschen will, das ihm fremd ist; dies wird der Bevollmächtigte zu seiner Zeit ganz deutlich erklären. Es wird ihm freistehen, die Minister der wohlgesinnten Mächte je nach Umständen von dieser Denkart zu unterrichten.

11.

Noch eine Frage stellt sich in diesem Zusammenhang, die eine weitergehende Prüfung erfordert. Wenn nämlich das Herzogtum Warschau abgetreten und der Grundsatz der Aufrechterhaltung der Unversehrtheit Sachsens in dem vor dem Krieg oder vor dem Vertrag von Posen bestehenden Zustand als Verhandlungsgrundlage zugestanden würde, wäre es trotzdem möglich, daß man die Abtretung oder den Austausch irgendeines Teils seines Königreichs von dem König forderte. Es besteht insbesondere Anlaß zu der Befürchtung, daß Preußen eine solche Forderung unter dem Vorwand erhebt, Schlesien und der Mark eine militärisch bessere Grenze zu geben und die Stadt Berlin besser vor jedem Überfall zu schützen.

Unter dieser Voraussetzung wird es die erste Sorge des Bevollmächtigten des Königs sein zu versuchen, zuverlässig zu erfahren, ob und zu welchen Bedingungen die Höfe von München und Stuttgart vielleicht durch geheime Abmachungen Abtretungen oder teilweisem Gebietsaustausch trotz der ihnen gegebenen allgemeinen Garantie der Unversehrtheit ihrer Staaten zustimmen mußten und ob im voraus etwas Ähnliches in bezug auf Sachsen zwischen den verbündeten Mächten vereinbart wurde? Durch diese Nachforschungen, die er jedoch mit viel Umsicht durchführen wird, wird er vielleicht dahin gelangen, die Existenz und die Reichweite solcher Pläne für Sachsen festzustellen und zu entscheiden, inwieweit es möglich sein wird, sie beiseite zu schieben oder nicht.

Es könnte sein, daß Preußen entweder den alten Plan König Friedrichs II. zur Sprache brächte, seinen Staaten die beiden Lausitzen und den eigentlich Sachsen genannten Teil einzugliedern, der auf dem rechten Ufer der Elster bis zu ihrem Zusammenfluß mit der Elbe liegt und weiter dem Verlauf dieses letzteren Flusses folgend, folglich Wittenberg mitumfaßt, oder den Plan, die Grenze über die Elbe hinaus bis zur Mulde auszudehnen und darin den festen Platz Torgau miteinzubegreifen.

Nachdem er sich mit dem Grundsatz durchdrungen hat, daß der König nur im äußersten Falle dazu gebracht werden kann, einen Teil seines Königreichs selbst bei einer Entschädigung abzutreten, wird der Bevollmächtigte Seiner Majestät zunächst vorbringen, daß er mangels Instruktion zu einem derartigen Vorschlag nur zuhören könne, und er wird die Bemerkung vorausschicken, daß, nachdem es den Vorfahren des Königs gelungen sei, die Gesamtheit der Staaten, die heute das Königreich Sachsen ausmachen, zu erhalten und ihm zu übertragen, Seine Majestät, nachdem er sich beinahe während eines halben Jahrhunderts mit der Erhaltung und dem Wohlergehen dieser Staaten beschäftigt habe, sicherlich seinen Ruhm daransetzte, sie seinen Erben und Nachfolgern in der gleichen Gesamtheit zu übertragen, und sich nicht dem Vorwurf aussetzen möchte, seiner Herrschaft einen Makel aufgeprägt zu haben, indem er einer Verringerung seines alten Erbes zustimme. Dann wird er wie aus eigenem Antrieb den einen oder den anderen der vermuteten preußischen Pläne bekämpfen, indem er von dem Teil der im vorigen Paragraphen enthaltenen Überlegungen Gebrauch macht, die darauf anwendbar sind, und indem er insbesondere darauf hinweist, daß in Anbetracht der Tatsache, daß das auf seine früheren Grenzen festgeschriebene und für lange Zeit geschwächte Frankreich für die Staaten Seiner Preußischen Majestät nicht mehr gefährlich sein wird, daß diese Provinz von der Westseite durch den wichtigen Platz Magdeburg genügend geschützt ist, daß der König sich zweifellos entschließen würde, die Befestigungsanlagen von Wittenberg, das für eine dauerhafte Befestigung ohnehin nicht geeignet ist, schleifen zu lassen, daß Sachsen im übrigen zu schwach ist, Berlin Argwohn einzuflößen, und daß, wenn es trotzdem für notwendig gehalten würde, diese Stadt noch mehr zu schützen, sich in der

Mark für eine Befestigung geeignete und diesem Zweck dienliche Stellen fänden, der Erwerb der in Rede stehenden Abrundung für die Sicherheit Preußens also nicht unbedingt notwendig erscheint; daß, wenn es sich darum handelt, die Kriegskosten zu decken, das Herzogtum Warschau, das allein wegen seiner Bevölkerung zwei Drittel der Besitzungen des Königs ausmacht, in dieser Hinsicht eine hinreichend gute Entschädigung ist; daß es sehr hart wäre, wenn Sachsen, das durch den Feldzug von 1813 und, nachdem es gegen Frankreich gekämpft hat, ruiniert ist, und wenn sein König, den man seit acht Monaten in Gefangenschaft hält und den man selbst der notwendigen Mittel für seinen Unterhalt in Berlin, den seiner Familie sowie eines Teils seiner Dienerschaft beraubt hat, noch die Kosten für die Entschädigung der Verbündeten tragen müßten und die einzigen wären, die nicht nur die neuerworbenen Provinzen verlieren müßten, sondern auch noch einen Teil des alten Gebiets; daß jede Abtretung Sachsens für diesen Staat sehr wichtig, aber von geringer Bedeutung für eine große Monarchie ist.

Wenn es dem Bevollmächtigten des Königs durch diese Mittel nicht gelingt, die Preisgabe der Idee einer Abtretung zu erreichen, wird er noch hinzufügen, daß die Nachbarschaft Preußens durch die Erwerbung der Oberlausitz näherrücken und für Sachsen und seine Hauptstadt bedrohlicher sein würde als die Nachbarschaft dieses Königreichs für Preußen und seine Hauptstadt; daß die Stadt Wittenberg und der Kreis dieses Namens der Sitz des Kurfürstentums Sachsen sind; daß die Abtretung Torgaus Sachsen von der Gnade Preußens abhängig machte und es ohne irgendeine Verteidigungsmöglichkeit ließe, während Preußen in keinem Fall irgend etwas von ihm zu befürchten hätte; daß das Opfer dieser Stadt und Wittenbergs für Handel und Gewerbe Sachsens nur vernichtend sein könnte, weil es ihm den natürlichen und unverzichtbaren Vorteil der Elbschiffahrt nähme, die schon genug behindert ist; daß die Wälder der Elster und der Umgebung und die freie Schiffahrt auf den beiden Flüssen für die Versorgung der Hauptstadt und mehrerer anderer sächsischer Städte unbedingt erforderlich sind, etc.

Schließlich wird er zu verstehen geben, daß er innerlich sicher ist, daß, wenn der König sich entschlösse, der Abtretung eines Teils seines Königreichs zuzustimmen, Seine Majestät dies nur unter der Bedingung täte, daß die in diesem Zusammenhang erhobenen Ansprüche noch erheblich verändert würden und daß er für das, was er abträte, anderswo vollständig entschädigt würde; daß er, der Bevollmächtigte, folglich die Vorschläge anzuhören wünschte, die man ihm in diesem Sinne machen wollte, damit er seinem Hof von allem Bericht erstatten und seine Befehle über diesen Punkt erbitten könne.

12.

Durch Artikel 6 des Vertrags von Paris ist vereinbart worden, daß die deutschen Staaten unabhängig und durch ein föderatives Band vereinigt sein werden. Sie konnten nichts Wünschenswerteres erreichen, und der König verlangt nicht mehr, als an diesem System teilzuhaben. Aufgrund dieser Überlegungen haben diese Staaten um so mehr Gründe und Ansprüche, sich dafür einzusetzen, daß ihre Verbindung nicht eine empfindliche Schwächung der Kräfte ihres Bündnisses durch die Einverleibung Sachsens in ein anderes Königreich oder durch eine ansehnliche Verringerung seines Gebiets erleidet, und alles ihnen Mögliche für die Aufrechterhaltung eines Königreichs zu unternehmen, das an einem der äußersten Enden Deutschlands zwischen zwei großen Mächten liegt und sich dadurch in einer sehr exponierten Lage befindet. Der König rechnet um so mehr mit diesem Beistand, als die offenen Artikel des Vertrags von Paris Sachsen nicht aus der Reihe der deutschen Staaten gestrichen haben, daß es sich infolgedessen als in Artikel 6 des Vertrags miteingeschlossen betrachten kann, und als Seine Majestät sogar Artikel 16 zu seinen Gunsten ins Feld führen kann, in dem die vertragschließenden Mächte ihren Willen erklärt haben, die Konflikte, die Europa beunruhigt haben, völlig dem Vergessen anheimzugeben oder anheimgeben zu lassen. Zu diesem Zweck wird sein Bevollmächtigter sich bemühen, sich insbesondere mit den Ministern der Hauptmitglieder des Bündnisses zu verbinden, um mit ihnen, jedoch mit der nötigen Vorsicht, auf der gleichen Linie zu operieren und auf das gleiche Ziel hinzuarbeiten; dies gilt vor allem für die Minister von Bayern und Hannover.

Die Unterzeichnerstaaten des Vertrags von Paris werden wahrscheinlich einen Verfassungsplan für Deutschland vorschlagen. Man muß hoffen, daß er mit den Grundsätzen der Gerechtigkeit, der Weisheit und des allgemeinen Wohls übereinstimmt und daß die Staaten dazu gehört werden. Man nimmt jedoch an, daß dieser Plan nur in den Grundzügen entworfen wird und daß man den Staaten die Einzelheiten der Organisation überlassen wird.

13.: Resumiert die aus sächsischer Sicht im Friedensvertrag zu berücksichtigenden Punkte.

14.: Sachsen verlangt das Alternat in den Vertragsurkunden.

15.: Die Organisation der Berichterstattung Schulenburgs.

Friedrichsfelde, den 9. August 1814

gez.: Friedrich August

LS Graf Detlev von Einsiedel
August Wendt

11. Instruktion Wilhelms von Oranien für Spaen und Gagern. – Anlage: Memorandum Fagels an Castlereagh

Die territorialen Ansprüche Hollands und seine Beziehungen zum geplanten deutschen Bund.

Gedenkstukken, VII S. 663f.; Anlage: ebenda, S. 160–162. Übers. d. Hrsg. aus d. Franz.

[Brüssel] 10. August 1814

Der dritte Geheimartikel des Vertrags von Paris[1] legt das Prinzip fest, auf dem die vereinbarte Vergrößerung Hollands beruht. Dieser Artikel beinhaltet wörtlich,[2] daß „das System eines gerechten Gleichgewichts der Kräfte in Europa erfordert, daß Holland so aufgebaut wird, daß es seine Unabhängigkeit mit eigenen Mitteln aufrechterhalten kann"; ein so wichtiger Grundsatz wird den Herren Bevollmächtigten schlagende Argumente liefern, um die Notwendigkeit der Ausdehnung der Grenzen auf das rechte Maasufer zu begründen. Ein der vorliegenden Instruktion beigefügtes Memorandum[3] entwickelt und rechtfertigt mit Nachdruck und Klarheit die Ansichten Seiner Königlichen Hoheit über den dritten wie den vierten Geheimartikel.

Die Herren Bevollmächtigten werden die Vorschläge anhören, die ihnen gemacht werden könnten wegen eines Austauschs der Länder, die Seine Königliche Hoheit im deutschen Reich auf dem rechten Rheinufer besitzt, gegen Staaten auf dem linken Ufer dieses Flusses oder auf dem rechten Ufer der Maas oder dem linken Ufer der Mosel. Es wäre nichtsdestoweniger wünschenswert, und die Herren Bevollmächtigten werden sich bemühen, dies zu erreichen, daß vor der Debatte über dieses Folgeproblem die Grenzen Belgiens auf dem rechten Maasufer nach dem Geist der besagten Artikel drei und vier bestimmt werden.

Artikel sechs des Vertrags setzt fest, daß die deutschen Staaten unabhängig und durch ein föderatives Band vereint sein werden; die Herren Bevollmächtigten werden sich deshalb bemühen, die genauesten Informationen über Art und Weise, Richtung und Verpflichtungen dieses Bandes zu erlangen. Da es möglich wäre, daß man Seiner Königlichen Hoheit die Einladung vorlegt, als souveräner Fürst diesem föderativen Körper anzugehören, werden die Herren Bevollmächtigten, ohne diese Frage schon zu entscheiden, darauf aufmerksam machen, daß die Antwort selbstverständlich von der Art und den Bedingungen dieses Bandes abhängen muß und daß eine conditio sine qua non[4] zu sein scheint, daß, falls die Vereinigten Provinzen zum deutschen Körper *[corps*

[1] Nr. 3, S. 63.

[2] Das Zitat folgt dem Vertragstext nicht streng wörtlich.

[3] Folgt als Anlage.

[4] In der Vorlage kursiv.

germanique] gehörten, ihr Herrscher in den Genuß der gleichen Rechte und Privilegien kommen müßte, die dem König von Bayern oder dem Kurfürsten von Hannover zugestanden werden, und daß Seine Königliche Hoheit diesbezüglich in keiner Hinsicht Abänderungen hinnehmen müßte.

Wenn Holland und Belgien vereinigt sind und ihre Grenzen gemäß Buchstaben und Geist der Geheimartikel drei und vier des Vertrags von Paris vom 30. Mai bestimmt worden sind, wäre es ohne Zweifel wünschenswert, daß Titel, Rang und Benennung dieser so vereinten Länder auf dem Kongreß bestimmt würden. In dieser Frage werden sich die Herren Bevollmächtigten jedoch abwartend verhalten. Vorläufige Eröffnungen legen das Urteil nahe, daß es die auch vom Prinzregenten persönlich unterstützte Absicht des englischen Kabinetts ist, daß die alliierten Mächte den souveränen Fürsten einladen, den Titel des Königs der Niederlande anzunehmen,[5] sobald die Grenzen bestimmt sind und die Souveränität offiziell übertragen ist. Dieses Mittel, eine so wichtige Angelegenheit zu regeln, erscheint Seiner Königlichen Hoheit als das beste. Die Herren Bevollmächtigten werden folglich autorisiert, dem zuzustimmen; zusätzlich sollen sie festlegen lassen, daß der mutmaßliche Erbe dieses neuen Königreichs den Titel Prinz von Oranien tragen wird.

Das Vertrauen, das Seine Königliche Hoheit in die Einsicht und die Kenntnisse der Herren Bevollmächtigten setzt, drückt sich in dem ihnen übertragenen Auftrag aus, und Seine Königliche Hoheit verläßt sich vollkommen auf ihren Eifer und ihre Hingabe. Obwohl Seine Königliche Hoheit wünscht, daß völliges Einverständnis zwischen ihnen besteht, möchte sie indessen, daß Herr Baron von Gagern den Ansichten des Herrn Baron von Spaen in allem, was die Interessen der Vereinigten Niederlande angeht, die größte Achtung entgegenbringt, während Herr Baron von Spaen seinerseits für die Ansichten des Herrn Baron von Gagern die gleiche Achtung aufbringt, was die Interessen des deutschen Reichs und insbesondere die des Hauses Nassau betrifft.

Wilhelm

van Nagell

[Als Anlage:] Memorandum Hendrik Fagels an Castlereagh

London, *[Juni/Juli]* 1814[6]

Die Lord Castlereagh am 31. Mai übergebene Note[7] wegen der Grenze des

[5] Dies erfolgte am 16. 3. 1815. Angeberg, I S. 928–930.

[6] Das undatierte Memorandum, dessen erster Entwurf vom 9. 6. von Fürst Wilhelm stammt und das von Falck gekürzt am 24. 6. an Fagel in London gesandt wurde, schickte Castlereagh am 14. 7. 1814 in Kopie an Clancarty. Gedenkstukken, VII S. 614, Anm. 4; Ontstaan, II S. 40–42.

[7] Note Falcks an Castlereagh, Paris, 31. 5. 1814, Gedenkstukken, VII S. 132f.

neuen Staates der Niederlande und der Ausdehnung seines Territoriums auf dem linken Maasufer stellte eine Alternative vor, die von der Annahme ausging, daß weder von diesem Staat im allgemeinen noch vom Fürsten von Oranien insbesondere ein mehr oder weniger beträchtliches Opfer gefordert werden würde und daß so alle finanziellen Mittel und Hilfsquellen verfügbar bleiben würden, um die Niederlande in die Lage zu versetzen, welche die alliierten Mächte ihnen zugedacht haben, und sie nach ihren Absichten zum Bollwerk Deutschlands gegen Frankreich zu machen. Aber seitdem hat der Fürst von Oranien von Baron Hardenberg vernommen, daß nach den besonderen preußischen Plänen bezüglich der Niederlande die Länder Lüttich, Limburg und Luxemburg abgesehen von einigen Grenzberichtigungen weiterhin ein Teil von ihnen bleiben könnten;[8] daß man sich außerdem über den auf dem linken Maasufer gelegenen Teil des Roerdepartements verständigen könnte und daß Preußen sich ebenso zugänglich zeigen würde für die Vereinigung der Gebiete Huissen, Malbourg und Sevenaer sowie des auf dem linken Emsufer gelegenen Reiderlandes mit Holland, dies an sich weniger bedeutende Objekte, die nur einen relativen Wert als Enklaven holländischen Territoriums gewinnen. Als Bedingung für diese Regelung schlug Herr von Hardenberg vor, daß der Fürst von Oranien seine nassauischen Erblande an Preußen abtritt und daß diese Staaten, die schon dazu bestimmt waren, zugunsten des Prinzen Friedrich von Oranien die Versorgung für den jüngeren Zweig dieses Hauses zu bilden, durch das Land Lüttich entsprechend ersetzt werden, welches folglich mit dem Deutschen Bund unmittelbarere oder engere Beziehungen unterhalten oder aufrechterhalten würde als die Niederlande im allgemeinen.

Graf Nesselrode machte eine nicht weniger interessante Mitteilung, als er bekanntgab, daß der Kaiser von Rußland seine Untertanen dadurch an den Vorteilen teilhaben lassen möchte, die seine Armeen erlangt haben, daß er die kaiserliche Kasse von den vormals in Holland aufgenommenen Schulden befreit, die jährlich sehr drückende Zahlungen erfordern.[9] Seine Majestät wünscht, daß England und Holland die Zahlungen übernehmen, die auf Grund dieser Verbindlichkeiten geleistet werden müssen, und daß der Fürst von Oranien sich um die Mittel kümmert, diese Frage zu regeln und die Wünsche des Kaisers auf angemessene Weise zu erfüllen.

Allein die Kenntnis der Wünsche dieser beiden Herrscher genügt dem Fürsten von Oranien, ihn sehnlichst ihre Erfüllung wünschen zu lassen, aber es ist unmöglich, sich zu verhehlen, daß sie für die in der Note vom 31. Mai entwikkelten Vorstellungen eine große Änderung bedeuten. Die von Rußland und Preußen angedeuteten Opfer würden den niederländischen Staat erheblich

[8] Vgl. Fischer, S. 60.

[9] Zur russischen Schuld vgl. ebenda, S. 52, 63 f.; Vnešnjaja politika Rossii, VIII S. 647 Anm. 109 sowie Renier, S. 294–299.

schwächen, den man sich nunmehr aus Holland, den vormals österreichischen Provinzen einschließlich Limburg, Luxemburg und dem Land Lüttich bestehend vorstellt. Was das letzte Gebiet insbesondere angeht, ist es unter militärischen Gesichtspunkten unerläßlich, daß es einen integrierenden Bestandteil der Niederlande bildet und in ihr Verteidigungssystem einbezogen wird. Ohne Zweifel ist es als solcher in den Vereinbarungen über den Verlauf der Maas angesehen worden, und seine Vertreter rühmen sich, in Paris von den alliierten Mächten das Versprechen erhalten zu haben, daß es nicht von Belgien getrennt und sein Territorium nicht unter mehrere Herrscher aufgeteilt würde, wäre doch jede Teilung von zahlreichen Unzuträglichkeiten begleitet, die sich aus seiner geographischen Lage und der Art seiner Industrie ergeben. Nach diesen Erläuterungen scheint es, daß ein Gebiet, dessen Schicksal so klar bestimmt wurde, nicht mehr als Sekundogenitur betrachtet werden und nicht als Gegenwert für die nassauischen Erblande dienen kann.

Die Auskünfte, die darüber hinaus über die Finanzen Belgiens wie Hollands eingeholt wurden, haben die Überzeugung noch verstärkt, daß es absolut unmöglich ist – wofern man den Einwohnern nicht neue Abgaben aufbürden will –, diese Provinzen damit zu belasten, die Schulden Rußlands in Amsterdam zu begleichen. Schon jetzt hat es außergewöhnlicher Mittel bedurft, um die Nationalschuldzahlungen und die ungeheuren Kosten, welche die Aufstellung der Armee erfordert, zu tragen; außerdem muß man bald an die noch gewaltigere Ausgabe für die Einrichtung einer starken Grenze gegen Frankreich denken, und solche Umstände berauben den Fürsten von Oranien der tiefen Genugtuung, den Absichten Kaiser Alexanders entgegenkommen zu können und ihm dadurch seine Ergebenheit und Dankbarkeit zu beweisen.

Es gibt indessen einen Weg, seine diesbezüglichen Wünsche mit dem eben beschriebenen Stand der Dinge und den daraus resultierenden Pflichten für den souveränen Fürsten der Niederlande zu vereinbaren. Wenn man ihm einen angemessenen Gebietszuwachs verschaffte, würde man ihm gleichzeitig die notwendigen Einkünfte und den notwendigen Kredit verschaffen, um die erwähnten Schulden zu übernehmen, und damit könnte eine entsprechende Vereinbarung verbunden werden, die gleichzeitig den Absichten Preußens auf die nassauischen Staaten den Weg ebnete. Unter dieser Voraussetzung verdient das Roerdepartement um so mehr Aufmerksamkeit, als es eines der Gebiete zwischen Maas und Rhein ist, die ein Geheimartikel des Pariser Vertrags dazu bestimmt, der Vergrößerung Hollands und als Entschädigung für Preußen oder einen anderen deutschen Staat zu dienen. Rußland könnte also mit vollem Recht mit England, Österreich und Preußen vereinbaren, dem Fürsten von Oranien das Roerdepartement zu überlassen und es zum einen Teil als Entschädigung für Holland, das mit der russischen Schuld belastet bliebe, zum anderen Teil als Sekundogenitur für Prinz Friedrich an Stelle der nassauischen

Erblande, die Preußen einverleibt würden, gelten zu lassen. Ein zusätzlicher Vorteil, den eine solche Vereinbarung bieten würde, bestünde in der Möglichkeit, die der Fürst von Oranien dadurch fände, zur Gewährleistung der Ruhe in Deutschland beizutragen. Vielleicht stünde es auch im Einklang mit den Ideen, die für den neuen Deutschen Bund vorgetragen worden sind, wenn man die Niederlande daran teilhaben ließe und dem souveränen Fürsten dieses Staates die Leitung eines Kreises gäbe, der aus den Niederlanden und einem Teil des Roerdepartements an Stelle der nassauischen Lande zu bilden wäre. Es würde nur der ernsthaften Intervention Großbritanniens bedürfen, um einen solchen Plan gelingen zu lassen, der so viele unterschiedliche Interessen ausgleicht und so viel Zweckmäßiges verbindet. Aber sollte seine Durchführung auf Schwierigkeiten stoßen, ist es im Gegenteil wünschenswert, daß nicht mehr davon die Rede ist, dem Fürsten von Oranien finanzielle oder territoriale Opfer aufzubürden, und daß England, welches selbst daran interessiert ist, daß der neue Staat der Niederlande von Anfang an auf achtunggebietender und solider Grundlage steht, seinen ganzen Einfluß einsetzt, Seine Kaiserliche Majestät davon zu überzeugen, daß der Fürst von Oranien seinen Wünschen unmöglich nachkommen kann, ohne die Interessen der Völker zu verraten, die dazu bestimmt sind, diesem neuen Staat anzugehören; wünschenswert ist auch, daß England sich dafür einsetzt, das preußische Kabinett von seinen Plänen wegen der nassauischen Länder abzubringen, für die es als Gegenwert nur ein Gebiet anbietet, das sowohl durch die Tatsache wie nach Geist und Buchstaben des unlängst abgeschlossenen Vertrags bereits mit den Niederlanden vereinigt ist, wofern nicht Vereinbarungen getroffen werden, die durch Gewährung von Vorteilen die gewünschten Opfer ausgleichen.

12. Instruktion Alexanders I. für Nesselrode*

Begründet vor allem seine polnischen Ansprüche und legt seine Vorstellungen für die Entschädigung Preußens und Österreichs dar.

Šil'der, III S. 538–540. Übers. d. Hrsg. aus d. Franz.

Kamennoy Ostroff, *[13.]*[1] August 1814

Graf Nesselrode!

Entsprechend den in London beschlossenen Planungen habe ich mich entschieden, Sie nach Wien zu senden, damit Sie dort zusammen mit den Mini-

* Genehmigt in Kamennoy Ostroff, den *[13.]* August 1814.

[1] Die Edition von Šil'der hat kein Tagesdatum. Das Regest der Instruktion in Vnešnjaja politika Rossii, VIII S. 89 ist datiert 1. (13.) August 1814.

stern Österreichs, Englands und Preußens alle auf die zukünftige Gestaltung Europas bezüglichen Pläne vorbereiten. Wenn ich Sie mit einer so wichtigen Mission beauftrage, zähle ich zuversichtlich auf Ihren Fleiß und Ihre Genauigkeit bei der Erfüllung der Absichten, die ich Ihnen in der vorliegenden Instruktion darlegen werde.

Schon die Hauptfragen, die es zu lösen gilt, haben zwischen mir und meinen Verbündeten mehrere Diskussionen ausgelöst. In Paris hat mir der preußische Kanzler das beigefügte Memorandum[2] überreicht, in dem er die Grundlagen für eine allgemeine Neugestaltung vorlegte. Als ich dieses Schriftstück mit der Aufmerksamkeit prüfte, die Gegenstände von so großer Wichtigkeit verlangen, habe ich mich überzeugt, daß die darin enthaltenen Bestimmungen die Interessen Rußlands bei weitem nicht befriedigen. Das Herzogtum Warschau ist eine Eroberung, die ich im Reich Napoleons gemacht habe. Der gesamte europäische Kontinent hatte sich gegen mich verbündet, als ich den ganz ungerechten Angriff zurückwies. Dennoch habe ich ohne Zögern zur Befreiung dieser selben Mächte Anstrengungen unternommen, die nicht geringer waren als die, die Rußland gerettet haben. Jetzt, da die erzielten Erfolge es erlauben, die wichtigsten Staaten Europas in dem Umfang wiederherzustellen, in dem sie sich vor den letzten Kriegen Bonapartes befanden, und mehreren von ihnen sogar bedeutende Vergrößerungen zu verschaffen, ist es gerecht, daß meine Untertanen für so viele Opfer entschädigt werden und daß eine militärische Grenze sie auf immer vor dem Unglück einer neuen Invasion bewahrt. Wenn dieses Ziel erreicht ist, erkläre ich mich völlig zufriedengestellt. Es wird beweisen, daß in den Forderungen, die ich stelle, kein Prinzip enthalten ist, das für die zukünftige Ruhe Europas gefährlich ist, kein ehrgeiziger Plan, der die Beziehungen zwischen mir und meinen Verbündeten verschlechtern kann. Alles, was ich von ihnen fordere, ist, das Herzogtum Warschau zu behalten, und für diesen Preis bin ich bereit, Österreich und Preußen in allen Vorschlägen zu unterstützen, die sie machen werden, um für die Teile dieses Herzogtums, die ihnen früher gehörten, entschädigt zu werden. Ich gehe noch weiter. Da ich mich durch den Vertrag von Kalisch[3] verpflichtet habe, Preußen ein Gebiet zu verschaffen, das das ehemalige Preußen mit Schlesien verbindet, willige ich, wenn

[2] Nr. 1, S. 33–59.

[3] Die geheimen Separatartikel des Vertrags von Breslau/Kalisch vom 27./28. 2. 1813 bestimmten:

„Artikel I. Da die volle Sicherheit und Unabhängigkeit Preußens nur dadurch fest begründet werden kann, daß man ihm die wirkliche Kraft zurückgiebt, welche es vor dem Kriege von 1806 hatte, verpflichtet sich Seine Majestät der Kaiser aller Reußen, der in dieser Hinsicht mit seinen amtlichen Erklärungen den Wünschen Seiner Majestät des Königs von Preußen zuvorgekommen war, durch diesen geheimen und besonderen Artikel, die Waffen nicht niederzulegen, solange Preußen nicht wiederhergestellt sein wird

es darauf bestehen sollte, ein, daß es das Departement Posen und den Bezirk Kulm zurückerhält. Unter dieser Voraussetzung wäre die Grenze den Linien entsprechend gezogen,[4] die Sie im einzelnen in dem beigefügten Memorandum finden. Die Grenzen zu Österreich sind ebenfalls darin angegeben. Ich kann ihm vom Herzogtum Warschau in jedem Falle nur die Salinen von Wieliczka mit dem Rayon Podgorce zurückgeben, und zwar so, daß auf dieser Seite die Weichsel die Grenze bildet. Mit Ausnahme der bezeichneten Bezirke würde das Herzogtum Warschau zu meiner Verfügung bleiben, um mit Rußland vereinigt zu werden. Sollte man versuchen, Erklärungen zu veranlassen über die Regierungsform, die ich diesem Land zu geben beabsichtige, so würden Sie die Antwort verweigern; Sie würden erklären, es sei unter meiner Würde, mich auf derartige Erklärungen einzulassen; ich verlangte keine Rechenschaft über die Maßnahmen, die die anderen Mächte in dieser Hinsicht planten; daher glaubte ich, mit vollem Recht verlangen zu können, daß sich niemand in die Maßnahmen einmischte, die ich als die vorteilhaftesten für das Glück der Völker be-

in den statistischen, geographischen und finanziellen Verhältnissen, entsprechend dem, was es vor der genannten Epoche war.

Zu diesem Zweck verspricht Seine Majestät der Kaiser aller Reußen in der feierlichsten Weise, zu den Entschädigungen, welche die Umstände erheischen könnten, im Interesse beider Staaten selbst, und zur Vergrößerung Preußens alle Erwerbungen zu verwenden, welche durch Ihre Waffen und ihre Unterhandlungen im nördlichen Theile Deutschlands gemacht werden könnten, mit Ausnahme der alten Besitzungen des Hauses Hannover. In allen Arrangements wird zwischen den verschiedenen Provinzen, welche unter die preußische Herrschaft zurückkehren sollen, die Einheit und die Abrundung gewahrt werden, die nöthig sind, um einen unabhängigen Staatskörper zu bilden.

Artikel II. Um dem vorhergehenden Artikel eine Bestimmtheit zu geben, welche dem zwischen den beiden hohen vertragschließenden Theilen herrschenden vollkommenen Einverständniß entspricht, gewährleistet Seine Majestät der Kaiser aller Reußen Seiner Majestät dem König von Preußen mit seinen gegenwärtigen Besitzungen ganz besonders das alte Preußen, dem ein Gebiet angeschlossen werden soll, welches in allen, sowohl militärischen als geographischen Beziehungen diese Provinz mit Schlesien verbindet."

CTS, 62 S. 143 f. (Übers. aus dem Franz. nach Oncken, Oesterreich I S. 268 f.) Dem Text liegt ein russischer Entwurf zugrunde. Die Änderungen bzw. Zusätze Hardenbergs sind gesperrt gedruckt. Ebenda, S. 268.

[4] In eigenhändigen Aufzeichnungen für diese Instruktion erklärte der Zar: „Schlimmstenfalls stimme ich der Abtretung Posens bis zu einer Linie von Thorn nach Peysern und von dort längs der Prosna bis zur schlesischen Grenze sowie des Bezirks Kulm bis zur Drewenz mit Ausnahme eines Rayon um Thorn zu." Šil'der, III S. 537. (Übers. d. Hrsg. aus d. Franz.)

trachtete, die die Vorsehung mit meinem Reich vereint hat. Um jedem Verdacht auf Hintergedanken zu entgehen, um jede Unruhe zu besänftigen und um jede Besorgnis vor Plänen zu beseitigen, die der zukünftigen Ruhe Europas entgegenstehen, bin ich bereit, Österreich und Preußen wegen der Provinzen des ehemaligen Polen, die sie aufgrund der jetzigen Regelung behalten, alle von ihnen gewünschten Garantien, alle Abtretungs- und Besitzurkunden, die sie für die Bildung ihrer Staaten für notwendig erachten mögen, zu geben. Österreich würde zweifelsohne alle Voraussetzungen für Macht und Wohlstand in seinen Besitzungen haben, wenn es erwürbe:

1. Den ganzen Norden Italiens bis zum Tessin und den Lago Maggiore einschließlich Venetien.
2. Tirol
3. Salzburg
4. Das Innviertel
5. Die Illyrischen Provinzen
6. Dalmatien.

Es würde eine Macht mit ungefähr 26 Millionen Einwohnern. Die Teile, aus denen sich diese Monarchie zusammensetzen würde, bildeten ein zusammenhängendes Ganzes und wären daher bestens für die Verteidigung geeignet. Diese Erwerbungen bestünden aus den schönsten und reichsten Provinzen Europas. Es würde also reichlich dafür entschädigt, daß es seine ehemaligen polnischen Besitzungen nicht zurückerlangt, denn wie kann man die Einwohner Galiziens mit denen der Lombardei und der fruchtbaren Länder an der Adria auf eine Ebene stellen. Die Berechnung nach der Seelen- und Quadratmeilenzahl, auf der das Memorandum des preußischen Kanzlers beruht, läßt sich nicht anwenden, wenn man den Wert der Erwerbung jeder Macht schätzen will. Wenn demzufolge auch die Seelenzahl, die Österreich durch die von mir vorgeschlagenen Regelungen erwirbt, nicht völlig mit der in dem preußischen Memorandum festgesetzten Zahl übereinstimmt, so gewinnt es in anderer statistischer und militärischer Hinsicht, so daß es mit seinem Anteil völlig zufrieden sein müßte, um so mehr, als er ihm unabhängig von den anderen Vorteilen einen entscheidenden Einfluß auf Italien gibt, weil die Staaten Parma, Toskana und Modena im Grunde nur als österreichische Provinzen angesehen werden können.

Die gleichen Überlegungen sind auch auf Preußen anwendbar. Abgesehen von seinen früheren Besitzungen, die es zurückerhalten wird, willige ich ein, daß es sich Sachsen bis zur Elster und zur böhmischen Grenze einverleibt und daß es sich durch dieses Land für die Teile Polens, die es nicht zurückerhalten würde, schadlos hält. Es ist sicher unmöglich, ihm eine in jeder Hinsicht vollständigere und vorteilhaftere Entschädigung zu verschaffen. Selbst wenn sich seine Absichten auf Erwerbungen über die Elster hinaus richteten, würde ich mich dem keineswegs widersetzen. Ich möchte nur, daß ein Teil Sachsens mit dem Herzogtum Weimar, ein anderer mit dem von Coburg vereint wird.

Was die allgemeinen Maßregeln für Deutschland angeht, so scheint mir der Plan des preußischen Kanzlers Anlaß zu vielen Veränderungen im Besitzstand jedes Fürsten zu geben. Es wäre wünschenswert, wenn man sich an einfachere Grundsätze hielte und so wenig wie möglich durcheinanderbrächte. Sollte es ein Mittel geben, einige Vergrößerungen für den Herzog von Oldenburg zu erlangen, würde ich dies begrüßen. Er hat volles Anrecht darauf wegen der Verluste, die er erlitten, und wegen der beispiellosen Kränkungen, die Napoleon ihm angetan hat. Die deutschen Fürsten, denen ich nach ihm die meiste Anteilnahme entgegenbringe, sind der König von Württemberg und die Großherzöge von Baden und Darmstadt. Achten Sie darauf, daß sie bei den Maßregeln, die man in ihrer Sache ergreift, nicht benachteiligt werden. Sie kennen die Zusicherungen, die dem Vizekönig von Italien gegeben wurden,[5] Sie werden also ebenfalls seine Interessen sowie die der Exkönigin von Westfalen unterstützen, und Sie werden keine Mühen scheuen, damit sie eine angemessene, souveräne und unabhängige Versorgung erhalten. Diese könnte nach meiner Meinung am besten in einem der ehemaligen geistlichen Kurfürstentümer auf dem linken Rheinufer gefunden werden.

Dies sind die verschiedenen Gegenstände, die ich Ihrer besonderen Sorgfalt in den Konferenzen mit den Ministern Österreichs, Englands und Preußens anbefehle. Sie kennen im übrigen meine Absichten und meine Art, die Fragen zu betrachten, die man vorbringen wird, nur zu gut, als daß ich glaube, mich Ihnen gegenüber in umfangreichere Erläuterungen einlassen zu müssen.

13. Instruktion Friedrichs I. von Württemberg für von Linden[1]

Erteilt Anweisungen zu den territorialen und verfassungspolitischen Fragen. Verhältnis Württembergs zu Rußland und Bayern.

E 70b Bü 40/3 HStA Stuttgart.

Ausfertigung — Ludwigsburg, 2. September 1814

Instruction, wornach der von Uns zu Unserm ausserordentlichen Gesandten und bevollmächtigten Minister bey dem Congress zu Wien ernannte, wirkliche Geheime Rath, Staats Rath, Kammerherr, Staats Secrétaire der auswärtigen Angelegenheiten, Freyherr Franz Joseph von Linden sich zu achten hat.

Der bevorstehende Congress zu Wien soll das grosse Friedens Werk vollen-

[5] Im Vertrag von Fontainebleau Art. 8. Angeberg, I S. 149.

[1] Zu Entstehung und Bedeutung Real, S. 36–38; vgl. auch Hölzle, S. 165.

den, das zu Paris angefangen ward. Die Wichtigkeit des Geschäfts, von dem das Wohl Unserer Staaten und der Glanz Unserer Krone abhängt, hat Uns bewogen, Unsern Staats Secrétaire der auswärtigen Angelegenheiten als bevollmächtigten Minister dahin abzuordnen. In dieser Ernennung wird derselbe den sprechenden Beweis Unsers Allerhöchsten Vertrauens wahrnehmen, dem er in seinem ganzen Umfange zu entsprechen, sich zur unerläßlichen Pflicht machen wird. Um ihm die Mittel zu diesem Zweck seines pflichtschuldigen Strebens zu erleichtern, so ertheilen Wir ihm nachstehnde geheime Instruction, durch welche er von Unsern Allerhöchsten Gesinnungen und Absichten, die die Basin seiner Negotiationen bilden müssen, näher in Kenntniß gesetzt wird.

§ 1

So viel die bey der Ankunft des Gesandten in Wien zu beobachtenden Formalitäten betrifft; weisen Wir ihn an, sich nach den übrigen Gesandten, welche zum Congresse bestimmt sind, zu richten, und überlassen ihm, durch Rücksprache mit solchen, sich darüber zu verständigen, wobey Wir ihn aufmerksam machen wollen, Unserer Königswürde nichts zu vergeben und alle Praetensionen, welche vielleicht Bayern machen könnte, ebenfalls aufzustellen und zu behaupten.

§ 2

Die Geschäfte betreffend, so beschäfftigt sich der Congress mit der definitiven Bestimmung der Staats- und Völckerrechtlichen Verhältnisse der Europäischen Staaten, unter denen Teutschland obenan stehen wird. Bey den Verhandlungen, die in dieser Beziehung Statt haben werden, sind Wir am nächsten betheiligt; sie selbst werden hauptsächlich zwey Gegenstände haben.

a) die durch die politischen Ereignisse herbeygeführte neue Territorial-Einrichtung, und

b) die nähere Bestimmung des im Pariser Frieden durch den sechsten Artickel[2] ausgesprochenen Foederativ Verbandes für die Staaten Teutschlands.

§ 3

Bey dem ersten Punct kommt viel darauf an, welches ist die „wirkliche" Lage „Nord" Teutschlands? Ist die militärische Besitznahme Preussens und die ge-

[2] Nr. 3 S. 61.

zogene Demarcations Linie nur provisorische Maasregel, oder Folge eines Definitiv Abschlusses? Nur im ersten Fall, wenn sie provisorische Maasregel ist, würde der Norden mit dem Süden Teutschlands gleiches Interesse theilen, und mit letzterm in Bezug auf die Reorganisation in Verbindung gesetzt werden können. Allein, ein hoher Grad von Wahrscheinlichkeit streitet für den andern Fall, daß das Schicksal des „nördlichen“ Teutschlands bereits entschieden ist, oder wenigstens in den Händen des Königs von Preussen liegt. In dieser Voraussetzung kann der Norden bey der Reorganisation des Südens nicht nur allein nicht in Anschlag kommen, sondern es ist sogar der Klugheit angemessen, daß der Gesandte alles vermeide, was diese mit Einstimmung der beyden Kaiser Höfe getroffene Anordnung, wie vorauszusetzen ist, berühren könnte, und sich nur auf das „Südliche“ Teutschland beschränke, jedoch wird der Gesandte versuchen, zu verhindern, daß er nicht von den Verhandlungen der nördlichen Angelegenheiten, wenn deren Statt haben sollten, ausgeschlossen werde.

§ 4

Soviel aber diesen Theil von Teutschland betrifft, so besteht solcher aus einzelnen selbstständigen Reichen, die sich selbst schützen. Die „Nachbar“ Mächte sind Österreich und Frankreich, und durch Preussens Vergrösserung im „Nördlichen“ Theile ist es „auch“ diese Macht geworden. In die Reihe der Mächte des südlichen Teutschlands gehört Unsere Krone, die Krone Württemberg, und sie theilt mit ihren Mitmächten eines Theils das Verdienst, die beyden erstgenannten Mächte (Österreich und Frankreich) in wechselseitiger Entfernung zu halten und das Gegengewicht gegen den Nördlichen Theil zu bilden, und andern Theils die Ehre, die Ruhe im Süden von Europa von sich abhängig zu sehen. Soll nun diese erhalten werden; soll das südliche Teutschland als Mittelmacht die Gefahr, die derselben von Osten, Westen oder dem Norden aus droht, abzuwenden, und eine Vormauer durch vereinte Kraft zu bilden im Stande seyn, so muß Unser Reich in eine solche Lage versetzt werden, damit es durch seine innere und militärischen Kräfte der allgemeinen Absicht, und der grossen, ihm durch seine Lage angewiesenen Bestimmung zu entsprechen vermag, auch der traurigen Nothwendigkeit, der gebietrischen Politik des Augenblicks nachzugeben, enthoben wird.

§ 5

Schon diese allgemeinen Gründe der Politik berechtigen Uns zur Erwartung, daß bey der Reorganisation oder neuen Territorial Einrichtung Unser

Reich einen zu dem vorerwähnten Zwecke verhältnißmäsigen Zuwachs an Land und Leuten erhalte; der Gesandte von Linden wird solche, jedoch mit der gehörigen Behutsamkeit und Vorsicht zu benützen wissen, und insbesondere bey den Ministern des Kaiserlich Russischen Hofs geltend machen. Dieser Hof, der immer als Gegengewicht von Österreich anzusehen ist, und sich durch seine neuen Erwerbungen immer mehr und mehr dem Süden von Europa nähert, ist durch diese Annäherung bey der Erhaltung seiner Ruhe insbesondere betheiligt. Schon im Jahre 1778 sprach solcher in einer dem Österreichischen Hofe unterm 14. September übergebenen Note den Grundsatz aus, „Teutschland sey sowohl durch seine Lage als auch wegen seiner Macht der Mittelpunct aller Staatsgeschäfte und Angelegenheiten von Europa, es müsse also ‘alle’ übrigen Staaten im höchsten Grade interessieren, ob es den Frieden geniesse, oder durch Kriege zerrissen werde?“ [3]

§ 6

Ausser diesen allgemeinen Gründen, die für die Nothwendigkeit einer Vermehrung Unserer militairischen Kraft sprechen, giebt Uns die Tapferkeit Unserer Armée, an deren Spitze Unser Kronprinz Liebden allen Gefahren mörderischer Schlachten trotzte und den großen und endlichen Sieg erfechten half, vollendete und unverkennbare Ansprüche auf Vergrösserung, die Unserer Monarchie ewige Haltung verspricht. Überdem haben angestellte Untersuchungen und auf die Geschichte älterer Kriege, so wie hierüber gemachte Bemerkungen des neuesten als für den beßten anerkannten Schriftstellers, erwiesen, daß die in dem letzten Kriege vernachlässigte Vertheidigung des Schwarzwaldes von der größten Wichtigkeit ist; und mit einer verhältnißmäsigen die Kräfte der angrenzenden Staaten nicht übersteigenden Trupenzahl ausgeführt werden kann, sobald ihre Anwendung in der Hand eines Einzigen steht. In diesen Aussichten und Hoffnungen werden Wir noch ferner durch die günstigen Gesinnungen des Russischen Kaisers, die Er gegen Unsern Kronprinzen Liebden schon in Paris geäusert hat, und gegen Uns bey der Zusammenkunft mit Ihm in Heilbronn am 13. Juli wiederholte, bestärkt. Der Kaiser theilt vollkommen Unsere Ansicht, daß dem durch die glücklichen Ereignisse herbeygeführten Frieden mit Frankreich nur dadurch Festigkeit und Dauer gegeben werden könne, wenn die angrenzenden Staaten eine solche Stärke und Consistenz erhielten, daß sie die ersten feindlichen Angriffe abzuwenden, und die Hülfe der entferntern Monarchien abzuwarten im Stande seyen. Mit voller Zu-

[3] Gemeint ist die bei Arneth, Maria Theresia X S. 54 f. zitierte russische Erklärung, die am 20. 10. 1778 in Wien präsentiert wurde.

versicht kann daher der Staats Secrétaire, Unser Gesandte, diese Ansicht und Gesinnungen des Kaisers bey dem russischen Minister zum Behufe der erwähnten Nothwendigkeit einer Vergrösserung Unserer Staaten anführen. Der Russische Minister wird dieser Ansicht des Kaisers nicht entgegen handeln, und standen auch die Gesinnungen des Russischen Staats Secrétaire, Grafen von Nesselrode, die er während der Pariser Unterhandlungen in Bezug auf Uns äusserte, mit Unsern Wünschen, Forderungen und Erwartungen nicht immer im Einklange, so überzeugen Uns die gleichzeitigen und spätern Freundschafts Versicherungen des Kaisers, seines Herrn, daß der Grund seines Benehmens nicht im Systeme des Monarchen, sondern in zufälligen, persönlichen und vorübergehenden Verhältnissen des benannten Staats Secrétaire aufzusuchen ist, und er nunmehr bey dem Congresse eine in die vom Kaiser ausgesprochene Ansicht einstimmende Sprache führen wird. Übrigens wird Unser Gesandte die Freundschaft und das Vertrauen desselben, als eines Geschäftsmannes eines Kaiserhofs, der Uns mit Banden des Bluts verwandt,[4] und in den gegenwärtigen Angelegenheiten das entsprechende Wort zu sprechen im Falle ist, auf alle Art zu gewinnen suchen.

§ 7

Soviel den Kaiserlich Österreichischen Minister, Fürsten von Metternich, der bey der Vollendung des Friedens Werks eine Haupt Rolle mitspielen wird, betrifft; so wird zwar der Gesandte aus einem allerhöchsten Decrete dd. Stuttgart, 11. November 1813 ersehen, daß derselbe Unserm Königlichen Staats- und Conferenz-Minister Grafen von Zeppelin die „mündliche" Zusicherung ertheilt hat, „daß in dem unter der Feder seyenden Tractat mit Baden, Österreich sich von dem Großherzoge die Rückgabe aller vorher von dem Kaiser besessenen Provinzen ausbedingen werde, um solche Württemberg als Entschädigung beym Frieden überlassen zu können", allein mit dieser Versicherung scheint es dem Fürsten nicht Ernst gewesen zu seyn; in der Darstellung der politischen Verhältnisse Württembergs zu Österreich im Jahr 1813 und 1814, welche der Gesandte in Handen hat, wird er mehrere Thatsachen finden, die die Gesinnungen des benannten Fürsten gegen Uns in dieser Epoche nicht im günstigsten Lichte zeigen; diese actenmäsige Aufklärung Unserer politischen Verhältnisse zu Österreich in den benannten Jahren zeigt vielmehr, in welcher gereitzten Lage Wir Uns mit diesem Hofe bis in die neuesten Zeiten befanden.[5] Dieses auffallende Benehmen des Hofs und seines Ministers kann nur aus seinem ersten Plan „die alten Österreichischen Besitzungen am Rhein wieder an

[4] Friedrichs I. Schwester Sophie war die Mutter Alexanders I.

[5] Hierzu Kraehe, I S. 231–234, 307–309; Hölzle, S. 156–161.

sich zu reissen, und Württemberg die Aussicht zu irgendeiner Vergrösserung auf dieser Seite zu benehmen“, erklärt werden. Mit dem Aufenthalte des Fürsten Metternich in London[6] scheint sich aber dieses System geändert zu haben. Nach den officiellen Berichten, die Wir am Schlusse des Monats Juny von daher erhielten, erklärte der benannte Fürst in den letzten Tagen seines dasigen Aufenthalts Unserm Kronprinzen Liebden, „das Erzhaus Österreich würde, wenn es mit Einverständniß Rußlands geschehen könnte, gegen die Vergrösserung Württembergs mit den Badischen Landen und die Entschädigung oder Versetzung des Grosherzogs auf die linke Rheinseite nichts einzuwenden haben*[“]*. In gleichem Geiste äuserte sich dieser Fürst gegen Uns in der ihm am Abend des 13. vorigen Monats ertheilten Audienz in Ludwigsburg. Nach diesen eingetretenen neuen Verhältnissen kann daher der Gesandte bey seiner Negotiation und Besprechung mit dem Fürsten Metternich seine Uns gegebenen Versicherungen von Freundschaft seines Hofs und seiner persönlichen Ergebenheit in Anspruch nehmen, auch die oben erwähnte auf officiellen Berichten beruhende frühere vertrauliche Äusserung des Fürsten an Unsern Staats- und Conferenz Minister Grafen Zeppelin (es mag dem Fürsten mit solcher Ernst gewesen seyn oder nicht) geltend machen, und sich auf das Anerkenntniß Unsers Verdienst- und Ruhm vollen Antheils an dem glücklichen Gange der verbündeten Waffen, welches der Kaiser, sein Herr, in einem Schreiben an Uns aus Paris vom 25. April laufenden Jahres aussprach, berufen. Auch wird der Gesandte die Bemerkung geltend zu machen suchen, daß wenn die Grafen welche wegen erlittenen Verlusts durch Renten oder Güter in Schwaben entschädigt wurden, wieder in den Besitz der verlornen Güter gesetzt werden, ihre dermaligen Besitzungen oder Renten zurückfallen müssen, und letztere als Kriegsersatz gefordert werden können. In die Reihe dieser Grafen gehören:

Ochsenhausen	Metternich-Winneburg	
Schussenried Weisenau	Sternberg	
Roth	Wartenberg	
Hegbach	Bassenheim	
Isny	Quadt	
Neu Ravensburg	Dietrichstein	
Thalheim	Schaesberg	
Sulmingen		
Guttenzell	Törring	
Salm-Reifferscheid, jetzt König		12000 f *[?]*
Limpurg-Styrum im Proceß		12200
Schall		12000 = 6000

[6] Vgl. Nr. 2 S. 59 Anm. 1.

Graf von Spée zu Düsseldorf	5400	
Erben der Grafen Löwenhaupt	11300	
Diederichsche Erben	31200	abgelößt
Seubert	3300	

Durch die persönliche Bekanntschaft mit ihm wird Unser Gesandter auch wahrnehmen, daß Eitelkeit die schwache Seite des Fürsten ist; seiner Klugheit wird es nicht an Mitteln fehlen, auch diese Seite zum Behuf Unserer Erwartungen zu benützen.

§ 8

Den Preussischen Minister, Fürsten Hardenberg betreffend, so haben Wir keine Thatsachen, um über seine oder seines Hofs Gesinnungen gegen Uns bestimmt absprechen zu können; allein nach der Lage der Sache zu urtheilen, so werden wahrscheinlich die Gesinnungen dieses Cabinets mit jenen des Kaiserlich Russischen im Einklang stehen und gleichen Schritt halten.

Dies ist jedoch nur eine Voraussetzung, die auf einer Wahrscheinlichkeit beruht; der Gesandte wird sich daher angelegen seyn lassen, über die Gesinnungen des Preussischen Hofs und Staats-Canzlers eine sichere Ansicht zu erhalten. Der Minister von Humbold, welcher bey dem Congresse ebenfalls accreditirt ist, ist insbesondere hierbey zu berücksichtigen.

§ 9

Diese Gründe, die Wir entwickelt haben, werden durch eine gewandte Zusammenstellung an Stärke gewinnen, und durch kluge Anwendung in Verbindung mit Berücksichtigung der individuellen Verhältnisse der Höfe und ihrer Minister ihren Zweck kaum verfehlen. Wir hoffen, daß durch solche sämmtlichen Allerhöchsten verbündeten Höfen „Überzeugung" und „guter Wille" in Bezug auf die Vergrösserung Unserer Staaten wird abgewonnen werden. Dies vorausgesetzt: so fragt sich's noch, worinn solche bestehen solle und könne?

§ 10

Die in den Händen des Gesandten befindlichen Plane werden ihn von Unsern ersten Wünschen in dieser Beziehung in Kenntniß setzen; der Auszug aus der geheimen Instruction für Unsern Gesandten in Petersburg[7] § 4 wird ihn

[7] Inhalt bei Pfister, S. 301 f.

aber mit den Schwierigkeiten und Anständen die Unserer Meynung nach ihrer Ausführung entgegen stehen, bekannt machen, und zugleich überzeugen, zu welcher Mässigung in Unsern Forderungen Wir Uns in dieser Hinsicht herunter gestimmt haben.

Sämmtliche Plane gründen sich übrigens auf Voraussetzungen, von deren Wirklichkeit sich der Gesandte an Ort und Stelle zu überzeugen im Falle seyn wird; Wir glauben daher für jetzt ihm keine bestimmte Befehle und Weisungen in Bezug auf die Verwirklichung des einen oder andern geben zu können; sondern überlassen vielmehr seiner Klugheit, vom Augenblick Gebrauch zu machen, und durch Einleitungen und Zutrauen, das er sich zu erwerben suchen wird, „den“ Augenblick herbeyzuführen, wo er mit wahrscheinlichem Erfolg mit einem passenden und den Umständen angemessenen Antrag hervortreten kann.

Nur im Allgemeinen wollen Wir ihm bemerklich machen, daß die Erwerbung einer Unsern Wünschen angemessenen Seelenzahl, Contiguität der neuen Erwerbungen mit Unsern Staaten, militairische Position, insbesondere jene des Schwarz Waldes und Annäherung an den Rhein, oder andere schiffbare Flüsse, welche zur Aufnahme des Handels Aussichten öffnen, die Momente sind, denen er bey seinen Unterhandlungen volle Aufmerksamkeit zu widmen hat.

Der letzte Punct verdient vorzügliche Berücksichtigung. So günstig und vortreflich die physische Beschaffenheit Unsers Reichs ist, und so manchfaltig seine Naturproducte und Industrie Erzeugnisse sind: so ist doch seine geographische Lage in Hinsicht auf Commerz nicht grade die günstigste. Es ist zu sehr von seinen Nachbarn umschränkt. Bayern und Baden umschliesen es seit den neuern Territorial Veränderungen. Nur durch Mergentheim hat es eine jedoch kleine Contiguität mit Wirzburg, das nunmehro aber auch in Bayerschen Händen ist, und durch den obern Bodensee mit der Schweitz.

Im innern ist es noch durch fremde Besitzungen unterbrochen; schiffbare Flüsse gehen ihm ab, und selbst auf dem Neckar ist der Handel durch Badische Anstalten beschränkt.

Wir geben dem Gesandten hier nur eine allgemeine und kurze Übersicht der Hindernisse, die der Freyheit des Handels Unserer Staaten entgegen stehen, um ihm die Nothwendigkeit, in seinen Unterhandlungen auf diesen Punct vorzügliche Rücksicht zu nehmen, fühlbar zu machen, und behalten Uns bevor, ihm eine nähere Ausführung in diesem Betreffe zugehen zu lassen.

In Rücksicht der Contiguität machen Wir den Gesandten darauf aufmerksam, daß er bey seinen Unterhandlungen den Bedacht darauf nehme, damit

a) Württemberg im Innern purificirt, die Hohenzollersche Lande daher entweder mit Souverainetät und Proprietät, oder wenigstens mit ersterer acquirirt,

b) Nellenburg wieder mit solchem vereinigt, und

c) die Einschnitte in das Königreich, z. B. Wimpfen, Neidenau, erworben werden.

Soviel die neuen Staaten, die Uns zugetheilt werden sollen, betrifft: so wünschen Wir zwar, daß sie mit Unsern dermaligen Staaten zusammen hängen mögen; inzwischen lassen Wir Uns (jedoch nur im äussersten Falle) Abweichungen gefallen, wenn solche zu Austausch-Objecten geeignet sind.

§ 11

Von Territorial Abtretungen von Unserer Seite gegen Unsern Willen kann keine Frage seyn; auf der Integrität des Königreichs ist unabweichlich zu beharren.

Die mündlichen Versicherungen des Kaisers von Rußland, und die mit den drey Kaisers- und Königs-Höfen abgeschlossenen Staats Verträge setzen Uns gegen so geartete Zudringlichkeiten in Sicherheit; sollten jedoch Anträge in dieser Beziehung geschehen, so versteht sich's von selbst, daß der Gesandte ohne Verzug allerunterthänigst berichte, die Anträge selbst aber nicht angenommen werden, bis die Entschädigungs-Objecte nach den Planen und Unserer Staats-Convenienz ausgemittelt und bestimmt sind.

Der einzige Hof, zu dem Wir Uns so gearteter Anträge und Zudringlichkeiten versehen können, ist der Königlich Bayersche.

Dieser ist seiner geographischen Lage nach, im gelindesten Ausdruck, der Rival Württembergs, und wird vielleicht bey seiner Entschädigung für die Abtretungen an Österreich auf Ausrundung seines Reichs mit dem zu Erweiterung des Handels in die Schweitz führenden Theile Unserer Staaten gegen den Bodensee hin den Bedacht nehmen.

Obgleich dies nur Vermuthung von Unserer Seite ist, so ist doch der Gegenstand von der Wichtigkeit, daß Wir nicht umhin können, dem Gesandten aufzugeben, die Bayerschen Negotiationen, so viel möglich nicht aus dem Auge zu lassen.

§ 12

Was den andern Gegenstand der Verhandlungen auf dem Congresse, die Bestimmung des Föderativ Verbands betrifft: so beschränkt sich vor der Hand Unsere Allerhöchste Weisung dahin, daß sich der Gesandte angelegen seyn lasse, die Gesinnungen und Absichten der vier zuerst alliirten Mächte zu erfahren, und Uns von solchen mittelst allerunterthänigsten Berichts in Kenntniß zu setzen.

Dieser Gegenstand ist übrigens mit dem erstern für Uns von gleicher Wichtigkeit.

Aus Unsern in den Händen des Staats Secrétaire und Gesandten befindlichen Observations sur le traité de paix zum sechsten Artickel wird er sich von den weitaussehenden nachtheiligen Wirkungen und Folgen überzeugen, welche ein solches Föderativ Band (im Sinne Österreichs geknüpft) für Uns als Allerhöchsten Souverain Teutschlands haben könnte.

Unsere durch mehrere feyerliche Friedens Schlüsse von dem Jahr 1805, 1807 und 1809 festgestellte und durch die neuesten Staats Verträge und mündliche Versicherungen anerkannte und bestättigte Souverainetät,[8] zu deren Aufrechthaltung Wir sogar den grossen Kampf mitkämpften, würde Gefahr laufen, und Wir und Unser Reich würden die Nachtheile der erloschenen Rheinischen Conföderation wieder zu befahren haben, ohne Uns der Vortheile derselben als Schadloshaltung erfreuen zu können.

Der Gesandte wird die angezeigte „Observations" und das Projet de traité,[9] welches ebenfalls in seiner Hand ist, mit Bedacht durchlesen und sich ganz eigen machen, indem beyde Actenstücke Unsere Ansicht, die Wir von diesem

[8] Der Fuldaer Präliminarbündnisvertrag zwischen Österreich und Württemberg vom 2. 11. 1813 bestimmte in den geheimen Separatartikeln I–III:

„Artikel I. Die beiden Hohen vertragschließenden Parteien betrachten die Auflösung des Rheinbundes als eines der Hauptziele ihrer Anstrengungen im gegenwärtigen Krieg; Seine Majestät der König von Württemberg, befreit von jeder fremden verfassungsmäßigen Bindung, wird sich infolgedessen seiner vollen Souveränität unter der Garantie der politischen Beziehungen erfreuen, die sich aus den in der künftigen Friedenszeit zu treffenden Regelungen für die Wiederherstellung und Sicherung der Unabhängigkeit und Freiheit Deutschlands ergeben sollen.

Artikel II. Seine Majestät der König von Württemberg wird sich zu allen Abtretungen bereit finden, die man für notwendig halten wird, um das im vorhergehenden Artikel genannte Ziel zu erreichen und um in einer diesem Ziel entsprechenden Art geographische, militärische und politische Beziehungen zwischen den deutschen Staaten herzustellen. Seine Majestät der Kaiser von Österreich gibt Seiner Majestät dem König von Württemberg nichtsdestoweniger die förmliche Garantie, daß diese Abtretungen oder Veränderungen sich keinesfalls auf alte württembergische Besitzungen erstrecken können.

Artikel III. Seine Majestät der Kaiser von Österreich verpflichtet sich wiederum seinerseits und gemeinsam mit seinen Verbündeten, Seiner Majestät dem König von Württemberg für die Abtretungen, die er möglicherweise zu machen hätte, eine so vollständige Entschädigung zu verschaffen, wie es die Masse der beim Friedensschluß verfügbaren Objekte erlaubt und die der gegenwärtigen Ausdehnung *[dimensions]* des Königreichs möglichst nahe liegt. Diese Entschädigung wird soweit wie möglich der Konvenienz des Königreichs Württemberg entsprechend und auf solche Art festgelegt werden, daß sie ein vollkommen zusammenhängendes und ununterbrochenes Ganzes mit ihm bilden wird."

CTS, 62 S. 471 f. (Übers. d. Hrsg. aus d. Franz.)

[9] Projekt für einen Bündnisvertrag zwischen dem Kaiser von Rußland und den deutschen Fürsten, Pfister, S. 303.

wichtigen Gegenstand haben, erschöpfen, und bey Bildung eines solchen Verbandes ihm zum Leitfaden seiner Unterhandlungen dienen müssen.

Wir sind vollkommen überzeugt, daß die allerhöchsten Souverains Teutschlands außer Stande sind, einzeln dem gemeinschaftlichen Feinde Widerstand zu leisten; in ihrer Eintracht und engern Verbindung (im Bunde gegen solchen) finden sie allein ihre Rettung; aber dieser Bund muß unbeschadet ihrer Souverainetäts-Rechte, ihrer unbedingten und unbeschränkten Unabhängigkeit und Selbstständigkeit geschlossen werden.

Auch über diesen Punct findet der Gesandte Unsere Ideen in den angezeigten Observations sur le traité und dem Extrait de l'instruction secrète pour le Comte de Wintzingeroda *[!]*, comme Envoyé extraordinaire près l'Empereur de Russie du 20. Juillet, welche sich auf das angeführte Projet de traité bezieht, näher entwickelt. Wir verweisen ihn auf solche und hegen zu ihm das Vertrauen, daß er sich alle Mühe geben werde, um diesen Gegenstand, gleich dem vorhergehenden nach Unsern Wünschen, die er in diesen Actenstücken ausgedrückt findet, zu leiten und zu beendigen. Jedoch wollen Wir in dem Projet de traité (jedoch nur im äussersten Falle) geschehen lassen, daß der Artickel, „keine Verbündete aufzunehmen, die eine Population von mehr als fünf Millionen haben" weggelassen werde.

§ 13

Schließlich geben Wir dem Gesandten noch zu erkennen, daß Wir Uns selbst in Allerhöchster Person nach Wien zu begeben gesonnen sind, und derselbe in diesem Falle täglich und stündlich Uns über den Gang des Geschäfts allerunterthänigst in Kenntniß zu setzen hat. Sollten Wir vor Beendigung des Congresses Uns wieder von Wien in Unsere Königliche Residenz zurückbegeben, so werden Wir ihn ferner allergnädigst verbescheiden.[10] An diesem vollziehet derselbe Unsern Königlichen Willen, und bleiben Wir ihm mit Königlicher Huld und Gnade wohl beygethan.

Urkundlich Unserer Allerhöchster Unterschrift und beygedruckten königlichen Innsiegel. So geschehen Ludwigsburg, den 2. September 1814.

Fridrich

L. S.

Ad Mandatum Sacrae
Regiae Majestatis proprium.
Minister Staatssecretaire

Graf von Mandelsloh

v. Vellnagel

[10] Vgl. Nr. 84 S. 385.

14. Instruktion Ludwigs XVIII. für seine Gesandten beim Wiener Kongreß

Zusammensetzung und Organisation des Kongresses (S. 121). Das öffentliche Recht Europas (S. 122). Aufgaben des Kongresses (S. 128). Methoden der Entscheidungsfindung (S. 132). Die französischen Interessen auf dem Kongreß (S. 134): Das europäische Gleichgewicht (S. 134), die italienischen Fragen (S. 135), Preußen und Deutschland (S. 137), die sächsische Frage (S. 138), der Deutsche Bund (S. 139), die polnische Frage (S. 140), die Ionischen Inseln (S. 141), der Johanniterorden (S. 141), Dotationen französischer Privatleute (S. 142), die Abschaffung des Sklavenhandels (S. 142), die Hauptforderungen Frankreichs (S. 143).[1]

Talleyrand, Memoiren II S. 164–198.[2]
Franz. Text: Talleyrand, Mémoires II S. 214–254; ferner Angeberg, I S. 215–238.

Paris, 10. September 1814[3]

Keine mit irgend welcher Machtvollkommenheit ausgerüstete Versammlung kann gültige Handlungen vornehmen, bevor sie nicht selbst gesetzmäßig konstituiert ist, so daß also keiner, der das Recht hat, ihr beizuwohnen, davon ausgeschlossen ist und ebensowenig jemand zugelassen wird, der dies Recht nicht besitzt. Sie muß ferner sich genau in den Grenzen ihrer Kompetenz halten und in ihren Verhandlungen sich nach den ihr erteilten Vorschriften, oder, in Ermangelung derselben, nach den Regeln richten, die sich aus dem Zweck der Versammlung und aus der Natur der Sache ergeben. Es ist ferner erforderlich, daß eine strenge Geschäftsordnung die Reihenfolge der einzelnen Gegenstände genau bestimme, da eine untergeordnete Frage nicht vor der Hauptfrage besprochen und entschieden werden darf. Endlich würden die meist berechtigten und weisesten Beschlüsse vergeblich und ohne allen Nutzen sein, wenn sie sich als unausführbar und daher als zwecklos herausstellten.

Es ist also vor allem nötig, daß der Kongreß zunächst feststelle:

1. welche Staaten ihre Bevollmächtigten dahin zu senden haben;
2. welche Gegenstände dort geordnet werden sollen oder können;
3. wie dies geschehen soll, ob durch Entscheidung nach Stimmenmehrheit, oder durch Schiedsspruch, oder durch Unterhandlungen, oder aber durch gleichzeitige Anwendung mehrerer dieser Wege, unter Bezeichnung der Fälle, in denen das eine oder das andere stattzufinden hat;
4. im Falle die Entscheidung nach Stimmenmehrheit beliebt wird, wie es mit der Abstimmung gehalten werden soll;

[1] Analyse der Instruktion bei Dupuis, II S. 333–368; Ferrero, S. 154–159.
[2] Die Anmerkungen 4–22 entstammen der Druckvorlage.
[3] Abweichend von der Datierung der Vorlage (August 1814) wurde hier die Datierung des Reinkonzepts übernommen. Griewank, Wiener Kongreß, S. 104 Anm. 117.

5. die Reihenfolge der zu verhandelnden Gegenstände;
6. die den Entscheidungen zu gebende Form;
7. die Art und Weise, sowie die Mittel zur Ausführung der Beschlüsse, insofern sich Hindernisse entgegenstellen sollten.

Der Artikel XXXII des Vertrags vom 30. Mai bestimmt, daß der Kongreß ein allgemeiner sein soll, und es haben daher alle durch den genannten Vertrag beteiligten Mächte ihre Vertreter zu senden. Wenngleich die Bezeichnung „Mächte“ etwas unbestimmt gehalten ist, so kann es sich doch hierbei nicht um die durch größere oder geringere Stärke bedingte Machtstellung der einzelnen Staaten handeln, sondern es ist darunter unstreitig die Gesamtheit aller derjenigen Staaten zu verstehen, welche an dem Kriege beteiligt waren. Wenn man also die Türkei und die Schweiz ausnimmt (denn die Republik San-Marino kann nicht wohl in Betracht kommen), so gehören dazu die sämtlichen großen und kleinen Staaten Europas, und das Recht, auch der kleinsten, ergiebt sich aus dem Wortlaut des Vertrags vom 30. Mai. Frankreich wollte sie nicht ausschließen, und die übrigen Vertragsmächte durften es nicht, da sie für dieselben und in deren Namen mitkontrahiert haben. Die kleinsten Staatsverbände, die man wohl am ersten hätte ausschließen mögen, sind übrigens fast alle in Deutschland. Dieses Reich aber soll einen Bundestaat bilden, dessen Mitglieder jene Kleinstaaten sind; sie haben daher an dessen Organisation das größte Interesse. Der Kongreß wird sich mit dieser Organisation zu beschäftigen haben; man kann sie mithin nicht ausschließen, ohne ihre im Artikel VI des Vertrags anerkannte Unabhängigkeit zu verletzen.

Zu diesen Motiven der Gerechtigkeit tritt aber noch für Frankreich ein Nützlichkeitsgrund hinzu; denn das Interesse der Kleinstaaten ist auch das seinige. Manche derselben werden das Bestreben nach einer Gebietserweiterung zeigen: gut, sie mögen sich vergrößern, denn um soviel mehr wird dadurch das Wachstum der Großmächte wirksam verhindert. Unsere Politik muß sein; die erstgenannten in jeder Beziehung zu begünstigen, und dies wird uns am besten gelingen, wenn sie auf dem Kongreß vertreten sind. Wir gewinnen aber auch durch diese Unterstützung der Kleinstaaten mehr Einfluß auf dieselben, und es kann uns daher durchaus nicht gleichgültig sein, ob ihre Stimmen mitgezählt werden oder nicht.

Die Gesandten des Königs werden demnach vorkommenden Falls darauf bestehen, daß die Vertreter der Kleinstaaten gehört werden.

Die Völker Europas leben untereinander nicht allein nach dem moralischen oder nach dem Naturgesetz; es giebt noch ein anderes, von ihnen selbst gegebenes Gesetz, das dem ersteren die ihm fehlende Bestätigung verleiht, nämlich ein durch gegenseitige ausdrückliche, oder stillschweigende Übereinkunft, durch langjährigen allgemeinen Gebrauch festbegründetes Gesetz: das öffentliche Recht.

In diesem Recht giebt es zwei politische Grundregeln: die erste, daß die Landeshoheit *[souveraineté]* nicht durch die einfache Thatsache der Eroberung erworben werden kann, sofern der besiegte Herrscher sie nicht an den Eroberer überträgt; und die zweite, daß eine Landeshoheit, also auch das Recht, das den Besitz derselben voraussetzt, für die übrigen Staaten nicht existiert, solange sie dieselben nicht anerkannt haben.

Immerhin wird die Übertragung nur dann möglich sein, wenn das eroberte Land einen Herrscher hat, und dieselbe kann, wie aus dem ersten obenangeführten Rechtsgrundsatze folgt, durch nichts ersetzt oder ergänzt werden.

Aber ein erobertes Land kann auch in der Lage sein, keinen Souverän zu besitzen, sei es, weil dieser für sich und seine Erben auf sein Recht einfach verzichtet hat, ohne es zu übertragen, sei es, weil das regierende Haus ausgestorben ist, ohne einen rechtmäßigen Nachfolger zu ernennen. In einer Republik aber hört der Träger der obersten Staatsgewalt unmittelbar nach der Eroberung auf, als solcher fortzuleben, weil die Freiheit eine notwendige Bedingung seiner Existenz bildet.

In diesem Falle ist die Übertragung der Landeshoheit unmöglich.

Folgt nun hieraus, daß alsdann das Recht der Eroberung sich ins unbestimmte verlängern, oder sich von selbst in eine rechtmäßige Herrschaft umwandeln darf? Keineswegs.

Die Souveränität ist in der Völkergemeinschaft von Europa dasselbe, was der Privatbesitz in der bürgerlichen Gesellschaft bedeutet. Ein erobertes Land ohne Herrscher, gleichwie ein Besitztum ohne Herrn, bilden vakante Güter, aber auch gleichzeitig Teile eines nicht vakanten Gebiets, bleiben also auch den in diesem Gebiet geltenden Gesetzen unterworfen und können folgerichtig nur auf Grund dieses Gesetzes erworben werden. Bei dem Privatbesitz tritt in solchem Falle das öffentliche Recht des betreffenden Landes, bei einem Staate tritt das allgemeine Völkerrecht ein. Ist also die Übertragung durch den Herrscher selbst unmöglich, so muß sie unter allen Umständen ergänzt werden, und das kann nur durch die Bestätigung von seiten Europas geschehen.

Ein Souverän, dessen Staaten der Eroberung anheimgefallen sind, hört (wenn er eine leibliche Person ist) durchaus nicht auf, Herrscher zu sein, sofern er nicht sein Recht übertragen oder darauf verzichtet hat. Er verliert vielmehr durch die Eroberung nur den faktischen Besitz und bleibt zu jeder Handlung berechtigt, die nicht diesen Besitzstand voraussetzt. In erster Linie gehört hierzu das Recht, Abgeordnete zu dem Kongreß zu senden.

Der König von Sachsen und der Fürst-Primas, als legitimer Souverän von Aschaffenburg,[4] erscheinen demnach dazu vollkommen berechtigt, und es ist

[4] Der Fürst-Primas war bei Gelegenheit der Errichtung des Rheinbundes vom Kaiser zum souveränen Fürsten von Aschaffenburg, Frankfurt und Wetzlar ernannt worden.

notwendig, daß sie dieses Recht ausüben. Denn es ist mehr als wahrscheinlich, daß man über ihre Gebiete ganz oder teilweise zu Gunsten anderer wird verfügen wollen, und da dürfte es erforderlich sein, daß ein mit ihren Vollmachten versehener Vertreter zugegen wäre, um die Übertragung oder Verzichtleistung in ihrem Namen auszusprechen. Und da ein drittes Grundprincip des europäischen öffentlichen Rechts bestimmt, daß jede Übertragung oder Verzichtleistung keine Gültigkeit habe, wenn der betreffende Souverän sich nicht in Freiheit befinde, so werden die Gesandten des Königs dahin wirken, daß irgend ein Bevollmächtigter, auf den obigen Rechtsgrundsatz fußend, den Antrag stelle, dem König von Sachsen möge unverzüglich gestattet werden, seinen Aufenthalt an irgend einem ihm geeignet scheinenden neutralen Orte zu nehmen. Diesen Antrag sollten die Gesandten unterstützen, gegebenen Falls aber selbst stellen.

Der Herzog von Oldenburg[5], der Herzog von Arenberg[6], sowie die Fürsten von Salm[7] besaßen mit Souveränitätsrechten Länder, die im tiefsten Frieden in Beschlag genommen wurden von demjenigen, der sich ihren Beschützer nannte und es auch sein sollte. Eine Abtretung derselben von seiten der genannten Fürsten hat nie stattgefunden. Die Verbündeten scheinen bisher die Rechte der Häuser Arenberg und Salm nicht anerkannt zu haben; aber diese Rechte bestehen ebensowohl, wie diejenigen des Fürsten von Isenburg, welcher, fern von der Heimat und im Dienste Frankreichs, dennoch als Feind behandelt wurde, und dessen Staaten der Eroberung anheimfielen.

[5] Das Herzogtum Oldenburg war von Napoleon am 13. Dezember 1806 annektiert, aber nach dem Frieden von Tilsit wieder freigegeben worden, mußte jedoch dem Rheinbunde beitreten.

[6] Das Gebiet der Herzöge von Arenberg war durch den Frieden von Lunéville teilweise mit Frankreich vereinigt worden. Als Ersatz hatten sie dafür die Grafschaft Meppen und die Feste Recklinghausen erhalten. I. J. 1803 dankte der regierende Herzog, Ludwig Engelbert, zu Gunsten seines Sohnes Prosper Ludwig ab. Dieser wurde i. J. 1806 Senator des französischen Kaiserreichs, trat i. J. 1807 dem Rheinbunde bei und errichtete i. J. 1808 ein Regiment Chasseurs, mit welchem er nach Spanien geschickt wurde, wo er in englische Gefangenschaft geriet. I. J. 1810 verfügte Napoleon über seine Staaten, die teils mit Frankreich vereinigt, teils zum Großherzogtum Berg geschlagen wurden, und i. J. 1815 wurde das Gebiet des Herzogs von Arenberg den Kronen Hannover und Preußen zugeteilt, er selbst ward Mitglied der Ersten Kammer von Hannover.

[7] Konstantin Alexander, Fürst von Salm-Salm und Friedrich IV., Fürst von Salm-Kyrburg. Das Fürstentum Salm wurde i. J. 1802 mit Frankreich vereinigt. Der Fürst von Salm-Kyrburg, der damals als Kavallerie-Offizier in der französischen Armee diente, erhielt als Ersatz *[Teile des Bistums]* Münster, und trat dem Rheinbunde bei. I. J. 1812 annektierte Napoleon dieses Gebiet gegen eine Rente von 400000 Franken, die dem Fürsten ausgezahlt wurde, und i. J. 1814 erfolgte die Vereinigung des früheren Fürstentums mit Preußen.

Die Fürsten und Grafen hingegen des ehemaligen Deutschen Reichs, die zu Unterthanen der Mitglieder des Rheinbundes geworden, können nicht als außer Besitz gesetzte Herrscher betrachtet werden, da sie schon früher nicht mehr regierten, sondern einfach Vasallen und Unterthanen von Kaiser und Reich geworden waren, welch letzteres die Oberhoheitsrechte auf die neuen Herren übertragen hatte. Die von ihnen etwa zu machenden Versuche, als depossedierte Souveräne aufzutreten, sind, selbst wenn sie von einigen Mächten unterstützt werden sollten, als unberechtigt zurückzuweisen. Die geringste Zögerung in dieser Beziehung würde genügen, um ganz Süddeutschland in Aufregung zu versetzen.

Der Johanniterorden von Jerusalem könnte möglicherweise den Kongreß beschicken wollen; da aber sein ganzes Besitztum sich auf die Insel Malta und deren Pertinentien beschränkte, die er abgetreten hatte, so daß demnach dort ebensowenig ein Herrscher ohne Land, wie ein Besitztum ohne Eigentümer besteht, so hat er aufgehört, Souverän zu sein, und kann es nur durch Erwerb eines Ländergebiets wieder werden.

Die Kurfürsten von Hannover und Hessen, der Herzog von Nassau-Oranien, als deutscher Fürst, die Herzöge von Braunschweig [8] und Oldenburg, die sämtlich nach Auflösung des Deutschen Reichs unabhängig wurden und ihre Länder verloren, treten wieder in den vollen Besitz derselben ein. Das Gleiche gilt von den Freien und Hansestädten Lübeck, Bremen und Hamburg, von Genua, Lucca und Ragusa, die alle dem Eroberer in die Hände fielen und jetzt wieder frei und unabhängig geworden sind.

Diejenigen Staaten, welche keine fremde Macht besetzt hält, sind wieder zu dem geworden, was sie früher waren, und dürfen ihre Minister zum Kongreß senden; die anderen nicht.

Genf hat seine frühere Freiheit zurückerhalten, war aber als Staat nicht am letzten Kriege beteiligt; es macht daher nur einen Teil des ebenfalls nicht in den Krieg verwickelten Schweizerbundes aus.

Die Insel Elba ist erst seit Beendigung des Krieges zu einem besonderen unabhängigen Staat erhoben worden.[9]

Was die Eroberung nicht einem Einzelnen geben kann, darf sie auch nicht an verschiedene verschenken. Wenn daher mehrere Miteroberer sich gegenseitig

[8] Friedrich Wilhelm, Herzog von Braunschweig-Oels, geb. i. J. 1771, war i. J. 1806 seinem Vater in der Regierung gefolgt; aber der Friede von Tilsit nahm ihm sein Land, um das Königreich Westfalen zu vergrößern. Nach vergeblichen Anstrengungen, sein väterliches Erbe wieder zu erobern, flüchtete er nach England, griff i. J. 1813 wieder zu den Waffen, wurde am 22. Dezember desselben Jahres in seine Staaten wieder eingesetzt, starb aber den Heldentod bei Waterloo.

[9] Napoleon war als souveräner Herrscher der Insel Elba anerkannt worden.

die Souveränität über ihren neuen Erwerb schenken, so vollziehen sie einen Akt, den das öffentliche Recht nicht anerkennt.

Der Prinz von Oranien hatte alle seine Rechte auf Holland an Frankreich abgetreten; aber der Pariser Vertrag vom 30. Mai, der von den acht Hauptmächten Europas vollzogen und im Namen aller Mächte abgeschlossen worden ist, giebt ihnen sein Land zurück (Art. VI d. offen. Vertr.).

Derselbe Vertrag bestimmt, daß dem König von Sardinien seine ehemaligen Staaten, von denen er nur einen Teil abgetreten hatte, zurückgegeben werden (Art. II d. geheim. Vertr.); ferner, daß Österreich jenseits der Alpen den Po, den Lago-Maggiore und Tessin als Grenzen erhalten soll, wodurch es diejenigen Länder zurückerlangen wird, die ihm früher gehörten, und die es in Italien und am Adriatischen Meer abgetreten hatte (Art. VI d. offen. Vertr. und Art. II d. geheim. Vertr.).

Der Prinz von Oranien hat demnach ein wirkliches legitimes Recht und der König von Sardinien, sowie Österreich ein nahezu gleiches Anrecht auf die Oberhoheit über diejenigen Länder, die sie seiner Zeit abgetreten hatten.

Dagegen hat der Vertrag an Preußen keines der Länder zurückgegeben, die es zu verschiedenen Zeiten diesseits der Elbe abgetreten hat. Über diese Ländereien mangelt ihm daher jedes Recht der Souveränität, mit Ausnahme des Fürstentums Neufchâtel, in Bezug auf welches der letzte legitime Eigentümer[10] mit ihm eine Vereinbarung getroffen hat, die man als eine Cession ansehen darf.

Der Vertrag hat Toscana und Modena den Erzherzögen Ferdinand[11] und Franz[12] nicht zurückgegeben; letztere können demnach nicht als deren legitime Herrscher angesehen werden.

Ein Fürst, der sich die Hoheitsrechte über ein erobertes Land beilegt, ohne

[10] Der Marschall Berthier.

[11] Ferdinand, Erzherzog von Österreich, Sohn des Kaisers Leopold und der Infantin Marie Ludovika von Spanien, wurde i. J. 1791 Großherzog von Toscana. Er behielt seine Staaten bis i. J. 1799, wurde dann depossediert und gelangte in demselben Jahre auf kurze Zeit wieder zur Regierung. Aber der Sieg von Marengo entriß ihm von neuem seine Länder, die i. J. 1801 in das Königreich Etrurien umgewandelt und dem Herzog Ludwig von Parma gegeben wurden. Ferdinand zog sich nach Wien zurück, erhielt i. J. 1803 das Erzbistum Salzburg mit dem Titel eines Kurfürsten, i. J. 1805 das Bistum Würzburg und trat i. J. 1806 dem Rheinbund mit dem Titel eines Großherzogs bei. Ferdinand kehrte i. J. 1814 nach Toscana zurück und regierte bis i. J. 1824.

[12] Franz IV., ein Sohn des Erzherzogs Ferdinand, hatte durch seine Mutter Anwartschaft auf das Herzogtum Modena, das aber der cisalpinischen Republik einverleibt wurde. Erst i. J. 1814 gelangte er zu seinem Recht und starb als Herzog von Modena i. J. 1846. Eine seiner Töchter, die Prinzessin Maria Theresia, vermählte sich mit dem Grafen von Chambord.

daß ihm dasselbe abgetreten wurde, ist ein Usurpator. Hat dies Land ihm vorher angehört, und war es vakant, so stellt sich zwar die widerrechtliche Anmaßung als weniger verwerflich dar, jedoch kann sie niemals legitime Rechte verleihen.

Das Herzogtum Modena wurde bereits vor dem Kriege abgetreten und ist zum integrierenden Teil eines anderen Staates geworden; es war daher nicht am Kriege beteiligt und würde, selbst wenn es gegenwärtig einen legitimen Herrscher besäße, auf dem Kongreß nicht vertreten sein dürfen.

Das Herzogtum Parma, ebenfalls abgetreten, hatte gleichermaßen schon vor dem Kriege aufgehört, einen Staat für sich zu bilden und ist erst nach dem beendeten Kriege wieder ein Staat geworden.[13]

Toscana ist durchaus kein vakantes Land, obschon Frankreich bei dessen Abtretung darauf verzichtet hat, weil die dabei stipulierte Bedingung: ein bestimmtes Äquivalent dafür zu liefern, niemals erfüllt wurde. Aus diesem Grunde ist die Königin von Etrurien in Besitz der Souveränitätsrechte über dieses Land gelangt.[14]

Auch das legitimste Recht kann angefochten werden. In solchem Falle bleibt dieses solange zweifelhaft, bis die Meinungsverschiedenheit beigelegt ist. Ein Souverän, der als solcher nur von einigen Staaten anerkannt ist, kann in einer von allen beschickten Versammlung keine Rechte ausüben auf Grund eines Titels, den nicht alle anerkennen.

Ferdinand IV. kann daher nur in seiner Eigenschaft als König von Sicilien auf dem Kongreß vertreten sein; damit ist zugleich ausgesprochen, daß der jetzige Regent von Neapel keine Gesandten dort haben darf.

Aus dem Vorgesagten kann folgende allgemeine Regel als Richtschnur abgeleitet werden. Jeder Fürst, der auf Staaten, die in den letzten Krieg verwickelt waren, ein allgemein anerkanntes und nicht abgetretenes Souveränitätsrecht besitzt (mögen diese Staaten erobert worden sein oder nicht), ferner jeder Staat, den der Krieg frei gefunden hat, und der sich gegenwärtig in Freiheit befindet, darf einen Bevollmächtigten zum Kongreß senden; alle übrigen Fürsten und Staaten nicht.

Die Gesandten des Königs von Frankreich werden sich nach diesem Ausspruch richten und ihm Geltung verschaffen.

[13] Das Herzogtum Parma war i. J. 1802 mit der cisalpinischen Republik vereinigt worden. Unter dem Kaiserreich wurde es zu Frankreich geschlagen und bildete das Departement Taro-del-Parma.

[14] Man erinnert sich, daß der geheime Vertrag von Fontainebleau vom 27. Oktober 1807 der Königin-Regentin von Etrurien, als Entschädigung für ihre italienischen Staaten, das Königreich Lusitanien verhieß, das man aus einem Teile Portugals bilden wollte. Diese Verpflichtung ist aber nie gehalten worden.

Der Vertrag vom 30. Mai bezeichnet als vom Kongreß zu regelnde Gegenstände nur die folgenden:

1. Verfügung über die Länder zu treffen, auf welche Frankreich Verzicht geleistet hat (Art. I d. geheim. Vertr.).

2. Anordnungen und Bestimmungen, durch welche sich das System eines wirklichen und dauerhaften europäischen Gleichgewichtes erreichen läßt (ders. Art.).

3. Die Organisation des Deutschen Bundestaates (Art. VI d. offen. Vertr.).

4. Die Gewährleistung der Organisation, welche die Schweiz sich seit Abschluß des Vertrages gegeben hat, oder noch geben wird (Art. II d. geheim. Vertr.).

5. Die von den Uferstaaten des Rheins zu erhebenden Schiffahrts-Abgaben (Art. V d. offen. Vertr.).

6. Ähnliche Bestimmungen, wenn thunlich, für die Flüsse, welche ihren Lauf durch verschiedene Gebiete nehmen, oder die Grenze zwischen zwei Staaten bilden (ders. Art.).

7. Die allgemeine Abschaffung des Sklavenhandels (Vertr. mit England, Zusatz-Art. I).

Aber die Ländergebiete, auf welche Frankreich Verzicht geleistet, sind nicht die einzigen, auf welche die Beratungen sich zu erstrecken haben. Letzteres gilt auch von all den Besitzungen, deren Eigentümer Napoleon nicht in seiner Eigenschaft als Oberhaupt von Frankreich, sondern auf Grund eines anderen Rechtstitels war, oder die den Mitgliedern seiner Familie gehörten, auf welche er aber für sich und für diese verzichtet hat.

Außer den vorbezeichneten giebt es noch viele Ländergebiete, die als erobert anzusehen sind, und über deren Schicksal der Kongreß ebenfalls zu entscheiden haben wird, um ein Gleichgewicht in Gebiet und Macht herzustellen, ein Punkt, der das Endziel aller Verhandlungen bilden muß. Bei letzteren darf namentlich die Regelung der Thronfolge in jedem einzelnen Staate nicht außer acht gelassen werden, namentlich wenn ein Staat, bei dem dieselbe zweifelhaft erscheint, vergrößert werden soll. Denn, was man den jetzigen Throninhabern zulegt, das legt man auch ihren Nachfolgern zu, und da muß man doch wissen, gegen wen man freigebig ist. Ist das Recht der Thronfolge nicht fest bestimmt, so entstehen aus dieser Unsicherheit fast immer äußere oder innere Kriege; es ist daher in diesem Punkte jede Ungewißheit zu beseitigen.

Der König von Sardinien führte unter seinen Titeln auch den eines Fürsten und Verwesers des Heiligen Römischen Reiches; Savoyen, Montferrat[15] und

[15] Montferrat war ein ehemaliges Herzogtum zwischen Piemont und der Republik Genua, mit der Hauptstadt Casale. Dieser Staat wurde 1708 durch den Deutschen Kaiser dem Königreich Sardinien verliehen, und seitdem nannten sich die Könige von Sardinien

einige Distrikte von Piemont bildeten Lehen desselben. Dort war also das Recht der Thronfolge bereits durch kaiserliches Gesetz geregelt, und dieses schloß die weibliche Erbfolge für immer aus.

Seine übrigen Staaten besaß aber der König von Sardinien als unabhängiger Fürst. Dort konnte also das Recht der Thronfolge nicht durch kaiserliche Gesetze geregelt werden. Vielmehr richtete sich in diesen Landesteilen die Erbfolge nach einem eigens für besondere Fälle erlassenen Gesetz, das allerdings bisher noch nicht zur Anwendung kommen konnte, weil noch kein solcher besonderer Fall eingetreten war. Dadurch aber, daß das Haus Savoyen sich inzwischen in zwei Linien geteilt hat, von denen die regierende nur weibliche Mitglieder aufweist, ist jetzt ein derartiger Fall allerdings vorhanden, der, wenn er auch noch der Zukunft angehört, doch in so naher Aussicht steht, daß er bereits für Europa und den Kongreß als aktuell gelten darf. Die regierende Linie zählt nämlich nur drei Fürsten, alle schon in vorgerücktem Alter: den früheren König, der Witwer ist,[16] den jetzigen König, der nur Töchter hat[17] und den Herzog von Genua,[18] der bereits seit sieben Jahren vermählt, aber ohne Nachkommen geblieben ist.

In richtiger Erkenntnis des Übelstandes, daß die Teilung der Länder gewöhnlich den Verfall eines Herrscherhauses zur Folge hat, und nachdem Piemont bereits vier Jahrhunderte hindurch mit seinem Hause verbunden war, erklärte i. J. 1445 der Herzog Ludwig die Domäne Savoyen, d. h. allen seinen gegenwärtigen und zukünftigen Ländereibesitz, für ein unveräußerliches Gut. Seit jener Zeit hat der jedesmalige Thronerbe von Savoyen alle Landesteile seines Hauses in ungestörtem Besitz gehabt, was nicht der Fall hätte sein können, wäre für einzelne Teile eine anderweitige Erbfolge in Geltung gewesen. Aber von einer hierauf bezüglichen Verordnung findet sich nirgendwo eine Spur, und doch hätte eine so wichtige Urkunde nicht unbekannt bleiben können.

Man kann demnach wohl annehmen, daß es keine derartige Urkunde giebt, und daß also das gesamte Erbgut des Hauses Sardinien, nach dem bestehenden Erbfolge-Gesetz, von dem letzten Fürsten der regierenden Linie unmittelbar auf die der zweiten übergehen muß, mit anderen Worten, daß alle Besitzungen des Hauses Sardinien im Mannesstamm nach dem Recht der Erstgeburt und mit Ausschluß der Frauen erblich sind. Es würde sich dies im Grunde von selbst verstehen, wenn nicht Österreich, das entweder selbst, oder durch die

Vertreter (vicaire) des Kaisers, ein Titel, der dem Marquis von Montferrat bereits vom Kaiser Karl IV. gegeben worden war.

[16] Karl Emanuel, der i. J. 1802 abdankte. Er starb zu Rom i. J. 1819 als Jesuiten-Pater.

[17] Viktor Emanuel I., der Bruder des Vorstehenden.

[18] Karl Felix, geb. i. J. 1765, der Bruder der Vorigen, starb kinderlos i. J. 1831. Der Herzog von Carignan, Karl Albert, von der Seitenlinie, war sein Nachfolger.

Prinzen seines Hauses den ganzen Norden Italiens zu besitzen trachtet, ein Interesse hätte, dagegen Einwendungen zu machen. Die Heirat des Erzherzogs Franz mit der ältesten Tochter des Königs würde ihm hierzu einen willkommenen Vorwand liefern. Österreich könnte verlangen, daß den Ansprüchen, die der Erzherzog durch seine Gemahlin erheben sollte, die Qualifikation von Rechten gegeben würde, um sich selbst dadurch das Recht anzueignen, sie durch Waffengewalt zu behaupten. Angesichts der traurigen Folgen, die hieraus entstehen müßten, erscheint es als eine unerläßliche Pflicht, allen schlimmen Eventualitäten durch eine ausdrückliche Anerkennung der guten Rechte des Hauses Carignan vorzubeugen.[19]

Dasselbe Princip, welches jeden Rechtsgrund der Souveränität null und nichtig macht für die Staaten, die ihn nicht anerkennen, gilt für alle anderen Mittel, die Souveränität zu erlangen, also auch für die Gesetze der Erbfolge. Es ist bekannt, welches Unheil daraus entstand, daß der letzte Fürst jeder der beiden Linien des ersten Hauses Österreich (Karl II. durch sein Testament und Karl VI. durch die Pragmatische Sanktion) eine neue Thronfolge anordnete, statt derjenigen, die mit seiner Person ihr Ende erreichte. Von den einen anerkannt, von den anderen verworfen, wurde das neue Erbfolgegesetz der Gegenstand blutiger Streitigkeiten, die nicht eher zum Austrag kommen konnten, als bis sämtliche Staaten sich über das Recht bezüglich der neuen Verordnung vollständig geeinigt hatten.

Obschon zwischen zwei großen und um den Vorrang streitenden Mächten eingekeilt, hatte die Schweiz sich inmitten der gewaltigen europäischen Kriege einer stets von allen geachteten und für alle vorteilhaften Neutralität erfreut. Hierdurch wurde nicht allein der Kriegsschauplatz eingeschränkt, sondern Frankreich sah sich durch die Neutralität der Schweiz gerade an seinen am schwächsten besetzten Grenzen gedeckt. Sollte in Zukunft der Schweiz nicht die Freiheit ihrer Neutralität bleiben, so würde dadurch das europäische Gleichgewicht gestört und gefährdet sein. Der Vertrag vom 30. Mai spricht nur davon, daß die Regierungsform der Schweiz garantiert werden solle; es ist jedoch notwendig, daß man auch ihre künftige Neutralität verbürge.

Die Ottomanische Pforte ist in keiner Weise am letzten Kriege beteiligt gewesen; aber sie ist eine Macht, deren Erhaltung sehr zur Erhaltung des Gleichgewichts beiträgt. Es empfiehlt sich daher, daß ihr Fortbestehen ebenfalls garantiert werde.

Demnach wird der Kongreß folgende Punkte zu regeln haben:

[19] Das Haus Carignan stammt von dem i. J. 1630 verstorbenen Karl Emanuel, Herzog von Savoyen, und das damalige Haupt des Hauses war Karl Amadeo Albert, Prinz von Carignan, geb. i. J. 1798, Vetter des Königs Viktor Emanuel. Er wurde i. J. 1831, beim Tode des Königs Karl Felix, auf den Thron berufen.

1. Das Los der unter der Eroberung stehenden und nicht vakanten Staaten, welche in zwei Klassen zerfallen. Die erste Klasse begreift die Staaten, deren Hoheitsrechte mehreren zugleich zugesprochen werden, die also streitig sind. Hierzu gehören die Königreiche Neapel und Toscana. Die zweite Klasse umfaßt diejenigen Länder, deren Herrscher ihren Besitzstand verloren, ihn aber nicht abgetreten haben, und ohne daß ein anderer die Souveränität darüber beansprucht. Das Königreich Sachsen, das Herzogtum Warschau, die Provinzen des h. Stuhls an der Adria, die Fürstentümer Arenberg, Isenburg und Salm, nebst Aschaffenburg (sofern der Fürst-Primas nicht abgedankt hat) bilden die zweite Klasse.

2. Die ungewissen Thronfolgerechte.

3. Die Verfügung über diejenigen Staaten, auf welche die rechtmäßigen Besitzer verzichtet haben und über die kein gegenwärtiges Souveränitätsrecht irgend jemandem mit Zustimmung Europas übertragen worden ist.

Auch diese bilden zwei Klassen: die erste Klasse begreift diejenigen Souveräne, welche durch den Vertrag vom 30. Mai schon bestimmt bezeichnet sind, und zwar:

Der König von Sardinien, für den von ihm abgetretenen Teil seiner früheren Staaten, also Savoyen und die Grafschaft Nizza, sowie einen noch näher zu bestimmenden Teil des Staates Genua;

Österreich, für die illyrischen Provinzen und denjenigen Teil des Königreichs Italien links vom Po und westlich vom Lago-Maggiore und vom Tessin;

Holland, für ganz Belgien und einer auf dem linken Maasufer näher zu bestimmenden Grenze; endlich für

Preußen und andere deutsche Staaten, die nicht besonders genannt sind, als Ausgleich und zur Verteilung unter sich: die Länder zwischen der Maas, den französischen Grenzen und dem Rhein.

Zur zweiten Klasse gehören die übrigen nicht vakanten Länder, nämlich: Der nicht dem König von Sardinien zugedachte und noch unbestimmte Teil von Genua; der nicht für Österreich bestimmte Teil des vormaligen Königreichs Italien; Lucca, Piombino, die Ionischen Inseln, und ferner das Großherzogtum Berg, so, wie es vor dem 1. Januar 1811 bestand; Ostfriesland; alle ehemals preußischen Provinzen, die zum Königreich Westfalen gehörten; schließlich das Fürstentum Erfurt und die Stadt Danzig.

4. Das künftige Los der Insel Elba, welche nach Napoleons Tode ein vakantes Land wird.

5. Die Organisation des Deutschen Bundes.

Alle diese Angelegenheiten sind derart zu regeln, daß sich daraus ein thatsächliches Gleichgewicht ergiebt, bei dessen Herstellung die zukünftige Neutralität der Schweiz, sowie die garantierten europäischen Besitzungen der Ottomanischen Pforte mitzuberücksichtigen sind.

6. Die Erhebung von Zöllen für die Schiffahrt auf dem Rhein, der Schelde und den übrigen Flüssen, auf denen die Schiffahrt freizugeben wäre.

7. Die allgemeine Abschaffung des Sklavenhandels. Hier läßt sich weder sofort eine Verpflichtung festsetzen, noch ein irgend einem Staate zustehendes Recht ohne dessen Einwilligung aufheben.

In allen Fällen aber, in denen es sich um eine Entscheidung handelt, haben alle Mächte zusammen nicht mehr Gewicht, als eine einzelne; das Einverständnis des dabei interessierten Staates ist notwendig, die Entscheidung würde sonst ungerecht sein. Hier ist also nur der Weg der Unterhandlung zulässig.

Dagegen kann einzig und allein der Weg der Entscheidung eingeschlagen werden, sobald es sich, nach Feststellung der Kompetenz des Kongresses, darum handelt, streitige Souveränitätsrechte anzuerkennen, über herrenlose Länder zu verfügen, oder die Ausübung eines sonstigen Rechtes zu regeln, das mehreren Staaten gemeinsam zusteht, die indes dasselbe, und zwar durch förmliche Zustimmung, dem Interesse aller untergeordnet haben. Denn auf andere Weise als durch Entscheidung, würde nie eine Streitfrage erledigt werden können; nie würde ein vakantes Land aus diesem Zustand herauskommen, nie ein im Interesse aller zu regelndes Recht auszuüben sein.

Deshalb sind also:

1. das Los der streitigen Staaten,
2. die zweifelhaften Thronfolgerechte,
3. die Verfügung über vakante Staaten,
4. die Rheinschiffahrtszölle

auf dem Kongreß im Wege der Entscheidung so zu regeln, daß im ersten Falle das streitige Recht des einen der Streitenden einstimmig anerkannt wird. Im zweiten Falle muß die Entscheidung gleichfalls einstimmig sein; ebenso im dritten, hier jedoch mit Ausschluß der Mitbewerber, deren Stimmen nicht gezählt werden. Im vierten Falle genügt einfache Stimmenmehrheit.

Die übrigen Fragen können nur auf dem Wege der Unterhandlung erledigt werden, also:

Das Los der weder vakanten noch streitigen Länder, weil, wenn man anderweitig darüber verfügen wollte, statt sie ihren früheren Herren zurückzugeben, die Zustimmung der letzteren erforderlich wäre.

Die Organisation des Deutschen Bundes, weil dieselbe für die deutschen Staaten ein Gesetz bilden wird, das man ihnen nicht ohne ihre Einwilligung auferlegen kann.

Die Abschaffung des Sklavenhandels, weil diese Angelegenheit bisher dem europäischen Völkerrecht fremd war, das aber die Engländer jetzt zur Beratung vorlegen wollen.

Von ungefähr 170 Millionen Bewohnern des christlichen Europa gehören etwa zwei Drittel zu Frankreich und zu den sieben Vertragsmächten, die Hälfte des letzten Drittels zu den unter der Eroberung stehenden Ländern, die, weil sie nicht am Kriege teilgenommen, keine Minister auf dem Kongreß haben. Den Rest bildet die Bevölkerung von mehr als 40 Staaten, von denen einige kaum den hundertsten Teil des kleinsten von denjenigen ausmacht, die den Vertrag vom 30. Mai unterzeichnet haben; ja, wenn man sie alle zusammenfaßte, würde die Bevölkerungszahl noch lange nicht derjenigen einer der Großmächte Europas gleichkommen.

Welchen Anteil sollen nun diese Pygmäen an den Beratungen und an der Abstimmung haben? Etwa denselben wie die Großmächte? Das wäre gegen die Natur der Dinge. Sollen sie insgesamt nur Eine Stimme haben? Da würden sie nie zu einer Einigung gelangen. Oder sollen sie gar keine Stimme besitzen? Besser wäre es freilich, sie überhaupt nicht zuzulassen; aber wen soll man dann ausschließen? Die Minister des Papstes, von Sicilien, von Sardinien? Oder die von Holland, von Sachsen oder nur diejenigen, deren Souveräne keine gekrönten Häupter sind? Aber wer sollte dann im Namen der letzteren eine eventuelle Abtretung gültig bewirken? Und wer würde die Einwilligung derselben zu einer ihnen etwa aufzuerlegenden Verpflichtung erteilen? Man kann doch nicht selbständig über Staaten verfügen, wenn deren Besitzer sie nicht förmlich abtreten, so wenig, wie man ihre Zustimmung entbehren kann, wenn das Völkerrecht solche verlangt. Hätte Europa nur deshalb einen Kongreß zusammenberufen, um dieses Recht zu verletzen? Nein, hier kommt es darauf an, die Grundsätze dieses Rechts wieder zur Geltung zu bringen, die so lange durch eine Gewaltherrschaft mißachtet, und auf das schmählichste verletzt worden sind.

Ein einfaches Mittel, zugleich das Recht und die Billigkeit zu wahren, läge darin, den Anteil, den die Staaten dritten und vierten Ranges an den Verhandlungen zu nehmen hätten, nicht nach dem Maßstab ihrer Macht, sondern nach dem ihrer Interessen zu bestimmen.

Das allgemeine Gleichgewicht Europas kann nicht aus einzelnen Elementen hergestellt werden; es muß sich aus verschiedenen besonderen Gleichgewichts-Systemen aufbauen. So würden die kleinen und Mittelstaaten nur innerhalb der Interessensphäre ihres speciellen Systems an den Verhandlungen teilnehmen, also die italienischen Staaten nur an den Angelegenheiten Italiens, und die deutschen Staaten nur an denen Deutschlands, während die Großmächte einzig und allein da zu entscheiden hätten, wo es sich um das große Ganze handelt.

Die zweckmäßigste und natürlichste Reihenfolge, in welcher die verschiedenen Punkte zu verhandeln wären, dürfte die obenangeführte sein. Zunächst muß feststehen, was jeder besitzt, und was er behalten soll, um zu bemessen, ob und wieviel ihm noch zugelegt werden muß, wobei immer zu beachten bleibt, über wieviel man zu verfügen hat. Danach ist das Vorhandene richtig zu verteilen, um auf diese Weise den allgemeinen Besitzstand, die Grundbedingung jedes Gleichgewichts, festzustellen. Die Organisation des Deutschen Bundes kann erst später in Betracht gezogen werden; denn es ist nötig, daß sie der gegenseitigen Macht der deutschen Einzelstaaten entspreche und daß demgemäß diese Macht schon vorher fixiert werde. Schließlich müssen die Bürgschaften den Anordnungen, auf welche sie sich beziehen, folgen, und ihnen nicht vorangehen. Über alle Beratungen, Verhandlungen und Entscheidungen des Kongresses sind Protokolle zu führen.

Diese Entscheidungen sollen nur in der bei Verträgen gebräuchlichen Sprache abgefaßt sein.

Um das Königreich Neapel an Ferdinand IV. zurückzugeben, würde es genügen, wenn der Vertrag diesen Fürsten als König von Neapel anerkennt, oder ihm einfach den Titel beilegt:

„Se. Maj. Ferdinand IV., König von Neapel und Sicilien."

Ebenso würde, um das Recht des Hauses Carignan zu begründen, der Vertrag nur zu lauten haben: „Der etc. Teil des Staates Genua wird auf ewige Zeiten den Staaten Sr. Majestät des Königs von Sardinien einverleibt, und zwar, wie diese, zum vollen und ganzen souveränen Eigentum und erblich im Mannesstamm nach dem Rechte der Erstgeburt in den beiden Linien seines Hauses."

Was die Art und Weise, sowie die Mittel zur Ausführung betrifft, so genügt eine allgemeine Garantie der anerkannten Rechte, da sie die Garanten verpflichtet, dieselben aufrecht zu halten, und allen entgegenstehenden Ansprüchen jede Stütze benimmt.

Es erübrigt nun noch, die Gegenstände, welche dem Kongreß zu erledigen obliegen, vom Gesichtspunkte der französischen Interessen zu betrachten und zu zeigen, daß Frankreich in der glücklichen Lage ist, seinen Vorteil nur in der Gerechtigkeit zu suchen, welche allen zu gute kommen wird.

Eine absolute Gleichheit der Macht zwischen allen Staaten kann nicht existieren, ist aber auch für das politische Gleichgewicht nicht erforderlich; sie würde ihm vielmehr in gewisser Beziehung unbedingt schaden. Dieses Gleichgewicht besteht in einem gewissen Verhältnis zwischen den Widerstands- und Angriffskräften der beiderseitigen politischen Körperschaften. Bestände Europa aus Staaten, die unter sich ein derartiges Verhältnis hätten, daß das Minimum der Widerstandskraft des kleinsten gleich wäre dem Maximum der Angriffskraft des größten, so würde dies ein wirkliches, das heißt, aus der Natur der Dinge hervorgehendes Gleichgewicht darstellen. Aber so ist die Lage Europas durchaus nicht und kann es auch niemals werden. Neben großen Länderstrecken, die einer einzigen Macht gehören, finden sich Länder von gleicher oder weit geringerer Größe, die aber in eine Anzahl mehr oder minder großer

Staaten, oft von verschiedener Natur, geteilt sind. Dergleichen Staaten zu einem Bunde zu vereinigen, ist größtenteils unmöglich und wird es immer sein, weil man den also Verbündeten dieselbe Einheit des Willens und dieselbe Machtstellung nicht geben kann, wie wenn sie einen einzelnen Staatskörper bildeten. Sie können sich daher nur als unvollkommene Elemente der Bildung des allgemeinen Gleichgewichts zugesellen; sie haben als zusammengesetzte Körper ihr eigenes Gleichgewicht, das aber tausend Eventualitäten unterliegt, die notwendigerweise die großen Staatskörper nachteilig berühren müssen.

Bis zu jenen Ereignissen, welche die letzten Kriege veranlaßten, hat Frankreich das ganze vorige Jahrhundert hindurch eine konservative Politik befolgt, und der König will eine solche auch in Zukunft beobachten.

Wenn Österreich den Besitz von ganz Italien verlangen sollte, so würde sicherlich alle Welt ein solches Begehren exorbitant finden und das Aufgehen Italiens in Österreich als verhängnisvoll für die Unabhängigkeit und Sicherheit Europas betrachten. Man würde dadurch nur der Unabhängigkeit Italiens vorarbeiten, und dem Lande Gelegenheit geben, unter welchem Rechtstitel es auch immer mit Österreich verbunden wäre, sich von ihm loszureißen, und zwar in der allerkürzesten Zeit.

In welchen Zustand würde Italien geraten, wenn Österreich, dem jetzt als Grenzen der Po, der Lago-Maggiore und Tessin gegeben werden sollen, auch noch Modena, Parma, Piacenza und schließlich das Großherzogtum Toscana durch Prinzen seines Hauses besäße, wenn ferner das Recht der Erbfolge in dem Hause Sardinien zweifelhaft wäre, und wenn Murat, der noch in Neapel regiert, dort am Ruder bliebe.

Daß Italiens Gleichgewicht für Europa große Bedeutung hat, leuchtet ein, nicht minder aber auch, daß bei einer Lage, wie die geschilderte, jedes Gleichgewicht aufhören würde.

Was muß also geschehen, um dasselbe herzustellen? Nichts, als was die Gerechtigkeit verlangt und billigt.

Man muß Neapel seinem legitimen Herrscher zurückgeben, Toscana der Königin von Etrurien, dem h. Stuhl nicht allein seine nicht abgetretenen Provinzen am Adriatischen Meer, sondern auch die vakant gewordenen Legationen Ravenna und Bologna; das Fürstentum Piombino dem Fürsten dieses Namens, dem es unter der Oberherrlichkeit Neapels ebensowohl gehört, wie die Minen der Insel Elba, und der dadurch, daß man ihm diese beiden Besitztümer ohne alle Entschädigung wegnahm, fast zu Grunde gerichtet wurde.[20]

[20] Das kleine Fürstentum Piombino, von toscanischem Gebiet eingeschlossen, gehörte ehemals der Familie Buoncompagni, die es i. J. 1634 käuflich erworben hatte. Bonaparte bemächtigte sich des Ländchens i. J. 1801 und gab es seiner Schwester Elisa Bacciocchi. Der Wiener Kongreß stellte es der Familie Buoncompagni wieder zurück,

Endlich muß man noch die Rechte des Hauses Carignan vollkommen sicher stellen und Sardinien vergrößern.

Wenn man den versammelten Mächten Europas die folgende Erklärung zumuten wollte:

> Die Souveränität kann einfach durch Eroberung erworben werden, und das Erbteil eines Fürsten, der es nur infolge seiner treuen Anhänglichkeit an der Sache Europas verlor, soll fortan von Rechts wegen demjenigen gehören, der es dem Kriegsglück allein zu verdanken hat . . .

so würde eine solche Zumutung unzweifelhaft einen allgemeinen Schrei der Entrüstung hervorrufen. Jedermann würde fühlen, daß dadurch der natürlichen Unabhängigkeit der Völker ins Gesicht geschlagen und die Grundlage aller Moral untergraben würde.

Und dennoch müßte der Kongreß sich einer solchen Ungeheuerlichkeit schuldig machen, wenn er den jetzigen Inhaber des Thrones von Neapel an die Stelle des Königs Ferdinand IV. als Souverän dieses Landes anerkennen wollte.

Österreich könnte möglicherweise den Einwand erheben, es habe dem jetzigen König Garantien[21] gegeben; aber kein Mensch kann sich für etwas verbürgen, das ihm nicht gehört. Eine derartige Bürgschaft ist null und nichtig; sie hatte auch nur Napoleon gegenüber einen Sinn, und der ist besiegt und kein Herrscher mehr.

Am besten wäre es freilich, dem jetzigen Herrscher von Neapel auch sonst keine Souveränitätsrechte zuzugestehen. Man spricht jedoch von Diensten, die er der Sache Europas geleistet haben soll; wenn das sich wirklich so verhält, und man glaubt ihn dafür belohnen zu müssen, so werden die Gesandten des Königs nicht widersprechen, wenn man ihm irgend einen vakanten Landstrich, etwa einen Teil der Ionischen Inseln, zuweist.

Die Ansprüche der Königin von Etrurien auf Toscana sind vollkommen gerecht. Dieses Land war durch seinen Großherzog abgetreten, und Karl IV. hatte es für seine Tochter erworben. Als Preis dafür gab er die Herzogtümer Parma, Piacenza und Guastalla, sowie Louisiana nebst einer gewissen Zahl von Schiffen und Millionen. Wenn aber die Zurückgabe Toscanas zu vielen Schwie-

die es gegen eine Entschädigung von 4700000 Franken an den Großherzog von Toscana abtrat.

[21] Murat hatte am 6. und 11. Januar 1814 zwei Verträge mit Österreich und England geschlossen, worin diese beiden Mächte ihm seine Staaten garantierten und ihm sogar eine Vergrößerung seines Ländergebietes auf Kosten des Kirchenstaates verhießen, wogegen er sich verbindlich machte, den verbündeten Armeen ein Hülfscorps von 30000 Mann zuzuführen. *[Ein Vertrag mit England v. 6. 1. ist nicht nachweisbar. Vgl. auch Nr. 113.]*

rigkeiten begegnen und man statt seiner die genannten drei Herzogtümer anbieten würde, so sollen die Gesandten des Königs die Mitbevollmächtigten von Spanien zur Annahme dieses Anerbietens zu bestimmen suchen.

Österreich hat durch den obenerwähnten Vertrag nicht allein den Besitz des Königreichs Neapel garantiert, es hatte sich auch verpflichtet, dem jetzigen Throninhaber eine Vergrößerung von 4 bis 600000 Seelen zu verschaffen. Die adriatischen Provinzen des h. Stuhls, welche gegenwärtig drei Departements des Königreichs Italien bilden, waren zur Erfüllung dieses Versprechens bestimmt und sind daher noch von neapolitanischen Truppen besetzt. Wird, wie zu hoffen steht, dem jetzigen Regiment in Neapel ein Ende gemacht, so kann natürlich auch von dem gedachten Versprechen nicht mehr die Rede sein, und Österreich hätte dann einen Grund, denjenigen fallen zu lassen, gegen den es sich verpflichtet hat. Immerhin aber werden die Bevollmächtigten sich dem zu erwartenden Protest des päpstlichen Gesandten gegen diese Maßregel anschließen. Nicht minder werden sie, soviel an ihnen liegt, dahin wirken, daß die Legationen Ravenna und Bologna dem h. Stuhl zurückerstattet werden. Ferrara dagegen ist in dem Vertrag vom 30. Mai für Österreich bestimmt. Es können hieraus unüberwindliche Schwierigkeiten erwachsen. Sollte sich jedoch deshalb ein Vergleich treffen lassen, so können die Gesandten auch hierzu die Hand bieten, vorausgesetzt, daß durch einen solchen der österreichische Einfluß in Italien nicht vermehrt wird.

Der Fürst von Piombino, der, obwohl unter der Oberherrlichkeit Neapels, doch seines gesamten Eigentums gleich einem souveränen Fürsten durch unrechtmäßige Gewalt beraubt wurde, muß in alle seine Rechte wieder eingesetzt werden.

Sardinien darf nur dann eine Vergrößerung erlangen, wenn die Ansprüche des Hauses Carignan über alle Zweifel erhaben sind; diese Vergrößerung möge dann nach Maßgabe der zur Verfügung stehenden Gebiete erfolgen, um seine Unabhängigkeit desto mehr zu sichern.

In Italien muß Österreich gehindert werden, eine dominierende Stellung zu erlangen, indem man seinen Einfluß durch andere Einflüsse zu schwächen suchen wird. In Deutschland gilt dasselbe von Preußen, denn die geographische Lage dieser Monarchie macht ihr Streben nach Vergrößerung zu einer Notwendigkeit. Jeder Vorwand hierzu ist ihr willkommen; kein Bedenken hält sie darin auf, und was sie für zweckmäßig hält, hält sie für Recht. Dadurch hat Preußen es zuwege gebracht, im Laufe von dreiundsechzig Jahren seine Bevölkerung von vier Millionen bis auf zehn zu steigern und so den Grund zu einer sehr ausgedehnten Monarchie zu legen und sich sozusagen einen Rahmen für ein noch größeres Reich zu schaffen, in welchem es nach und nach die zerstreut liegenden und noch zu erwerbenden Gebiete einfügen will. Der furchtbare Sturz, den sein Ehrgeiz ihm zuzog, hat Preußen von dieser Sucht nicht geheilt.

Augenblicklich durchstreifen seine Emissäre und Parteigänger ganz Deutschland, wiegeln das Volk auf und schildern Frankreich in den schwärzesten Farben. Frankreich, so behaupten sie, stehe schon bereit, abermals Preußen zu überfallen, und da letzteres allein nicht im stande sei, Deutschland zu verteidigen, so verlangen sie, daß man es ihm, unter dem Vorwande, es zu schützen, preisgebe. Preußen hat auch ein Auge auf Belgien geworfen, ja, es nimmt alles Land zwischen den gegenwärtigen Grenzen Frankreichs, der Maas und dem Rhein für sich in Anspruch. Es will Luxemburg, Mainz und ganz Sachsen besitzen, weil es sonst angeblich nicht in Sicherheit leben könne. Man sagt, die Verbündeten wollten ihm dieselbe Machtstellung einräumen, die es vor seinem Sturze gehabt, nämlich zehn Millionen Unterthanen. Ließe man Preußen ruhig gewähren, es würde bald zwanzig Millionen zählen und ganz Deutschland unterjochen. Es ist daher von großer Wichtigkeit, dem Ehrgeize Preußens Zügel anzulegen, indem man seine Besitzungen in Deutschland möglichst einschränkt und seinen Einfluß durch eine Bundesverfassung vermindert. Dies kann nur erreicht werden durch Erhaltung der sämtlichen Kleinstaaten und durch die Vergrößerung der Mittelstaaten. Das geistliche Fürstentum Aschaffenburg dürfte allein hiervon auszunehmen sein, da seine Erhaltung mit dem allgemeinen Verteilungsplan unvereinbar erscheint; seinem Eigentümer muß indes eine ehrenvolle Existenz gesichert werden.

Den begründetsten Anspruch auf Erhaltung besitzt das Königreich Sachsen. König Friedrich August, gleich ausgezeichnet als Mensch wie als Fürst, hat vierzig Jahre hindurch eine wahrhaft väterliche Regierung geführt. Von dem ersten Anprall des Sturmes überrascht, in einem vorgerückten Alter, wo er bereits der Ruhe bedurft hätte, wurde er durch dieselbe Hand, die ihn gestürzt, gleich wieder aufgerichtet. Hat er eine Schuld auf sich geladen, so entsprang sie aus einer wohlbegründeten Besorgnis für sein Volk und gereicht ihm deshalb zur Ehre. Diejenigen, die ihm daraus einen Vorwurf machen, haben bei weitem größere Fehler begangen, ohne dieselben Entschuldigungen vorbringen zu können. Was man dem Könige von Sachsen gegeben hat, erhielt er ohne sein Zuthun, ohne seinen Wunsch, ja, selbst ohne sein Wissen. Sein Glück hat er mit Mäßigung genossen und trägt auch sein Unglück mit Würde. Diese Gründe allein würden genügen, den König nicht preiszugeben; aber es treten noch die verwandtschaftlichen Bande hinzu,[22] sowie vor allem die Notwendigkeit, zu verhüten, daß Sachsen bei der Teilung an Preußen falle. Letzteres würde, wie gesagt, durch eine derartige Vergrößerung einen entscheidenden Schritt zur Oberherrschaft in Deutschland machen.

Wenn unter Annahme einer Vermutung, von der weiter unten die Rede sein

[22] Ludwig XVIII. war durch seine Mutter, Maria Josepha von Sachsen, Geschwisterkind des Königs Friedrich August.

wird, der König von Sachsen auf einen anderen Thron berufen werden sollte, so dürfte deshalb das Königreich Sachsen keineswegs aufhören, zu existieren, es müßte vielmehr der sächsischen herzoglichen Linie gegeben werden. Letzteres würde besonders dem Kaiser von Rußland willkommen sein, weil dann sein Schwager, der Erbprinz von Sachsen-Weimar, die nächste Anwartschaft auf den Thron hätte.

Hiernach werden die Gesandten des Königs in jeder Weise die Interessen des Königs von Sachsen verfechten und ganz besonders aus allen Kräften dem Plan entgegenwirken, Sachsen zu einer preußischen Provinz zu machen.

Ebensowenig darf Preußen die Festung Mainz erhalten, noch irgend welchen Teil des linken Moselgebietes.

Die weiteren Aufgaben für die Gesandten des Königs bestehen darin:

1. Holland zu unterstützen, die ihm zugedachte Grenze auf dem rechten Maasufer möglichst weit vorzurücken, und

2. Bayern, Hessen und Braunschweig, besonders aber Hannover in ihren Ansprüchen auf Vergrößerung Beistand zu leisten (vorausgesetzt, daß sich dies nur auf vakante Landesteile erstreckt), damit für Preußen desto weniger übrig bleibe.

Die Verbündeten haben, wie es heißt, den Plan, Luxemburg und Mainz in Bundesfestungen umzuwandeln und mit Bundestruppen zu besetzen. Diese Absicht scheint den politischen Interessen Frankreichs zu entsprechen; die Gesandten des Königs haben daher diesen Plan zu unterstützen, aber in einer Weise, daß dadurch kein Verdacht erregt wird.

Jede Konföderation ist eine Art von Republik und muß auch den republikanischen Geist besitzen. Darum kann die Verfassung eines Fürstenbundes nie eine vollkommene sein; denn der Geist der Republik strebt nach Gleichheit, der Geist der Monarchie dagegen nach Unabhängigkeit. Indessen handelt es sich nicht darum, dem Deutschen Bunde eine vollkommene Organisation zu geben; es genügt, daß er eine erhalte, die im stande ist, folgendes zu verhindern:

1. die Unterdrückung der Unterthanen in den Kleinstaaten;

2. die Unterdrückung der kleinen Staaten durch die großen; und

3. die Verbindung mehrerer Kleinstaaten unter sich zu einem größeren, der dann über die Kräfte aller zu seinen besonderen Zwecken verfügen könnte.

Dieses Ziel läßt sich nur dadurch erreichen, daß man, sowohl in den Kleinstaaten wie im ganzen Bundesstaate, den Einfluß und die Macht teilt, indem man beides abwechselnd durch so viele Hände als möglich gehen läßt.

Das ist alles, was hier über die zukünftige Organisation des Deutschen Bundes gesagt werden kann. Die Gesandten des Königs haben darüber weiter gar keinen Plan zu entwerfen; es genügt ihnen, zu wissen, in welchem Geiste derselbe aufgestellt werden soll und nach welcher Richtschnur sie die betreffenden Beratungen zu führen haben.

Die Wiederherstellung des Königreichs Polen würde eine große Wohltat sein, aber nur unter drei Bedingungen:

1. daß es unabhängig würde;
2. daß es eine sichere und starke Verfassung erhielte, und
3. daß man nicht Preußen und Österreich für die von ihnen an Polen abzutretenden Landesteile entschädigen müßte.

Zunächst will Rußland die Wiederherstellung Polens nicht, um nicht das zu verlieren, was es bereits davon besitzt, sondern, um das zu erlangen, was es noch nicht hat. Polen wiederherstellen, um es ganz an Rußland zu geben, das dadurch seine Grenzen bis zur Oder ausdehnen und seine europäische Bevölkerung bis auf 44 Millionen Unterthanen bringen würde, hieße eine beständige Gefahr für Europa schaffen. Diese Gefahr liegt so unmittelbar nahe, daß, wenn dieser Plan nur durch Waffengewalt zu verhindern wäre, man trotz aller Friedensliebe doch keinen Augenblick schwanken dürfte, dafür ins Feld zu ziehen. Man würde vergeblich hoffen, daß Polen, einmal unter russischem Scepter, sich davon jemals wieder befreien würde. Es ist nicht gewiß, ob es den Willen, noch weniger, ob es die Macht dazu haben würde; aber das ist ganz gewiß, daß, wenn es ihm einmal gelänge, dem Joche zu entrinnen, ihm dasselbe sehr bald wieder aufgelegt würde. Denn Polen, erst von neuem unterjocht und dann wieder der Unabhängigkeit zurückgegeben, müßte unvermeidlich der Anarchie verfallen. Die Größe des Landes schließt die eigentliche Aristokratie aus, und in einer Monarchie, in welcher das Volk ohne bürgerliche Freiheit ist und nur der Adel politische Freiheit und Unabhängigkeit besitzt, muß die Anarchie zur Herrschaft gelangen. Wie sollte man nun bei der Wiederherstellung Polens dem Adel die politische Freiheit entziehen und dem Volke die bürgerliche Freiheit geben? Das könnte nur durch ein Gesetz geschehen. Das letztere bleibt aber ohne Wirkung, wenn das Volk keine Mittel zu einer unabhängigen Existenz besitzt, kein Eigentum, keine Industrie, keine Künste, und das alles können keine Verordnungen, keine Gesetze ihm geben; das vermag nur die Zeit. Es giebt in diesem Lande gleichsam zwei Völker, für die man zweierlei Institutionen schaffen müßte, die sich gegenseitig ausschließen. Da man nun keine Macht herstellen kann, die beide miteinander versöhnt, da man ferner nicht, ohne offenbare Gefahr für Europa, ganz Polen an Rußland ausliefern kann (außer dem Herzogtum Warschau besitzt es schon alles), so bleibt nichts Besseres zu thun übrig, als die Dinge wieder in den Zustand zu versetzen, wie sie bei der letzten Teilung Polens vorlagen. Dadurch wäre auch den Ansprüchen Preußens auf das Königreich Sachsen ein Ziel gesetzt; denn es dürfte dieses Land nur als Entschädigung für das, was es bei der etwaigen Wiederherstellung Polens verlöre, zu beanspruchen wagen.

Österreich würde sicherlich ebenfalls Ersatz für die fünf Millionen Unterthanen Galiziens verlangen, oder es würde, wenn es darauf verzichtete; desto einflußreicher in allen Fragen werden, die Italien berühren.

Wenn gegen alle Wahrscheinlichkeit der Kaiser von Rußland auf den Besitz von Polen verzichten sollte (und er dürfte es jedenfalls schwerlich, ohne sich persönlicher Gefahr von seiten der Russen auszusetzen), und man den Versuch der Herstellung eines Königreichs Polen machen wollte, so würde Se. Majestät, allerdings ohne sich viel davon zu versprechen, hiergegen keinen Widerspruch erheben. In diesem Falle wäre es aber wünschenswert, daß der König von Sachsen, der jetzt bereits Souverän des Herzogtums Warschau ist, zum König von ganz Polen gemacht würde. Sein Vater und seine Voreltern haben bereits den Thron von Polen eingenommen, und seine Tochter hat das polnische Scepter ihrem Gemahl als Mitgift zugebracht.

Aber mit Ausnahme des Falles, daß Polen, in gänzlicher Unabhängigkeit von jedem der drei beteiligten Mächte, wiederhergestellt werden könnte, ist der einzig zulässige Vorschlag und der einzige, dem Se. Majestät zustimmen würde, derjenige, daß in Polen alles wieder auf den Zustand der letzten Teilung zurückgeführt werde.

Bleibt das Land geteilt, so wird Polen an sich dadurch keineswegs für immer vernichtet, denn, wenn sein Volk auch alsdann keine politische Gemeinschaft mehr bildet, so wird es doch immer eine Familie bleiben. Es hat dann zwar nicht mehr dasselbe Vaterland, aber dieselbe Sprache, und dies ist das stärkste Band, die Menschen zu vereinigen.

Danzig muß dem Schicksal Polens folgen; es muß wieder frei werden, wenn Polen unabhängig wird, oder unter die Botmäßigkeit Preußens zurückfallen, wenn man die frühere Teilung aufrecht erhält.

Eine Verwendung für die Ionischen Inseln ist bereits erwähnt worden. Es ist wichtig, daß diese Inseln, namentlich Korfu, weder England noch Rußland gehören, die beide nach ihrem Besitz lüstern sind, aber auch nicht an Österreich kommen. Korfu ist der Schlüssel zum Adriatischen Meerbusen, und wenn England dem Besitz von Gibraltar und Malta noch den von Korfu hinzufügte, so würde es absolute Herrin des Mittelländischen Meeres sein.

Für die Russen würden die genannten Inseln einen Angriffspunkt gegen das Ottomanische Reich bilden und zugleich einen sehr günstigen Platz, um von dort aus die Griechen aufzuwiegeln. In Österreichs Händen aber würde Korfu nur dazu dienen, seine Herrschaft über Italien zu vergrößern.

Der Johanniterorden von Jerusalem befindet sich gegenwärtig ohne Oberhaupt und auch ohne Asyl, seitdem er Malta verloren hat. Die katholischen Mächte haben ein Interesse daran, daß der Orden wieder aufgerichtet werde und aus seinen Trümmern neu erstehe. Es ist wahr, daß er Malta abgetreten hat, aber ebenso wahr, daß dies nur infolge eines hinterlistigen Überfalls geschehen ist, der durch nichts entschuldigt werden konnte. Es würde Ehrensache für England sein, welches aus dieser Rechtsverletzung Nutzen gezogen hat, dieselbe, soviel wie möglich, wieder gut zu machen, indem es im Verein mit den katholischen Mächten dem Orden eine Entschädigung erwirkt. Diesem Orden nun könnte man Korfu überlassen, ohne die Interessen irgend eines Staates der Christenheit zu verletzen. Der Orden wird einen darauf bezüglichen Antrag stellen, und die Gesandten des Königs haben diesen Antrag zu unterstützen.

Die Insel Elba, die beim Tode des jetzigen Besitzers vakant wird, könnte dann ihren alten Herren, Toscana und Neapel, oder Toscana allein, zurückgegeben werden.

Hiermit wäre die Bestimmung über alle Länder, die sich im Zustande der Eroberung befinden, ferner über diejenigen, die vakant und die es nicht sind, sowie über diejenigen, die noch vakant werden, vollständig geregelt.

In einem Teil dieser Länder besaßen verschiedene Franzosen, unter dem Titel von Dotationen, Güter, welche der Vertrag vom 30. Mai ihnen einfach genommen hat. Diese strenge Maßregel, die man wohl, besonders für die in abgetretenen Ländern liegenden Dotationen, ungerecht nennen könnte, fällt durch ihre rückwirkende Kraft in Bezug auf die Pachtgelder und sonstigen Einkünfte für die Betroffenen sehr schwer ins Gewicht. Die Gesandten des Königs werden gegen diese Ungerechtigkeit Beschwerde erheben und, soviel an ihnen liegt, alles thun, um sie wieder gut zu machen. Nachdem die verbündeten Souveräne ihre Geneigtheit erklärt haben, darauf einzugehen und bereits Ausnahmen von der Klausel zu Gunsten einiger Dotierten gemacht worden sind, werden die Gesandten des Königs dahin wirken, daß diese Vergünstigung möglichst allen zu teil werde.

Was nun die Rhein- und Schelde-Zölle betrifft, welche für alle gleichmäßig sein sollen, so hat Frankreich nur den einen Wunsch, daß sie recht niedrig sein möchten. Durch die freie Schiffahrt auf dem Rhein und der Schelde wird Frankreich dieselben Vorteile genießen, die ihm die von jenen Flüssen durchströmten Gebiete selbst verschaffen würden. Es hat aber auf diese Länder verzichtet, hat also die Lasten des Besitzes nicht zu tragen und wird deshalb den Verlust leichter verschmerzen können.

Die Frage wegen Abschaffung des Sklavenhandels ist mit Rücksicht auf Frankreich entschieden worden, welch letzteres über diesen Punkt keine weiteren Zugeständnisse zu machen hat; denn wollte man die einmal festgesetzte Verzugsfrist kürzen oder ganz beseitigen, so würde es dazu seine Zustimmung nicht geben können. Aber der König hat versprochen, seinen ganzen Einfluß mit demjenigen Englands zu vereinigen, um die allgemeine Abschaffung dieses schändlichen Handels zu erreichen. Dieses Versprechen muß gehalten werden, schon weil es für Frankreich wichtig ist, in allen sein Interesse berührenden Fragen England auf seiner Seite zu haben.

England, das nur außerhalb Europas auf Eroberungen ausgeht, befleißigt sich in den europäischen Angelegenheiten eines konservativen Geistes. Dies hängt vielleicht mit seiner insularen Lage zusammen, die es unmöglich macht, ein benachbartes Gebiet dem seinigen zu annektieren, und nicht minder mit seiner verhältnismäßigen Schwäche, welche ihm nicht gestatten würde, etwaige auf dem Festlande gemachte Eroberungen zu behaupten. Aber wie dem auch sein möge, England hat stets, selbst gegen das mit ihm rivalisierende Frankreich, seine konservative Gesinnung bewahrt, so unter der Regierung Heinrichs VIII., unter den Königinnen Elisabeth und Anna, und auch noch in einer viel näher liegenden Zeit.

Frankreich, das seinerseits dem Kongresse nur konservative Absichten entgegenbringt, darf daher auf den Beistand Englands hoffen, wenn es die gänzliche Abschaffung des Sklavenhandels beim Kongreß beantragt. Was anfangs vielleicht nur eine Sache des Interesses und der Berechnung war, hat sich im englischen Volke längst zu einer inneren und festen Überzeugung der Nächstenpflicht herausgebildet, der kein Ministerium ungestraft entgegentreten darf. Deshalb erwarten die Gesandten des Königs in dieser Frage Englands völlige Zustimmung, und zwar in der freimütigsten und nachdrücklichsten Weise. Sollten aber Spanien und Portugal als die einzigen Mächte, die zu dieser hochwichtigen Frage noch keine Stellung genommen haben, sich nur dann zu einem Einverständnis erklären, wenn der Sklavenhandel erst nach Ablauf einer Frist von fünf Jahren aufgehoben wird, so haben die Gesandten des Königs zu veranlassen, daß diese Frist, wenn sie überhaupt bewilligt wird, auch Frankreich zu gute komme.

Vorstehende Instruktionen sind den königlichen Bevollmächtigten keineswegs als eine Richtschnur erteilt, von der sie in keinem Punkte abweichen sollen. Sie können vielmehr einen kleineren Vorteil opfern, um einen größeren zu erlangen; sie mögen nur stets im Auge behalten, daß die für Frankreich wichtigsten Punkte die folgenden sind:

1. Österreich nicht die geringste Aussicht zu lassen, die Staaten des Königs von Sardinien unter seine Botmäßigkeit zu bringen;
2. Neapel an Ferdinand IV. zurückzugeben;
3. ganz Polen nie und nimmer unter das Scepter Rußlands zu stellen;
4. Preußen nicht das Königreich Sachsen, wenigstens nicht das ganze, und ebensowenig Mainz, zu überlassen.

Wollen oder müssen die Gesandten des Königs Zugeständnisse machen, so dürfen diese sich nur auf Angelegenheiten von geringerer Bedeutung beziehen, einesteils, weil fast alle vom Kongreß zu regelnden Fragen nach einem und demselben Rechtsgrundsatze behandelt werden, anderenteils aber, weil es wichtig erscheint, durch derartige Konzessionen die unseligen Eindrücke der letzten Jahre möglichst zu verwischen. Frankreich ist ein so mächtiger Staat, daß die anderen Völker sich nur durch die Überzeugung von seiner Mäßigung beruhigt fühlen werden, und dies Ziel ist am leichtesten dadurch zu erreichen, daß man ihnen eine möglichst hohe Meinung von Frankreichs Gerechtigkeitsliebe beibringt.

Da der König auf dem Kongreß durch mehrere Bevollmächtigte vertreten sein wird, die alle gleichmäßig seine Willensmeinung zum Ausdruck bringen sollen, so bestimmt er hierdurch, daß von ihnen keine Eröffnung, kein Vorschlag und kein Zugeständnis ausgehe, das nicht mit den Ansichten unseres Ministers der auswärtigen Angelegenheiten, der ebenfalls in Wien anwesend sein wird, sich in vollster Übereinstimmung befindet.

Genehmigt: gez.: Louis.
Gegengezeichnet: Fürst Talleyrand.

15. Instruktion der Tagsatzung für die schweizerische Gesandtschaft (von Reinhard [Zürich], von Montenach [Freiburg], Wieland [Basel])

Die Gesandtschaft soll sich 1. dafür einsetzen, daß in der Schlußakte des Kongresses die schweizerische Unabhängigkeit und Neutralität anerkannt werden, und sie soll 2. die territorialen Ansprüche der Schweiz gegenüber Frankreich, Italien und Deutschland vertreten.

Repertorium der Abschiede, II S. 1094–1103.

Zürich, 15. September 1814

Die schweizerische Gesandtschaft zum allgemeinen Friedenscongresse hat einen besondern Auftrag zu erfüllen an die erlauchten Souveräne, welche sich zu Wien versammeln werden. Sie ist dann berufen, unter den Auspicien derselben bei dem Congresse selbst über die wichtigsten Interessen des schweizerischen Bundesvereins zu unterhandeln. Unter diesem doppelten Gesichtspunkte findet die Tagsazung es der Sache angemessen, ihr folgende Instructionen zu ertheilen.

I. Da Seine Majestät der Kaiser von Österreich und Seine Majestät der Kaiser von Rußland im verflossenen Maimonat, als eine zur Beglükwünschung des Königs Ludwigs XVIII. nach Paris geschikte schweizerische Gesandtschaft die Ehre hatte, bei diesen Monarchen im Namen der Tagsazung zu erscheinen, sich damals äußerten, sie werden zu Wien, nach erfolgter Constituirung der Schweiz, ihre Abgesandten empfangen, so soll es die erste Angelegenheit der Herren von Reinhard, von Montenach und Wieland sein, die Vergünstigung einer Audienz bei Ihren Majestäten und bei Seiner Majestät dem Könige von

Preußen zu erhalten und Allerhöchstdenselben die unter Litt. A, B, C[1] beigebogenen Schreiben zu überreichen. Mündlich werden die Herren Abgesandten Ihren Majestäten in gefälligen Ausdrüken die Empfindungen der Hochachtung der Schweizernation und ihren Dank für die Theilnahme und das Wohlwollen bezeigen, von denen sie seit dem Zeitpunkte, wo die alliirten Mächte ihr besonderes Augenmerk auf die Schweiz gerichtet haben, so vielfältige Proben erhielt.

II. Da die Eidgenossenschaft hauptsächlich unter der Begünstigung dieser erlauchten Souveräne und von Großbritannien, dessen Minister seit seiner Ankunft in der Schweiz mit jenen von Österreich, Rußland und Preußen gemeinschaftlich gearbeitet hat, bei dem Congreß erscheint, so werden die außerordentlichen Herren Gesandten bei jeder sich erzeigenden Gelegenheit, sowohl gegen die Monarchen selbst, als auch gegen ihre Bevollmächtigten, sich dahin äußern, daß die Schweiz hauptsächlich auf ihren Beistand die Hoffnung gründe, ihre wichtigsten Rechte vollkommen gesichert und diejenigen billigen Wünsche erfüllt zu sehen, wozu die unzweideutigsten Zusicherungen und Erklärungen der Minister vorgedachter Höfe sie aufgemuntert haben.

Mit dieser geziemenden Ehrerbietung gegen die verbündeten Mächte werden die außerordentlichen Herren Gesandten auch jene Rüksichten zu verbinden wissen, welche die Schweiz der Krone Frankreich, als ihrer natürlichen Befreundeten, ihrer ältesten Verbündeten und derjenigen unter allen europäischen Mächten schuldig ist, mit welcher sie wiederum die engsten Verbindungen einzugehen im Falle sein wird. Eine vorzügliche Achtung werden sie demnach gegen den bevollmächtigten Minister seiner Allerchristlichsten Majestät, den Fürsten von Benevent, in allen Angelegenheiten bezeigen, welche mit der Existenz unsers Vaterlandes im Allgemeinen und mit seinen politischen Verhältnissen in Verbindung stehen.

III. Da die Beendigung und die Annahme einer Bundesverfassung die ausdrükliche Bedingung zu sein scheint, unter der eine schweizerische Gesandtschaft bei dem Congresse zugelassen wird, so werden die außerordentlichen Herren Abgesandten den verbündeten Monarchen anzeigen, daß diese Bedingung durch die am 9. September zu Zürich angenommene Acte in Erfüllung gegangen ist.[2] Bei Überreichung der Acte selbst werden sie die wesentlichsten Bestimmungen derselben erklären; zu weitern Einleitungen über diesen Gegenstand, als wären Abänderungen und Modificationen des Bundesvertrags, oder auch nur eigentliche Berathungen darüber (annoch zulässig), gibt ihnen die Tagsazung keine Vollmacht.

Gleichzeitig mit der Entwiklung der Gründe, welche die Kantone bewogen

[1] Vgl. die 'Nachweisung' unten S. 156f.

[2] Vgl. Oechsli, II S. 149; der endgültige Text bei Näf, S. 78–89.

haben, dieser Verfassung beizutreten, werden die Herren Gesandten auch der Übereinkunft vom 16. August Erwähnung thun, deren genauer Zusammenhang mit der Verfassung selbst durch die Acte vom 9. September hinlänglich erwiesen ist. Der vierte Artikel besagter Übereinkunft stimmt mit der Note der Minister von Österreich, Rußland und England vom 13. August 1814 überein. Die außerordentlichen Herren Abgeordneten werden jede über die Natur und das Object der Länderansprüche von ihnen verlangte Auskunft getreulich und vollständig einberichten, jedoch ohne Zusaz eigener Ansicht. Ihre erste Pflicht ist die einer gewissenhaften Unparteilichkeit, indem die Tagsazung, deren Stellvertreter sie sind, nichts anderes und nichts so sehr wünscht, als daß die Territorialansprüche auf eine Art beseitigt werden, welche Einigkeit und gegenseitiges Zutrauen im Schooße der Eidgenossenschaft befestige. In dieser Hinsicht sollen die Herren Gesandten sich an den Geist der obgedachten Note vom 13. August halten, die zu ihrer Instruction unter Litt. D hier beigelegt ist.

IV. Nachdem die außerordentlichen Herren Gesandten die Hohen Mächte mit der Lage unserer gemeinsamen Bundesangelegenheiten werden bekannt gemacht haben, so soll die Erlangung einer förmlichen Anerkennung des gegenwärtigen politischen Zustandes der Schweiz, so wie er durch den wirklichen Bundesvertrag bestimmt ist, ihre angelegenste Sorge sein.

Schon der Pariserfriedensschluß vom 30. Mai 1814 stellte den Grundsaz auf: die unabhängige Schweiz werde fortwährend sich durch sich selbst regieren, und durch einen geheimen Artikel desselben Tractats machte Frankreich sich anheischig, in Verbindung mit den alliirten Mächten, und gleich ihnen, die politische Organisation anzuerkennen, welche die Schweiz unter den Auspicien der gedachten verbündeten Mächte und nach den mit ihnen übereingekommenen Grundlagen sich selbst geben würde.[3] Auf diese doppelte Zusage gründet sich die bestimmte Erwartung, daß der allgemeine Friedensschluß, welcher die Rechte aller Nationen festsezen und feierlich bestätigen soll, auf die deutlichste und befriedigendste Weise die feierliche Anerkennung der schweizerischen Eidgenossenschaft, als eines freien, unabhängigen, durch seine eigene Verfassung und eigenen Geseze regierten Staates, aussprechen werde. Dieses förmlich zu begehren, ist der Auftrag der Herren außerordentlichen Abgesandten, bei dessen Erfüllung sie aber sorgfältig vermeiden müssen, irgend einer Garantie zu erwähnen, weil diese gleichsam dem Grundsaz einer vollkommenen Unabhängigkeit, den die Schweiz auf keine Weise weder schwächen, noch auf's Spiel sezen will, zu nahe treten dürfte.

V. Der zweite höchst wichtige Gegenstand, um dessen Anerkennung sich

[3] Nr. 3 S. 61, 63.

die Gesandten bei dem Congresse bewerben sollen, ist unsere Neutralität, von jeher die Hauptbasis der schweizerischen Politik, drei Jahrhunderte hindurch getreulich verwahrt, und deren unerläßliche Nothwendigkeit die Ereignisse der lezten sechszehn Jahre sattsam bewiesen haben.

Wirft man einen Blik auf die Bundesverfassungen der Schweiz, auf den politischen, öconomischen und moralischen Zustand ihres Volkes, so wird man sich bald überzeugen, daß dieses Volk allerdings das unglüklichste in Europa wäre, wenn seine Neutralität zweifelhaft, oder wenn sie ledigerdingen dem Wechsel der Politik und des Krieges überlassen bliebe. Aber nicht die Wohlfahrt der Schweiz allein kommt hierbei in Betrachtung; diese Neutralität wirkt auch entscheidend auf die Ruhe von Deutschland, Italien und Frankreich, für welche das am höchsten liegende Land in Europa zu gleicher Zeit die stärkste Vertheidigungsposition und der gefährlichste Angriffspunkt ist. Jede große Macht (gleichviel, ob Österreich oder Frankreich), welche militärisch die Schweiz zu beherrschen trachtet, dekt, indem sie ins Herz ihres Feindes dringen will, gerade den Punkt auf, wo sie selbst schwach und verwundbar ist; da hingegen ganz Europa in der neutralen und friedlichen Schweiz ein Unterpfand seiner Sicherheit und eine der ersten Bedingungen des politischen Gleichgewichtes, welches durch den Wienercongreß hergestellt werden soll, findet.

Wenn dergleichen auf Natur und Erfahrung gegründete Betrachtungen die Anerkennung unserer Neutralität für Österreich und Frankreich gleich wünschenswerth machen, so darf man allerdings annehmen, auch Rußland, England und Preußen werden nicht minder günstig dafür gestimmt sein. Es liegt in der Politik dieser Mächte, die Unabhängigkeit der Staaten vom zweiten und dritten Rang auf so feste Grundpfeiler zu stüzen, daß selbst ein Bruch zwischen zwei Höfen sie nicht ganz umzustürzen vermöchte; sie wollen, sogar für den Fall eines Krieges, die Keime des Friedenssystems legen, welches künftig der gewöhnliche Zustand von Europa sein soll. Aus diesem Gesichtspunkte betrachtet, entspricht die Neutralität der Schweiz auch gänzlich ihren edelmüthigen Absichten.

Nicht nur haben die Minister der verbündeten Mächte in mehrern Noten von unserer Neutralität eben so gesprochen, wie wir selbst hätten sprechen können; nicht nur vernahmen die Abgeordneten der Tagsazung am 29. Mai 1814 zu Paris aus dem Munde des Fürsten von Metternich die Versicherung: daß, wenn einmal die Organisation der Schweiz beendigt wäre, ihre Unabhängigkeit und Neutralität von dem Congresse zu Wien garantirt werden würden, sondern es wiederholten am 1. Brachmonat desselben Jahres Seine Majestät der Kaiser Alexander die nämliche Erklärung, welche die Gesandten von Rußland und England fast täglich in den unzweideutigsten Ausdrüken bestätigten. In Folge aller dieser Umstände hofft die Tagsazung, die Mächte bereitwillig zu finden, der wiederum nach alten

Grundsäzen constituirten Schweiz auch die erste Bedingung ihrer friedlichen Existenz wieder angedeihen zu lassen, die Gewährleistung nämlich, wie ehemals, bei dem Genuß ihrer Ruhe und Unabhängigkeit, an den Streitigkeiten der großen europäischen Staaten keinen Antheil nehmen zu müssen. Die Tagsazung trägt ihren Abgesandten auf, sich eifrigst dafür zu verwenden, daß ein solcher Grundsaz ausdrüklich in den allgemeinen Friedensschluß aufgenommen werde, oder daß wenigstens die großen Mächte gleichbedeutende, förmliche und gegenseitige Erklärungen darüber ausstellen.

VI. Sind einmal durch das Wohlwollen der Mächte die Unabhängigkeit und die Neutralität der Schweiz gesichert, so sollte die Schweiz in sich selbst, für Aufrechthaltung derselben, eine doppelte Bürgschaft haben. Die erste entspringt aus den Militäreinrichtungen, deren Grundlage die Bundesacte enthält; die zweite stehet mit der Wiederherstellung unserer Gränzen und zum Theil auch mit einer auf einigen Punkten stärkern Ausmarkung in nothwendigem Zusammenhang. Die dermalen aus neunzehn Ständen zusammengesezte Eidgenossenschaft, welcher, nach dem Wunsche jener Mächte, auch Neuenburg, das Wallis und Genf bald als Kantone werden beigefügt werden, bedarf, nothwendiger als jemals, einer ununterbrochenen Grenze und einer möglichst starken und zugleich möglichst einfachen Vertheidigungslinie.

Ohne alle Vergrößerungspläne und bei der Unwandelbarkeit jener Grundsäze, nach welchen sie in einem Zeitpunkte, wo das Recht der Eroberung jedes andere zu vernichten schien, ihr Gebiet niemals auf Unkosten ihrer Nachbarn zu erweitern suchte, kann es auch heute nicht in den Wünschen der Schweiz liegen, unbescheidene Forderungen zu machen, oder fremde Gebietstheile, das Eigenthum benachbarter Regierungen, anders als auf dem rechtmäßigsten Wege zu erwerben. Ihre Ansprüche sind beschränkt und durch die triftigsten Gründe gerechtfertigt. Die Mächte, welche der Eidgenossenschaft zumuthen, daß sie eine mit ihrer Volksmenge im Verhältniß stehende Defensivstellung annehme, haben dieselben im Voraus gewürdigt; alle Mittel zu deren Befriedigung liegen auch in ihren Händen, und eben sie, diese Mächte, können bei freundschaftlichen Unterhandlungen mit angrenzenden Staaten durch Anweisung eines Ersazes den Erfolg wesentlich erleichtern. Um aller dieser Gründe willen sieht die Tagsazung die endliche Bestimmung der Schweizergrenzen als eine nothwendige Folge der Unterhandlungen zu Wien an.

Einen Monat vor Abschluß des Parisertractates vom 30. Mai 1814 wünschte die Tagsazung zu wissen: „welches wohl die stärkste und zugleich die natürlichste Grenze sei, die von der Schweiz am sichersten vertheidigt werden könnte, und die bei zukünftigen Kriegen zwischen Frankreich, Italien und Deutschland für ihr Neutralitätssystem die vortheilhafteste wäre." Eine eben so lichtvolle als befriedigende Beantwortung dieser Frage liegt in der unterm 2. Mai 1814 eingegebenen Denkschrift des Herrn Oberstquartiermeisters der eidgenössischen Truppen. Damals hätte man sich dieses Berichtes mit Nuzen bedienen können; aber die Schweiz war uneinig, die Tagsazung schwach und gelähmt; die weitere Prüfung des Gegenstandes wurde verschoben; erst am 1. Brachmonat nahm die diplomatische Commission selbige vor, und am 3. berieth sich die Tagsazung darüber, währenddem der schon am 30. Mai zu Paris unterzeichnete Tractat die Lage der Dinge wesentlich verändert hatte.

Auf alle Fälle wird indessen gedachter Rapport, das darauf Bezug habende Commissionsgutachten und das Protokoll der Sizung der Tagsazung vom 3. Brachmonat den Herren Gesandten unter Litt. E, F, G zugestellt: der Bericht, weil er vortreffliche Notizen enthält, und die beiden andern Schriften, weil aus denselben im Allgemeinen die damaligen Ansichten der Bundesbehörden zu ersehen sind. Die Instructionen, welche die Tagsazung den Herren Gesandten in Betreff der Grenzverhältnisse dermalen ertheilen zu sollen glaubt, lassen sich in nachstehende Punkte zusammenfassen.

A. Grenzen gegen Frankreich

1. Als Zurükgabe ihrer im Jahr 1797 von den Franzosen gewaltsam abgerissenen, von den Hohen alliirten Mächten aber wieder feierlich zugesicherten alten Grenzen fordert die Schweiz zurük: die Stadt Biel, ihr Gebiet und die Pannerortschaften; das eigentlich sogenannte Erguel oder St. Immerthal; Neuenstadt; das Münsterthal ober- und unterhalb les Roches; Abtei und Gebiet von Bellelay.

Da die außerordentlichen Herren Gesandten die ehemaligen politischen und militärischen Verhältnisse, welche obige Landestheile mit der alten Schweiz verbanden, vollkommen kennen, so wird es ihnen nicht schwer fallen, nöthigenfalls die Rechtmäßigkeit dieser Zurükgabe zu erweisen.

Allein durch die Eröffnungen der Minister jener Mächte glaubt die Tagsazung sich zu der Hoffnung berechtigt, daß die ganze Landschaft, welche unter der Benennung „Bisthum Basel“ einbegriffen ist, der Eidgenossenschaft werde einverleibt werden. Alles, vorzüglich aber das Bedürfniß einer festen Vertheidigungslinie zu Behauptung der Neutralität, spricht zum Vortheile dieser Vereinigung. Freilich macht Frankreich auf einen Theil jenes Gebietes Ansprüche; allein der Parisertractat gibt diesem Staat kein Recht, das auf irgend eine Weise der freien Verfügung der alliirten Mächte über jene Länder im Wege stände. Die Herren Gesandten werden also die Abtretung derselben hauptsächlich zu wirklicher Vereinigung mit der Schweiz, zum Theil aber auch als Ersazmittel begehren, um von Frankreich durch Unterhandlungen auf andern Punkten eine günstige Demarcationslinie zu erhalten. Die Bevölkerung der Länder am Jura, welche im Jahr 1797 einen Bestandtheil der Schweiz ausmachten, beträgt ungefähr 28 000 Seelen, und die des eigentlich sogenannten Fürstenthums Pruntrut beinahe 42 000. Das Elsgau, der dem französischen Gebiet am nächsten und ganz außerhalb der Gebirgspässe des Jura liegende Theil des Fürstenthums, enthält ein und zwanzig Gemeinden mit 13 000 bis 14 000 Seelen, mithin wenigstens eben soviel als die Landschaft Gex hieherwärts der Berge, und zwar auf einem viel reichern und fruchtbarern Boden.

Die Beschaffenheit des Bandes, welches diese Länder mit der Schweiz vereinigen würde, und ihre künftige politische Existenz hangen von besondern Umständen ab, worüber die Hohen alliirten Mächte allein zu entscheiden haben. Es kommt der Tagsazung nicht zu, diesem Anspruch auf irgend eine Weise vorzugreifen. Die Herren Abgesandten werden sich daher auf den Wunsch beschränken, daß der Stadt Biel, diesem ehemals freien mitverbündeten Stand der Eidgenossenschaft, ein solches glükliches Schiksal zu Theil werde, um ihre ausgestandenen Leiden darüber vergessen und den Augenblik ihrer Wiedervereinigung mit dem schweizerischen Bund in frohem Andenken feiern zu können.

2. Da die Grenze zwischen Frankreich und Neuenburg durch den Tractat vom 30. Mai bereits festgesezt ist, so glaubt die Tagsazung kaum, daß davon zu Wien weiter die Rede sein werde. Sollte indessen die Regierung dieses neuen Schweizerstandes in Betreff der eigentlichen Ausmarkung noch einige Wünsche zu äußern haben, so sind die Herren Abgesandten beauftragt, dieselben bestens zu unterstüzen.

3. Das Val des Dappes, eine zwischen 5–6000 Jucharten betragende, jenseits der Dôle gelegene Berggegend, wurde im Jahr 1805 vom Kanton Waadt an Frankreich, und zwar durch einen jener Tractate, dergleichen die französische Regierung den unter ihrem Einflusse stehenden Ländern zu belieben wußte, abgetreten; der Tractat verhieß eine Entschädigung, die aber Frankreich niemals geleistet hat. Die Lage des Thales, welches gegen die Ebene des Pays de Gex und von Genf sich öffnet, ist allerdings wichtig. Die Herren Abgesandten werden die Erklärung nicht unterlassen, daß die Schweiz sich berechtigt glaube, diesen Strich Landes zurükzubegehren; sie werden sich ebenfalls darüber mit dem bevollmächtigten Minister des französischen Hofes besprechen.

4. Genf, auf dessen Schiksale die verbündeten Mächte mit besonderm Wohlwollen hinbliken, wird, seinen Wünschen gemäß, unter die Schweizerkantone aufgenommen werden. Daraus entsteht für die Eidgenossenschaft die Verpflichtung, Genf in seinen Ansprachen, namentlich wo es um die Sicherheit und Erleichterung der Bundesverhältnisse mit dieser Republik zu thun ist, ganz besonders aber aus dem Gesichtspunkte der Militärvertheidigung, wenn künftig Genf in unsere Neutralitätslinie eingeschlossen wird, nachdrüklich zu unterstüzen.

In der Denkschrift des Herrn Oberstquartiermeisters Finsler sind hierüber verschiedene Fälle vorausgesezt, aus welchen die außerordentlichen Herren Gesandten, je nach Umständen, den besten Nuzen werden zu ziehen wissen. Bekanntlich haben die Minister der verbündeten Mächte durch mehrere Noten in allgemeinen Ausdrüken dem Freistaate Genf eine Vergrößerung seines Gebietes versprochen, welche dessen Vereinigung mit der Schweiz zu erleichtern geeignet wäre. Ohne Zweifel wird die dasige Regierung mit der sie auszeichnenden Thätigkeit und Geschiklichkeit eine für sie so wichtige Unterhandlung betreiben. Abgeordnete von Genf dürften daher sich wohl zu Wien einfinden und Unterstüzung erhalten; die eidgenössischen außerordentlichen Herren Abgesandten werden ihnen bei jeder Gelegenheit aus allen Kräften an die Hand gehen und durch ihre dießfallsigen Empfehlungen den Beweis leisten, daß Genf's Interesse auch dasjenige der Schweiz sei. Sie werden es sogar nicht verhehlen, daß die Erledigung dieses Gegenstandes auf die endlichen Bedingnisse der Aufnahme in den Schweizerbund einigen Einfluß haben könne.

Zwei Punkte sind es, an denen Genf vor allem gelegen sein muß, und welche, nach der Überzeugung der Tagsazung, für die politische und militärische Sicherheit dieses Theils der Schweiz unumgänglich nothwendig sind, nämlich:

Erstlich, daß die Verbindung zu Lande mit Genf in Zukunft nicht mehr durch fremdes Gebiet unterbrochen werde. Am vortheilhaftesten ließe sich dieses bewerkstelligen durch die Vereinigung des Pays de Gex von den höchsten Gipfeln der Dôle aus und dem Bergrüken des Jura nach bis zu dem Fort de l'Écluse, oder wenigstens durch die Erwerbung jenes Theils des Pays de Gex, welcher auf eine so lästige Weise bei Coppet den Schweizerboden unterbricht. Eine befriedigende Ausgleichung darüber hängt von Unterhandlungen mit Frankreich ab; liegt es aber in den Absichten der zu Wien versammelten Mächte, dieselben zu begünstigen, so stehen alle Mittel der Betreibung und des Erfolges in ihren Händen. Auch darf man mit Wahrscheinlichkeit annehmen, daß die französische Regierung dergleichen Eröffnungen erwarte.

Sollten, wider aller Vermuthung, der Errichtung einer unmittelbaren Verbindung auf dem rechten Seeufer unübersteigliche Schwierigkeiten in dem Weg stehen, dann läge es freilich im Interesse der Schweiz und Genf's, sich auf dem linken Ufer zu vereinigen; es kommt aber der Tagsazung nicht zu, dießfalls Wünsche zu äußern, die einerseits den Absichten der Mächte in Betreff des Chablais und Faucigny vorgreifen dürften, und anderseits sich mit jenen Gesinnungen von Gerechtigkeit, Freundschaft und guter Nachbarschaft nicht vereinbaren ließen, welche allen Verhältnissen der Schweiz mit dem erlauchten Hause Savoyen Jahrhunderte hindurch zu Grunde lagen.

Der zweite für die Sicherheit und Ruhe Genf's hochwichtige Gegenstand wäre eine bessere Verbindung der zerstreuten Bestandtheile seines Gebietes vermittelst gewisser Abtretungen, die bei dem Zusammentreffen mehrerer glüklicher Umstände dermalen wahrscheinlich keiner großen Schwierigkeiten unterliegen. Die vielfältigen Gefahren und Verlegenheiten, worin Genf und auch die Schweiz sich in Folge dieser Zerstüklung im Laufe des sechszehnten, siebzehnten und selbst des achtzehnten Jahrhunderts verwikelt sahen, sind mehr als hinreichend, um die Empfehlungen der Herren Abgesandten zu Gunsten der von der Genferregierung dießfalls zu machenden Schritte vollkommen zu rechtfertigen.

Eine statistische und geographische, auf das Chablais und Faucigny und auf den Bezirk von Carouge Bezug habende Denkschrift finden die Herren Gesandten pro notitia bei den Acten unter Litt. H.

Erhält die Stadt Genf eine vortheilhafte Territorialausründung, so begehrt der Kanton Waadt, das Dorf Céligny, welches vom waadtländischen Gebiet ganz umgeben ist, zu erwerben. Entschiedene Localconvenienz spricht für diese Abtretung, und die Tagsazung wünscht, daß die Hohen Mächte, indem sie den Freistaat Genf wohlwollend berüksichtigen, ihn hinwieder zu einem geringen Opfer zu Gunsten des benachbarten Mitstandes bewegen möchten.

B. Grenzen gegen Italien

Die Herren Gesandten werden Veltlin, Cleven und Worms zurükfordern. Bekannt ist die Wichtigkeit und der Reichthum der ersten unter diesen Provinzen. Die Vereinigung der zweiten bietet wegen der Handelsverbindungen und mehr noch wegen der Grenzsicherheit für die Schweiz wesentliche Vortheile dar. Die Grafschaft Worms endlich hat jüngster Tage eine solche Anhänglichkeit und Treue gegen die Schweiz bewiesen, welche die Gewährung ihres Wunsches höchst empfehlenswerth macht. Feierliche Erklärungen der Minister der verbündeten Mächte bürgen der Eidgenossenschaft für die Rükerstattung. Mehreres hierüber besagen die Beilagen J, K, L, M.

Betreffend dann die Verhältnisse, in welchen diese Länder künftig mit Graubünden und mit der Schweiz stehen würden, so kann die Tagsazung, weil die Bündnerregierung sich selbst noch nicht erklärt hat, ihren Gesandten hierüber keine bestimmte Instruction geben. Die Tagsazung zweifelt indessen keineswegs, daß diese Frage im Rath der großen Mächte zur Sprache kommen werde; sie besorgt sogar einigermaßen, es möchten andere Interessen mit den rechtlichen Ansprüchen Graubündens im Widerspruch stehen. Indessen trägt sie ihrer Gesandtschaft auf, die Rechte des Standes Graubünden und den allenfalls von ihm nach Wien abzuordnenden Deputirten auf das kräftigste zu unterstüzen, aufstoßende Schwierigkeiten wo möglich aus dem Wege zu räumen, die Nothwendigkeit der Zurükerstattung nachdrüklich vorzustellen und das Recht geltend zu machen, welches zu Gunsten so vieler in den genannten Provinzen ihres Eigenthums beraubten Familien laut und feierlich spricht.

Die Denkschrift des Herrn Oberstquartiermeisters erwähnt auch des Landstriches, wo vormals die Festung Fuentes war, und wo jezt das Dorf St. Agatha liegt. Es wird dem Ermessen der Herren Abgesandten anheimgestellt, bei schiklich findender Gelegenheit von dieser Note Gebrauch zu machen.

Endlich werden dieselben zu bewirken trachten, daß das, zufolge der Denkschrift Litt. N, ungerechterweise und jeder örtlichen Convenienz zuwider dem Kanton Tessin entrissene Dorf Campione demselben durch die österreichische Regierung in der Lombardei zurükgestellt werde.

C. Grenzen gegen Deutschland

1. Thurgau. Die Stadt Constanz, der einzige sich über den Rhein erstrekende Punkt des deutschen Gebietes, wäre für die Schweiz eine wichtige und wohlgelegene Erwerbung. Die Regierung von Thurgau hat hierüber der Tagsazung die unter Litt. O beiliegende Denkschrift eingegeben.

Constanz, von Schweizerboden umgeben, bildet gleichsam einen Brükenkopf, der in künftigen Kriegen der Sicherheit der Schweiz nachtheilig werden könnte; daher auch die Abtretung dieser Stadt sich als ein wesentliches Erforderniß zu Behauptung der Neutralität empfiehlt. Auch rüksichtlich der Handelsverhältnisse wäre dieselbe sehr wichtig. Ein deutscher Fürst kann, im Besize von Constanz, nach seiner Willkür den Verkehr auf dem See oder auf dem Rhein hemmen oder beschränken, und eine der großen Handelsstraßen von Deutschland nach der Schweiz sperren. Er kann (wie die Erfahrung bewiesen) willkürliche und lästige Zollgebühren einführen. Besäße hingegen die Schweiz das linke Rheinufer ganz, so wäre die Freiheit der Handelsverhältnisse gesichert, und nur in Folge freundlicher Übereinkunft würden hier mäßige Gebühren bezogen.

Endlich hängt auch der zukünftige Wohlstand des jezt so verarmten und öden Constanz von seiner Vereinigung mit der Schweiz ab. Die Stadt besizt außerhalb ihrer Mauern kein Gebiet. Die Ländereien ihrer Einwohner liegen meistens im Thurgau, wo sie allein die Mittel zum Wiederaufblühen finden können. Auch für den Kanton Thurgau würden durch den Besiz von Constanz und aus seiner vortheilhaften Lage höchst ersprießliche Vortheile entspringen.

Solche Betrachtungen vermögen die Tagsazung, die Herren Gesandten zu beauftragen, es an nichts ermangeln zu lassen, um die Hohen alliirten Mächte zu Überlassung dieser Stadt an die Schweiz zu vermögen.

2. Schaffhausen. Die Regierung des Kantons Schaffhausen entwikelt in der unter Litt. P beiliegenden Denkschrift einige Ansichten und Wünsche, denen die Tagsazung ihre Zustimmung nicht versagen kann. Die gewünschten Abtretungen sind an sich von geringem Werthe, aber wichtig für die Bereini-

gung der Grenzen des Kantons, sowie zu Beibehaltung eines guten, nachbarlichen Einverständnisses mit den großherzoglich-badischen Ländern. Beide würden wesentlich erzielt:

a) durch Erwerbung der Landeshoheit über das Dorf Büsingen, welches ringsum vom Kanton Schaffhausen umgeben ist, der auch daselbst bereits alle Nuznießungen und die niedere Gerichtsbarkeit besizt;
b) durch Abtretung des Schlauch, einer die Landstraße von Schaffhausen auf Zürich zwischen den Ortschaften Merishausen und Bargen durchkreuzenden Erdzunge, wo ein einziges Haus sich befindet;
c) durch die Vereinigung des Dorfes Gailingen am rechten Rheinufer, welche nothwendig wäre, um eine unmittelbare, ununterbrochene Verbindung zwischen dem Districte Stein und den übrigen Theilen des Kantons zu unterhalten;
d) durch die gegenseitige Austauschung einiger Gerechtsamen des Großherzogthums Baden auf einem unbedeutenden Strich Landes, der längs dem Flüßchen Wutach liegt, gegen ähnliche, dem Kanton Schaffhausen in dem Dorfe Epfenhofen zustehende Rechtsamen, damit künftig ein jeder Staat auf seinem Grund und Boden die vollständigste Territorialoberherrschaft besize;
e) durch eine ähnliche Bereinigung in Bezug auf einige Stüke Landes, die unter dem Namen „Compromißstellen" bekannt und alle von sehr kleiner Bedeutung sind.

Die Regierung von Schaffhausen macht für ihre Ansprüche, neben der entschiedensten Localconvenienz, noch die großen Opfer geltend welche der Kanton dem Dienste der verbündeten Armeen willig gebracht hat. Auch hier wünscht die Tagsazung, daß ihre außerordentlichen Gesandten durch kräftige Empfehlungen sich zu Gunsten des Ansprechenden verwenden.

3. Zürich. Den nämlichen Auftrag gibt sie ihren Abgesandten in Betreff des Amtes Jestetten und der Ortschaften Herdern und Thengen, welche die Communication zwischen Zürich und Schaffhausen unterbrechen. Eine ausführliche Auseinandersezung dieser Gegenstände findet sich in der Denkschrift unter Litt. Q.

Um alles oben Gesagte über die Grenzverhältnisse der Schweiz kurz zusammenzufassen, und angenommen, daß vor allem aus die von der Schweiz und von Graubünden abgerissenen Länder, deren Wiedererstattung die Hohen Mächte ausdrüklich versprochen haben, wieder zurükgegeben werden, sezt die Tagsazung unter den Territorialangelegenheiten diejenigen wegen des Bisthums Basel und wegen des Zusammenhangs und der Arrondirung des Gebietes von Genf in die erste Classe; der Vereinigung von Constanz räumt sie den zweiten Rang ein und verweiset die übrigen Gegenstände in die dritte Classe.

VII. In der unter Litt. R beiliegenden Denkschrift klagen die Regierungen der Kantone Schaffhausen und Thurgau, daß mehrere ihrer frommen Stiftungen und bürgerlichen sowohl als religiösen Corporationen sich durch die willkürlichen Maßregeln der Regierung des Großherzogthums Baden in den traurigsten Verfall versezt befinden, da gedachte Regierung, den heiligsten Rechten und den bestimmtesten Versprechungen zum Troz, dennoch bis auf heutigen Tag den Sequester beibehalten hat, welcher durch das bekannte österreichische Incammerationsedict vom Jahr 1803 auf Eigenthum und Einkünfte jener Corporationen gelegt wurde. Schaffhausen berechnet den Werth desjenigen, was ihm dadurch ungerechter Weise vorenthalten wird, auf 340 503 Gld. 30 Kr., Thurgau den Werth des seinigen auf 312 686 Gld. 2 Kr.

Da Herr Bürgermeister von Reinhard alles, was auf das Incammerationswesen Bezug hat, sehr vollständig kennt, so ist es nicht nöthig, diesen Gegenstand hier weitläufiger zu erörtern.

Obige Forderungen von Schaffhausen und Thurgau gehören in die zweite Classe der Instructionspunkte der Tagsazung für die Herren Abgesandten. Diese werden sich dafür nach bester Gelegenheit verwenden, und mögen auch erforderlichen Falls gedachtes Eigenthum zum Theil als Ersazmittel für die Territorialberichtigungen darstellen, welche zu Gunsten Thurgau's, Schaffhausen's und Zürichs gewünscht werden.

Im Allgemeinen empfiehlt die Tagsazung ihren Gesandten, auf alles ein sorgfältig wachsames Auge zu haben, was die politische Existenz, die Sicherheit, die Ehre der Schweiz und die wohlwollenden Verhältnisse anbetrifft, die sie mit allen Mächten zu unterhalten wünscht. Sie sezt das größte Zutrauen in ihre Vaterlandsliebe und Einsichten und hofft unter Gottes gnädigem Beistande den glüklichsten Erfolg ihrer Bemühungen. Eine förmliche Vollmacht, deren sie vielleicht bei dem Congresse bedürfen könnten, finden sie unter Litt. S und Empfehlungsschreiben an die Minister Fürst von Metternich, Lord Castlereagh, Fürst von Benevent, Graf von Nesselrode und Fürst von Hardenberg unter Litt. T, U, W, X, Y der Beilagen.

Gegeben zu Zürich, den 15. September 1814.

Im Namen der schweizerischen Tagsazung unterzeichnet:
Für den Amtsbürgermeister des Kantons Zürich, Präsident derselben,
der zweite Gesandte des Kantons Zürich:
Finsler, Staatsrath.
Der Kanzler der Eidgenossenschaft:
Mousson

Nachweisung der Beilagen zu der vorstehenden Instruction[4]

A. Schreiben der eidgenössischen Tagsazung an Seine Majestät den Kaiser von Österreich, vom 15. Herbstmonat 1814 (findet sich Band II des Abschieds S. 48).
B. Schreiben derselben an Seine Majestät den Kaiser von Rußland, vom nämlichen Datum (Band II des Abschieds S. 49).
C. Schreiben derselben an Seine Majestät den König von Preußen, vom nämlichen Datum (Bd. II des Abschieds S. 50).
D. Abschrift der Note der Minister von Rußland, Österreich und Großbritanien an die eidgenössische Tagsazung, vom 13. August 1814 (Band I des Abschieds S. 156).
E. Bericht des Herrn eidgenössischen Oberstquartiermeisters Finsler über eine für die Schweiz wünschenswerthe Militärgrenze, vom 2. Mai 1814 (Band I, Abschiedsbeilage lit. M).
F. Commissionsbericht über die zur Erzielung einer für die Schweiz wünschenswerthen Militärgrenze zu ergreifenden Maßregeln, vom 1. Brachmonat 1814 (Band I, Abschiedsbeilage lit. N).
G. Auszug aus dem Protokoll der eidgenössischen Tagsazung vom 3. Brachmonat 1814, den nämlichen Gegenstand betreffend (Band I des Abschieds S. 181–183).
H. Denkschrift und Notizen über die Provinzen Chablais und Faucigny und den Bezirk von Carouge, mit einem Originalplan. (Der Wortlaut dieser Denkschrift findet sich in einer Beilage zur Instruction.)
J. Note der Tagsazung an Ihre Excellenzen die Herren Minister der verbündeten Mächte, vom 27. April 1814, wegen der Angelegenheiten von Veltlin, Cleven und Worms (Band I des Abschieds S. 271).
K. Antwort der Herren Minister der verbündeten Mächte, vom 30. April 1814 (Band I des Abschieds S. 273).
L. Antwortsnote der Herren Minister der verbündeten Mächte, vom 30. April 1814, die militärische Besezung der von der Schweiz abgerissenen Länder betreffend (Band I des Abschieds S. 180).
M. Offenes Schreiben der Minister der verbündeten Mächte wegen der militärischen Besezung der Landschaften Veltlin, Cleven und Worms, vom 7. Mai 1814, dem Befehlshaber der eidgenössischen Truppen, Herrn Oberst von Hauser, zugestellt (Band I des Abschieds S. 277).

[4] Diese Zusammenstellung stammt vom Hrsg. des Repertoriums. Die Belege verweisen auf das zeitgenössische Druckwerk: Abschied der am 6. Aprill [!] 1814 zu Zürich versammelten und am 31. Aug. daselbst geschlossenen außerordentlichen eidgenössischen Tagsatzung. Bd. 1–3. o. O. u. J.

N. Denkschrift der Gesandtschaft von Tessin, vom 24. Mai 1814, betreffend die Wiedervereinigung des Dörfchens Campione, nebst einem Originalplan (der Wortlaut derselben steht in einer Beilage zur Instruction).

O. Denkschrift der Regierung von Thurgau, vom 9. Herbstmonat 1814, betreffend die Vereinigung von Constanz mit gedachtem Kanton (dieselbe steht in einer Beilage zur Instruction).

P. Denkschrift der Regierung von Schaffhausen, vom 8. Herbstmonat 1814, betreffend die Vereinigung der Dorfschaften Büsingen, Gailingen u. s. f. mit diesem Kanton (der Wortlaut derselben ist in einer Beilage zur Instruction enthalten).

Q. Schreiben der Regierung von Zürich, vom 15. Herbstmonat 1814, betreffend die Erwerbung des Amtes Jestetten und der Ortschaften Herdern und Thengen (dasselbe steht in einer Beilage zur Instruction).

R. Denkschrift der Stände Schaffhausen und Thurgau wegen fortdauernden Sequesters von Seite des Großherzogthums Baden auf dem Eigenthum verschiedener Corporationen dieser beiden Stände (dieselbe befindet sich in einer Beilage zur Instruction).

S. Vollmacht für die außerordentliche eidgenössische Gesandtschaft auf den Congreß in Wien, vom 15. Herbstmonat 1814, in deutscher und französischer Sprache (Band II des Abschieds S. 53).

T. Schreiben der eidgenössischen Tagsazung an den Fürsten von Metternich, k. k. österreichischen Staats- und Conferenzminister und dirigirenden Minister für die auswärtigen Angelegenheiten usw., vom 15. Herbstmonat 1814 (Band II des Abschieds S. 51).

U. Schreiben derselben an den Grafen Nesselrode, kaiserlich-russischen Staatsminister für die auswärtigen Angelegenheiten usw., vom 15. Herbstmonat 1814 (Band II des Abschieds S. 52).

V. Schreiben derselben an den Fürsten von Hardenberg, königlich-preußischen Staatskanzler usw., vom 15. Herbstmonat 1814 (Band II des Abschieds S. 52).

X. Schreiben derselben an den Viscount Castlereagh, königlich-großbritannischen Staatssecretär für die auswärtigen Angelegenheiten usw., vom 15. September 1814 (Band II des Abschieds S. 52).

Y. Schreiben derselben an den Fürsten von Benevent, königlich-französischen Minister und Staatssecretär für die auswärtigen Angelegenheiten (Band II des Abschieds S. 53).

16. Instruktion Max' I. Joseph von Bayern für Wrede (Auszug)

Die Form des Kongresses (S. 159). Bayern und Österreich (S. 161). Die künftigen bayerischen Grenzen (S. 162). Die künftige Gestaltung Deutschlands (S. 166). Bayern und die europäischen Mächte (S. 170).

MA 1028 fol. 4–27, BayHStA München. Teildruck von Abschn. IV bei Doeberl, S. 67–71. Übers. d. Hrsg. aus d. Franz.

Konzept München, 24. September 1814[a]

In vollem Vertrauen auf den Eifer, die Fähigkeiten, die Tatkraft und die Treue, wovon Karl Fürst von Wrede, Marschall Unserer Armeen, Inhaber des Großkreuzes Unserer Orden usw., Uns in den wichtigen Missionen, mit denen Wir ihn betraut haben, vielfältige Beweise geliefert hat, haben Wir ihn dazu bestimmt, Unsere Vertretung zu übernehmen und Unsere Interessen auf dem Kongreß wahrzunehmen, der sich gemäß Artikel 32 des in Paris am 30. Mai dieses Jahres unterzeichneten Friedensvertrages[1] in Wien versammeln soll. Er wird sich unverzüglich in diese Hauptstadt begeben und dem Kaiser von Österreich sowie dem von Rußland und dem König von Preußen die Briefe übergeben, die in Original und Kopie hier beigefügt sind. Sie sind so verfaßt, daß Wir diesen verschiedenen Souveränen zwar die mittelbar mit ihnen oder durch ihre Vermittlung geschlossenen Verträge in Erinnerung bringen und ihnen folglich die Unterstützung der Interessen Unserer Krone anempfehlen, aber Wir haben sorgfältig alles vermieden, was einem nicht vertraglich abgestützten Schiedsspruch von durch nichts begründeter Legalität ähneln könnte. Wir versehen ihn mit einer Vollmacht, die ihn autorisiert, in Unserem Namen diejenigen Urkunden oder Verträge zu unterzeichnen, die sich aus den bald beginnenden Verhandlungen ergeben könnten.

Wir sagen nichts über die allgemeine Verhaltensweise, deren er sich gegenüber den diplomatischen Agenten zu befleißigen haben wird, die die Konferenzen sowie die Bedeutung der vermutlich dort zur Sprache kommenden Gegenstände zu der Wiener Versammlung ziehen werden. Seine Verhaltensweise muß dem Grad der zwischen Uns und ihnen bestehenden Vertrautheit, Übereinstimmung und Freundschaft entsprechen, und zwar derart, daß er sich bevorzugt denen anschließt, deren Höfe mit dem Unseren durch bestimmte Verpflichtungen verbunden sind oder auf deren Freundschaft Wir mit besonderem Grund rechnen können, und daß er alles vermeidet, was irgendeinen anderen verletzen, ihm berechtigtes Mißtrauen einflößen und dem Glauben

[a] Expeditionsvermerk: „Expedié le 25 Sept. St."

[1] Nr. 3 S. 61–63.

Raum geben könnte, daß Wir ausschließlich auf andere Verbindungen gestützt, auch nur die geringste Absicht hätten, die Verbindungen als überflüssig zu vernachlässigen, die sie möglicherweise mit Uns eingehen wollen. Wir haben Verträge abgeschlossen, Wir sind fest entschlossen, sie mit der gewissenhaftesten Genauigkeit einzuhalten. Wir erwarten, daß man gleichermaßen die Uns gemachten Versprechen erfüllen wird. Aber der Zustand Europas ist noch nicht genügend gefestigt, die Einstellungen der Mächte sind bisher weder schon genügend deutlich noch genügend klar, als daß Wir, ohne die ersten und einfachsten Regeln gewöhnlicher Vorsicht zu verletzen, irgendeine Regierung vor den Kopf stoßen oder Uns im mindesten mit ihr einlassen könnten und müßten. Nach der Aufstellung dieser allgemeinen Grundsätze, die Wir dem Fürsten von Wrede als eine erste unumstößliche Regel vorschreiben, von der er unter gar keinen Umständen abweichen darf, wenden Wir uns den verschiedenen Gegenständen zu, die vorrangig seine Aufmerksamkeit auf dem Schauplatz, auf den Unser Vertrauen ihn beruft, fesseln sollen.

Sie bestehen

1. in der Form des Kongresses selbst,
2. Unserer Stellung gegenüber Österreich,
3. den zukünftigen Grenzen Unseres Königreichs,
4. der zukünftigen Lage Deutschlands.

I. Über die Form des Kongresses

Ein Kongreß wurde nach Wien einberufen. Man hat die für den Augenblick ebenso einfache wie für die Zukunft schwierige Entscheidung getroffen, allgemein und unbestimmt alle Verhandlungspunkte dorthin zu verweisen, über die man sich in Paris nicht sofort einigen konnte; aber indem man sich mit diesem Beschluß begnügte, unterließ man es, im voraus festzulegen, welche Form diese Zusammenkunft von Bevollmächtigten haben sollte. Wie sollen die Angelegenheiten dort vorgetragen und verhandelt werden? Alle Mittel, die Wir bisher angewandt haben, um Uns entsprechende Kenntnisse zu verschaffen, alle Fragen, die Wir allen nach Unserer Meinung unterrichteten Personen direkt oder indirekt stellen ließen, waren fruchtlos und haben Uns zu keinem genauen Ergebnis geführt. Die bisher in Europa gebräuchlichen Formen sind auf den gegenwärtigen Stand der Dinge nicht anwendbar.

Sonst versammelten sich die kriegführenden Mächte mit oder ohne Mittelsmann zu Friedensverhandlungen; hier ist niemand im Krieg; vielmehr herrscht Frieden. Es kann also nicht von einer Aussöhnung die Rede sein, die ja schon existiert. Man weiß auch nicht, ob man sich über einen Schiedsrichter verständigt hat, der den Meinungsaustausch zwischen den Mächten übernehmen kann, die noch eigene, Deutschland nicht betreffende Interessen trennen könnten. Im früheren Reich ließ sich das Oberhaupt jedesmal, wenn es sich um Abschlüsse handelte, die das Reich angingen, Vollmachten ausstellen, um in seinem Namen mit den ausländischen Mächten zu verhandeln, oder es wurde eine Deputation der drei Kollegien mit paritätischer Besetzung durch die drei Konfessionen zu dem Kongreß zugelassen, die entweder direkt mit den Vertretern der ausländischen Mächte wie in Ryswick 1697 oder über die kaiserlichen Gesandten wie in Rastatt 1798 verhandelte. In anderen Fällen erarbeiteten vermittelnde Höfe einen vorläufigen Plan unter sich, den sie dann dem früheren Reich als einen [2] Versöhnungsplan zur Annahme vorlegten. Eine vom Reichstag gebildete und mit seinen Vollmachten versehene Deputation diskutierte sodann, veränderte oder akzeptierte die in dieser Form gemachten Vorschläge. Die Rezeß genannte Urkunde wurde vom Kaiser bestätigt, als Reichsgesetz veröffentlicht und zur Ausführung gebracht. Keine dieser Formen könnte hier angewandt werden. Es gibt weder eine kriegführende Macht, die ein Vermittler zu versöhnen hat, noch eine gesetzmäßig zustande gekommene Körperschaft, die vertreten werden kann. Demnach wären die beiden einzigen, auf den gegenwärtigen Stand der Dinge anwendbar erscheinenden Auswege, daß entweder die Regierungen, die das Bündnis gegen Frankreich in die Wege geleitet haben, vorab unter sich Grundsätze aufstellten, die andere Staaten sodann übernehmen würden, oder daß sie sich als eine Art Schiedstribunal konstituierten, das die Gründe der anderen Höfe anhören und über ihre Forderungen entscheiden würde. Welchen Weg man auch einschlagen mag, Wir müssen dem Fürsten von Wrede auf das genaueste, speziellste und entschiedenste auftragen, dabei sorgfältig auf das zu achten, was für die Würde Unserer Krone von Bedeutung ist. Sie erfordert gebieterisch, daß Wir zu den zur Entscheidung über die verschiedenen Fragen berufenen Beratungsgremien zugelassen werden, falls diese Form praktiziert würde, ohne in der Menge jener Bittsteller unterzugehen, die man leichtfertig behandelt und oft verstimmt fortschickt. Die bestehenden Verträge, die von Uns für die gemeinsame Sache geleisteten Dienste geben Uns das Recht, diesen Anspruch zu erheben. Fürst von Wrede wird unentwegt darauf bestehen, und sollte man deswegen zu viele Schwierigkeiten machen, würde er deutlich und ohne Umschweife erklären, daß es ihm nur unter dieser Bedingung und unter Einhaltung dieser Form gestattet sei, auf dem Kongreß zu erscheinen.

Da die besondere Form von Verträgen über vorgegebene Grundsätze nicht die gleichen Schwierigkeiten bietet, kann sie angenommen werden. Wir glauben indessen, daß Wir von der Freundschaft des Wiener Hofes, dem Uns von ihm zugesagten Vertrauen sowie der Achtung der anderen Mächte für Uns er-

[2] In der Vorlage unterstrichen.

warten können, daß man Sie im voraus über die Pläne, die man vorlegen wird, unterrichtet, damit Wir die Bemerkungen dazu machen können, deren sie im Hinblick auf unsere besonderen Interessen, die man so oft und so feierlich mit ganz besonderer Aufmerksamkeit zu behandeln versprochen hat, zu bedürfen scheinen.

II. Über Bayerns besondere Interessen Österreich gegenüber

Unsere Stellung dieser Macht gegenüber ist tatsächlich außergewöhnlich; wir sind Freunde, ohne Verbündete zu sein, da man in Wien von einem Bündnisvertrag, als er vorgeschlagen wurde, nichts wissen wollte. Die Höfe, die Regierenden und die Souveräne sind anscheinend verbündet; doch ist der Geist des Mißtrauens nicht geschwunden. Die Gewalten in Justiz und Verwaltung verfahren immer noch so, als ob man miteinander gebrochen habe oder sich zumindest feindselig beobachte. Der Umgangston hat noch nichts von seiner alten Schärfe eingebüßt. Dies ist gewissermaßen ein Vorwand, den besonders Herr Roschemann benutzt, um die endgültige Regelung der Angelegenheiten Tirols und Vorarlbergs aufzuhalten.

1. feilscht man wegen der Schuld und will nur die hypothekarisch besonders abgesicherten Schuldforderungen übernehmen, obwohl die Konvention vom 3. Juni[3] kein Wort über diesen Vorbehalt sagt und dieser sich nur auf eine Privatdepesche Seiner Majestät des Kaisers von Österreich stützt.

2. widersetzt man sich der Hinterlegung, dem Verkauf, der Auslieferung an ihre Käufer der Effekten der Bergwerke, der Salzlager, der Magazine und der Depots, die man nach Bayern transportieren möchte oder die an Privatleute verkauft wurden. Man sucht diese Forderung mit der Notwendigkeit zu begründen, einen für die Nutzung dieser verschiedenen Fabriken erforderlichen Grundbestand an Ausstattungsgegenständen zu behalten, obwohl die Konvention vom 3. Juni nichts davon sagt und dieses Wort nur durch die Unachtsamkeit des Barons von Hettersdorf – ein Fehler, der sofort beseitigt wurde, – in das Übergabeprotokoll geriet; im übrigen kann man nicht sagen, daß schon geförderte Salze und Mineralien zu den für die Weiterverarbeitung notwendigen Ausstattungsgegenständen gehören.

3. will man so die Restschuld der Zahlungen, die Wir zum Zeitpunkt der Übergabe dieser Depots an Österreich nicht geleistet haben, in Abzug bringen, obwohl der uns durch die Konvention vom 3. Juni vorbehaltene Rückstand für die Begleichung dieser ganzen Restschuld mehr als ausreichend wäre.

4. hat man von der Grafschaft Hohenems Besitz ergriffen, obwohl sie nicht

[3] Vgl. CTS, 63 S. 215 (Art. 7).

zu Vorarlberg gehört, in das sie nicht einmal enklaviert ist, denn sie zieht sich auf einer Seite zum Rhein und zur Schweiz hin, und obwohl sie im Frieden von Preßburg namentlich und gesondert abgetreten wurde. Das beigefügte Memorandum enthält genauere Einzelheiten über die sieben Herrschaften von Vorarlberg.

5. Wir sind weit davon entfernt, den guten Glauben des Wiener Hofes in Frage zu stellen oder an seiner Freundschaft und den wiederholt dazu empfangenen Versicherungen zu zweifeln; aber es ist nicht weniger gewiß, und man hat Beweise dafür, daß auf unserem Territorium und gegen unsere Absichten eingesetzte untergeordnete Beamte versuchen, die Anhänglichkeit der Menschen zu erschüttern, in den Ämtern Weiler, Sonthofen, Immenstadt, Werdenfels und Auerburg *[Auerberg?]* auf die Gemüter einzuwirken: Die beigefügte Abschrift des vom Original kopierten Briefes kann als Kostprobe dessen dienen, was man betreibt. Die Klagen der Generalkommissare über diesen Punkt sind einhellig: sie bestätigen in ihren offiziellen Berichten, daß die verfrühte Veröffentlichung der Konvention vom 3. Juni, die doch geheim bleiben sollte, die Gemüter in den Ämtern der Berge des Salzburger Landes so sehr beunruhigt hat, daß die Untertanen aus Angst, im Fall des Herrschaftswechsels zu zweimaliger Zahlung gezwungen zu werden, den Ausweg gewählt haben, überhaupt nichts mehr zu zahlen: im allgemeinen kommen alle ungünstigen Nachrichten direkt oder indirekt aus der Wiener Korrespondenz oder werden von Agenten dieses Hofes verbreitet. Dieser Zustand darf nicht andauern; er würde Mißtrauen entstehen lassen, den Haß nähren und unzweifelhaft zu einem Bruch führen. Es ist notwendig, daß die jeweiligen Beamten ihre alten Vorurteile ablegen, daß sie lernen, sich zueinander zu benehmen, wie es sich für Zivilbeamte befreundeter Staaten gehört, daß eine Regierung sich in die Lage der anderen versetzt, daß sie nichts von ihr verlangt, was gegen die grundlegenden Prinzipien ihrer Verwaltung verstößt und was sie selbst nicht willens wäre zuzugestehen: Die bestehenden Streitfragen müssen gelöst werden. Die folgenden Grundsätze erscheinen uns hierfür als die richtigsten.

Skizziert Lösungsvorschläge für die aufgelisteten Streitfragen. Von besonderer Wichtigkeit ist die eindeutige Festlegung der Grenzen. Mit Berchtesgaden muß Bayern eine „einfache und unabhängige Verbindung“ *erhalten.*

III. Über die künftigen Grenzen Bayerns

Der Vertrag von Ried[4] hatte ein Militärbündnis mit Österreich vereinbart. Rußland und England hatten die Abtretung von Tirol und Vorarlberg bei vol-

[4] Ebenda, 62 S. 425 f. (8. 10. 1813).

ler Entschädigung in geographischer, statistischer und finanzieller Hinsicht gewünscht: Der Austausch Aschaffenburgs und Würzburgs gegen diese Provinzen verwirklicht annähernd dieses Ziel. Der Wiener Hof kann noch Salzburg ohne Berchtesgaden, das Amt Lauffen und die Dörfer auf dem linken Salzachufer sowie das Inn- und das Hausruckviertel fordern, und es geht nun darum, zur Erreichung dieses Zieles ein Äquivalent zu finden. Das österreichische Kabinett hat der unentgeltlichen Abtretung von Redwitz zugestimmt. Es hat seine besten Dienste dafür zugesagt, Bayern die Stadt und Festung Mainz sowie ein Gebiet von größtmöglicher Ausdehnung auf dem linken Rheinufer zufallen zu lassen; es hat weiter versprochen, dem Königreich die Grafschaft Hanau, die Städte Wetzlar und Frankfurt, wobei diese aber die für die Freiheit ihres Handels notwendigen Privilegien erhält, die ehemalige Pfalz und die kleinen Fürstentümer längs den Verbindungslinien Unserer Staaten unter der Voraussetzung, daß sie schließlich mediatisiert würden, zu verschaffen, um Tauschgeschäfte und andere Regelungen zu erleichtern, die Wir mit dem König von Württemberg, den Großherzögen von Baden und Darmstadt sowie den Fürsten von Nassau abzumachen wünschen könnten; Wir hingegen versprechen Unsererseits, Uns für die Grenzlinien zu verwenden, die sich für Uns und Unsere Nachbarn als für alle Seiten vorteilhaft erweisen würden. Um diese Regelungen auszuführen, muß man das doppelte Ziel anstreben, das im Vertrag von Ried versprochene vollständige Äquivalent zu erlangen und die Macht Unseres Königreichs entsprechend Geist und Buchstaben des Artikels 6 der Konvention vom 3. Juni auf feste Grundlagen zu stellen.[5]

[5] Geheimartikel I–IV des Vertrags von Ried vom 8. 10. 1813 bestimmten:

„Artikel I. Die beiden vertragschließenden Mächte betrachten als einen Hauptzweck ihrer Anstrengungen in dem gegenwärtigen Kriege die Auflösung des Rheinbundes und die völlige und unbedingte Unabhängigkeit Baierns, sodaß es frei von jedem fremden Einflusse seine Souveränetät vollständig genieße.

Artikel II. Se. Majestät, der König von Baiern, wird sich zu allen Abtretungen verstehen, welche man für nöthig erachtet, um den beiderseitigen Staaten eine angemessene militärische Grenze zu sichern.

Artikel III. Se. Majestät, der Kaiser von Oesterreich, verpflichtet sich für sich und im Namen seiner Verbündeten seine wirksamste Vermittelung und, wenn es nöthig ist, seine ganze Macht anzuwenden, um Sr. Majestät, dem Könige von Baiern, für die abzutretenden Provinzen die vollständigste und auf die geographischen, statistischen und finanziellen Verhältnisse berechnete Entschädigung zu verschaffen. Besagte Entschädigung muß für das Königreich Baiern passen, und mit ihm ein vollkommen zusammenhängendes, nicht unterbrochenes Ganze bilden.

Artikel IV. Da die geographische Lage der beiden Staaten eine neue Grenzbestimmung zwischen ihnen erfordert, so verspricht Se. k. k. apostol. Majestät im Einverständnisse mit den verbündeten Mächten, und unter ihrer Bürgschaft Sr. baierschen Majestät eine volle und gänzliche Entschädigung für die Abtretungen, welche sie infolge

Bei dieser Sachlage muß man das doppelte Ziel verfolgen, vollständige Entschädigung für die Abtretungen zu erhalten und Unsere Macht dadurch zu festigen, daß Wir Uns die Entschädigung in großem Umfang in unmittelbarer Nähe Unserer Staatsgrenzen geben lassen, damit Wir aus allem ein fortlaufendes, zusammenhängendes Gebilde machen können. Gerade darin besteht die große Schwierigkeit! Seit der Abschaffung des Registerrechts, der Veräußerung von Domänen, der Aufhebung der Feudalrechte, der Wiederherstellung der privaten Güter, die man zum großen Teil wird zurückgeben müssen, hat

dieses Grundsatzes in den Fall kommen wird an Oesterreich zu machen. Jede Veränderung des jetzigen Besitzstandes Baierns wird für die Zeit des künftigen Friedens vorbehalten, und kann nur mit Einwilligung beider Theile stattfinden."
Pappermann, I S. 300. Franz. Text: CTS, 62 S. 429 f.

In Ergänzung hierzu wurde in der Pariser Konvention zwischen Österreich und Bayern vom 3. 6. 1814 vereinbart:

„Artikel I. [. . .]

Seine Majestät der König von Bayern verpflichtet sich, Seiner Kaiserlich-Königlichen und Apostolischen Majestät Tirol, Vorarlberg, das Fürstentum Salzburg, so wie es der letzte österreichische Fürst besessen hat, mit Ausnahme des Amtes Laufen und der Dörfer auf dem linken Saalufer, das Innviertel und den Hausruckkreis, abgesehen von den in den Artikeln II und IV der vorliegenden Konvention erwähnten Ausnahmen und Modifikationen, abzutreten, und andererseits garantiert Seine Kaiserlich-Königliche und Apostolische Majestät Seiner Majestät dem König von Bayern, dafür zu sorgen, daß er die vollständigsten Äquivalente für die genannten Länder und sogar mehr erhält, soweit er die Mittel dazu haben wird und die Umstände es zulassen werden."
Artikel II–V.

„Artikel VI. Da Seine Kaiserlich-Königliche und Apostolische Majestät Seiner Majestät dem König von Bayern Beweise des Interesses geben will, das er an der soliden Grundlegung seiner Macht hat, verspricht er, seine besten Dienste einzusetzen:

1. Um Stadt und Festung Mainz dem bayerischen Anteil zufallen und den Staaten Seiner Bayerischen Majestät die größtmögliche Ausdehnung auf dem linken Rheinufer geben zu lassen.

2. Um die frühere Rheinpfalz dem bayerischen Anteil zufallen zu lassen, wobei Seine Majestät der König von Bayern sich seinerseits verpflichtet, sich zu Grenzregelungen bereit zu finden, die für ihn und seine Nachbarn von gegenseitigem Nutzen zu sein versprechen.

3. Um die Abtretungs-, Tausch- und anderen Regelungen, die Seine Bayerische Majestät mit den Nachbarstaaten zu treffen wünschen könnte, zu erleichtern, nämlich: mit dem König von Württemberg, den Großherzögen von Baden und Darmstadt und den Fürsten von Nassau, um direktere Verbindungen zwischen Seinen Staaten herzustellen. Die Bestimmungen des vorliegenden Artikels finden Anwendung auf die kleinen Fürstentümer entlang den Verbindungslinien zwischen den Bayerischen Staaten, falls sie kraft der endgültigen Neuordnung Deutschlands mediatisiert würden."
CTS, 63 S. 213–215. (Übers. d. Hrsg. aus d. Franz.) Vgl. Winter, S. 133–143.

das linke Rheinufer nicht mehr denselben Wert wie früher; man hätte im übrigen höchstwahrscheinlich Rivalitäten zu überwinden und Ansprüche auf dieses Gebiet zu bekämpfen; außerdem liegt es wie alles übrige, auf das man Uns Hoffnungen macht, weit entfernt von Uns. Der Weg des Gebietsaustauschs, zu dessen Förderung sich der Wiener Hof verpflichtet hat, wird nicht ohne Schwierigkeiten bei der Durchführung zu beschreiten sein. Man muß mit der größten Widerspenstigkeit von seiten Württembergs und sogar mit einigem mehr oder weniger anhaltenden Widerstand von seiten Badens, Darmstadts und Nassaus rechnen, deren wechselseitige Rivalität jedoch unbedingt notwendig ist, wenn Wir Unser Ziel erreichen wollen.

Wir müssen Uns also darauf beschränken, folgende Grundsätze als Verhaltensregel vorzuschlagen.

1. Wir müssen den ganzen Teil des linken Rheinufers zwischen diesem Fluß, der neuen französischen Grenze und der Mosel fordern. Man kann sich nicht mit Besserem zufriedenstellen lassen, wenn man sich etwas für die verschiedenen Entschädigungen verschaffen will, die Wir anzubieten haben werden.

2. Außer der Festung Mainz mit ihrem Umland, Wetzlar, Frankfurt, Hanau, der ehemaligen rechtsrheinischen Pfalz werden Wir noch Fulda fordern müssen, das die Konvention vom 3. Juni zwar nicht erwähnt, auf das Wir aber dennoch nicht verzichten können, da es Uns sowohl als Material für einige Tauschgeschäfte, für die vollständige Abrundung von Würzburg und Aschaffenburg als auch zur Erlangung der für den besseren Betrieb der verschiedenen Fabriken, insbesondere der Salinen von Orb, so nützlichen Wälder dienen kann.

3. Wir müssen den Wiener Hof nachdrücklich bei dem gegebenen Wort festhalten, ihm kein Stück Land abtreten, wofür man Uns nicht das Äquivalent vorgestellt und zugesichert hat.

4. Wir müssen auf den in dem beigefügten Memorandum enthaltenen Abtretungen von seiten der Höfe von Württemberg, Baden und Darmstadt bestehen.

5. Wir müssen nachdrücklich die vollständige Etablierung des Großherzogs auf dem linken Rheinufer betreiben, um mit seinen Staaten eine Entschädigungsmöglichkeit für die zu gewinnen, von denen Wir etwas wünschen könnten.

6. Wir dürfen nichts von Unserem Besitz abtreten, solange Wir nicht vollständig zufriedengestellt sind.

7. Wenn dies zu schwierig würde, müssen Wir Schritt für Schritt und derart nachgeben, daß Wir auf seiten Bayerns stets behalten, was Wir in anderen Punkten nicht erreichen können: man würde die Abtretungen mit dem Hausruckviertel beginnen und sie mit dem oberen Teil des Salzburger Landes fortsetzen sowie sodann das Innviertel als letzten Abtretungsgegenstand zurück-

halten; wohlgemerkt, man wird diese letzten Mittel nur im äußersten Notfall anwenden. Für die Erfüllung der vertraglichen Verpflichtung, die Stadt Frankfurt im Genuß der für ihre Handelsfreiheit notwendigen Privilegien zu belassen, haben wir den beigefügten Verfassungsentwurf für sie erstellen lassen, den Sie Fürst von Metternich übermitteln können. Er wird hoffentlich dazu dienen, die falschen und ungereimten Gerüchte zu zerstören, in deren Verbreitung man sich gefällt.

IV. Die zukünftige Gestaltung Deutschlands

Dieser Gegenstand beschäftigt seit einem Jahr alle Zeitungsschreiber, einige Broschürenverfasser und eine kleine Zahl deutscher Gelehrter von Rang. Jeder kritisiert, jeder möchte dabei auf seine Kosten kommen und glaubt die Vollendung erst zu finden, wenn seine persönlichen Vorstellungen verwirklicht werden, wenn sein eigenes Interesse gerettet wird. Man will unbedingt, daß die deutsche Nation ein starkes Volk wird, und man würde es, um es stark zu machen, zunächst durch die Feuerprobe der Vernichtung gehen lassen.

Wenn man indessen diese erhabenen Theorien nur ein wenig beiseiteschiebt, um sich Buchstaben und Sinn der Verträge zu nähern, wird diese so komplizierte Frage äußerst einfach; es bleibt nur die Existenz souveräner Staaten übrig, die untereinander durch die Bande einer Föderation verbunden sind. Dies sagt der Friedensvertrag vom 30. Mai 1814. Er verwendet sogar einen noch stärkeren Ausdruck, den der Unabhängigkeit.[1] Unsere von allen Mächten anerkannten und garantierten besonderen Vereinbarungen mit Österreich zeigen keinen anderen Sinn. Sie sprechen nur von uneingeschränkter Unabhängigkeit und Souveränität. Alle unsere Anstrengungen seit 1805, die Leiden, die großen Taten, der Ruhm, den unsere tapfere Armee erworben hat, hatten kein anderes Ziel. Das wertvolle Blut, das in Strömen vergossen wurde, ist vergebens geflossen; dies müßte man sich vorhalten, wenn dieses geheiligte Prinzip auch nur die geringste Beeinträchtigung erführe.

Somit kann es sich weder darum handeln, das Kriegs-, Friedens- und Bündnisrecht der verschiedenen Regierungen Deutschlands in ihren Beziehungen untereinander oder mit dem Ausland einzuschränken, noch kann es darum gehen, das Post- und Münzrecht, das Recht der Gewichte und Maße, das Zollrecht, das Recht, Gesetze zu erlassen, neue Steuern zu schaffen, die alten zu ändern, umzugestalten oder aufzuheben, Truppen aller Waffengattungen auszuheben, zu organisieren, zu leiten, zu befehlen, wie man es für erforderlich hält, Festungen zu errichten und deren absoluter Herr zu bleiben, Festungen zu bauen, sie mit Garnisonen zu belegen und deren Herr zu bleiben, nach dem

Ermessen eines jeden Souveräns alle Einrichtungen und vor allem die der Post zu leiten, Einschränkungen zu unterwerfen. Wenn zu diesem letzten Punkt allgemeine Konventionen angeregt würden mit dem Ziel, den Schriftverkehr durch Herabsetzung des Briefportos zu erleichtern, so könnte man darauf eingehen unter der Bedingung, daß diese Verfügungen allgemein und für alle Mächte gültig wären und nicht ausschließlich allein zu Lasten Bayerns gingen. Dieser Postartikel wird vom Haus Taxis hart angegriffen werden, das bemüht ist, seine alten Rechte wiederzuerlangen, indem es Verlockungen aller Art einsetzt und versucht, jene Regulierungs- und Organisationswut, die sich der Gemüter bemächtigt hat, wirksam werden zu lassen. Der Rat Schoenhammer, der in diesem Augenblick in Wien mit den besonderen Vereinbarungen für Bayern und Österreich beschäftigt ist, hat den Auftrag, dort zu bleiben, um die Erläuterungen und Hinweise zu geben, die wir zu diesem Gegenstand benötigen könnten. Dieser ist so wichtig, daß, selbst wenn man in der Lage wäre, der öffentlichen Meinung einen Teil der ziemlich beträchtlichen Einkünfte, die daraus fließen, zu opfern, man ihn doch nicht aus den Händen der *[eigenen]* Verwaltung lassen dürfte. Bayern erhält auch eine Verfassung, die für das ganze Königreich gelten wird und deren erster Entwurf beigefügt ist; aber sie wird ihre Garantie in sich selbst finden müssen, ohne irgendeinem fremden Einfluß oder fremder Überwachung unterworfen zu sein. Nachdem diese ersten Grundsätze festgelegt sind, geht es nun darum, sich mit jenem föderativen Band zu befassen, das diese unabhängigen Staaten miteinander verbinden soll und das – man weiß nicht recht warum – zu einer der Friedensbedingungen gemacht wurde. Dieses Problem ist sehr schwierig zu lösen. Die Erfahrung hat uns gelehrt, daß die alte Ordnung der Dinge, dieses Chaos, das die Zeit hatte entstehen lassen und das nur die Gewohnheit aufrechterhalten konnte, ihrer Natur nach nicht praktizierbar war, wenn sie nicht alle Sonderinteressen zurückdrängen konnte; das System der Unitarier, die einen Erbmonarchen wollen, eine einzige nationale Vertretung, würde alle Souveräne beeinträchtigen, würde den Buchstaben des Friedensvertrags aushöhlen, der unabhängige Staaten will. Eine rein militärische Allianz zwischen den Großmächten Europas und den großen Staaten Deutschlands, die sich gegenseitig ihre eigene Existenz garantierten, die Besitzordnung, wie sie zur Zeit des Friedensschlusses festgeschrieben wird und die diese gleiche Wohltat auf all die Kleinen ausdehnen würde, die nicht mediatisiert wären, und die sowohl den casus foederis als auch die Kontingente genau festlegte, scheint auf den ersten Blick einfacher zu sein, würde diesem Ziel aber genauer entsprechen. Die bei seiner Realisierung höchst notwendige Vorsicht hat unbedingt gegenüber der Frage zurückzustehen, ob man nur große Herrschaftsgebiete wie die Königreiche bestehen lassen soll, weil nur die geringe Zahl die Hoffnung erlaubte, daß diese Vereinigung die mindeste Beständigkeit hätte, und weil allein Herrschaftsgebiete mit weiter

Ausdehnung in der Lage wären, den dieser Art von Verträgen eigentümlichen Verpflichtungen nachzukommen, nämlich dem Unterhalt der Hilfstruppen, die im Bedarfsfalle demjenigen, der sie anforderte, zu Hilfe geschickt würden.

Das derart organisierte Deutschland könnte ohne Nachteil sich selbst überlassen werden und wie Italien unter dem Schutz des großen europäischen Gleichgewichts leben. Jede andere Form wird unfehlbar eine Verringerung der Souveränitätsrechte nach sich ziehen, weil eine organisierte Föderation ein Zentrum voraussetzt, das eine irgendwie geartete Tätigkeit ausüben muß, und weil das Mittel dieser Tätigkeit nur in dem Teil *[der Souveränität]* liegen kann, den jedes Mitglied der Vereinigung ihm auf seine eigenen Kosten überträgt. Sollte der Zug der Dinge unbedingt und unwiderstehlich auf die folgende letzte Lösungsmöglichkeit drängen, daß nämlich wie bisher auch kleine Fürsten unterschreiben müßten, so hätte man, um ihre praktische Gestaltung soweit wie möglich auf die Bestimmungen des Friedensvertrages abzustimmen, auf das Beispiel der in verschiedenen Epochen unserer Geschichte geschlossenen Sonderbündnisse zurückzugreifen und die Prinzipien zu verallgemeinern, die damals für diese Sonderbündnisse aufgestellt worden waren. Der entsprechende Plan sähe folgendermaßen aus:

1. Ganz Deutschland vereint sich in einer einzigen Föderation, die Österreich, Preußen und alle ausländischen Könige umfaßte, die Besitzungen in Deutschland haben.

2. Ziel dieser Vereinigung ist die Garantie der uneingeschränkten und ausnahmslosen Souveränität, des freien und friedlichen Genusses der Rechte und Besitzungen, in deren Besitz sich jedes Mitglied im Augenblick des endgültigen Vertrags befindet, sowie die Verteidigung der Grenzen Deutschlands, wenn sie angegriffen oder unmittelbar bedroht werden.

3. Das von jedem zu stellende Kontingent wird in einem zu vereinbarenden gerechten Umfang festgelegt, und dies wird in die Unionsakte eingefügt.

4. Es wird dafür gesorgt, daß die Truppen in Kriegs- und Friedenszeiten so unterhalten werden, daß sie beim ersten Anzeichen mobilgemacht werden können.

5. Sobald sie zusammengezogen sind, um in Aktion zu treten, werden sie einem leitenden General und einem gemeinsamen Stab gehorchen, von dem die einzelnen Kommandanten ihre Aufträge erhalten, nicht allerdings die Dienstordnung.

6. Alles, was diese Truppen auf dem Marsch in Deutschland erhalten, wird bar zum Marktpreis der Länder bezahlt, in denen sie sich befinden.

7. Um diese Kosten und den Unterhalt der Armee zu decken, wird aus den Sondermitteln, die jedes Mitglied der Assoziation in einem in der Unionsakte zu bestimmenden Anteil zu zahlen hat, eine Operationskasse geschaffen.

8.[6] Für Sicherheit und Verteidigung werden Befestigungen an dafür geeigneten Orten gebaut; sie werden auf gemeinsame Kosten ausgestattet, gebaut und verteidigt.

9. Um den Operationen der Union die notwendige Energie zu geben, wird ein ständiger Assoziationsrat gebildet, dessen Zahl und Zusammensetzung später festgelegt werden. Es könnten ihm höchstens die Mitglieder der Assoziation beitreten, die die Königswürde besitzen. Das ist der Punkt, auf den Ehrgeiz, Haß, Theorien am meisten gerichtet sind. Es ist schwierig, um nicht zu sagen unmöglich, sich darüber eine Meinung zu bilden.

10. Diesem Rat steht im jährlichen Wechsel eines seiner Mitglieder vor.

11. Seine Funktionen bestehen in der Feststellung des casus foederis gemäß dem dafür im Unionsvertrag festgelegten allgemeinen Prinzip, in jedem Einzelfall in der Benennung des leitenden Generals des Stabes, der Angestellten der Militärverwaltungen, in der Verteilung und der Verwendung der Gelder der Operationskasse, in der Leitung des Krieges. Er konstituiert sich als Vermittlungskommission, um als Schiedsgericht alle Streitigkeiten zu entscheiden, die – über welchen Gegenstand auch immer – zwischen den Unionsmitgliedern als Souveränen entstehen könnten. Die Schiedsgerichtsbarkeit findet jedoch nur statt, wenn zuvor ein Vergleich versucht worden ist.

12. Die Entscheidungen des Unionsrates werden mit absoluter Stimmenmehrheit getroffen, der vorsitzende Staat hat nur im Falle der Stimmengleichheit die ausschlaggebende Stimme.

13. Diejenigen Souveräne, denen als Mitgliedern des Unionsrates die Leitung der allgemeinen Angelegenheiten anvertraut ist, sind gleichzeitig mit der allgemeinen Verteidigung beauftragt, und zwar so, daß alle anderen Territorien in eine Anzahl von Distrikten aufgeteilt werden, die der Anzahl der Mitglieder dieses Rates entspricht, und daß alle in diesem Bezirk ansässigen Regierungen ihre Kontingente dem leitenden Souverän zur Verfügung stellen, ihm die für ihren Unterhalt festgelegten Beträge sowie die Mittel zur Rekrutierung – sei es in Form von Aushebungen, sei es durch freiwillige Verpflichtung – an die Hand geben. Der leitende Souverän ist mit der Aufsicht über die Festungen des Bezirks beauftragt und übt dort die Militärpolizei aus oder benennt die Kommandanten und den Stab. Diese Garnisonen werden soweit wie möglich aus Truppen des Landes selbst zusammengestellt. Die Abgrenzung dieser Einflußbereiche wird später festgelegt. Hierauf würde sich in etwa die Verfassung dieser ständig organisierten Allianz beschränken; sie kann entweder in einer monarchischen Form bestehen, wäre dann aber undurchführbar, wollte man nicht alle Gesetze aufheben, alle politischen Existenzen vernichten, oder

[6] Wegen eines Schreibfehlers ist die Numerierung der Vorlage bei dieser und den folgenden Positionen jeweils um eins niedriger.

sie kann als Oligarchie bestehen, deren Grundlagen oben skizziert wurden, die aber auch nicht ohne Schwierigkeiten und Unzuträglichkeiten ist.

Der König von Sachsen ist hier um Unterstützung für seine Forderung nach Wiedereinsetzung eingekommen. Die Gerechtigkeit, die möglichen gefährlichen Folgen einer völligen Ausplünderung, die man anscheinend an ihm vornehmen will und die uns in die Zeiten zurückversetzen würde, da jeder Souverän bei jedem Bruch um Krone und Leben kämpfte, und die verwandtschaftlichen Bande sprachen zu vernehmlich zugunsten dieser Forderung, als daß man sie gänzlich hätte beiseiteschieben können. Man hat ihm also versprochen, sich, soweit es möglich wäre und die Umstände es erlaubten, zu seinen Gunsten zu verwenden. Das ist die Linie, der man zweckmäßigerweise zu folgen hat, wenn diese Frage erörtert und zur Sprache gebracht wird. Preußen, das große Ansprüche erhebt und bedeutende Versprechungen auf seiner Seite hat, versucht, dieses Königreich zu erwerben; wenn ihm dieses Vorhaben nicht gelingt, steht zu fürchten, daß man das Äquivalent anderswo suchen muß.

Es ist also wichtig, daß Wir mit der Verteidigung seiner *[d. h. des Königs von Sachsen]* Sache, so gerecht sie auch sein mag, nicht die Unsere komplizieren. Der König hält an seiner Wiedereinsetzung fest und will sich nicht von seinen alten Untertanen trennen; er hat schon dreimal eine Einsetzung in Italien abgelehnt. Seine Erhebung auf den polnischen Thron würde alles vereinfachen.

Auch der König von Neapel hat Schritte im selben Sinne unternommen. Dieses Unseren Grenzen ferne Land bietet auf den ersten Blick kein sehr großes Interesse für Uns; dennoch muß das Gleichgewicht Italiens, das Uns nicht gleichgültig sein kann und das zu erfordern scheint, daß die Mittel dieses schönen Königreichs in die Hände einer tatkräftigen und zu ihrer Verwendung im Bedarfsfall fähigen Regierung gelegt werden, bei Uns zumindest den Wunsch nach dem Erfolg dieser Sache und sogar, wenn wir dazu fähig sind, nach mehr in uns wecken. Dieser Fürst hat einen förmlichen Vertrag mit Österreich auf seiner Seite,[7] der seine Existenz garantiert; er kann sich auf ziemlich konkrete, von England und Rußland, die Agenten bei ihm unterhalten, genährte Erwartungen stützen sowie zumindest auf das Desinteresse Preußens und auf eine Erklärung Frankreichs, daß es sich gleichsam im Frieden mit ihm befinde, daß es ihn weder angreifen noch im freien Genuß seiner Herrschaft stören wolle, und wenn es mit seiner offiziellen Anerkennung warte, bis alle anderen europäischen Kabinette offiziell die gleiche Haltung eingenommen hätten, es damit lediglich eine Anstandspflicht erfülle, die dem König seine Eigenschaft als Oberhaupt des Hauses Bourbon vorschreibe.

Um nun zur Einstellung der Mächte zu kommen, die am meisten Einfluß auf Unsere Angelegenheiten ausüben können, so müssen Wir feststellen, daß die

[7] Vgl. Nr. 107 S. 462 Anm. 1.

Einstellung Österreichs und Preußens zu bekannt ist, als daß es nötig wäre, sich dabei aufzuhalten. England scheint Unsere Ansichten einigermaßen zu begünstigen; es ist jedoch zu befürchten, daß die alte Angewohnheit, die Dinge im großen Maßstab zu sehen, nur die Machtblöcke und die ganz großen Monarchien in Betracht zu ziehen, es oft von den Ansichten abbringt, die Wir ihm zu bieten hätten.

Rußland hat gleichermaßen Unsere Ansprüche und die Preußens garantiert. Die Situation und das für dieses Reich im übrigen gleich wichtige Alter des Bündnisses scheinen es zum Berliner Hof zu ziehen, der bisher den Anschein erweckt hat, sich weder von ihm trennen zu können noch zu wollen; es ist mit dem Stuttgarter Hof verwandtschaftlich verbunden und schuldet diesem deshalb zumindest rücksichtsvolles und anständiges Verhalten, das sich womöglich in Wohlwollen und Unterstützung verwandelte, wenn die vielbesprochene Heirat des Kronprinzen mit der Großherzogin Katharina zustande käme. Die Verbindungen des Zaren Alexander mit dem Badener Hof sind noch enger. An keinem deutschen Hof also, dessen Interessen sich mit den Unseren kreuzen, ist dieser Fürst ein Fremder. Diese verwickelte Lage schafft viele Hindernisse, die Wir alle zu überwinden haben.

Frankreich, kaum wieder in die große Europäische Republik aufgenommen, spricht bereits von seiner Stärke, an die noch niemand glaubt, und tatsächlich sind die Berichte über seine inneren Verhältnisse so widersprüchlich und tragen so sehr den Stempel des Parteigeistes, daß es unmöglich ist, ein fundiertes Urteil darüber zu fällen. Wie dem auch sei, seine Gesandten reden laut von dem Einfluß ihres Königs; sie versichern, es sei ein Irrtum, ihre Macht als erloschen anzusehen; sie werde sich zu zeigen wissen, wenn es notwendig werde; sie wollten weder Preußen als Nachbarn noch eine zu starke politische Organisation Deutschlands. Unter diesem Gesichtspunkt sind Uns ihre Grundsätze recht und passen zu Unserem System. Die Beziehungen zu dieser Gesandtschaft muß man also pflegen; sie kann Uns dienlich sein, wenn sie nur Einfluß gewinnt. Es wird indessen unerläßlich sein, dabei den feinen Unterschied hervorzuheben, daß die allzu starken Elemente der exaltierten deutschen Patrioten zurückgehalten werden müssen.

Hierauf also laufen die Instruktionen und Bemerkungen hinaus, die Wir an Unseren Feldmarschall Fürst von Wrede zu richten haben. Wir haben allen Grund zu hoffen, daß sie mit derselben Pünktlichkeit, Hingabe und Tatkraft ausgeführt werden, die Wir immer an ihm gekannt haben und wovon er nie abgewichen ist. Gegeben zu München, am 24. September 1814.

Max Joseph

Gegengezeichnet:
Graf Montgelas

III.

QUELLEN ZUR ORGANISATION DES KONGRESSES

17. Memorandum Castlereaghs über den Geschäftsgang des Kongresses

Schlägt vor, durch einen Ausschuß der Bevollmächtigten Rußlands, Österreichs, Frankreichs, Großbritanniens, Spaniens und Preußens einen Plan für die Neuordnung Europas erarbeiten zu lassen; ein weiterer Ausschuß soll die deutschen Angelegenheiten bearbeiten.

Webster, Congress S. 170 f.

Konzept von der Hand Castlereaghs — Vienna, [?] September 1814

Memorandum upon the measures to be adopted preparatory to the meeting of the Congress in form for the despatch of business

It appears clear, upon the first assembling of a body so numerous as the plenipotentiaries deputed to the Congress of Vienna, that no effectual progress can be made in business till some plan of European settlement can be prepared and ready to be submitted for their consideration, and, further, till the form to be given to the Congress, and the manner in which the business is to be conducted, shall have been previously considered and reported upon.

It is equally clear that such plan or report cannot at once originate advantageously with any individual plenipotentiary, unaided by the councils and suggestions of others, and that it can still less be expected to originate in the body at large. If so, it follows that a limited number of plenipotentiaries must be charged to prepare and bring forward the same.

The Powers most competent to frame for consideration a projet of European settlement, at once likely to meet the views and interests of the several States, are evidently those who have borne the principal share in the Councils and conduct of the war, and in the formation of the several treaties, which by the first secret article of the Treaty of Paris are recognised and declared to constitute the basis of the intended arrangement.

With this view it is proposed that the plenipotentiaries of Russia, Austria, France, Great Britain, Spain, and Prussia should charge themselves with this preparatory duty, and that until they shall be prepared to report upon the same the other plenipotentiaries deputed to Congress will, by temporary adjournments, suspend all further proceedings towards opening, in form, the said Congress.

That, in the aid of the above general Commission, a special Commission, composed of the plenipotentiaries of Austria, Prussia, Bavaria, Württemberg, and Hanover be appointed for the consideration of German affairs.

That to these Commissions should be referred all communications which may be addressed to Congress, and, in order the better to enable them to meet the general wishes, that the several plenipotentiaries not forming a part of the Commissions should be invited to a free and confidential communication of their sentiments to the same.

That the said Commissioners shall invite the other plenipotentiaries, as soon as their report is ready for discussion, to assemble and deliberate upon the same, first determining as to the form and mode in which the Congress shall constitute itself for despatch of business. In which consideration it will be requisite to decide what Powers shall be admitted to sit and deliberate in the Congress and what Powers shall only be permitted to appear before the Congress to seek restitution of territories of which they have been dispossessed during the war, or for the confirmation of titles to possessions [of] which, being acquired during the war, the sovereignty has not as yet been regularly ceded upon a peace by the lawful sovereigns.

It is conceived that no doubt can exist as to the indispensable necessity of a preliminary proceeding of this nature. The six Powers in Europe most considerable in population and weight have been suggested for the reasons above stated, as, upon the whole, the most competent to execute this duty.

Were the number of six to be materially extended the business of such a Commission must be proportionately retarded, and were any addition to be made a selection, in some measure invidious, would become necessary, unless an entire class of Powers of nearly equal dimensions should be included, to which there appears the strongest objection.

It is proposed that the above six Powers should be charged ad interim with arranging the police necessary for the Congress, and with the organisation of a bureau for the receipt and preservation of papers and for the giving copies of the same to the plenipotentiaries who may require them.

18. Niederschrift [Binders] über die erste Konferenz zwischen Castlereagh, Metternich und Nesselrode[1]

Es sollen Beratungsgremien für die Behandlung der europäischen und der deutschen Angelegenheiten gebildet werden.

Griewank, Wiener Kongreß S. 396.
Übers. d. Hrsg. aus d. Franz.

Eigenhändig *[Wien, 16. September 1814]*

In der ersten Konferenz vom 16. September wurde beschlossen, daß die Minister der vier alliierten Hauptmächte sich untereinander über den Gang und die Reihenfolge der Geschäfte einigen, die dem Kongreß zur Entscheidung vorgelegt werden;

daß die Minister dieser vier Höfe einen Ausschuß bilden, zu dem gleichermaßen die Bevollmächtigten Frankreichs und Spaniens zugelassen werden;

daß die Bevollmächtigten der Staaten, die das Recht haben, am Kongreß teilzunehmen, aufgefordert werden, ihre Vollmachten einer dazu berufenen Kommission zur Prüfung vorzulegen;

daß die Diskussionen, welche den Kongreß beschäftigen werden, sich auf zwei Bereiche beziehen, nämlich die europäischen und die deutschen Angelegenheiten;

daß erstere besonders der Zuständigkeit desjenigen Ausschusses unterliegen würden, der die Mitteilungen sowohl der Staaten erhalten wird, die sich ihrer politischen Existenz erfreuen, als auch der suspendierten, unterdrückten oder mediatisierten Staaten oder Körperschaften, die als Antragsteller angenommen werden;

daß eine aus den Bevollmächtigten der wichtigsten deutschen Staaten zusammengesetzte Kommission ernannt wird, um die Forderungen und Beschwerden der Fürsten zu untersuchen, die sich ihrer politischen Existenz erfreuen, wie auch der suspendierten, unterdrückten oder mediatisierten Fürsten, Staaten oder Körperschaften, die das Recht auf Eingaben haben, und daß die Kommission dem Ausschuß Bericht erstattet;

daß das Arbeitsergebnis des Ausschusses allen Mächten zur Annahme vorgelegt werden und in die gegenseitig verbindlichsten Formen gekleidet sein wird.

[1] Zu dieser undatierten und nicht unterfertigten Aufzeichnung vgl. Mayr, S. 68, 80.

19. Protokoll der Viermächtesitzung vom 22. 9.[1]

Beschlüsse über den Geschäftsgang des Kongresses, die Einsetzung von Ausschüssen und deren Zusammensetzung.

Talleyrand, Briefwechsel S. 302–304.
Franz. Text: Talleyrand, Correspondance S. 340–342.

[Wien,] 22. September 1814

Die Vertreter Oesterreichs, Rußlands, Englands und Preußens haben sich versammelt, um über den für den Congreß von Wien anzunehmenden Geschäftsgang, durch welchen derselbe zu einem schnellen und glücklichen Ende geführt werden soll, zu berathen.

Sie haben die auf den Congreß bezüglichen Bestimmungen des Pariser Vertrages in Erwägung gezogen.

Diese Bestimmungen sind enthalten:

1) in dem 32. Artikel des öffentlichen Vertrages, der folgendermaßen lautet: „Innerhalb zweier Monate werden alle Mächte die auf der einen oder der andern Seite an dem gegenwärtigen Kriege theilgenommen haben, Bevollmächtigte nach Wien schicken, wo auf einem allgemeinen Congreß die Abmachungen getroffen werden sollen, welche zur Vervollständigung der Bestimmungen dieses Vertrages nöthig sind."

2) In dem ersten geheimen Artikel, der folgenden Wortlaut hat: „Die Vertheilung der Territorien, auf welche Se. Allerchristlichste Majestät in dem 3. Artikel des öffentlichen Vertrags verzichtet, und die Verhältnisse, aus denen ein wirkliches und dauerndes Gleichgewicht in Europa hervorgehen soll, werden durch den Congreß geregelt werden auf Grundlage der von den Verbündeten untereinander getroffenen Vereinbarungen und nach den allgemeinen in den folgenden Artikeln enthaltenen Bestimmungen."

Der oben erwähnte 32. Artikel behält offenbar allen darunter begriffenen Mächten das Recht vor, auf dem Congreß ihre Interessen zu wahren.

Der erste geheime Artikel gibt den verbündeten Mächten die Initiative bei den Berathungen, insofern sie das Recht haben, die zwischen ihnen vereinbarten Abmachungen als Grundlagen hinzustellen.

[1] Wie ein Vergleich dieses und des nächsten Dokuments mit der Ausfertigung zeigt, ist Talleyrands Behauptung, er habe die beiden Protokolle „von dem Original abgeschrieben, welches ich in Händen gehabt habe", zutreffend. An Ludwig XVIII., Wien, 15. 3. 1815, Talleyrand, Briefwechsel S. 300. Zur Entstehung vgl. auch Mayr, S. 80. Kraehe, II S. 123–126 weist nach, daß wichtige Punkte des Protokolls auf ein ungedrucktes Memorandum Metternichs zurückgehen.

In Erwägung, daß unmöglich so viele zum Congreß versammelte Vertreter die zu berathenden Gegenstände ordnen und Entwürfe zu Vereinbarungen abfassen können, haben die bevollmächtigten Minister sich dahin verständigt, daß der in den folgenden Punkten bezeichnete Geschäftsgang dem wahren Interesse aller Theilnehmer am meisten entspreche und allein die Unterhandlungen zu einem schnellen und glücklichen Ziele führen könne.

1) Danach sollen die Gegenstände der Verhandlung in zwei Klassen getheilt werden. Die erste[2] würde die großen Interessen Europas umfassen, die Beziehungen der Mächte untereinander, die Gebietstheilungen, die Grenzbestimmungen, die Entscheidung über die von den verbündeten Mächten vorläufig besetzten und verwalteten Länder. Die zweite beträfe die Organisation der deutschen Bundesverfassung.

2) Die Vorarbeiten für diese beiden Klassen würden zwei folgendermaßen zusammengesetzten Ausschüssen übertragen:

Oesterreich, Rußland, England, Preußen, Frankreich, Spanien würden die Vorarbeiten für die europäischen Fragen übernehmen.

Die Höfe von Oesterreich, Preußen, Baiern, Hannover und Württemberg werden sich mit den Vorarbeiten für die Organisation Deutschlands beschäftigen.

3) Entsprechend der Bedeutung des ersten besondern und geheimen Artikels des Pariser Vertrages werden die vier Cabinete einen Entwurf über die territorialen Einrichtungen auf Grund der in dem Pariser Vertrag enthaltenen und von Frankreich anerkannten Principien verfassen. Diese Arbeit würde Frankreich und Spanien mitgetheilt werden.

4) Dann würden die vier Mächte sich mit den andern Mächten in Verbindung setzen und sie einladen, ihre Ansichten und Wünsche ihnen kundzugeben.

5) Gleich nach Eintreffen des französischen Bevollmächtigten wird der gegenwärtige Entwurf Frankreich und Spanien mitgetheilt werden und erst dann würden in Gemeinschaft mit ihren Bevollmächtigten der Geschäftsgang und die Verhandlungsweise zur Ausführung der in dem gegenwärtigen Protokoll vorgesehenen Abmachungen endgültig festgesetzt werden.

6) Sobald die Grundlagen für den deutschen Bund festgestellt sind, werden die organischen Einzelheiten der deutschen Bundesverfassung einem deutschen Bundestage überwiesen werden.

Genehmigt: Metternich, Nesselrode, Castlereagh, Hardenberg, Humboldt

[2] Gesperrt gedruckte Stellen sind in der Ausfertigung in Staatskanzlei, Kongreßakten 2 fol. 1–3′, HHStA, unterstrichen.

20. Separatprotokoll Österreichs, Preußens und Rußlands über die Viermächtesitzung vom 22. 9.

Frankreich und Spanien sollen zu den Beratungen über die territorialen Fragen erst hinzugezogen werden, wenn die vier Mächte sich verständigt haben.

Talleyrand, Briefwechsel S. 304–307. Franz. Text: Talleyrand, Correspondance S. 343–346.[1]

[Wien, 23. September 1814][2]

Es wurde eine Discussion über das Schriftstück betreffend die Formen des Congresses,[3] welches den französischen und spanischen Bevollmächtigten überreicht werden soll, eröffnet. Die zur Conferenz vereinigten Minister genehmigten es, nachdem sie einige Aenderungen daran vorgenommen.

Bei Verlesung dieses Schriftstückes bemerkten sie gleichzeitig, daß sie, nur um nicht Mistrauen zu erregen und den französischen Hof nicht zu verletzen, dem 3. Artikel, der die von den Mächten zu ergreifende Initiative betrifft, nicht die volle Ausdehnung gegeben haben. Aus diesem Grunde erschien es ihnen doppelt notwendig, das Verfahren der Diskussion, das sie im Hinblick darauf einrichten wollen, und den Unterschied zwischen den Beratungen der vier[4] und denen der sechs Mächte untereinander möglichst genau festzulegen, und sie haben zu diesem Zweck Folgendes vereinbart:

1) Die vier Mächte allein sollen sich untereinander über die Vertheilung der durch den letzten Krieg und den Pariser Frieden verfügbar gewordenen Provinzen verständigen; die andern beiden sollen nachher hinzugezogen werden,

[1] Der Entwurf stammt von Humboldt. Griewank, Wiener Kongreß S. 148 Anm. 38. Wie ein Vergleich mit der Ausfertigung in Staatskanzlei, Kongreßakten 2 fol. 10–12', HHStA, ergibt, ist der bei Angeberg, I S. 249–251 gedruckte Text nicht immer korrekt. Der in Talleyrands Korrespondenz veröffentlichte Text weist, von einigen unwesentlichen Abweichungen abgesehen, nur eine Lücke auf. Im letzten Satz des zweiten Absatzes fehlen die hier durch Spationierung hervorgehobenen Worte: « Il leur a parû par cette raison doublement nécessaire de fixer d'une manière bien précise entre eux, le mode de discussion qu'ils veulent établir à cet égard, & la différence entre les déliberations des quatre, & celles des six Puissances, & ils ont arrêté pour cet effet.» Vgl. auch S. 178 Anm. 1. Die Übersetzung wurde entsprechend berichtigt.

[2] Nach einem Vermerk Humboldts wurde das Separatprotokoll in der Sitzung des 23. 9. „angenommen". Griewank, ebenda. Castlereagh hat es nicht unterzeichnet, sondern die unter Nr. 21 S. 182f. abgedruckte Erklärung abgegeben.

[3] Wie Nr. 24 S. 189 Anm. 4.

[4] Die gesperrten Stellen sind in der Ausfertigung unterstrichen, ausgenommen die in Anm. 5 genannte Stelle.

um ihre Ansichten zu äußern, und, wenn sie es für angebracht halten, ihre Einwendungen zu machen, die dann mit ihnen besprochen werden sollen.

2) Um sich nicht von dieser Richtschnur zu entfernen, werden die Bevollmächtigten der vier Mächte mit den beiden andern hierüber erst in Verhandlung treten, je nachdem sie die Vertheilung der Gebiete in dem Herzogthum Warschau, in Deutschland und Italien vollständig und einträchtig untereinander erledigt haben.

3) Um die nöthige Zeit für diese vorläufigen Verhandlungen zu gewinnen, werden die Bevollmächtigten inzwischen und gleich nach Eröffnung des Congresses sich gemeinsam mit den beiden andern mit Fragen von einer andern Beschaffenheit, an deren Verhandlung die sechs als Hauptpartei theilzunehmen volles Recht haben, zu beschäftigen suchen.

Diese drei Grundsätze wurden in der Conferenz in folgender Weise motivirt.

Die Bestimmung über die eroberten Provinzen gehört der Natur der Sache nach denjenigen Mächten, durch deren Anstrengungen die Eroberung vollzogen ist. Dieses Princip ist durch den Pariser Vertrag selbst gutgeheißen und von dem französischen Hofe selbst bereits vorläufig zugestanden, denn der erste geheime Artikel des Pariser Vertrages sagt bestimmt und ausdrücklich: die Vertheilung der Territorien wird durch den Congreß geregelt werden auf Grundlage der von den Verbündeten untereinander getroffenen Vereinbarungen.

Die Ausdrücke getroffene Vereinbarungen und untereinander getroffene Vereinbarungen bezeichnen deutlich, daß es sich hier nicht um bloße Vorschläge handelt, noch um Berathungen, an denen Frankreich theilnehmen könnte. Es ist auch nicht gesagt worden, wo und wie diese Vereinbarungen getroffen werden sollen, und es wäre eine völlig willkürliche und unrichtige Deutung, wenn man behaupten wollte, es sei darunter nur der Inhalt der zwischen den Verbündeten bereits bestehenden[5] Verträge verstanden.

Da aber Frankreich wieder eine legitime Regierung erhalten hat, so beabsichtigen die vier verbündeten Mächte keineswegs, diesen Staat oder Spanien von jeder Verhandlung über die Vertheilung der Gebiete, insoweit diese Mächte daran ein besonderes Interesse haben oder soweit das Interesse ganz Europas dabei in Frage kommt, fern zu halten, wie sie Frankreich davon fern gehalten hätten, wenn der Friede mit Napoleon geschlossen wäre.

Von den drei Formen also, die bei diesem Punkte in Frage kommen:

Sofortige Theilnahme an der Verhandlung mit völlig gleichem Einfluß;

[5] Die Sperrung der beiden Wörter 'bereits bestehenden' erfolgte nach der Druckvorlage.

Hinzuziehung erst dann, wenn die andern Theile sich bereits untereinander verständigt haben;

Vorausgehende Anerkennung dessen, was die andern vereinbaren würden, ist die zweite diejenige, die Frankreich zu beanspruchen ein Recht hat, mit der es sich aber auch bescheiden muß.

Uebrigens würde eine andere Handlungsweise auch höchst nachtheilig sein. Falls Frankreich erst zugelassen wird, wenn die andern vier Mächte sich schon untereinander verständigt haben, wird es trotzdem alle die Einwendungen machen können, die es aus Rücksicht für seine eigene Sicherheit und für das allgemeine Interesse Europas für angebracht hält, aber es wird keine andern erheben. Wenn es an der ersten Berathung selbst theilnimmt, so wird es bei jeder Frage, mag dieselbe seine eigenen Interessen berühren oder nicht, für oder wider Partei ergreifen; es wird diesen oder jenen Fürsten nach seinen besondern Absichten begünstigen und die kleinen deutschen Fürsten werden sich dadurch aufgefordert fühlen, das ganze Spiel von Intriguen und Kabalen wieder zu beginnen, welches das Unglück der letzten Jahre großentheils verschuldet hat. Deshalb ist es von der äußersten Wichtigkeit, mit den französischen Bevollmächtigten nicht eher über eine Frage in Verhandlung zu treten, als bis dieselbe völlig erledigt ist.

Genehmigt: Metternich, Hardenberg, Humboldt, Nesselrode

21. Erklärung Castlereaghs zum Separatprotokoll vom 23. 9.[1]

Möchte Frankreich und Spanien nicht als feindliche Mächte angesehen wissen; behält sich vor, von Mehrheitsbeschlüssen der vier Mächte abzuweichen.

Angeberg, I S. 251. Übers. d. Hrsg. aus d. Franz. Engl. Text: British ... State Papers, II S. 555.

Wien, 23. September 1814

Ich nehme den Vorschlag an, welcher in dem beigefügten Protokoll über die Leitung der Geschäfte enthalten ist und der beinhaltet, daß die vier Mächte, welche die Initiatoren des Friedens von Paris waren, die geeignetesten und qualifiziertesten Parteien sind, um die Regelungen vorzuschlagen, die notwendig aus ihm erwachsen müssen.

Nichtsdestoweniger gehe ich davon aus, daß die so vorgeschlagenen Regelungen für eine ungezwungene und freie Diskussion mit den beiden anderen Mächten als befreundeten und nicht als feindlichen Parteien offen sein müssen.

[1] Vgl. hierzu Nr. 20 S. 180–182.

Was die Formulierung „vollständig und einträchtig untereinander erledigt haben“ anbetrifft, möchte ich sie so verstanden wissen, daß, so bestrebt ich auch bin, meinen Kollegen jedes mit meinen Ansichten zu vereinbarende Zugeständnis zu machen, um Einhelligkeit zu erreichen, ich es doch nicht billigen kann, vollkommen an eine Mehrheit gebunden zu sein; ich muß es mir daher vorbehalten, meine abweichende Meinung zu äußern, wenn – bedauerlicherweise – die Umstände mir dies für meine Regierung geboten erscheinen lassen.

Wien, den 23. September 1814

Unterzeichnet: Castlereagh

Gesehen und einverstanden:

Unterzeichnet: Metternich, Hardenberg, Nesselrode, Humboldt

22. Denkschrift Humboldts über das Problem der Eröffnung des Kongresses[1]

Spricht sich gegen eine Versammlung aller Bevollmächtigten aus und schlägt vor, daß die Vertreter der sechs Mächte den übrigen eine Deklaration zustellen, die die verabredete Arbeitsweise des Kongresses darlegt.

Webster, Congress S. 183–185.
Übers. d. Hrsg. aus d. Franz.

[Wien, 23. September 1814]

Das in der gestrigen Konferenz gebilligte Aktenstück[2] stellt für die Großmächte die Eröffnung des Kongresses dar. Um ihn mit und gegenüber allen anderen Fürsten und Staaten ebenfalls zu eröffnen, kann man eine Versammlung all derer einberufen, die behaupten, mit Vollmachten versehen zu sein, oder die sechs Mächte können an alle anderen Regierungen und deren Bevollmächtigte ohne Unterschied eine Deklaration richten.

Ich würde vorschlagen, sich an die zweite Alternative zu halten. Die erste hat den Nachteil, vom ersten Augenblick an die Frage der Zulassung oder Nichtzulassung gewisser Mächte aufzuwerfen. Denn wenn man deutlich hervorhebt, daß in dieser Versammlung niemandes Ansprüche überprüft werden, werden die, welche ein schlechtes Gewissen haben, merken, was das bedeutet. Wenn man dies nicht hervorhebt, würden diejenigen, die andere ausschließen wollen – so wie Sizilien gegen Neapel eingenommen ist und die souveränen Fürsten Deutschlands gegen die mediatisierten Fürsten –, unruhig und würden Aufschluß verlangen. Nun liegt es aber im Interesse der verbündeten Mächte,

[1] Das undatierte und nicht unterzeichnete Stück scheint nur in den britischen Akten überliefert zu sein; es ist nicht in Humboldts Gesammelten Schriften abgedruckt. Zur Datierung Griewank, Wiener Kongreß S. 149 Anm. 40.

[2] Nr. 19 S. 178f.

dieser Frage bis zu dem Augenblick auszuweichen, in dem man diejenigen wirksam treffen kann, die auszuschließen sind.

Eine Versammlung, zu der jeder zugelassen wird, in der jeder seinen Gegner wiederfindet und in der alle entlassen werden, ohne genau erfahren zu haben, wann sie mit ihrem Auftritt an der Reihe sind, wird Hoffnungen fehlleiten, die man besser nicht durch eine persönliche Einladung weckt.

Die Legitimität des vorbereitenden Ausschusses würde dadurch schließlich kaum viel gewinnen.

Denn man würde stets sagen, daß es kein Mittel gegeben hätte, in einer Versammlung Widerstand zu leisten, in der nichts festgelegt ist, weder die Anzahl der zugelassenen Personen, noch deren Stimmrecht noch das derer, welche nicht hätten erscheinen können.

Eine solche Versammlung würde meines Erachtens nur von Nutzen sein, wenn sie den Zweck hätte, die Vollmachten und das Recht eines jeden auf Teilnahme zu untersuchen; aber genau das will man nicht. Man darf sich nicht verhehlen, daß der gegenwärtige Kongreß so beschaffen ist, daß es gleichermaßen unmöglich ist,eine vollkommen gute und angemessene Form zu ersinnen oder aus der Erfahrung der Vergangenheit zu schöpfen.

Aber eine im Namen der sechs größten Mächte Europas gedruckte Deklaration beugt zumindest mehreren Nachteilen einer persönlichen Versammlung vor. Sie trifft keine Vorentscheidung; sie beruhigt die breite Öffentlichkeit, die die Interessen Europas lieber 6 als 16 Mächten anvertraut und die es zufrieden ist, die Ersten unter ihnen arbeiten zu sehen; sie beunruhigt die Bevollmächtigten nicht, sondern zeigt ihnen sogar, daß sie den Gegenständen entsprechend nacheinander aufgerufen werden, ihre Sache zu vertreten. In diesem Sinne müßte die Deklaration verfaßt werden. Die Grundlage wäre der Inhalt des gestrigen Aktenstücks, d. h. die zwei Reihen von Gegenständen, die zwei vorbereitenden Ausschüsse; man würde andeuten, daß das Gebäude des wiederhergestellten Europa den Plänen entsprechen wird, welche die verbündeten Großmächte seit Beginn des Krieges erstellt haben; man würde in der Deklaration besonders das große Ziel des Kongresses, die Vollendung des Friedenswerkes, herausstellen; die Festsetzung großer Prinzipien würde auf das allgemeine Glück Europas zielen; über den Geschäftsgang würde man im Detail nichts Genaueres sagen, aber unter Hinweis auf die Vielfalt der Gegenstände und die Notwendigkeit, bald zum Ende zu kommen, ließe man durchblicken, daß jeder Gegenstand, der es erlaubt, für sich selbst und zwischen den an ihm interessierten Regierungen behandelt wird.

Diese Deklaration müßte in einfachem Stil und eher argumentativ als deklaratorisch verfaßt sein, damit man, wie auch immer der Ausgang des Kongresses wäre, nicht hinter dem zurückbliebe, was man angekündigt hätte. Sofort nach der Veröffentlichung müßte mit der Arbeit begonnen werden, und fast jeder würde nur zu sehr mit Kommentieren oder Manövrieren beschäftigt sein.

Die sechs Mächte würden mit der Diskussion über allgemeine Gegenstände beginnen, wovon einige, wie die Abschaffung des Sklavenhandels, es erfordern würden, auch andere Mächte zur Anhörung vorzuladen.

Die vier Mächte, die über die Verteilung der in Deutschland verfügbaren Gebiete beratschlagen, könnten nicht umhin, gelegentlich Holland, Bayern, Württemberg und andere deutsche Fürsten, sogar Dänemark und Schweden zuzulassen. Derselbe Fall träte bei den Diskussionen über die Verfassung Deutschlands ein. Die Reihe käme endlich bald auch an Sardinien und die anderen italienischen Höfe.

Was die Legitimität des vorbereitenden Ausschusses anbelangt, ist meine Meinung folgende: Europa bildet nur ein ideelles Ganzes, und die Politik ist nicht an verfassungsmäßige Normen gebunden. Die einzige Art, wie die europäischen Mächte gemeinsam handeln können, ist folglich die, daß sich die größeren untereinander einig werden und in den Vordergrund treten; daß die anderen stillschweigend zustimmen; daß man jedem unter den letzteren jedoch die Freiheit läßt, seine gegenteilige Meinung kundzutun, und man sich sogar verpflichtet, diese Ansicht mit ihm zu diskutieren. Nun, dies ist genau das, was die sechs Mächte augenblicklich tun.

23. Bericht Castlereaghs an Liverpool

Berichtet über die ersten Beratungen, über Konstituierung und Organisation des Kongresses.

Webster, S. 193–195.

Vienna, September 24th, 1814

My letter of the 21st instant will have apprized your Lordship of my arrival here.[1] I found the Russian Minister, Count Nesselrode, and the Chancellor Hardenberg, reached Vienna the day but one after. The Ministers of the Allied Powers have had four conferences, which have been principally occupied in discussing the form and course of our future proceedings.[2] There has been but one opinion on the point, "that the conduct of the business must practically rest with the leading Powers"; and with the exception of a doubt on the part of the Russian minister, whether the Emperor may not press the introduction of

[1] Am 13. 9. 1814. Nesselrode und Hardenberg kamen am 13. bzw. 17. 9. an. Griewank, Wiener Kongreß S. 145.

[2] Dazu Griewank, Wiener Kongreß S. 145 Anm. 32; Mayr, S. 70.

the Swedish plenipotentiary, we are agreed that the effective Cabinet should not be carried beyond the six Powers of the first order, with an auxiliary council of the five principal States of Germany for the special concerns of Germany. You will observe from the protocol [A,][3] that the Allied Powers have deemed it necessary to preserve the initiative in their own hands. I have concurred in thinking this line expedient; but, considering the complexion of the protocol prepared upon this subject (which is Prussian) to be rather repulsive to France, and a little more conclusive in its expressions than I quite liked, I thought it right to give my acquiescence to it with the qualification contained in the note annexed to it.[4]

The mode of assembling the Congress and conducting business next occupied our attention; and that you may see the succession of ideas that have prevailed upon this subject, I enclose unofficially and confidentially for your perusal the memoranda which have been given in, rather as throwing out ideas than containing a formal opinion on the part of those who prepared them.[5] The idea that first occurred naturally was to constitute the Congress, and when constituted to propose to nominate a committee to prepare a Project of arrangement for the consideration of Congress. But this course of proceeding was soon dismissed, as involving us without previous concert in all the preliminary questions of difficulty–namely, what Powers shall be admitted to sit and deliberate, and what only to petition and negotiate; what are to be the functions and attribution of the Congress; and by what mode they are to act and conclude. This led to another view of the question, which you will find in two papers of mine,[6] the object of which was to see whether, saving all questions in the first instance, we might not, through a preliminary meeting of plenipotentiaries, get the conduct of the business with a general acquiescene into the hands of the six Powers, with their auxiliary Council for German affairs.

The assembling of such a preliminary meeting of plenipotentiaries is certainly by no means free from objection. You will find this subject investigated in a further memorandum, prepared by Baron Humboldt, who assists Prince Hardenberg;[7] but the substitute he proposes has its awkwardness, as it too broadly and ostensibly asumes the right to do what may be generally acquiesced in, if not offensively announced, but which the secondary Powers may protest against, if recorded to their humiliation in the face of Europe.

The question remains open till the French and Spanish plenipotentiaries join us. Perhaps the most prudent course may be between the two propositions,

[3] Nr. 20 S. 180–182.

[4] Nr. 21 S. 182f.

[5] Nr. 17 S. 175f. und Humboldt, XI S. 163–172.

[6] Webster, Congress S. 172–174.

[7] Nr. 22 S. 183–185 sowie Webster, Congress S. 185.

and that the declaration of the six Powers should not contain any public avowal of what they mean in point of form to do; but that it should state reasons why the Congress should not be constituted till the plenipotentiaries, after their assembly at Vienna, have had full opportunity for confidential intercourse, and till there is a prospect that by such communications (without saying of what nature) some Projet of general arrangement may be devised, more likely than anything that could now be hazarded, to meet the sentiments and provide for the interests of all concerned.

I have endeavoured, as much as possible, to effect a coincidence of sentiment between the French and Allied Ministers, and I hope I have in a considerable degree succeeded; but, whatever may be their differences with each other, the three Continental Courts seem to feel equal jealousy of admitting France either to arbitrate between them or to assume any leading influence in the arrangements consequent upon the peace.

The Emperor of Russia and King of Prussia are expected tomorrow. Count Nesselrode brought with him no authority to make any modification of the Emperor's former plans with respect to Poland[8]: at the same time the impression is that His Imperial Majesty, (without however admitting any stipulation to that effect) will desist from his political but persevere in his territorial views with respect to Poland; the folly of ever stirring the former point can only be equalled by the total want of judgment in giving a discreditable grasping and menacing character to his councils upon such a point.

24. Bericht Talleyrands an Ludwig XVIII. (Auszug)

Berichtet über die Sitzung der sechs Mächte vom 30. 9. und seine Ablehnung des ihm vorgelegten Entwurfs einer Eröffnungsdeklaration.

Talleyrand, Briefwechsel S. 8–21, hier S. 8–15. Franz. Text: Talleyrand, Correspondance S. 10–24, hier S. 10–18.

Nr. 3 Wien, 4. Oktober 1814

Sire,

Am 30. September, zwischen 9 und 10 Uhr morgens, erhielt ich von Fürst Metternich einen vom Tage vorher datirten Brief von fünf Zeilen, in welchem

[8] Vgl. Nesselrodes eingehenden Bericht an Alexander I. über eine Konferenz mit Metternich, Castlereagh und Hardenberg, Wien, 13. (25.) 9. 1814, Vnešnjaja politika Rossii, VIII S. 103–106.

er mir in seinem Namen allein den Vorschlag macht, um 2 Uhr einer vorläufigen Conferenz beizuwohnen, zu der ich die Vertreter Rußlands, Englands und Preußens bei ihm vereinigt finden würde.

Er fügte hinzu, daß er dieselbe Einladung an Herrn von Labrador, den Vertreter Spaniens, richte.

Die Ausdrücke beiwohnen und vereinigt waren offenbar absichtlich gebraucht. Ich erwiderte, daß ich mich sehr gern mit den Vertretern Rußlands, Englands, Spaniens und Preußens bei ihm einfinden würde.

Die an Herrn von Labrador gerichtete Einladung war in denselben Ausdrücken abgefaßt wie die, welche ich erhalten hatte, mit dem Unterschiede jedoch, daß sie die Form eines Billets in dritter Person hatte und von Metternich und seinen Collegen ausging.

Da Herr von Labrador mir das Schreiben mittheilte und mich wegen der Antwort um Rath fragte, so zeigte ich ihm die meinige; er verfaßte eine ganz ähnliche, in welcher Frankreich mit und vor den andern Mächten genannt war.[1]

So vermischten wir, Herr von Labrador und ich, absichtlich, was die andern trennen zu wollen schienen, und wir theilten, was die andern durch ein besonderes Band vereinigen zu wollen schienen.

Ich war vor 2 Uhr bei Herrn von Metternich, aber schon waren die Vertreter der vier Höfe um eine lange Tafel zu einer Sitzung vereinigt; Lord Castlereagh, an dem einen Ende, schien den Vorsitz zu führen; an dem andern Ende saß ein Mann, den Metternich mir als den Protokollführer bei ihren Conferenzen vorstellte; es war Gentz. Zwischen Castlereagh und Metternich war ein Sitz freigelassen, den ich einnahm. Ich fragte, warum ich allein von der Botschaft Ew. Majestät eingeladen wäre. Hierdurch entstand folgendes Zwiegespräch: „Man hat bei den vorbereitenden Conferenzen nur die Chefs der Cabinete vereinigen wollen." „Herr von Labrador ist nicht Chef, und doch ist er eingeladen?" „Weil der spanische Staatssecretär noch nicht in Wien ist." „Aber außer dem Fürsten Hardenberg sehe ich hier Herrn von Humboldt, der nicht Staatssecretär ist." „Das ist eine nothwendige Ausnahme infolge des Ihnen bekannten Gebrechens des Fürsten Hardenberg." „Wenn es sich nur um Gebrechen handelt, so kann jeder welche haben und hat dasselbe Recht, sie geltend zu machen."[2] Wie es schien, war man darauf ziemlich geneigt, zuzulassen, daß jeder Staatssecretär einen der ihm beigegebenen Bevollmächtigten mitbringen könne, und für den Augenblick hielt ich es für unnütz, weiter darauf zu bestehen.

Der portugiesische Botschafter, Graf Palmella, hatte von Lord Castlereagh

[1] Über Labrador in Wien und sein Verhältnis zu Talleyrand vgl. Villa-Urrutia, bes. Bd. 15 S. 341–343.

[2] Hardenberg war schwerhörig, Talleyrand gehbehindert.

erfahren, daß vorläufige Conferenzen stattfinden würden, denen Herr von Labrador und ich beiwohnen sollten, zu denen er aber nicht geladen werden würde. Er glaubte gegen eine Ausschließung reclamiren zu müssen, in der er zugleich eine Ungerechtigkeit und eine Demüthigung der portugiesischen Krone erblickte. Er hatte infolge dessen an Lord Castlereagh einen Brief geschrieben, den dieser in der Conferenz vorbrachte. Seine Gründe waren schlagend, und er hatte sie gut dargelegt. Er verlangte, daß die acht Mächte, welche den Vertrag vom 30. Mai[3] unterzeichnet haben, und nicht blos sechs dieser Mächte, den vorbereitenden Ausschuß für die Verwirklichung des Congresses bilden sollten, dessen Zusammenberufung sie vereinbart hätten. Herr von Labrador und ich unterstützten diese Forderung; man schien geneigt, sie anzunehmen, aber die Entscheidung wurde auf die nächste Sitzung vertagt. Schweden hat noch keinen Bevollmächtigten hier und ist also noch nicht in dem Falle gewesen, zu reclamiren.

„Der Zweck der heutigen Conferenz“, sagte mir Lord Castlereagh, „ist, Sie in Kenntniß von dem zu setzen, was die vier Höfe gethan haben, seit wir hier sind.“ Dann wandte er sich an Metternich und sagte: „Sie haben das Protokoll.“ Metternich überreichte mir darauf ein von ihm, Graf Nesselrode, Lord Castlereagh und Fürst Hardenberg unterzeichnetes Schriftstück, in welchem sich der Ausdruck Verbündete in jedem Paragraphen vorfand.[4] Ich nahm Anstoß an diesem Ausdruck; ich sagte, derselbe nöthige mich zu fragen, wo wir eigentlich wären, ob etwa noch in Chaumont oder in Laon,[5] ob kein Friede geschlossen wäre, ob eine Feindseligkeit bestehe und gegen wen? Alle erwiderten mir, daß sie mit dem Ausdruck Verbündete keinen dem Stand unserer gegenwärtigen Beziehungen widersprechenden Sinn verbänden und daß sie ihn nur der Kürze wegen gewählt hätten. Worauf ich bemerkte, daß, wie groß auch der Werth der Kürze sei, man dieselbe doch nicht auf Kosten der Genauigkeit erkaufen dürfe.

Was den Inhalt des Protokolls betrifft, so war es ein Gewebe metaphysischer Schlußfolgerungen, um Ansprüche zur Geltung zu bringen, die man noch dazu auf uns unbekannte Verträge begründete. Diese Schlußfolgerungen und diese Ansprüche discutiren zu wollen, das hätte geheißen, sich in ein Meer von Streitigkeiten zu stürzen; ich empfand die Nothwendigkeit, das Ganze mit einem bündigen Beweisgrunde zurückzuweisen. Ich las mehrere Paragraphen und sagte: „Ich verstehe nicht.“ Ich las sie langsam und bedächtig zum zweiten mal mit der Miene eines Mannes, der den Sinn einer Sache zu ergründen sucht; dann sagte ich: „Ich verstehe immer noch nicht.“ Ich fügte hinzu: „Es gibt für

[3] Vgl. Nr. 3 S. 61–63.

[4] Möglicherweise Nr. 19 S. 178f.

[5] Vgl. Nr. 63 S. 301 Anm. 3 sowie Fournier, Châtillon S. 175–181.

mich zwei Daten, zwischen denen nichts liegt: das ist der 30. Mai, an dem die Bildung des Congresses vereinbart ist, und der 1. October, an dem er zusammentreten soll. Alles, was inzwischen geschehen ist, ist mir fremd und existirt für mich nicht." Die Bevollmächtigten antworteten, sie legten wenig Gewicht auf das Schriftstück und sie wären ganz zufrieden, es zurückzunehmen, was ihnen von seiten des Herrn von Labrador die Bemerkung zuzog, daß sie es doch unterzeichnet hätten. Sie nahmen es wieder an sich, Metternich legte es beiseite, und es war nicht mehr davon die Rede.

Nachdem sie dies Stück hatten fallen lassen, brachten sie ein anderes zum Vorschein. Es war der Entwurf einer Erklärung,[6] die Herr von Labrador und ich, wenn wir einverstanden wären, unterzeichnen sollten. Nach einer langen Vorbemerkung über die Nothwendigkeit, die Arbeiten des Congresses zu vereinfachen und abzukürzen, und nach der Betheuerung, daß man niemandes Recht antasten wolle, enthielt der Entwurf die Bestimmung, daß die von dem Congreß zu regelnden Gegenstände in zwei Klassen getheilt werden sollten; für jede derselben solle ein Ausschuß gebildet werden, an den sich die betheiligten Staaten wenden könnten; nach Beendigung der ganzen Arbeit durch die beiden Ausschüsse werde dann zum ersten male der Congreß zusammentreten, dessen Genehmigung alles unterbreitet werden sollte.

Dieser Entwurf bezweckte offenbar, die vier Mächte, die sich Verbündete nennen, zu unbeschränkten Herren aller Maßnahmen des Congresses zu machen: denn wenn die sechs Großmächte über die Zusammensetzung des Congresses, über die zu regelnden Gegenstände, über die Behandlungsweise derselben, über die Reihenfolge der Regelung entscheiden und allein und ohne Controle die Ausschüsse, welche alles vorbereiten würden, ernennen sollen, so würden Frankreich und Spanien, selbst vorausgesetzt, daß sie in allen Fragen immer einverstanden wären, doch immer nur zwei gegen vier sein.

Ich erklärte, daß bei einem derartigen Entwurfe ein einmaliges Lesen nicht genüge, um sich eine Ansicht zu bilden; daß man denselben überdenken und sich vor allem vergewissern müsse, ob er mit Rechten vereinbar sei, die zu achten wir alle entschlossen wären. Wir seien, sagte ich, zusammengekommen, um einem jeden seine Rechte zu verbürgen: es wäre doch zu traurig, wenn wir damit anfangen wollten, sie zu verletzen. Der Gedanke, alles vor dem Zusammentritt des Congresses abzumachen, sei für mich neu; man schlage vor, das zuletzt zu thun, womit man meiner Meinung nach anfangen müsse. Die Vollmacht, die man den sechs Mächten zuertheilen wolle, könne wol überhaupt nur von dem Congreß verliehen werden. Außerdem gäbe es Maßregeln, welche unverantwortliche Minister leicht annehmen könnten, während Lord Castlereagh und ich in einem ganz andern Falle seien. Hier bemerkte Lord

[6] Angeberg, I S. 252 f. Der Entwurf stammte von Gentz. Vgl. Mayr, S. 72.

Castlereagh, daß meine Erwägungen ihm sämmtlich eingefallen seien und daß er die Bedeutung derselben nicht verkenne. „Aber", fügte er hinzu, „wie sollen wir es anders anfangen, um nicht in Verhandlungen von unabsehbarer Länge zu gerathen?" Ich fragte, warum man nicht sofort den Congreß versammle, welche Schwierigkeiten man dabei fände? Ein jeder brachte darauf eine andere vor und es entstand eine allgemeine Unterhaltung. Als jemand dabei den König von Neapel erwähnte, sprach sich Herr von Labrador ohne alle Rücksicht über ihn aus. Ich meinerseits begnügte mich zu sagen: „Welchen König von Neapel meint man? Wir kennen den Mann nicht, von dem die Rede ist." Und da Herr von Humboldt bemerkte, daß einige Mächte ihn anerkannt und ihm seine Staaten gewährleistet hätten, sagte ich mit Festigkeit und Kälte: „Die, welche sie ihm gewährleistet, haben es nicht gedurft und also auch nicht gekonnt." Um aber den Eindruck, den diese Sprache wirklich und sichtlich hervorbrachte, nicht zu verlängern, fügte ich hinzu: „Aber darum handelt es sich jetzt nicht." Dann kam ich wieder auf den Congreß zurück und bemerkte, daß die Schwierigkeiten, die man zu fürchten scheine, vielleicht weniger groß seien als man glaube, und daß man sicher Mittel finden werde, denselben vorzubeugen. Fürst Hardenberg erklärte, daß ihm an dem einen Auskunftsmittel nicht mehr liege als an einem andern, daß man aber eins haben müsse, wonach die Fürsten von Leyen und Liechtenstein nicht bei der Ordnung der allgemeinen Angelegenheiten Europas mitzusprechen hätten. Darauf hin vertagte man sich bis zum zweitfolgenden Tage, nachdem man mir versprochen hatte, mir und Herrn von Labrador Abschriften von dem Entwurfe zu der Erklärung und von dem Briefe des Grafen von Palmella zuzusenden (die verschiedenen Schriftstücke, die in diesem Briefe an Ew. Majestät erwähnt werden, finden sich bei dem amtlichen Schreiben,[7] das ich heute an das Ministerium richte). Nachdem ich diese Schriftstücke erhalten und reiflich erwogen hatte, glaubte ich mit der Darlegung meiner Ansicht nicht bis zur nächsten Conferenz warten zu sollen. Ich verfaßte eine Antwort, zuerst in Form einer Verbalnote; dann aber bedachte ich, daß die Vertreter der vier Höfe untereinander Conferenzen gehalten haben, bei denen sie Protokolle führten und unterzeichneten, und meinte deshalb, daß die Verhandlungen zwischen ihnen und dem Vertreter Ew. Majestät nicht blos flüchtige und bedeutungslose Unterredungen sein dürften, daß sich vielmehr die Unterhandlung durch eine amtliche Note am schicklichsten einleiten lasse. Ich richtete also am 1. October an die Vertreter der fünf andern Mächte eine Note und unterzeichnete sie.[8] Folgendes war im wesentlichen der Inhalt derselben: Ich wäre der Ansicht, daß die acht Mächte, welche den Vertrag vom 30. Mai unterzeichnet hätten, schon infolge dieses Umstandes und

[7] Gedruckt in Talleyrand, Memoiren II S. 242–245.

[8] Angeberg, II S. 1962–64.

bei dem Fehlen eines Vermittlers, völlig geeignet seien, eine Commission zu bilden, welche die von dem Congreß vor allen andern zu entscheidenden Fragen vorbereiten würde. Diese Commission solle zugleich die Bildung der Ausschüsse, deren Einsetzung man für zweckmäßig halte, und die Namen ihrer Mitglieder vorschlagen. Weiter aber dürfe ihre Competenz nicht gehen; denn die acht Mächte seien nicht der Congreß, sondern nur ein Theil desselben, und wenn sie sich selbst eine Befugniß beilegen wollten, die nur dem Congreß zustehe, so sei das eine Usurpation, die ich, falls ich daran theilnehmen solle, schwer mit meiner Verantwortlichkeit vereinbaren könne. Die Schwierigkeit, welche das Zusammentreten des Congresses darbiete, gehöre nicht zu denen, die mit der Zeit abnehmen, und, da sie doch einmal überwunden werden müsse, so könne man durch ein Hinausschieben nichts gewinnen. Unzweifelhaft dürften die Kleinstaaten bei der Ordnung der allgemeinen Angelegenheiten Europas nicht mitsprechen, aber das wünschten sie auch gar nicht und würden deshalb keine Verlegenheiten veranlassen. Nach allen diesen Erwägungen müsse ich natürlich wünschen, daß sich die acht Mächte unverzüglich mit den von dem Congreß zu entscheidenden vorläufigen Fragen beschäftigten, damit man ihn schnell zusammenberufen und ihm dieselben unterbreiten könne.

[. . .]

25. Erklärung der acht Mächte über die Eröffnung des Kongresses [1]

Begründet die Verschiebung der Eröffnung auf den 1. November.

Klüber, I 1 S. 33–35. Franz. Text ebenda; ferner Angeberg, I S. 272 f.

Wien, 8. Oktober 1814 [2]

Declaration

Die bevollmächtigten Minister der Höfe, von denen am 30. Mai 1814 der Pariser Friedens-Tractat unterzeichnet wurde, haben den 32. Artikel desselben, durch welchen bestimmt war, daß die von einer und der andern Seite in dem letzten Kriege begriffen gewesenen Mächte, Bevollmächtigte nach Wien schik-

[1] Der Entwurf stammt von Gentz. Gentz, I S. 281, 310–312. Zur Vorgeschichte und Entstehung Mayr, S. 74–76; Gentz an Caradja, Wien, 11. 10. 1814, Oesterreichs Theilnahme, S. 449.

[2] Die Erklärung wurde in der Konferenz der acht Signatarmächte des Pariser Friedens vom 8. 10. beschlossen und am 12. 10. veröffentlicht. Mayr, S. 75.

ken sollten, um auf einem allgemeinen Congreß die zur Vervollständigung jenes Tractats erforderlichen Maaßregeln festzusetzen, in Erwägung gezogen, u. nach reifem Nachdenken über die daraus entspringenden Verhältnisse und Pflichten, erkannt, daß es ihre erste Sorge seyn mußte, zwischen den Bevollmächtigten sämtlicher Höfe freie und vertrauliche Erörterungen einzuleiten. Zugleich aber sind sie zu der Ueberzeugung gelangt, daß es dem gemeinschaftlichen Interesse aller Theilnehmer angemessen seyn wird, eine allgemeine Zusammenberufung ihrer Bevollmächtigten bis auf den Zeitpunkt zu verschieben, wo die von ihnen zu entscheidenden Fragen den Grad von Reife gewonnen haben werden, ohne welchen ein mit den Grundsätzen des Völkerrechts,[3] den Stipulationen des Pariser Friedens, und den gerechten Erwartungen der Zeitgenossen möglichst übereinstimmendes Resultat, nicht zu erreichen seyn würde. Die förmliche Eröffnung des Congresses ist demnach bis auf den 1. November ausgesetzt worden, und die obgedachten bevollmächtigten Minister leben der Hoffnung, daß die in der Zwischenzeit vorzunehmenden Arbeiten, zur Berichtigung der Ideen, zur Ausgleichung der Ansichten und zur Beförderung des großen Werkes, welches der Gegenstand ihrer gemeinschaftlichen Sendung ist, wesentlich beitragen werden.

Wien, den 8ten October 1814.

26. Bericht Talleyrands an Ludwig XVIII. (Auszug)

Berichtet über das in Konferenzen vom 5. und 8. Oktober diskutierte Problem der Eröffnungsdeklaration.

Talleyrand, Briefwechsel S. 21–33.
Franz. Text: Talleyrand, Correspondance S. 25–38.

Nr. 4 Wien, 9. Oktober 1814

Sire,

Die Vertreter der vier Höfe, die durch meine Note[1] in Verlegenheit gebracht sind und kein Argument zu ihrer Widerlegung finden, haben sich entschlossen, die Beleidigten zu spielen. Diese Note, sagt Humboldt, ist eine zwischen uns geschleuderte Brandfackel; man will, sagt Nesselrode, uns entzweien; es soll nicht gelingen.

[...]

Am 3. October abends überreichte mir Metternich, den ich bei der Herzogin von Sagan traf, einen neuen von Lord Castlereagh verfaßten Entwurf zu einer

[3] Vgl. Nr. 26 S. 196f.

[1] Vgl. Nr. 24 S. 191 mit Anm. 8.

Erklärung.[2] Dieser zweite Entwurf unterschied sich von dem ersten nur dadurch, daß er die Vorschläge der vier Höfe für eine einfache Folgerung aus dem ersten geheimen Artikel vom 30. Mai[3] darzustellen suchte. Aber weder war der Grundsatz, von dem er ausging, richtig (denn Lord Castlereagh lieh offenbar einer Bestimmung jenes Artikels einen Sinn, den sie nicht hat und den wir nicht zulassen können); noch würde, auch wenn der Grundsatz richtig wäre, die daraus abgeleitete Folgerung berechtigt sein; der Versuch war also doppelt unglücklich.

Ich schrieb an Lord Castlereagh einen vertraulichen Brief.[4] Ich bemühte mich darin, alle die Gründe zusammenzustellen, die gegen den vorgeschlagenen Plan sprechen (die Abschrift meines Briefes liegt bei dem Berichte, den ich heute an das Ministerium schicke).[5] Ew. Majestät werden bemerken, daß ich mich besonders bemüht habe, mit aller möglichen Höflichkeit bemerklich zu machen, daß der Grund, weshalb man jenen Plan vorgeschlagen habe, mir nicht entgangen sei. Ich habe geglaubt, erklären zu müssen, daß es mir unmöglich sei, zu etwas mitzuwirken, was den Grundsätzen widerstreite; denn wenn wir nicht unwandelbar daran festhielten, so könnten wir in den Augen der europäischen Nationen den Rang und das Ansehen nicht wieder einnehmen, die uns nach der Rückkehr Ew. Majestät zukommen; denn sich von jenen Grundsätzen entfernen, heiße die Revolution wieder erwecken, die nichts als ein langes Vergessen derselben gewesen sei.

[...]

Wir hatten an diesem Tage eine Conferenz,[6] bei der wir uns anfangs nur zu zweien oder dreien befanden, da die andern Bevollmächtigten immer in Zwischenräumen von einer Viertelstunde ankamen. Lord Castlereagh hatte meinen Brief mitgebracht, um ihn mitzutheilen; man ließ ihn von Hand zu Hand gehen; Metternich und Nesselrode warfen kaum einen Blick hinein, als Männer, deren Scharfsinn ein bloßer Blick in ein Schriftstück genügt, um den ganzen Inhalt desselben zu erfassen. Man hatte mir im voraus angedeutet, daß man die Zurückziehung meiner Note fordern werde; in der That richtete Metternich diese Forderung an mich; ich antwortete, daß ich es nicht könne. Herr von Labrador bemerkte, es sei zu spät und werde nichts helfen, da er schon eine Abschrift davon an seinen Hof abgeschickt habe. „Wir müssen also antworten?“ fragte mich Metternich. „Wenn Sie wollen“, antwortete ich. „Ich bin eigentlich der Meinung“, bemerkte er, „daß wir unsere Angelegenheiten ganz allein ordnen sollten“, wobei er unter *wir* die vier Höfe verstand. Ich antwor-

[2] Angeberg, I S. 254f.

[3] Nr. 3 S. 62.

[4] Angeberg, I S. 270–272.

[5] Bericht vom 8. 10. 1814, Talleyrand, Memoiren II S. 256–260.

[6] Am 5. 10. 1814, Mayr, S. 75.

tete ohne zu zögern: „Wenn Sie die Frage von dieser Seite auffassen, so bin ich ganz Ihr Mann: in bin ganz bereit, ich verlange nichts anderes." „Wie meinen Sie das?" fragte er mich. „Ganz einfach", erwiderte ich, „ich werde an Ihren Conferenzen mich nicht mehr betheiligen, ich werde hier nur noch als ein Mitglied des Congresses bleiben und warten, bis er eröffnet wird." Statt seinen Vorschlag zu wiederholen, ging Metternich schrittweise über zu allgemeinen Bemerkungen über den Nachtheil einer augenblicklichen Eröffnung des Congresses. Nesselrode bemerkte, ohne viel Ueberlegung, daß Kaiser Alexander am 25. abreisen wolle, worauf ich in gleichgültigem Tone erwidern mußte: „Das thut mir leid, denn er wird die Erledigung der Geschäfte nicht sehen." „Wie kann sich der Congreß versammeln", sagte Metternich, „wenn nichts von dem, womit er sich beschäftigen soll, bereit ist?" „Nun gut", antwortete ich, „ich will zeigen, daß ich nicht blos Schwierigkeiten zu machen suche und daß ich zu allem geneigt bin, was sich mit den Grundsätzen, die ich nicht preisgeben kann, vereinbaren läßt; da einmal noch nichts zur Eröffnung des Congresses fertig ist und da Sie ihn zu vertagen wünschen, so mag er vierzehn Tage, drei Wochen verschoben werden, ich bin es zufrieden, aber unter zwei Bedingungen: einmal, daß Sie ihn gleich jetzt zu einem bestimmten Tage zusammenberufen; und zweitens, daß Sie in der Zusammenberufungsnote die Regel für die Zulassung feststellen." Ich brachte diese Regel, so wie sie in den uns von Ew. Majestät gegebenen Weisungen[7] enthalten ist, zu Papier. Das Papier ging von Hand zu Hand; man that einige Fragen, einige Einwendungen, aber ohne irgendetwas zu entscheiden; die Bevollmächtigten, die einer nach dem andern gekommen waren, gingen ebenso wieder fort, und so verflüchtigte sich sozusagen die Conferenz mehr, als daß sie wirklich geschlossen wäre.

Lord Castlereagh, der unter den letzten geblieben war und mit dem ich die Treppe hinabstieg, versuchte mich für ihre Meinung zu gewinnen, indem er mir zu verstehen gab, daß gewisse Angelegenheiten, die meinen Hof am meisten interessiren müßten, zu meiner Genugthuung erledigt werden könnten. „Es handelt sich jetzt", sagte ich, „nicht um diese oder jene besondere Angelegenheit, sondern um das Recht, auf Grund dessen sie alle geordnet werden sollen. Wenn der Faden einmal abgerissen ist, wie sollen wir ihn wieder anknüpfen? Wir haben den Wünschen Europas zu entsprechen. Was werden wir für Europa gethan haben, wenn wir nicht die Grundsätze wieder zu Ehren bringen, deren Nichtachtung seine Leiden verursacht hat? Die gegenwärtige Epoche ist eine von denen, die sich kaum einmal im Laufe mehrerer Jahrhunderte wiederfinden. Eine schönere Gelegenheit kann uns nicht geboten werden. Warum wollen wir uns nicht in eine Stellung bringen, die dem entspricht?" „O", sagte er mit einer gewissen Verlegenheit, „es gibt Schwierigkeiten, die Sie

[7] Vgl. dazu Talleyrands Instruktion, Nr. 14 S. 127.

nicht kennen." „Nein, ich kenne sie nicht", antwortete ich in dem Tone eines Mannes, der nicht neugierig ist sie kennen zu lernen. Wir trennten uns, ich speiste bei dem Fürsten Windischgrätz; Gentz war zugegen. Wir plauderten lange über die Punkte, die in den Conferenzen, denen er beigewohnt hatte, verhandelt waren. Er bedauerte, daß ich nicht eher in Wien angekommen sei. Er gefiel sich in dem Gedanken, daß die Dinge, mit denen er unzufrieden zu sein angab, eine andere Wendung hätten nehmen können. Er gestand mir schließlich, daß man im Grunde erkenne, daß ich recht habe; aber die Eigenliebe spreche dabei mit und selbst die Bestgesinnten könnten es nicht über sich gewinnen zurückzuweichen, nachdem sie einmal vorgegangen seien.

[...]

Man benachrichtigte uns, daß die Bevollmächtigten versammelt seien, und wir begaben uns zur Conferenz.[8] Metternich eröffnete sie mit der Erklärung, daß er zwei Entwürfe vorlesen werde, den einen, von mir verfaßten, und den andern, den er hatte verfassen lassen. Er las zuerst den meinigen, dann den seinen. Die Preußen erklärten sich für den Entwurf Metternich's, weil er in keiner Frage der schließlichen Entscheidung vorgreife, und der meinige in sehr vielen. Nesselrode war derselben Ansicht; auch der schwedische Bevollmächtigte, Herr von Löwenhjelm, der zum ersten mal den Conferenzen beiwohnte, bemerkte, daß man in keiner Weise vorgreifen dürfe. So war auch die Ansicht des Lords Castlereagh, und ebenso, wie ich wußte, die des Fürsten Metternich. Sein Entwurf begnügte sich, die Eröffnung des Congresses bis zum 1. November zu vertagen, ohne etwas Weiteres zu bestimmen, was den portugiesischen Bevollmächtigten Palmella zu der Bemerkung veranlaßte, daß eine zweite Erklärung zur Zusammenberufung des Congresses nöthig sei. Dies wurde zugestanden. Man vertagte also blos die Schwierigkeit, ohne sie zu lösen; indessen da man die alten Ansprüche hatte fallen lassen, da nicht mehr die Rede davon war, alles durch die acht Mächte zu regeln und dem Congreß nur die Befugniß der Genehmigung zu überlassen; da man vielmehr nur noch davon sprach, durch freie und vertrauliche Verhandlungen mit den Bevollmächtigten der andern Mächte die Lösung der Fragen vorzubereiten, über die der Congreß beschließen sollte, so glaubte ich durch ein Entgegenkommen, welches den Principien nichts vergäbe, zur Förderung der Geschäfte beitragen zu können, und ich erklärte, daß ich mit der Annahme des Entwurfs des Fürsten Metternich einverstanden sei, doch unter der Bedingung, daß an der Stelle, wo gesagt ist, die formelle Eröffnung des Congresses werde bis zum 1. November vertagt, hinzugefügt werde: und die Eröffnung wird geschehen in Uebereinstimmung mit den Grundsätzen des öffentlichen Rechts. Bei diesen Worten erhob sich ein Lärm, von dem man sich nur schwer eine Vorstel-

[8] Am 8. 10.

lung machen kann. Hardenberg stand auf, stützte die Hände auf den Tisch und rief mit fast drohender und schreiender Stimme, wie das bei denen gewöhnlich ist, die mit demselben Gebrechen behaftet sind wie er: „Nein, Herr, das öffentliche Recht? Das ist überflüssig. Wozu erklären, daß wir gemäß dem öffentlichen Rechte handeln werden? Das versteht sich ohne Erklärung.“ Ich erwiderte ihm, wenn es sich schon verstehe ohne Erklärung, so werde es sich noch besser verstehen mit einer Erklärung. Humboldt rief: „Was thut hier das öffentliche Recht?“ Ich antwortete: „Es thut, daß Sie hier sind.“ Lord Castlereagh nahm mich beiseite und fragte mich, ob ich gefälliger sein werde, wenn man in diesem Punkte meinen Wünschen nachgebe. Ich fragte ihn meinerseits, was ich von ihm in der neapolitanischen Frage erwarten dürfe, wenn ich mich gefällig zeige; er versprach mir, mich mit seinem ganzen Einfluß zu unterstützen. „Ich werde darüber“, sagte er, „mit Metternich sprechen; ich habe das Recht, eine Ansicht über diese Frage zu haben.“ „Sie geben mit Ihr Ehrenwort?“ fragte ich ihn; er erwiderte: „ich gebe es Ihnen.“ „Und ich“, antwortete ich, „gebe Ihnen mein Ehrenwort, daß ich nur bei den Principien, die ich nicht preisgeben darf, unnachgiebig sein werde.“ [9] Inzwischen hatte sich Gentz dem Fürsten Metternich genähert und stellte ihm vor, daß man sich nicht weigern könne, das öffentliche Recht in einem Acte wie dem hier in Frage stehenden zu erwähnen. Metternich hatte vorher den Vorschlag gemacht über die Sache abzustimmen; er verrieth damit, welchen Gebrauch sie von der Befugniß gemacht hätten, die sie sich hatten geben wollen, wenn ihr erster Plan gelungen wäre. Man willigte endlich in den von mir verlangten Zusatz. [10]

[...]

[9] Rundschreiben an die Gesandten und Consuln Frankreichs im Auslande vom 29. Oktober 1814: „Die Principien, die der König seinem Botschafter auf dem Congreß zur Richtschnur zu nehmen befohlen hat, sind Ihnen bereits bekannt. Man hatte glauben dürfen, daß die Mächte, beseelt von den nämlichen Gesinnungen, zur Aufrechthaltung dieser Principien mitwirken würden, da sie ja zur Vertheidigung derselben die Waffen ergriffen hatten. Um so mehr muß man sich wundern, daß gegenwärtig mehrere unter ihnen sich geneigt zeigen, Principien zu befolgen, die sie früher selbst bekämpft haben. Sie werden dazu veranlaßt, die einen durch Ehrgeiz, die andern durch Eifersucht und die Besorgniß, welche ihnen die Macht Frankreichs einflößt und das Verlangen, diejenigen Staaten zu vergrößern, welche durch ihre Lage zu demselben in einen Interessengegensatz gerathen können; die andern endlich aus Furchtsamkeit. Der König ist einerseits zwar entschlossen, nicht anzuerkennen, daß die Eroberung an sich die Rechte der Souveränetät verleihen kann, und nicht einer Verletzung der Principien des öffentlichen Rechts zuzustimmen, andererseits aber will er sich nachgiebig in allem zeigen, was nicht diese Principien selbst antastet. In diesem Sinne, mein Herr, haben Sie sich bei jeder Gelegenheit auszusprechen, wobei Sie jedoch von der gegen die Principien gerichteten Opposition nur mit Mäßigung sprechen werden.“ *[Aus d. Druckvorlage.]*

[10] Vgl. Nr. 25 S. 193.

27. Bekanntmachung über Einreichung und Prüfung der Verhandlungsvollmachten

Am 3. November wird ein Büro zur Annahme und Prüfung der Vollmachten eröffnet.

Klüber, I 1 S. 37 f. Franz. Text ebenda; ferner Angeberg, I S. 376.

Wien, 1. November 1814

Declaration

Da durch die Declaration vom 8. October[1] die Eröffnung des Congresses bis auf den 1. Nov. ausgesetzt worden ist; so haben die bevollmächtigten Minister der Höfe, welche den Friedens-Tractat vom 30. Mai unterzeichneten, sich dahin vereinigt, einander wechselseitig ihre Vollmachten mitzutheilen, und solche in einem bei der geheimen Hof- und Staatskanzlei Sr. kais. königl. apostol. Maj. hierzu bestimmten Bureau niederzulegen. Damit man aber auf eine authentische Weise zur Kenntniß der von den übrigen Höfen beauftragten Personen gelange, werden alle diejenigen, die mit Vollmachten zum Congreß versehen sind, hierdurch aufgefordert, solche in dem nämlichen Bureau zu überreichen. Die Verification der Vollmachten wird durch eine, aus drei bevollmächtigten Ministern bestehende Commission vollzogen werden; und nach Beendigung dieses Geschäftes, werden die Minister der obgedachten Höfe die Maaßregeln in Vorschlag bringen, die sie für die zweckmäßigsten halten werden, um den fernern Geschäftsgang des Congresses zu bestimmen.

Das Bureau zur Annahme der Vollmachten wird am 3. November eröffnet werden.

Wien, den 1sten November 1814.

28. Bericht Castlereaghs an Liverpool

Berichtet über die Organisation der Kongreßarbeit und den Stand der Verhandlungen in den verschiedenen Ausschüssen.

Webster, S. 236–238.

Nr. 20 Vienna, November 21st, 1814

I regret that it has not been in my power to report to Your Lordship a more rapid advance of business, with which we are here charged. The length to

[1] Nr. 25 S. 192f.

which the discussions on the Polish question have gone, and the connection necessarily subsisting between the decision of one territorial question and another, has hitherto prevented a final decision being taken, almost on any one point. Your Lordship must not infer however from this, that the plenipotentiaries have been idle, or that considerable progress has not been made in examining, preparatory to a decision, the several branches into which the European arrangement naturally divides itself.

In framing the successive protocols herewith transmitted of the deliberations of the eight Powers who signed the Peace of Paris,[1] you will perceive that it has not been deemed advisable, in the present state of the business, to assemble the plenipotentiaries at large in Congress, there being nothing as yet sufficiently matured to submit to them for their ultimate confirmation.

In proportion as the subject underwent consideration, it became apparent that the Congress was incompetent to act as a constituted and deliberative assembly, possessing the power of binding dissentient voices by the majority of the votes: that it could not delegate to commissions powers which it did not itself possess, and that the preparatory negotiations must originate with the parties naturally interested.

This has at last led to an arrangement which seems sufficient for every practical purpose and to which there seems no longer any objection. The plenipotentiaries of the eight Powers, in number twenty, vizt: Austria two, Russia three, Great Britain four, France four, Prussia two, Portugal three, Spain one, and Sweden one, meet together occasionally as a directing body. In the interval the several subjects are treated of nearly under the following distribution.

The affairs of Poland are left to the three Powers locally interested, with the intervention of Great Britain: the Prince de Talleyrand and the other plenipotentiaries have always considered this as a suitable mode of discussing that subject, in the first instance, and he has confined himself to occasional explanations of the sentiments of his Court thereupon in his interviews with the sovereigns, and the parties interested. The details of these discussions have already been submitted to the Prince Regent.

At a very early period, a species of commission consisting of the five principal German Powers, vizt: Austria, Prussia, Bavaria, Hanover, and Wirtemberg, charged themselves with German affairs. They have made considerable progress in framing a Projet of confederation for Germany in pursuance of the principle laid down in the Treaty of Paris. The labours of these commissioners are exclusively confined to the constitutional organisation of Germany, but its territorial distribution has been also a subject of frequent discussion between

[1] Druck der Protokolle der Achtmächtekonferenzen bei Angeberg. Übersicht über die Protokolle ebenda, I S. CXCI; dazu aber ergänzend Mayr, S. 82–84.

them and the other European Powers principally interested: and altho' nothing can definitely be settled till we know what is disposable in Poland to be assigned to the two great German Powers, yet the whole has been examined so carefully, and in so many points of view, that I consider material progress has been made towards a final decision, if the principal Powers could agree upon the two fundamental questions of Saxony and Poland, which must, in a great measure determine the quantum of means disposable to satisfy the various claims.

The affairs of Switzerland have been referred to a commission nominated by the four Allied Powers, consisting of Baron Wessenberg for Austria, Baron Stein for Russia, Lord Stewart for Great Britain, and Baron Humboldt for Prussia. These ministers are charged upon communication with the several deputies from Switzerland, to frame a report, which is afterwards to be discussed with the Duke d'Alberg, who has been nominated plenipotentiary of France for this object. The Treaty of Paris having recognized the principle of an arrangement for Switzerland to be founded upon the basis approved by the Allies, no objection was made on the part of France to leave the initiative with the Allied Powers.

The affairs of Italy have formed another subdivision, and in order to gain as much time as possible on the important question of Naples, we have been unanimous in first directing our attention to the affairs of Northern Italy. As the first in order, we have taken measures for giving effect to the provisions of the Treaty of Paris in respect to Genoa.

The protocol will fully explain the course adopted in sending this question also to a preparatory commission, consisting of Baron Wessenberg for Austria, Earl of Clancarty for Great Britain, and the Comte de Noailles for France. The prevailing idea is, that the cession should take place upon a species of constitution securing to the Genoese certain rights and privileges. It is intended in the next place, and without delay, to proceed with the reclamation of the Queen of Etruria upon Parma, and with the question of the Legations.

I have stated this much to explain to Your Lordship the course in which business is conducted. At first there was an extreme susceptibility in the several plenipotentiaries upon anything being done to their exclusion, but this sentiment, from its own impracticability, has subsided, and I see nothing to object to in the manner in which the discussions are carried on: they must have been brought before this time to a satisfactory conclusion, if Russia had acted upon European principles, and directed her powerful influence upon just and liberal views.

IV.

QUELLEN ZUM POLNISCH-SÄCHSISCHEN KONFLIKT

29. Bericht Castlereaghs an Liverpool (Auszug)

Berichtet über eine Unterredung mit Alexander I. am 26. 9., in der er die englischen Bedenken gegen die polnischen Pläne des Zaren vorgetragen hat.

Webster, S. 197–199.

Nr. 3 Vienna, October 2nd, 1814

[. . .] The day after his arrival, I received the Emperor of Russia's commands to attend him and was honoured with an audience of two hours and a half. His Imperial Majesty received me with great personal kindness, which was not abated at any period of the conversation notwithstanding the adverse views of the question I felt myself obliged to press upon his attention. I closed without any relaxation of the sentiments brought forward on the part of the Emperor, but it was distinguished from former interviews on the same subject, by the absence of any decisive declaration in the nature of a decision: on the contrary His Imperial Majesty more than once pressed me to weigh the arguments he had adduced, and expressed a desire to renew the conversation. He expressed a desire to conciliate, and promised me to hear the opinions of the other Ministers here. This, as far as the form of the proceeding is concerned, would justify hopes of a better understanding. I am not however warranted in drawing this conclusion either from the substance of His Imperial Majesty's conversation with me, nor from what I understand from Prince Metternich to have since passed in a still longer conversation with him.

Very early in the interview the Emperor opened his views with respect to Poland in considerable detail–the substance did not vary in any essential degree from what had always been understood to be his plan, namely to retain the whole of the Dutchy of Warsaw with the exception of a small portion to the westward of Kalish, which he meant to assign to Prussia, erecting the remainder together with his Polish Provinces formerly dismembered into a Kingdom under the dominion of Russia, with a national administration congenial to the sentiments of the people.

The Emperor endeavoured to establish how favourable such a system must prove to the happiness of the people; that he was not prompted to it by any views of ambition. That he was ready to give the neighbouring States every security as to their possessions. That it was a sense of moral duty which dictated the measure and that it could not but prove grateful to the British Nation.

I represented that most certainly the British Government would view with great satisfaction the restoration of Poland to its independence as a Nation, but that they took a broad distinction between the erection of a part of Poland into a Kingdom merged in the Crown of Russia, and the restoration of the whole or greater part into a distinct and independent State. That to the latter measure they would feel every friendly disposition if it could be effected with the concurrence and support of the neighbouring Powers, and if I was not authorised to press such a measure upon His Imperial Majesty's attention, it arose only from the reluctance the Prince Regent felt to suggest any measure for the adoption of his Allies, which might be felt by them to call for an unreasonable sacrifice of interest after the great exertions they had lately been called upon to make–but that if the question of restoring Poland was to be stirred at all, the British Government were of opinion to be either just in itself, or safe in its operation, that it ought to be taken up upon a broad and liberal basis; and that I had reason to believe neither Austria nor Prussia would hesitate to unite themselves with His Imperial Majesty for such a purpose, however strongly they deprecated the proposed measure.

The Emperor frankly acknowledged that he was not prepared to make this extent of sacrifice on the part of his Empire, but continued to argue the safety of the measure to his Allies–its advantages to the Poles, and favourable collateral influence upon Russia.

In reply to these views of the subject, I represented that it was impossible to suppose that so great a change could be effected in Russian Poland, without the Austrian and Prussian Provinces being involved in its consequences. If, as his Imperial Majesty supposed, it would satisfy his Polish subjects and make them look for nothing more, in the same proportion must their former fellow subjects become discontented and impatient to re-assemble under the same standard. That if, on the contrary, as I had the strongest reason to know, the Poles regarded this qualified restoration under Russia as only a temporary and intermediate arrangement, and if the national spirit was thus aroused to all those intrigues and exertions which were to advance them to their national and never ceasing object–the ten millions of Poles, whilst they did adhere to Russia, would, for all military purposes tell with double force on the side of Russia, whilst the five million belonging to Austria and Prussia now inert would become disaffected. It was obvious that such a state of things must not only sow distrust and jealousy between the three Powers, but destroy in a double or triple ratio, their proportional strength as derived from Polish acquisitions, whilst it must give birth to a political fermentation which could only end in separation.

I further pressed the repugnance felt to the measure by his own Russian subjects, and how arduous the attempt was on the part of His Imperial Majesty, to undertake to conduct two such adverse and rival interests within his Empire.

That if his personal ascendancy kept it alive during his reign, it would probably be deliberately destroyed, or perish in the hands of a successor. I ventured to assure His Imperial Majesty that a measure of this partial and disquieting nature would be disapproved by all Europe, and that it was odious and alarming in the extreme to both his Allies: that if the King of Prussia, from personal deference and regard, was apparently more acquiescent, His Majesty's repugnance and that of his subjects was not the less strong. That such was the universal sentiment, His Imperial Majesty would find from all the Ministers present, and were the general impression even founded in prejudice, and not in reason it was in vain to hope that an attempt so repugnant to the prevailing feeling of Europe could be productive of good.

I submitted that I had argued the question more as a Russian than a British Minister, at least than as a British Minister having any sinister view with respect to Russian interests; that if I wished to involve His Imperial Majesty in internal difficulties, to embarrass his administration and to embroil him with his neighbours, I should urge His Imperial Majesty to pursue the course he had stated; but that the object of my Government was to promote quiet, and there was nothing they more desired than to preserve their connection with Russia and to see His Imperial Majesty enjoy the fruits of his most glorious labours.

[...]

30. Bericht Castlereaghs an Liverpool

Berichtet über eine Unterredung mit Nesselrode am 27. 9., in der er vor der Expansion Rußlands gewarnt hat.

Webster, S. 199f.

Nr. 4 Vienna, October 2nd, 1814

The day after my interview with the Emperor, Count Nesselrode called on me, apparently to learn the impression made upon me by my conversation with His Imperial Majesty. I expressed my sense of the reception I had met with whilst I had to regret that the views of our respective Governments were still so wide of each other.

I thought it material to explain myself to Count Nesselrode upon one view of the subject, which the nature of my discussion with the Emperor did not enable me to touch upon, namely upon the possibility of His Imperial Majesty abandoning the political but adhering to the territorial part of his plan. I told him that, feeling as the British Government did upon the question of Polish independence, it could not be expected that we should consent to bear the odium of any disappointment the Nation might experience, whilst Russia carried into effect her views of aggrandizement against the declared sentiments of her Allies, and, as I believe, equally against the general sense of Europe. That it was not only dangerous but degrading to Austria and Prussia in the eyes of their own subjects as well as of Europe, to deny them the semblance of a military frontier, and it was no remedy for such a menacing arrangement, to hold out to these Courts indemnifications elsewhere, to reconcile them to this undisguised state of military dependence upon Russia.

That such a system originating in a previous unjustifiable pretention on the part of Russia would acquire a character the more obnoxious as being an extension of the principle of partitioning by the three Powers of Europe, which had been sufficiently odious when confined to Poland. That it would have the colour of an attempt to revive the system we had all united to destroy, namely one colossal military Power holding two other powerful States in a species of dependence and subjection, and through them making her influence felt in the remotest parts of Europe. That such an attempt would, in the course of time, probably be in like manner resisted and overthrown, but that its revival in any shape was repugnant to the principles on which the Powers had acted, and although it might not lead to immediate war, its remote effects were not less certain, and its immediate consequences must be to cast a shade over the councils of the Emperor as an object of alarm instead of confidence.

I further pressed the embarrassments it must expose us to in Congress especially the plenipotentiaries of those Powers who had publicly to defend the system to which they gave their sanction: That I looked with more pain to any difference of this nature, wishing to find myself enabled to act in concert with the Allies throughout, but that to do so, they must give me a system which I could defend.

Having effected my purpose of undeceiving Count Nesselrode, if he supposed the concession of the political part of the plan would reconcile my Government to the territorial, I left the question here, without receiving from him any explanation. It was impossible however he should have been insensible to the difficulties I had placed before him.

31. Handschreiben Hardenbergs an Metternich[1]

Die österreichische Zustimmung zur Einverleibung Sachsens und der Verzicht, Mainz an Bayern zu geben, sind die Voraussetzungen für eine Verständigung über Polen.

Oncken, II S. 846f. Franz. Text: Angeberg, II S. 1934–1936.

Wien, 9. Oktober 1814

Sie sind ohne Zweifel, mein lieber Fürst, völlig mit mir einverstanden darüber, daß die Schwierigkeiten, denen wir in Bezug auf die Behandlung der Geschäfte begegnet sind und die wir in noch höherem Maße in den sachlichen Fragen selber gewärtigen müssen, mehr als jemals wünschenswerth und nothwendig machen, daß die vier verbündeten Mächte, denen Europa seine Befreiung verdankt, die Bande, die sie vereinen, enger knüpfen, damit nicht so viel Blut umsonst geflossen, so viel Mühe umsonst aufgewendet sei und damit das edle Ziel erreicht werde, das sie sich vorgesetzt haben. Preußen wünscht sich nichts Besseres, als dazu aus allen Kräften beizutragen, insbesondere unerschütterlich festzuhalten an dem weisen System eines Zwischeneuropa [Europe intermédiaire], gegründet auf den innigsten Zusammenhang mit Oesterreich und England; es ist bereit, allen Maßregeln beizutreten, welche diese beiden Höfe geeignet finden werden, um den Hof von Rußland zu bewahren vor dem Abfall von den Grundsätzen des Bundes und zur Abänderung seiner Polenplane nach Maßgabe jener zu bestimmen. Aber Preußen befindet sich über seine eigne Lage noch in solcher Ungewißheit, daß die erste seiner Pflichten ihm gebietet, vor Allem an sich selbst zu denken. Hier der Abriß eines Planes,[2] den ich Ew. Durchlaucht Aufmerksamkeit empfehle. Die Ansprüche Preußens sind gerecht, maßvoll, den Verträgen entsprechend. Ich wage hinzuzusetzen, das allgemeine Interesse und das Interesse Oesterreichs selbst wollen: daß Preußen stark sei, daß es an Kraft zunehme in dem Maße wie seine Nachbarn sich vergrößern. Die letzteren kann nur eine feste Eintracht der beiden Hauptmächte im Zaume halten. Rußland, Baiern, Würtemberg haben beträchtliche Vergrößerungen erlangt und trachten nach weiteren, Oesterreich selbst, Holland, Hannover werden Vergrößerungen erlan-

[1] Dem Schreiben ist ein vom 10. 10. datierter Zettel beigefügt, auf dem es heißt: „Glauben Sie mir, das Heil ist nur zu gewinnen, wenn wir uns sehr eng verbinden und verständigen – nur beschleunigen Sie, ich bitte Sie, die Verständigung mit uns." – Griewank, Wiener Kongreß S. 213 Anm. 44 (Übers. d. Hrsg. aus dem Franz.).

[2] Esquisse du plan prussien pour quelques arrangements de territoire. Angeberg, II S. 1936–1939. Vgl. auch Nr. 1 S. 33–59.

gen, die, verglichen mit ihrem Zustand im Jahr 1805 sehr bedeutend sind. Um so besser! Aber Preußen, das für die gemeinsame Sache ohne Zweifel die größten Anstrengungen aufgeboten, die größten Opfer gebracht hat, sollte Preußen nicht auch ein Recht haben eine Vergrößerung zu verlangen, entsprechend der seiner Nachbarn? Sie können mich nicht tadeln, lieber Fürst, wenn ich Sie inständig bitte, über die Fragen, die zwischen uns noch zu lösen sind, sich bestimmt und unzweideutig zu äußern, nachdem Sie die Ermächtigung Ihres erhabenen Souverains erlangt haben.

1) Willigt Oesterreich in die vollständige Vereinigung Sachsens mit Preußen? Sein Besitzstand soll keinen Abbruch erleiden.

2) Der König von Sachsen lehnt eine anderweitige Versorgung ab. Wird man diesem Fürsten oder seiner Familie eine neue anbieten? Italien scheint immer noch das Land, wo man ihm anweisen könnte, was sich am Besten für ihn eignen würde: die drei Legationen, ganz oder wenigstens zum Theil.

3) Verzichten Sie auf den Gedanken, Mainz an Baiern zu geben, für das mein Plan sehr vortheilhafte Aussichten bietet? Preußen kann diesen Platz nicht aufgeben, der das Hauptbollwerk Norddeutschlands ist, aber man könnte alle Rheinfestungen zu Bundesfestungen machen.

Sobald Sie mir im Namen des Kaisers diese Zusicherungen gegeben, sobald Sie mir versprochen haben, Preußen in Bezug auf diese Artikel wirksam Beistand und Stütze zu bieten, will ich mit Ihnen in Bezug auf Polen in das vollkommenste Einverständniß treten. Sicher ist nichts dringender, als hierüber baldigst mit Lord Castlereagh übereinzukommen; aber Sie werden einsehen, daß ich mich jeder Mitwirkung in dieser wichtigen Sache versagen muß, solange die wesentlichsten Interessen Preußens in der Luft schweben und Sie mich nicht vollständig beruhigt haben durch die bestimmte Erklärung, die ich von Ihnen verlange.

Der Kaiser von Rußland hat dem König angeboten, seine Truppen aus Sachsen zurückzuziehen und seine vorläufige Verwaltung einzustellen, indem er diese wie den Besitz des Landes gleichfalls vorläufig für den Augenblick an Se. Majestät übergäbe.[3] Diese Maßnahme, vortheilhaft in mehrfacher Beziehung, wird in diesem Augenblick dringender als zur Zeit, da ich während unseres letzten Aufenthaltes zu Paris Ihnen das als meine Absicht aussprach. Doch wünscht der König, sie nicht zu treffen ohne die Zustimmung Oesterreichs und Englands und zweifelt daran nicht. Ich bin beauftragt, sie von Ihnen zu verlangen. Der Prinz von Oranien ist im Besitz Belgiens, Sie haben Ihr Loos in Italien, Toscana, Modena, Tirol. Baiern besitzt Würzburg und Aschaffenburg.

[3] Durch das russisch-preußische Protokoll vom 28. 9. 1814 wurde Preußen die vorläufige Besetzung Sachsens zugestanden. Oncken, II S. 843 f. Franz. Text: CTS, 63 S. 375–377.

Preußen muß auf demselben Fuß behandelt werden. Ich stelle die gleiche Forderung an Lord Castlereagh.

Genehmigen Sie den Ausdruck

meiner unwandelbaren Anhänglichkeit
Hardenberg

32. Bericht Castlereaghs an Liverpool (Auszug)

Versucht Preußen und Österreich für gemeinsames Handeln gegen Rußland zu gewinnen. Hardenbergs Bedingungen.

Webster, S. 201 f.

Nr. 6 Vienna, October 9th, 1814

[...] I acquainted Your Lordship by my last courier, that I feared no effectual resistance could be made to the views of Russia in that quarter, and that the two neighbouring Powers were more likely to seek their own aggrandisement in other directions, than oppose themselves to the pretentions of their more powerful neighbour.

I was not the less confirmed in this impression, from perceiving that the extravagant tone of war which Austria had held, was accompanied by an equal jealousy of Prussia on the side of Saxony, and of France in Italy, which at once proved, that compromise and not resistance was really intended, and further from knowing, that Prussia, feeling she had no other support than Russia to secure to her Saxony against the views both of Austria and France, could not afford to risk that support, by too decisive an opposition to the Emperor's designs with respect to Poland.

Under these circumstances I conceived, that the only chance of doing good was to take up some ground of opposition short of war, and to endeavour to bring Austria and Prussia to a compromise in Germany, in order that they might unite against Russia upon the Polish question.

The existing Congress appeared to me to furnish a suitable expedient, as it enabled those Powers to represent to Russia, without menacing her with war, that they could not make themselves, in the face of Europe, the instruments of their own humiliation, by recommending that as just, wise and proper, against which they had been so long engaged in remonstrances–that it was one thing silently to submit, and another to originate a measure of national danger.

With this view, I desired an audience of the King of Prussia. I found His Majesty, as in England, the advocate of the Emperor of Russia, although personally adverse to his measures. I represented that the evil might yet, with proper management, be arrested without a contest. I pressed His Majesty not to abandon the interests of his monarchy in despair, and begged that he would oppose every obstacle, short of arms, to an arrangement which left his provinces uncovered, and his State in obvious dependence upon another Power.

I then opened myself unreservedly to Prince Metternich and Prince Hardenberg, and endeavoured to make them feel the dangers to which their disunion exposed both their monarchies. The latter explained himself very frankly, that whilst Saxony was in doubt, and with it the possibility of Prussia being suitably reconstructed it was impossible for him, more especially feeling as his King did, to risk the favour of Russia, but that if Saxony was assured to him by Austria and England, he could then unite with Austria, to oppose such resistance as prudence might justify, to Russian encroachments.

I found Prince Metternich without any fixed plan. In descending from his war language he appeared to me to fall into the other extreme, and to think in fact only of compromise. I represented the necessity of an understanding with Prussia, as the only chance of present good, or possibly of future safety. Prince Metternich, the following day, had an interview with Prince Hardenberg, and professed his willingness to enter into his views with respect to Saxony, provided an understanding could thereby be established with respect to Poland and certain German points of minor importance. The parties profess a mutual desire to understand each other, but there is a certain degree of mutual distrust, and fear of Russia, which does not justify me in speaking confidently of the result.

I endeavoured to derive some aid in this attempt from the appui of France–but, unfortunately, the manner in which Prince Talleyrand has conducted himself here, rather excited apprehension in both the Austrian and Prussian ministers, than inspired them with any confidence in his views. Although adverse to the designs of Russia in Poland, he betrayed not less hostility to theirs in Germany and Italy, and both, perhaps not unnaturally, seem equally to dread the appearance of a French force at present in the field.

The question must then take its course amidst all the difficulties that surround it. I shall do my best to give it a safe and creditable direction. If I fail, I shall endeavour to separate the British Government as far as possible from any share in its determination.

33. Note Castlereaghs an Hardenberg

Stimmt der Einverleibung Sachsens zu, erwartet aber eine feste Haltung Preußens gegenüber Rußland.

Wellington, Suppl. Desp. IX S. 339f.
Franz. Text: Angeberg, I S. 274–276.
Dt. Übers. aus d. Franz. Pappermann, II S. 40f.

Wien, 11. Oktober 1814[1]

Mon Prince,

I have the honour to acknowledge the receipt of your letter of yesterday,[2] with its enclosures, and lose no time in explaining myself upon it, with the frankness which I always wish to observe towards you.

There is no principle in European politics to which I attach more importance than the effectual reconstruction of Prussia. Her glorious services in the late war give her the highest claims upon our gratitude; but there is a more commanding claim even than our gratitude, which is, that upon Prussia, as the only solid foundation, every arrangement for the security of the north of Germany against the greater dangers that may menace it must be built.

It is to Prussia in such a crisis we must all cling; it is upon her power we must look to assemble ours; and to fulfil this task the Prussian monarchy ought to be both substantive and solid, and endowed with all those characteristics of an independent State which may enable her to command respect and to inspire confidence.

With respect to the question of Saxony. If the incorporation even of the whole of that country in the Prussian monarchy is necessary to effect so great a good for Europe, I may feel some individual pain that so ancient a family should be thus deeply affected, but I can feel no moral or political repugnance to the measure. If ever a Sovereign justly subjected himself to become a sacrifice to the future security of Europe, I conceive the King of Saxony has, by his repeated tergiversations, and by his having been not only the most devoted but the most favoured of Buonaparte's vassals, largely and cheerfully contributing, at the head of both his German and Polish States, to carry subjugation into the very heart of Russia.

[1] Die englische Ausgabe des Textes trägt das offensichtlich falsche Datum des 12. 10.; dies beweist Castlereaghs Hinweis auf Hardenbergs Schreiben vom 10. 10. (vgl. Anm. 2).

[2] Hardenberg bittet darin um Unterstützung der preußischen Forderung nach Einverleibung Sachsens bei Metternich und um Zustimmung zur provisorischen Besetzung Sachsens. Angeberg, II S. 1934.

I know there are numerous instances of similar political immorality in Germany. I know of none, however, so flagrant; and in the vicious circle in which the German States have latterly almost considered themselves entitled to move, where all cannot be punished, and where the greater number have redeemed their offences by subsequent services in the general cause, I shall not lament, whilst the mass are forgiven, that one example should be made to check this intolerable evil.

Your Highness will see from this statement that I have no hesitation in entertaining the principle of the proposed arrangement, if it shall be necessary to place Prussia in the station she should occupy for the interest of Europe; but if this incorporation should be attempted as a means of compensating Prussia for unjust and dangerous encroachments on the part of Russia, and as an arrangement to reconcile her, uncovered in point of frontier, to submit to an obvious relation of military dependence on that great Power, in this latter alternative, which I should for the honour and interest of all, and of none more than Russia herself, most deeply deplore, I do not feel myself justified in giving your Highness the smallest expectation that Great Britain could, in the face of Europe, be a party to such an arrangement.

Trusting that a result so inconsistent with the principles of the Alliance cannot be either pressed or listened to, I can feel no objection to the provisional administration of Saxony being, as your Highness proposes, entrusted to His Prussian Majesty. I am willing immediately to yield this arrangement, which appears to me just and reasonable in itself, as a pledge of the sincerity of the assurances I have above given to your Highness, and in the full confidence that the King of Prussia will not lend himself to any arrangement which can be either inconsistent with the dignity of his crown, or with the permanent security of his dominions.

I have thought your Highness would wish to hear from me without delay on the latter subject. As soon as Prince Metternich is prepared to explain himself upon the points referred to in your Highness's letter, I shall be ready to enter with you both into the general subject, and shall be most anxious to accelerate an understanding which appears to me essential to the best interests of Europe.

I am, &c.,
Castlereagh

34. Weisung Liverpools an Castlereagh (Auszug)

Warnt vor zu starker Einmischung Englands in die polnische Frage. Lösungsmöglichkeiten.

Webster, S. 210f.; ungekürzt Wellington, Suppl. Desp. IX S. 342–344.

[London] Fife House, October 14th, 1814

[...] However this question of Poland may now end, it cannot be settled either creditably or satisfactorily. The Emperor of Russia need never have stirred it, and in that case the Powers of Europe would have left the three States most interested to settle the question à l'aimable amongst themselves; but as it has been once mooted, it becomes a question of serious embarrassment, and it is very material that we should lose no character by the part we take in it.

I am inclined to think that the less we have to do with it, except as far as regards giving our opinion, the better. I have sent you a short Memorandum on the subject, containing the ideas which have occurred to me upon it. They very much correspond with what passed at a meeting at your house before you left England; but the train of reasoning is drawn out with more precision than occurred to me at that time, and the idea of the Duchy of Warsaw being preserved as an independent State under an independent sovereign, I think it may be of importance to put forward, for the reasons given in the Memorandum.

It is impossible to know how far you may have advanced on this and other subjects before you receive this letter; but at all events the Memorandum can do no harm, and you will make such use of the contents of it as you may judge upon the whole most advisable.

[...]

[Als Anlage:] Memorandum respecting Poland

October 14th, 1814

[...] It is obvious that an arrangement may be made with respect to the Duchy of Warsaw upon either of the three following principles:–

1st. It may be diveded between the three great Powers, and so made to constitute a part of each of their dominions. Or

2ndly. It may be preserved as an independent State under an independent prince. Or

3rdly. It may be assigned to one of the three great Powers as an independent State, which under the present circumstances would be Russia.

Of these three alternatives, I should certainly consider the third the worst for the general interests of Europe.

The second would preserve the principle of Polish independence, and might lead the inhabitants of the dismembered provinces to look to their reunion at some period more or less remote with the Duchy of Warsaw; but the weakness of the Power itself would in this case afford a reasonable security to the neighbouring Powers against the accomplishment of any such object, and at all events the three Powers would be upon an equal footing, and have a common interest in opposing any measure which was likely to produce such an effect. But if the Duchy of Warsaw is to be an independent State under the Emperor of Russia, the independent principle will not only be preserved, but it will be preserved under a monarch whose power will be sufficient to give encouragement to the disaffected in the Austrian and Prussian Polish provinces, to seize the first opportunity of resisting their acknowledged Sovereigns, and of reuniting themselves under a head whom they will consider as strong enough to protect them, and who will be the Sovereign of a country which will be regarded as the parent stock of Polish independence.

I cannot, however, conceal from you that this last project would be less unpopular in this country than the measure of complete partition, and consequently of Polish annihilation. If we are to come to either of these alternatives, I think it would be very desirable that there should, if possible, be some record of our having expressed our opinion how desirable it would be to restore Poland on the principle of 1792, and of our having made some effort for that which we are more entitled to ask, the independence of the Duchy of Warsaw under a neutral Sovereign.

[. . .]

35. Note Metternichs an Hardenberg

Legt die Bedingungen für Österreichs Zustimmung zur Einverleibung Sachsens durch Preußen dar.

Pappermann, II S. 60–64. Franz. Text: Angeberg, I S. 316–320; ferner Klüber, VII S. 19–26 (Ausfertigung); Bourgoing, S. 362–365 (Konzept).

Wien, 22. Oktober 1814

Mein Fürst! ich habe das vertrauliche Schreiben empfangen, welches Ew. Durchl. mir die Ehre erzeigt haben am 9. Oct. an mich zu richten.[1] Ich habe es dem Kaiser vorgelegt und Se. kaiserl. Maj. hat mich ermächtigt dem preußischen Cabinete in folgender Antwort seine Gedanken vollständig zu entwickeln.

[1] Nr. 31 S. 207–209.

Das Interesse, welches der Kaiser der Wohlfahrt Preußens widmet, bedarf von seiner Seite keiner Versicherung mehr. Am Tage, wo Se. kaiserl. Maj. sich die Freiheit nahm dem Könige zu rathen, er möge die edle Regung nicht unterdrücken, welche ihn gegen das Ende des Jahres 1812 veranlaßte Anstalten zu treffen, um die Anstrengungen zu unterstützen, die der Kaiser von Rußland, wie er verkündete, der Unabhängigkeit von Europa weihen wollte, an demselben Tage konnte der Entschluß Sr. kaiserl. Maj. ihr Interesse von demjenigen Preußens nicht zu trennen keinem Zweifel mehr unterliegen. Entschlossen Europa zu retten, indem er sich mit Rath und That den zu diesen Zwecken verbundenen Mächten anschloß, oder alle Unfälle Preußens zu theilen, ist der Kaiser keinen Augenblick von dieser sich vorgezeichneten Richtung abgewichen.

Nachdem der vollständigste Erfolg die Unternehmung der Verbündeten gekrönt hat, ergreift Se. kaiserl. Maj. jede Gelegenheit, um Europa Proben zu geben von seiner Uneigennützigkeit, von seinem Vertrauen zu den ihm befreundeten Souveränen, von seiner Rücksicht für ihr Interesse, von seiner Sorge für dasjenige Preußens. Ueberzeugt davon, daß das einzige, so großer Anstrengungen und so unermeßlicher Opfer würdige Ergebniß in der Gründung eines Friedenssystems bestehe, welches auf einer richtigen Kraftvertheilung unter den Mächten beruht, betrachtete der Kaiser die Wiederherstellung der preußischen Monarchie nach Maßgabe ihrer größten früheren Ausdehnung als eine der ersten Grundlagen dieses Systems. Er stand nicht an zu erklären, daß er die Vergrößerung dieser Monarchie ohne Eifersucht sehen würde, selbst wenn sie jene Grenzen überschritte. Dem österreichischen Cabinete gehört die erste Idee des Systems einer Centralmacht, welche auf der innigsten Vereinigung Oesterreichs und Preußens beruht, und durch einen deutschen Bund verstärkt wird, der unter den gleich bemessenen Einfluß beider Staaten gestellt ist, ohne daß Deutschland aufhörte einen einzigen politischen Körper zu bilden. Das ganze Benehmen Oesterreichs, alle durch dasselbe abgeschlossenen Verträge tragen den Stempel dieser Idee, welche in ihrer Entwickelung und durch dasselbe hierdurch herbeigeführte innige Verhältniß der Centralmächte Deutschland eine Bürgschaft der Ruhe und ganz Europa ein Pfand des Friedens bietet.

Ansprüche, welche in der letzten Zeit erhoben worden sind, verhindern aber geradezu ein so heilsames System. Drei Gegenstände beschäftigen in diesem Augenblicke ganz besonders die Aufmerksamkeit der beiden Cabinete. Es handelt sich darum Schranken zu errichten gegen die Absichten, welche Rußland in einer für die Ruhe Europas ebenso beunruhigenden, als seinen Bundesverträgen mit Oesterreich und Preußen widersprechenden Weise entwickelt. Das Loos Sachsens und der von den Verbündeten vorläufig besetzten Länder bilden die andern Gegenstände.

Der Kaiser sieht das Loos des Herzogthums Warschau als zu eng verbunden mit dem unmittelbaren Interesse der beiden Mächte an, welche bei der Theilung Polens mitwirkten, ja mit demjenigen von ganz Europa, als daß er es mit einem andern verwechseln könnte. Preußen hat mindestens ebenso mächtige Beweggründe, als Oesterreich, um Rußland an dem Ueberschreiten gewisser Grenzen, und vorzüglich daran zu hindern, daß es sich der den beiden Monarchien nothwendigen Vertheidigungspunkte bemächtige. Nicht weniger wünscht zwar Europa, daß des Königs Beziehungen zum Kaiser von Rußland immer mehr seinen anhänglichen und dankbaren Gesinnungen für denselben entsprechen mögen, aber es kann sich nicht davon überzeugen, daß solche Beziehungen lange bestehen können, wenn sie nicht auf Grundsätzen einer gesunden Politik beruhen. Der Kaiser hegt keinen Zweifel, daß der König seine Gesinnungen und Grundsätze hierin theile, und er rechnet auf dessen Beistand für die Aufrechterhaltung einer Sache, mit welcher ihre theuersten Interessen verknüpft sind, für welche die ersten Mächte Europas sich erklären, und zu deren Gunsten sowol der bestimmte Wortlaut der Verträge, als die Grundsätze sprechen, welche den Kaiser Alexander selbst in seiner schönen Laufbahn geleitet haben.

Der Kaiser hat mich ermächtigt mich mit Ew. Durchl. und Lord Castlereagh darüber zu verständigen, wie man die lichtvollen Gesichtspunkte verfolgen könne, welche in der Denkschrift dieses Staatssecretärs aufgestellt sind.[2]

Die Absicht Preußens Sachsen seiner Monarchie einzuverleiben erregt des Kaisers wahrhaftes Bedauern. Ohne den Rechtspunkt der Frage zu erörtern, sieht Se. kaiserl. Maj. mit Schmerz, daß eine der ältesten Dynastien Europas mit dem Verluste ihrer väterlichen Habe durch ein System der Ersatzleistung bedroht ist. Oesterreichs unmittelbares Interesse erheischt in mehrfacher Beziehung Sachsens Erhaltung. Sehr enge Familienbande bestehen zwischen Sr. kaiserl. Maj. und der königlichen Familie; andererseits würde der Kaiser dem lebhaftesten Widerspruche vieler andern Mächte begegnen. Er glaubt, daß die Ausführung des Plans einer vollständigen Vereinigung den unvermeidlichen Keim entschiedenen Mißtrauens gegen Preußen und der Anklage gegen Oesterreich für die deutschen Mächte abgeben werde. Er ist überzeugt, daß ganz Deutschland das Einverständniß beider Höfe in einer der öffentlichen Meinung so entgegengesetzten Sache mißbilligen werde.

Der Kaiser weiß demungeachtet seine Betrachtungen, so wichtig dieselben auch sind, einem höheren Gesichtspunkte unterzuordnen, welcher ebenso innig mit dem allgemeinen Interesse Europas, als der vertragsmäßigen Vergrößerung Preußens verbunden ist. Der soeben stattgefundene Anschluß der briti-

[2] Vgl. Nr. 33. Eine Kopie dieser Note erhielt auch Metternich. Kraehe, II S. 172.

schen Regierung an die Absichten Preußens auf Sachsen[3] und das Interesse, welches Rußland an dieser Vereinigung hat, vermögen nicht das Bedauern Sr. Maj. zu verringern, und sie wünscht lebhaft, daß der König in seiner Weisheit alle die Unzuträglichkeiten erwäge, welche aus der gänzlichen Vereinigung Sachsens mit seiner Monarchie entstehen, und daß er sie mit denjenigen vergleiche, welche für Preußen und Oesterreich vermieden würden, wenn ein an Böhmen grenzender Theil dieses Königreichs erhalten bliebe.

Wenn schließlich die Gewalt der Umstände Sachsens Vereinigung mit Preußen dennoch unvermeidlich machte, so würde Se. kaiserl. Maj. sich genöthigt sehen ihre Einwilligung von folgenden Bedingungen ausdrücklich abhängig zu machen:

1) daß die Frage mit andern Gebietsbestimmungen Deutschlands gleichzeitig erledigt werde, und zwar aus einem Ew. Durchl. noch zu entwickelnden Gesichtspunkte; ferner
2) unter dem ausdrücklichen Vorbehalte, daß die beiden Mächte über Grenzpunkte, über den Befestigungszustand einiger Plätze, über den Handel und die freie Elbschiffahrt eine Übereinkunft treffen.

Die Grundlagen, welche der Kaiser als unerläßliche Bedingungen jeder Ordnung der deutschen Angelegenheiten feststellt, sind einfach; sie entspringen aus der Natur der Sache selbst. Ohne sie ist kein Zustand wahrhafter Ruhe denkbar, und indem Oesterreich unermeßliche Opfer einem Grundsatze der Vereinigung bringt, kann es sich nicht der Mittel berauben für das zu wirken, was den betheiligten Parteien nützlich ist. Ich werde hierüber nähere Angaben machen.

Je mehr Se. kaiserl. Maj. wünscht, Deutschland möge sich nie in ein südliches und nördliches scheiden, sondern als Grundsatz des künftigen Bundesvertrags eine vollkommene Einheit bewahren, desto mehr beabsichtigt sie das vollständigste Gleichgewicht zwischen dem Einflusse herzustellen, welchen Oesterreich und Preußen berufen sind auf Deutschland auszuüben, desto weniger kann sie die Vertheidigungssysteme Oesterreichs und Preußens vermengen. Diesen Fehler begehen, erlauben, daß eines dieser Systeme das andere geradezu beeinträchtige, hieße sie beide vernichten, oder eines dem andern so unterordnen, daß die Gleichheit der Beschützung und des Einflusses der beiden deutschen Großmächte von diesem Augenblicke aufhören würde vorhanden zu sein.

Der Kaiser betrachtet die Mainlinie einschließlich von Mainz ebenso nothwendig für die Vertheidigung des südlichen Deutschlands, als für die Sicherheit seiner Monarchie. Er besteht also darauf, daß diese Linie dem Süden verbleibe. Es würde nicht möglich sein

[3] Vgl. Nr. 33 S. 211f.

die Antheile der südlichen Fürsten zu vervollständigen, wenn Preußen seine Besitzungen auf das rechte Moselufer ausdehnte. Er stellt also diesen Fluß als Grenzlinie auf.

Ohne in andere Einzelheiten und Berechnungen einzugehen, ist es augenscheinlich, daß die preußischen Staaten, indem sie den Schutz der festen Plätze Belgiens und Hollands genießen, und ihr Vertheidigungssystem durch die Festungen Luxemburg, Jülich, Wesel, Ehrenbreitenstein, die Linie der Lahn, Weser, Elbe und Oder stützen und ergänzen, nichts mehr für ihre Sicherheit zu fürchten haben. Der Kaiser wird nie darauf verzichten unter seine Vertheidigungsmittel den einzigen wichtigen Platz zu zählen, welcher den schnellen Marsch eines feindlichen Heeres nach der unteren Donau hemmt, ebenso wenig kann er auf den einzigen Ausgangspunkt für den Handel verzichten, der nach den nördlichen Meeren zu ihm verbleibt. Indem ich den Inhalt der gegenwärtigen Eröffnung wiederhole, welche ebenso aufrichtig, als einfach ist, glaube ich ihn in folgende Sätze zusammenfassen zu müssen:

1) Der Kaiser hat nur einen politischen Wunsch, nämlich den Preußens Absichten und Interessen den seinigen gleich zu achten.
2) Er rechnet auf gegenseitige Unterstützung und gänzliche Uebereinstimmung der von beiden Höfen in der polnischen Frage zu thuenden Schritte.
3) Er macht seine Zustimmung zur Einverleibung des Königreichs Sachsen von den nacherwähnten Vorbehalten abhängig, indem er Se. preußische Majestät in der dringendsten Weise einladet in Erwägung zu ziehen, ob sie den Zweck ihre Machtverhältnisse zu ergänzen nicht erreichen würde, wenn ein Kern dieses Königreichs erhalten, und ihr deshalb die Aufgabe erspart bliebe den König von Sachsen durch einen Landstrich zu entschädigen.
4) Der Kaiser besteht darauf zur Vertheidigung des Südens den Main- und Mosellauf zu behalten, indem hierdurch zwei Gebiete getrennt werden, welche Mittel zur Ausgleichung und Entschädigung für die Fürsten im nördlichen und südlichen Deutschland gewähren. Der Kaiser ist mehr, als jede andere Macht dabei interessirt die Festung Mainz vor jedem Ueberfalle zu schützen, und behält sich vor über diese wichtige Angelegenheit in Bezug auf die für diesen Zweck geeigneten Mittel in fernere Erklärungen einzugehen, welche seinen Beziehungen zum baierischen Hofe und der Möglichkeit entsprechen die Gebietsvertheilungen in Baiern zu ordnen. Die in dieser Beziehung zu nehmenden Maßregeln sind mit der Gründung eines Bundesvertrags und den Mitteln verbunden, über welche man sich zur Vertheidigung des Bundes einigen wird. Se. kaiserl. Maj. glaubt nicht, daß deren Erörterung von derjenigen dieser beiden Gegenstände getrennt werden könne.

5) Se. kaiserl. Maj. besteht auf der gleichzeitigen Verhandlung aller dieser Fragen. Sie wird halten, was sie verspricht, indem sie gleichzeitig ihre Versprechungen von der Verpflichtung vollkommener Gegenseitigkeit abhängig macht.

Ich habe die Ehre gehabt mich mündlich gegen E. D. über die einstweilige Besetzung Sachsens durch preußische Truppen zu erklären. Ich kann mich auf das beziehen, was ich über diesen Gegenstand gesagt habe, und der Kaiser schmeichelt sich, daß der König in diesem Verfahren neue Proben seines Vertrauens und seines Wunsches erblicke sich zu allem zu verstehen, was Interessen dienen kann, welche er sich gewöhnt hat nicht von den seinigen zu trennen.

Metternich

36. Bericht Castlereaghs an Liverpool (Auszug)

Berichtet über seine Schritte in der polnischen Frage. Sein beigefügtes Memorandum entwickelt alternative Lösungen des Problems.

Webster, S. 212–215.

Nr. 12 *[Wien,]* October 24th, 1814

[Transmits the Austrian answer to the Prussian demand for Saxony.[1]] [. . .] Having been shown the brouillon of the proposed answer on the night of the 22nd, I took the earliest opportunity of preparing Prince Hardenberg for it, foreseeing that the point of Mayence was likely to prove a serious impediment in the way of an understanding. I found him, when I saw him next morning, extremely warm upon this subject. I did not combat the validity of his reasoning, but represented that, important as this fortress was, it should not be made an obstacle to so salutary a measure, as the union of the two great German Powers at such a conjuncture.

That the wishes as well as the interests of Great Britain must be on the side of the Northern States, but when Austria chose to rely upon Bavaria, and to incur the greater risque upon such a combination, it appeared to me, that Prussia never could persuade the world, that she, bona fide, desired the Alliance, if she broke off upon this single condition, after Austria had made to her so great a sacrifice as the Saxon point.

It was agreed that the Austrian and Prussian ministers should meet the following day (Sunday) at my house, and I have the gratification to state, that the result was satisfactory. Prince Hardenberg expressed himself satisfied with the explanations he had received on the point of Saxony, reserving to himself to re-

[1] Nr. 35 S. 214–219 mit Angeberg, II S. 1939f.

ply to Prince Metternich's reasoning against the total incorporation of Saxony with Prussia. He stated strongly his objections to entrusting so important a fortress as Mayence to Bavaria alone; but was ready to reserve these points for further discussion (satisfied that they could not impede the desired union) and proceed at once to act in concert with Austria, and England upon the Polish question.

The measures to be jointly adopted with this view were then discussed: and they desired me to prepare a Memorandum of the result, a copy of which (No. 4)[2] I now enclose, on which they mean to take the pleasure of their respective sovereigns.

I took occasion to see Prince Talleyrand soon after, anxious to render his course, as far as possible, conformable to our views. I found he had had an interview with the Emperor of Russia,[3] in which he had been pressing his Saxon views (and if I may credit His Imperial Majesty's confidential report of the conversation to me) with a disposition to make his line on the Polish question subservient to them. The Emperor, however, was equally obdurate with him upon both. In this fact their respective reports concurred, but there can be no doubt that attempts are making, principally through Prince Czartoriski, to play a back game of this description. I have done my best to counteract it, and shall desire the Duke of Wellington, as from himself, to insinuate through M. de Blacas, that any attempt on the part of France to make such a collateral point as that of Saxony a question of war, in subversion of the more important object of opposing a barrier to Russia, must, in all probability, not only destroy their friendly relations with England, but lead to immediate hostilities, and that its obvious and first effect must be to compel England to sign a peace with Murat, in order to place Austria in security on the side of Italy, and thus enable her to direct her efforts to her Polish frontier. Whereas, if France acts upon the broad principles of European equilibrium, instead of fighting smaller points of local influence, in the event of success attending the common effort with respect to Poland, she would have improved means of urging amicably upon Prussia some modification of her demands upon Saxony: that in thus pursuing the questions in the order of their importance, success, more or less, might attend her exertions on the one or on both: but that, in the inverse order, failure and political confusion were likely to ensue.

The Emperor of Russia leaves Vienna to-morrow for Buda and returns on the 30th. The Emperor of Austria and King of Prussia commenced their journey this morning.

[2] S. Anlage.

[3] Am 23. 10. 1814. Talleyrand, Briefwechsel S. 63–67.

[Als Anlage:] Memorandum on the best method of handling the Polish question

The question of Poland, and the Treaties affecting it, having been in the fullest manner under deliberate consideration of the Emperor of Russia, any further hesitation in bringing His Imperial Majesty to a distinct decision, can be productive of no possible advantage, and may lead to an injurious interpretation of the determination of his Allies thereupon.

It is conceived to be of the utmost importance, even before H.I.M. proceeds to Buda, that he should be apprized of the serious purpose which his Allies entertain of pressing upon H.I.M. what they consider themselves as well by their treaties as by general principles of policy and justice entitled to claim from His Imperial Majesty.

That they should further inform the Emperor, that immediately upon His Imperial Majesty's return to Vienna, they propose to make another attempt to settle this question amicably and confidentially with him; in the event of succeeding in which they flatter themselves to be enabled very speedily to bring to a satisfactory arrangement the other affairs of Europe, and would for that purpose desire a further adjournment of the Congress.

If, on the contrary, they should unfortunately fail in arriving at the conclusion which they so much desire, they will in that case feel it their duty to suffer the Congress to meet as now fixed, before whom the subject must be entered upon formally and officially.

It is proposed, in order that the Ministers of the two Powers should be fully prepared to submit to the Emperor their final determination on his return, that they should forthwith meet to settle the minimum of concession on the part of the Emperor that would satisfy their claims.

That in laying this determination before the Emperor, in the names of their respective Courts, they should explain to him, that, for the sake of preserving unimpaired the harmony which had throughout distinguished the Alliance, they had reduced their proposals within the narrowest possible limits.

That in the event of being compelled to adopt a different course, they must be considered as fully entitled to propose other and more extended terms.

That it may be desirable even in this confidential overture to propose to the Emperor, alterations on the political branch of the question in order to keep it always in view, that it is Russia alone, and not the other Courts, which really forms the obstacles of Polish liberation.

In the event of the question becoming one of discussion in Congress, it is suggested that the proceeding may properly originate in an official note from the Austrian Minister, separately or conjointly with the Prussian, addressed to the Ministers of Russia and claiming from that Power the execution of the secret and separate Article of the treaty of the 27th of June, 1813[4], and that, the said note, after fully exposing the views, rights, and sentiments of the said Powers, should conclude by offering to the Emperor's option, one or other of the following alterations:–

First. The complete and entire reunion of Poland under an independent Sovereign as it existed previous to the first Partition, to the accomplishment of which arrangement, if it shall be acceptable to the Emperor, Austria and Prussia are ready to make the requisite sacrifices.

Second. If the Emperor objects to this mesure as involving too great a sacrifice of territory and dominions on the part of Russia the Courts of Austria and Prussia are willing to consent to a similar measure as applicable to the Kingdom of Poland as it stood in 1791, when it gave itself a free constitution under Poniatowski.

Thirdly. Or if the Emperor of Russia shall reject the erection of Poland upon a territorial scale, however modified, into a Kingdom really independent, and shall prefer adhering to the principle of Partition, then the two Powers (protesting against his right to act with respect to his division of Poland in defiance of the stipulation of the Convention of 1797[5] are willing to agree to adhere to the said principle of Partition, provided the same be equitably applied and with a due regard to the security in a military point of view, of their respective States.

In execution of which principle they propose that the Vistula throughout the Duchy of Warsaw to Sandomir should be the Russian Boundary, Prussia receiving them on the right bank, if the Emperor should desire to possess Warsaw on the left.

That in addition to the above, Austria should address a separate note to Prussia, claiming her intervention under the Treaty of September, 1813,[6] by which

[4] In der geheimen Konvention von Reichenbach vom 27. 6. 1813 vereinbarten Österreich, Preußen und Rußland, Frankreich den Krieg zu erklären, wenn es bis zum 20. 7. 1813 u. a. folgende Bedingungen nicht annehme:

„1) Die Auflösung des Herzogthums Warschau und die Vertheilung der Provinzen, die es bilden, unter Rußland, Preußen und Oesterreich, gemäß den Verfügungen, welche diese drei Mächte ohne Einmischung der französischen Regierung treffen werden.

2) Die Vergrößerung Preußens in Folge dieser Theilung und durch die Abtretung der Stadt und des Gebietes von Danzig; die Räumung aller in den preußischen Staaten und im Herzogthum Warschau gelegenen Festungen, welche jetzt noch von den französischen Truppen besetzt sind."

Oncken, Oesterreich II S. 364. Franz. Text: CTS, 62 S. 308.

[5] In einem „besonderen Geheimartikel" zum Vertrag vom 26. 1. 1797 hatten sich die drei Teilungsmächte verpflichtet, künftig auf die Gesamtbezeichnung „Königreich Polen" zu verzichten. – Oncken, I S. 714f.

[6] Die geheimen Separatartikel des Vertrags von Teplitz vom 9. 9. 1813 zwischen Österreich, Preußen und Rußland sahen u. a. vor:

she engages to see the obligations of the Treaty of June, 1813, executed à l'aimable.

That copies of these several notes should be laid before Congress, and that the several Powers of Europe should be invited to support the said overture, and to declare to the Emperor of Russia, to what extent and upon what conditions, Europe in Congress can or cannot admit His Imperial Majesty's pretensions to an aggrandizement in Poland.

It is desirable that the Emperor should be made distinctly to understand, that, however willing the Allies may be to avert so painful an appeal, by every possible modification of their just claims, in the spirit of which sentiment they had agreed to the minimum proposed to His Imperial Majesty, yet that when driven to make that appeal in the presence of Europe, by refusal of such modification, they must then adhere more rigidly to the scale of their just pretensions, and that it would rest with the Powers in Congress assembled to decide upon the measures which should be called for by so alarming an infraction of Treaties, and by an encroachment upon the military security of independent and neighbouring Allied States, in contravention of the express stipulations of subsisting engagements.

„1) Wiederaufbau der österreichischen und preußischen Monarchie in einem Umfang, der ihrem Gebietsstand im Jahre 1805 möglichst nahe kommt.

2) Auflösung des Rheinbundes und vollständige und unbedingte Unabhängigkeit *[indépendance entière et absolue]* der Zwischenstaaten *[Etats intermédiaires]*, welche von den Grenzen der in obigem Maßstab neuerbauten Monarchien Oesterreich und Preußen einerseits und dem Rhein und den Alpen andrerseits eingeschlossen sind.

3) Rückgabe Hannovers und seiner übrigen deutschen Besitzungen an das Haus Braunschweig-Lüneburg.

4) Freundschaftliche Vereinbarung *[arrangement à l'amiable]* zwischen den drei Höfen von Rußland, Oesterreich und Preußen über das künftige Loos des Herzogthums Warschau."

Oncken, II S. 697f. Franz. Text: CTS, 62 S. 368.

37. Schreiben Castlereaghs an Wellington

Wellington soll bei Blacas für eine nachgiebige Haltung Frankreichs in der sächsischen Frage plädieren. Legt die Grundlinien seiner Politik dar.

Webster, S. 217–219.

Vienna, October 25th, 1814

The events of the few last days, coupled with your letter of the 8th,[1] have rendered me apprehensive that any decisive effort to abate the Russian demands may be defeated by the counteracting exertions of France on the Saxon point. It has occurred to me that you might keep down any rising temper at the Tuileries by throwing before M. de Blacas the possible consequences to which a hostile interference, such as he appears to countenance on the part of France, might lead.

You will perceive, from my several despatches, that the difference in principle between M. Talleyrand and me is chiefly that I wish to direct my main efforts to secure an equilibrium in Europe; to which objects, as far as principle will permit, I wish to make all local points subordinate. M. Talleyrand appears to me, on the contrary, more intent upon particular points of influence than upon the general balance to be established; and his efforts upon the Neapolitan and Saxon questions are frequently made at the expense of the more important question of Poland, without essentially serving either of those interests upon which he is most intent.

I was, from the outset, aware of the extreme difficulty of making Prussia a useful ally in the present discussions, connected closely as she has been with Russia; but it appeared to me that, notwithstanding the King's liaison with the Emperor, it ought not to be despaired of, under the known sentiments of the Prussian Cabinet, more especially as it was difficult to found a satisfactory system of balance in Europe, unless Prussia could be induced to take a part.

Two alternatives alone presented themselves for consideration–a union of the two great German Powers, supported by Great Britain, and thus combining the minor States of Germany, together with Holland, in an intermediary system between Russia and France–or a union of Austria, France, and the Southern States against the Northern Powers, with Russia and Prussia in close alliance.

It would have been to be wished that the arrangements upon a peace could have been effected in Europe without giving rise to any combination whatever of this nature, and that, at the end of so long a struggle, the several Powers might have enjoyed some repose, without forming calculations that always aug-

[1] Wellington, Suppl. Desp. IX S. 325f.

ment the risks of war; but the tone and conduct of Russia have disappointed this hope, and forced upon us fresh considerations.

In weighing the conveniences and inconveniences of the latter of these alternatives, the objections appeared to me strongly to preponderate, and especially as affecting our interests. Necessity might dictate such a system, but not choice. It appeared, in the first instance, difficult to cement, on account of the fundamental jealousy existing between Austria and France, especially upon the point of Italian preponderance. If adopted in order to control Russian power, and, with this view, should it be supported by Great Britain, it rendered Holland and the Low Countries dependant on France for their support, instead of having Prussia and the Northern States of Germany as their natural protectors. It presented the further inconvenience, in case of war, of exposing all the recent cessions by France to re-occupation by French armies, as the seat of war might happen to present itself.

These considerations were sufficiently weighty to induce me to be of opinion that, however pure the intentions of the King of France were, and however friendly, we ought not to risk so much upon French connexion, and that it was wiser to preserve, as far as possible, the good-will of France, whilst we laboured to unite Germany for its own preservation against Russia.

I was induced to prefer this course, first, as affording the best chance, if Prussia could be brought forward, of averting the Polish danger without a war; and, secondly, if we failed in this object, as opposing the best barrier to further encroachments on the part of Russia, whilst it afforded that natural cover to our interests on the side of Flanders, without leaving them at the mercy of a combination formed somewhat out of the natural course of political interest.

I have troubled you with this outline of the policy upon which I have been acting here, that you may use your own discretion, as occasions arise, of preparing and reconciling the mind of the French Government to a concert between the two limitrophe Powers against Russian encroachment and dictation. You will find their minds (at least Prince Talleyrand's is) very averse to Russia, and impatient of the notion of any union between Austria and Prussia; yet, while they most inconsistently object to such a union, they admit that it is the only mode in which Russia can be kept within due bounds.

If France were a feeble and menaced Power, she might well feel jealous of such a German alliance; but, as her direct interests are out of all danger, it is unreasonable that she should impede the sole means that remain to Germany of preserving its independence, in order either to indulge a sentiment towards the King of Saxony, or to create a French party amongst the minor States. France need never dread a German league: it is in its nature inoffensive, and there is no reason to fear that the union between Austria and Prussia will be such as to endanger the liberties of other States.

Until the determination of Austria and Prussia is more fully established, I have to beg your Grace will make your reasoning general, and not admit that any negotiation is in progress.[2]

38. Memorandum Wessenbergs zur sächsischen Frage

Trägt die Argumente zusammen, die aus europäischer und österreichischer Sicht gegen die völlige Annexion Sachsens durch Preußen sprechen, und macht Vorschläge für die Abtretung sächsischer Gebietsteile an Preußen.

Staatskanzlei, Kongreßakten 7 fol. 564–567, HHStA Wien. Übers. d. Hrsg. aus d. Franz.[1]

[Oktober 1814]

Die sächsische Frage ist wie die polnische eine europäische Frage geworden. Sie verbindet sich mit der umfassenden Neuordnung Europas.

Sie kann niemals als eine Rechtsfrage angesehen werden. Keinesfalls darf das Verhalten des Königs von Sachsen oder der Grad seiner Schuld heute Gegenstand unserer Diskussionen sein; vielmehr ist der Wiener Hof mehr als jeder andere aufgerufen, zu prüfen und zu entscheiden, ob die Auslöschung des sächsischen Staates als Mitglied der europäischen Republik und viel mehr noch als wesentlicher Bestandteil des Systems des deutschen Bundes nicht dem Zustand der Dinge widerspricht, den die verbündeten Mächte sich zum Ziel gesetzt und in Europa herzustellen versprochen hatten, und ob diese Auslöschung sich mit der Sicherheit der österreichischen Monarchie vereinbaren läßt. Mir scheint, daß man alle Überlegungen, die sich auf dieses unglückliche Land beziehen können, diesem doppelten Gesichtspunkt unterordnen muß, ohne damit zu verquicken, was die Person seines Souveräns betreffen kann.

Für mich ist es offenkundig, daß kein politisches Ereignis die militärische und politische Stellung Österreichs grundlegender verändern kann als die Ein-

[2] Über Wellingtons Schritte in Paris vgl. Wellington an Castlereagh, Paris, 1. 11., 5. 11. u. 7. 11. 1814, Castlereagh, X S. 181–186; Webster, S. 227–229 (Schreiben vom 5. u. 7. 11., gekürzt).

[1] Das Memorandum ist weder unterzeichnet noch datiert. Es ist überschrieben „Question Saxonne. Memoire du Baron de Wessenberg“. Am Kopf einer unvollständigen Abschrift ebenda, fol. 563–563′, 569–570 steht der Vermerk „(aus Wessenbergs Nachlaß)“. Das Memorandum könnte entstanden sein, als sich das Zusammengehen Friedrich Wilhelms III. mit Alexander I. in der polnischen Frage noch nicht so deutlich abzeichnete, d. h. im Oktober 1814. Vgl. S. 236 Anm. 2. Vgl. auch Hartmann, S. 51. Kraehe, II S. 137 Anm. 60 datiert es auf den 27. 10. 1814.

verleibung Sachsens durch Preußen. Wenn man das einzige zwischen diesen beiden Mächten liegende Land verschwinden läßt und ihre Berührungspunkte einer sehr ungleichmäßigen Grenze entlang vervielfacht, so würde diese Einverleibung unfehlbar wieder die unheilvollste Feindseligkeit zwischen ihnen herbeiführen und auf immer das Bündnissystem zerstören, auf das man die zukünftige Ruhe Europas gegründet hatte. Preußen ist außerordentlich eroberungssüchtig, sei es, weil ihm noch lange gute Grenzen fehlen werden, sei es wegen der natürlichen Neigung seines Kabinetts; einmal Herr von Sachsen, würde es seinen Lieblingsplan nicht länger vertagen, seine Grenze bis an den Main und die Eger auszudehnen. Im übrigen würde die Einverleibung Sachsens auch das Aussehen Deutschlands verändern. Sie würde es tatsächlich in zwei deutlich unterschiedene Teile teilen, deren bedeutenderer, nämlich der nördliche, ausschließlich dem preußischen Einfluß unterliegen würde; und bald wäre das Bündnissystem in Deutschland nur noch eine Schimäre.

Um das Bild der unheilvollen Folgen der Auslöschung Sachsens zu vervollständigen, muß man dieses Ereignis auch in seinen Beziehungen zu dem Eroberungssystem Rußlands sehen. Ich höre sagen, daß ein verstärktes und auf die Elbe konzentriertes Preußen besser als bisher als Bollwerk gegen den reißenden Strom, der sich von Norden gegen Westen und Süden ergießt, dienen wird. Die so reden, sehen jedoch nicht, daß es schon ein großes Unglück bedeutet, ein Unglück, das die europäische Gesellschaft ganz aus der Nähe bedroht, wenn man dieses angebliche Bollwerk von der Memel an die Elbe verlegen läßt.

Was wir am meisten fürchten müssen, ist, daß Preußen, von der Weichsel abgeschnitten, so große Schwierigkeiten bei der Verteidigung seiner Provinzen jenseits dieses Flusses finden wird, daß es nur noch daran denken wird, sich an anderer Stelle zu verstärken und sich zu diesem Zweck sogar mit Rußland zu verständigen. Es erscheint mir im übrigen sicher, daß der König von Preußen noch viel weniger als heute geneigt sein wird, mit uns gegen Rußland zusammenzuarbeiten, wenn er erst einmal Herr von Sachsen ist, und tatsächlich hätte er dann nicht mehr dieselben Gründe, sich mit unserer Sache zu verbinden. Das ist die Aussicht, die uns die Auslöschung Sachsens bietet, ein Ereignis, das mir keineswegs dazu angetan scheint, in das Bild der großen Unternehmung gegen das System der Unterdrückung und Usurpation und noch viel weniger in das System der allgemeinen Befriedung zu passen. Man kann sich damit an Seine preußische Majestät selbst wenden, der zu gerecht ist, um nicht die Widerwärtigkeit einer Vergrößerung um einen solchen Preis zu empfinden, und zu weitblickend, um nicht all die Widrigkeiten zu erkennen, in die er unfehlbar gestürzt würde, wenn er auf einer Erwerbung bestünde, die niemals die Bestätigung Europas erhalten könnte. Es ist jedoch ebenso erstaunlich wie betrüblich, daß sich die Verhandlungen Rußlands, Preußens und Englands darauf beschränken, dem niederträchtigen Sophismus die Form eines Arguments geben zu wollen, daß infolge der Eroberung des Herzogtums Warschau durch Rußland die Einverleibung Sachsens ein notwendiges Übel zur Befriedigung Preußens geworden sei. Wenn man eine solche Politik duldet, muß man sich damit abfinden, bald wieder in jene traurige Epoche zurückversetzt zu werden, als die Neigung zur Konvenienzpolitik jeden den Prinzipien gebührenden Respekt zerstört hatte, eine Epoche, die wir gerade erst um den Preis größter Anstrengungen und größter Opfer hinter uns gebracht haben.

Die große Leichtigkeit, mit der das englische Ministerium sich dazu hat verleiten lassen, den Ansichten der preußischen Regierung seine Zustimmung zu geben, gibt mir noch Rätsel auf. Von allen Ländern Deutschlands unterhält Sachsen seit langem die engsten Beziehungen zu England. Der größte Absatzmarkt für dessen Manufakturerzeugnisse befindet sich in Sachsen, und es konnte mit den freiheitlichen Grundsätzen der sächsischen Regierung in Handelsangelegenheiten zufrieden sein. Das Handelssystem Preußens wird und kann niemals dasselbe sein. Im übrigen kann Großbritannien nicht teilnahmslos der Eroberung Sachsens durch eine Macht zusehen, die nur die Eroberung des gesamten Nordens Deutschlands anstrebt und ihre entsprechenden Neigungen bereits allzu deutlich gezeigt hat.

Die Macht der Umstände kann zweifellos von jedem Staat und jedem Souverän Opfer fordern; aber wenn es sich um die gänzliche Auslöschung eines Staates handelt, erscheinen mir alle Souveräne ein Interesse daran zu haben, sich dem zu widersetzen und zu verhindern, einen Parallelfall zu dem Polens zu liefern, dessen Folgen so unheilvoll waren. Die Opfer, die man von Sachsen wird fordern wollen, müssen gleichwohl mit der Sicherheit der Nachbarstaaten vereinbar sein. Diejenige Österreichs z. B. verlangt, daß Preußen niemals Herr der Oberelbe wird, auch nicht der Pässe, die ihm den Einmarsch nach Böhmen sichern würden. Die Besetzung der Saale-Engpässe wäre in gleicher Weise für Bayern bedrohlich.

Nur wenn man von diesen wirklich politischen Gesichtspunkten ausgeht, kann man unparteiisch über die sächsische Frage urteilen. Ich füge eine Tabelle bei, die als Beweis dienen kann, daß die Wiederherstellung Preußens in keiner Weise die völlige Einverleibung Sachsens erfordert und daß sogar die Vergrößerung Preußens statthaben könnte, ohne die politische Existenz eines Staates zu beeinträchtigen, der wegen seines unglücklichen Schicksals nicht das Anrecht auf seine zukünftige Unabhängigkeit hat verlieren können.

Entschädigungen,
die man Preußen in Sachsen geben kann

		Bevölkerung	
a.	Die Niederlausitz		126400
b.	Der Kreis Wittenberg mit Barby und Gommern		145000
c.	Querfurt und Jüterbog		22500
d.	Der sächsische Teil der Grafschaft Mansfeld		26000
e.	Vom Thüringischen Kreis die Ämter:		
	Eckartsberga	23300	
	Freyburg	20000	
	Sangerhausen	14000	
	Weißensee	13500	
	Langensalza	21700	
	Tennstedt, Treffurt, Sachsenburg	20000	112500
			432400

39. Aus Steins Tagebuch während des Wiener Kongresses

Bemühungen des Zaren, Franz I. und Friedrich Wilhelm III. für seine polnischen Pläne zu gewinnen. Die Unterredung mit Friedrich Wilhelm III. und Hardenberg am 3. 11. 1814.[1]

Neue Stein-Ausgabe, V S. 330–334.

[Wien,] 29. Oktober – 7. November 1814

29. Oktober – 7. November (polnische Sache). Während des Aufenthalts der Monarchen in Ofen[2] suchte der Kaiser von R[ußland] den von Ö[sterreich] für seinen Plan zu gewinnen; er sprach ihm über die Schwierigkeiten, die ihm Metternich in der polnischen Angelegenheit mache, seinen Wunsch, unmittelbar mit ihm sich zu vereinigen, um alle Möglichkeiten eines Krieges zu entfernen. Franz versicherte ihn, die Äußerungen seines Ministers seien seinen Entschlüssen vollkommen gemäß; im Fall es Krieg werden solle, so wolle er ihn lieber jetzt gleich haben als im Fall zu sein, d'être réveillé dans son premier sommeil. Auf der Rückreise fuhren der Kaiser und der König in demselben Wagen. Der erstere suchte den letzteren zu überreden, seiner Meinung in der polnischen Angelegenheit beizutreten, der ihn lange anhörte, zu-

[1] Vgl. Nr. 41 S. 236 Anm. 2.

[2] Vom 24. bis 29. 10. 1814, vgl. Olshausen, S. 55f.

letzt aber nichts antwortete als, er hoffe, der Kaiser werde seine Meinung ändern. Castlereagh hatte ein Memoire mit einem Schreiben begleitet,[3] worin er dem Kaiser das Traktatenwidrige (27. Juni,[4] 5. September[5]) seiner Forderungen darstellte. Diese waren Wiederherstellung des Königreichs, abgegrenzt durch eine Linie, die Thorn, Kalisch, Czenstochau, Krakau in sich faßt, bestehend aus dem Herzogtum Warschau und den altrussisch-polnischen Provinzen. Der Kaiser ließ beides durch Czartoryski und Anstett beantworten, stellte aber seine Antwort erst nach seiner Zurückkunft nach Wien Castlereagh zu.[6] Unterdessen hatten sich Mett[ernich] und Hardenberg vereinigt, die Mediation in dieser Angelegenheit an L[ord] Castlereagh zu übertragen und ihm eine Anweisung zu geben, wie er sich zu verhalten habe bei den Unterhandlungen.[7] Man wollte ihm[8] entweder die Wiederherstellung Polens, wie es anno 1791 war, anbieten oder auf eine neue billige Teilung dringen, wo Rußland Thorn und Krakau bis an die Nidda einräumte.

Nach der Zurückkunft der Monarchen von Ofen forderte Metternich, den die zunehmende Unzufriedenheit des einländischen Publikums über seine Geschäftsführung beunruhigte, daß die polnische Angelegenheit in einem Rat verhandelt werde. Der Kaiser bestellte ihn aus Metternich, Schwarzenberg und Stadion,[9] und nach seinem Beschluß ward Preußen gefragt, ob es mit Österreich gemeinschaftliche Sache machen wolle,[10] und zugleich aufgefordert, eine Erklärung abzugeben, welche die Einwilligung in die Konstitution anno 1772 oder anno 1791 enthielt und die Weichsel zur Grenze begehrte. Österreich hatte die Absicht, Preußen mit dem linken Weichselufer zu entschädigen und Sachsen zu retten. Der Kaiser[11] suchte durch die Herzogin von Sagan wieder in ein gutes Verhältnis mit Metternich zu treten und ward über das Zusammenhalten von Österreich, Preußen und England beunruhigt. Er suchte mit einzelnen zu unterhandeln, er fing mit Preußen an, veranlaßte eine Zusammenkunft

[3] Schreiben und Memorandum Castlereaghs an Alexander I., Wien, 12. 10. 1814, Angeberg, I S. 280–288. Bei dem in Neue Stein-Ausgabe, V S. 330 Anm. 82 erwähnten zweiten Schreiben Castlereaghs handelt es sich in Wirklichkeit um die französische Übersetzung der Anlage zu Nr. 36 S. 221–223, die bei Angeberg, I S. 291 falsch datiert ist. Vgl. Webster, S. 213 Anm. 1.

[4] Vgl. Nr. 36 S. 222 Anm. 4.

[5] Gemeint ist der Vertrag von Teplitz vom 9. *[!]* 9. 1813. Vgl. Nr. 36 S. 222f. Anm. 6.

[6] Schreiben und Memorandum Alexanders I., Wien, 30. 10. 1814, Angeberg, I S. 350–358.

[7] Vgl. Nr. 40 S. 233–236 und Nr. 50 S. 267f.

[8] D. h. dem Zaren.

[9] Kronrat vom 31. 10. 1814. Olshausen, S. 58.

[10] Vgl. Nr. 40 S. 233–235.

[11] Alexander I.

mit dem König und dem Staatskanzler (6. November[12]), beschwerte sich über die Schwierigkeiten, die man seinen billigen Forderungen entgegensetze, über die Bemühungen Metternichs, Rußland und Preußen zu trennen; er habe ihm insgeheim anbieten lassen, in der polnischen Sache nachzugeben, wenn der Kaiser die Wiederherstellung von Sachsen zulassen wolle; die von ihm geforderte Grenze sei nicht aggressiv usw. Der König stimmte ihm meistens bei, vergeblich widersprach ihm der Kanzler, und er verbot ihm, ferner die Sache gemeinschaftlich mit Österreich und England zu behandeln. Der Kanzler war über dieses schwache unverständige Betragen des Königs sehr gekränkt, er teilte den Vorgang Lord Cast[lereagh] mit und suchte ihn zu bewegen, seine Replik,[13] die in einer trockenen Widerlegung bestand, zurückzubehalten, der sie aber dennoch (den 6. November) übergeben ließ. Das Betragen des Königs erregte ein großes Mißvergnügen. England scheint nun in der sächsischen Angelegenheit Preußen verlassen zu wollen; man wirft diesem vor, es gebe die Sache der europäischen Unabhängigkeit auf, um Sachsen zu erhalten; es müßten sich Österreich, Frankreich, England als ein Gegengewicht gegen die Übermacht von Rußland um so enger vereinigen, als gegenwärtig Preußen sich ihm ganz hingebe. Der Kanzler suchte Metternich und Castl[ereagh] zu gemäßigten Gesinnungen zu bringen. Er legte mir die Frage vor, ob es ratsam sei, jetzt zu einem Krieg zu raten. Ich antwortete verneinend,[14] weil Rußland mit einem schlagfertigen Heer von 250000 R[ussen] und 38000 Polen zwischen Weichsel und Warthe stehe, während die preuß[ischen] und öster[reichischen] Heere in Deutschland, Italien usw. zerstreut wären. Die in Holstein stehende russische Armee bedrohte das nördliche Deutschland, alle Staaten seien erschöpft, überall herrsche Mißvergnügen, Erbitterung in Deutschland und Italien. In Frankreich würden die Mißvergnügten ihr Haupt erheben, in Italien würden sie Unterstützung finden an Murat, man bedürfe Ruhe, um alles zu beruhigen, zu befestigen. Rußland werde unterdessen mit seinen polnischen Angelegenheiten zu tun bekommen, seine Armee demobilisieren und Mühe haben, sie nach einigen Jahren wiederaufzustellen, weil ihm die Mittel, womit es gegenwärtig Krieg führe, nicht mehr zu Gebot stehen würden, nämlich Vermehrung des Papiergeldes, englische Kreditpapiere, Requisitionen; sein Land sei sehr angegriffen, indem es seit 1805 1763000 Rekruten ausgehoben.

Der Kaiser sprach mich (5. November). Ich übergab ihm ein Schreiben d. d. 4. November wegen der deutschen Angelegenheiten, dem Fortgang der

[12] Gemeint ist wohl die Unterredung vom 3. 11. Vgl. Nr. 41 S. 236 Anm. 2.

[13] Schreiben und Memorandum Castlereaghs an Alexander I., Wien, 4. 11. 1814, Angeberg, I S. 393–401.

[14] Denkschrift Steins von Anfang November 1814, Neue Stein-Ausgabe, V S. 184–186.

Konferenzen nebst dem Entwurf einer konfidentiellen Note an die preuß[ischen] und öster[reichischen] Minister.[15] Er las es mit Aufmerksamkeit und äußerte, die Note durch Nesselrode übergeben zu lassen; er fand sie mit Recht zu weitläufig und zu bitter und sagte (6. November) Graf Nesselrode, er solle sie mildern, abkürzen und übergeben. Ich änderte sie also ab (7. November[16]). Nesselrode hatte Metternich und Gentz konsultiert. Ersterer versicherte ihn, es gehe alles sehr gut in den deutschen Angelegenheiten, und er wollte daher die Note zurückhalten. Ich drang aber sehr nachdrücklich in ihn, und er versprach, sie abzugeben (9. November), welches auch geschah.[17]

Bei dieser Unterredung (5. November) begann er aus eigener Bewegung über die polnische Angelegenheit zu sprechen. Er wußte, daß ich gegen die Herzogin von Oldenburg (den 3. November) mißbilligend über sein Benehmen gesprochen, und sagte: „Vous vous êtes aussi rangé du côté de mes ennemis, à quoi je ne m'attendais pas.“ Ich antwortete, seine Nachbarn hätten Ursache, beunruhigt zu sein über den königl[ichen] Titel, über seine Konstitution und über die Grenze. Er antwortete hierauf mit der Erzählung, was er für Europa getan, einen gefährlichen Krieg fortgeführt, sein Leben ausgesetzt, die Vergrößerung Öst[erreichs] in Italien zugelassen, Sachsen an Preußen überlassen; auf ein solches uneigennütziges, vertrauensvolles Verfahren habe er die Festigkeit der Allianz gebaut; nunmehr sehe er sich aber ein Gegenstand des Mißtrauens, der Eifersucht, und bestreite man ihm die billigsten Forderungen. Er bedürfe Krakaus und Thorns, um seine polnischen Besitzungen auf dem linken Weichselufer zu decken. Alles vereinige sich gegen ihn; England trete auf, das die Sache gar nichts angehe; ich solle meinen Einfluß anwenden, um Hardenberg zu bewegen, die Sache allein mit Rußland zu behandeln und nicht mit Österreich gegen ihn gemeinschaftliche Sache zu machen. Ohnehin habe ihm Österreich anbieten lassen, es wolle in allen polnischen Angelegenheiten nachgeben, wenn er Sachsen Preußen entziehe. Man wolle überhaupt eine Koalition gegen ihn bilden, er habe dieses schon in Paris bemerkt, und er müsse seine Maßregeln zu [. . .][18]

Durch diese polnische Angelegenheit ist der Geschäftsgang auf dem Kongreß zerrüttet und gelähmt und der Same der Eifersucht zwischen den Mächten ausgestreut worden, der seine verderblichen Folgen auf alle Verhältnisse verbreitet, besonders zwischen Österreich, Preußen und Rußland eine Kälte verursacht, die ein nachdrückliches Eingreifen in die deutschen Angelegenheiten

[15] Stein an Alexander I., Wien, 4. 11. 1814, ebenda S. 186–188. Entwurf der Note (5. 11.) ebenda S. 188–190.

[16] Entwurf vom 7. 11., ebenda S. 193 f.

[17] Vgl. ebenda S. 193 Anm. 1.

[18] Bricht so ab.

verhindert und Bayern und Württemberg gestattet, seine [ihre] selbstsüchtigen Absichten zu befördern. Der Kaiser erscheint in dem Licht, das Vertrauen, welches ihm seine Bundesgenossen geschenkt, mißbraucht zu haben, um die Entscheidung der polnischen Angelegenheiten bis zu einer Zeit auszusetzen, wo er alles zu seinem Vorteil vorbereitet und eine drohende und entscheidende Stellung angenommen habe. Er erregt Mißtrauen in Europa, zieht den König von Preußen von dem allgemeinen europäischen Interesse ab und beschimpft ihn, er kränkt endlich sein eigenes Volk, indem er Polen Vorrechte einräumt und die Einheit der Verwaltung zerrüttet.

40. Note Metternichs an Hardenberg

Regt an, Castlereagh zum Sprecher in der polnischen Frage zu machen. Das beigefügte Memorandum enthält Vorschläge, die Alexander I. vorgelegt werden könnten.

Angeberg, I S. 379–381. Übers. d. Hrsg. aus d. Franz.

Wien, 2. November 1814

Auf Anordnung Seiner Kaiserlichen und Königlichen Apostolischen Majestät hat der unterzeichnete Staats- und Außenminister die Ehre, vorliegende Mitteilung an Seine Hoheit Fürst Hardenberg, Staatskanzler Seiner Preußischen Majestät, zu richten.

Dem preußischen Ministerium ist bekannt, wie sehr die Ansichten des russischen Hofes über das Herzogtum Warschau, die vollkommen im Widerspruch zu dem Sinn der Verträge stehen, welche die alliierten Herrscher gegen Frankreich verbunden haben, sowohl einem Interessenausgleich der Mächte untereinander als auch dem Fortgang des Kongresses, der in diesem Augenblick versammelt ist, um die neue politische Ordnung Europas zu bestimmen und einen Zustand des Friedens und dauerhafter Ruhe festzusetzen, Hindernisse in den Weg gelegt haben.

Das in Reichenbach am 27. Juni 1813 unterzeichnete Abkommen [1] zwischen den Höfen von Österreich, Preußen und Rußland bestimmt in Artikel II die Auflösung des Herzogtums Warschau und die Aufteilung seiner Provinzen unter die Höfe Österreichs, Preußens und Rußlands auf Grund von Regelungen, die zwischen den drei Mächten zu treffen sind. Diese Verpflichtung wurde in den Freundschafts- und Bündnisverträgen erneuert, die Österreich am 9. Sept. 1813 in Teplitz [2] mit den Höfen von Berlin und St. Petersburg unter-

[1] Nr. 36 S. 222 Anm. 4.
[2] Nr. 36 S. 222f. Anm. 6.

zeichnete und die im vierten Abschnitt des 1. Separat- und Geheimartikels eine freundschaftliche Regelung zwischen den drei Höfen von Österreich, Preußen und Rußland über das zukünftige Schicksal des Herzogtums Warschau vorsahen.

Der Kaiser, der sich auf den Buchstaben und den sehr klaren Sinn der beiderseitigen Verpflichtungen beruft, glaubt, einen um so überzeugenderen Beweis seiner Vertragstreue zu geben, als er die Mäßigung seiner Forderungen bei den Verhandlungen, die er wegen der Teilung des Herzogtums Warschau aufnehmen möchte, außer Zweifel stellt; Seine Kaiserliche Majestät würde auch fürchten, Verpflichtungen zu verletzen, die sie nicht nur vom Standpunkt ihres eigenen Interesses, sondern auch als Garant des europäischen Gleichgewichts betrachtet. Sie würde glauben, sich am Wohlergehen und an der Ruhe ihrer Untertanen zu vergehen, wenn sie nicht aufs nachdrücklichste auf der Erfüllung der Verträge bestünde, die ihr wie auch Preußen eine militärische Grenze garantieren sollen, welche für die Sicherheit und die Ruhe der beiden Monarchien notwendig ist.

Sie wendet sich an die Redlichkeit und Freundschaft Seiner Preußischen Majestät als Unterzeichner dieser Verträge mit der Bitte, bei Seiner Majestät dem Kaiser aller Reußen Ansprüche und Rechte geltend zu machen, die ihnen gemeinsam sind. Sie wünscht nicht weniger, daß die rechtmäßigen Ansprüche Rußlands befriedigt werden, und sie wird in die Verhandlungen, die zu diesem Zweck zwischen den drei Höfen in Freundschaft und Vertrauen entsprechend den Bestimmungen der Verträge wie den persönlichen Beziehungen der erhabenen Souveräne aufgenommen werden, all die Aufrichtigkeit und den Versöhnungsgeist tragen, die sie charakterisieren.

Der Unterzeichnete lädt Fürst Hardenberg ein, so bald wie möglich zu der Eröffnung Stellung zu nehmen, die er ihm mitzuteilen die Ehre hat; er möchte mit Seiner Hoheit in eine sehr offene Aussprache über den Gegenstand ihrer gemeinsamen Sorge treten und mit ihr die bei dem russischen Hof zu unternehmenden Schritte verabreden, um schleunigst zu einem für alle interessierten Parteien zufriedenstellenden Ergebnis zu gelangen.

Um den Gang der Verhandlungen zu erleichtern und zu beschleunigen, hat der Unterzeichnete die Ehre, Seiner Hoheit Fürst Hardenberg vorzuschlagen, Lord Castlereagh zu ersuchen, im Namen der beiden Höfe bei Seiner Majestät dem Kaiser aller Reußen das Wort zu führen; und er glaubt die Verhandlungen voranzutreiben und zugleich einen Beweis der Offenheit seines Hofes zu liefern, wenn er der vorliegenden Mitteilung eine Note hinzufügt, welche die Vorschläge enthält, die der Staatssekretär Seiner Britischen Majestät im Namen der beiden Höfe zu machen beauftragt werden könnte. Er könnte sich ermächtigt finden, den Gegenvorschlag Seiner Kaiserlichen Majestät aller Reußen anzuhören und unseren beiden Kabinetten zu übermitteln.

Sobald er die Entscheidungen des preußischen Kabinetts kennt, wird der Unterzeichnete die Ehre haben, sich mit Fürst Hardenberg über den Wortlaut der Mitteilung, die von ihnen gemeinsam an Lord Castlereagh zu richten wäre, abzusprechen.

Er beeilt sich etc. Unterzeichnet: Fürst Metternich

[Als Anlage:] Memorandum des Fürsten Metternich über die polnische Frage

1. Geleitet von den liberalsten und mit der Herstellung eines Gleichgewichtssystems in Europa völlig übereinstimmenden Grundsätzen, auch seit 1772 Gegnerin aller Pläne einer Teilung Polens ist Österreich bereit, der Wiederherstellung dieses Königreichs in Freiheit und Unabhängigkeit von allem fremden Einfluß nach Maßgabe seines Umfangs vor der ersten Teilung zuzustimmen, wobei den benachbarten Mächten die Regelung ihrer Grenzen nach dem Grundsatz gegenseitiger Konvenienz vorbehalten bleibt.

2. Man muß zugeben, daß es wenig wahrscheinlich ist, daß ein solches Projekt vom russischen Hof auch nur in Betracht gezogen wird; Österreich würde daher auch der Wiederherstellung eines freien und unabhängigen Polen in den Grenzen des Jahres 1791 unter Berücksichtigung des im ersten Vorschlag ausgesprochenen Vorbehalts zustimmen.

Österreich würde sich in diesem Fall bereit erklären, Vergrößerungen anzuerkennen, die Rußland und Preußen sich vorbehalten zu müssen glaubten und die mit Polens Existenz als eines unabhängigen politischen Körpers nicht unvereinbar wären.

3. Für den Fall, daß der russische Kaiser diesen zweiten Vorschlag ebenfalls für unannehmbar erachtete, ist Österreich bereit, die Ausdehnung der russischen Grenze bis zum rechten Weichselufer anzuerkennen, wobei der Flußlauf selbst frei bleiben und dem Handelsverkehr der Anrainer zur Verfügung stehen müßte. Rußland würde auf dem linken Weichselufer die Stadt Warschau mit einem Rayon behalten, während es Preußen die Stadt Thorn auf dem rechten Flußufer abtreten würde.

Da Österreich weit von der Absicht entfernt ist, sich jemals in Angelegenheiten der inneren Verwaltung seiner Nachbarn einzumischen, würde Seiner Kaiserlichen Majestät aller Reußen die Sorge überlassen, seinen polnischen Provinzen eine von ihm als nützlich und angemessen erachtete Verwaltungsform zu geben. Es hätte auch nichts dagegen, wenn der Kaiser seinen neuerworbenen Gebieten allein oder gemeinsam mit seinen anderen polnischen Provinzen die Bezeichnung Königreich Nord- oder Ostpolen geben würde, allerdings würde Seine Kaiserliche und Königliche Apostolische Majestät sich in diesem Fall die Möglichkeit vorbehalten, seine polnischen Provinzen unter der Bezeichnung Königreich Südpolen zu vereinen, und zwar mit einer ihm ebenfalls nützlich und angemessen erscheinenden Verwaltungsform. Dieselbe Möglichkeit müßte Seiner Preußischen Majestät vorbehalten werden.

41. Geheimes Memorandum Hardenbergs an Castlereagh (Auszug)[1]

Berichtet über seine ergebnislose Unterredung mit Alexander I. und empfiehlt Nachgiebigkeit in der polnischen Frage.

Angeberg, I S. 406–408. Übers. d. Hrsg. aus d. Franz.

Wien, 7. November 1814

Die lange Unterredung, die ich in Gegenwart des Königs mit dem Kaiser von Rußland geführt habe,[2] hat kaum mehr Erfolg gehabt als die Lord Castlereaghs und Fürst Metternichs, obwohl ich keines der Argumente, die uns bekannt sind und die ich hier nicht zu wiederholen brauche, ausgelassen habe. Seine Kaiserliche Majestät klagt weiterhin darüber, daß man seinen Plänen hartnäkkige Hindernisse in den Weg lege, während die großen Dienste, die sie der gemeinsamen Sache erwiesen habe, nicht nur wirksam dazu beigetragen hätten, daß Österreich, Preußen und viele andere Fürsten in ihre ehemaligen Staaten zurückkehren konnten, sondern daß diese einigen von ihnen, besonders aber Österreich, auch bedeutende und ansehnliche Vergrößerungen verschafft hätten. Seine Majestät fügte hinzu, daß auch sie sich berechtigt fühle, solche für sich selbst zu fordern, sie sich aber auf ein Maß beschränke, das die Ruhe Europas sichere; denn sie beruhige endlich eine unzufriedene und unruhige Nation und unterstelle sie der Leitung eines Kabinetts, das sie in Schranken zu halten wisse; daß ihre Verbündeten, statt sie als gefährlich zu betrachten, sie im Gegenteil unterstützen und begünstigen müßten, um so mehr, da der Kaiser, indem er die Bande der Allianz von Chaumont[3] enger knüpfe, bereit sei, ihnen alle erdenklichen Garantien, besonders für ihre Anteile am ehemaligen Polen, zu geben; daß er dem neuen Königreich alle russischen Provinzen, die vormals polnisch waren, hinzufügen würde; daß er ihm eine Verfassung geben würde, die es von Rußland trenne, und daß er alle russischen Truppen ohne Ausnahme hinter die Grenzen des neuen Königreichs zurückziehen würde; daß endlich der Gegenstand, über den man streite, wegen der *[öffentlichen]* Meinung zwar

[1] Am 9. 11. sandte Hardenberg das Memorandum an Metternich. Griewank, Wiener Kongreß S. 224 Anm. 69.

[2] Das Gespräch fand wohl am 3. 11. statt. Dazu Griewank, Wiener Kongreß S. 223 f. mit Anm. 68; Olshausen, S. 58; vgl. auch Nr. 39 S. 229f. und Nr. 42 S. 240.

[3] Vom 1. 3. 1814. CTS, 63 S. 83–95.

nötig für das Ziel sei, das er sich gesetzt habe, aber doch zu unbedeutend sei, als daß man ihm von seiten der Verbündeten so großen Wert beimesse und ihn ihm verweigere.

Meine Vorstellungen über die Angriffslinie, welche Polen der Besitz von Thorn, Kalisch, Tschenstochau und Krakau einräumen würde, hatte nur die Erklärung des Kaisers zur Folge, daß er diesen letzteren Ort niemals befestigen oder einen Waffenplatz daraus machen werde und daß er dafür die bestimmteste Verpflichtung eingehen würde. Unsere Unterredung schloß mit dem lebhaftesten Ersuchen meinerseits, sich doch auf irgendeinen versöhnlichen Ausweg einzulassen, wobei ich hinzufügte, daß man sich meines Erachtens über die politische Frage einigen könnte, vorausgesetzt, daß der Kaiser in der Grenzfrage etwas nachgäbe.

Am Tage nach dieser Unterredung gingen Seiner Kaiserlichen Majestät der zweite Brief und die zweite Denkschrift von Lord Castlereagh[4] durch den General Lord Stewart zu. Das Ergebnis ist noch nicht bekannt; aber nach Erkenntnissen, die ich für gesichert halte, arbeitet sogar Fürst Czartoryski jetzt daran, daß der Kaiser sich wegen der Grenzen verständigt. Meiner Meinung nach muß man alles daran setzen, um zu einem annehmbaren Abkommen darüber zu gelangen; und ich werde sicherlich nichts versäumen, was uns dahin führen kann; aber je mehr ich darüber nachdenke, desto mehr habe ich das Gefühl, daß wir unsererseits in der politischen Frage nachgeben müssen, denn ich sehe darin viel mehr Nutzen als Gefahr für die Ruhe in Europa im allgemeinen und für die Nachbarn Rußlands im besonderen. Ich sehe dessen Stärke und Macht durch dieses neue Königreich Polen unter dem Zepter desselben Souveräns eher geschwächt als vermehrt. Das eigentliche Rußland verliert sehr beträchtliche und fruchtbare Provinzen. Vereint mit dem Herzogtum Warschau werden sie eine völlig andere und viel liberalere Verfassung haben als die des Reichs. Die Polen werden in den Genuß von Privilegien gelangen, welche die Russen nicht haben. Bald wird der Geist der beiden Nationen ganz im Gegensatz zueinander stehen, ihr Argwohn wird die Einheit verhindern, Verlegenheiten aller Art werden entstehen, und ein Kaiser von Rußland, der gleichzeitig König von Polen ist, wird weniger furchterregend sein als ein Herrscher des russischen Reichs, der diesem den größten Teil dieses Landes, den man ihm nicht streitig macht, als Provinz hinzufügt. Ich fürchte keineswegs, daß die ehemals polnischen Untertanen Österreichs und Preußens, die unaufhörlich danach streben, sich ihren Landsleuten anzuschließen, zu Unruhen Anlaß geben werden. Eine weise und väterliche Verwaltung wird mit Leichtigkeit allen Besorgnissen dieser Art begegnen. Mit einem Wort, in meinem Kopf hat sich die innerste Überzeugung gebildet, daß, wenn wir den Kaiser hindern wollen,

[4] Beide vom 4. 11. Angeberg, I S. 393–401. Dazu Dökert, S. 66 f.

ein Königreich Polen unter seinem Zepter einzurichten, wir gegen unser eigenes Interesse arbeiten, zum einen aus Gründen, die ich eben darlegte, zum anderen weil wir uns des besten Mittels berauben, über die Grenzen zu verhandeln. Ich gestehe auch, daß ich bei dem Gedanken an die Idee, drei polnische Königreiche einzurichten,[5] große Nachteile ohne jeden wirklichen Nutzen sehe. Würden wir dem befürchteten Streben nach Vereinigung nicht dadurch Vorschub leisten und begründen, was wir zerstören wollen? Im übrigen wäre jedenfalls der preußische Teil zu unbedeutend, als daß er den Namen Königreich tragen könnte, wie immer auch die Zugeständnisse ausfallen, die wir von Kaiser Alexander noch erhalten würden.

Entschließen wir uns, dem Kaiser ohne Umschweife zu erklären, daß wir unter Verzicht auf den Geheimartikel vom 15./26. Januar 1797[6] der Wiederherstellung eines Königreichs Polen zustimmen würden, das vom russischen Reich getrennt ist, dem er alle russischen, ehemals polnischen Provinzen hinzufügen und dem er eine eigene Verfassung geben würde, vorausgesetzt, daß er sich auf eine territoriale Regelung einließe, die uns zufriedenstellen kann, und daß er uns unsere polnischen Gebiete garantiert. Ich würde unsere Gebietsforderungen nicht über das hinaustreiben, was wir schon vorher gefordert haben. Österreich hat mehrmals erklärt, daß es sich mit Krakau und dem Land bis zur Nida sowie mit dem Bezirk von Zamość, auf dem es nicht einmal mit demselben Nachdruck bestanden hat, zufrieden gäbe; Preußen hat Thorn und die Warthelinie verlangt. Jetzt die Weichsellinie zu fordern und nur Warschau mit einem Rayon auf dem linken Ufer zuzugestehen, scheint mir die Situation nur mehr zu verschärfen und uns von unserem Ziel abzubringen. Ich weiß wohl, daß uns die Weichsel- und Narewgrenze mehr Sicherheit bieten würde, aber ich halte es für völlig unmöglich, sie zu bekommen, um so mehr als wir sie nie gefordert haben, und wenn wir sie jetzt zur Bedingung für unsere Zustimmung zur Errichtung eines Königreichs Polen machten, würden wir das Ziel des Kaisers zerstören, indem wir einen ebenso beträchtlichen wie wesentlichen Teil von diesem Königreich abtrennten.

[. . .][7] Unterzeichnet: Hardenberg

[5] Vgl. Metternichs Note vom 2. 11. Nr. 40 S. 233–235.

[6] Vgl. Nr. 36 S. 222 Anm. 5.

[7] Der Rest des umfänglichen Memorandums ist nur in der kurzen Zusammenfassung bei Oncken, II S. 851 f. bekannt.

42. Bericht Castlereaghs an Liverpool

Berichtet über die preußische Haltung in der polnischen Frage, verteidigt seine Polenpolitik und legt die Prinzipien seiner europäischen Politik dar.

Webster, S. 229–233.

Nr. 16 Vienna, November 11th, 1814

I reported to your Lordship in my dispatch No. 12 [1] the result of the confidential interview that took place at my house between the Austrian and Prussian Secretaries of State. On the following day, and before the Emperor of Russia's departure for Buda, Prince Metternich had an interview with him, which led to a discussion of much warmth, especially on the part of His Imperial Majesty.

Upon the return of the Emperor of Austria to Vienna, Prince Metternich received His Imperial Majesty's directions to transmit the note, of which the enclosed is a copy,[2] to Prince Hardenberg, as the basis of the intended negotiation with the Emperor of Russia. Your Lordship will observe that in the third alternative, the Austrian Minister proposes to release Russia from all restraint as to the erection of her Polish dominions into a Monarchy, (which would then contain nearly ten millions of people) under the Russian sceptre, provided the two other Powers received the Vistula as their frontier. It was Prince Metternich's intention to have proposed as a fourth alternative, in case Russia insisted upon passing the Vistula, that the two other Powers should accept the Warta and the Nidda as their frontiers, but in this case, that Russia should be called upon to renew the Treaty of 1797.[3] This latter proposition was, I understand, struck out by the Austrian Cabinet, who are under very great alarm upon the subject, and blame Prince Metternich for having been too complying and they leave it to Russia to originate such counter propositions, as she might think fit.[4]

That Your Lordship may judge of the degree of importance attached to this question in the Prussian Cabinet, I send you a memoir written by General Knesebeck,[5] whose weight and confidential situation in their councils my brother correctly describes. It was drawn up by him upon an inspection of the military reasoning contained in the Memorandum I received from the Emperor of Russia.[6] There is no military opinion held in higher estimation here than General Knesebeck's, and his authority is the more deserving of attention from

[1] Nr. 36 S. 219f.

[2] Nr. 40 S. 233–236.

[3] Vgl. Nr. 36 S. 222 Anm. 5.

[4] Vgl. Olshausen, S. 58; Rößler, II S. 135 (Kronrat vom 31. 10. 1814).

[5] Vgl. Olshausen, S. 62f.

[6] Vom 30. 10. 1814, Angeberg, I S. 352–358.

the caution that distinguishes his character, and from the reluctance he must feel to embark his court in an unnecessary controversy with an allied power.

Your Lordship will have observed from the Memorandum transmitted in my dispatch No. 12,[7] that the hope then entertained was, that the Emperor of Russia, to avoid an official démarche upon principles that must place him on disadvantageous grounds in Europe as well as in Poland, might be induced to come into some amicable arrangement, to give effect to which there would have existed every disposition to make the utmost sacrifice; but, as yet, we have no substantial grounds to hope for such a result; and I fear, that in the manner of attempting to bring the Emperor to reasonable views, so much appearance of indecision has been shewn, as must weaken, if not render abortive, the formal overture should it be brought forward.

The failure of the efforts hitherto made is chiefly owing to the personal ascendancy, which the Emperor has unfortunately acquired over the King of Prussia. When at Buda[8] His Imperial Majesty omitted no exertion to operate on the minds of both the other sovereigns. His usual mode is to represent their ministers as the obstacle to harmony, and that the whole system of their policy ought to be settled by the sovereigns themselves. This language, which was particularly directed against Prince Metternich, made no sort of impression on h i s master, but the Emperor was more successful in a long conversation with Prince Hardenberg, in presence of the King of Prussia,[9] by which he contrived not only to embarrass that minister, but to deprive his intervention of much of its weight.

I was induced when I first arrived here, to undervalue the importance attached by the Austrian and Prussian Cabinets to the Polish question, and to suppose that they both might be more easily reconciled by arrangements elsewhere, to suffer the Emperor to execute his purpose than has proved to be the fact. The prospect of reconciling their differences on German affairs was no sooner opened, than both Austria and Prussia resumed their former earnestness on this point, which was much augmented by a variety of collaterial indications of the intriguing spirit, which actuated the Russian councils in other quarters.

I deemed it of great importance to contribute as far as depended upon me, to this concert: considering the establishment of Russia in the heart of Germany not only as constituting a great danger in itself, but as calculated to establish a most pernicious influence both in the Austrian and Prussian Cabinets; and I also foresaw, that if these two Powers, from distrust of each other, gave up the

[7] Nr. 36 S. 219f.

[8] Vom 24. bis 29. 10., vgl. Olshausen, S. 55f.

[9] Am 3. 11., vgl. Nr. 41 S. 236 Anm. 2.

Polish point as desperate, the contest in negotiation would then turn upon Saxony, Mayence and other German points, and through the contentions of Austria and Prussia, the supremacy of Russia would be established in all directions, and upon every question; whereas an understanding previously established on German affairs, gave some chance of ameliorating the Polish arrangement, and, in case of its failure, afforded the best, if not the only means of counteracting the Russian influence in the other European arrangements, to the tendency of which, it was impossible not to look with alarm, whilst she kept an army of 60,000 men under Beningsen upon the Elbe, still treating Holstein, without a pretence for doing so, almost as an enemy country.

It appeared to me of particular importance to our own views on the side of Holland to do so. If the Low Countries could be covered by a German League, we might venture to resent Russian injustice on the side of Poland, by refusing her the beneficial arrangements relative to the Dutch loan, to which we were sub modo pledged, without exposing the Prince of Orange's interests by doing so: but if, triumphing in Poland, the Emperor could disunite Germany, the motives for refusing this aid might be augmented, but so might the danger in refusing it; and we might find ourselves obliged to yield this tribute to Russia, under the most humiliating circumstances.

I therefore was of opinion that every consideration of policy combined to make it our particular interest, as well as duty to promote the concert in question, and, for the reasons I have stated, I trust Your Lordship will see, that to have been indifferent to the Polish question would have augmented, instead of diminishing, our own immediate difficulties. On the contrary, it appeared to me, that it was better for Great Britain, in order to secure her own objects, to contend for an European question of great magnitude in the true spirit of the policy that has marked her conduct throughout the war, than to seem indifferent to that policy, and to reserve herself for an object, viz.: the Low Countries, which is regarded on the Continent as particularly connected with her own power, and which, as I have observed above, might have been exposed to a very unpleasant question, under a disunion between the great German Powers.

I have certainly been led, from circumstances, to take a more active share in the discussions on this question, than I should have permitted myself to do, if it had been any part of my policy to push the Polish point to a hostile issue. In preparing for so serious an alternative, I should have felt the propriety, as a British Minister, of preserving a greater degree of reserve; it being the province of Great Britain to support, rather than lead, on such occasions. But in proportion as I felt that an effort ought to be made successively by conciliation, by moderation, by persuasion, by pressure of argument, and ultimately if necessary by an imposing negotiation, uniting the general sentiments of Europe upon sound and popular grounds, and not by arms, I felt the less precluded from taking a forward part. Some advantages perhaps have resulted from my being the person to do so, as the same arguments, had they been urged by the parties most interested, might have rendered accommodation more difficult. Such are the principles upon which my conduct has hitherto been founded. It will be highly gratifying to me should they be honored with the Prince Regent's gracious approbation, and with the concurrence of my colleagues in the Government.

Since I have been on the Continent, in my intercourse with the several Cabinets, I have conceived it my duty to keep in view the following principles, considering them as those on which it was the intention of His Royal Highness' Government that I should act. In the first place, so to conduct the arrangements to be framed for Congress, as to make the establishment of a just equilibrium in Europe the first object of my attention, and to consider the assertion of minor points of interest as subordinate to this great end. Secondly, to use my best endeavour to support the Powers who had contributed to save Europe by their exertions, in their just pretensions to be liberally re-established upon the scale to which their Treaties entitled them to lay claim, and not to be deterred from doing, by the necessity of adopting, for this end, measures, which, although not unjust, are nevertheless painful and unpopular in themeselves. And thirdly to endeavour to combine this latter duty to our friends and Allies, with as much mildness and indulgence even to the offending States, as circumstances would permit.

I have pursued these views, with a fixed and anxious purpose, if possible, not to suffer the peace of Europe to be disturbed, even upon just grounds, if by any compromise or even reasonable sacrifice it could be avoided. If in discharge of this duty, I have felt myself obliged strongly to remonstrate against the principles and temper disclosed by the Russian councils, I hope I have maintained honest principles, and I am confident that the relations between the two Governments would not have been improved by a more pliant tone on my part, opposed to that in which the Emperor has of late been disposed to dictate.

Your Lordship may rest assured that no effort on my part shall be omitted to prevent disunion, and still more, war; but I am confident I speak the universal sentiment, when I declare my perfect conviction, that unless the Emperor of Russia can be brought to a more moderate and sound course of public conduct, the peace, which we have so dearly purchased, will be but of short duration.

43. Weisung Liverpools an Castlereagh

England will zur Zeit angesichts der ungesicherten Lage in Europa weder wegen Polen noch wegen Neapel Krieg führen.

Webster, S. 244–246.

[London,] Fife House, November[1] 25th, 1814

We received yesterday your letters of the 5th and 11th[2] instant. I can assure you that we are fully sensible of all the difficulties in which you have been involved, and entirely concur with you in the substantial points for which you have been contending. We were certainly apprehensive that the course the negotiations were taking with Russia might unintentionally lead us further than we had any idea of going, and eventually produce a renewal of the war in Europe. It may be quite true that if the Emperor of Russia does not relax in his present demands, the peace of Europe may not be of long continuance; but for however short a time that peace may last, I should consider it of great advantage. In the course of two or three years it may reasonably be expected that the power of Louis XVIII. in France will be consolidated, and that the revolutionary spirit which still exists to such an alarming degree in that country will in a great measure have evaporated. The people will have returned to peaceful habits, and the landed and moneyed interests will feel their fate connected with that of the restored government. In two or three years likewise the Prince of Orange will, I trust, have been enabled firmly to establish his authority in the Low Countries, will have raised an army for the defence of his dominions, and have made some progress in erecting a barrier against his neighbours. But if war should be renewed at present, I fear that we should lose all we have gained, that the revolutionary spirit would break forth again in full force, and that the Continent would be plunged in all the evils under which it has groaned for the last twenty years. A war now, therefore, may be a revolutionary war. A war some time hence, though an evil, need not be different in its character and its effects from any of those wars which occurred in the seventeenth and eighteenth centuries, before the commencement of the French Revolution. In short, this appears to me to be the precise period in which the sentiment of Cicero, so often quoted by Mr. Fox, is really in point: "Iniquissimam pacem justissimo bello antefero." I entertain these sentiments so strongly, that though I should most deeply regret the continuance of Murat on the throne of Naples as a sort of taint in our general arrangement, and though I think, therefore, that all means

[1] In Websters Vorlage (Wellington, Suppl. Desp. IX S. 285f.) offensichtlich irrtümlich auf den 25. 9. 1814 datiert.

[2] Webster, S. 222–227 sowie Nr. 42 S. 239–242.

should be used consistent with our engagements to negotiate him out of his present kingdom, yet if such means should fail, as I fear they will, and the question should be whether any of the Powers of Europe should take up arms to drive him out of his dominions, my opinion would certainly be against such a measure. I think the positive benefit resulting from the success of it is not to be compared, under present circumstances, to the evils that might arise out of the attempt.

The reasoning in your last paper in answer to the Emperor of Russia is quite triumphant;[3] but I believe the truth to be that he is committed to the Poles; and the dread of the reintegration of Poland as it existed in 1772 or 1791, and the effect of such a sacrifice of territory upon the Russian nobility and Russian people, are the only considerations that will induce him to give way. He will be quite deaf to every appeal to justice, moderation, or to the engagements which he contracted with Prussia and Austria in the course of the last campaign. We must likewise not conceal from ourselves that we shall have a hard battle to fight against public opinion in defence of any arrangement of which the independence of Poland does not now form a part.

If the arrangements respecting the Duchy of Warsaw could have been quietly settled amongst the three Powers as the result of the Treaty of Kalisch[4] and of that of the 9th September, 1813,[5] we should never have had any serious difficulty on the subject, and it would have been wholly unnecessary, and I think very imprudent, for us ever to have started the idea of Poland or of Polish independence; but it becomes very different to defend the partition of the Duchy of Warsaw as one of the alternatives to Polish independence, when the question of Polish independence has been once brought forward. We must, however, do our best in this respect, fully satisfied that we have acted from no other motive than that which was likely to contribute most upon the whole to the peace and tranquillity of Europe.

It seems difficult to imagine what course this whole business is likely to take in Congress. I trust the means will exist, however of protesting against what it may not be prudent to resist, or a least that care may be taken that we are not parties to transactions which we have such strong reasons on every account to disapprove.

[3] Memorandum Castlereaghs an Alexander I. mit Begleitschreiben, Wien, 4. 11. 1814, Wellington, Suppl. Desp. IX S. 410–416. Franz. Text: Angeberg, I S. 393–401.

[4] Nr. 12 S. 107f. Anm. 3.

[5] Nr. 36 S. 222f. Anm. 6.

44. Bericht Graf Münsters an den Prinzregenten (Auszug)

Österreichische Kritik an Metternichs Rußlandpolitik. Verbreitete Kriegsbereitschaft. Münsters Warnungen vor revolutionären Unruhen.

Webster, Castlereagh S. 551–557; hier S. 551–556. Übers. d. Hrsg. aus d. Franz.

Wien, 27. November 1814

Der einfache Bericht in meiner heutigen Depesche [1] über den Gang der Verhandlungen muß die Sorge entstehen lassen, daß der Wiener Kongreß sich auflösen könnte, ohne die Ruhe Europas gefestigt zu haben. Die wichtigsten Kabinette sind noch so weit von einer Einigung über die sie beschäftigenden Hauptfragen entfernt, daß es sogar zweifelhaft erscheint, ob sie sich ohne offenen Bruch trennen werden, oder auch, wenn sie sich weigern, die von Rußland beabsichtigten Usurpationen zu sanktionieren (und diese werfen diejenigen, die der Auslöschung des Königreichs Sachsen nicht glauben zustimmen zu können, auch Preußen vor), ob sie für den Augenblick den Status quo als einfache, nicht rechtlich begründete Tatsache bestehen lassen werden?

Die Lage Europas, die die Folge dieser letzteren Haltung wäre, würde unfehlbar am Ende einer mehr oder weniger beträchtlichen Zeitspanne den Krieg wieder entzünden. Aber mir scheint, daß die Alternative, obwohl schon äußerst bedauerlich in sich selbst (nämlich die, daß wir entweder unverzüglich in einen neuen Kampf geraten oder daß man uns wenigstens die Zeit zum Luftholen und irgendeine Chance für eine weniger trostlose Aussicht läßt), hinsichtlich der zu ergreifenden Maßnahmen von einem so außerordentlichen Interesse ist, daß ich nicht versäumen möchte, Eure Königliche Hoheit über die von mir darüber gesammelten Tatsachen zu unterrichten.

Ich habe seit einiger Zeit gesicherte Kenntnisse darüber, daß das Plenum des österreichischen Kabinetts sehr viel weniger entgegenkommend in der polnischen und sächsischen Angelegenheit ist als wenigstens allem Anschein nach Fürst Metternich. In einer Sitzung, die vor drei Wochen stattfand,[2] haben die Personen, die sonst als die friedfertigsten im Gefolge des Kaisers Franz gelten, u. a. General Ducas und Graf von Zichy, für den Krieg gestimmt für den Fall, daß Rußland und Preußen auf dem Besitz der Punkte bestehen würden, die die österreichischen Militärs als für sie bedrohlich ansehen.

Der Kaiser von Österreich soll nach dem, was man mir versichert, der Meinung sein, daß wenn der Krieg wahrscheinlich würde, es besser sei, ihn unver-

[1] Münster, S. 183–193.

[2] Dazu Nr. 42 S. 239 Anm. 4.

züglich zu unternehmen. Der König von Bayern äußert sich nur im selben Sinn, und ich habe keinen Zweifel, daß er sich mit Österreich über die Zusammenarbeit einig ist. Ein Memorandum, das Herr von Gentz vor einiger Zeit verfaßt hat,[3] um die Notwendigkeit eines Bündnisses zwischen Österreich, Frankreich und Bayern zu beweisen, und die Art und Weise, wie dieser Gelehrte, der über einen gewissen Einfluß auf den Fürsten Metternich verfügt, von Talleyrand gefeiert wird, erhärten den Verdacht, daß Frankreich dieses Ziel ins Auge gefaßt hat. Die Gesandtschaft Ludwigs XVIII. am Kongreß glaubt vielleicht, daß die Gefahren, die ein Krieg für die Königliche Familie mit sich bringen könnte, mehr als ausgeglichen würden durch die so gegebene Möglichkeit, viele unzufriedene Offiziere zufriedenzustellen und zu beschäftigen und sogar womöglich die Nation zu befriedigen, die sich nur schwer über den Verlust des linken Rheinufers hinwegtrösten wird. Die gegenwärtigen Schwierigkeiten werden also die Gelegenheit bieten, dieses Gebiet als eine preußische Provinz zurückzuerobern. Der gegenwärtige Augenblick wäre für ein solches Unternehmen außerdem günstig, weil sich das linke Rheinufer später unter dem Schutz des Deutschen Bundes befinden würde, der heute noch nicht geschlossen ist! Dies sind unabhängig vom wirklichen und vernünftigen Interesse, das Frankreich natürlicherweise an der Erhaltung des politischen Gleichgewichts in Europa und vor allem in Deutschland haben muß, einige zusätzliche Gründe, die Frankreich wahrscheinlich den Krieg wünschen lassen. Sein Haß auf Preußen, die Furcht, es zum Nachbarn zu haben, tragen zu demselben Zweck bei. Man muß zugeben, daß die preußischen Unterhändler nicht genug Vorsicht haben walten lassen, um zu vermeiden, was die Eigenliebe der Franzosen verletzen könnte. Gerade sie haben oft versucht, die Gesandtschaft des Königs von Frankreich von der Teilnahme an den Geschäften des Kongresses auszuschließen, was sich keine Macht erster Ordnung nehmen lassen kann. Besonders der streitsüchtige Ton des Herrn von Humboldt hat anscheinend Bitterkeit in diese Art von Diskussionen gebracht.

Erst vorgestern hatte ich ein vertrauliches Gespräch mit einer Persönlichkeit, die an der Spitze einer Abteilung der österreichischen Staatskanzlei[4] steht und die mich mehr als andere hat fürchten lassen, daß wir zu einem offenen Bruch kommen werden. Da ich während meiner Mission in Rußland in enger Beziehung zu dieser Persönlichkeit gestanden hatte, sprach sie ganz offen mit mir. Sie beklagte laut das Verhalten ihres Hofes, daß er Rußland nicht sofort den Krieg erklärte, und bezeugte mir sogar ihr Bedauern darüber, daß wahrscheinlich die energischen Maßnahmen, die Österreich ergreifen könnte, möglicherweise mehr als alle Verhandlungen einen Ausgleich mit dieser Macht her-

[3] Vgl. Sweet, S. 197.

[4] Gemeint ist Metternichs wichtiger Mitarbeiter Hudelist.

beiführen würden. Sie fügte hinzu, daß jeder Ausgleich, so wie man ihn heute erzielen könnte, ungünstiger für Österreich wäre, als der Krieg es sein könnte, angesichts der Tatsache, daß Österreich ganz wie im Augenblick auch weiterhin genötigt wäre, seine Armee auf Kriegsfuß zu halten, was seine Finanzen nicht leisten könnten. Sie versicherte mir, daß man noch nicht gewagt habe, auch nur ein Pferd aus dem Troß der Armee zu verkaufen, und daß man im Augenblick 500000 Soldaten bezahle. Unabhängig von der Gefahr, der die Monarchie durch den schlechten Zustand ihrer Grenzen ausgesetzt bliebe, selbst wenn man diese nach den Linien ziehe, auf denen man noch bestehe, seien die Schikanen der russischen Regierung, so versicherte mir dieselbe Persönlichkeit, derart, daß Österreich sie nicht mehr dulden könne und daß es vergeblich alle Mittel der Versöhnung ausgeschöpft habe. [. . .] Ich versuchte, Herrn von H*[udelist]* zu überzeugen, daß der Krieg im gegenwärtigen Augenblick das größte Unglück wäre, daß man vor allem an die Flammen der Revolution denken müsse, die noch unter der Asche glimmen. Ich stellte ihm den Zustand Italiens dar, sowohl was die allgemeine Einstellung dieses Landes betrifft, das die Unabhängigkeit herbeiwünscht und sich der österreichischen Herrschaft widersetzt, als vor allem auch hinsichtlich Murats und der Beziehungen, die er wahrscheinlich (trotz des gegenteiligen Anscheins, den Napoleon erweckt), noch mit dem ehemaligen Kaiser der Franzosen unterhält. Ich fügte hinzu, daß die Bewohner des linken Rheinufers und sogar die Süddeutschlands zur Revolte bereit seien, weil sie, statt die Früchte des Sieges und des Friedens geerntet zu haben, noch mehr unterdrückt würden als in der Vergangenheit, so daß mehrere der vorläufig von den verschiedenen Truppen besetzten Provinzen sich darüber beklagten, während eines Jahres viermal die ungeheueren Steuern bezahlt zu haben, die zuvor die Franzosen erhoben hatten! Ich bin fest davon überzeugt, daß einerseits Europa nicht im Frieden bleiben kann, wenn der Kaiser von Rußland mit dem Schwert in der Hand über seine Interessen entscheiden will, ohne die anderen Mächte anzuhören, die ihm die Heiligkeit der Verträge entgegenhalten. Dieser Zustand würde noch unerträglicher, wenn *[andererseits]* Preußen – durch die persönliche Neigung seines Königs oder weil Rußland seine Absichten begünstigt, die alle anderen Höfe mißbilligen, – zum Instrument würde, dessen sich diese letztere Macht nach ihrem Willen bedienen könnte. Aber selbst wenn man den Krieg als unvermeidbar betrachten würde, bin ich überzeugt, daß es von außerordentlichem Interesse wäre, seinen Ausbruch zu verzögern. Ich sage noch mehr: selbst wenn wir uns von diesem Augenblick an als im Kriegszustand befindlich betrachten müßten, wird nach meiner Überzeugung die günstigste Art, diesen Krieg zu führen, sein, Zeit zu gewinnen und Rußland einzuschläfern. Im gegenwärtigen Augenblick ist es bereit, ihn zu führen. Seine Truppen sind zusammengezogen, und seine Führer haben gelernt, Krieg ohne Geld zu führen. Man muß vor allem daran denken, daß wenn der Krieg unter den gegenwärtigen Umständen ausbricht, die Polen sich für die Freiheit schlagen werden, die Russen für die Eroberung, beides Ziele, die dazu angetan sind, sie zu begeistern. Später wird der tödlichste Haß diese beiden Nationen spalten, und der Kaiser von Rußland wird, wenn er seine alten polnischen Provinzen mit dem Herzogtum Warschau vereinigt, von seinem Reich früher oder später einen lebenswichtigen Teil abtrennen, der aus Rußland ein europäisches Land gemacht hat, und er wird sich in Rußland selbst Schwierigkeiten zuziehen, die ihn für lange Zeit lähmen werden; die Russen selbst werden für eine von ihnen allen mißbilligte Sache nicht mehr die Opfer bringen, die sie für das Wohl ihres Vaterlandes gebracht haben. Fügen wir hinzu, daß sich die Preußen heute, da ihre Regierung sie glauben macht, daß man – was aber nicht der Fall ist – ihnen ihren gerechten Anteil an den Früchten des Sieges rauben will, besser schlagen, als wenn sie sehen werden, daß man ihrer Tapferkeit keineswegs verweigert, was in den Verträgen ausgemacht wurde, sondern daß es sich darum handelt, nicht auf die Rechte eines anderen überzugreifen, oder zu sehen, wie Preußen sich dazu erniedrigt, eine russische Provinz zu werden. Die Gefahren, mit denen uns der Zustand Frankreichs und Napoleon bedrohen, müßte vor allem den Argumenten derjenigen Gewicht verleihen, die den Frieden erhalten möchten, wenigstens für einige Zeit. – Herr von H*[udelist]* schien kaum von diesen Argumenten überzeugt und versicherte mir, es sei nur die Feigheit des Herrn von Metternich, die den Krieg hinauszögere; daß der Kaiser ihn viel lieber heute als in sechs Monaten führen wolle; daß die Mehrzahl der Minister ebenso dächte; und daß die Armee darauf brenne, die Arroganz der Russen zu bestrafen. Was Italien betrifft, so glaubt er, daß Österreich nichts zu befürchten habe, wenn es dort 80000 von den 130000 Mann, die es heute dort habe, belassen würde. [...]

45. Handschreiben Hardenbergs an Metternich [1]

Sucht den Vorwurf ungenügender Zusammenarbeit mit Österreich und England gegen Rußland zu entkräften.

Klüber, IX S. 267–270. Franz. Original ungedr.

[Wien,] 3. Dezember *[1814]* morgens

Sie sagten gestern Abend unter andern, mein theurer Fürst, daß wir alles, was wir gewollt, von Rußland hätten erhalten können, wenn Preußen ganz

[1] Das Handschreiben schließt an die Note Hardenbergs an Metternich vom 2. 12. 1814 an, in der der Staatskanzler das Scheitern seiner Vermittlungsbemühungen

im Einverständnis mit Oesterreich und England gehandelt hätte; daß uns die Nachwelt nie verzeihen würde, diese Gelegenheit, Rußland auf angemessene Grenzen zu beschränken, versäumt zu haben, indem wir ganz Europa für uns gehabt haben würden.

Diese Behauptung glaube ich widerlegen zu können und zu müssen. Bedenken Sie:

1. daß im Grunde Preussen immer die nämliche Sprache geführt hat, als Oesterreich. Dieses hat sich, so viel ich weiß, nicht mit mehr Festigkeit und Bestimmtheit erklärt als wir; es hat niemals recht deutlich erklärt, worauf es fest halten würde. England hat sich bestimmter ausgesprochen, aber ohne Erfolg.

2. Welches ist denn der Territorial-Gegenstand, welchen wir hätten verlangen können, ohne in Widerspruch mit uns selbst zu gerathen? Krakau und Zamosc mit ihren Umgebungen, Thorn und die Wartha. Seit geraumer Zeit haben wir weiter nichts verlangt als dieses. Eine weiter ausgedehnte Forderung, z. B. die Weichsel und der Narew würde uns eine militärische Grenze gegeben haben; aber konnten wir jetzt davon sprechen, nachdem wir schon viel mehr nachgegeben hatten? Zu Reichenbach, zu Prag, zu Töplitz, hätten wir uns diese bedingen müssen. Wir können nicht sagen, daß, indem wir den politischen Planen des Kaisers beitraten, wir das Recht behalten hätten, unsere Forderungen zu erweitern. Diese Plane würden dadurch gänzlich vereitelt worden seyn, und überdem hege ich die innige Ueberzeugung, daß sie für uns vortheilhaft und beruhigend sind.

3. Der Territorial-Gegenstand, auf welchem wir also höchstens, wir mochten eine Sprache führen, welche wir wollten, hätten bestehen können, wäre für Preussen Thorn und der schmale Landstrich zwischen der Prosna und der Wartha gewesen, welcher höchstens 448000 Einwohner enthält, und das haben wir bis jetzt gethan. Würde damit die unsichere und gefährliche Lage Preussens, ohne zugleich ganz Sachsen zu erhalten, im Wesentlichen geändert worden seyn.

4. Angenommen endlich, daß wir uns in einer starken und festen Sprache vereinigt hätten, die zuletzt doch nicht anders als drohend hätte seyn können, würden wir nicht damit wenigstens jene Uneinigkeit, jene Kälte herbei geführt haben, welche wir so sehr fürchten müssen, welche alles Gute, das wir beabsichtigen, verhindern, so viel Gefahren verursachen würde? Ruhe, Sicherheit und die Gründung einer festen Ordnung der Dinge, das ist für den Augenblick unser erstes und dringendstes Bedürfniß. Nur Eintracht kann uns dazu verhelfen, und diejenigen im Zaume halten, welche gern im Trüben fischen möchten.

Machen Sie Mittel ausfindig, theurer Fürst, die Lage der Dinge, worin

beim Zaren eingestehen mußte, aber noch einmal die preußischen Ansprüche auf Sachsen verteidigte. Angeberg, II S. 1941–1947.

wir uns unglücklicher Weise befinden, zu Ende zu bringen. Retten Sie Preussen aus seinem gegenwärtigen Zustande. Es kann nicht aus diesem schrecklichen Kampfe, worin es so große und edle Anstrengungen gemacht hat, und zwar ganz allein, in einem beschämenden Zustande von Schwäche hervorgehen, und zusehen, wie sich alle, alle vergrößern, abrunden, Sicherheit gewinnen, und zwar großentheils durch seine Anstrengungen. Man kann ihm doch mit irgend einem Schatten von Recht nicht zumuthen, daß es ganz allein so schmerzliche Opfer bringe, bloß zur Satisfaction der andern! Eher müßte es von neuem Alles aufs Spiel setzen!

Ihr erhabener Monarch, theurer Fürst, ist die Geradheit, die Aufrichtigkeit, die Gerechtigkeit selbst. An Ihn appellire ich. Legen Sie Ihm diese Betrachtungen und das, was ich Ihnen gestern gab, vor, und antworten Sie mir bald!

„Fleuch Zwietracht, fleuch von unsern Gauen! Weiche
Du Ungeheuer mit dem Schlangenhaar!
Es horste auf derselben Rieseneiche
Der Doppeladler und der schwarze Aar!
Es sey fortan im ganzen Teutschen Reiche
Ein Wort, ein Sinn, geführt von jenem Paar!
Und wo der Teutschen Sprache Laute tönen
Erblühe nur ein Reich des Kräftigen und Schönen!“ [2]

Ich habe mich nicht enthalten können, dieses, was ich von Ungefähr gefunden, hieher zu setzen. Möchte es das Motto unserer Teutschen Verfassung und, für das Wohl von ganz Europa, von Oesterreich und Preussen seyn!

Ganz der Ihrige,

H*[ardenberg]*

46. Bericht Castlereaghs an Liverpool

Berichtet über das Scheitern der preußischen Vermittlung in der polnischen Frage und über die Reaktion Österreichs.

Webster, S. 248–251.

Nr. 26 Vienna, December 5th, 1814

In my letter of the 25th ult.[1] I reported to your Lordship the commencement of the negotiation with the Emperor of Russia upon the Polish question, and that the conduct of it had been entrusted to the Prince de Hardenberg. I was

[2] Aus dem 'Rheinischen Merkur' Nr. 130, 9. 10. 1814. Griewank, Wiener Kongreß S. 130 Anm. 13; vgl. auch ebenda, S. 229 Anm. 83.

[1] Auszug in Übersetzung bei Oncken, II S. 854.

not, at that moment, enabled to state more, than the favourable reception Prince Hardenberg considered his proposition had met with from the Emperor of Russia, that His Imperial Majesty had agreed to treat upon the terms proposed, and had promised an answer in a few days.

The precise terms which the Prussian minister was authorised to propose were as follows: That Prussia should receive Thorn, and the line of the Wartha, and that Austria should obtain, in addition to the circle of Zamosc, Cracovie and the Nidda as a frontier. It was added that, provided the Emperor yielded on the territorial question as proposed, the two Powers were prepared to acquiesce in his political views in Poland, under guarantee to be reciprocally agreed upon.

The counter-projet to this overture was communicated on the part of Russia by Prince Czartoriski, and Baron Stein,[2] neither of whom hold any responsible situation under the Emperor. It was limited to a proposition to neutralize the towns of Thorn and Cracovie, by erecting them into free cities, with a rayon round each, but His Imperial Majesty, however strong his professions had been for several days, of a desire to meet the wishes of his Allies, did not intimate any intention of yielding the circle of Zamosc, or the territory intervening between Kalisch and the Wartha, and between Cracovie and the Nidda, adhering, as far as territory was concerned, to his former line by Kalisch to the west, and by the Vistula on the south, between Cracovie and Sandomir.

It was stated that as these two points had been represented as menacing to his Allies, the Emperor was willing thus to strip them of that character, but that as a condition sine qua non of this concession, he must require that the questions of Saxony and Mayence should be simultaneously settled, the former by its complete incorporation with Prussia, the latter by its being rendered a fortress of the Empire.

Your Lordship will recollect that the circumstances which preceded the transfer of the negotiation into the management of Prussia, were not such as to afford much prospect of insisting with effect upon any demand, more especially one of any magnitude. This, as I understand, induced the Austrian minister to represent to Prince Hardenberg the necessity under existing circumstances of Prussia modifying her Saxon pretensions, so as not only to secure the concurrence of the several German Powers, and, if possible, of France, to her arrangements, but also to compensate, in some measure, the disappointment of Austria as to her Polish frontier, by relieving her from that jealousy, which the total extinction of an intermediate Power on her Bohemian frontier must occasion.[3]

[2] Vgl. Steins Kongreßtagebuch unter dem 27. 11. 1814. Neue Stein-Ausgabe, V S. 339f.

[3] Wohl in der Unterredung am Abend des 2. 12. Vgl. Nr. 45 S. 248.

I certainly understood from Prince Metternich, when he agreed to the basis of negotiation before stated, that Prince Hardenberg had previously acquiesced in this principle, it being premised that this modification was not to operate a reduction in the quantum of territory which Russia was to receive. By one of those changes of council which are not unfrequent in the Prussian Cabinet, it appears that this facility to an arrangement, however unsatisfactory it might still have remained with respect to the Polish frontier, is now absolutely withdrawn on the part of Prince Hardenberg, and I am afraid your Lordship must be prepared if this is persisted in, of which there is every appearance, to find the negotiation generally assume a most embarrassing, complexion.

You will judge of this, as far as the interests of Austria are concerned, by observing that the Russian counter-projet gives her nothing in point of frontier on the side of Poland. It merely relieved her from the umbrage of two points, by giving them a political instead of a military character. On the side of the Elbe it exposes her to a direct contact with Prussia, throughout the whole line of her Bohemian frontier, the gorges of which will pass into the hands of that Power, and it also embarrasses even her Bavarian frontier by insisting upon an arrangement with respect to Mayence, which, however wise in itself, disappoints the condition upon which Bavaria had agreed to restore to Austria the strong country extending from Salzburg along the Inn to the Danube.

It is not merely in her territorial relations that the spirit disclosed in the late negotiations embarrasses Austria. She feels still greater uneasiness from the temper of the Russian councils, and from the commanding sway the Emperor has acquired, through the King, over those of Prussia. Had Prince Hardenberg been enabled to range himself, as he promised to do, on the side of Austria, in a sincere, open, and undisguised negotiation with Russia upon the Polish question, whatever might have been the success of this effort, the world would have taken it as a proof that Prussia was true to the interests of Germany, and it would have given Austria a strong moral justification for making great sacrifices to her in Saxony; but the misfortune is, that the impression, as well as the fact, is now the other way, and that Russia and Prussia are looked upon as one, pledged to support each other's objects, whatever may be their effect either upon Austrian or German interests.

Prince Metternich forcibly represented to me yesterday, the difficulty in which he found himself placed under the circumstances above stated. He stated that he felt himself nominally allied with Russia and Prussia, but with the prospect, upon every litigated question, of having both against him; that under these circumstances, however desirous of bending, as far as possible, for the sake of an adjustment, he did not feel that he could venture to run counter, on the Saxon question, to the moral feeling of Germany, to the sentiments of his own Cabinet, and to the declared opinion of the French Government without the hazard of leaving himself and his Government without the support in Europe, which was become indispensable to its security and independence whilst Russia possessed so commanding an influence over the Prussian Cabinet.

I foresaw, from the first, that these German questions, if they could not be resolved from a sense of common danger, by a union of common interest between the two great German Powers, upon the Polish question, would prove beyond all comparison the most fruitful source of discord, from the complexity of the combinations amongst the German States, worked upon both by Russian and French influence.

The Austrian minister no sooner perceived from the conduct and language of the King of Prussia, and from the retrocession of the Prussian minister upon the Saxon point, that the intervention of Prussia in the negotiation was little more than nominal, than, in despair of accomplishing anything effectual on the Polish question, he only considered how he could best make an accommodation with Russia subservient to a modification on the point of Saxony, which I look upon now as the point practically at issue, however the other may remain open to further discussion.

The considerations I have already stated are not the only difficulties to a settlement upon the Saxon question. The extent to which Russia has appropriated the Polish territories to her own use, narrows very inconveniently the means of satisfying other claims. In meeting the demands of Prussia, and in making provision for those of the Prince of Orange (but in a manner to which I shall have objections to state) there remains only an indemnity for the King of Saxony in Münster and Paderborn of 350,000 subjects. Whether this is placed at Dresden or on the side of Westphalia, the provision is not in extent such as he is likely to accept. Austria and Bavaria are more moderate in their demands, but France requires for him nearly the whole of ancient Saxony, amounting to one million five hundred thousand subjects, consenting only to deprive him of Upper Lusace and the Circle of Wittenberg.

Could Russia have been prevailed upon to take the Vistula as her frontier there would have been ample means to satisfy all fair claims.

47. Note Metternichs an Hardenberg (Auszug)

Das Schicksal des Herzogtums Warschau ist kein Diskussionspunkt mehr. Krakau und Thorn müssen an Österreich bzw. an Preußen fallen. Österreich kann der Einverleibung Sachsens nicht zustimmen.

Pappermann, II S. 99–103. Franz. Text: Angeberg, I S. 505–510; ferner Klüber, VII S. 28–38 (jeweils mit statistischer Anlage).

Wien, 10. Dezember 1814

Hat Hardenbergs Note vom 2. 12.[1] *dem Kaiser vorgelegt und ist zu folgender Antwort ermächtigt.*

Die erste und wichtigste der für die wiener Verhandlungen vorbehaltenen Fragen war ohne Zweifel diejenige das Loos des Herzogthums Warschau zu bestimmen. Für die Aenderung von Europas allgemeinen Verhältnissen bot diese Frage unter dem Gesichtspunkte der Politik und der Gebietsvertheilung eine leichte Lösung, sei es nun, daß die ehemaligen polnischen Provinzen sämmtlich, oder zum Theil zu einem unabhängigen Staatskörper vereint wurden, welcher zwischen den drei nordischen Höfen seine Stelle fand, sei es, daß die Theilung des Herzogthums Warschau zwischen besagten Höfen die Mittel geliefert hätte, um die in den Bundesverträgen von 1813 im Auge gehabten Gebiete zu ergänzen.

Seitdem das Loos des Herzogthums Warschau aufgehört hat einen Gegenstand der Erörterung zu bilden, und die Frage zu einer einfachen Abschätzung einiger Grenzpunkte herabgesunken ist, hat der Kaiser sich entschlossen dem allgemeinen Besten den Sondervortheil seiner Monarchie aufzuopfern, und steht nicht an seinem Wunsche für die Erhaltung des Friedens und der freundschaftlichen Beziehung zu Rußland die Ansprüche unterzuordnen, welche über den Besitz von Krakau mit einem entsprechenden Gebiete hinausgingen. Er muß jedoch wünschen, daß diese Stadt, sowie Thorn an Oesterreich und Preußen überlassen werden, um ihren Staaten einverleibt zu werden. Das unabhängige Dasein dieser beiden Städte würde in demselben Grade die Ruhe der drei benachbarten Mächte bedrohen. Ohne unmittelbaren Einfluß würden sie dennoch allen Unzufriedenen als Herd von Umtrieben und Ruhestörungen dienen.

Da die Linien der Warthe und Nida die letzte natürliche Grenze und dabei die einzige bieten, welche einer militärischen Idee zur Grundlage zu dienen vermag, so kann der Kaiser nicht umhin ihrer Erwerbung großen Werth beizu-

[1] Hardenberg berichtet hier über das Scheitern seiner Vermittlungsbemühungen bei Alexander I. Angeberg, II S. 1941–1952.

legen. Der Lauf der Nida ist jedoch für Oesterreich nicht von einer so großen Wichtigkeit, daß Se. Maj. sie zu einer unerläßlichen Bedingung seiner Verständigung mit Rußland machen will. Jede Gebietsvergrößerung dagegen, welche Ew. Durchl. für Preußen in dem Herzogthume erlangen kann, wird vom Kaiser als eine wahrhafte Verbesserung der getroffenen Uebereinkunft betrachtet werden. Se. Maj. läßt diese Frage in Ew. Durchl. Händen und glaubt, daß die nähere Bestimmung des Gebiets von Krakau und Thorn, sowie die künftigen Grenzen Österreichs, Preußens und Rußlands im Herzogthume Warschau sofort Offizieren vom Generalstabe der betreffenden Heere anvertraut werden müsse. Uebrigens würde Se. Maj., wenn der Kaiser Alexander hierauf bestände, nichts dagegen haben in die endgültige Uebereinkunft mit Rußland den Vorbehalt aufzunehmen, daß die Stadt Krakau nicht befestigt werden dürfe.

Da der Kaiser in der Verbalnote Ew. Durchl. nichts über die Verfassungsfrage Polens, oder über die Vereinigung der alten polnischen Provinzen mit den neuen Erwerbungen Rußlands gefunden hat, so macht Se. Maj. es mir zur Pflicht die Aufmerksamkeit des preußischen Cabinets auf einen so wesentlichen Gegenstand zu lenken. Die Forderungen, welche wir berechtigt sind in dieser Beziehung gegen Rußland zu erheben, rühren aus den Verpflichtungen her, welche der Kaiser Alexander freiwillig uns gegenüber übernommen hat, um einigermaßen die Mehrforderung an Gebiet wieder gutzumachen. Es scheint unmöglich dieser Bedingung in dem Gange unserer ferneren Unterhandlungen nicht zu gedenken, wenn man die Versprechungen des Kaisers hinsichtlich dieses Gegenstandes mit den Bürgschaften verbindet, welche wir für unsere ehemaligen polnischen Provinzen zu fordern berechtigt sind.

Es bleiben noch mehrere, nicht weniger wichtige Gegenstände mit Rußland zu ordnen übrig, unter denen Bedingungen zu Gunsten der freien Schiffahrt auf der Weichsel usw. sich befinden. Der Kaiser hat mir befohlen über diese Punkte unmittelbar mit dem russischen Minister Unterhandlungen anzuknüpfen, und ebenso mit dem Kaiser Alexander selbst die obgedachten Gegenstände zu behandeln, welche Ew. Durchl. zur Kenntniß Sr. Maj. zu bringen gewünscht hat.

Die zweite Frage ist diejenige der Einverleibung Sachsens in Preußen. Die Einzelheiten, in welche wir uns bei den verschiedenen Besprechungen eingelassen haben, die sowohl mündlich, als schriftlich zwischen unsern beiden Cabineten stattfanden, und die Sorgfalt, welche wir der Erörterung dieser Frage schenkten, haben zu sehr das Interesse dargethan, welches der Kaiser an Preußens Wiederherstellung nach dem durch die Verträge festgestellten Maßstabe nimmt, als daß wir es uns nicht ersparen könnten diesen Gegenstand von Neuem unter demselben Gesichtspunkte zu betrachten. Die von dem Könige gewünschten Gebietsausgleichungen stehen aber nichtsdestoweniger mit den Wünschen der andern Mächte des ersten und zweiten Ranges in Widerspruch.

Es liegt uns also daran, daß Ihrem erhabenen Herrn kein Zweifel über die Beweggründe bleibe, welche den Entschluß des Kaisers bei dieser wichtigen Unterhandlung veranlassen. Die Wiederherstellung der preußischen Monarchie ist dem Kaiser so nothwendig erschienen, daß er selbst sie zu einer der ersten Grundlagen des dreifachen Bündnisses gemacht hat. Österreich, wir wiederholen es, nährt keine Eifersucht gegen Preußen. Es betrachtet im Gegentheile diese Macht als eines der nützlichsten Gewichte in der Wage der europäischen Mächte. Von allen Mächten ist es diejenige, welche mit der unserigen die meiste Gleichförmigkeit besitzt. In derselben Weise zwischen die großen Reiche des Ostens und Westens gestellt, werden Preußen und Oesterreich ihr System bezüglich ergänzen; vereint bilden beide Monarchien eine unübersteigliche Schranke gegen die Unternehmen jedes fürstlichen Eroberers, welcher eines Tages vielleicht den Thron Frankreichs, oder Rußlands wieder einnimmt.

Deutsche Mächte, eine wie die andere, finden sie einfache und natürliche Beziehungen in ihrem beiderseitigen Einflusse auf den deutschen Bund, einem Einflusse, welcher dem allgemeinen Wunsche entspricht, weil er eine sichere Bürgschaft des Friedens bietet. Alles muß unsere beiden Höfe vereinen, aber man muß diese Vereinigung möglich machen. Der Congreß darf nicht auf das betrübende Schauspiel eines Zwiespaltes unter denjenigen Mächten hinauslaufen, welche zunächst berufen sind den Frieden Europas zu befestigen. Deutschland muß einen Staatskörper bilden, die Grenzen der in der Mitte befindlichen Großmächte dürfen nicht unentschieden bleiben. Der Bund zwischen Oesterreich und Preußen muß mit einem Worte nichts zu wünschen übrig lassen, um dieses große Werk zu Stande zu bringen. Als ein Hinderniß dieses Bundes, als eine unübersteigliche Schranke für die Entstehung des deutschen Bundesvertrags müssen wir die vollständige Einverleibung Sachsens in Preußen mißbilligen, doch keineswegs aus dem Gesichtspunkte, daß letztere Macht dadurch verstärkt würde. In der Einverleibung Sachsens liegt ein Hinderniß für unser Bündniß, weil die Grundsätze des Kaisers, die engsten Familienbande und alle unsere nachbarlichen und Grenz-Verhältnisse derselben widerstreben.

Ein nicht weniger schwieriges Hindernis liegt in der Ordnung der deutschen Verhältnisse, weil die vornehmsten deutschen Mächte erklärt haben, daß sie dem Bundesvertrage auf einer für ihre eigene Sicherheit so bedrohlichen Grundlage nicht beitreten wollen, wie die Einverleibung eines der bedeutendsten deutschen Staaten sein würde, bewirkt durch eine der zum Schutze des gemeinsamen Vaterlandes berufenen Mächte.

Da Frankreich, sich ebenfalls in entschiedener Weise gegen die Eroberung von ganz Sachsen ausgesprochen hat, so würde das Einverständnis Oesterreichs und Preußens zu Aufrechthaltung der Eroberung nur dazu dienen die Schutzherrlichkeit über Deutschland wieder in die Hände dieser Macht zu liefern. Und welche Entschädigung könnte der Kaiser in seinen eigenen Augen finden, um seine Nachgiebigkeit in einer Frage zu begründen, welche so sehr seinen Grundsätzen widerstreitet, zumal sie – wie es wirklich der Fall ist – theils mit einer ebenso vollständigen Nachgiebigkeit unserer beiden Höfe gegen die Vergrößerungspläne Rußlands, theils mit dem Verluste des wohlthätigen Einflusses geradezu verbunden ist, welchen die beiden Mächte auf Deutschland auszuüben berufen sind!

Der Kaiser ist innig überzeugt, daß er, indem er sich bei einer solchen Sachlage der Einverleibung Sachsens widersetzt, sich als wahrer und einsichtsvoller Freund, und durchaus nicht als Nebenbuhler Preußens zeige. Aber es handelt sich darum die Ergänzung der Preußen durch die Verträge vorbehaltenen Gebietsausdehnung zu finden. Ein Anschlag, welcher nach dem von Ew. Durchl. selbst aufgestellten Schätzungsmaßstabe berechnet ist, thut dar, daß es nicht unmöglich sei diesen Umfang zu erreichen. Den Beweis glauben wir in der beigefügten Tafel[2] zu liefern, auf welche ich, mein Fürst, übrigens keinen andern Werth, als denjenigen zu legen bitte, welchen ich ihr eben zugestand. Die Gebietsvertheilung in Deutschland ist an so viel Rücksichten geknüpft, daß wir Anstand nehmen in einem einzelnen Falle auf das Nähere der Frage einzugehen, so bereit wir auch sind diese wichtige Erörterung mit dem Cabinete Sr. preußischen Majestät vorzunehmen, indem wir die Ansichten der Fürsten berücksichtigen, welche zunächst am Loose der einstweilen verwalteten Länder ein Interesse haben.

Ueber die obgedachte Tafel habe ich noch eine Bemerkung zu machen. Sie beweiset, daß der Umfang Preußens auf zweierlei Weise verstärkt werden kann, zuvörderst durch Zugeständnisse von Seiten Rußlands, welche dem von Preußen für die Begrenzung Polens vorgeschlagenen Plane mehr entsprechen, sodann durch Erwerbungen in Sachsen, welche mit der Fortdauer seines staatlichen Daseins vereinbar sind. Uebrigens zögert der Kaiser nicht von Neuem zu erklären, daß er zu sehr darauf bedacht ist die Ordnung der deutschen Verhältnisse möglich zu machen, um schon in der Frage über den Besitz von Mainz ein diesfallsiges Hindernis zu erblicken. Er ist vielmehr bereit in eine Besprechung der Mittel einzugehen, welche geeignet sind ebenso sehr die Interessen der verschiedenen Parteien, welche Anspruch auf diesen Platz machen, als diejenigen des gemeinsamen deutschen Vaterlandes zu versöhnen. Da aber diese Verhandlung unzertrennlich von derjenigen ist, welche die Vertheilung der Länder und die Bestimmung der Bundesfestungen betrifft, so müssen wir sie bis zur Erörterung dieser Gegenstände verschieben.

Preußen vermag jetzt den Abschluß der großen Unterhandlungen, welche

[2] Anlage Angeberg, I S. 509f.; Klüber, VII S. 36–38.

noch zu beendigen sind, zu beschleunigen. Die Aussicht hierauf ist an dem Tage eröffnet, wo Se. preußische Majestät den Wünschen nachgebend, welche Oesterreich mit so viel andern Mächten theilt, gemäßigten Bedingungen zustimmt, Bedingungen, welche geeigneter sind so verschiedene Ansichten zu versöhnen, als diejenigen, welche jetzt die Unterhandlungen verzögern. Keine Macht ist mit Preußen mehr befreundet, als Oesterreich, keine erkennt mehr das Recht an, welches der König, sein Volk, sein Heer sich auf Europas Dankbarkeit durch die edelste Standhaftigkeit im Unglücke und durch die ausdauerndste Begeisterung zu Gunsten der gemeinsamen Sache sich erworben haben.

In dieser Ueberzeugung und überströmend von solchen Gesinnungen erklärt sich der Kaiser mit voller Freimüthigkeit gegen den König, und kann ihm seine innige Ueberzeugung nicht bergen, daß der wahre Vortheil der preußischen Monarchie weit mehr in einer vollkommenen Uebereinstimmung zwischen den Mächten von Mitteleuropa und in der alleinigen Möglichkeit liegt, welche noch für die Gründung eines Friedenssystems durch die Ausbildung der deutschen Bundespartei übrig ist, als in einer Einverleibung des ganzen Königreichs Sachsen, welcher weder durch die Abtretung von Seiten des Königs, noch durch deren Anerkennung von Seiten der ersten Mächte Dauer verliehen werden könnte. Se. Maj. ist bereit und hat mir ausdrücklich befohlen Ew. Durchl. den rückhaltlosen Gebrauch seiner guten Dienste sowol bei Sr. Maj. dem Könige von Sachsen, als bei denjenigen Mächten anzubieten, welche sich für diese Sache ausgesprochen haben, um sobald, als möglich zu einer Verständigung zu gelangen, welche für Preußen Bewilligungen enthält, geeignet seinen Antheil zu ergänzen, und welche, mit allseitiger Genehmigung ausgestattet, außerordentlich dazu dienen würden die Unterhandlungen von Wien ihrer nahen Beendigung zuzuführen, die der Gegenstand aller Wünsche Europas ist. Wir erwarten mit wahrhafter Ungeduld die Entschlüsse, welche Ew. Durchl. mir über diese wichtigen Fragen zu übersenden die Gefälligkeit haben wird.[3]

Empfangen Sie, mein Fürst, die Versicherung meiner Hochachtung.

Fürst Metternich

[3] Vgl. Nr. 48 S. 259–264.

48. Note Hardenbergs an Metternich [1]

Enttäuschung über Metternichs Note vom 10. 12. Begründet noch einmal die preußischen Ansprüche auf Sachsen. Vorschlag für die Versorgung Friedrich Augusts von Sachsen.

Angeberg, II S. 1952–1956. Übers. d. Hrsg. aus d. Franz.

Wien, 16. Dezember 1814

Der unterzeichnete Staatskanzler Seiner Majestät des Königs von Preußen hat sich, nachdem er die Ehre hatte, mit Seiner Majestät dem Kaiser aller Reußen bezüglich der über das Schicksal des Herzogtums Warschau zu treffenden Maßnahmen eine Unterredung zu führen, beeilt, die Ergebnisse dieser Unter-

[1] Zur Entstehung der Note vgl. die Tagebucheintragungen Steins: Kaiser Alexander I. „wollte nunmehr die Unterhandlung mit Österreich unmittelbar mit dem Kaiser Franz führen und beschloß in einer Konferenz (15. Dezember) mit Czartor[yski], Kapodistrias und mir, daß Preußen ein Memoire an Österreich durch ihn übergeben lassen solle, worin es seine Bedingungen wegen Sachsen erkläre; dieses Memoire wolle er an sich nehmen und darüber [sich] mit dem Kaiser Franz unmittelbar unterhalten. Man solle zugleich ein Projekt zu einem Präliminarvertrag entwerfen, welchen die beiden Monarchen unterzeichnen würden; käme es zu form[ellen] Unterhandlungen, so würde alsdann den ostensiblen Auftrag Razumovskij oder Stackelberg erhalten. Ich riet zum ersten. Diese Konferenz war den Abend um 1/2 7. Um 3 Uhr war eine vorbereitende von Cz[artoryski], Kapodistrias und mir bei Hardenberg. Hier las dieser einen Entwurf einer Note vor, die Rußland gegeben werden sollte, worin man eine Alternative vorschlug einer Ansiedlung des Königs von Sachsen auf dem linken Rheinufer oder in der Oberlausitz. In der um 7 Uhr gehabten Konferenz des Kaisers mit dem Staatskanzler ward verabredet, daß man auf der Unzertrennbarkeit von Sachsen bestehen und dem König von Sachsen ein 6–700000 S[eelen] großes Land auf dem linken Rheinufer anweisen wolle. Hiernach ward also das Memoire, so dem Kaiser zugestellt werden sollte, abgeändert und in einer Konferenz (16. Dezember) zwischen Hard[enberg], Czart[oryski], Kapodistrias, Humboldt und mir verabredet." – Neue Stein-Ausgabe, V S. 346f. Hardenberg notierte am 16. 12. in sein Tagebuch: „Konf[erenz] um 3 Uhr mit Stein, Czartoryski, Capodistrias und Humboldt. Die Note für Alexander redigiert." Ebenda S. 347 Anm. 163. Die Note wurde Alexander I. am 20. 12. von Hardenberg übergeben; am gleichen Tag wurde sie Kaiser Franz I. durch den Zaren und Metternich durch Castlereagh mitgeteilt. Klüber, VII S. 40. Abweichend Steins Tagebuch. Neue Stein-Ausgabe, V S. 349. Castlereagh erhielt sie am 20. 12. von Hardenberg. Nr. 52 S. 273. Unserer Übersetzung liegt die Ausfertigung zugrunde, die nach Angeberg Metternich übermittelt wurde. Der dem Zaren übergebene Text weist abgesehen von den in unseren Fußnoten angegebenen Stellen nur unwesentliche Abweichungen auf. Druck: Angeberg, I S. 531–535; ferner Klüber, VII S. 40–48.

redung Fürst Metternich mitzuteilen; und um Angelegenheiten von so großer Bedeutung nicht im Unbestimmten einer mündlichen Unterredung zu lassen, glaubte er in der Verbalnote vom 2. Dezember mit ihrem Anhang[2] niederschreiben zu müssen, was er sagen konnte.

Am 10. Dezember erhielt er von Fürst Metternich dessen Antwort mit den beigefügten Tabellen.[3] Ihr Inhalt mußte ihm, was Sachsen anbetrifft, um so unerwarteter sein, da er in diametralem Widerspruch zu allen schriftlichen wie mündlichen Erklärungen steht, die bisher zwischen dem preußischen und österreichischen Kabinett ausgetauscht wurden, besonders aber zu dem Brief des Fürsten Metternich vom 22. Oktober,[4] in dem Österreich unter gewissen Bedingungen der Einverleibung ganz Sachsens in Preußen zustimmte, im Widerspruch auch zu dem an Lord Castlereagh adressierten Brief gleichen Datums, der völlig entsprechende Erklärungen enthielt.[5]

Der Unterzeichnete mußte von der veränderten Sprache des österreichischen Ministers um so mehr befremdet sein, als dieser sich bis zum letzten Augenblick und in allen Aussprachen, die er mit ihm hatte, auf den Rat beschränkt hatte, dem ehemaligen Herrscher nur ein Kernstück Sachsens zu überlassen als ein sicheres Mittel, die Angelegenheit für alle Parteien zufriedenstellend zu erledigen; dagegen möchte er jetzt vier Fünftel von Sachsen für ihn erhalten und Preußen nur lose Teilstücke zuweisen, die kaum ein Fünftel ausmachen.

Der Unterzeichnete hat sich seit dem 11. Dezember auf die Bemerkungen beschränkt, die er dem Fürsten Metternich eben dargelegt hat, und hinzugefügt, daß er sich genötigt sehe, genaue Anordnungen beim König, seinem erhabenen Herrscher, einzuholen, bevor er sich auf eine weitere Aussprache mit dem Fürsten einlasse.[6]

Seither hat Fürst Metternich erkennen lassen, daß das, was er von Sachsen angeboten hatte, keineswegs sein letztes Wort sei; daß er im Gegenteil in seinem Brief vom 10. Dezember Erwerbungen in Sachsen, welche mit der Fortdauer seiner politischen Existenz vereinbar seien, ausdrücklich als Mittel angegeben hatte, den Umfang Preußens zu vergrößern, ein Satz, der dem Unterzeichneten jedoch nicht auf die Teilstücke zuzutreffen scheint, die in den Tabellen genannt werden. Es war insbesondere notwendig, die Irrtümer richtigzustellen, welche in den dem Brief Fürst Metternichs vom 10. Dezember beigefügten Tabellen enthalten waren. Deshalb hat man das Exposé anfertigen lassen, das sich in dem beigefügten, dem österreichischen Kabinett übergebe-

[2] Angeberg, II S. 1941–1952.

[3] Nr. 47 S. 254–258.

[4] Nr. 35 S. 214–219.

[5] Angeberg, II S. 1939 f.

[6] Hardenberg an Metternich, *[Wien]*, 11. 12. 1814, Oncken, II S. 856 f.

nen Schriftstück[7] befindet und das beweist, daß man, weit davon entfernt, Preußen gemessen an dem Stand von 1805 einen Überschuß zu geben, wie die österreichische Berechnung besagt, ihm über 120000 Seelen weniger zuweist.

Was Österreich als seine Absicht bezüglich des Herzogtums Warschau erklärt, wird Seine Majestät den Kaiser in die Lage versetzen, endgültige Entschlüsse hinsichtlich des Anteils dieser Macht zu fassen. Was den Anteil Preußens anbelangt, wird der Unterzeichnete noch die Ehre haben, sich zuverlässig über die Wünsche auszulassen, die der König, sein Herr, bezüglich dieses Gegenstandes entwickelt und derentwegen er sich auf die Freundschaft und die wohlwollenden Absichten Seiner Kaiserlichen Majestät verläßt. Hier geht es hauptsächlich darum, sich, was Sachsen anbelangt, festzulegen.

Sehr triftige Gründe sprechen gegen eine Aufteilung dieses Landes: das Wohl und der Wunsch der Nation, der sich täglich laut äußert, das von Seiner Majestät dem Kaiser aller Reußen gegebene Versprechen, das Interesse Preußens und schließlich sogar das Europas. Zur Erhaltung des Gleichgewichts und der Ruhe, die man bis jetzt weise im Auge hatte, muß Preußen stark sein; es darf nicht so wiederhergestellt werden, daß es sich nicht verteidigen kann; seine geographische Lage darf es nicht nötigen, nach Vergrößerung zu streben, um den Grad von Stärke zu erreichen, der für seine Verteidigung unbedingt notwendig ist.

Die Verträge sichern ihm übrigens nicht die Anzahl von Einwohnern zu, die es 1805 hatte, ohne Berücksichtigung der Gestalt seiner Besitzungen, sondern einen in jeder Beziehung geographisch abgerundeten Staat; die Gerechtigkeit fordert für Preußen laut eine Verstärkung, die der seiner Alliierten und so vieler anderer Staaten entspricht. Wie kann dieses Ziel erreicht werden, wenn nicht mit Hilfe von ganz Sachsen?

Es erschiene darum in jeder Beziehung angemessen, dem König von Sachsen und seinen Nachfolgern anderswo eine Stellung zu verschaffen. Sein Verbleiben in Sachsen selbst bringt zu viele Unannehmlichkeiten mit sich und kann selbst für ihn nicht zufriedenstellend sein. Genauer betrachtet kann es im Gegenteil sogar sehr beschwerlich und unsicher werden. Seine Besitzungen wären immer zwischen Österreich und Preußen eingekeilt und wären den an Preußen abgetretenen benachbart; die Einwohner aber würden ihre Beziehungen zueinander voll aufrechterhalten; wie sähen die Unannehmlichkeiten und die Unzufriedenheit aus, die daraus sowohl für den Herrscher als auch für die Untertanen erwachsen würden? Es würde sich ein Herd der Intrigen und Ränke bilden, der unaufhörlich die innere Ruhe der beiden Länder bedrohen würde,

[7] Angeberg, II S. 1957–1960. Die in diesem Zusammenhang nicht verständliche Wendung „dem österreichischen Kabinett übergebenen Schriftstück“ wurde offenbar aus dem dem Zaren übermittelten Text übernommen.

ja sogar jene schöne Harmonie, die zwischen Preußen und Österreich fortbestehen soll.

Für die Schaffung der fraglichen Stellung hatte der König mit einigen unbedeutenden Einschränkungen Münster, Paderborn und Corvey mit 350 000 Seelen angeboten. Wenn das nicht genug schiene, hat der Unterzeichnete die Anweisung, einen weit beträchtlicheren Besitz, selbst das Doppelte, auf dem linken Rheinufer vorzuschlagen, der auch eine Stadt in angenehmer Lage am Rhein, die sich als Residenz eignete, einschließen könnte, ein Land in direkter Angrenzung an Frankreich, so daß dieses und Preußen nicht benachbart wären, während Luxemburg eine Festung des ganzen deutschen Bundes wäre.

In seinem Brief vom 22. Oktober stimmte Fürst Metternich im Namen seines erhabenen Herrschers unter gewissen Bedingungen der Vereinigung ganz Sachsens mit Preußen zu. Er beschränkte sich darauf, den Wunsch nach Erhaltung eines Teils dieses Königreichs, welcher an Böhmen angrenzt, für seinen ehemaligen Herrscher zu äußern. Wir haben eben dargelegt, warum es unmöglich ist, dem zu genügen; der Besitz eines ansehnlichen Gebietes mit dem gleichen Bekenntnis wie der König, welches wie das ihm auf dem linken Rheinufer zuzuweisende als Macht unmittelbar auf Baden folgen würde und dem man eine Stimme im ersten Rat des Bundes geben würde, dessen Lage kein Gegenstand ewiger Eifersucht zwischen Österreich und Preußen wäre, würde sicher in jeder Hinsicht der Erhaltung eines Teils von Sachsen, der stets weniger sicher und weniger unabhängig wäre, vorzuziehen sein.

Es sei erlaubt, die Bedingungen zu untersuchen, unter denen Seine Kaiserliche und Königliche Apostolische Majestät seine Zustimmung gegeben hat.

I. Daß diese Frage im Zusammenhang gesehen werde mit den anderen territorialen Regelungen in Deutschland, hinsichtlich derer Seine Majestät als Grundlage völliges Gleichgewicht fordert zwischen dem Einfluß, den Österreich und Preußen in Deutschland auszuüben[a] berufen wären, und zwar so, daß das österreichische und preußische Verteidigungssystem nicht unmittelbar ineinander übergreifen oder einander untergeordnet sein können, noch so, daß die Gleichheit des Schutzes und des Einflusses der beiden deutschen Großmächte aufhörte zu bestehen. Seine Majestät der Kaiser von Österreich, der die Mainlinie unter Einbeziehung von Mainz als ebenso notwendig für die Verteidigung Süddeutschlands wie für die Sicherheit seiner Monarchie ansieht, hat auf der Erhaltung des Mains in der Verteidigungslinie des Südens und auf der Mosellinie bestanden, die die zwei Gebietsteile trennen sollen, die als Ausgleichs- und Entschädigungsmittel für die Fürsten Nord- und Süddeutschlands dienen können.

[a] Statt espérer ist in Übereinstimmung mit dem dem Zaren übergebenen Text exercer zu setzen.

II. Unter dem ausdrücklichen Vorbehalt der zwischen den beiden Mächten zu treffenden Regelung der Grenzen, des Standes der Befestigung einiger Plätze, des Handels und der freien Schiffahrt auf der Elbe.

III. Seine Majestät hat auf die gegenseitige Unterstützung und eine unbedingte Übereinstimmung des österreichischen und preußischen Hofes in der polnischen Frage gezählt.

Zu 1. Was den ersten Punkt anbetrifft, stimmt Preußen völlig mit den Ansichten und Prinzipien Seiner Kaiserlichen Majestät überein. Es überläßt Österreich gern den Einfluß und die in Rede stehenden Regelungen auf dem linken Mainufer und dem rechten Moselufer, ohne in eine Diskussion darüber einzutreten, ob die Festung Mainz mehr der Verteidigungslinie Nord- oder Süddeutschlands angehört. Die Wichtigkeit, sie für das gemeinsame Vaterland zu erhalten, ist so einleuchtend, und dies ist so sehr der ausdrücklichste Wunsch der Mehrzahl seiner Fürsten, daß Preußen, welches seine Besitzungen keineswegs um diesen Ort bereichern will, ihn nur als ein Bollwerk für den gesamten Bund erhalten sehen und ihn nicht einem einzelnen Mitgliedstaat überlassen sehen möchte. Er soll von Bundestruppen bewacht und auf gemeinsame Kosten unterhalten werden.

Zu 2. Was Punkt zwei betrifft, so hat Fürst Metternich ihn mündlich so ausgelegt, daß Preußen die Verpflichtung eingehen müsse, Dresden nicht zu befestigen. Der Unterzeichnete weiß nicht, von welchem anderen Grenzpunkt oder welchem anderen Platz die Rede sein konnte, aber diese Verpflichtung, die Handelsabmachungen im gegenseitigen Interesse und die freie Schiffahrt auf der Elbe stellen kein Problem dar.

Zu 3. Was Punkt drei anbelangt, so hat Preußen Österreich soweit wie möglich in der polnischen Frage unterstützt, die man hoffentlich auf befriedigende Weise erledigt sehen wird.

[b]Nach der im selben Brief des Fürsten Metternich enthaltenen Versicherung, daß sein Herr, der Kaiser, nur einen politischen Wunsch hege, nämlich den der völligen Übereinstimmung mit Preußen in allen Ansichten und Interessen, und nach den neuen Freundschaftsversicherungen, die Seine Kaiserliche Majestät dem König in dem Brief des Fürsten vom 10. Dezember hat zukommen lassen[b], *[hofft]* der König von Preußen, daß Seine Majestät sich an die gegebene Zustimmung zur vollständigen Einverleibung des Königreichs Sachsen durch Preußen hält und daß sie dem König von Sachsen und seinen Familienmitgliedern alle Vorteile darlegen lassen wird, die sich für sie aus der Stellung ergeben, die ihnen auf dem linken Rheinufer angeboten wird; der Unterzeichnete kennt außer Bayern keine deutsche Macht, die sich gegen die völlige Vereinigung Sachsens mit Preußen ausgesprochen hätte. Damit sollte der Wille

[b] Fehlt im Text für den Zaren.

bekundet werden, sich dem Bundesvertrag nicht auf einer Grundlage anzuschließen, die man als so bedrohlich für die eigene Sicherheit betrachtet, wie es die Einverleibung eines der wichtigsten deutschen Staaten sein würde. Aber waren die Sicherheit, die Existenz Deutschlands und seiner Staaten nicht vielmehr in Gefahr durch die Hartnäckigkeit des Königs von Sachsen, bis zum letzten Augenblick der feindlichen Sache anzuhängen?

[c]Der Unterzeichnete behält sich vor, bei einer anderen Gelegenheit die Rechtsfrage bezüglich des Königs von Sachsen aufzugreifen;[8] er erlaubt sich hier nur anzumerken, daß eine Verpflanzung, wie man sie vorschlägt und die man als unerhört hinzustellen beliebt, am Ende eines Krieges oft stattgefunden hat, namentlich auch im berühmten Hause Lothringen, das sein Familienerbe abtrat und die Toskana erhielt.

Bayern hat kein Anrecht auf den Besitz der Fürstentümer Ansbach und Bayreuth, nachdem die Verträge zwischen Preußen und Frankreich durch den Frieden von Paris[9] aufgehoben worden sind. Es kann sie daher nur auf Grund eines neuen Abkommens behalten, und solange dieses nicht existiert, muß sich Preußen seine Rechte auf diese Länder vorbehalten. Bayern sollte sich deshalb als letztes der Vereinigung eines Landes mit Preußen entgegenstellen, das unentbehrlich zur Vervollständigung seines Anteils ist.

Was Frankreich betrifft, rechnet Seine Majestät der König von Preußen auf seine Hohen Verbündeten und besonders auf Österreich.[c]

In der Lage, in der Seine Majestät sich befindet, wünscht Sie einerseits brennend, auf die versöhnlichste Art und Weise zur Erhaltung des Bündnisses zwischen den alliierten Großmächten beizutragen, das so grundlegend notwendig zur Erlangung des großen Ziels ist, für das man kein Opfer gescheut hat; andererseits kann sie nicht in Abmachungen einwilligen, die nur Preußen neue ständige Opfer abverlangen, um damit so viele andere Staaten zufriedenzustellen, die keinen Anspruch besitzen, der mit seinen so schwer erworbenen Ansprüchen vergleichbar wäre; Seine Majestät ist sich voll bewußt, daß sie es ist, die so viel dazu beigetragen hat, Freiheit und Existenz aller zurückzugewinnen und ihnen die größten Vorteile zu sichern; Seine Majestät verlangt darum, was die Verträge und ihre Anstrengungen sie zu fordern berechtigen. Sie wird ihre Ansprüche bei ihren Verbündeten geltend machen, und sie vertraut besonders auf die Freundschaft Seiner Majestät des Kaisers aller Reußen, die sie schon so oft mit Erfolg erprobt hat.

Unterzeichnet: Hardenberg

[c] Wie b.

[8] Hardenberg sandte Metternich am 20. 12. 1814 eine entsprechende Denkschrift. Angeberg, I S. 553–556. Sie stimmte weitgehend mit einer Denkschrift Steins vom 3. 12. 1814 überein. Neue Stein-Ausgabe, V S. 213–217. Stein sandte sie Hardenberg am 4. 12. Ebenda, S. 217.

[9] Zusatzartikel zum preußisch-französischen Friedensvertrag. CTS, 63 S. 197.

49. Bericht Castlereaghs an Liverpool

Hardenbergs 'Depeschenverrat'. Zugeständnis des Zaren an Österreich in der polnischen Frage.

Webster, S. 257–259.

Vienna, December 17th, 1814

Although I cannot announce to you the result of our Saxon negotiation, I think it right to apprise you in a private letter of a diplomatic explosion which has taken place, since I last wrote, between Austria and Prussia, and which has been productive of very animated discussions between these Courts and the Emperor of Russia.

It arose out of Prince Metternich's answer,[1] now sent, refusing Saxony to Prussia. This exasperated the Prussians, and induced our friend Hardenberg to do a very incorrect act, to which he must have been pushed on by others, possibly with a view to his own overthrow, namely, to communicate to the Emperor of Russia parts of the confidential correspondence that had passed between himself and Prince Metternich with respect to Poland, and their concert against the views of Russia. These secret papers were accompanied with an insinuation that Austria now broke faith with Prussia upon the point of Saxony, in consequence of Prussia refusing to enter into a hostile alliance against Russia.

Upon the receipt of this intelligence the Emperor of Russia went to the Emperor of Austria and reproached him with the alleged hostile purpose. The Emperor very naturally replied that if his minister had written such a letter, it was without his knowledge, and that he must be called on to explain.

Under these circumstances Prince Metternich had no other alternative but to carry to the Emperor of Russia, in his own justification, all his own letters, leaving it to Prince Hardenberg to produce his or not, as he thought fit. The fact happens to be, that the only really objectionable letters are the Chancellor's own. Metternich's are perfectly fair diplomatic papers, avowing in very proper terms the objections of his Court to the Russian views; whereas Hardenberg, in order to escape an avowed opposition to Russia, in which he found himself disavowed, did not simply confine himself to being most unnecessarily the advocate of peace, but undertook to show that the Emperor must soon be ruined by his own politics, that in a few years his military power would become comparatively feeble, and that it was then the Allies might seize an occasion of doing themselves justice.[2]

[1] Nr. 47 S. 254–258. Zu diesem Vorgang auch Oncken, II S. 858f.; Olshausen, S. 94–96.

[2] Vgl. Hardenbergs Memorandum vom 7. 11. 1814, Nr. 41 S. 236–238; vgl. auch die Tagebucheintragungen Steins, Neue Stein-Ausgabe, V S. 344–346.

It is hardly credible that with such appendant matter he should venture to risk the communication of Metternich's replies, all of which originate in papers of his own, more or less indiscreet, and infinitely more inconsistent, particularly with the Prussian relations with Russia, than anything Metternich had written. In truth Prince Metternich's letter of the 22nd October,[3] which I have sent home, evinces a sincere desire to conciliate, and not to quarrel with Russia.

The whole, as you may imagine, made for two days a great sensation, but the result perhaps may serve to prove what I have ventured before to allege, that the climate of Russia is often the more serene after a good squall. The justificatory interview between the Emperor of Russia and Metternich was not the less stormy, from a little private note of the latter, denying, in terms not very measured, some reported insinuations of His Imperial Majesty's against his fidelity to Prussia.[4] This note was, either most ungenerously or most unaccountably, amongst the papers sent, and served not a little to exasperate. The audience terminated by His Imperial Majesty's saying he should give his answer to the Emperor in person.

The interview between the Emperors took place the following morning, and, according to the report I have received, was marked by peculiar conciliation on the part of the Emperor Alexander; a wish to settle all differences, and to be the best possible friends; regret that he could not meet the Emperor of Austria's wishes about Cracovie, which the Poles could not bear he should alienate as the tomb of their kings; but that in lieu thereof, and as proof of his regard, he would cede the circle of Tarnapol, which he had received from Austria by the Peace of Vienna.[5] This district contains a population of not less than 400,000 subjects; and although the cession will not serve Austria in point of frontier, it is certainly the most substantial proof of a disposition to treat à l'aimable which His Imperial Majesty has yet afforded. The Emperor expressed his hope that Prussia would also accommodate, and that all might be arranged.

I may be mistaken, but I cannot but infer from what has occurred that this disclosure has produced rather a salutary impression on the Emperor's mind. Had these ministers spoken as bold truths to His Imperial Majesty in their interviews as they did to each other in their letters, and had they supported me in the clear and decisive tone which their official correspondence entitled me to expect, my persuasion is that the Emperor of Russia would have come to a suitable arrangement with respect to the point of Poland, notwithstanding the embarrassment he had previously created for himself by hopes given to the Poles.

[3] Nr. 35 S. 214–219.

[4] Billett Metternichs an Hardenberg vom 7. 11. 1814. Delbrück, S. 259f.

[5] Vom 14. 10. 1809 mit Frankreich.

In this correspondence the Emperor clearly perceived that I had not been mistaken in representing to him the real feelings of his Allies; and I have no doubt that they made their impression even after the concert had failed. I am afraid, however, the disclosure will operate prejudicially on the relations between Austria and Prussia.

50. Bericht Castlereaghs an Liverpool

Österreich und Preußen regen Castlereaghs Vermittlung in der sächsischen Frage an.

Webster, S. 260f.

Nr. 35 Vienna, December 18th, 1814

I am not enabled to add anything on which I can absolutely rely relative to the negotiation. I have some reason however to believe that a new Projet, assigning to the King of Saxony an increased indemnity to the extent of eight hundred thousand subjects, but not in Saxony, has been laid before the Emperor Alexander, for his sanction, by Prince Hardenberg.[1] I have heard from another quarter, that the Prussian answer or Projet, whatever it is, was not approved by His Imperial Majesty. Baron Stein is the most earnest opponent in the Prussian councils of any modification of the Saxon point. Prince Metternich declares that nothing will induce his Emperor to give way on this subject; and as a proof that his Court is determined, he has transmitted his last note to Prince Hardenberg officially to Prince Talleyrand.[2] This is the first regular overture that has been made by Austria to France; the personal intercourse between these ministers has been considerably augmented within these few days.

The Austrian Minister having expressed a wish for my intervention on the point of Saxony, and a similar insinuation coming through Count Hardenberg on the part of Prussia, but accompanied by a doubt whether the recent conduct of that Cabinet might not indispose me to interfere, I thought it right to declare, that no feeling with respect to the past would make me refuse my intervention, if I thought I could be instrumental in bringing the parties to an amicable arrangement, however much I might desire, on personal grounds, to be as little mixed as possible with this question of Saxony; but that to afford any chance of being of use, my interference must be equally desired by the parties, and I must be previously assured, that Prussia is prepared to admit as a basis, a suitable arrangement for the King of Saxony.

[1] Vgl. Nr. 48 S. 259–264 mit Anm. 1 S. 259.

[2] Metternich an Talleyrand, 16. 12. 1814, British ... State Papers, II S. 810.

If the information above alluded to is correct, it does not appear that the Prussians are yet prepared to yield on the latter principle. If they were, with Dresden and the half of Saxony, more or less, according to local convenience, I think the King ought to be satisfied. This would place Saxony in Germany rather above what Hanover was in 1792, and a little below what Hanover and Wirtemberg will now be. If the French Revolution has inordinately raised Bavaria, there is no just reason why Saxony may not be depressed in somewhat a corresponding ration by the different operation of such convulsive causes. To maintain that some States acting with France may gain by such events, but that others should not lose, would be laying down a principle both unjust and dangerous, and throwing the losses of the struggle upon the most meritorious Houses in Germany.

51. Note Talleyrands an Metternich[1]

Talleyrand dankt für die Mitteilung der Note an Hardenberg vom 10. 12. 1814 und legt die französische Haltung zur polnischen und sächsischen Frage dar.

Archiv des Wiener Kongresses, S. 306–315 (v. Hrsg. überarbeitete u. ergänzte Übers.). Franz. Text: Angeberg, I S. 540–544; ferner Klüber, VII S. 48–56.

Wien, 19. Dezember 1814

Mein Fürst, ich habe mich bemüht, den Absichten Sr. k. k. Majestät zu entsprechen, welche das Schreiben ausdrückt, womit mich Ew. Fürstl. Gnaden beehrten, und es ist von mir die konfidentielle Note, welche Sie am 10. dieses Monats an Se. Fürstl. Gnaden den Staatskanzler Fürsten Hardenberg sandten[2] und mir officiell mittheilten,[3] Sr. königl. Majestät zur Kenntnis gebracht worden.

Um die Zufriedenheit des Königs mit den in dieser Note ausgedrückten Ent-

[1] Am 26. 12. 1814 übermittelte Talleyrand Castlereagh eine Kopie dieser Note mit einem Begleitschreiben, in dem er die Wiederherstellung Sachsens als Triumph des Prinzips der Legitimität bezeichnete. Angeberg, I S. 570 f.

[2] Nr. 47 S. 254–258.

[3] Metternich an Talleyrand, Wien, 16. 12. 1814. British . . . State Papers, II S. 810; vgl. auch Talleyrand an Ludwig XVIII., Wien, 15. 12., 20. 12. 1814. Talleyrand, Briefwechsel S. 162, 167 sowie Castlereagh an Liverpool, Wien, 25. 12. 1814: "Talleyrand's note is written for impression. He was urgent in his language to me two days since to begin with an engagement between France, Austria, and England. I told him that I thought

schlüssen zu verbürgen, genügt mir die Vergleichung derselben mit den Befehlen, welche Se. Majestät Allerhöchstdero Gesandten bei dem Kongresse ertheilt haben.

Frankreich hatte keine Absichten, von Ehrgeitz oder persönlichem Interesse geleitet, dahin zu bringen. Wieder in die Lage seiner alten Grenzen versetzt, gedachte es nicht ferner diese zu erweitern; gleich dem Meere, welches nur über sein Gestade ausbricht, wenn es durch Stürme aufgewiegelt wurde.

Seine Kriegsheere, mit Ruhm bedeckt, tragen kein Verlangen mehr nach neuen Eroberungen. Befreit von jener Unterdrückung, von welcher Frankreich weniger das Werkzeug als das Opfer gewesen, glücklich seine rechtmäßigen Regenten und mit ihnen die Ruhe wieder erlangt zu haben, welche es für stets verloren zu haben fürchten konnte, hatte es nichts zu reclamiren, keine Ansprüche, die es machen wollte. Es hat deren keine gemacht und wird deren keine machen. Doch blieb ihm der Wunsch übrig, daß das Werk der Wiederherstellung für ganz Europa, so wie für sich selbst vollendet würde, daß überall und für immer der Revoluzionsgeist schwände, daß jedes gesezmäßige Recht geheiligt würde und daß jede Ehrsucht, oder jedes ehrsüchtige Unternehmen, sowohl seine Verurteilung als ein immerwährendes Hindernis in einer ausdrücklichen Erklärung und einer förmlichen Gewährleistung jener nämlichen Prinzipien fände, von welchen die Revoluzion nur eine lange und unselige Vergessenheit gewesen. Frankreichs Wunsch muß der jedes europäischen Staates seyn, der sich nicht selbst verblendet. Ohne eine solche Ordnung der Dinge kann sich keiner einen einzigen Augenblick seiner Zukunft versichert halten.

Nie bot sich ein edlerer Zweck Europas Herrschern dar, nie that ein Resultat so noth, und nie konnte man die Erlangung desselben so sehr hoffen, als in einem Zeitpunkte, wo die gesammte Christenheit zum erstenmale berufen ward, einen Kongreß zu bilden.

Vielleicht wäre man bereits vollständig zu demselben gelangt, wenn, wie der König gehofft, der Kongreß sofort bei seiner Versammlung, indem er die Grundsätze aufstellte, den Zweck bestimmt und den einzigen Weg vorgezeichnet hätte, der zu demselben führen konnte. Ohne Zweifel würde man alsdann wohl keine Mächte sich einen Vorwand haben schaffen sehen, um zu zerstören, was nur diese Erlangung zum Zwecke haben kann. Zuverläßig, als der Vertrag vom 30. May[4] wollte, daß das letzte Resultat der Kongreßoperationen

we were already united in opinion, and that to form an alliance prematurely might augment the chances of war rather than of an amicable settlement, which I trusted was the object we all had in view. His tone was very high and hostile to Prussia. Austria is, on the contrary, as conciliatory as is consistent with the preservation of a substantive position in Saxony to the King." – Webster, S. 273.

[4] Nr. 3 S. 62f.

ein wirkliches und dauerhaftes Gleichgewicht sei, hat er nicht beabsichtigt, die Länderbezirke und Völker in einer und derselben Masse zu vermengen, um sie dann nach bestimmten Verhältnissen wieder aufzuteilen.

Er beabsichtigte, daß jede rechtmäßige Dynastie entweder erhalten oder wieder hergestellt, daß jedes gesetzmäßige Recht respektirt würde und daß die erledigten Länderbezirke, d. h. ohne Souveräne, den Grundsätzen des politischen Gleichgewichts gemäß, vertheilt werden sollten, oder was dasselbe ist, nach den Erhaltungsgrundsätzen der Rechte eines jeden Einzelnen und der Ruhe Aller. Es wäre überdies ein sehr seltsamer Irrthum, wenn man als einziges Element des Gleichgewichtes die Zahlenverhältnisse betrachten wollte, welche die politischen Artihmetiker angeben. Athen, sagt Montesquieu, besaß in seinem Inneren dieselben Streitkräfte, sowohl während es mit soviel Ruhm herrschte als auch während es mit so vieler Schmach diente. Es zählte 20000 Bürger, als es die Griechen gegen die Perser vertheidigte, als es mit Sparta um die Oberherrschaft stritt und als es Sicilien angriff; es zählte deren 20000 als Demetrius Phalerius sie zählte wie auf einem Markt auf dem man die Sklaven zählt.

Das Gleichgewicht wird also nichts weiter als ein leeres Wort seyn, wenn man nicht von jener ephemeren und täuschenden Stärke, welche die Leidenschaften erzeugen, sondern von der wahrhaften moralischen Kraft abstrahirt, die in der Tugend besteht. Im Verhältnisse aber von Volk zu Volk ist die erste Tugend Gerechtigkeit.

Durchdrungen von diesen Grundsätzen, hat der König seinen Gesandten als unabänderliche Richtschnur vorgeschrieben, vor allem zu suchen, was Recht ist, sich in keinem Falle davon zu entfernen, und aus welcher Rücksicht es auch seyn möge, nichts zu unterzeichnen, in nichts zu willigen, was ihr zuwiderlaufen möchte und in der Ordnung rechtmäßiger Kombinationen sich an diejenigen zu halten, welche am kräftigsten zur Festsetzung und Handhabung eines wahren Gleichgewichts beitragen können.

Unter allen Fragen, welche auf dem Kongresse verhandelt werden sollen, betrachtete der König als die erste, die größte, als die ausschließlichst europäische und ausser Vergleichung mit jeder andern, die von Pohlen, wenn es ihm möglich gewesen wäre, eben so sehr zu hoffen, als er es wünschte, daß ein Volk, welches durch sein Alterthum, seine Tapferkeit, seine Europen weiland erwiesenen Dienste und durch sein Unglück des Interesses aller übrigen Völker, so würdig, wieder in den Besitz seiner alten und vollständigen Unabhängigkeit gesetzt werden könnte.

Die Theilung, welche es aus der Zahl der Nazionen strich, war das Vorspiel zum Teil vielleicht die Ursache, bis zu einem gewissen Grade die Entschuldigung für die Erschütterungen, welche Europa erlitten hat. Als aber die Macht der Umstände, selbst über die edelsten und großmüthigsten Stimmungen der

Souveräne obsiegend, denen die ehemaligen pohlnischen Provinzen unterworfen sind, die Frage über Pohlens Schicksal bis auf eine bloße Theilungs- und Grenzen-Angelegenheit herabgebracht hatte, worüber die drei dabei interessirten Mächte miteinander diskutirten und an welcher, vermöge ihrer vorhergegangenen Verträge Frankreich theilnahmslos geblieben, so blieb diesem lezteren, nachdem es sich geschehenermaßen erboten, die billigsten Forderungen zu unterstützen, nur der Wunsch übrig, daß Sie zufriedengestellt würden und es selbst zu sein, wenn Sie es wären.

Die polnische Frage konnte hierauf, nicht nur für Frankreich, sondern für Europa, an sich jenen Vorzug nicht mehr haben, welchen sie in der obigen Voraussetzung gehabt hätte. Die sächsische Frage ist die wichtigste und erste von allen geworden, weil es gegenwärtig keine andere giebt, wobei die beiden Grundsätze von Rechtmäßigkeit und Gleichgewicht zugleich und in einem so hohen Grade gefährdet werden, als durch die über dieses Königreich vorhabende Verfügung.

Um diese Verfügung als rechtmäßig anzuerkennen, müßte man für wahr halten, daß über die Könige gerichtet werden könne, daß sie von dem gerichtet werden könnten, der sich ihrer Besitzungen bemächtigen will und kann, daß sie verurtheilt werden können, ohne vernommen worden zu seyn, ohne sich haben vertheidigen zu können, daß in ihre Verurtheilungen nothwendig ihre Familien und ihre Völker mit verwickelt sind, daß die Konfiszirung, welche die aufgeklärten Nazionen aus ihren Gesetzbüchern verbannt haben, im 19ten Jahrhunderte durch das allgemeine europäische Recht geheiligt sey, nach dem die Konfiszirung eines Königreichs zweifelsohne weniger widerwärtig ist als die einer einfachen Strohhütte, daß die Völker keine Rechte haben, welche von denen ihrer Souveräne unterschieden sind, und dem Viehbestand eines Bauernhofes vergleichbar sind, daß die Souveränität durch die belegte Tatsache der Eroberung verloren und erworben werden kann, daß die europäischen Nationen durch keine anderen moralischen Bande miteinander verbunden sind, als durch die, die sie mit den Inselbewohnern des australischen Ozeans verbinden, daß sie unter dem bloßen Naturrecht miteinander leben und daß dasjenige, was man als das öffentliche Recht Europas bezeichnet, es sey überhaupt oder zum Theil durch das Herkommen gebildet, welches die Stelle der unter den Nazionen Europens geltenden Gesetze vertritt, die man beständig allgemein und wechselseitig gegeneinander beobachtete, keine Vorschrift für sie sey; in einem Wort, daß für den, der der Stärkere ist, alles rechtmäßig ist.

Europa aber, dem solche Lehrsätze so vieles Unheil verursacht, so viele Thränen und Blut gekostet haben, hat nur zu theuer das Recht erkauft, sie zu verabscheuen und zu verwünschen. Sie erregen gleichen Abscheu zu Wien, Petersburg, Paris, London, Madrid und Lissabon. Die Art, wie man über das Königreich Sachsen zu verfügen gedacht hat, würde verderblich als Beispiel, es auch noch durch ihren Einfluß auf das allgemeine europäische Gleichgewicht seyn, welches in einem gegenseitigen Verhältnis zwischen den Streitkräften des angreifenden und des vertheidigenden Theiles verschiedener politischer Körper besteht. Sie würde sie auf zweifache, sehr erhebliche Weise verletzen.

1. Einmal, indem sie gegen Böhmen eine sehr starke Angriffsmacht schaft und somit die Sicherheit ganz Österreichs bedroht; denn die besondere Vertheidigungsmacht Böhmens, müßte verhältnismäßig verstärkt werden und würde es nur auf Kosten der allgemeinen Vertheidigungsmacht der östreichischen Monarchie werden können. An Oestreichs Sicherheit aber ist Europa zu viel gelegen, um nicht die besondere Besorgniß des Königs zu erregen.

2. Sodann würde, indem im Schooße des germanischen Körpers und zwar für eines seiner Mitglieder, eine gegen die Vertheidigungsmacht aller übrigen unverhältnismäßige Angriffsmacht entstünde, was jene in eine stets drohende Gefahr versetzen und zwingen müßte, auswärtige Hülfe zu suchen, die Vertheidigungsmacht aufgelößt seyn, welche nach dem allgemeinen System des europäischen Gleichgewichtes der Gesammtkörper bieten soll und die er nur durch die innere Eintracht seiner Glieder erhalten kann.

Frankreich kann wie Oestreich mit Wahrheit sagen, daß es gegen Preußen kein Gefühl von Eifersucht oder Erbitterung hegt und daß es, gerade weil es ihm ein aufrichtiges Interesse zuträgt, nicht wünschen kann, es anscheinende Vortheile erhalten zu sehen, welche, unbillig erlangt, nur gefährlich für Europa, ihm selbst früh oder spät Unheil bringen würden. Möge Preußen alles erhalten, was es rechtmäßig erhalten kann. Nicht nur wird Frankreich nicht dagegen seyn, sondern es vielmehr am Ersten gut heißen, daß nicht mehr die Rede von dem sey, was der König von Preußen von Sachsen dem Könige von Sachsen abtreten wird; was eine Umkehrung jeglicher Vorstellung von Gerechtigkeit und Vernunft ist. Wenn aber die Frage ist, was der König von Sachsen dem Könige von Preußen von Sachsen abtreten soll und wenn, um Preußen vollständiger eine Existenz wieder zu geben, die jener von 1805 gleich kommt, Abtretungen von Seiten des Königs von Sachsen nothwendig sind, so wird der König von Frankreich am ersten diesen Fürsten zu solchen zu vermögen suchen, welche die Interessen Oestreichs und Deutschlands gestatten können und welche in diesem Punkte das allgemeine Interesse Europens bilden.

Eure Fürstl. Gnaden scheinen mir das richtige Größen-Maaß in den desfallsigen Tabellen angegeben zu haben, welche Ihrer Note beigefügt waren. Se. königl. Majestät unabänderlich dahin entschieden, selbst nicht durch Ihr Schweigen die Ausführung von Plänen zu sanktioniren, die gegen den König von Sachsen und das Königreich Sachsen entworfen werden, sondern gerne der Meinung, daß diese Pläne Züge irgend eines Irrthums, oder einer Täuschung sind, welche bei einer genaueren Prüfung schwinden werden, voll Vertrauen zur persönlichen Redlichkeit und Gesinnungen Sr. Majestät des Königs von

Preussen, der auch das Unglück gekannt hat – im Bewußtsein alles dessen, was der Einfluß Sr. Majestät des Kaisers von Rußland vermag und was man berechtigt ist, von allen den edeln Eigenschaften zu erwarten, die ihn auszeichnen, – überzeugt endlich, daß man nie an einer gerechten Sache verzweifeln müsse, verzweifelt Sie nicht an der von Sachsen. Sie wird noch minder an derselben verzweifeln, indem Sie vernimmt, daß Se. Majestät der Kaiser von Oesterreich, mittelst eines Seiner würdigen Entschlusses, deren Vertheidigung laut übernommen und erklärt hat, daß er sie nie verlassen werde.

(Unterz.) Fürst v. Talleyrand

52. Bericht Castlereaghs an Liverpool

England tritt nunmehr für die Teilung Sachsens ein.

Webster, S. 268–271.

Nr. 38 Vienna, December 24th, 1814

I stated to Your Lordship in my despatch No. 35[1] the desire which had been evidenced directly by Austria, and indirectly by Prussia, for my intervention on the Saxon point, and the language I had held upon this subject.

The following day Prince Czartoriski, who although not in any official situation, appears now the actual Russian minister, at least on Polish and Saxon questions, desired to call on me. He did not profess to come in the Emperor's name nor did I wish to impede any object he might have in conferring with me, by endeavouring to give his visit a more formal character than he chose to clothe it with. The object of his conversation was to ascertain the sentiments of my court upon the Saxon question, and to consider how we could best escape from the difficulties in which we were placed.

I explained to him, without reserve, the reasons which made it my duty to express a modification on the part of Prussia, of the Saxon question, as the only means that could now lead to an arrangement, to which all the great Powers would be parties.

The following day, Prince Hardenberg desired to see me, for the purpose of communicating to me his memoir,[2] und to express a wish, after our separate interview was closed, that I would allow him to have a conference with me in Prince Czartoriski and Baron Stein's presence, to all of which I agreed; at the

[1] Nr. 50 S. 267f.

[2] Nr. 48 S. 259–264.

latter conversation Baron Humboldt also assisted.[3] The object of this conference seemed to be, to ascertain how far I could be prevailed on to support the proposed establishment of the King of Saxony beyond the Rhine, in favour of which they urged all the reasons arising from the evil of dividing that country, and the discontent and intrigues to which it would hereafter give occasion; the necessity of the whole of Saxony to give solidity to Prussia, and the hardship, after all their hopes, of depriving them of this possession.

To this I opposed the impossibility of procuring the acquiescence necessary to render such an arrangement really beneficial to Prussia. The King clearly would not relinquish his rights for such an establishment as was proposed. France certainly would neither encourage him to do so, nor recognise the possession in Prussia to his prejudice. Austria would be as little disposed to force upon the King of Saxony an arrangement, which would work a particular injury to herself; and with respect to Great Britain, although I had never held the rights of the King of Saxony to be paramount to the interests of Europe in the larger sense, nor yet to be the just re-construction, according to her Treaties, of Prussia, yet that under all the circumstances of the present case, I could not admit a necessity sufficiently strong to exist, as to justify the adoption of so harsh and strong a measure as the total incorporation of Saxony in opposition to the prevailing sentiment of Germany, not less so, as I believed, of Great Britain, and the declared opposition of some of the most preponderating Powers in Europe.

That I could the less do so as my conviction was, that Prussia would not gain real strength by such an unpopular measure, even if acquiesced in, whereas, if it led to war, it was unnecessary to argue the impolicy of an act, which might have the effect of bringing a French army into Germany to assail, and a Russian army to defend, Prussia.

That it was true that Prussia had lost considerably of the solidity of her Empire on the side of Poland (for which however Great Britain was not responsible); but that, on the other hand, if she should acquire a considerable proportion of the Northern parts of Saxony, including the fortresses of Wittenberg and Torgau on the Elbe, together with nearly the two Lusaces, and further obtain a full equivalant in Germany for her Polish subjects, it appeared to me that, upon the whole, the construction of her monarchy would be improved.

This discussion lasted nearly two hours, during which time I had to sustain the united efforts of those present, to convert me, and to impeach the conduct which Austria had pursued. It ended, however, in my contributing, as far as the weight of the British Government could operate, to produce more temper-

[3] Zu dieser Besprechung am 20. 12. vgl. Steins Tagebuch, Neue Stein-Ausgabe, V S. 348f.

ate councils on the part of Prussia, and in making the Russians more correctly appreciate the course that had been pursued towards Prussia; I added that whatever opposition I had given to the Polish arrangement, and although I must still reserve to myself the right to protest against that measure, yet that being once acquiesced in by the Powers most interested, I should be found not the less desirous to promote a conciliatory settlement on other points. Having reason to believe that nothing passed in this interview to abate the desire that I should interfere to promote a settlement, I addressed the Memorandum of which I enclose a copy,[4] to the three Allied ministers communicating it also to Prince Talleyrand. My object in doing so was twofold, first to put an end to the existing discordance as to facts, and secondly that we might be enabled to specify to Prussia more precisely than has hitherto been done, how she was to be re-constructed, before we called upon Prince Hardenberg formally to accede to the principle of abdicating a part of Saxony. Prince Talleyrand having made it a request that a French Plenipotentiary should attend this commission, his wishes have been complied with.[5]

The commissioners met to-day–vizt.: Lord Clancarty, Baron Wessenberg, Duc d'Alberg, Count Münster, and Messrs. Hoffman and Jourdan for Russia and Prussia, and proceeded with their enquiry. I shall press the conclusion of their labours as the only means of correctly estimating either our means or the claims upon them.

The Austrian note,[6] which I enclose, has, for the present, I think, injudiciously narrowed the scope of their inquiry. This, however, can be corrected, and I augur favourably, both of the result, and of the temper in the Russian councils, which has induced an acquiescence in this appointment.

If I might venture an opinion, it would be, that the probabilities of an amicable arrangement are within these few days considerably increased.

[4] Undatiertes Memorandum Castlereaghs, das die Errichtung einer statistischen Kommission vorschlägt. Druck: Webster, Congress S. 186; vgl. auch ebenda S. 92, 109f.

[5] Vgl. Bericht Talleyrands an Ludwig XVIII. vom 28. 12. 1814. Talleyrand, Briefwechsel S. 175f.

[6] Metternichs Vorschlag einer Instruktion für die statistische Kommission vom 24. 12., Angeberg, I S. 561f.

53. Bericht Castlereaghs an Liverpool

Berichtet über die Viermächtekonferenz vom 29. 12. 1814.[1] *Castlereagh möchte wie Metternich Frankreich an den Beratungen über Sachsen teilnehmen lassen. Widerstand Preußens und Rußlands.*

Webster, S. 276f.

Nr. 43 Vienna, January 1st, 1815

In conformity to the information contained in my despatch No. 38,[2] of Count Razumoffski's nomination to negotiate, and the wish that prevailed with respect to my bearing a part in these negotiations, the accompanying correspondence[3] has taken place.

Before I gave my consent to be present, I thought it right to have an explanatory interview with Count Razumoffski and Prince Hardenberg for two objects. The first was to desire that it might be understood, that by assisting at the arrangement of the details of the intended Polish measure, I was not to be considered as altering or withdrawing any part of the opposition I had felt it my duty to give to the principle of that measure on behalf of my Court, that, with this reserve however, I was perfectly ready to contribute, as far as lay in my power, to render the arrangement as little exceptionable as possible in its minor provisions.

The second point which I desired to press was that France might be invited to take a part in the Saxon negotiations, not to the abandonment of confidential discussion between the Powers that had been allied in the war, but that the former Power might not feel that she was deliberately excluded from the consideration of a question on which she had professed to take so strong an interest.

After this business was concluded there was much general discussion on the point of Saxony–the Prussian Ministers adhering tenaciously to the principle of total incorporation, but declaring their willingness to consider any other Projet that might be brought forward for adequately re-constructing Prussia under her Treaties.

To this it was replied by the Austrian and English Plenipotentiaries, that although they were of opinion that the means existed of fulfilling their engagements to Prussia, without divesting the King of Saxony of the whole of his dominions, yet that until France was combined in the negotiation, we had not

[1] Über diese Konferenz auch Steins Tagebuch Nr. 58 S. 284–286.

[2] Nr. 52 S. 273–275.

[3] Noten zur Vorbereitung der Viermächtekonferenz vom 29. 12. 1814, Protokoll mit Anlagen bei Angeberg, II S. 1858–1869.

the means of concerting a counter projet, which, by uniting the appui necessary, might induce the King of Saxony to cede what was required, that Prince Talleyrand would not concert modifications with us in our individual capacity, and that to postpone communicating with him till the four Powers had come to a previous decision, was calculated to provoke opposition, instead of conciliating the important Power he represented, to assist in settling à l'aimable, a question upon which we were unfortunately divided in opinion.

It was urged by the two other Powers, but principally by Prussia, that France had no right to take umbrage, if the point was previously negotiated amongst the Allies, whose Treaties bound them to reconstruct Prussia upon a principle agreed upon, to which engagement France was no party. This distinction was argued to be by no means founded, as the first secret article of the Peace of Paris,[4] by recognising "les bases arrêtées entre elles" rendered the Treaty of Kalisch,[5] which established the rights of Prussia as binding upon France as upon any of the other Powers. After some further discussion the point was taken ad referendum, and the Russian and Prussian Ministers, who appear to act completely in concert, promised at the next meeting, which is fixed for Monday, to communicate the decision of their Courts.

54. Bericht Castlereaghs an Liverpool

Berichtet über die Viermächtekonferenz vom 30. 12. 1814. Drohende Haltung Preußens. Tripelallianz.

Webster, S. 277f.

Nr. 44 Vienna, January 1st, 1815

Although I have had strong reason to hope that a disposition existed in the Prussian Cabinet to accommodate on the Saxon point, should a liberal offer be made them, yet there are indications which justify the utmost vigilance with respect to their ultimate policy.

The language of their entourés is very warlike, and strongly against yielding any part of Saxony, Baron Humboldt's particularly so. His reasoning yesterday in our conference,[1] which he attends as one of the Prussian Plenipotentiaries, went every length, but that of refusing to discuss such alternatives as might be proposed. They are organising their army for the field, and, I have

[4] Nr. 3 S. 62.

[5] Nr. 12 S. 107f. Anm. 3.

[1] Gemeint ist die Konferenz vom 30. 12. 1814. Protokoll mit Anlagen bei Angeberg, II S. 1869–1874.

heard to-day, are employed in fortifying Dresden. This may be all menace to sustain their negotiation, but they may also meditate some sudden effort, in conjunction with Russia to coerce Austria, and place themselves in a situation to dictate their own terms on all other points – the conduct of their employés on the left bank of the Rhine has been extremely vexatious of late towards the Prince of Orange's Government, and no attention has yet been paid here to any of their reclamations.

These indications have attracted the more seriously my attention, from a declaration incidentally made by Prince Hardenberg in yesterday's conference, that should Prussia continue to consider the annexation of the whole of Saxony necessary to her re-construction, she could not, in point of expense, submit to remain in a state of provisional occupation, and that Russia and Prussia would, in such a case, consider a refusal to acknowledge, as tantamount to a declaration of war.

I took occasion to protest in the strongest terms against this principle as a most alarming and unheard-of menace; that it should be competent for one Power to invade another, and by force to compel a recognition which was founded upon no Treaty, and where no attempt had been made to disturb the possession of the invading Power in the territory to which he laid claim. That such an insinuation might operate upon a Power trembling for its existence, but must have the contrary effect upon all that were alive to their own dignity; and I added that if such a temper really prevailed, we were not deliberating in a state of independence, and it were better to break up the Congress.

This unguarded declaration was afterwards softened down, and, to a degree, explained away; but it has not failed, coupled with other expressions used in private, to create a strong sensation and alarm, that if Prussia should not ultimately yield, she will attempt, as is the practice of her Government in lesser concerns, some bold and desperate coup to deliver herself suddenly from the embarrassments of a protracted state of armament and questioned occupation.

This sort of principle, openly announced in a formal conference in the name of two great Powers avowedly ready to act, has appeared to us to call for some precautionary corrective by which the other Powers may be induced to feel that, in the discharge of their functions in Congress, they are not exposed individually and in detail to the destructive effects of such a domineering dictation.

Under these circumstances I have felt it an act of imperative duty to concert with the French and Austrian Plenipotentiaries a Treaty of Defensive Alliance, confined within the strict necessity of this most extraordinary case.[2] Without

[2] Geheimer Defensivvertrag zwischen Österreich, Frankreich und Großbritannien vom 3. 1. 1815. CTS, 63 S. 435–440. Zur Deutung Griewank, Wiener Kongreß S. 248f.; Dökert, S. 113–120.

some such bond, I feel that our deliberations here are at an end; and although I flatter myself that the necessity will never arise for acting upon these engagements, yet, after what has passed, I should not consider myself justified in leaving either our common councils here, or the great interests we have at stake in other quarters, at the mercy of states promulgating such principles, without providing for them in time the best protection in my power.

I indulge the confident hope that my conduct upon this occasion may appear to the Prince Regent and his Government to have been justified by the circumstances of the case, and the exigency of the occasion.

55. Bericht Castlereaghs an Liverpool (Auszug)

Rechtfertigt den Vertragsschluß mit Österreich und Frankreich.

Webster, S. 280.

Vienna, January 2nd, 1815

Our conference this morning was postponed till to-morrow. I understand they mean to give way upon the point of admitting France. I had an opportunity, in a private conversation with Baron Humboldt, of re-enforcing what I stated in conference upon Hardenberg's menace.[1] I told him he may rely upon it that it was a pretension Great Britain would resist with her whole Power and resources, and that every man in Parliament, of whatever party, would support the government in doing so. I thought it material above all things to extinguish, if possible, this project of a coup de main, as Prussia will treat about Saxony rather than remain armed and inactive. I believe they are shaken by the tone in which their menace has been met. [. . .]

I hope you will not think my Treaty[2] an improvident one. It pledges you absolutely to nothing beyond the value in money at which the force is calculated, whilst it puts Holland, etc., under, I trust, a friendly protection. Should the case on which the Treaty is founded ever, for the disgrace of the times, arise, it is quite out of the question that we should remain quiet spectators; and I know no mode in which more could have been secured and more effectually, and by which we could have remained more completely masters of the species of exertion in which we may think it wise to engage, the principle on which is such as could create no difficulty in Parliament, whilst it may save Austria, and consequently the Continent. Pray expedite the ratification.

[1] Vgl. Nr. 54 S. 278.
[2] Vgl. Nr. 54 S. 278 Anm. 2.

56. Bericht Castlereaghs an Liverpool

Berichtet über die Viermächtekonferenz vom 3. 1. 1815. Preußen ist zur Zulassung Frankreichs bereit.

Webster, S. 280f.

Nr. 48 Vienna, January 3rd, 1815

Our third conference took place this forenoon.[1] It was principally occupied in the detail of Polish affairs–Prince Metternich presented a counter-projet, copy of which will be forwarded by the next messenger, varying rather the form than the substance of the Russian projet.[2] This counter-projet was taken ad referendum and is not likely to create any difficulty.

At the close of our sitting a renewed attempt was made by the Russian and Prussian ministers indirectly to exclude France from our Saxon negotiations by desiring that her introduction might be delayed till we had first discussed and agreed upon the point amongst ourselves. This being opposed, and upon Prince Metternich and myself declaring peremptorily that we would not negotiate in the absence of the French minister, the Russian and Prussian ministers again desired to receive the orders of their sovereigns upon the point.

Since the breaking up of our conference, Prince Hardenberg has positively assured me that he will to-morrow recommend the immediate introduction of the French Plenipotentiary, I consider this as decisive that we shall have no more difficulty on this most essential point.[3]

[1] Protokoll mit Anlage (österreichisches Gegenprojekt) bei Angeberg, II S. 1874–1877.

[2] Vorgelegt in der Sitzung vom 30. 12. 1814, ebenda S. 1869–1874.

[3] Vgl. Nr. 58 S. 288.

57. Bericht Talleyrands an Ludwig XVIII. (Auszug)

Berichtet über Vorgeschichte und Abschluß der Tripelallianz vom 3. 1. 1815.

Talleyrand, Briefwechsel S. 184–187, hier S. 185–187. Franz. Text: Talleyrand, Correspondance S. 207–214, hier S. 209–214.

Nr. 19 Wien, 4. Januar 1815

[...]

Diese glückliche Nachricht[1] war nur der Vorläufer eines noch weit glücklichern Ereignisses.

Der Geist der Coalition und die Coalition selbst hatten den Pariser Frieden überdauert. Meine Berichte bis zum heutigen Tage haben Ew. Majestät vielfältige Beweise dafür gegeben. Wären die Entwürfe, die ich bei meiner Ankunft hier vorfand, verwirklicht worden, so hätte Frankreich ein halbes Jahrhundert lang allein in Europa dagestanden, ohne irgendeine gute Verbindung. Alle meine Anstrengungen gingen darauf aus, einem solchen Unglück vorzubeugen; aber auch in meinen kühnsten Hoffnungen schmeichelte ich mir nicht, das vollständig erreichen zu können.

Heute, Sire, ist die Coalition aufgelöst, und sie ist es für immer. Nicht allein ist Frankreich nicht mehr isolirt in Europa, sondern Ew. Majestät haben schon ein Bundessystem, wie man es kaum als Ergebnis der Unterhandlungen eines halben Jahrhunderts hätte erwarten dürfen. Sie sind im Einverständnis mit zwei Großmächten, mit drei Staaten zweiten Ranges und bald mit allen den Staaten, die nicht revolutionäre Grundsätze und Maximen befolgen. Sie werden in Wahrheit das Haupt und die Seele dieses Bundes sein, der die Grundsätze vertheidigen soll, die Sie zuerst verkündigt haben.

Eine so große und so glückliche Wendung kann nur dem Schutze der Vorsehung zugeschrieben werden, die sich durch die Zurückführung Ew. Majestät so sichtbar gezeigt hat.

Nächst Gott sind die wirkenden Ursachen dieser Wandlung gewesen:

Meine Schreiben an Metternich und Castlereagh und der Eindruck, den sie hervorgebracht haben.[2]

Die Andeutungen, die ich in der Unterredung, von der mein letztes Schrei-

[1] Vom Frieden von Gent vom 24. 12. 1814 zwischen England und den USA, CTS, 63 S. 422–430.

[2] Nr. 51 S. 268–273 und Note Talleyrands an Castlereagh, Wien, 26. 12. 1814, Angeberg, I S. 570f.

ben an Ew. Majestät[3] berichtet, dem Lord Castlereagh über eine Vereinbarung mit Frankreich gemacht hatte.

Meine Sorge für Beschwichtigung seines Mistrauens, indem ich im Namen Frankreichs die größte Uneigennützigkeit zeigte.

Der Friede mit Amerika, der ihm alle Besorgnis von jener Seite nahm, ihm mehr Freiheit zu handeln und mehr Muth verlieh.

Endlich die Ansprüche Rußlands und Preußens, die in dem russischen Entwurfe, von dem ich mich beehre eine Abschrift beizufügen, enthalten sind, und besonders der Ton, in dem diese Ansprüche in einer Conferenz zwischen ihren Bevollmächtigten und denen Oesterreichs vorgetragen und vertheidigt wurden.[4] Der anmaßende Ton, der in diesem unziemlichen und verworrenen Schriftstück angeschlagen wird, hatte Lord Castlereagh so sehr verletzt, daß ihn seine gewöhnliche Ruhe verließ und er erklärte, daß die Russen Gesetze vorschreiben wollten, daß aber England sich das von niemand gefallen lasse.

Alle diese Vorfälle hatten ihn in eine günstige Stimmung versetzt, die ich benutzte, um auf die Vereinbarung zu dringen, von der ich seit langer Zeit mit ihm gesprochen hatte. Er gerieth so weit in Feuer, daß er mir selbst vorschlug, seine Gedanken darüber zu Papier zu bringen. Am Tage nach dieser Unterredung besuchte er mich, und ich war angenehm überrascht, als ich sah, daß er seine Gedanken in die Form von Artikeln gebracht hatte. Ich hatte ihn bisher wenig an Lobsprüche gewöhnt, was ihn um so empfänglicher für die Schmeicheleien machte, die ich ihm über seinen Entwurf sagte. Er sprach die Bitte aus, daß Metternich und ich denselben mit Aufmerksamkeit lesen möchten. Wir trafen Abrede für den Abend, wo wir noch einige leichte Aenderungen an dem Wortlaut machten und dann den Entwurf in Form einer Convention annahmen. Bei einigen Artikeln hätte der Wortlaut sorgfältiger sein können; aber mit Leuten von so schwachem Charakter mußte man eilen, zum Abschluß zu kommen: wir haben die Convention heute Nacht unterzeichnet. Ich beeile mich, sie Ew. Majestät zu übersenden.[5] Sie hatten mich durch Ihre Schreiben im allgemeinen und durch die besondern Weisungen vom 25. October[6] noch ausdrücklich ermächtigt, Oesterreich und Baiern Ihre thatkräftigste Mitwirkung zu versprechen und demgemäß zu Gunsten dieser beiden Mächte die Hülfe vertragsmäßig festzustellen, welche durch die ihnen im Falle eines Krieges gegenüberstehenden Streitkräfte wahrscheinlich nothwendig würde. Sie

[3] Bericht Talleyrands vom 28. 12. 1814. Talleyrand, Briefwechsel S. 175 f.

[4] Protokoll der Viermächtekonferenz vom 30. 12. 1814. In der Anlage der russische Entwurf. Angeberg, II S. 1869–1875.

[5] Nr. 54 S. 278 Anm. 2.

[6] Zusatzinstruktion Ludwigs XVIII. für seine Gesandten beim Wiener Kongreß. Talleyrand, Memoiren II S. 198 f.

hatten mich dazu ermächtigt, selbst unter der Voraussetzung, daß England neutral bliebe; heute wird England mitwirkender Theil und mit ihm Holland und Hannover; Frankreich gewinnt dadurch eine herrliche Stellung.

Da General Dupont mir am 9. November schrieb, daß Ew. Majestät am 1. Januar 180000 Mann zur Verfügung hätten und am 1. März 100000 Mann mehr, ohne eine neue Aushebung vorzunehmen, so habe ich geglaubt, daß eine Hülfstruppe von 150000 Mann unbedenklich zugesagt werden könne; da England sich zur Stellung der nämlichen Truppenzahl verpflichtet, so konnte Frankreich hierin nicht hinter ihm zurückbleiben. Da die Vereinbarung nur zur Vertheidigung geschlossen ist, so brauchen die Hülfstruppen nur im Falle eines Angriffs gestellt zu werden, und es ist sehr stark zu glauben, daß Rußland und Preußen es daraufhin nicht werden wagen wollen.

Da dieser Fall aber immerhin eintreten und dadurch eine Militärconvention nothwendig werden kann, so bitte ich Ew. Majestät, anzuordnen, daß General Ricard zu meiner Unterstützung hierher geschickt werde. Er genießt das Vertrauen des Marschalls Soult. Da er lange Zeit in Polen und besonders in Warschau gewesen ist, so besitzt er eine Ortskenntniß, die für derartige Abmachungen sehr nützlich werden kann; überdies hat man mir sein Verdienst und seine Geschicklichkeit nicht wenig gerühmt, sodaß ich ihn jedem andern vorziehe. Allein es ist nothwendig, daß er incognito herkommt, und daß der Kriegsminister, indem er ihm die nöthigen Documente einhändigt, ihm das tiefste Geheimniß anempfehle. Nach dem, was ich von ihm höre, ist er ein wohlerzogener Mensch, dem Ew. Majestät, wenn Sie es für passend halten, Ihre Befehle unmittelbar geben könnten.

Ich bitte Ew. Majestät, gnädigst zu befehlen, daß die Ratificationen der Convention so schnell als möglich ausgefertigt und mir zugeschickt werden.[7] Ew. Majestät werden es sicher für nöthig halten, dem Grafen Jaucourt zu empfehlen, für diese Arbeit nur Männer von der erprobtesten Verschwiegenheit zu verwenden.

Da Oesterreich heute keinen Kurier nach Paris schicken will, um nicht Verdacht zu erwecken, aber doch seinen Vertreter von der Convention in Kenntniß setzen möchte, so wünscht es, daß Jaucourt dieselbe dem Herrn von Vincent zu lesen gebe und ihm gleichzeitig die strengste Geheimhaltung anempfehle.[8]

[7] Am 21. Januar 1815 schreibt Talleyrand an das Ministerium: „Der Kurier Augustin, der die Originalinstrumente des Vertrags vom 3. Januar nach Paris gebracht hatte, ist hier [in Wien] am 19. mit den Ratificationen wieder eingetroffen." *[Aus d. Druckvorlage.]*

[8] Am 13. Februar 1815 schreibt Jaucourt an Talleyrand: „Baron Vincent hat mich gestern auf einem Diner bei dem dänischen Botschafter benachrichtigt, daß er heute zu mir

Ew. Majestät werden dann, denke ich, die Sammlung aller der Schriftstücke, die ich bis jetzt die Ehre hatte, Ihnen zu übersenden, mit diesen beiden Schriftstücken vermehren.

Der Zweck unserer Vereinbarung ist, die Bestimmungen des Pariser Vertrages in einer Weise zu vervollständigen, die dem wahren Geist desselben und dem allgemeinen Interesse Europas am entsprechendsten ist. Käme jedoch der Krieg wirklich zum Ausbruch, so könnte man ihm ein Ziel geben, welches den Erfolg desselben fast unfehlbar machen und Europa unberechenbare Vortheile verschaffen würde.

In einem so edeln Kriege würde Frankreich vollends die Achtung und das Vertrauen aller Völker wieder erwerben, eine Erwerbung, die mehr werth ist, als die einer oder mehrerer Provinzen, deren Besitz es glücklicherweise weder zu seiner wirklichen Macht noch zu seinem Wohlstand bedarf.

58. Aus Steins Tagebuch während des Wiener Kongresses

Aufzeichnungen über die Konferenzen der vier Mächte vom 29. 12. 1814 bis 9. 1. 1815. Die sächsische Frage und die Zulassung Frankreichs zu den Konferenzen.

Neue Stein-Ausgabe, V S. 351–357.

[Wien,] 29. Dezember 1814 – 9. Januar 1815

Indem Fürst Metternich auf einer Seite sich mit Frankreich zu verständigen trachtete, so suchte er auf der andern, Preußen zu isolieren und die Unterhandlung mit Razumovskij von der mit Hardenberg zu trennen. Dieses gelang ihm nicht. Die Unterhandlung wurde sowohl in Ansehung der Gegenstände als der Gemeinschaft und Gleichzeitigkeit der Konferenzen innigst verbunden, und den 29. Dezember[1] die ersten Konferenzen zwischen Razumovskij, Kapodistrias, Hardenberg, Humboldt und Metternich, Wessenberg, Castlereagh begonnen.[2] Hardenberg hatte die Zulassung Castlereaghs vorgeschlagen, um

kommen werde, um den Vertrag zu lesen. Ich vermuthe, daß Butjakin etwas argwöhnt, denn er hat mich ebenso wie den Baron Vincent viel angesehen, beobachtet, ausgehorcht." *[Aus d. Druckvorlage.]*

[1] Ergänzend hierzu die Tagebucheintragungen Hardenbergs (Anm. 180 der Druckvorlage; hier in Übers. d. Hrsg. aus d. Franz.): 24. 12.: „Stein und Wallmoden zum Essen bei mir", 26. 12.: „Konferenz mit Czartoryski, Stein, Razumowsky", 27. 12.: „Konf[erenz] mit Stein, Razumowsky; die Note [Hardenbergs an Metternich] für die Konf[erenz] des 29. [12.] abgefaßt". (Druck der Note bei Angeberg, II S. 1863–1869).

[2] Vgl. Griewank, Wiener Kongreß S. 246–248.

zu verhindern, daß er nicht einseitig von Metternich influenziert werde, und aus Vertrauen zu seiner Liebe zum Frieden. Er hatte Castlereagh (28. Dezember) sein Memoire[3] vorgelesen, der seine Zufriedenheit mit der Stellung der Frage, der Entwicklung der Gründe äußerte und antrug, man möchte Talleyrand mit zuziehen.[4] Man beschloß aber in einer vorläufigen Zusammenkunft (d. 29. Dezember), dieses in Beziehung auf den geheimen Artikel des Pariser Friedens abzulehnen, nach dessen Inhalt die vier Alliierten sich vorbehielten, über die von Frankreich entrissenen Länder allein zu disponieren.[5] In diesem Artikel hatte man über die Besitzungen, so Österreich und Sardinien in Italien und der Prinz von Oranien in Belgien und an der Maas erhalten sollten, [disponiert]; das russische und preußische Interesse war aber ganz übergangen, die Frage von Sachsen und Polen unberührt und sie auf diese Art so gestellt, daß es ganz von Österreich und England abhing, seine Einwilligung zu erteilen oder sie zu verweigern und im letzteren Fall Preußen und Rußland zum Krieg zu nötigen. Das gutmütige Vertrauen des St[aats]kanzlers in Castlereagh und Metternich, die Falschheit Nesselrodes und seine Ergebenheit in den Willen Metternichs brachten die Sache in eine solche Lage, die durch das politische Wiederaufleben Frankreichs noch mehr verschlimmert wurde und die, sie mag sich entwickeln, wie sie will, zwischen Preußen und Österreich die alte Abneigung und Bitterkeit wiederherstellt und der Ruhe und Sicherheit Deutschlands äußerst nachteilig ist. Man behauptet zwar, der Kaiser habe die polnische Angelegenheit in Paris nicht verhandeln wollen. Er hätte aber immer die sächsische vornehmen können, und dann war es leicht, ihm zu beweisen, daß die Umstände günstiger für ihn im Mai waren, als sie es später sein konnten, weil hier der Eindruck, den die Ereignisse gelassen, noch lebhaft, alle gemeinen Absichten noch nicht wiederaufgelebt, die italienischen und belgischen Sachen noch nicht abgeschlossen waren und als ein Mittel der Unterhandlung gebraucht werden konnten; endlich war er gerüstet, hatte eine starke Reservearmee auf der Weichsel, und Frankreich war noch in einem Zustand von Ohnmacht und Betäubung.

Die Konferenz d. d. 29. Dezember a. c. lief mit vorbereitenden Unterhandlungen ab.[6] Graf Razumovskij eröffnete sie. Fürst Metternich fing einen Vortrag an über die verschiedenen Naturen der abzuhandelnden Frage, erklärte die sächsische für eine europäische, die mit Zustimmung aller größeren Mächte und der des Königs von Sachsen müsse entschieden werden. Fürst Hardenberg forderte ihn auf, bestimmt zu sagen, ob er Befehl von seinem Kai-

[3] Vom 29. 12. (s. Anm. 1).
[4] Vgl. Nr. 53 S. 276f.
[5] Nr. 3 S. 62.
[6] Protokolle bei Angeberg, II S. 1858–1860.

ser habe, die Einwilligung des Königs als wesentlich vorauszusetzen; in diesem Fall müsse er jede Unterhandlung für heute abbrechen und zuerst die Befehle seines Herrn abfordern. Fürst Metternich berief sich auf die Zustimmung der Engländer zu dieser Meinung. Lord [Castlereagh] erklärte aber bestimmt, er werde alle gemäßigten und vernünftigen Vorschläge Preußens unterstützen, wenn sie ihm als solche erschienen, und qu'il ne consentirait jamais à laisser le roi de Saxe maître de la question. Man legte alsdann die Frage dem Fürsten Metternich vor, ob er glaube, daß Preußen ein Recht habe, die Wieder[her]stellung des Zustandes anno 1806 zu fordern, die er bejahte. Die andere, ob der von Preußen vorgelegte Plan, diesen Zweck zu erreichen, [seinen Beifall habe,] verneinte er, und die Aufforderung, einen anderen zu entwerfen, lehnte er ab, lud die russ[ischen] Minister dazu ein, die erklärten, nur verpflichtet zu sein, Preußens billige Forderungen zu unterstützen. Metternich frug hierauf, ob eine besondere Allianz zwischen Rußland und Preußen subsistiere, welches der Wahrheit gemäß verneint und geäußert wurde, wie keine andere vorhanden sei als die allgemeine, welche alle Alliierten vereinige.

Castlereagh und Metternich schlugen vor, die Franzosen zur Teilnahme an der Unterhandlung zu laden, dem die beiden [anderen] Gesandten auf Grund des article secret des Pariser Friedens widersprachen. Metternich begehrte die Versetzung des K[önigs] von Sachsen an einen dritten Ort, welches man ablehnte.

Der Kaiser wies Alopaeus an, unter der Hand in Berlin mit dem König[7] zu unterhandeln, die Annahme jedes Fragments von Sachsen abzulehnen und wo möglich ihn dahin zu bringen, in seine Versetzung auf das linke Rheinufer zu willigen. Man bemerkte ihm, wie der König von zwei Parteien umgeben sei, der sächsischen, die das Wohl ihres Vaterlandes wünsche und jedem Zerreißen entgegen sei, der Hofpartei, die den König für jeden Preis zurück nach Sachsen wolle.

Kaiser Franz sprach laut von Krieg, sagte an die ritterschaftlichen Deputierten Zobel, Rüdt und Degenfeld: „Der König von Sachsen muß sein Land wiederhaben, sonst schieß ich, und auf die Völker von Deutschland kann ich zählen." Zobel antwortete: „Ja, wenn Ihre Majestät sich selbst an die Spitze setzen." „Jetzt", sagte der Kaiser, „kann ich über Deutschland nichts sagen."

Herr v. Talleyrand lud den Fürst Czartoryski zu einer Unterredung ein (29. Dezember), er beschwerte sich, daß die Konferenzen mit Zuziehung Castlereaghs und seiner Übergehung gehalten würden; man habe diesen förmlich dazu eingeladen. Er habe ihm das Einladungsschreiben gezeigt und seine Verwunderung geäußert, daß man die französ[ische] Gesandtschaft übergangen habe; auch Fürst Metternich habe diese Meinung geäußert; solle man etwas

[7] Von Sachsen. Vgl. Kohlschmidt, S. 28–31; Olshausen, S. 118 f.

gegen seine Person haben, so sei er bereit, sich zu entfernen. Czart[oryski] antwortete ihm, der geheime Artikel des Pariser Friedens bestimme es, daß die Alliierten sich über die Verteilung der Eroberung [einigten], um diese alsdann Frankreich vorzulegen. Er antwortete, dieses betreffe nur die in dem Artikel selbst verzeichneten Eroberungen, aber keine anderen Gegenstände, und die Allianz sei durch die Erreichung des Zwecks des Krieges aufgelöst. – Dieser Satz ist aber falsch. Die Allianz gegen Frankreich ist durch den Frieden mit Frankreich allerdings aufgelöst; die Allianztraktate enthalten aber außer der gemeinschaftlichen Kriegsführung noch andere Bestimmungen und Verabredungen zwischen den Verbündeten, namentlich die Wiederherstellung Preußens auf den Fuß von 1806, über deren Erfüllung unter ihnen noch Verhandlungen statthaben müssen und können. Diese Antwort kann man Herrn v. T[alleyrand] geben.

In der zweiten Konferenz (30. Dezember[8]) wurde der Entwurf der Präliminarartikel übergeben und darüber im allgemeinen gesprochen; der Antrag, Talleyrand bei den Konferenzen zuzuziehen, von neuem von Metternich und Castlereagh als eine Maßregel, wozu die Klugheit rate, wiederholt. Sie behaupteten, er sei nach dem geheimen Artikel gleichfalls verpflichtet, zur Wiederherstellung von Preußen beizutragen.

Denselben Tag äußerte der Kaiser Franz gegen den Kaiser Alexander, er glaube, die drei Alliierten müßten sich zuerst über den Plan der Wiederherstellung vereinigen und dann Talleyrand zulassen.

Den 31. Dezember war abermals eine Konferenz zwischen dem St[aats]-kanzler, Humboldt, Czart[oryski], Kapodistrias und mir, worin man übereinkam, man wolle den 2. Januar[9] in der nächsten Hauptkonferenz erklären, wie man bereit sei, Talleyrand zuzulassen, wenn man sich unter den vier Alliierten näher vereinigt habe über den Wiederherstellungsplan.[10]

Die Österreicher zogen unterdessen eine Armee in Böhmen zusammen; [sie] sollte von Wrede befehligt werden, der mit seinen Bayern dazustoßen würde. Eine Armee solle sich bei Tetschen aufstellen, und eine Armee von Franzosen soll vom Rhein her auf die Elbe vorgehen.

Es sollte also Deutschland von neuem einem bürgerlichen und französischen Krieg preisgegeben werden wegen des Interesses eines Anhängers von Napoleon und über die Frage, ob es besser sei, ihn auf das linke Rheinufer zu versetzen oder Sachsen zu zerreißen und ihm dort ein Fragment anzuweisen. Welche Verblendung!

[8] Protokoll bei Angeberg, II S. 1869.

[9] Die nächste Viermächtekonferenz fand am 3. 1. 1815 statt. Protokoll bei Angeberg, II S. 1874 f.

[10] Hierzu Schmidt, S. 386 f. mit dem Entwurf der von Preußen und Rußland geforderten Deklaration als Vorbedingung für die Zulassung Frankreichs.

Man vernahm, daß in Warschau die Gemüter sehr gespannt waren über den ungewissen Zustand der Dinge und das Stillschweigen des Kaisers über seine Absichten auf Polen. Die französische Partei regte sich. Sie wollte den Kaiser zwingen, Polen wieder zu vereinigen und als ein selbständiges mit Rußland vereinigtes Reich zu erklären. Czartoryski war hierüber sehr beunruhigt.

[. . .]

4. Januar.[11] Da Cast[lereagh] und Metternich fortfuhren, auf der Zuziehung von F[ran]kreich zu bestehen, und das Gegenprojekt[12] einzureichen bis dahin ablehnten, auch der erstere sich sehr günstig in der Sache äußerte für Preußen, daß er die Entscheidung über den von Sachsen für Preußen zu nehmenden Anteil nicht dem König von Sachsen überlassen, sondern jenes unterstützen werde, wenn dieser der Billigkeit nicht Gehör gebe, so beschloß man, in die Zulassung Frankreichs einzuwilligen, wenn Castlereagh jene Erklärung förmlich und verbindlich zu Protokoll geben werde, wozu er sich verstand in der Unterredung mit dem St[aats]kanzler. Unterdessen unterhandelten Pozzo und Nesselrode unter der Hand mit Mett[ernich], und Tall[eyrand] suchte, Kapodistrias zu überreden, daß man Preußen nicht traue, sondern [. . .][13]

Die Nachricht vom Frieden mit Amerika[14] erregte bei den Bayern und Österreichern die Hoffnung, England werde nunmehr ihre Absichten um so kräftiger unterstützen. Als L[ord] Castler[eagh] dieses bemerkte, so äußerte er, er werde fortfahren, nach denselben Grundsätzen zu verfahren und sich zu bestreben, die traktatenmäßige Wiederherstellung Preußens zu bewirken. Lord Castler[eagh] war (6. Januar) bei dem Kaiser Alex[ander], sprach in demselben Sinn. Er stellte ihm vor, es sei gefährlich, den König von Sachsen auf das linke Rheinufer zu setzen und F[ran]k[reich] einen Bundesgenossen zu geben; er glaube, man müsse Pr[eußen] einen bedeutenden Teil von S[achsen] einräumen; es werde alles sehr erleichtert werden, wenn der Kaiser geneigt sein würde, mehr von Polen abzulassen. Dieser lehnte es ganz ab, sagte, seine polnische Sache sei abgemacht, er habe bedeutend nachgegeben, in der sächsischen Sache habe er einen sehr einfachen Weg: sage ihm der König von Pr[eußen], er sei befriedigt, so sei er sogleich zu unterschreiben bereit; sei er es nicht, so werde er ihn auf jede Art unterstützen.

7. Januar. In der Konferenz[15] erklärte Graf Raz[umovskij], man sei bereit,

[11] Vgl. Anm. 9 und Nr. 56 S. 280. Hardenberg notierte am 4. 1. in sein Tagebuch: „Razumowsky, Stein, Czartoryski, Capodistrias bei mir". Anm. 193 der Druckvorlage; hier in Übers. d. Hrsg. aus d. Franz.

[12] Zu dem am 30. 12. von Rußland vorgelegten. Angeberg, II S. 1869–1874. Das österreichische Gegenprojekt ebenda S. 1875–1877.

[13] Bricht so ab.

[14] Vgl. Nr. 57 S. 281 Anm. 1.

[15] Protokoll bei Angeberg, II S. 1877f.

in die Zulassung T[alleyrands] zu willigen, wenn L[ord] Cast[lereagh] zum Protokoll seine schon oft geäußerte Meinung gäbe, daß man die Entscheidung über die Frage, wie Preußen durch einen Teil von Sachsen befriedigt werden solle, von der Vereinigung der Mächte und nicht von der Willkür des Königs von Sachsen abhängig machen wollte. Metter[nich] machte Bedenklichkeiten gegen das Abgeben einer solchen Erklärung, mit deren Inhalt er zwar einverstanden sei; aber Lord Cast[lereagh] war bereit, sie in der nächsten Konferenz (8. Januar[16]) abzugeben. Graf Raz[umovskij] dankte Lord Castlereagh mit vieler Wärme für seine ausgezeichnete Breitwilligkeit, zu Einigkeit und Frieden beizutragen, für die Unparteilichkeit seines Betragens in dieser wichtigen Angelegenheit. Metternich kam hierüber in Verlegenheit und fragte Graf R[azumovskij], ob er nicht auch ihm etwas Angenehmes zu sagen habe. – Die polnischen Artikel wurden durchgegangen und mehreres über die den Polen zu gebenden Verfassungen gesprochen und vorbereitet.

[...]

Den 9. [Januar] wurden in der Konferenz[17] die Artikel wegen Polen durchgegangen. Metternich zeigte viele Bitterkeit. Man einigte sich über die polnischen Artikel größtenteils, und Castlereagh gab seine Erklärung[18] in der verabredeten Art ab, der Metternich beitrat, so daß nunmehr Talleyrand den 11. Januar bei der Konferenz wird zugezogen werden.[19] [...]

59. Bericht Castlereaghs an Liverpool (Auszug)

Berichtet über die Viermächtekonferenz vom 9. 1. Seine Erklärung über die Zulassung Frankreichs.

Webster, S. 285f.

Nr. 51 January 11th, 1815

[...] It has been evident for some time, that one great difficulty with Prussia in listening to the principle of modification, has arisen from an apprehension, 1st, that neither France nor Austria would be liberal in the extent of cession; and 2ndly, that France in particular held the rights of the King of Saxony so high as to throw the point of authority in case of negotiation, very much into his hands. I thought it therefore material to reduce the question to a precise is-

[16] Sie fand am 9. 1. statt. Protokoll bei Angeberg, II S. 1878–1880.

[17] Vgl. Anm. 16.

[18] Abgedruckt bei Angeberg, II S. 1882 f. Vgl. auch Webster, S. 282 f. sowie Nr. 59 S. 290.

[19] Die Konferenz fand am 12. 1. statt. Protokoll bei Angeberg, II S. 1883f.

sue, to make the Powers, and not the King of Saxony, judges in the case and further, to obtain for Prussia a reasonable security for the execution of the award when made. With this view I prepared the enclosed memorandum,[1] declaratory at once of my opinion on the propriety of inviting the French minister to assist at our deliberation, and of the course to be pursued on the Saxon question. I produced it at our conference yesterday,[2] and it was entered on the protocol. Prince Metternich acceded to it, and the Russian and Prussian ministers declared themselves entirely satisfied with the explanation therein given and ready to assist at our future conferences.

I had taken the precaution of communicating this memorandum confidentially to Prince Talleyrand before I gave it in, and succeeded in bringing him very nearly to the same view of the question. I send you his opinion,[3] written after our conversation. You will see that he comes almost to the same practical conclusion, but in the tone of an Ally of the King of Saxony. We say that we will support the King of Prussia, our Ally, in Saxony, till the suitable cessions are made to him. France says that she will cease to support her Ally, the King of Saxony, if he refuses to make good the cessions agreed upon. The distinction is not unreasonable; the latter form accords perhaps better with the King of France's position, and I am happy to find that it is not objected to by the Prussian minister, who has expressed to me his perfect satisfaction with the understanding thus established.

In form the question of modification is not yet admitted by Prussia, nor can the King's pleasure be taken upon it, till Prince Hardenberg brings forward his Projet, and a counter-projet is given in; but I consider that it is in substance admitted, and that this question which menaced so seriously the tranquillity of Europe, is now happily reduced to a question of terms, the difficulties of which may be surmounted, if France and Austria shew the same spirit of accommodation in arranging the details, now affairs are promising, that they gave me reason to expect, when matters looked more serious.

[1] Angeberg, II S. 1882f.

[2] Gemeint ist die Viermächtekonferenz vom 9. 1. 1815. Protokoll ebenda S. 1878–1880.

[3] Schreiben Talleyrands an Castlereagh vom 8. 1. 1815, Webster, S. 286 Anm. 2.

60. Bericht Castlereaghs an Liverpool

Österreich ist bereit, Torgau und Erfurt an Preußen fallen zu lassen, wenn dieses auf Leipzig verzichtet. Gespräche mit Metternich, Hardenberg und Alexander I.

Webster, S. 294–298.

Nr. 63 January 29th, 1815

Having reason to believe, that the party in the Austrian Cabinet who adhere to Prince Schwarzenberg's views,[1] were employed in urging their opinions strongly upon the Emperor, I availed myself of a confidential channel, to intimate to Prince Metternich that, unless the negotiation was replaced without delay upon the only grounds that I thought were calculated to lead to peace, and such as were consistent with the principles upon which the late Treaty[2] had been brought forward on the part of Great Britain, I should feel it my duty to present a note explicitly disavowing all concert in these new measures, and taking my Court out of the predicament of either being charged with a breach of engagement, or of being insensibly involved in a system to which I must decline to be any party. I desired that it might be also understood, that, in that case, I should request an audience to explain myself to the Emperor.

I received from Prince Metternich that evening an intimation, that His Imperial Majesty desired to see me on the following day, I found him extremely monté upon the military question, and his general tone more warlike than on any former occasion. His Imperial Majesty received, with his usual condescension, however, my representations of the advantage of exhausting every expedient to preserve peace, and, if we failed, the indispensable necessity, if he looked for support from Great Britain, that the occasion of war should either be founded upon the maintenance of some principle of clear and indisputable importance, or an actual attempt by force to disturb the equilibrium of Europe.

The Emperor repeatedly pressed to know whether Great Britain would support him, 1st, in refusing Torgau and Erfurth to Prussia; 2ndly, in requiring that the former at least should be razed; and at the close of our interview, His Imperial Majesty gave me the enclosed proposition,[3] in his own handwriting, as what he was ready to agree to. For the reasons already stated, I felt myself obliged humbly, but most expressly to reply to His Majesty in the negative on both his demands.

[1] Vgl. Webster, S. 282; Oncken, II S. 880.

[2] Nr. 54 S. 278 Anm. 2.

[3] Im franz. Wortlaut bei Oncken, II S. 882f. Anm. 1. Danach sollte Preußen für den Verzicht auf Torgau durch Rußland kompensiert werden, das seinerseits durch Österreich entschädigt werden sollte.

The following day, in an interview with Prince Talleyrand, Prince Metternich renewed his endeavours to urge the same view of the question, and stated that the Emperor adhered to his opinion. Prince Talleyrand agreed with the Austrian minister, but stated his sentiments with moderation. I adhered to mine and the interview ended by the Austrian minister declaring his intention of taking the final orders of the Emperor.

There was a good deal of rather warm discussion upon the impossibility of conceding largely to Prussia in Saxony. Prince Metternich's Projet did not go to one third of the whole contents. I stated that it was a little hard the British minister, who had no other possible interest in the question than to save the Continental Powers, and especially Austria, from war, should have the odious task thrown upon him of urging severe measures towards Saxony, but that whilst I would do my best to save the Saxony family from unnecessary rigour, I would not sacrifice the peace of Europe to preserve to them two or three hundred thousand subjects more or less.

We then discussed the counter-projet[4] to be given in–and I agreed, in consequence of the Emperor of Austria having rendered his Polish acquisitions on the side of Tarnapol an object of negotiation, to frame our first proposition on a scale more favourable to Saxony, but I declared that I could not be a party to any counter-projet, which did not assign the fortresses of Torgau and Erfurth to Prussia.

The following morning Prince Metternich acquainted me, that notwithstanding the military advice the Emperor had received, His Imperial Majesty was ready to acquiesce in both Torgau and Erfurth being Prussian, if the British Minister pronounced it necessary, to effect an amicable and honourable arrangement; but that he expected Prussia to be proportionally moderate and conciliatory on other points, and especially not to press the cession of Leipsick. Upon this the counter-projet I now inclose, extending to a certain degree the cessions in Saxony beyond the Austrian projet, was agreed upon between Prince Metternich, Prince Talleyrand, and myself, with the reserve, on my part, of its only being considered as a proposition for discussion, and not as an ultimatum. In all these deliberations the French minister took, I think, a fair and not an unreasonable part. The day but one after was fixed for our conference with the Russian and Prussian Plenipotentiaries, to deliver in the counter-projet, and I undertook, in the meantime, to see the Emperor of Russia and Prince Hardenberg, and to prepare them for its favourable reception.

My interview with Prince Hardenberg took place first. I begged him not to give me any opinion, but to hear calmly what I had to represent, and to reflect

[4] Vorgelegt in der Fünfmächtekonferenz am 28. 1. 1815. Protokoll mit Anlagen bei Angeberg, I S. 676–683; Ergänzung ebenda, II S. 1884–1887.

upon it. I stated the principles upon which the counter-projet was framed, both as to numbers, composition, and locality, and endeavoured to remove the objections to which I thought the Prussian minister was likely to deem it liable.

In representing to His Highness the strong military grounds of resistance that had been given to Prussia having Torgau and Erfurth, and the mode in which the Emperor's opposition had been waived, I told the Prince that, strongly as I had opposed myself in support of what I deemed to be just and essential for Prussia to possess in a military point of view, I would oppose myself with equal energy to any attempt on the part of his Government to render the Saxon arrangement either unnecessarily severe or painful in its detail, to the Powers who were expected to acquiesce in it, and that I must specially protest against Leipsick being torn from Saxony.

Prince Hardenberg warmly resisted the idea of parting with this trophy. That Prussia ought to have at least one of the Saxon capitals, and that he could not return to Berlin under such a mortification. I contended that one of the capitals was precisely what Prussia in sound policy ought not to desire to possess: that it was her interest not to strive to create two Saxonies; if she did, one would be always Austrian and opposed to the other; that, on the contrary, the Prussian object should be to render all her acquisitions as Prussian as possible–to give every possible unity to the State which was to remain, and to treat it with kindness, by which means a little sooner or a little later it must adhere to Prussia, and she would then have the benefit of both.

That Prussia would defeat her own purpose, if she pushed her demands upon Saxony too far; she might lose the appui of some of the great Powers, delay, if not prevent, the King of Saxony's acceptance, and drive the Saxon nation into a permanent feeling of hostility against her.

That the sentiments of Berlin were less material than those of Great Britain, France, Austria, and Germany, and that if the British Government had listened to a popular sentiment instead of to considerations of moderation and prudence, we still should have been at war with America, in pursuit of an object not essential to our honour, and too dearly purchased, even if accomplished, by a protracted war.

On the same evening I was admitted to an audience of the Emperor of Russia, and presented the outline of the intended arrangement, in the light which I thought would best serve to interest him in its favour. Although I begged to be understood as not asking for an opinion till the plan was regularly before him, together with His Prussian Majesty's sentiments, it was impossible not to perceive that the Emperor received it favourably, and wished Prussia might listen to it.

I represented that much would depend on His Imperial Majesty, whose sentiments without indelicacy to Prussia on a point which principally concerned her interest, could not but have the greatest weight, and that if His Imperial Majesty could so manage as to transfer a portion of the Austrian acquisitions in Poland, to Prussia, I did not see how the King could refuse the proposal.

The Emperor repeated to me the difficulties in which his promises to the Poles had placed him with respect to any further cessions in the Duchy of Warsaw. He said that to him as sovereign, it would be a matter of perfect indifference to make the exchange proposed, but that his hands were tied. I urged that the Poles might be reconciled by a corresponding extension on the other side of the Vistula joining the Duchy, and that with this facility His Imperial Majesty had the fate of the arrangement in his hands.

It is due to the Emperor to state, that he shewed every disposition consistent with the delicacy he feels due to Prussia, and to his Polish entanglements, which already begin to manifest themselves, as I understand, at Warsaw, to meet my wishes. He was particularly gracious in his reception of me, and will, I have no doubt, encourage and not obstruct an arrangement.

The intelligence I have received privately of the reception of the counter-projet by the Prussian Cabinet is not unfavourable. Prince Hardenberg has intimated to me, that the King proposes to see me upon it before he gives an answer.[5]

61. Bericht Castlereaghs an Bathurst (Auszug)

Stellt seine baldige Rückkehr in Aussicht. Empfiehlt finanziellen Druck auf die Kontinentalmächte.

Webster, S. 299.

Vienna, January 30th, 1815

Many thanks for your letter. You may rely upon my joining you as soon as I can, without essentially endangering the point immediately at issue; but you might as well expect me to have run away from Leipsick (if I had been there) last year, to fight Creevey and Whitbread, as to withdraw from hence till the existing contest is brought to a point; and I think you do both injustice to your own supporters, and too much honour to me, in supposing my presence so necessary. [...]

P.S.–I beg you will not give any money at present to any of the Continental Powers. The poorer they are kept, the better, to prevent them from quarrelling. Time enough to settle accounts, when we know who deserves it.

[5] Vorgelegt in der Fünfmächtekonferenz vom 8. 2. 1815. Protokoll mit Anlagen bei Angeberg, I S. 706–724.

62. Bericht Castlereaghs an Liverpool

Nach der russischen Abtretung Thorns an Preußen konnten die letzten Schwierigkeiten in der sächsischen Frage überwunden werden; Leipzig bleibt sächsisch.

Webster, S. 299–302.

Nr. 66 February 6th, 1815

Considering your Lordship's letter to me from Bath of the 16th ult.[1] as an intimation that, in the judgment of His Majesty's confidential servants, the public service rendered my presence in England expedient, I lost no time in making the necessary preparations for delivering over the business of this mission to the Duke of Wellington, and for obeying with the least practicable delay the orders of the Prince Regent.

I apprized your Lordship in my dispatch of the 29th ult.[2] of the delivery of the Austrian counter-projet. Its reception, as I stated, was so far favourable as to induce the Russian Government to acquiesce in the principle of the King of Saxony being placed in his own states.

Immediately after the presentation of the counter-projet, I had an interview with Prince Hardenberg, with a view of apprizing him of the points, which I did not consider as admitting of any modification, viz., Leipsick and the re-entering angle into Bohemia by Bautzen and Zittau.

I was directed to attend the King of Prussia on the following day, and I had with His Majesty an audience of an hour and a half, the most painful in all respects, that it has been my fate to undergo since I have been upon the Continent. It is inconceivable to what a degree His Majesty had been worked upon on the point of Leipsick, the false importance he attached to it, and the deep disappointment, if not resentment, with which he spoke of our espousing the cause of the King of Saxony against him. I found it difficult to attract his attention to the obvious embarrassments in which the line His Majesty was disposed to pursue towards Saxony would place him, and I did not escape without some severe personal reproaches for the representations I presumed to make. However, my duty was to discourage the King from any false move, which might compromise us all, and as I wished to execute this without reserve, my audience terminated as unpleasantly as it had begun.

The following morning I thought it right to see the Emperor of Russia, to apprize him of the temper in which I had found the King of Prussia, and to beg His Imperial Majesty's assistance in calming it. The Emperor was very reason-

[1] Webster, S. 290.

[2] Nr. 60 S. 292.

able, and promised to do what in delicacy he could, and as some means of assisting the negotiation, he placed Thorn and its rayon at my disposal, to make such use of with Prussia as I might think fit. Thorn being a position on the Vistula to which Prussia had always attached considerable importance, I lost no time in communicating to Prince Hardenberg the Emperor's intentions. The following day he told me that with the aid of Thorn, he had overcome the King's reluctance to leave Leipsick with Saxony.

In the evening he communicated to me the conditions attached by the King to this concession, which contained such a severe infliction upon Saxony territorially, that I was obliged to declare to him my utter despair of bringing either the Austrians or Prince Talleyrand to listen to it; that the King would not venture to accept his country under the fermentation it would occasion, and that we should all, and especially Prussia, be plunged in difficulties.

Prince Hardenberg requested me to make the same confidential communication of his intended Projet to Prince Metternich and Prince Talleyrand, which he had received from them. I undertook to do so, but under a declaration of the reception I was sure it would meet with.

I did so the following day, but requested before they took any steps upon it, they would allow me to see the Prussian minister again, and to try whether I could induce him to relax, in some measure, upon Saxony, by offering him a liberal compensation in some other quarter. In this state of things I felt it necessary, and I conceived would be approved by the Prince Regent, that some sacrifice should be made of interests directly or indirectly appertaining to His Royal Highness, from the difficulty of finding by any other means adequate resource. After conferring with Count Münster, I proposed to reduce in the amount of fifty thousand, the claims of Hanover under Treaty, and to add a sacrifice of equal amount to those already made on the part of Holland. Uniting these with the slender means otherwise available, a fund was created which might operate a salutary reduction in favour of Saxony.

I prepared upon this principle a new Projet of arrangement which I submitted confidentially to both parties. When I first carried it to Prince Hardenberg, I found him again inflamed upon the point of Leipsick, and desirous of making it at least a free town. I represented that, in this state it would only prove a focus of discontent, and probably render the general arrangement equally embarrassing to Prussia and Saxony. It is certain that many of the Prussian officers, and the Friends of Liberty as they are called, who abound in the King's dominions, were indignant at losing Saxony, where a new constitution was to be set in motion; and it was evident a struggle was still making, which became formidable in proportion as it might, from the tone of His Majesty, and many of his most distinguished officers, assume the character of a military and national sentiment.

After some effervescence, Prince Hardenberg received my proposition with calmness, and examined the details with attention. The proposed sacrifice on the part of the Prince Regent allayed his impressions, that I was sustaining the interests of the King of Saxony instead of trying to procure an arrangement practicable and reasonable in itself with respect to his territory.

This morning he gave me his answer, accepting with insignificant modifications the plan laid before him. I afterwards had a conference with Prince Metternich and Prince Talleyrand. The former accepted the arrangement without hesitation; the latter, in consequence of a recent letter from the King, pressing that the sacrifices to be imposed on Saxony might not go so far, had more difficulty. His Highness, however, very honourably considered it his duty not to separate on this occasion from the two other Powers, his own opinion being, that every prudent effort and every becoming sacrifice had been made to fulfil the wishes of his Court, and Prince Talleyrand stated that he had no inclination to withdraw from his fair share of the responsibility. He therefore fully acceded to the measure proposed, which will to-morrow be submitted to the approbation of His Prussian Majesty.

The arrangement in contemplation will give Prussia about eight hundred and fifty thousand subjects in Saxony, together with the fortresses on the Elbe. The King will have about one million two hundred thousand, including Leipsick. His Majesty will thus nearly range in Germany with Hanover and Wirtemberg in territorial possession, and he will also have the Ducal Principalities of Saxe as an indirect support to his system.

I hope, under all the circumstances of this difficult transaction, the Prince Regent will not disapprove the part I have taken. His Royal Highness will personally have the satisfaction of having contributed to the settlement of a question which has now for a length of time continued to threaten the peace of Europe, and, in doing so, His Royal Highness's best interests will, I trust, have been consulted.

In closing the question with Prussia, I consider the territorial arrangement on this side of the Alps as in fact settled in all its essential features, and I hope in the course of this week it will be reduced into official form.

V.

QUELLEN ZUR DEUTSCHEN VERFASSUNGSFRAGE

63. Denkschrift Steins zur deutschen Verfassungsfrage[1]

Legt die Grundzüge einer deutschen Bundesverfassung dar und schlägt die Bildung eines Ausschusses zur Erarbeitung eines Verfassungsentwurfs vor.

Thimme, S. 117–119. Franz. Text: Neue Stein-Ausgabe, IV S. 612–614 (normalisiert).

Chaumont, 10. März 1814[2]

Die alliierten Mächte sind in ihrem Vertrage[3] übereingekommen, daß Deutschland einen politischen Bundeskörper bilden soll.

Daher ist es notwendig, sich mit der Einrichtung dieses Bundes zu beschäftigen, die Beziehungen zwischen den Teilen, die ihn ausmachen, die Rechte, die man ihm zuteilt, die Verpflichtungen, die er übernimmt, festzusetzen und sich über die innere Einrichtung dieser integrierenden Bestandteile selbst zu einigen.

[1] Vgl. Ritter, S. 486–488.

[2] Vermerk Steins: „Am 10. *[3.]* Staatskanzler Freiherrn von Hardenberg, Graf Münster, hannoverschem Staatsminister, am 11. Seiner Majestät dem Kaiser aller Reußen übergeben." (Übers. d. Hrsg. aus d. Franz.) Münster antwortete mit einer eigenen Denkschrift, Dijon, 30. 3. 1814, die sich teils zustimmend, teils kritisch mit Steins Denkschrift auseinandersetzte. Schmidt, S. 139–141.

[3] Verteidigungs- und Bündnisvertrag zwischen Österreich, Preußen, Rußland und Großbritannien von Chaumont vom 1. 3. 1814 (auf dieses Datum wurde der erst am 9. 3. unterzeichnete Vertrag zurückdatiert. Fournier, Châtillon S. 181). Der geheime Separatartikel I verpflichtete die Unterzeichner, ihre Anstrengungen auf die Errichtung des folgenden Systems in Europa zu lenken:

„Deutschland, bestehend aus souveränen Fürsten, die durch ein föderatives Band, das die Unabhängigkeit Deutschlands sichert und garantiert, vereint sind.

Die Schweizerische Eidgenossenschaft in ihren alten Grenzen und einer Unabhängigkeit, die unter der Garantie der europäischen Großmächte unter Einschluß Frankreichs steht.

Italien, aufgeteilt in unabhängige Staaten, die als Mittelmächte *[intermédiaires]* zwischen den österreichischen Besitzungen in Italien und Frankreich fungieren.

Spanien, regiert von König Ferdinand VII., in seinen alten Grenzen.

Holland, ein freier und unabhängiger Staat unter der Souveränität des Fürsten von Oranien, mit einer Gebietsvergrößerung und der Einrichtung einer angemessenen Grenze."

CTS, 63 S. 93 f. (Übers. d. Hrsg. aus d. Franz.)

Es ist eine allgemeine Verfassung für den Bund und eine besondere für die Staaten, die ihn bilden, erforderlich.

Die Staaten Deutschlands sind verbunden, sich den Einschränkungen ihrer Souveränität, welche die Verfassung fordern wird, zu unterwerfen, weil sie diese Verpflichtung entweder in ihren Zulassungsverträgen[4] eingegangen sind, oder weil die verbündeten Mächte nur unter dieser Bedingung ihnen ihr politisches Dasein verbürgen werden.

Jeder Bundeskörper setzt eine Versammlung der Staaten voraus, die ihn bilden, oder einen Bundestag, der über die politischen Interessen, über seine innere Gesetzgebung, seine bürgerlichen und militärischen Einrichtungen beschließt – und ein Direktorium, eine Behörde, welche die Versammlung leitet, die Ausführung ihrer Beschlüsse und die Erhaltung der sozialen, politischen, richterlichen oder militärischen Bundeseinrichtungen überwacht.

Die Ausführung dieser Ideen gehört in die Bundesakte, ihre Redaktion muß der Gegenstand der Arbeit einer besonderen Kommission sein, es genügt, hier die grundlegenden Gedanken anzugeben, auf denen sie gegründet sein muß.

Das Direktorium kann nur aus den mächtigsten Mitgliedern des Bundes erwählt werden, da es eine genügende Kraft besitzen muß, um den Antrieb zur Handlung zu geben und die Ordnung aufrecht zu halten.

[4] Gemeint sind vor allem die Frankfurter Akzessionsverträge, durch die ehemalige Rheinbundstaaten der Teplitzer Allianz (vgl. Nr. 36 S. 222f. Anm. 6) beitraten. Vgl. Kraehe, I S. 235–241; Huber, I S. 496. So sah der Vertrag zwischen Preußen und Baden vom 20. 11. 1814 u. a. vor:

„Artikel IV. Seine Majestät der König von Preußen garantiert Seiner Königlichen Hoheit dem Großherzog von Baden seine Souveränität und seine Besitzungen.

Dagegen verpflichtet sich Seine Königliche Hoheit, sich in dieser Hinsicht und im allgemeinen den Verpflichtungen zu unterwerfen, die die Ordnung der Dinge, die man schließlich für die Aufrechterhaltung der Unabhängigkeit Deutschlands schaffen wird, erfordert.

Geheime Separatartikel

Artikel I. Seine Königliche Hoheit der Großherzog von Baden wird sich zu allen Abtretungen verstehen, die die künftigen, der Aufrechterhaltung der Stärke und Unabhängigkeit dieses Landes dienenden Regelungen in Deutschland erfordern werden.

Artikel II. Seine Majestät der König von Preußen verpflichtet sich dagegen, sich dafür einzusetzen, Seiner Königlichen Hoheit als Gegenleistung für diese Abtretungen, falls sie notwendig würden, eine mit der Masse der zum Zeitpunkt des Friedensschlusses verfügbaren Objekte und mit obigem Ziel verträgliche sowie der gegenwärtigen Ausdehnung *[dimensions]* der Staaten Seiner Königlichen Hoheit möglichst nahegelegene Entschädigung zu verschaffen."

CTS, 62 S. 389 f. (Übers. d. Hrsg. aus d. Franz.) – Zu den Verträgen mit Bayern und Württemberg vgl. Nr. 16 Anm. 5 und Nr. 13 Anm. 8.

Deshalb kann man es in Deutschland nur Österreich, Preußen, Bayern und Hannover anvertrauen.

Seine wesentlichen Befugnisse sind: Die Leitung des Bundestags, die Ausführung seiner Gesetze, die Überwachung der Einrichtungen, der Beziehungen sowohl zu den auswärtigen Mächten wie zwischen den Fürsten und den Untertanen. Ihm müßte das Recht, im Namen des Bundes Krieg und Frieden zu schließen mit allen daraus hervorgehenden Folgen übertragen werden.

Der Bundestag würde sich aus den Abgeordneten der Fürsten und der Hansestädte zusammensetzen, denen man Abgeordnete der Landstände beifügen müßte, um eine gleichmäßigere Repräsentation zu erhalten. Diese Abgeordneten würden keinen diplomatischen Charakter haben, keine Bevollmächtigte sein und alle fünf Jahre erneuert werden, in jedem Jahre zu einem Fünftel.

Der Bundestag würde jährlich nur sechs Wochen lang versammelt sein. Seine Befugnisse würden sein: Die Bundesgesetzgebung, die Auflagen zu Bundeszwecken und die Entscheidung der Streitigkeiten zwischen den verbündeten Staaten, zwischen den Fürsten und ihren Untertanen. Er ernennt einen Ausschuß, der sie entscheidet und die Ausführung besorgt.

Die in Deutschland gebildeten militärischen Einrichtungen, die festgesetzte Zahl der Linientruppen, der Landwehr, des Landsturms werden beibehalten mit den Einschränkungen, welche der Friedenszustand erfordert. Das Direktorium wird ihre Aufrechterhaltung durch Musterungen usw. ebenso wie die Grenzfestungen beaufsichtigen.

Als Einnahmen werden dem Direktorium die Rheinzölle, die an der Grenze und an der Meeresküste einzurichtenden Zölle und die außerordentlichen Auflagen, die der Bundestag bewilligen wird, zur Verfügung gestellt. Die Binnenzölle und Einfuhrverbote für Waren zwischen den verschiedenen Staaten des Bundes werden abgeschafft.

In jedem Staate des Bundes werden Landstände gebildet, die sich jährlich versammeln, um über die Landesgesetze und über die für die Verwaltung nötigen Steuern zu stimmen.

Die Domänen werden für den Unterhalt des fürstlichen Hauses, die Steuern für die obenerwähnten Zwecke verwendet.

Die mediatisierten Fürsten, Grafen und Adel gehören zu den Ständen, sie erhalten die Rechte von Standesherren.

Jedermann kann nur durch seine natürlichen Richter gerichtet werden, niemand darf länger als 48 Stunden gefangen gehalten werden, ohne ihnen vorgestellt zu werden, damit sie über die Gründe seiner Verhaftung entscheiden.

Jedermann hat das Recht auszuwandern, sich den Zivil- oder Militärdienst in Deutschland zu wählen, der ihm gefällt.

Jeder einzelne und jede Körperschaft hat das Recht, ihre Beschwerden drukken zu lassen.

Es wird ein Ausschuß eingesetzt, um einen Verfassungsplan für den deutschen Bund zu entwerfen, zusammengesetzt aus dem Herrn v. Humboldt, dem Grafen Solms-Laubach, dem Herrn v. Rademacher als Referenten in deutschen Angelegenheiten oder dem Freiherrn v. Spiegel, der damit vollkommen vertraut ist.

Wenn der Plan fertig ist, werden die Mächte die Gesandten der deutschen Fürsten berufen, um die Bundesakte zu unterschreiben, das Direktorium wird dann ihre Ausführung, die Einberufung des Bundestags usw. in die Hand nehmen.

64. Vorlagen Humboldts für die Beratung der deutschen Verfassungsfrage[1]

(A) Skizze einer deutschen Bundesverfassung mit einem vierköpfigen Bundesausschuß, dessen Mitglieder die Leitung der vier Kreise übernehmen, in die Deutschland eingeteilt wird. (B) Darstellung der Rechte der deutschen Untertanen und der Mediatisierten.

Humboldt, XI S. 211–219. Übers. d. Hrsg. aus d. Franz.

[Dijon, April 1814][2]

(A) Grundprinzipien, die dem mit der Ausarbeitung der deutschen Verfassung beauftragten Ausschuß als Richtschnur dienen könnten

1.

Alle Staaten Deutschlands werden einen politischen Föderativkörper bilden, der den Namen Deutscher Bund führen wird.

[1] Die hier abgedruckten Vorlagen stellen Anlage (A) und (B) eines 'Vorbereitenden Memorandums für die Konferenzen der alliierten Kabinette über die Angelegenheiten Deutschlands' (Humboldt, XI S. 204–211) dar, in dem Humboldt unter Berücksichtigung der von den Verbündeten in den ersten Monaten des Jahres 1814 getroffenen Entscheidungen (vgl. vor allem Nr. 63 S. 301 Anm. 3) vorschlägt, Grundprinzipien (bases) für eine deutsche Verfassung zu vereinbaren, die einem von Österreich, Preußen, Bayern und Hannover zu bildenden Verfassungsausschuß als Richtschnur dienen könnten. Er regt an, die geplante Erklärung der alliierten Höfe über die Rechte und Privilegien der deutschen Untertanen und der Mediatisierten vor dem 15. Mai 1814 erscheinen zu lassen. Auf Humboldts große Verfassungsdenkschrift für Stein vom Dezember 1813 kann hier nur hingewiesen werden. Ebenda, S. 95–112. Vgl. Sweet, Humboldt II S. 144–148.

[2] Das undatierte und nicht mit einer Ortsangabe versehene Memorandum (s. Anm. 1)

2.

Alle Mitglieder des Bundes werden ein durch die Verfassung begrenztes Recht auf Souveränität genießen.

3.

Die Bundesmitglieder, die den Grundvertrag unterzeichnen sollen, werden sein:

a) Österreich, Preußen, Hannover, Dänemark für Schwedisch-Pommern und Holstein, das man für Deutschland zurückfordern müßte;

b) alle Fürsten, denen die alliierten Höfe vertraglich ihre Existenz und Souveränität garantiert haben; hinzuzufügen sind die Häuser Braunschweig und Oldenburg, denen eine solche Garantie noch nicht gegeben wurde, ebenso das Haus Hessen-Homburg, dem die alliierten Höfe die Unmittelbarkeit versprochen haben;

c) die drei Hansestädte.

NB. Um die Prüfung dieses Artikels sowie der Artikel 4 und 13 zu erleichtern, wurde diesem Schriftstück eine Liste aller Fürsten und Grafen des Reichs beigefügt, so wie sie zur Zeit der Auflösung des Deutschen Reichs existierten, mit Angabe der Bevölkerung ihrer Besitzungen nach dem 1805 von Hassel publizierten statistischen Werk.[3]

4.

Alle anderen ehemals reichsunmittelbaren Fürsten und Grafen, die vom Rheinbund mediatisiert wurden, werden weiterhin zu den Territorien, in die sie eingegliedert wurden, gehören, aber sie werden den ersten Rang unter den Provinzialständen dieser Länder einnehmen und besondere, in der Verfassung verankerte Privilegien genießen.

mit seinen Anlagen wurde in Kenntnis der Denkschriften Steins und Münsters (vgl. Nr. 63 S. 301 mit Anm. 2) verfaßt (Gebhardt, II S. 118–121), also nach dem 30. 3. 1814, und da im Text auf den 15. 5. nicht als „15. dieses Monats" verwiesen wird, schließt Schmidt S. 142 wohl mit Recht auf eine Abfassung vor dem 1. 5. Schmidts Vermutung wird jetzt von Kraehe, II S. 71 Anm. 50 bestätigt. Dort auch die Ortsangabe.

[3] Georg Hassel, Statistischer Umriß der sämtlichen europäischen Staaten in Hinsicht ihrer Größe, Bevölkerung, Kulturverhältnisse, Handlung, Finanz- und Militärverfassung und ihrer außereuropäischen Besitzungen. Braunschweig 1805.

5.

Der Zweck des Bundes ist nicht nur die Verteidigung des gemeinsamen Vaterlandes gegen jeden Angriff von außen, sondern auch die Garantie aller Rechte der verschiedenen Klassen und Individuen der Nation in jedem einzelnen Staat.

6.

Der Bund wird unter der Garantie Rußlands und Englands stehen.

7.

Der Bund wird nur im gemeinsamen Einvernehmen aufgelöst werden können. Bis dahin hat kein Mitglied das Recht auszutreten, und jeder entsprechende Versuch wird als Verrat behandelt werden.

8.

Kein Mitglied darf ein Bündnis eingehen oder irgendeinen Vertrag schließen, der den Verpflichtungen, die ihm die Deutsche Verfassung auferlegt, zuwiderläuft.

9.

Alle Mitglieder, außer Österreich, Preußen und Dänemark, die als einzige gleichzeitig europäische Mächte sind, verzichten ausdrücklich auf das Recht, Bündnisse mit ausländischen Höfen einzugehen, an anderen als vom Bund selbst beschlossenen Kriegen teilzunehmen, fremden Truppen Zutritt zu ihren Staaten zu gestatten oder ihre Untertanen in den Dienst irgendeiner Macht zu stellen.

10.

Alle Mitglieder ohne Ausnahme verzichten darauf, mit der Waffe in der Hand die Streitigkeiten zu entscheiden, die zwischen ihnen entstehen könnten, sondern sie versprechen, diese friedlich beizulegen oder sich der Entscheidung des Bundes zu unterwerfen.

11.

Die gemeinsamen Interessen des Bundes werden durch eine Bundesversammlung unter der Leitung eines Bundesausschusses geregelt.

12.

Der Bundesausschuß wird von den Abgeordneten der vier Häuser gebildet werden, die als einzige von dem ehemaligen Kurfürstenkolleg von vor 1792 übriggeblieben sind, einer Zeit, auf die sich die alliierten Höfe in der Mehrzahl ihrer Abkommen bezogen haben, d. h. von den Abgeordneten Österreichs, Preußens, Bayerns und Hannovers. Österreich und Preußen werden jeweils zwei Stimmen haben; Bayern und Hannover werden alternierend das Recht auf zwei Stimmen haben, damit eine absolute Stimmenmehrheit bei den Beratungen zustande kommen kann: Diese Art der Abstimmung findet nur statt, wenn der Bundesausschuß für sich allein votieren wird.

13.

Die Bundesversammlung wird sich aus dem Bundesausschuß und den Abgeordneten aller anderen Bundesmitglieder zusammensetzen, deren Besitzungen eine Bevölkerung von 100000 Seelen oder mehr aufweisen. Die Bevölkerung der Besitzungen der verschiedenen Zweige eines Hauses wird zusammen veranschlagt, aber diese Zweige werden ihr Stimmrecht nur gemeinsam ausüben können; das gleiche gilt für die drei Hansestädte. Dies ergäbe einschließlich des Bundesausschusses 17 Stimmberechtigte in der Bundesversammlung.

14.

Auch die Bundesmitglieder, die keinen Sitz im Bundesausschuß haben, werden eine unterschiedliche Stimmenzahl haben, damit ein gerechtes Verhältnis zwischen dem Umfang ihrer Besitzungen und ihrem Einfluß auf die gemeinsamen Beratungen besteht. Um aber ein angemessenes Gleichgewicht zwischen ihnen und dem Bundesausschuß zu wahren, wird dieser bei den Beratungen der Bundesversammlung eine Stimmenzahl haben, die die aller anderen Mitglieder zusammengenommen um eins übersteigt. Die Summe der Stimmen des Bundesausschusses wird im selben Verhältnis und in gleicher Wechselfolge unter seine Mitglieder aufgeteilt werden wie bei seinen eigenen Beratungen.

15.

Der Bundesausschuß der Bundesversammlung wird die exekutive Gewalt des Bundes darstellen und allein und ohne Konsultation der Bundesversammlung über Krieg und Frieden entscheiden sowie über alles, was zu den äußeren Beziehungen, der militärischen Organisation und den Verteidigungsmitteln des Bundes gehört. Er allein wird die Verträge mit ausländischen Mächten abschließen und ratifizieren, und die Höfe, die ihn bilden, werden als einzige – mit Ausnahme der Konsuln der Hansestädte – berechtigt sein, Gesandte an die ausländischen Höfe zu entsenden und solche zu empfangen.

16.

Alle anderen Fragen, die die gemeinsamen Interessen des Bundes betreffen und deren Entscheidung sich nicht unmittelbar aus der Verfassungsurkunde selbst ableiten läßt, müssen der Bundesversammlung zur Beratschlagung vorgelegt werden.

17.

Die Bundesversammlung wird nur einmal im Jahr zu einem noch festzusetzenden Termin zusammentreten; der Bundesausschuß wird ständig tagen.

18.

Es wird ein Deutsches Bundesgericht geschaffen werden. Es wird seinen Sitz an einem anderen Ort als die Bundesversammlung haben; es wird vollkommene Unabhängigkeit genießen, sowohl von den einzelnen Fürsten als auch vom Bundesausschuß, und es wird nur der Bundesversammlung als ganzer unterstellt sein. Die Ernennung der Richter wird bei allen Bundesmitgliedern liegen nach in der Verfassung festzulegenden näheren Bestimmungen.

19.

Dieses Gericht wird insbesondere dazu bestimmt sein, über Beschwerden zu entscheiden, welche die Untertanen oder die Stände eines der Bundesmitglieder gegen ihre Regierung vorbringen.

20.

Was die Streitfälle der Bundesmitglieder untereinander angeht, so hängt es von den beteiligten Parteien ab, die Entscheidung im gemeinsamen Einvernehmen dem Gericht oder dem Bundesausschuß zu überlassen. Wenn sie sich untereinander nicht darüber einigen können, wird der Bundesausschuß die Angelegenheit an das Gericht verweisen oder sie selbst entscheiden, je nachdem ob sie eher juristischer oder politischer Natur ist. Wenn er sie selbst entscheidet, wird er nichtsdestoweniger stets Richter des Gerichts hinzuziehen müssen, von denen die Parteien eine gewisse Anzahl zurückweisen können.

21.

Deutschland wird in vier Kreise eingeteilt werden, von denen jeder unter der Leitung eines der den Bundesausschuß bildenden Fürsten stehen wird. Diese Einteilung in Kreise hat den dreifachen Zweck:

a) der Ausführung der Verordnungen der Bundesversammlung oder des Bundesausschusses;

b) der militärischen Organisation;

c) der Justizorganisation.

22.

Jedes Bundesmitglied verpflichtet sich durch die Verfassungsurkunde, in Friedens- und Kriegszeiten eine gewisse Anzahl von regulären Truppen und Landwehr zu unterhalten. Es verpflichtet sich ebenfalls zur Organisation des Landsturms.

23.

Alle Bundesmitglieder, die keinen Sitz im Bundesausschuß haben, werden mit ihrer militärischen Organisation den Verordnungen des Bundesausschusses des Bundes sowie der Inspektion durch den Fürsten, der ihrem Kreis vorsteht, unterworfen; gleiches gilt für die Ausführung der vom Bundesausschuß angeordneten Maßnahmen. Diejenigen aber, die in Kriegszeiten an regulären Truppen und Landwehr 25000 Mann oder mehr stellen, sind berechtigt, ein gesondertes Armeekorps unter dem Kommando eines selbstgewählten Führers zu bilden. Die Truppen der anderen werden sich zu einem Kreisarmeekorps, dessen Führer vom Bundesausschuß benannt wird, vereinigen.

24.

Die deutschen Staaten mit einer Bevölkerung von 100000 und mehr Menschen werden als einzige in den Genuß des Rechtes de non appellando kommen. Alle anderen werden in der Ausübung der Gerichtsbarkeit dem unterworfen sein, der ihren Kreis leitet. Insofern müssen sie

a) die Prozesse ihrer Untertanen in dritter Instanz an den obersten Gerichtshof dieses Staates verweisen;

b) ihre Strafurteile, soweit sie eine Gefängnisstrafe von 10 Jahren oder eine höhere beinhalten, der Revision der Gerichtshöfe desselben unterwerfen;

c) eben diese Revision für alle Verordnungen anerkennen, durch die sie die Gesetzgebung oder die Gerichtsordnung in zivilen oder strafrechtlichen Angelegenheiten ändern möchten.

25.

Jedes Mitglied des Deutschen Bundes verpflichtet sich, Provinzialstände in seinen Ländern einzurichten oder wiederherzustellen. Wenn diese Provinzialstände erst in der Zeit abgeschafft wurden, in der das Deutsche Reich aufgelöst wurde, können sie beanspruchen, wieder in dieselben Rechte einzutreten, die sie damals hatten, und die Streitigkeiten wegen der Festlegung dieser Rechte werden der Zuständigkeit des Bundesgerichtes unterliegen. Das Minimum der Rechte der Provinzialstände wird sein:

a) daß die direkten wie indirekten Steuern nicht ohne ihre Zustimmung erhöht werden können;

b) daß keine von der Regierung aufgenommene Schuld ohne ihre Zustimmung Gültigkeit hat;

c) daß die Regierung ihnen jährlich Rechnung über die Verwendung der öffentlichen Gelder legen muß;

d) daß sie das Recht haben, Vorstellungen bei der Regierung wegen aller Mißbräuche zu erheben, die sie in der Gesetzgebung oder Verwaltung des Landes zu entdecken glauben.

26.

Wenn ihre Beschwerden über die Verwaltung der öffentlichen Gelder oder die Art der Ausübung der Justiz nicht angehört werden, können sie sie vor die Bundesversammlung bringen, die im ersten Fall so weit gehen kann, das Land unter Zwangsverwaltung zu stellen, im zweiten Fall eine allgemeine Revision der Gerichtshöfe anordnen kann.

27.

Die mediatisierten Fürsten und Grafen nehmen unter den Provinzialständen des Landes, zu dem sie gehören und die zu derselben Klasse wie sie zählen, den ersten Rang ein. Ihre Rechte und Pflichten werden in der Verfassung genauesten festgelegt, und alle sie betreffenden Einzelverordnungen der Staaten werden abgeschafft werden, sobald die Verfassung veröffentlicht wird. Die Prinzipien, nach denen ihr Schicksal geregelt werden wird, sind folgende:

a) daß es keine persönliche Untertänigkeit weder für sie noch für ihre Familienmitglieder gibt und daß man ihnen folglich keine Beschränkung oder persönlichen Dienst auferlegen kann;

b) daß man bei den Gerichtshöfen des Landes, dem man sie einverleibt hat, keine persönliche Klage gegen sie anstrengen kann, sondern nur in den ersten Instanzen bei den Gerichtshöfen des Staates, der den Kreis leitet, oder, wenn sie zu eben diesem Staat gehören, des größeren Nachbarstaates und in letzter Instanz beim höchsten Bundesgericht;

c) daß sie kein Recht auf Autonomie und was sich davon ableitet, haben, aber daß man ihnen im übrigen alle Rechte der Landeshoheit bewahrt, die mit der allgemeinen Verwaltung vereinbar sind;

d) daß sie weiterhin von ihren Untertanen die Zehnten, Zinsen usw. entsprechend den durch die allgemeinen Landesgesetze festgelegten Änderungen einziehen, aber daß diese Zehnten und Zinsen vom souveränen Fürsten nicht ohne ihre Zustimmung gegen eine Geldsumme abgelöst werden können;

e) daß ihre Person, ihre Familie und ihre Güter nur insoweit mit Steuern belastet werden können, als auch die Person und die Güter des souveränen Fürsten die gleichen Lasten tragen.

(B) Darstellung der Rechte eines jeden deutschen Untertanen im allgemeinen und der mediatisierten Fürsten und Grafen im besonderen

1.

Die besondere Verfassung der verschiedenen deutschen Staaten ist nie weder durch die Auflösung des Deutschen Reichs noch durch die des Rheinbundes abgeschafft worden, und sie kann folglich keineswegs durch die alleinige Autorität der Fürsten geändert werden.

2.

Kein Deutscher darf seiner Freiheit oder seines Eigentums beraubt werden ohne einen Urteilsspruch des nach den geltenden Gesetzen dafür zuständigen Gerichts. Jeder Festnahme eines Deutschen, die auf Veranlassung der Polizei oder auf höheren Befehl erfolgt ist, muß innerhalb von 24 Stunden ein vom zuständigen Richter in die Wege geleitetes formelles Verfahren folgen.

3.

Der Lauf der Justiz darf auf Befehl keiner Autorität behindert werden, und da der Souverän in den Fällen, in denen sein Interesse betroffen sein könnte, Partei wird, wagen die Gerichte keinem Befehl zu folgen, der ihnen in einem solchen Fall von seiner Seite oder der seines Ministeriums zukäme.

4.

Die Pressefreiheit wird nur durch eine gerechte und vernünftige Zensur eingeschränkt werden. Es ist jedem Deutschen gestattet, seine Werke in dem von ihm für geeignet erachteten deutschen Land zu drucken, und kein Autor darf verfolgt oder bestraft werden, es sei denn, er hat die geltenden Zensurgesetze verletzt.

5.

Es ist allgemein erlaubt, an jeder beliebigen deutschen Universität zu studieren, ohne daß eine Regierung dies behindern darf.

6.

Jeder Deutsche darf in den Zivil- oder Militärdienst jedes anderen deutschen Staates treten, und auch jeder fremden Macht, die nicht Krieg mit Deutschland führt.

7.

Jedem Deutschen steht es frei, von einem deutschen Land in ein anderes auszuwandern, ohne daß die Regierung seine Auswanderung von einer anderen als der Zahlung der Abzugsgeld genannten Steuer abhängig machen darf, und dies auch nur da, wo diese Steuer noch nicht abgeschafft ist.

8.

Die mediatisierten Fürsten und Grafen stehen zu dem souveränen Fürsten, zu dessen Territorium sie gehören, in keinerlei Untertänigkeitsverhältnis; und jede Beschränkung oder persönliche Verpflichtung, die ihnen oder ihren Familienmitgliedern auferlegt worden sein könnte, hört von nun an auf.

9.

Da die Abmachungen, auf Grund derer einige souveräne Fürsten Zehnte, Zinsen und andere Einkünfte, welche die mediatisierten Grafen und Fürsten von ihren Untertanen einzogen, gekauft haben, und das System, nach dem die mediatisierten Staaten besteuert wurden, einer allgemeinen Revision unterzogen werden sollen, sobald die deutsche Verfassung verkündet ist, wird kein Fürst irgendeine Änderung in der einen oder anderen Sache vornehmen können, es sei denn im gemeinsamen Einvernehmen mit der betroffenen Partei.

10.

Alle Familienverträge, Abkommen und Abreden, die zwischen den verschiedenen Zweigen deutscher Fürstenhäuser zur Zeit der Auflösung des Deutschen Reichs bestanden, konnten seitdem durch einseitige Handlungen der regierenden Zweige dieser Häuser weder annulliert noch abgeändert werden und erhalten von nun an ihre frühere Gültigkeit zurück.

65. Hardenbergs Verfassungsentwurf in 1. und 2. Fassung mit Randbemerkungen Steins [1]

1. Fassung

Einteilung des Bundesgesbiets in neun Kreise. Der Rat der Kreisobersten und der allgemeine Rat des Bundes bilden die Bundesversammlung. Gerichts- und Militärverfassung.

2. Fassung

Einteilung des Bundesgebiets in sieben Kreise. Gemeinsames Direktorium Österreichs und Preußens, Rat der Kreisobersten, Rat der Fürsten und Stände; sie bilden die Bundesversammlung. Gerichts- und Militärverfassung.

Paralleldruck der beiden Fassungen in Neue Stein-Ausgabe, V S. 841–852. Steins Randbemerkungen zur 1. Fassung ebenda S. 68–71 sowie bei Griewank, Preußen S. 269–276 – hier mit '(a)' usw. gekennzeichnet –, zur 2. Fassung Neue Stein-Ausgabe, V S. 141–145 (Ausfertigung) sowie Alte Stein-Ausgabe, V S. 48–51 (Konzept) – hier mit 'a' usw. gekennzeichnet. Alle Texte sind normalisiert. [2]

[1] Die 1. Fassung stellte Hardenberg auf der Rückreise aus Paris Anfang Juli fertig. Sie ging zurück auf einen in London entstandenen Zehnpunkteplan mit weitgehenden Zugeständnissen an die Mediatisierten. Druck: Kraehe, II S. 401–404. Die Prinzipien seiner Verfassungsvorstellungen hat der Staatskanzler in London und dann in Paris eingehend mit Metternich erörtert. Ebenda, S. 66–71. Die 41 Artikel legte Hardenberg Stein zur Stellungnahme vor. Dieser versah sie mit den hier abgedruckten Randbemerkungen und erarbeitete auf deren Grundlage seine Bemerkungen (Neue Stein-Ausgabe, V S. 67–71), die dann einer Konferenz in Frankfurt am 17. Juli, an der neben Hardenberg und Stein Graf Solms-Laubach, der Wortführer der Mediatisierten, teilnahm, vorlagen. Griewank, Preußen S. 245–247. Auf Grund der Ergebnisse der Frankfurter Besprechung arbeitete Hardenberg die 2. Fassung seiner 41 Artikel aus. Stein hat sie Ende August oder Anfang September mit Randbemerkungen, die wir ebenfalls abdrucken, versehen. Die endgültige Fassung sandte Hardenberg am 3. 9. an Metternich, der sie am 9. 9. erhielt. Baumgarten, S. 556 und Nr. 67 S. 337f. Dieser Text ist bislang ungedruckt; er weicht aber nicht wesentlich von der hier nach der Stein-Ausgabe abgedruckten Fassung ab. Kraehe, II S. 103 f. Anm. 81. Die bei Klüber, I 1 S. 45–56 gedruckte Fassung bietet an einer Reihe von Stellen einen schlechteren Text. Außerdem fehlt Artikel 6, 2 der 2. Fassung, nach Klübers Numerierung Artikel 6, 3. Klübers Druckvorlage war vermutlich Solms-Laubachs Exemplar. Kraehe, ebenda.

[2] Da uns von der 1. Fassung, die zuerst von Griewank, Preußen S. 269–276 mit den Randbemerkungen Steins veröffentlicht wurde, nur ein normalisierter Text zur Verfügung stand, haben wir alle Texte der Neuen Stein-Ausgabe entnommen. Den besten nichtnormalisierten Text der 2. Fassung bietet Näf, S. 7–16, der Randbemerkungen Steins die Alte Stein-Ausgabe, V S. 48–51.

Eigenhändig *[Juli 1814]*

Entwurf der Grundlagen der deutschen Bundesverfassung

(1.)

Alle Staaten Deutschlands werden sich durch einen feierlichen Vertrag, den jeder Teilhaber auf ewige Zeiten schließen und beschwören soll, in einem politischen Föderativ-Körper vereinigen, der den Namen Deutscher Bund führen soll und aus dem niemand heraustreten darf.[(a)]

(a) Strafen für den, so heraustritt oder dagegen handelt. Achtserklärung.

[Frankfurt, Juli 1814]

Entwurf der Grundlagen einer deutschen Bundesverfassung

1.

Alle Staaten Deutschlands vereinigen sich durch einen feierlichen Vertrag, den jeder Teilhaber auf ewige Zeiten schließt und beschwört, in einem politischen Föderativ-Körper, der den Namen Deutscher Bund führt und aus dem niemand heraustreten darf. Verletzungen des Bundesvertrags werden mit der Acht bestraft.[a]

2.

Dieser Bund soll in sich begreifen folgende dem Hause Österreich gehörenden Länder: Salzburg, Tirol, Berchtesgaden, Vorarlberg und dasjenige, was dieses Erzhaus am Oberrhein erhalten wird, alles, was Preußen links der Elbe besitzt und erhält, ferner alle deutschen Staaten, so wie sie von der Ostsee, der Eider, der Nordsee, dem niederländischen, französischen und schweizerischen Gebiet begrenzt werden.*

a Also kein Separatfrieden wie a[nn]o 1795. 1796. [Nur im Konzept.]

* Die hier nicht benannten österreichischen und preußischen Staaten bleiben besser außerhalb des Bundes, damit es desto weniger Schwierigkeit habe, diejenigen Teile jener beiden Monarchien, die mit in den Bund aufgenommen werden, allen Bundesgesetzen mit zu unterwerfen

(2.)

Jeder Staat wird in seinen Grenzen alle Souveränitätsrechte ausüben, insofern der Bundesvertrag solche nicht zum gemeinschaftlichen Besten einschränkt oder Ausnahmen festsetzt.[b]

(24.)

Die Verhältnisse der mediatisierten, der Souveränität unterworfen bleibenden ehemaligen Reichsstände sind genau zu bestimmen, sowohl in Absicht auf ihre Personen als ihre Rechte und Pflichten. Ihnen soll der Rekurs an die Bundesversammlung als Gericht offenstehen, wenn sie gegen diese Bestimmungen bedrückt werden. Sie bilden in den Ländern, denen sie unterworfen sind, den ersten Stand.

[b] Die Souveränität ist aber eine durch Gesetze beschränkte, keine unbedingte.

3.

Jeder jetzt im Besitz der Landeshoheit sich befindende Staat übt in seinen Grenzen die landeshoheitlichen Rechte aus, welche die Bundesakte nicht zum gemeinschaftlichen Besten ausnimmt oder beschränkt.

4.

Diejenigen vormals mit der Reichsstandschaft versehen gewesenen Fürsten, Grafen und Herren, welche mediatisiert wurden, nehmen Anteil am Bunde, wie weiter unten näher bestimmt werden wird. Sie bleiben zwar der Landeshoheit unterworfen; ihre Rechte und Pflichten sind aber sowohl in Absicht auf ihre Personen als auf ihre Besitzungen und Abgaben genau zu bestimmen und unter die Garantie des Bundes zu setzen. Ihnen sind insbesondere persönliche Ehrenrechte und Vorzüge einzuräumen, auch die Renten und Einkünfte wiederzugeben oder dafür Entschädigung zuzubilligen, die am 12. Juli 1806 nicht in die Kontributionskassen flossen. In den Ländern, zu denen sie gehören, sind die Familienhäupter derselben erblich die ersten Stände. In ihren Familien genießen sie der alten

und das Band desto fester zu knüpfen. Österreich und Preußen als Mächte schließen aber mit der Föderation ein unauflösliches Bündnis und garantieren besonders die Verfassung und Integrität derselben.

deutschen Autonomie. In Kriminalsachen sollen sie von einem iudicio parium gerichtet werden. Ihnen werden Jurisdiktionsrechte gesichert und Präsentationsrechte in den landesherrlichen höchsten Gerichten zugestanden.*

(25.)

Ähnliche Bestimmungen sollen getroffen werden wegen der übrigen sonst unmittelbar gewesenen Personen.[c]

5.

Ähnliche Bestimmungen sind wegen der übrigen sonst unmittelbar gewesenen Personen zu treffen.

(28.)

Die persönlichen Rechte eines jeden Deutschen als solchen sollen bestimmt und unter die Garantie des ganzen Bundes gesetzt werden. Jeder Deutsche soll die Freiheit haben, aus einem zum Deutschen Bund gehörenden Staat aus- und in einen anderen dazu gehörigen einzuwandern, ohne irgendeiner Abgabe unterworfen zu sein.

Ebenso kann er unbehindert aus dem Dienst eines Bundesfürsten in den andern treten oder auf fremden deutschen Universitäten und Lehranstalten sich ausbilden. In Absicht auf die Verpflichtung zum Militärdienst sind bestimmte, billige, aber zugleich den so wesentlich notwendigen Verteidigungszustand sichernde Grundsätze anzunehmen und allgemein festzusetzen.[d]

6.

Jedem Bundesuntertan werden durch die Bundesakte näher zu bestimmende deutsche Bürgerrechte gesichert, insonderheit

1. die Freiheit, ungehindert und ohne eine Abgabe zu entrichten, in einen anderen zum Bunde gehörenden Staat auszuwandern oder in dessen Dienste zu treten.

2. Die Sicherheit, nicht über eine gewisse Zeit verhaftet werden zu können, ohne einem richterlichen Ausspruch nach den Gesetzen unterworfen zu werden.

3. Die Sicherheit des Eigentums (auch gegen Nachdruck).

(c) Unmitt[elbarer] R[eichs]-Adel.

(d) Der Adel ist frei vom Dienst in der

* Billig sollten die mediatisierten ehemaligen Reichsstände mit den übrigen gleichgesetzt werden. Da dieses aber ohne große Zerrüttungen nicht geschehen kann, so ist wenigstens alles Mögliche für sie zu tun, und sie sind insbesondere gegen alle Bedrückungen völlig sicherzustellen.

4. Das Recht der Beschwerde vor dem ordentlichen Richter und in den dazu geeigneten Fällen bei dem Bunde.

5. Preßfreiheit nach zu bestimmenden Normen.

6. Das Recht, sich auf jeder deutschen Lehranstalt zu bilden.

(27.)

In jedem deutschen Staat soll eine ständische Verfassung nach den Lokalumständen eingeführt werden. Das Minimum der Rechte der Stände ist durch den Bundesvertrag allgemein festzusetzen. Werden die Rechte der Stände gekränkt, so können diese darüber bei der allgemeinen Bundesversammlung als Gericht klagen und daselbst rechtliche Abhilfe erwarten.[e]

7.

In jedem zum Bunde gehörenden Staat soll eine ständische Verfassung eingeführt oder aufrechterhalten werden. Allgemeine Grundsätze sind dieserhalb als Minimum der Rechte der Landstände festzusetzen. Sie sollen bestehen aus den Familienhäuptern der mediatisierten vormaligen Reichsstände, des sonst unmittelbaren und übrigen Adels, als erblichen, und aus erwählten Ständen. Ihre Befugnisse sollen vorzüglich sein: ein näher zu bestimmender Anteil an der Gesetzgebung, Verwilligung der Landesabgaben, Vertretung der Verfassung bei dem Landesherrn und bei dem Bunde.[b]

(39.)

Die Bundesversammlung soll sich bemühen, nützliche Einrichtungen und Anordnungen zum Wohl des Ganzen herzustellen, als z. B. ein allgemeines Gesetzbuch, ein gleiches

8.

Man soll suchen, allgemeine nützliche Einrichtungen und Anordnungen zum Wohle des Ganzen herzu-

Linientruppe, die zum Lehrstand sich Widmenden gleichfalls.

(e) NB.

b Wichtige, das Eigentum, die persönliche Freiheit und die Verfassung betreffende neue Landesgesetze können ohne den Rat und die Zustimmung der Landstände nicht eingeführt werden.

Münzwesen, eine zweckmäßige Regulierung der Zölle, des Postwesens, Erleichterung des Handels usw.[(f)]

stellen, als z. B. ein allgemeines Gesetzbuch, gleiches Münzwesen, eine zweckmäßige Regulierung der Zölle, des Postwesens, Beförderung und Erleichterung des Handels und wechselseitigen Verkehrs usw.[c]

(3.)

Deutschland soll in 9 Kreise[(*)] eingeteilt werden, nämlich

Böhmen
Österreich
Bayern und Franken
Schwaben
Oberrhein
Niederrhein und Westfalen
Niedersachsen

9.

Die Bundesstaaten sollen in 7 Kreise eingeteilt werden, nämlich:

Vorderösterreich, Bayern und Franken, Schwaben, Oberrhein, Niederrhein und Westfalen, Niedersachsen, Obersachsen und Thüringen.

[(f)] Alle Binnenzölle abschaffen, Bundesgrenzzölle.

[(*)] Wegen der hier angenommenen Zahl der Kreise wird unten bei § 13 das Nötige bemerkt werden.

[Da im zweiten Entwurf die Grenzen des Bundes anders bestimmt wurden, entfielen hier die Paragraphen 4 und 12 des ursprünglichen Verfassungsplans. Sie lauteten:]

(4.)

Der böhmische Kreis wird das Königreich dieses Namens in sich begreifen.

(12.)

Der brandenburgische Kreis die deutschen Staaten des Königs von Preußen rechts der Weser, die mecklenburgischen und schwedisch Pommern.

[c] Gemeinschaftliche Bundesangelegenheiten sind: Handels-Einschränkungen, Münzsachen, Zollwesen, Postwesen.

Diese Verwaltungsgegenstände können dem einzelnen Landesherrn nicht überlassen bleiben, ohne die Nachteile einer zerstückelten und das Ganze störenden Maßregel zu erzeugen. Ganz Deutschland wird in eine Menge kleiner Zolldistrikte, Postdistrikte usw. aufgelöst und der Nationalgewerbefleiß gelähmt werden. Die nachteiligen Folgen des zerstückelten Postwesens sind in den Denkschriften des Hauses Taxis dargestellt und aus der Erfahrung bekannt. Noch verderblicher für das große National-Verkehr und das wechselseitige nachbarliche Verkehr sind die mannigfaltigen Zollinien, so seit der Stiftung des Rheinbundes zwischen Bayern, Württemberg und Baden gezogen worden sind.

Obersachsen und Thüringen
Brandenburg[g]

(5.)

Der österreichische Kreis [wird] die deutschen Erbstaaten des Hauses Österreich [in sich begreifen], so wie sie bis an die bayerische Grenze bestimmt werden, desgleichen Tirol und Vorarlberg.

10.

Der vorderösterreichische Kreis enthält Salzburg, Berchtesgaden, Tirol und Vorarlberg.

(6.)

Der bayrisch-fränkische Kreis alle Staaten des Königs von Bayern.

11.

Der bayrisch-fränkische Kreis alle Staaten des Königs von Bayern.

(7.)

Der schwäbische Kreis alle Staaten des Königs von Württemberg und die Fürstentümer Hohenzollern-Hechingen und -Sigmaringen.

12.

Der schwäbische Kreis alle Staaten des Königs von Württemberg.

(8.)

Der oberrheinische Kreis das Land, welches Österreich am Oberrhein erhalten wird und die großherzoglich badenschen Länder.

13.

Der oberrheinische Kreis das Land, welches Österreich am Oberrhein erhalten wird, die großherzoglich badenschen Länder und die hohenzollernschen Fürstentümer.

[g] Diese Einteilung ist ganz gut zur Exekution. Die Leitung muß konzentrierter sein.

(9.)

Der niederrheinisch-westfälische Kreis alle Länder, welche der König von Preußen an beiden Rheinufern und bis an die Weser besitzt oder erhalten wird; die lippe-detmoldischen, nassauischen und waldeckschen Länder, die deutschen Besitzungen des souveränen Fürsten der vereinigten Niederlande.

14.

Der niederrheinisch-westfälische Kreis alle Länder, welche der König von Preußen an beiden Rheinufern und bis an die Weser besitzt oder erhalten wird; die lippe-detmoldischen, nassauischen, weilburg- und usingenschen, auch waldeckschen Länder; die deutschen Besitzungen des souveränen Fürsten der vereinigten Niederlande.

(10.)

Der niedersächsische Kreis die Länder, welche das bisherige Kurhaus Hannover in Niedersachsen und Westfalen besitzt oder besitzen wird; die des Hauses Braunschweig-Wolfenbüttel; die des Hauses Holstein, Glückstadt und Oldenburg, Schaumburg-Lippe und die drei Hansestädte Hamburg, Bremen und Lübeck.

15.

Der niedersächsische Kreis die Länder, welche das bisherige Kurhaus Hannover in Niedersachsen und Westfalen besitzt oder besitzen wird, die des Hauses Braunschweig-Wolfenbüttel, die des Hauses Holstein, Glückstadt und Oldenburg, Schaumburg-Lippe und die drei Hansestädte Hamburg, Lübeck und Bremen.*

(11.)

Der obersächsisch-thüringische Kreis das Königreich Sachsen; die herzoglich sächsischen, anhaltischen, schwarzburgischen, reußischen Länder; die Staaten der Häuser Hessen-Kassel und Darmstadt und die freie Bundesstadt Frankfurt am Main.

16.

Der obersächsisch-thüringische Kreis das Königreich Sachsen, die herzoglich mecklenburgischen, sächsischen, anhaltischen, schwarzburgischen, reußischen Länder, die Staaten der Häuser Hessen-Kassel und Darmstadt und die freie Bundesstadt Frankfurt am Main.

* Einige stimmen dahin, die drei Hansestädte dem obersächsisch-thüringischen Kreise anzuschließen.

(13.)

Jeder Kreis soll einen oder zwei Kreisobersten und Direktoren haben.

Der böhmische – den Kaiser von Österreich, der österreichische – denselben,
der bayrisch-fränkische – den König von Bayern,
der schwäbische – den König von Württemberg,
der oberrheinische – den Kaiser von Österreich und den Großherzog von Baden,
der niederrheinisch-westfälische – den König von Preußen und den Fürsten der vereinigten Niederlande,
der niedersächsische – den König von England als Besitzer von Hannover,
der obersächsisch-thüringische – den König von Preußen und den bisherigen Kurfürsten von Hessen,
der brandenburgische – den König von Preußen.(*)

(*) Man ist hier von der Voraussetzung ausgegangen, daß, um so viel [als] möglich Zufriedenheit zu bewirken, allen zuletzt gewesenen Kurfürsten und dem Fürsten der vereinigten Niederlande wegen der ihnen zuzuteilenden deutschen Staaten als Kreisobersten Sitz und Stimme in dem ersten Rat der Bundesversammlung gegeben würde. Jedoch ist die Zahl der Kreise, um sie nicht zu sehr zu vervielfältigen, auf 9 beschränkt und den Häusern Baden und Hessen sowie dem Fürsten der vereinigten Niederlande nur eine zweite Kreisoberstenstelle angewiesen worden. Wollte man diese in den allgemeinen Bundesrat verweisen, so würde es nur 7 Kreise und 7 Kreisoberstenstellen bedürfen, 2 für

17.

Jeder Kreis soll einen oder zwei Kreisobersten und Direktoren haben, deren Befugnisse und Obliegenheiten zunächst die Aufrechterhaltung und Befolgung des Bundesvertrags, der Bundesbeschlüsse und der bundesrichterlichen Sprüche, die Militärverfassung und allgemeine Ordnung und Sicherheit im Kreise betreffen.[d] Wo zwei Kreisobersten sind, übt sie der erste aus und wird dabei vom zweiten subleviert.

Der vorderösterreichische – den Kaiser von Österreich,
der bayrisch-fränkische – den König von Bayern,
der schwäbische – den König von Württemberg,
der oberrheinische – den Kaiser von Österreich und den Großherzog von Baden,
der niederrheinisch-westfälische – den König von Preußen,[e]
der niedersächsische – den König von England als Besitzer von Hannover,
der obersächsisch-thüringische – den

[d] Die Art, wie die B[undes]o[rdnung] auf die Aufrechterhaltung des Bundesvertrages wirken soll, muß noch näher bestimmt werden. Ermahnungsschreiben, Anzeige am Bundestag, wo Verzug in der Gefahr ist, kräftige Maßregeln.

[e] Diese beiden Obersten könnten ihre Rechte dem K[ronprinzen] von W[ürttemberg] unter einem angemessenen Titel delegieren, er ist ein Fürst von den edelsten Gesinnungen.

König von Preußen und den bisherigen Kurfürsten von Hessen.*

(14.)

Es soll eine Bundesversammlung in Frankfurt am Main sein. Diese Stadt wird für eine freie Bundesstadt erklärt.

18.

Es soll eine Bundesversammlung in Frankfurt am Main sein. Diese Stadt wird für eine freie Bundesstadt erklärt.

(15.)

Die Bundesversammlung soll aus zwei Räten bestehen, dem Rat der Kreisobersten und dem allgemeinen Rat des Bundes.

19.

Die Bundesversammlung soll bestehen:

1. aus dem Direktorium
2. dem Rat der Kreisobersten
3. dem Rat der Fürsten und Stände.

Österreich, 2 für Preußen, 1 für Bayern, 1 für Hannover, 1 für Württemberg. Es ist in Vorschlag gekommen, Belgien und womöglich die ganzen Niederlande in den Deutschen Bund mitzuziehen. Die Idee scheint vortrefflich. Dann müßte man aus diesen Ländern den burgundischen Kreis machen und dem Fürsten der Niederlande eine selbständige Kreisoberstenstelle geben.

* Man ist hier von der Voraussetzung ausgegangen, daß, um so viel [als] möglich Zufriedenheit zu bewirken, allen zuletzt gewesenen Kurfürsten als Kreisobersten Sitz und Stimme in dem ersten Rat der Bundesversammlung gegeben werde. Jedoch ist die Zahl der Kreise, um sie nicht zu sehr zu vervielfältigen, auf 7 beschränkt und den Häusern Baden und Hessen nur eine zweite Kreisoberstenstelle angewiesen worden. Wollte man diese beiden ausschließen, so würde es nur 7 Kreisoberstenstellen bedürfen: 2 für Österreich, 2 für Preußen, 1 für Bayern, 1 für Hannover, 1 für Württemberg. Ich halte es aber nicht für billig und rätlich. – Es ist in Vorschlag gekommen, Belgien und womöglich die ganzen Niederlande in den Deutschen Bund mitzuziehen. Die Idee scheint vortrefflich. Dann müßte man aus diesen Ländern den burgundischen Kreis machen und dem Fürsten der Niederlande eine selbständige Kreisoberstenstelle geben.

(17.)

Den Vorsitz und die Geschäftsleitung haben abwechselnd nach einer zu bestimmenden Folge alle 12 Kreisobersten. Bei entstehender Stimmengleichheit wird die des Vorsitzenden für zwei gezählt.

20.

Das Direktorium führen der Kaiser von Österreich, welcher den Vorsitz bei allen Bundesversammlungen hat, und der König von Preußen gemeinschaftlich.[f]

(16.)

Der Rat der Kreisobersten ist permanent und besteht aus diesen ohne Ausnahme.

Es haben also darin

Österreich	3 Stimmen
Preußen	3 Stimmen
Bayern	1 Stimme
Hannover	1 Stimme
Württemberg	1 Stimme
Hessen	1 Stimme
Baden	1 Stimme
der Fürst der vereinigten Niederlande	1 Stimme
und es sind überhaupt [(h)]	12 Stimmen

21.

Im Rat der Kreisobersten haben

Österreich, als Direktor	1 Stimme
vom vorderösterreichischen Kreise	1 Stimme
vom oberrheinischen Kreise	1 Stimme
Preußen, als Direktor	1 Stimme
vom obersächsisch-	

(h) Ein Direktorium oder Bundesausschuß höchstens aus 5: Ö[sterreich], Pr[eußen], B[ayern], H[annover], W[ürttemberg]. – Öst[erreich] das Präsidium oder die Befugnis des Kaisers, Pr[eußen] das Direktorium, die Rechte von Mainz; die übrigen Vota.

f Dem Kaiser von Österreich müßte das Präsidium, dem König von Preußen das Direktorium gegeben werden. [Nur im Konzept:]

Zu der Erhöhung des Ansehens und des Glanzes der Bundesversammlung würde es beitragen, wenn Österreich sich durch einen der Erzherzöge vertreten ließe. [Ausfertigung:] Herr v. Almendingen unterscheidet mit Grund [Politische Ansichten über Deutschlands Vergangenheit, Gegenwart und Zukunft. Wiesbaden 1814] (p. 222).

Integritäts-Garantie, [die] allgemein gleichförmig über alle Bundesstaaten sich verbreitet, und Verfassungs-Garantie, [die] sich modifiziert nach der Größe der Staaten (p. 230, 235) und bei diesen durch Vermittlung sich äußert, hingegen kleine Staaten dem Bundesgericht unterworfen sind.

thüringischen Kreise	1 Stimme
vom niederrheinisch-westfälischen [Kreise]	1 Stimme
Bayern, vom bayrisch-fränkischen Kreise	1 Stimme
Hannover, vom niedersächsischen Kreise	1 Stimme
Württemberg, vom schwäbischen Kreise	1 Stimme
Baden, vom oberrheinischen Kreise	1 Stimme
Hessen-Kassel, vom obersächsisch-thüringischen Kreise[g]	1 Stimme

(18.)

Der Rat der Kreisobersten soll sich ausschließlich mit allem beschäftigen, was die auswärtigen Verhältnisse des Bundes angeht, und durch Mehrheit der Stimmen darüber entscheiden, auch allein das Recht der Verträge mit Auswärtigen und des Kriegs und Friedens und nach den unten folgenden Bestimmungen die militärische Gewalt ausüben. Überdem ist der Rat der Kreisobersten als der beständige Ausschuß der allgemeinen Bundesversammlung zu betrachten und hat als solcher die ganze exekutive Gewalt des Bundes.(i)

(i) Direktorium oder Bundesausschuß.

22.

Der Rat der Kreisobersten soll sich, mit Ausschluß der übrigen Bundesstände, mit allem beschäftigen, was die auswärtigen Verhältnisse des Bundes angeht, und durch Mehrheit der Stimmen darüber entscheiden,

[g] Wenn man die Stimmen der Bevölkerung proportioniert, so wird man den Anschein der Willkür vermeiden, der Maßstab des Einflusses folgt dem Maßstab der Bevölkerung, man könnte 1/2 Million zur Einheit annehmen. Hiernach ergäbe sich der beikommende Maßstab: [nur im Konzept:]

Preußen vom Obersächsisch Thüringischen Kreise	4
Preußen vom Niederrheinisch Westfälischen Kreise	4
Bayern	6
Hannover	2
Württemberg	2 1/2
Baden	2

auch allein das Recht der Verträge mit Auswärtigen, der Annahme und Absendung von Gesandten und Geschäftsträgern von und bei auswärtigen Staaten, des Kriegs und Friedens und nach den unten folgenden Bestimmungen die militärische Gewalt ausüben. Überdem hat der Rat der Kreisobersten die Leitung und die ganze exekutive Gewalt des Bundes.[h]

(19.)

Die allgemeine Bundesversammlung wird aus den Kreisobersten, welche darin jeder eine doppelte Stimme, also 24 Stimmen, führen und aus den übrigen Bundesmitgliedern bestehen. Diese sollen sein:

1. der Herzog von Sachsen-Weimar mit einer Stimme
2. der Herzog von Sachsen-Gotha desgl.
3. die Herzöge von Sachsen-Coburg, -Hildburghausen und -Meiningen mit einer gemeinschaftlichen oder abwechselnden Stimme
4. Der Herzog von Mecklenburg-Schwerin mit einer Stimme
5. der Herzog von Mecklenburg-Strelitz desgl.
6. die Herzöge und Fürsten von Anhalt-Dessau, -Bernburg und -Köthen mit einer gemeinschaftlichen oder wechselnden Stimme
7. der Herzog und der Fürst von Nassau-Weilburg und -Usingen desgl.
8. der Herzog von Braunschweig mit einer Stimme

23.

Der Rat der Fürsten und Stände soll aus den übrigen Bundesmitgliedern bestehen. Diese sind:

1. alle diejenigen Fürsten, welche Länder besitzen, die eine Bevölkerung von 50000 Seelen und darüber haben – diese Länder mögen sich selbständig in ihrem Besitz befinden oder mediatisiert sein – mit einer Virilstimme.

Die Bevölkerung wird da, wo mehrere Zweige des Hauses vorhanden sind, zusammengezählt, z. B. Hohenzollern-Hechingen und Sigmaringen führen nur eine Stimme.

2. Die vier Bundesstädte Hamburg, Lübeck, Bremen, Frankfurt am Main, jede mit einer Virilstimme.

3. Sechs Kuriatstimmen, in welche

[h] Verhältnisse der Stände gegen Auswärtige betreffen teils Krieg und Frieden, teils andere staatsrechtliche, ökonomische, politische und Familien-Beziehungen. Die Behandlung der letzteren mit Auswärtigen kann ihnen überlassen bleiben.

9. der Großherzog von Darmstadt mit einer Stimme

10. der König von Dänemark als Herzog von Holstein mit einer Stimme

11. der Herzog von Holstein-Oldenburg desgl.

12. die Fürsten zu Schwarzburg mit einer gemeinschaftlichen oder wechselnden Stimme

13. die Fürsten Reuß desgl.

14. die Fürsten zur Lippe desgl.

15. die Fürsten zu Hohenzollern mit einer Stimme

16. der Fürst von Waldeck desgl.

17. die Städte Hamburg, Bremen, Lübeck und Frankfurt am Main mit einer gemeinschaftlichen oder wechselnden Stimme.(k)

18.–21. vier Kuriatstimmen, die aus den übrigen ehemaligen mediatisierten Reichsständen zu bilden sind.

Hiernach würden überhaupt in dem allgemeinen Bundesrat 45 Stimmen sein.(*) (l)

(k) Jede eine Stimme.

(*) Den Kreisobersten wird durch die ihnen beigelegten doppelten Stimmen das Übergewicht in der allgemeinen Bundesversammlung gegeben. Von den ehemaligen Rheinbund-Fürsten sind Liechtenstein, Isenburg und Leyen weggelassen. Sie würden sich wohl in die Kuriatstimmen passen.

(l) Aus dem Direktorium. Die Stimmen zählen nach dem Multiplo von 500 000; die weniger haben, [haben] nur eine Stimme.

sämtliche Fürsten, Grafen und Herren zu vereinigen sind, die vormals die Reichsstandschaft hatten und deren Besitzungen eine Bevölkerung von 50 000 Seelen nicht erreichen.

4. Österreich hat auch in dem Rat der Fürsten und Stände den Vorsitz und gemeinschaftlich mit Preußen das Direktorium, auch Sitz und Stimme. Beides wird durch besondere zweite Botschafter ausgeübt.[i]

[i] Es ist sehr wichtig, daß die die Verfassung schützenden Elemente in dem Bundestag vermehrt werden, und dieses würde am besten geschehen durch Zulassung von Deputierten der Territorialstände. Besteht der Bundestag allein aus Fürsten, so ist die Bürgschaft für die Dauer der inneren Territorialverfassung gerade denjenigen anvertraut, die ein Interesse haben, sie zu untergraben und ihre eigene Gewalt auszudehnen. Läßt sich die Beiordnung von landständischen Deputierten nicht erreichen, so ist wenigstens die der Mediatisierten unerläßlich, denen die Reichsritterschaft gleichzusetzen ist, da sie mehr als die übrigen Mediatisierten verloren hat, wenn man den Umfang ihrer Besitzungen und ihre Ansprüche auf geistliche Fürstentümer und Würden berücksichtigt.

(21.)

Er konstituiert die gesetzgebende Gewalt des Bundes und beschäftigt sich mit allem, was die Wohlfahrt desselben im Innern und ein allgemeines Interesse betrifft.(m)

24.

Der Rat der Fürsten und Stände konstituiert mit dem Rat der Kreisobersten und mit dem Direktorium die gesetzgebende Gewalt des Bundes. Diese beschäftigt sich mit allem, was die Wohlfahrt desselben im Innern und ein allgemeines Interesse betrifft. Das Verhältnis zur Territorial-Gesetzgebung bestimmt sich dadurch, daß sich die Bundesversammlung nur mit Anordnungen beschäftigen kann, die ein allgemeines Interesse angehen. Ein Landesgesetz darf aber nie und in keinem Falle gegen ein Bundesgesetz sein.

(20.)

Er versammelt sich alljährlich an einem näher zu bestimmenden Tage und bleibt zusammen, bis die vorliegenden Geschäfte abgemacht sind.

25.

Der Rat der Fürsten und Stände versammelt sich alljährlich an einem näher zu bestimmenden Tage und bleibt nur zusammen, bis die vorliegenden Geschäfte abgemacht sind.

26.

Sowohl der Rat der Kreisobersten als der Rat der Fürsten und Stände deliberieren abgesondert für sich und die Konklusa werden nach Mehrheit der Stimmen abgefaßt. Das Direktorium faßt das gemeinschaftliche Konklusum und sucht, wenn abweichende Meinungen der beiden Räte vorhanden sind, diese zu vereinigen.

(m) Verhältnis zur Territorialgesetzgebung.

Ist solches nicht möglich, so entscheidet das Direktorium.[k]

(22.)

Er ist zugleich das Gericht in Streitsachen der Fürsten unter sich und bildet zu dem Ende einen nach einer gewissen Frist wechselnden Senat zur Instruktion und zum Spruch in erster Instanz. In zweiter und letzter Instanz spricht die ganze Bundesversammlung das Endurteil. Alles dieses und der Rechtsgang sind näher zu bestimmen.[(*)]

(23.)

Kein Bundesmitglied darf das andere bekriegen oder sich durch Selbsthilfe Recht schaffen; die Exekution der Urteile liegt dem Kreisober-

(*) Ob statt dieser Anordnung ein eigenes besonderes Bundesgericht zu bestellen sei, ist einer näheren Erwägung wert.[(n)]

(n) Ein Bundesgericht ist besser, wenigstens müßte ein bestimmter modus procedendi festgesetzt werden.

1. Ein Ausschuß zur Untersuchung und Leitung des Prozesses und Berichterstattung.

2. Eine Entscheidung in pleno.

27.

Es wird ein eigenes Bundesgericht in Frankfurt am Main angeordnet, dessen Mitglieder von den Bundesständen nach einer zu bestimmenden Norm zu präsentieren sind[1] und welches einen Senat zur Instruktion und einen zum Spruch in erster Instanz, einen dritten zum Spruch in letzter Instanz in Streitsachen der Fürsten und Stände unter sich enthalten soll. Mediatisierte können nur in persönlichen Sachen oder in solchen, die aus Verletzung des Bundesvertrags entstehen, vor diesem Bundesgericht Recht nehmen. Übrigens gehören ihre Prozesse vor die Landesgerichte.*

28.

Kein Bundesglied darf das andere bekriegen oder sich durch Selbsthilfe Recht schaffen. Die Exekution der Urteile liegt dem Kreisobersten ob, wenn es ein zu seinem Kreise gehö-

k Oder besser: so wird die Angelegenheit vertagt und bei der nächsten Versammlung wieder vorgenommen.

1 Dieses Gericht wird nicht sehr zahlreich zu sein brauchen, da es der Sachen nur wenige sind, so dazu gelangen.

* [Eigenhändiger Zusatz Hardenbergs]: „Der Rechtsgang ist näher zu bestimmen."

sten ob, wenn es ein zu seinem Kreise gehörendes Bundesglied angeht. Betrifft es einen Kreisobersten, so sind alle übrigen Kreisobersten schuldig, die Exekution zu übernehmen.(o)

rendes Bundesglied angeht. Betrifft es einen Kreisobersten, so sind alle übrigen Kreisobersten schuldig, die Exekution zu übernehmen.

(26.)

Rekurse der Untertanen an das Bundesgericht finden ebenfalls in solchen Fällen statt, wo sie über Bedrükkungen zu klagen haben, die dem Bundesvertrag und den ihnen in diesem versicherten Rechten zuwider sind. Appellationen an das Bundesgericht in Streitigkeiten derjenigen, die der Souveränität unterworfen sind, unter sich sind nicht zulässig, ebensowenig in Rechtssachen gegen die Landesherren. Solche Gegenstände gehören vor die höchsten Gerichte der Kreisobersten, denen aber durch den Bundesvertrag die schon in der Natur der Sache liegende Unabhängigkeit in ihren Urteilssprüchen zuzusichern ist. Nur in dem Fall, daß diese gekränkt würde, findet ein Rekurs an die Bundesversammlung statt.

29.

Rekurse der Untertanen an das Bundesgericht finden nur in solchen Fällen statt, wo sie über Bedrückungen zu klagen haben, die dem Bundesvertrag und den ihnen in diesem versicherten Rechten zuwider sind, oder in Fällen verweigerter Justiz. Appellationen an das Bundesgericht in Streitigkeiten derjenigen, die der Landeshoheit unterworfen sind, unter sich sind nicht zulässig, ebensowenig in Rechtssachen gegen die Landesherren. Solche Gegenstände gehören vor die höchsten Gerichte der Kreisobersten, denen aber durch den Bundesvertrag die schon in der Natur der Sache liegende Unabhängigkeit in ihren Urteilssprüchen zuzusichern ist. Nur in dem Falle, daß diese gekränkt würde, findet ein Rekurs an die Bundesversammlung statt.

(29.)

Die höchsten Gerichte der Kreisobersten entscheiden in letzter Instanz in Sachen aller zum Kreise gehörenden Untertanen und auch in

30.

Die höchsten Gerichte der Kreisobersten entscheiden in letzter Instanz in Sachen aller zum Kreise gehörenden Untertanen und auch in Prozessen derselben gegen ihre Landesherren. Man könnte aber anordnen, daß nach gewissen Bestimmungen von dem

(o) Als Exekutionsmittel sind die Kreisobersten gut.

Prozessen derselben gegen ihre Landesherren. Kriminalurteile der Gerichte der Kreisstände über eine gewisse Strafe hinaus sind der Revision jener höchsten Gerichte unterworfen.(p)

(30.)

Die Militärverfassung des Bundes muß stark und kräftig sein und schnell Hilfe gewähren. Jeder Kreisoberste – und wo in einem Kreise zwei sind, der erste – ist Oberbefehlshaber des ganzen Kreismilitärs.(q)

(31.)

Das Kontingent eines jeden sowohl an Linientruppen als an Landwehr ist zu bestimmen. Es muß stets vollzählig mit allen Kriegsbedürfnissen versehen und marschfertig sein. Dem Kreisobersten steht die Aufsicht hierüber zu und das Recht darüber zu halten, mithin die Oberinspektion und Musterung, auch, wenn es nötig ist, die Befugnis, die unvermeidlichen Zwangsmittel anzuwenden.(r)

(p) gut.

(q) Linientruppen, Landwehr, Landsturm.

(r) An Linientruppen 1%, im Frieden Kader von 1/2 %; L[and]-wehr 1 %, im Frieden Kader von 1/4 %.

höchsten Gericht eines Kreisobersten an das eines benachbarten zu appellieren verstattet sei. Kriminalurteile der Gerichte der Kreisstände über eine gewisse Strafe hinaus sind der Revision jener höchsten Gerichte unterworfen.

31.

Die Militärverfassung des Bundes muß stark und kräftig sein und schnelle Hilfe gewähren. Jeder Kreisoberste – und wo in einem Kreise zwei sind, der erste – ist Oberbefehlshaber des ganzen Kreismilitärs.[m]

32.

Das Kontingent eines jeden sowohl an Linientruppen als an Landwehr ist zu bestimmen.[n] Stände, die ein ganzes Regiment mit allem Zubehör oder mehr stellen können, haben nur die Befugnis, eigene Truppen zu halten. Die übrigen stellen eine zu bestimmende Anzahl Rekruten zu dem Heer des Kreisobersten und leisten einen verhältnismäßigen, zu regulierenden Beitrag zu der Kriegskasse desselben. Doch ist ihnen verstattet, Ehrenwachen zu haben. Die Kontingente müssen stets vollzählig mit allen Kriegsbedürfnissen versehen und marschfertig sein. Wegen der Kon-

[m] Dem Kreisobersten steht zu: Inspektionen in Friedenszeiten, Kommando in Kriegszeiten.

[n] Kader und Reserven.

skription und der Verpflichtung zur Landwehr und zum Landsturm, desgleichen wegen der Befreiungen davon, sind allgemeine Grundsätze anzunehmen und gesetzlich festzusetzen.[o] Dem Kreisobersten steht die Aufsicht über die ganze Kriegsverfassung zu und das Recht darüber zu halten, mithin die Oberinspektion und Musterung, auch, wenn es nötig ist, die Befugnis, die unvermeidlichen Zwangsmittel anzuwenden.[p]

(32.)

Die zu einem Kreise gehörenden Truppen sollen eine und dieselbige Einrichtung haben, so wie die des Kreisobersten.

33.

Die zu einem Kreise gehörenden Truppen sollen eine und dieselbige Einrichtung und Bezahlung haben, wie die des Kreisobersten.

(33.)

In Friedenszeiten bleiben sie zur Disposition des Landesherrn. Bei entstehendem Kriege aber oder zu Exekutionen gerichtlicher Sprüche, zu Erhaltung der Ruhe und Ordnung im Kreise, hat der Kreisoberste das Recht, sie zusammenzuziehen und zu befehligen.

34.

In Friedenszeiten bleiben sie zur Disposition des Landesherrn. Bei entstehendem Kriege aber oder zu Exekutionen gerichtlicher Sprüche, zu Erhaltung der Ruhe und Ordnung im Kreise, hat der Kreisoberste das Recht, sie zusammenzuziehen und zu befehligen.

[o] Die Erbstände sind konskriptionsfrei, man darf von ihnen erwarten, daß sie freiwillig die Pflicht der Verteidigung des Vaterlandes erfüllen.

[p] Wozu? [nur im Konzept.]

(34.)

Daß die nötigen Fonds zu Bezahlung der Truppen und behufs der Kriegsbedürfnisse, Festungen usw. gesichert sind, ist der Aufsicht und Kontrolle des Kreisobersten zu unterziehen. Es sind eigene Einkünfte hierzu auszusetzen und auf andere Gegenstände unter keinerlei Vorwand zu verwenden.

35.

Daß die nötigen Fonds zu Bezahlung der Truppen und behufs von Kriegsbedürfnissen, Festungen usw. gesichert sind, ist der Aufsicht und Kontrolle des Kreisobersten zu unterziehen. Es sind eigene Einkünfte hierzu auszusetzen und auf andere Gegenstände unter keinerlei Vorwand zu verwenden.[q]

(35.)

Es ist keinem Bundesglied erlaubt, Truppen in den Sold eines andern Staats zu geben. Dieses kann nur durch einen Beschluß des ganzen Bundes geschehen.

36.

Es ist keinem Bundesgliede erlaubt, Truppen in den Sold eines andern Staats zu geben. Dieses kann nur durch einen Beschluß des ganzen Bundes geschehen.

(36.)

Gewisse näher zu bestimmende Plätze sind zu Bundesfestungen zu bestimmen; wegen ihrer Errichtung oder Erhaltung, desgleichen wegen ihrer Besetzung [!] ist das Nötige festzusetzen und dazu ein sicherer Fonds anzuweisen. Sie stehen nach den getroffenen Bestimmungen unter dem Befehl des Kreisobersten, in dessen Bezirk sie liegen.

37.

Gewisse näher zu benennende Plätze sind zu Bundesfestungen zu bestimmen; wegen ihrer Errichtung oder Erhaltung, desgleichen wegen ihrer Besatzung ist das Nötige festzusetzen und dazu ein sicherer Fonds anzuweisen. Sie stehen nach den getroffenen Bestimmungen unter dem Befehl des Kreisobersten, in dessen Bezirk sie liegen.

[q] Die Fonds können sich bilden aus Beiträgen aus den Landesmitteln und aus allgemeinen, dem Bund gehörigen Einnahmequellen, zu den letzteren rechne ich den Rhein-Oktroi, Grenzzölle und Posten.

(37.)

Wird ein Bundesstaat angegriffen, so sind alle Glieder des Bundes zu seiner Verteidigung verpflichtet. Solche, die zugleich Länder besitzen, die nicht zum Deutschen Bunde gehören, haben in Absicht auf diese keinen Anspruch auf die Hilfe des Bundes; ebensowenig, wenn sie in Kriege verwickelt werden, wo sie der angreifende Teil sind. Wie es entschieden werden soll, ob dieses der Fall sei, ist sehr genau zu bestimmen.(s)

38.

Wird ein Bundesstaat angegriffen, so sind alle Glieder des Bundes zu seiner Verteidigung verpflichtet. Solche, die zugleich Länder besitzen, die nicht zum Deutschen Bund gehören, haben in Absicht auf diese keinen unbedingten Anspruch auf die Hilfe des Bundes, insofern das zu errichtende beständige Bündnis mit Österreich und Preußen in Absicht auf diese nichts hierüber bestimmt; ebensowenig, wenn sie in Kriege verwickelt werden, wo sie der angreifende Teil sind. Der Rat der Kreisobersten entscheidet, ob dieses der Fall und ob es rätlich sei, ein besonderes Bündnis mit dem bedrohten oder in Kriege verwickelten Bundesgenossen abzuschließen oder nicht.

(38.)

Bundesstaaten, die nicht zugleich auswärtige Länder besitzen, dürfen allein und ohne den ganzen Bund weder Krieg führen noch daran teilnehmen.

39.

Bundesstaaten, die nicht zugleich auswärtige Länder besitzen, dürfen allein und ohne den ganzen Bund weder Kriege führen noch daran teilnehmen, ebensowenig für sich allein mit fremden Mächten unterhandeln.

(s) Dieses wird immer eine diplomatische Verhandlung sein.

(40.)

Die vereinigten Niederlande und womöglich auch die Schweiz sind zu einem beständigen Bündnis mit dem Deutschen Bunde einzuladen.

40.

Die vereinigten Niederlande und womöglich auch die Schweiz sind zu einem beständigen Bündnis mit dem Deutschen Bunde einzuladen.[r]

[r] Die Aufnahme der vereinigten Niederlande in den deutschen Bund hat das Nachteilige, daß die inneren Verhältnisse durch den Zutritt einer fremden bedeutenden Macht noch zusammengesetzter werden, als sie es bereits sind. Ein Fürst, der 5 Millionen Einwohner und 16–20 Millionen Taler Einkünfte besitzt, dessen Land durch bedeutende Ströme durchwässert [ist] und eine ansehnliche Küste hat, wird einen selbständigen Gang gehen und einen kräftigeren Einfluß haben können als das mittelländische Bayern. Das Übergewicht des Einflusses wird also in Deutschland noch mehr zersplittert und das Zerren in den Geschäften noch vergrößert.

Ein enges Bündnis zwischen Deutschland und Holland abzuschließen, erfordert aber das Interesse beider Länder. Das letztere ist gegen Frankreich zu schwach, bedarf eines kräftigen Bundesgenossen, und die Niederlande sind für Deutschland die kräftigsten Schutzwehren gegen alle Angriffe auf das nördliche Deutschland.

Ich halte es für sehr bedenklich, Bayern eine bedeutende Besitzung auf dem linken Rheinufer anzuvertrauen, besonders Festungen. Die bayrische Politik neigt sich seit zwei Jahrhunderten nach Frankreich, der König, sein undeutscher Minister, mehrere seiner Beamten, sein Schwiegersohn [Eugen Beauharnais], alle haben eine französische Richtung. Bayern will eine europäische Macht, keine untergeordnete deutsche Macht sein, es kann sich nur vergrößern auf Kosten von seinen Nachbarn,

(41.)

Die Verfassung desselben ist auf dem bevorstehenden Kongreß von den kontrahierenden Mächten und insonderheit von Rußland und England zu garantieren.

41.

Die politische Existenz desselben ist auf dem bevorstehenden Kongreß von den kontrahierenden Mächten zu garantieren.

von Österreich und Preußen; mit jenem ist es seit Jahrhunderten in feindseligen Verhältnissen, diesem hat es seine Stammländer entrissen, und es entstehen nun, da es sein Grenznachbar ist, bereits jetzt mit ihm Reibungen. Es wird also immer geneigt sein zu versuchen, selbst mit Aufopferung entfernter unpassend gelegener Besitzungen sich gegen Osten oder Norden zu vergrößern und in dieser Absicht sich an Frankreich anzuschließen.

Bayern wird durch Berührung mit Frankreich im Krieg gefährlich, es verliert auch in den Verhältnissen des Friedens die Abhängigkeit vom deutschen Bund, in der es gesetzt ist, wenn es von ihm umschlossen ist oder wenn nur ein einzelner schwacher Teil dessen vorgeschoben ist.

Hält man Bayern in dieser umschlossenen Lage, so muß es seine Ansprüche auf Selbständigkeit oder überwiegenden Einfluß in Deuschland aufgeben. So umschlossen und überhöht, wie es jetzt ist, kann es sie nicht aufstellen, am wenigsten ausführen.

66. Weisung Liverpools an Wellington (Auszug)

Legt Englands Haltung zur Neuordnung Deutschlands dar.

Wellington, Suppl. Desp. IX S. 211–213, hier S. 212.

[London,] Fife House, 2nd September 1814

[. . .]

Upon the subject of Austria and Prussia, one must always expect a degree of jealousy on the part of every French government. It is quite essential, however, to any balance of power, that these two monarchies should be made respectable. The principle recognised in the early part of this year, that Austria should have a population in the whole of about 27000000 of souls, and Prussia one of about 11000000, appears to be quite reasonable, and ought to give no umbrage to France, particularly when the extent and advantages of the French empire are considered on the one hand, and those of the Russian empire on the other.

With respect to the nature of the Germanic Constitution, that may, I think, be fairly left to the German Powers. It must be the interest both of Prussia and Austria, when their limits are once defined, that neither should encroach upon the subordinate states; and France and Russia will always be sufficiently powerful to prevent any projects of partition on the part of the preponderating German Powers. I see no serious difficulty, therefore, in an amicable arrangement of all these questions; and I should feel very much disposed to act with perfect frankness towards the French government upon all of them.

[. . .]

67. Schreiben Hardenbergs an Metternich (Auszug)

Die Grundsätze seines Verfassungsentwurfs,[1] *der Metternich nun zugeht, lassen sich nur bei engem Zusammenwirken Österreichs und Preußens verwirklichen.*

Dupuis, II S. 320 f. Übers. d. Hrsg. aus d. Franz.

Berlin, 3. September 1814

Bemerkungen über die Entstehung seines Verfassungsentwurfs, dessen Übermittlung er nicht länger hinauszögern will.[2]

Es ist leicht zu sehen, daß nach meinem Entwurf Österreich und Preußen die entscheidende Stimme haben werden und daß im Grunde alle anderen Mitglie-

[1] Nr. 65 S. 314–336.

[2] Daraus ergibt sich, daß Hardenberg Metternich seinen Entwurf mit diesem Schrei-

der des Bundes tatsächlich nur eine beratende Stimme besitzen werden; aber das muß so sein. Das Gegenteil würde dem Grundsatz der Einheit widerstreiten, die es auf der Freundschaft und dem guten Einvernehmen, die nach ihrem wahren Interesse zwischen den beiden Mächten herrschen sollen, zu errichten gilt. Es ist unmöglich und gänzlich nutzlos, den Bundesvertrag auf der Voraussetzung ihrer Uneinigkeit zu begründen, die, wie ich hoffe, niemals bestehen wird.

Ein Punkt, der Schwierigkeiten von seiten Bayerns und Württembergs bieten wird, ist der Verzicht auf das Kriegs- und Friedensrecht, das Recht des Vertragsschlusses usw. Doch ich halte den Verzicht für so wesentlich, daß es mir scheint, daß die großen Mächte mit der größten Festigkeit darauf bestehen müssen. Die Macht Deutschlands, seine Einheit unter dem entscheidenden Einfluß Österreichs und Preußens, die eng mit einander verbündet sind, werden die wirkliche Grundlage der künftigen Ruhe Europas und des Gleichgewichts sein, auf das alle unsere Bemühungen abzielen.

Ich will noch einen wichtigen Gedanken hinzufügen.

Der Fürst von Oranien selbst wünscht, daß die Niederlande insgesamt einen integrierenden Bestandteil des Bundes bilden.

Ich glaube, daß nichts wünschenswerter sein kann.

Wir sind alle an der Erhaltung der Niederlande interessiert, und diese können nicht mehr Stärke gewinnen, als wenn sie Mitglied des deutschen Bundes werden. Es wäre also erforderlich, den Burgundischen Kreis zu bilden, den ich in einer Anmerkung meines Entwurfs erwähnt habe.[3]

Wenn Dänemark mit allem, was es auf dem Festland besitzt, Holstein, Schleswig und Jütland, in den Bund eintreten wollte, hielte ich es immer noch für sehr nützlich, es zuzulassen, und wäre es unter die Kreisobersten.

Ich merke an, daß es noch einen sehr wichtigen Punkt gibt, der in meinem Entwurf fehlt. Dies sind die Beziehungen der Katholiken zum Papst, sowohl derer in den Ländern, deren Herrscher katholisch sind, als auch derer, in denen diese letzteren protestantisch sind. Preußen hat und wird eine große Zahl katholischer Untertanen haben. Man wird einige Artikel für die Regelung der kirchlichen Angelegenheiten benötigen. Zur Unterstützung in dieser Sache werde ich Baron von Spiegel mitnehmen, Domdechant und zuletzt Bischof von Münster im Königreich Westfalen, einen sehr rechtschaffenen und wohlunterrichteten Mann.

ben zugesandt hat. Solms-Laubach zufolge traf er am 9. 9. in Wien ein; Baron Binder äußerte sich in einem Gespräch mit Solms-Laubach am 11. 9. kritisch dazu. Baumgarten, S. 556. Die Angabe bei Klüber, I 1 S. 45 Anm.*, Hardenberg habe Metternich den Entwurf am 13. 9. „mitgetheilt", trifft somit nicht zu.

[3] Nr. 65 S. 322f. Anm. zu Art. (13) und 17.

68 Aufzeichnung Solms-Laubachs über eine Unterredung mit Metternich am 2. 9. (Auszug)

Metternich hat sich dafür ausgesprochen, auf dem Kongreß nur die Grundzüge der deutschen Verfassung festzulegen.

Baumgarten, S. 555 f.

[Wien,] 3. September 1814

Er *[Metternich]* betheuerte, daß Oestreichs und Preußens Ansichten in allem überein stimmten und daß er (dies sind seine Worte) mit dem Staatskanzler Hand in Hand gehe. Er erwähnte den Plan des Staatskanzlers[1] und daß er wisse, daß er mir zum Theil bekannt sei, sagte, er sei zu weitläufig, denn hier müsse auf dem europäischen Kongreß nur die Basis der deutschen Constitution gelegt werden. Ich bemerkte dem Fürsten, daß dieser Begriff etwas vag sei, indem man auf einer Basis, die das Detail ganz übergehe, bauen könne was man wolle, einen Thurm oder ein Lusthaus. Er gab die Richtigkeit der Bemerkung zu, fügte aber bei, die Basis müsse den ganzen Organismus enthalten, die Ausarbeitung der Organisation müsse aber an einen dritten Ort verwiesen und in Deutschland von Deutschen bearbeitet und vollendet werden.[2] Ausdrücklich

[1] Nr. 65 S. 314–336.

[2] Am eingehendsten hat sich Metternich über seine Ansichten zur deutschen Verfassungsfrage in Gesprächen mit Ernst Graf von Hardenberg im Oktober 1813 geäußert. Hardenberg faßte Metternichs Vorstellungen folgendermaßen zusammen:

„Die Einführung einer auf positiven Gesetzen begründeten Verfassung in Deutschland, die Wiedereinsetzung eines mit zur Ausübung seiner Funktionen hinreichender Macht versehenen Kaisers würde bei mehrern vorwiegenden Fürsten Deutschlands auf eine mehr oder minder große Opposition stoßen wegen der größern oder geringern Beschränkung, die in der Ausübung der Rechte eintreten würde, die sie jetzt genießen.

Wolle man nun auch mit Waffengewalt diese neue Constitution einführen, so werde man die Oppositionspartei entweder offen Frankreich in die Arme treiben, oder sie werden sich zum mindesten mit ihm heimlich verbünden.

Die Wiederherstellung der Kaiserwürde in einem der prävalirenden Häuser Deutschlands werde wieder alle die alten Eifersüchteleien ins Leben zurückrufen, die vormals Deutschland veruneinigt haben.

Die Trennung Süd- und Norddeutschlands unter zwei verschiedenen Oberhäuptern werde noch weit eher dies Resultat herbeiführen und eine gänzliche Spaltung erzeugen.

Durch die Wiedereinführung einer Verfassung, sollte sie auch stattfinden können, würde man nicht die Übelstände vermeiden, denen man dadurch begegnen wollte, da man zur Ausübung der Gesetze stets als letztes Resultat zu den Waffen seine Zuflucht nehmen müßte gegen die Überschreiter, die ihrerseits, gerade wie vormals, Unterstützung bei einem ihrer Mitstände oder sogar bei einer auswärtigen Macht suchen würden. Wenn demnach, nach der Meinung des Grafen Metternich, jede eine Rekonstruirung

sagte er, vom 1. Oktober an dürfe der europäische Kongreß nur einen Monat dauern. Er versicherte mich, daß er nächstens und öfter umständlich mit mir über diesen und verwandte Gegenstände reden würde.

Deutschlands erstrebende Verfassung nicht die Übelstände, die man vermieden wissen wolle, beseitige, und nicht die Einigkeit bewirke, welche für seine innere Ruhe und für seine Unabhängigkeit den fremden Mächten gegenüber nothwendig sei – und Graf Metternich ist von dieser Wahrheit so überzeugt, daß er sich zu beweisen anheischig macht wie jedes Verfassungsproject, welches man vorlegen werde, an den nämlichen Gebrechen leide – und wie andrerseits Graf Metternich vollkommen den Nachtheil einsieht, den Deutschland erfahren müßte, wenn es in diesem schwankenden Zustande belassen würde und wenn man die Fürsten dritten und vierten Ranges allen den kleinlichen diplomatischen Intriguen, zum Verderben der allgemeinen Sache Deutschlands aussetzen oder sie dazu veranlassen wollte, so glaubt Graf Metternich das einzige Mittel dem letztern Nachtheile zu begegnen und gleichzeitig die großen Resultate zu erlangen, welche man vergebens von einer Verfassung erwarte, wolle man sich nicht Gefahren aussetzen, die für die Folge unausbleiblich seien, dies einzige oder doch zum wenigsten das beste Mittel gegen Alles das bestände nur in einem sehr ausgedehnten Systeme von Verträgen und Bündnissen zwischen den deutschen Fürsten, durch welche jeder souveraine Fürst mit den andern Fürsten einzeln und dadurch allgemein mit allen die nöthigen Verpflichtungen übernähme, mit fremden Mächten keine gegen Deutschland gerichteten Verbindungen einzugehen; sich gegenseitig ihre Staaten und Souveränetät zu garantiren; und gemeinsame Sache gegen jeden von Außen herkommenden Angriff, und selbst gegen jeden feindlichen Angriff eines deutschen Fürsten im Innern von Deutschland zu machen.

Graf Metternich sieht wohl ein, daß solche Bündnisse nicht unauflöslich sein würden, aber er glaubt, wenn erst die prävalirenden Fürsten mit einer solchen Verpflichtung die Initiative ergriffen haben würden, so würden die minder mächtigen Fürsten sich beeilen, zu ihrer eignen Sicherheit diesem Bunde [Conféderation] beizutreten, und da dann alle insgesammt durch ihre Verträge verpflichtet sein würden sich gegen den- oder diejenigen, die sie verletzen wollten, zu vereinigen, so würde jener Bund die äußere und innere Ruhe Deutschlands wenigstens eben so fest sichern als positive Gesetze, die ebenfalls, wie die Erfahrung früherer Zeiten lehre, überschritten oder umgangen werden können und in diesem Falle zuletzt auch kein anderes Zwangsmittel als die Gewalt darbieten, nur mit dem Unterschiede, daß die Anwendung der Gewalt durch das Gesetz vorgesehen und angeordnet, in den Verträgen dagegen durch den Casus foederis bestimmt werde, da übrigens das Gesetz und die Verträge in gleicher Weise verbindliche Kraft für diejenigen hätten, die sich ihnen unterwerfen wollen, sonst aber ebenso von denen übertreten zu werden vermöchten, welche sich dagegen auflehnen und die Macht zu haben glauben Widerstand zu leisten."

An Münster, Prag, 12. 10. 1813. Castlereagh's Denkschriften, IV S. 27–35, hier S. 33–35. Franz. Text: Castlereagh, IX S. 60–67, hier S. 63–65. Vgl. auch Aberdeen an Castlereagh, Schmalkalden, 30. 10. 1813, Oncken, Jahr 1813 S. 14 f. sowie Metternich I, S. 207 f. – Hierzu Kraehe, I S. 215–218; ders., Raison d'état S. 189 f. Über die Modifizierung dieser Auffassungen seit dem Frühjahr 1814 vgl. Kraehe, II S. 21 f., 110 f. sowie oben S. 18.

69. Denkschrift Solms-Laubachs über das Verhältnis Preußens und Österreichs zum Deutschen Bund

Verteidigt den in der 2. Fassung der 41 Artikel Hardenbergs vorgesehenen Ausschluß der altpreußischen und altösterreichischen Gebiete rechts von Elbe und Inn vom Deutschen Bund. [1]

Schmidt, S. 192–195; leicht gekürzt und mit einigen Abweichungen Baumgarten, S. 553 f.

Wien, 7. September 1814[2]

Es scheint im ersten Augenblick allerdings auffallend, wenn dem zu errichtenden deutschen Bund die deutschen Provinzen nicht einverleibt werden sollen, welche nach dem Tilsiter und Wiener Frieden im Besitz beider Monarchien geblieben sind. Es sieht bei Aufstellung dieser Behauptung aus, als fürchte man sich Deutschland zu groß zu machen, als wolle man den Wiener und Berliner, deren Benehmen im großen Kampf ihre patriotischen Gesinnungen bewährt hat, vom germanischen Bunde ausschließen. Gleichwohl sprechen für diese Ausschließung sehr wichtige Gründe.

Das erste Bedürfnis der Deutschen ist, in einer festen Staatsverfassung Schutz gegen die Willkür zu finden, der sie seit sieben Jahren preisgegeben waren.

Soll die Erwartung aller Wohlgesinnten erfüllt werden, so muß durch die neuere Organisation unseres Vaterlandes jeder Rückschritt zum Despotismus unmöglich werden, und hierzu bedarf es einer genauen Bestimmung der fürstlichen und der ständischen Rechte. Dieser Bestimmung können sich Österreich und Preußen in den nun rekuperierten Landen, die alle eine veränderte Verfassung nach der Abtretung erhalten haben, zumal in Erwägung der vorzüglichen Rechte gefallen lassen, welche ihnen als Bundesdirektoren zustehen werden. Eine ähnliche Veränderung der Verfassung in den alten Staaten beider Monarchien aber vorzunehmen, wird bis jetzt wenigstens, von den Unterthanen nicht verlangt, und Neuerungen, welche die Notwendigkeit nicht gebietet, können gar füglich unterlassen werden. Sollte man aber gleichwohl die Ver-

[1] Der in Artikel 2 der 41 Artikel (Nr. 65 S. 315) vorgesehene Ausschluß der altpreußischen und altösterreichischen Gebiete, der wesentlich auf Stein zurückging (Neue Stein-Ausgabe, V S. 68), wurde von Humboldt, der die 41 Artikel am 29. August von Solms-Laubach in Wien erhielt, heftig kritisiert. An Hardenberg, Wien 31. 8. 1814, Humboldt, XI S. 220–223. Vgl. auch Baumgarten, S. 549–552.

[2] Die Denkschrift entstand im Zusammenhang mit den von Humboldt veranstalteten 'Vorkonferenzen' über die 41 Artikel mit Graf von Hardenberg und von Martens (Hannover) sowie mit Graf von Solms-Laubach am 5., 8. und 9. 9. in Wien. Schmidt, S. 192.

bindung aller deutschen Lande zu einem Ganzen beschließen, so könnte die Rückwirkung auf Deutschland dem Zweck des Bundes hinderlich sein, und die Bewohner des ehemaligen Rheinbundes um die Erfüllung ihrer schönsten Hoffnungen bringen. Es ist nichts gewisser, als daß in den Landen,[a] wo seit sieben Jahren willkürlich regiert wurde[a], die Organisation der Stände vielen Widerstand finden werde. Man wird von seiten der Regierungen ebenso eifrig der Ausübung der konstitutionellen Rechte der Stände entgegen arbeiten, als die Stände die von der Großmut der alliierten Monarchen erhaltene Freiheit zu benutzen suchen werden. Alle Leidenschaften werden hierbei aufgeregt werden, und wer kann es verhindern, daß unter einer Mehrzahl eben vom Joch befreiter Männer nicht hin und wieder einer ein Wort zu viel spreche? – Sorgfältig werden die ehemaligen Rheinbundsfürsten solche Äußerungen auffassen, mögliche Verbindungen mit den Ständen der großen Monarchien besorgen lassen, und es, unter Umständen, dahin zu bringen suchen, daß dieser Geist als der innern Ruhe der großen Monarchien gefährlich dargestellt werde. Findet diese oft und unter allen Formen vorgebrachte Insinuation Eingang, so kommt bald Schlaffheit in diese Organisation. Die Parallele zwischen denen, einer väterlichen Regierung gewohnten österreichischen Stände, die wenig oder nicht zu reklamieren brauchen, und denen aus usurpierten und ererbten Landen neu gebildeten, wird gezogen, und die Folgen sind leicht zu ermessen. Man wird vergeblich bemerken, daß Ungarn seit seiner Verbindung mit Österreich eine Konstitution habe, und daß es den österreichischen Ständen seit dem westfälischen Frieden nicht eingefallen ist, gleiche Rechte mit Ungarn zu begehren; ist es einmal gelungen, Besorgnisse einzuflößen, so bleiben auch die gewöhnlichen Folgen nicht aus, und nun entsteht die Frage, welche Gefahr größer sei, die daß man die altösterreichischen und altpreußischen deutschen Staaten in andern Verhältnissen mit Deutschland lasse, oder, daß unsre Landsleute nicht vollkommen die Vorteile der eingetretenen Veränderung genießen, die sie zu erwarten berechtigt sind, und welche ihre Anstrengungen für die gute Sache verdienen. Der Nachteil, der durch die unterbleibende Verbindung entstehen soll, ist problematisch; der durch die Vereinigung herbeigeführte aber beinahe gewiß.

Was ein oder der andere deutsche Fürst darüber sagen mag, kann den Monarchen wohl gleichgültig sein. Die Fürsten können unmöglich mehr verlangen, als was bei der Reichsverfassung Rechtens war, und bei dieser bestand die Exemtion von Österreich. Es hat ja nicht ihr Schwert das Verlorene zurückerobert – die Monarchen danken dessen Wiedereroberung allein sich, und den Anstrengungen ihrer Völker!

Um alle Meinungen zu vereinigen, um hauptsächlich die Nachrede zu ver-

[a] Baumgarten, S. 553: „wo es seit sieben Jahren sultanisch herging".

meiden, daß der Österreicher und Brandenburger nicht als Deutscher behandelt werde, könnten ja die beiden deutschen Monarchen erklären:

Daß zwar ihre gesamten deutschen Staaten zum Bund gehören sollten, und sie davon ein Kontingent (dessen Stärke zu bestimmen sein wird) stellen wollten, daß sie sich aber vorbehalten müssen, die künftige Verfassung ihrer alten deutschen Staaten auf eine der Bundesverfassung analoge Weise, nach deren eignen Verhältnissen zu bestimmen.

Hiermit würde wohl jedermann genug geschehen, jede Änderung in den Finanzsystemen beider Monarchien verhindert, alle Vorurteile beschwichtigt, und alle und jede Vergleichung der inneren Verhältnisse der ehemaligen Rheinbundsstaaten mit den alten deutschen österreichischen und preußischen Provinzen, und die daraus zu besorgenden Nachteile verhindert werden. Allerdings giebt die Vereinigung aller Deutschen in einen Bund in äußeren Verhältnissen den Schein der Macht; allein nur die innere Ruhe, die Vereinigung der Nation unter dem Schutz beglückender Gesetze, und die Zufriedenheit der Unterthanen wird innere Kraft verleihen.

Wien am 7. September 1814.

Friedrich Graf v. Solms-Laubach

70. Gesandtschaftsbericht des badischen Bevollmächtigten Hacke[1]

Legt eine scharfe Kritik der 41 Artikel Hardenbergs vor. Wendet sich insbesondere gegen die Kreisverfassung.

Rep. 48 Nr. 2921 GLA Karlsruhe.

Nr. 4, Ausfertigung Wien, 30. September 1814

Den preußischen Entwurf der Grundlagen der teutschen Landesverfaßung *[!]* betreffend.

Ich beeile mich, dieses Projekt[2] in der Anlage gehorsamst vorzulegen, da es das merkwürdigste Aktenstück des ganzen Congresses seyn dürfte, und erlaube mir, es mit meinen Ansichten zu begleiten.

Unverkennbar spricht sich darinn das preußische Vergrößerungssistem und der exaltirte Zustand, in welchem dessen Staatsmänner sich noch zu befinden scheinen, aus. Die größten und schönsten teutschen Staaten sich zu unterwer-

[1] Vgl. hierzu Mager, S. 307 f. Anm. 34; Real, S. 42–45. Über Hacke unterrichtet die Arbeit von Glaser.

[2] Nr. 65 S. 314–336 (2. Fassung).

fen, sie in preußische Provinzen zu verwandeln, und sich ihrer Staatskräfte und innern Verwaltung zu bemächtigen, ist die unumwundene Tendenz des Ganzen.

Der Terrorismus erscheint schon im ersten Artikel. Ehe man sagt, was der Bund und deßen Zweck sey, spricht man schon die Acht gegen diejenigen aus, die ihn verletzen, ohne im ganzen Entwurfe zu bestimmen, in was diese Verletzung und die Wirkung der Acht bestehe. Man wird also sehr leicht Verletzungen des Bundes finden, und die Acht wird wahrscheinlich in nichts geringerm, als Verjagung des Fürsten von Land und Leuten, und Sequestration durch die dirigirenden Kreisobersten ausgesprochen, bestehen. Der erste Artikel über des Bundes Bildung bezeichnet also schon den Weg zu Unterdrükkung und Proskription seiner Glieder, und spricht die Strafe aus, ohne das Verbrechen zu bezeichnen. Die Mühe, solche aufzufinden, ist allerdings dadurch sehr erleichtert.

Nach dem 2ten Artikel weist Preußen nur seine Besitzungen auf dem linken Elbufer dem Bunde zu, unterstellt sohin die Trennung Sachsens, wenn dieses Land seine eigne Existenz verlieren sollte. Dies verdient deshalb bemerkt zu werden, weil die im preußischen Solde stehenden Zeitungsschreiber die Sachsen stets mit der Aussicht, auch unter Preußen nur ein Ganzes zu bilden, trösteten.

Nach dem buchstäblichen Inhalte der mit den drey großen Mächten geschloßnen Verträge ist die bloße Landeshoheit nicht mehr das Attribut teutsche*[r]* Könige und Fürsten. Jeder teutsche Publizist wird mir beystimmen, daß ohne Reichsverband sich keine Landeshoheit denken läßt. Diese unterstellt jenen, und dieses Wortes Bedeutung gieng mit der Reichsverfaßung unter. Deshalb wurden auch von den verbündeten Mächten Souverainitätsrechte traktatenmäßig anerkannt und garantirt: – Verwechslung der Worte und Begriffe darf und kann hier nicht statt finden. Auch der künftige Bundesakt, das lien féderatif nach dem Wortlaute des Pariser Friedens,[3] muß den teutschen Fürsten ihre Souverainität, welche allerdings zum Besten der einzelnen Staaten, ihrer Bewohner, oder des Bundes im Ganzen aber nie zum Vortheil fremder Staaten, beschränkt werden kann, belaßen.

Jeder Völkerbund, und der teutsche ist doch wohl kein andrer, ward, so weit die Geschichte reicht, nur zwischen Völkern oder den sie repräsentirenden Beherrschern geschloßen. Bündniße zwischen Völkern und Privatpersonen erzeugte selbst das Mittelalter nicht. Der 4te Artikel des vorliegenden Projekts beweist, daß diese Mißgeburt dem 19ten Jahrhundert aufgehoben war. Die mediatisirten aller Klassen treten als Bundesmitglieder auf, ohne Wiedereinsetzung in ihre Regierungsrechte, und sie werden also ihre Eigenschaft als

[3] Nr. 3 S. 61.

Bundesmitglieder blos dazu benützen, ihr Privatintereße gegen die Staaten, welchen sie angehören, geltend zu machen, und alles dies in einer Bundesversammlung, deren Zwek seyn sollte, die Nationalkraft zu konzentriren und zu entwickeln, und dem Intereße des Ganzen und der einzelnen Staaten gemäß zu verwenden. Man sieht deutlich, daß man sich dieser mediatisirten nur als Instrumente bedienen will, um durch sie jeden fremden Zwek zu erreichen, oder will man ihnen vielleicht dies einräumen, um dem tollen Projekte mehr Anhänger zu verschaffen? Die Regierungen sind aufgeklärt genug, um zu fühlen, was Noth ist, und solcher Kniffe bedarf es nicht, um zwekmäßigen Vorschlägen Eingang zu verschaffen. Um der Mediatisirten Rechte zu sichern, um sie gegen Bedrükungen zu schützen bedarf es keiner Theilnahme an den Bundesverhandlungen. Die einzelnen Staaten Verfaßungen, zwekmäßig organisirt, und unter des ganzen Bundes Garantie gestellt, muß ihnen diesen Schutz gewähren; so werden Eigenthum, persönliche Rechte aller Unterthanen gegen willkürliche Eingriffe der Regierungen ohne Nachtheil des teutschen Volkes und des teutschen Bundes geschützt werden.

Daß die Theilung der vollziehenden Gewalt in einem Staate nur nachtheilige Folgen erzeugen könne, indem sie den zwekmäßigen Gang der Staatsmaschine hemmt, ist ein durch die Erfahrung von Jahrhunderten bewährter Grundsatz. Es ist also sicher zu mißbilligen, Privatpersonen daran Theil zu geben. Hier, wo es sich darum handelt, den durch die Bundesakte von 1806 Mediatisirten einen großen Antheil an der Bundesgesetzgebung und Bundesregierung einzuräumen, wird man auf die Frage geleitet: in welchem statistischen Verhältniß stehen sie denn mit ihren vormaligen unmittelbaren Besitzungen zu dem Ganzen, an dessen Regierung sie einen so bedeutenden Antheil nehmen sollen? Ihre Bevölkerung wird kaum eine halbe Million übersteigen, während die Staaten, von deren Vereinigung zu einem Bunde die Rede ist, 11 bis 12 Millionen in sich faßen. Will man eine Verfaßung geben, so ist auf dieses Verhältniß Rücksicht zu nehmen, und nicht auf die Zahl der Individuen, welchen die Bundesakte ihre Herrscherrechte entzog. Nicht die Zahl der Klagenden kann hier entscheiden, wo es dem Wohl und Weh der Länder, welchen sie angehören, gilt, sondern ihr politisches Gewicht in dieser Ländermaße. Ueberhaupt scheint es mir, man habe zwey Gegenstände sorgfältig zu trennen: die Organisation des Bundes von der innern Organisation der einzelnen teutschen Staaten.[4] Die Vermengung beider wird ein höchst mangelhaftes Bundesgrundstatut erzeugen, und das vorliegende Projekt leidet an diesem Grundübel.

Der ganze 6te Artikel ist überflüßig, so wie für eine zwekmäßige Organisation der Bundesstaaten gesorgt, und diese vom Bunde garantirt wird. Man

[4] In der Vorlage unterstrichen.

führe in jedem einzelnen Staate Landstände ein; man gestatte ihnen die Bewilligung der Abgaben und Theilnahme an der Gesetzgebung; man mache die Minister verantwortlich; man erkläre die Gerichte unabhängig; so wird die neuere Verfaßung durch sich selbst begründet und die Erfahrung wird lehren, wie unnöthig die Einwirkung des Bundes ist. Setzt man dagegen die Unterthanen in unmittelbare Berührung mit dem Bunde, so werden die Kreisobersten eine große Thätigkeit zum Nachtheil der einzelnen Staaten erhalten; Anarchie und Verwirrung wird entstehen, und ein Zustand der Dinge erfolgen, den niemand wünschen kann, der es redlich mit Teutschland, mit den einzelnen Staaten und mit der Verfaßung meint.

Ein wesentlicher Vortheil kleiner Staaten ist die Möglichkeit, die Gesetzgebung und die aus ihr hervorgehenden Staatsinstitute der Lokalität und den Bedürfnißen des kleinen Staatsgebiets anpaßen zu können. Die im 8ten Artikel vorgeschlagne allgemeine Gesetzgebung würde diesen Vortheil vernichten.

Die vom 9ten bis zum 17ten Artikel vorgeschlagne Eintheilung in Kreise in Verbindung mit den folgenden Artikeln ist die Unterwerfungsakte sämmtlich teutscher Staaten unter Preußen und Oestreich: und zwar Bayern, Hannover und Würtemberg mittelbar, durch das jenen Monarchien im 20ten und folgenden Artikeln eingeräumte Uebergewicht im Kreisobersten und Fürstenrathe, und den übrigen unmittelbar durch die vorbehaltnen Kreisoberstenstellen im obersächsischen thüringischen, niedersächsisch westphälischen und oberrheinischen Kreise. Vergleicht man diese Kreiseintheilung mit den bekannten statistischen Angaben, so würde Preußen (Sachsen noch nicht mit gerechnet) drey Millionen und Oestreich eine Million neue Unterthanen erhalten; denn daß ein Kreisoberster, in deßen Hände man nach Artikel 17 die Militärgewalt, die Handhabung allgemeiner Ordnung und Sicherheit legt, wenn er nicht nur der mächtigste Fürst des Kreises, sondern auch ein angränzender mächtiger Monarch ist, als Regent des Landes anzusehen sey, bedarf wohl keines Kommentars. So wäre also die Theilung Deutschlands zwischen Oestreich und Preußen ausgeführt; denn bloße kraftlose Zukungen wären alles, was unsere Fürsten noch zur Erhaltung ihrer Selbstständigkeit unternehmen könnten; welches ist denn aber der Titel, unter dem dies geschehn soll? B e r u h t e r i m B e d ü r f n i ß o d e r W u n s c h d e r N a t i o n ? Sicher nicht. Die Aufnahme der in ihre Länder rükgekehrten Fürsten spricht laut das Gegentheil aus. Will man uns für einen solchen Nationalwunsch vielleicht die Klagen der Mediatisirten geben, die, weil sie in ihrer beengten Sphäre keine Selbständigkeit mehr erlangen können, die andern leidenschaftlich zu sich herunter ziehen wollen? o d e r f o r d e r t d a s G l e i c h g e w i c h t v o n E u r o p a e i n e s o l c h e M a a s r e g e l ?

Der Pariser Friede erkennt vor wenig Monaten noch feierlich das Gegentheil. Konnte aber auch die Theilung Teutschlands im Intereße von Europa liegen, so sind es sicher nicht zwey Mächte, die ihre Rechte darauf ausschließend geltend machen dürfen.

Soll die Theilung deshalb geschehen, weil kleine Staaten unvermögender sind, ihre Regierungsrechte auszuüben, und die größern Regierungszweke zu erreichen nicht vermögen?

Der neueste Zustand der Dinge, besonders im südlichen Teutschland widerspricht diesem, die Vergrößerung der kleinen Staaten im Jahre 1802 und die Mediatisation von 1806 begründeten die zwekmäßige Ausbildung aller Zweige der innern Verwaltung. Oeffentliche Sicherheit wird beßer erhalten, alle Staatsanstalten sind geordneter. Ein beßerer Zustand gegen das frühere ist hier unverkennbar. Wie haben sich nicht die militärischen Kräfte dieser Staaten entwikelt? Sie haben vorzüglichen Antheil an dem Sturz der Napoléonischen Oberherrschaft in Europa, und ohne ihre Mitwirkung wären die großen Resultate vielleicht nie, aber sicher nicht so bald erreicht worden. Klagen über Mißbräuche in einzelnen Staaten sind vorhanden, und auch mehr oder weniger gegründet. Man wird deren in Oestreich und Preußen auch finden. Um ihnen vorzubeugen bedarf es aber nicht des etwas vehementen Mittels der Staatenvernichtung.

Soll Teutschlands Theilung das Glück der Nation befördern?

Unter seinen alten Fürsten war Teutschland Jahrhunderte lang glüklich, und wird es auch ferner seyn. Unter ihrer Einwirkung hat die Nation einen Grad von Bildung und Kultur erlangt, in dem keine Nation sie übertrifft. Die Theilung in kleinere Staaten, die Verschiedenheit der Staatsverfaßungen und Staatsinstitute entwikelte viele Ideen, die von Teutschland aus sich über ganz Europa verbreiteten, und ohne diese Verfaßung sich vielleicht nie erzeugt hätten. Die bisherige Verfaßung verbannte Einseitigkeit in Bildung und Begriffen, und Europa verdankt diesem Verhältniß einen Theil seiner Kultur und seines Uebergewichts. Man könnte noch fragen:

Ist eine Kreiseintheilung überhaupt ein Bedürfniß für die teutschen Staaten und die Nation in ihrem gegenwärtigen Zustande?

Die Kreisverfaßung Teutschlands war Folge seiner ungeheuren Zerstüklung in kleinere Staaten, und ohne sie war Handhabung des innern Friedens, Schutz des Mindermächtigen gegen den Mächtigern, in Verbindung mit der Reichsgerichtsverfaßung, unmöglich. Jezt besteht Teutschland aus wenig Staaten; alles ist zwischen diesen ausgeglichen, ihre Gränzen sind bestimmt; an Befehdungen ist nicht zu denken; eine achtjährige Erfahrung spricht dafür. Der innere Friede Teutschlands ruht auf festen und einfachen Grundlagen. Europa garantire diesen einzelnen Staaten Gränzen, und mehr bedarf es nicht zur ewigen Dauer dieses Zustandes. Was soll also die Wiedereinführung eines Instituts in Teutschland rechtfertigen, was nun nicht mehr paßt, und nur als ein Vehikel, der teutschen Staaten Selbständigkeit zu untergraben, und alle Territorialgewalt in fremde Hände niederzulegen, dienen würde und sollte? Daß nur bey größerer Zerstüklung Kreise nothwendig waren, bewährt die Geschichte derselben. So waren im schwäbischen, fränkischen ober- und niederrheinischen die Kreisversammlungen ungleich täthiger als in den übrigen, wo in einigen sie ganz in Vergessenheit gekommen waren. Auch lag nicht in ihren Händen, wie es das Projekt will, die ganze Staatsexekutivgewalt. Die Kreisausschreibenden Fürsten übten nicht diese eminenten Rechte aus, sondern die Kreisversammlungen, und jene handhabten sie aus ihrem oder der Reichsgerichte Auftrag. Der kleinste Reichsstand war repräsentirt, und in der Kreisversammlung lag die Macht des Kreises nicht aber in den Händen des mächtigsten Fürsten desselben. – Diese Kreisverfaßung hat mit der ältern nichts gemein als den Namen. Nicht nur in den einzelnen Kreisen ist nach Artikel 18 die Exekutivgewalt den Kreisobersten übertragen; sondern nach Artikel 21 übt sie der Kreisobersten-rath mit Ausschluß der Fürsten in dem ganzen Bunde aus. Dabei haben dann auch Oestreich und Preußen eine größere Stimmenzahl, als alle übrigen zu Kreisobersten berufenen Fürsten. In die Hände dieser Mächte legt also das Projekt im Grunde mit Ausschluß aller übrigen europäischen Mächte die Disposition über die Staatskräfte des gesammten teutschen Staatenbundes. Das Intereße des Ganzen und der Einzelnen würde im Vergleich mit dem Staatsintereße dieser beyden Monarchen stets nur ein untergeordnetes bleiben. Auf welchen Titel gründet sich das Uebergewicht dieser beiden Monarchien? – Die Antwort wird man schuldig bleiben. Das Projekt will unabhängige Staaten erkennen, und vernichtet durch sich selbst ihre Unabhängigkeit.

Merkwürdig ist im Artikel 22 das Resultat, daß die den Mediatisirten eingeräumt werden wollenden Stimmen im Fürstenrathe halb so zahlreich wären, als die Stimmen jener Fürsten, die noch als regierend zu betrachten sind.

Statistisch läßt sich dieses näher aus einandersetzen. Den Mediatisirten ohne Unterthanen, deren ehmalig politisches Gewicht sich zu dem der übrigen deutschen Staaten beiläuffig wie 1 zu 20 verhielt, soll ohngefähr 1/3tel in der Repräsentation der ganzen Nation im Bunde eingeräumt werden. Mehr als dieser Bemerkung bedarf es wohl nicht.

Wie im 27ten Artikel Mediate in persönlichen Sachen, oder bey Verletzung des Bundes, einem für sie fremden Bundesgerichte unterworfen werden sollen, ist unverständlich; indem diese nothwendig eine Verletzung der Unterthanenpflichten unter sich begreiffen würden. Sollte unter dem Ausdruk persönliche Sachen Personalklagen verstanden werden, so würde dieser Artikel in den meisten Fällen die Mediate der Gerichtsbarkeit der Landesgerichte entziehen.

Unter dem Eingang des 29ten Artikels würden sich so ziemlich alle Klagen der Unterthanen gegen den Herrn subsummiren laßen, wenn das Bundesgericht geneigt wäre, – welches übrigens Tendenz aller Gerichte in der Welt ist – seine Jurisdiction auszudehnen.

Der 30te Artikel entzieht allen Fürsten alle oberste Gerichtsbarkeit. Nach allem, was ihnen die frühern Artikel nehmen, ist dieses eine kaum die Erwähnung mehr verdienende Nebensache. Nur muß man sich wundern, wie hier sogar von einer Appellation in Kriminalsachen die Rede ist; wahrscheinlich um auch den einzelnen Staaten die Kriminaljustiz zu entziehen; sonst läßt sich kein Grund dieser ganz neuen Theorie einsehn, da bekanntlich in keinem Staate Appellation in Kriminalsachen statt findet, und nicht statt finden darf, wenn anders öffentliche Sicherheit nicht gefährdet werden soll.

Der 31 und 32te Artikel erläutern noch zum Ueberfluß die vorigen, indem sie den Kreisobersten auch noch die Militärgewalt in die Hände legen; die Fürsten wären nichts als ihre Adjutanten.

Der 34te Artikel scheint den 31ten zu limitiren. Wie aber Truppen, die unter fremdem Oberbefehle stehen, doch zur Disposition des Landesherrn bleiben sollen, vermag ich nicht zu erklären.

Der 38te Artikel stellt, in völliger Konsequenz mit allen vorhergegangenen, die Staatskräfte Teutschlands der freien Willkühr Oestreichs und Preußen*[s]* anheim: Es ist natürlicher und nothwendiger Folgesatz des ganzen Plans. Allein schwerer dürfte die Antwort auf die Frage seyn, warum unser Vaterland auf ewige Zeiten grade diesen Mächten dienstbar und unterworfen, und seinem unmittelbaren Verhältniß zu allen andern ihm durch Sitten und Sprache zum Theil gleich nah verwandten europäischen Nationen entzogen werden soll?

Zieht man die hier blos angedeuteten Folgen und Wirkungen dieses Projekts auch nur in oberflächliche Ueberlegung, so ist nichts weniger zu begreiffen, als die doch nothwendig dabey unterstellte Voraussetzung, es werde teutsche Fürsten geben, die eine solche Urkunde zu unterzeichnen, und ihre politische Vernichtung zu besiegeln, sich entschließen würden. Von deutschen Fürsten, welchen wenige Monate früher Souverainität und Unabhängigkeit durch feierliche Verträge zugesichert ward,[5] die als Souveraine dastehen, und in dieser Eigenschaft, durch Aufbietung großer Staatskräfte, wesentlichen Antheil an der Erkämpfung der Freiheit haben, deren sich ganz Europa erfreut, von diesen erwartet man, sie würden sich und ihren Völkern ein solches Joch auflegen; Sie und ihre Völker haben wahrlich nicht dafür gekämpft, sich ihrer Selbstständigkeit zu begeben, und sich einer ihnen fremden Herrschaft zu unterwerfen.

Es war auch nur eine Stimme dagegen – selbst Oestreich trat laut dagegen auf. Es blieb eine politische Mißgeburt: die Preußen schämen sich des Mach-

[5] Vgl. Nr. 63 S. 302 Anm. 4 sowie Nr. 13 Anm. 8 und Nr. 16 Anm. 5.

werks und läugnen es ab, indem sie es dem Minister von Stein zuschieben,[6] der aber mit gewohnter Kraft diese Paternität laut von sich abweist.

F*[rei]*h*[err]* von Hacke

71. Die Zwölf Artikel[1]

Die Staaten Deutschlands bilden einen Deutschen Bund. Einteilung in Kreise. Rat der Kreisobersten, Fürsten- und Ständerat. Ständische Verfassungen, Rechte der Deutschen.

Schmidt, S. 209–212.[2]

[Wien, 14. Oktober 1814]

Artikel, welche bei den Konferenzen der fünf deutschen Mächte zur Grundlage gedient haben.

1. Die Staaten[a] Deutschlands (mit Inbegriff Österreichs und Preußens für ihre deutschen Länder) vereinigen sich zu einem Bunde, welcher den Namen des deutschen führen wird. Jeder Eintretende leistet Verzicht auf das Recht, sich ohne Zustimmung der übrigen davon zu trennen.

[6] Zur Beteiligung Steins an dem Hardenbergschen Entwurf vgl. Nr. 65 S. 314 Anm.1.

[1] Die Zwölf Artikel sind das Ergebnis der Beratungen, die vom 7. bis 14. 10. zwischen Preußen, Österreich und Hannover über Hardenbergs 41 Artikel (Nr. 65 S. 314–336) stattfanden. Nachdem der dort vorgesehene Ausschluß der altpreußischen und altösterreichischen Gebiete schon in den Vorkonferenzen zwischen Humboldt, Solms-Laubach und den hannoverschen Vertretern Graf Hardenberg und Martens Anfang September hatte aufgegeben werden müssen (Schmidt, S. 192–197), sorgte Metternich nunmehr für eine teilweise Abschwächung der gegen die Selbständigkeit der kleineren Staaten gerichteten Tendenzen des Entwurfs, der auf 12 Punkte reduziert wurde. Hartmann, S. 29 f. Der Text wurde am 14. 10. beschlossen und in der 2. Sitzung des Fünferausschusses am 16. 10. (Nr. 75 S. 364) vorgelegt. Eine offizielle Bezeichnung hatten die Artikel nicht. Die Bezeichnung 'Zwölf Artikel' begegnet schon früh bei den Kongreßdiplomaten. Schmidt, S. 208; Mager, S. 301 Anm. 11; vgl. auch Nr. 75 S. 364. Zur Entstehung der Zwölf Artikel neuerdings Kraehe, II Kap. VI, der anders als die neuere Literatur in Metternich den Befürworter größerer Bundeskompetenzen sieht, der von Anfang an versucht habe, den preußischen Bemühungen entgegenzuarbeiten, die Rechte der Kreisobersten zu stärken (S. 170). Vgl. bereits Schmidt, S. 233–244.

[2] Den besten Text bietet Schmidt, der das von Hardenbergs Hand betitelte Exemplar aus den preußischen Akten abdruckt, das bereits den Wortlaut hat, der sich aus den Beschlüssen des Fünferausschusses am 16. 10. ergab. Diese werden durch die Fußnoten kenntlich gemacht. Ein Vergleich dieses Textes mit dem in den bayerischen Akten über-

[2.] Der Zweck dieses Bundes ist die Erhaltung der äußeren Ruhe und Unabhängigkeit und die innere Sicherung der verfassungsmäßigen Rechte jeder Klasse der Nation.

3. Indem die Bundesglieder[b] zur Erreichung dieses auf das Wohl des gemeinsamen Vaterlandes gerichteten Endzwecks[c] zusammentreten, behalten sie alle und jeder den vollen und freien Genuß ihrer Regierungsrechte, insoweit dieselbe nicht durch den im vorigen Artikel bestimmten Zweck eingeschränkt, und diese Einschränkungen in der Bundesurkunde namentlich ausgedrückt sind.

4. Der Zweck des Bundes wird erreicht a) durch die mit der[d] Einteilung Deutschlands in eine Anzahl von Kreisen verbundene Anordnung einer Bundesversammlung, welche aus einem Rat der Kreisobersten und einem Rat der [e]übrigen Stände[e] besteht. b) Durch den Einfluß, welcher jedem Kreisobersten nach dem Inhalt der Bundesurkunde und unter der Aufsicht der Bundesversammlung über die Stände seines Kreise anvertraut wird.

5. Im Rat der Kreisobersten erscheinen Österreich mit 2 Stimmen, Preußen mit 2, Bayern mit 1, Hannover mit 1, Württemberg mit 1. Er ist ununterbrochen in derselben Stadt versammelt, entscheidet nach der Mehrheit der Stimmen, und es werden so viele Kreise gebildet, als Stimmen in diesem Rate sind. Ihm gebührt: a) Ausschließlich und allein die Leitung und ausübende Gewalt des Bundes; die Vertretung desselben, da wo er als ein Ganzes gegen auswärtige Mächte erscheinen muß; die Entscheidung über Krieg und Frieden. b) Zugleich mit dem Fürsten- und Ständerat[f] die Besorgung derjenigen Gegenstände, welche den Wirkungskreis dieses letzteren ausmachen.

6. Der Rat der Stände[g] besteht: a) Aus einer Anzahl fürstlicher Häuser, die der Kreisobersten mit eingerechnet, mit Virilstimmen. Diese Häuser würde man nach dem Alter der Fürstenwürde, dem Glanz der Geschlechter und der Volksmenge dergestalt auswählen, daß, außer allen altfürstlichen Häusern, einige neufürstliche darin wären, jedoch nur solche, deren Länder in ihren verschiedenen Zweigen eine Bevölkerung von mehr als 100000 Seelen in sich

lieferten Exemplar, in dem ebenfalls schon die Beschlüsse des 16. 10. berücksichtigt sind, bestätigt die Fehlerhaftigkeit des von Klüber, I 1 S. 57–61 gebotenen Textes. In den Fußnoten vermerken wir auch die wichtigeren Unterschiede zwischen dem preußischen und dem bayerischen Text. Dieser in: MA 1031 fol. 18–21', BayHStA München.

[a] Ursprünglicher Text: Fürsten und freien Städte.

[b] Bayerischer Text: Staaten Deutschlands.

[c] Bayerischer Text hat nach Endzwecks: in einen Bund.

[d] Bayerischer Text: einer.

[e] Ursprünglicher Text: Fürsten und Stände.

[f] Bayerischer Text: Städte Rath.

[g] Ursprünglicher Text: Fürsten und Städte.

fassen. b) Aus den übrigen fürstlichen Häusern und den freien Städten mit Curiatstimmen.

Ihm gebührt, aber nur zugleich mit dem Rat der Kreisobersten, jedoch so, daß beide als abgesonderte Kammern ratschlagen, die gesetzgebende Gewalt des Bundes, und der beschäftigt sich daher hauptsächlich mit allgemeinen auf die innere Wohlfahrt gerichteten Anordnungen.

Er versammelt sich nur alljährlich einmal, und bleibt nur bis zur Abmachung der jedesmal vorliegenden Geschäfte beisammen.

7. Die Kreisobersten sind in ihren Rechten vollkommen gleich. Nur führt Österreich in beiden Räten der Bundesversammlung das Geschäftsdirektorium, worunter jedoch bloß eine formelle Leitung der Geschäfte zu verstehen ist.

8. Den Kreisobersten steht das Geschäft zu: a) den Bundesvertrag und die Bundesbeschlüsse aufrecht zu erhalten; b) die Kreisverhandlungen[h] zu leiten; c) die höchste Aufsicht über das Kriegswesen des Kreises auszuüben; d) mit seinen Gerichten die letzte Instanz für diejenigen Kreisstände zu bilden, welche nach dem Bundesvertrag nicht selbst eine höchste Instanz haben sollen. Ihr Verhältnis zu den einzelnen Kreisständen wird verschieden, nach der größeren oder geringeren Beträchtlichkeit derselben bestimmt, wozu die obige Einteilung der mit Virilstimmen und Curiatstimmen Begabten zur Anleitung dienen kann.

Alle Rechte, welche den Kreisobersten nach dem Bundesvertrag zustehen, üben dieselben nicht vermöge einer eigenen, mit ihrer Eigenschaft als Landesherrn verbundenen Gewalt, da vielmehr in dieser Hinsicht alle übrigen deutschen Stände gleiche Rechte mit ihnen haben, sondern als Beauftragte des Bundes und vermöge des ihnen von demselben übertragenen Amtes aus.

9. Um zu verhindern, daß nicht ein einzelner Bundesstaat die äußere Sicherheit Deutschlands in Gefahr bringen könne, verpflichtet sich jeder, welcher keine Länder außerhalb Deutschlands besitzt, keine Kriege für sich mit auswärtigen Mächten zu führen, noch an denselben teilzunehmen, auch ohne Vorbehalt der Zustimmung des Bundes keine darauf Bezug habende Bündnis-, noch Subsidien- oder andere die Überlassung von Truppen betreffenden Verträge einzugehen. Wenn Staaten, welche auch außerhalb Deutschlands Länder besitzen, in Krieg mit andern Mächten verwickelt werden, so bleibt es der Beratung des Bundes überlassen, auf den Vorschlag des kriegführenden Teils daran teil zu nehmen oder nicht.

10. Die deutschen Fürsten begeben sich gleichfalls des Rechtes der Bekriegung untereinander, und unterwerfen ihre Streitigkeiten (insofern sie sich nicht durch Austrägalinstanz abmachen lassen) einer, nach festzusetzenden Be-

[h] Bayerischer Text: Kreisversammlungen.

stimmungen, zugleich von dem Rat der Kreisobersten und einem Bundesgericht zu erlassenden richterlichen Entscheidung. Das zu diesem Behuf anzuordnende Bundesgericht spricht auch über Klagen, die über Verletzungen des Bundesvertrags in einzelnen Ländern bei demselben erhoben werden.

11. Der Bundesvertrag setzt die Notwendigkeit einer ständischen[i] Verfassung in jedem einzelnen Bundesstaat fest, und bestimmt ein Minimum der ständischen Rechte; überläßt es aber übrigens den einzelnen Staaten, ihren Ständen nicht nur ein Mehreres einzuräumen, sondern auch ihnen eine der Landesart, dem Charakter der Einwohner und dem Herkommen angemessene Einrichtung zu geben.

12. Der Bundesvertrag bestimmt gewisse Rechte, welche jeder Deutsche, wie zum Beispiel das der Auswanderung unter gewissen Beschränkungen, der Annahme Kriegs- oder bürgerlicher Dienste in anderen deutschen Staaten u. s. f. in jedem deutschen Staate ungekränkt genießen soll.

Bei den beiden letzteren Paragraphen bleibt Österreich und Preußen die Berücksichtigung ihrer besonderen Verhältnisse in Hinsicht ihres größeren Umfangs und ihrer Zusammensetzung aus Ländern, die nicht zum Bunde gehören, unbenommen.

72. Protokoll der 1. Sitzung des Ausschusses für die deutschen Angelegenheiten

Es wird beschlossen, die Beratung 'vorläufiger Punkte' auf die fünf Konferenzteilnehmer (Österreich, Preußen, Bayern, Hannover und Württemberg) zu beschränken.

Klüber, II S. 70–74.

Wien, 14. Oktober 1814

Praesentes.

Von Seiten Oestreichs,
der Hr. Fürst von Metternich,
der Hr. Baron von Wessenberg.
-- Preussens,
der Hr. Staatskanzler Fürst Hardenberg,
der Hr. Staatsminister Freiherr v. Humboldt.
-- Baierns,
der Hr. Feldmarschall Fürst Wrede.

[i] Der Hrsg. des Werks von Schmidt, Alfred Stern, merkt hier an, der mit Abkürzungen geschriebene Text lasse auch die Lesart „landständisch“ zu. Der bayerische Text hat hier eindeutig „ständischen“.

-- Hannovers,
der Hr. Graf von Münster,
der Hr. Graf von Hardenberg.
-- Wirtembergs,
der Hr. Staatsminister Baron v. Linden.

Hofr. von Martens, als General Secretär.

Der Herr Fürst von Metternich eröffnete die Conferenz mit der Bemerkung, daß, nach dem Zweck dieser Zusammenkunft, einige vorläufige Puncte zunächst in Berathung zu stellen seyen, ehe man in das, was die künftige Verfassung in Teutschland selbst beträfe, werde hineingehen können, und stellte, da die Unmöglichkeit, über die künftige Verfassung sofort mit allen Ständen gemeinschaftlich zusammenzutreten, vor Augen liege, zunächst folgende Fragen auf.

1.

Soll ein Comité, zur Deliberation über die Grundzüge der künftigen teutschen Verfassung, constituirt werden?

Welche Frage einstimmig von allen anwesenden Bevollmächtigten, als nothwendig, bejaht wurde.

2.

Aus welchen Mitgliedern soll dieses Comité bestehen?

Auch in Ansehung dieser Frage wurde einstimmig beliebt, daß dieses Comité sich nur auf die Bevollmächtigten der fünf Höfe Oestreich, Preussen, Baiern, Hannover und Wirtemberg beschränken müsse; theils weil eine grössere überhaupt zur Beförderung des Geschäftes nicht rathsam sey, gleichwohl die hier benannten fünf Höfe, als die mächtigsten in Teutschland anzusehen seyen, theils weil in Ansehung der übrigen Staaten der Umstand eintrete, daß sie sich durch ihre mit den verbündeten Mächten geschlossenen Verträge, zum Voraus denjenigen Bestimmungen unterworfen hätten, welche die zu Erhaltung der teutschen Freiheit definitiv festzusetzende Ordnung der Dinge erfordern würde, mithin ein Recht, diesem Comité beizuwohnen, ihnen nicht zustehe.

3.

Auf welche Art den übrigen Mitständen, die Eröffnung von der geschehenen Constituirung des Comité zu machen sey?

In Ansehung dieses Punctes ward einstimmig beliebt, daß eine solche Eröffnung allerdings nothwendig sey, um selbige durch eine nicht unterschriebene Declaration, auf den Fuß der am 8. October erlassenen[1] kund zu machen, die Constitution des Comité selbst aber nur in einem, von den anwesenden Mitgliedern zu unterzeichnenden Protocoll zu verzeichnen sey.

Diese Declaration, deren vorläufige Redaction dem Hofrath von Mertens *[d. i. Martens?]* aufgetragen wurde, soll mit Beziehung auf die in dem pariser Tractat[2] enthaltenen Bestimmungen, so wie auf die unterm 8. d. M. erlassene Declaration abgefaßt, und darin den nicht zum Comité gehörigen Fürsten bemerklich gemacht werden, daß sie durch ihre mit den Verbündeten geschlossenen Verträge sich zum Voraus auf die ad quaest. 2 berührte Weise den künftigen Einrichtungen für Teutschland unterworfen hätten, gleichwohl ihnen die Zusicherung ertheilt werden, daß man die von dem Comité festzustellenden Grundsätze der künftigen Verfassung nicht eher zur Vollziehung bringen würde, bis sie ihnen mitgetheilt worden.

4.

Welche Mittel die Mitglieder des Comité haben und gebrauchen wollen, um ihre Meinung bei ihren Mitständen festzusetzen?

In Ansehung dieses Punctes, wurde einstimmig dafür gehalten, daß, da das Befugniß des Comité's die Grundsätze der künftigen Verfassung festzusetzen, in dem Recht und den Umständen gegründet sey, es um so weniger für jetzt der Ausfindung besonderer Mittel bedürfen würde, als das einstimmige und kräftige Zusammenhalten dieser fünf Höfe, zugleich schon das kräftigste Mittel an die Hand geben werde, um bei den übrigen Ständen Grundsätze annehmlich zu machen, welche nur auf das wahre Interesse von Teutschland, im Ganzen und in seinen Theilen, abzwecken sollen.

5.

Aus welchen Mitgliedern das Comité unter sich, bestehen werde?

Als Bevollmächtigte für dieses Comité, wurden hierauf von jedem einzelnen Hofe nahmhaft gemacht:

[1] Nr. 25 S. 192f.

[2] Nr. 3 S. 62.

1. für Oestreich,
   der Fürst von Metternich, und der Herr
   Baron v. Wessenberg.
2. für Preussen,
   der Hr. Staatskanzler Fürst von Hardenberg,
   und der Staatsminister Freiherr von Humboldt.
3. für Baiern,
   der Herr Feldmarschall Fürst von Wrede.
4. für Hannover,
   der Herr Graf von Münster, und Herr Graf
   von Hardenberg.
5. für Wirtemberg,
   der Herr Staatsminister Baron v. Linden.

Die Redaction des Protocolls wurde, durch Compromiß der sämmtlichen Mitglieder, dem Hofrath von Martens übertragen; es behielten sich jedoch die einzelnen Herren Bevollmächtigten das Recht bevor, ihre LegationsSecretarien mit in die Sitzung zu bringen, um dadurch die Abschrift des genehmigten Protocolls desto mehr zu beschleunigen.

6.

Zur Production der Vollmachten, Behuf dieses Comité's, so wie zur Prüfung der zu entwerfenden Declaration, wurde die nächste Sitzung auf übermorgen 12 Uhr Mittags festgesetzt, und zugleich in Hinsicht der Vollmacht beliebt, daß die allgemein, Behuf des Congresses, ausgefertigten Vollmachten als hinreichend angenommen, und davon vidimirte Abschriften zu den Acten gelegt werden sollen.

Womit die heutige Sitzung beschlossen worden.

Das vorstehende Protocoll ist den Anwesenden zur Genehmigung vorgelegt, und von ihnen unterschrieben worden.

Wien, den 16. Oct. 1814.

Geschehen und genehmigt.

Fürst Metternich. Fürst Hardenberg. Fürst Wrede.
Wessenberg. Humboldt. Graf Münster.
Graf Hardenberg.[3]

[3] Die Unterschrift des württembergischen Vertreters fehlt. Vgl. dazu Nr. 75 S. 360f.

73. Konfidentenbericht an Polizeiminister Hager

Eine Versammlung kleinstaatlicher und städtischer Gesandter bei Gagern am 14. 10. beschließt, Metternich wegen der Kaiserfrage zu sondieren. [1]

Fournier, Geheimpolizei S. 184.

[Wien], 15. Oktober 1814

Gestern, den 14., waren bey Bon Gagern die Kongreß-Gesandten von Kur-Hessen, Hessen-Darmstadt, Braunschweig-Lüneburg, der Sächsischen und Anhaltischen Häuser, der Hanse-Städte und noch einiger kleinerer Kommittenten auf ausdrückliche Einladung versammelt.[2] Ein Teil speiste da, ein Teil kam erst nach Tische. Gagern legte eine der hiesigen Staatskanzlei zu überreichende Note zum Unterschreiben vor. Allein sie war in so heftigen und beissenden Ausdrücken verfaßt, daß man sie einstimmig verwarf. Es sollte darin den vier Ministern der Hauptmächte gesagt werden, daß sie kein Recht hätten, die Geschäfte so allein und mit Ausschluß der anderen Deutschen zu behandeln, daß man vor allem einen Kaiser, u. zw. den österreichischen, für Deutschland verlange. Gagern hielt sodann während 1½ Stunden eine Rede, worin er zu beweisen suchte, daß Deutschland dringend einen Kaiser bedürfe, daß Kaiser Franz dieser sein müsse und daß jeder fremde Einfluß bei Behandlung der deutschen Angelegenheiten zu entfernen sei. Man war über diese Punkte seiner Meinung, beschloß jedoch, daß Graf Keller vorher bei Herrn Fürsten v. Metternich die Bestätigung seiner Äußerung holen sollte, welche von Plessen (Mecklenburg) von diesem erhalten zu haben behauptete, und nach welcher S. D. versicherten, man werde in Rücksicht Deutschlands nicht eigenmächtig zu Werke gehen. Mehrere Mitglieder bemerkten, daß man bei einem solchen Schritt sehr vorsichtig zu Werke gehen müsse, um nicht Preußen zu indisponiren und Rußland und Österreich in Spannung zu setzen, und daß man vorher die Einwilligung des hiesigen Hofes in der Stille sondiren solle. Man verschob die Sache bis zum Rapport des Grafen Keller[3] und ging um 9 Uhr Abends auseinander. Von Seiten Badens war Niemand anwesend.

[1] Vgl. Apian-Bennewitz, S. 32.
[2] Über diese Versammlung weniger genau auch Gagern, II S. 202–205.
[3] Vgl. Nr. 74 S. 358–360.

74. Bericht des Grafen Keller über eine Unterredung mit Metternich

Metternich rät, vorläufig keine förmlichen Schritte zugunsten des Kaisertums zu unternehmen.

Fournier, Geheimpolizei S. 212–214.

Wien, 15.[1] Oktober 1814

Um mich des erteilten ehrenvollen Auftrags[2] zu entledigen, habe ich gestern, sogleich nach Erhaltung desselben, dem F. Metternich den Wunsch bezeugt, ihn am folgenden Tage, womöglich in den Vormittagstunden, über das Resultat der gehaltenen Versammlung zu sprechen, mit welcher Anfrage ich übrigens keine Anzeige des Gegenstandes unseres gestrigen Gesprächs verband. Heute früh erhielt ich die Einladung, mich um 12 Uhr auf die Staatskanzlei zu begeben, wo von beiden Seiten folgendes eröffnet und erklärt wurde:

Ich fing damit an, mich auf das natürliche Recht aller deutschen Staaten zu berufen, an der Beratung über die künftige Verfassung Theil zu nehmen, es möge das vor 1806 gültig gewesene deutsche Staatsrecht zum Grunde gelegt oder auch, ohne Rücksicht auf dasselbe, blos diejenige Selbständigkeit in Erwägung gezogen werden, welche durch die in Frankfurt und späterhin mit den hohen Verbündeten geschlossenen Traktate der deutschen Staaten bestätigt wurde. Ferner äußerte ich, daß, sobald man von einem sogenannten Ausschusse deutscher Mächte und Höfe, fünf an der Zahl, zu Bestimmung künftiger Verfassung gehört habe, der Wunsch einer Zuziehung mehrerer Glieder des deutschen Vereins nicht nur sogleich entstehen mußte, sondern in voriger Woche zur Sprache gekommen sein würde, wenn man nicht geglaubt hätte, die bereits angekündigte und einige Tage später in Druck erschienene Erklärung vom 8. d. M.[3] abwarten zu müssen. Diese Erklärung erwähnt zwar der deutschen Angelegenheiten gar nicht, deren Wichtigkeit sowohl für Deutschland überhaupt und die europäischen Mächte insbesondere, als auch für ganz Europa, in dessen Mitte wir liegen, keinen Zweifel lasse, daß nicht diese Angelegenheiten ein Hauptgegenstand der Congreß-Arbeiten sein würden, wie ich dann auch erfahren habe, daß bereits am gestrigen Tage des sogenannten deutschen Ausschusses erste förmliche Sitzung gehalten wurde.[4] Hierauf eröffnete ich dem F. Metternich, daß unsere gestrige Versammlung Willens gewesen sei, den Wunsch schriftlich bezeugen und überreichen zu lassen, daß nicht nur eine Zu-

[1] Zur Begründung der von Fournier (16. 10.) abweichenden Datierung Ulmann, S. 468 Anm. 4.

[2] Vgl. Nr. 73 S. 357.

[3] Nr. 25 S. 192f.

[4] Nr. 72 S. 353–356.

ziehung einiger großen und kleineren Glieder des deutschen Vereins zu dem Ausschusse Statt finde, sondern auch, daß der deutsche Körper, den man sich nicht wohl ohne Haupt denken könne, ein solches bekomme. Auf Veranlassung der Mitteilung, welche Herr B[on] v. Plessen von seiner gestern mit dem Herrn Fürsten gehabten Unterredung gemacht, sei, auf den gegebenen Rat wegen nötiger Beschleunigung vor Einleitung zu dem vorhabenden Geschäft, von dem Verlangen einer förmlichen Zuziehung mehrerer Reichsglieder zu den ersten Comité-Arbeiten, sowie überhaupt noch von jedem andern feierlichen und förmlichen Schritt, vor der Hand abzustehen und zu solchem eine vertraute Anzeige abzuwarten, dergestalt Rücksicht genommen worden, daß man, mit Vorbehalt des unstreitigen Rechts seiner Theilnahme an der Beratung über die künftige Verfassung, die erste Einleitung nicht durch das Verlangen der Zuziehung mehrerer Glieder zum sogenannten Ausschuß aufhalten wolle, dagegen aber von der Notwendigkeit eines Hauptes so überzeugt sei, daß man die mündliche Bezeugung dieses Wunsches unmöglich zurückhalten könne und mir also aufgetragen habe, denselben dem Herrn Fürsten nicht nur zu melden, sondern auch einen andern hinzuzufügen, daß nämlich Österreich dieses Haupt des deutschen Vereins sein möchte.

Hierauf erwiderte F. Metternich: Das Österreich geschenkte Vertrauen sei ungemein schätzbar, und die geschehene Eröffnung werde auf die eigene Ansicht der Angelegenheit Einfluß haben. Zum Voraus könne er zuversichtlich die lebhafte Dankbarkeit des Kaisers versichern, der zwar in Deutschland Freund der Mächtigen, zugleich aber auch ebenso sehr der minder Mächtigen Freund und Vertreter, wie auch, wo nötig, Beschützer ihrer Freiheit und gleicher Rechte sein und bleiben wolle. Der Fürst bat inständig, in dem jetzt bezeugten Vertrauen fortzufahren und zum Beweise desselben, in Erwartung baldiger Eröffnungen, vielleicht binnen wenigen Tagen, sich zu beruhigen und einstweilen förmlicherer Schritte sich zu enthalten. Es sollten äußerst einfache staatsrechtliche Grundsätze aufgestellt werden, um darauf die künftige Verfassung heilsam und zweckmäßig zu bauen. Die erste Absicht in und für Deutschland müsse Einheit und wahre Deutschheit sein, nur ein solches Deutschland müsse bestehen. Wie es gegen das Ausland oder unter den europäischen Staaten auftreten solle, gehe jene Staaten mit an, keineswegs aber die innere Verfassung, deren Bestimmung durchaus von jeder fremden Einmischung, sie möge Namen haben wie sie wolle, gänzlich fernbleiben müsse, da diese künftige Verfassung bei innerer Kraft und Haltbarkeit jede fremde Gewährleistung entbehren könne. Bei Erklärung der deutschen Einheit versicherte F. Metternich, es sei gewiß gar keine Absicht einer Teilung Deutschlands und seiner Kräfte, ebenso wenig auch irgend ein bestimmter Constitutionsplan schon vorhanden. Die unpräjudicierliche Deliberation über die künftige Verfassung sei auf die fünf größeren deutschen Staaten blos darum beschränkt worden, damit etwaigen Reclamationen fremder Einmischung desto gewisser vorgebeugt werde. Bei der gestrigen Versammlung ihrer Minister sei schon ein Hauptgegenstand die vollkommenste baldige Beruhigung aller andern deutschen Staaten gewesen. Das Österreich insbesondere geschenkte Vertrauen könne auf die übrigen vier Höfe ohne alle Ausnahme ausgedehnt werden, wobei namentlich die billigen Gesinnungen Preußens mehrmals versichert und Hannovers vorzüglicher ächter deutscher Patriotismus gerühmt wurden.

Dieses gab mir Gelegenheit, anzufragen, ob, wie schon in unseren Versammlungen vorgeschlagen worden, Preußen ebenfalls den Österreich von mir in Gemäßheit erhaltenen Auftrags bezeugten Wunsch zu eröffnen ratsam sei? Worauf geantwortet wurde: es könne zwar jetzt noch überflüssig scheinen, würde jedoch keineswegs abgeraten, und ließe sich allenfalls gesprächsweise mitteilen. Bei meiner Äußerung, daß die von uns als unumgänglich notwendig gehaltene Ernennung eines Hauptes das Ausland nicht angehe, indem man sich gegen dasselbe lediglich an den 6. Artikel des Pariser Friedens halten könne (der „indépendance des états de l'Allemagne sous un lien fédératif") schien F. Metternich nicht ganz meiner Meinung, sondern hielt dafür, wegen der künftigen Verhältnisse Deutschlands zum Auslande dürften Mitteilungen, ein künftiges Haupt des deutschen Bundes unter einer noch zu bestimmenden Benennung oder Titel betreffend, doch wohl Statt finden.

Endlich muß ich bemerken, daß ich am nämlichen Tage bei einem Gesandten der acht über die europäischen Angelegenheiten prädeliberirenden Höfe die Überzeugung gewahr wurde, es sei schon ausgemacht, daß der deutsche Bund kein Haupt bekommen solle.

75. Protokoll der 2. Sitzung des Ausschusses für die deutschen Angelegenheiten

Protokollarische Fragen. Erste Beratungen über die Zwölf Artikel.

Klüber, II S. 74–83.

[Wien,] 16. Oktober 1814

1.

Da in dieser Sitzung zuvörderst der Anfang mit Vollziehung des Protocolls vom 14. d. M. zu machen war,[1] welches inzwischen unter den Bevollmächtig-

[1] Ueberhaupt ist bemerkenswerth, daß auf diesem Congreß die Protocolle, wider Regel, nicht in den Sitzungen selbst geführt, sondern erst nachher von dem

ten circulirt hatte, und von selbigen sämmtlich, jedoch mit Ausnahme des königlich-wirtembergischen Herrn Abgesandten, bereits unterzeichnet worden, erklärte Letzterer, daß er selbiges um deßwillen nicht so, wie es da liege, unterzeichnen könne, weil sowohl in Rubro als in dem Context, Hannover vor Wirtemberg genannt, auch die Unterschrift so vollzogen worden, daß derselbe seinen Namen nicht mehr zwischen den von Baiern und Hannover setzen könne, er gleichwohl die Präcedenz des Königs von Wirtemberg vor dem König von Hannover,[2] sowohl nach Maßgabe des Besitzstandes, als in Hinsicht der von den europäischen Mächten und selbst von Großbritannien erfolgten früheren Anerkenntniß des Königstitels, für Wirtemberg fordern müsse, und den Rechten des Königs seines Herrn auf keine Weise Etwas vergeben könne.

Der königlich hannoverische erste Herr Bevollmächtigte erklärt dagegen, daß er die Präcedenz des Königs von Hannover vor Wirtemberg als einen außer allen Zweifel gesetzten Punct ansehen müsse, da nach der vorigen Reichsverfassung der Kurfürst von Hannover den unbestrittenen Rang vor Wirtemberg gehabt habe, darin auch der Königstitel an beiden Seiten keine Abänderung hervorbringen könne, wie denn weder Böhmen deßfalls einen höhern Rang behauptet habe, weil es einen König zum Oberhaupt habe, noch auch Brandenburg eine höhere Stelle begehrt habe, seit der Kurfürst von Brandenburg wegen Preussen die Königswürde angenommen habe.

Der königlich-wirtembergische Herr Bevollmächtigte erwiederte hierauf, daß auf den in der vorigen teutschen Reichsverfassung gegründeten Rang keine Rücksicht zu nehmen sey, weil dermalen eine neue Ordnung der Dinge eintrete.

Der Herr Fürst Staatskanzler von Hardenberg, als erster königlich-preussischer Herr Bevollmächtigter, erklärte, daß er, sofern Hannover und Wirtemberg als teutsche Staaten betrachtet würden, den Vorrang Hannovers vor Letzterem als nicht zweifelhaft ansehe.

Der Herr Fürst von Metternich, als erster kaiserlich-östreichischer Bevollmächtigter, erklärte, daß, so anerkannt auch der Grundsatz der Gleichheit der Könige unter einander in Hinsicht des Ranges sey, die Entscheidung

Secretär aufgesetzt, und den in der Sitzung anwesend gewesenen Bevollmächtigten, meist erst in der folgenden Sitzung, zur Genehmigung und Unterschrift mitgetheilt wurden. Daher konnten oder brauchten auch nicht einzelne Abstimmungen von den Bevollmächtigten selbst zu Protocoll dictirt zu werden; welches zwar für die Herren Bevollmächtigten bequem, aber nicht immer gut, und unter andern die Ursache war, daß der Inhalt der Protocolle, die Verhandlungen sehr oft nicht speciell genug darstellt. *[Aus d. Druckvorlage.]*

[2] Durch eine Note vom 12. 10. 1814 gab Graf Münster die Erhebung des Kurfürstentums Hannover zum Königreich bekannt. Klüber, I 1 S. 64 f.

dieses erhobenen Präcedenz Streites auf keine Weise für das hier versammelte Comité gehören könne, gleichwohl sehr zu wünschen sey, daß irgend ein Ausweg getroffen würde, um, unbeschadet der Ansprüche beider Theile, die Hemmung eines so wichtigen Geschäftes, als das angefangene, wegen dieses Ceremonialstreites zu verhüten.

Der königlich-hannöverische erste Bevollmächtigte erklärte, daß er bereit sey, zu einem jeden Auswege die Hände zu bieten, wodurch dieser Streit auf eine keinem von beiden Theilen präjudicirende Weise beseitiget werden könne.

Es wurde hierauf in Vorschlag gebracht, entweder

1) eine Erklärung ad protocollum zu geben, nach welcher der in den Protocollen des Comité's und in den Unterschriften derselben beobachtete Rang, keinem Theile zum Nachtheile gereichen, oder (da dieser Vorschlag von dem königlich-wirtembergischen Bevollmächtigten nur mit der von dem königlich-hannöverischen Bevollmächtigten nicht zugestandenen Bedingung angenommen wurde, daß er inzwischen in dem von ihm behaupteten Besitz des Vorranges bleibe)
2) daß eine Erklärung der beiden Höfe zu Protocoll gegeben werde, daß, welcher von beiden Theilen in einem der Protocolle zuerst genannt werde, oder es zuerst unterschreibe, und wenn der Zufall auf irgend eine Weise veranlasse, daß der eine Theil in der Sitzung einen als höher angesehenen Platz einnehme, oder früher unterzeichne, oder in Rubro oder Inhalt des Protocolls früher genannt werde, daraus auf keine Weise ein Präjudiz für die Ansprüche des andern Theils erwachsen solle; welchen letztern Vorschlag der königlich-wirtembergische Herr Bevollmächtigte zwar für jetzt noch anzunehmen Bedenken getragen, zumal er, durch eine während der Sitzung erhaltene Weisung des Königs seines Herrn, zu Behauptung des von ihm begehrten Ranges nochmals angewiesen worden sey, gleichwohl denselben ad referendum genommen hat.

2.

Diesemnächst wurde der auf die gegenwärtige Sitzung verstellte Punct der Beibringung der Vollmachten erörtert, und von den Herren Bevollmächtigten sämmtlich erklärt, daß sie sich diese Beibringung annoch vorbehalten müßten, bis die Expedition der zu fertigenden Abschriften beschafft seyn werde.

3.

Sodann wurde der Punct der in der vorigen Sitzung beliebten, an die übrigen Staaten zu erlassenden Declaration in Anregung gebracht, und nachdem der Herr Fürst von Metternich die Gründe entwickelt hatte, um derentwillen es noch für jetzt nicht rathsam scheine, eine solche Declaration zu erlassen, worin auf die von vielen Staaten mit den verbündeten Mächten geschlossenen Verträge Beziehung genommen würde, durch welche sie sich zum Voraus den Einrichtungen zu unterwerfen haben, welche die für die teutsche Freiheit nothwendige neue Ordnung der Dinge erfordern werde, las derselbe eine inzwischen von dem Großherzog von Baden an den östreichisch- und preussischen Hof gerichtete Note vor,[3] worin Baden sich darüber beschwert, daß dasselbe zu dem anzuordnenden Comité nicht mit zugezogen worden, und auf seine Zulassung gedrungen wird.

Er stellte hierauf die Fragen in Proposition: ob jene Declaration zu suspendiren sey? und ob und wie die badensche Note, es sey Namens des Comité, oder im Namen der beiden Höfe, zu beantworten sey? Wobei derselbe noch insbesondere bemerklich machte, daß überhaupt die Zulassung mehrerer Staaten zu dem Comité um so bedenklicher sey, als man den doppelten Zweck vor Augen haben müsse, sowohl in politischer Hinsicht Teutschland als eine Macht in Hinsicht der übrigen europäischen Mächte zu constituiren, als auch dessen Constitution im Innern zu begründen, und in Hinsicht des ersten Punctes offenbar die bisher zu dem Comité zugezogenen grösseren Staaten durch ihre mehrere Kenntniß der europäischen Verhältnisse weit eher im Stande seyen, zweckmäsige Vorschläge zu thun, als die mittlern und kleinern Staaten Teutschlands.

Es wurde hierauf concludirt, daß die vorgehabte Declaration noch vorerst zu suspendiren sey, gleichwohl die Mitglieder des Comité eine dieser Declaration gemäse Sprache gegen die übrigen Staaten Teutschlands bei vorkommenden Gelegenheiten zu führen haben, auf die badensche Note aber überall Namens des Comité nicht, sondern nur von den Höfen, an welche die Note gerichtet worden, in einer mündlichen Conferenz eine Erklärung der Gründe zu geben sey, weßhalb dem Antrage Badens nicht willfahret werden könne.

Zugleich ward die ausdrückliche Abrede genommen, daß alle Verhandlungen des Comité über die Grundlage der künftigen Verfassung, vorerst keinem der übrigen Staaten mitzutheilen, vielmehr völlig geheim zu halten, und von den Bevollmächtigten nur ihren Höfen, Behufs deren zu ertheilenden Instructionen, vorzulegen seyen.

[3] Ebenda, I 2 S. 58 f.

4.

Der Herr Fürst von Metternich schritt hierauf zur Vorlesung des, zwischen Oestreich und Preussen concertirten Entwurfs von zwölf Puncten,[4] welche den Deliberationen über die künftige Verfassung Teutschlands zur Grundlage dienen sollten; mit dem Bemerken, daß selbige zwar noch keineswegs als der Entwurf der künftigen BundesActe selbst angesehen werden könnten, gleichwohl dazu bestimmt seyen, nur wenn man sich erst zunächst über diese vereinigt hätte, sodann, auf dem Grund derselben, in die nähere Entwickelung der einzelnen Puncte hineinzugehen, deren Bestimmung die künftige BundesActe enthalten müsse.

Bei der Vorlesung dieser Puncte wurden, mit Vorbehalt der ferneren Erläuterungen über selbige, vorläufig folgende Bemerkungen gemacht.

ad 1) Bemerkte der Herr Fürst von Wrede, daß noch zur Zeit der Ausdruck „Stände" und „freie Städte" nicht zugelassen werden könne, weil man dermalen und vor dem Eintritt in den Bund, nicht mehr teutsche Reichsstände als existirend ansehen könne, auch die Freiheit der Städte noch zur Zeit nicht ausgesprochen sey. Es ward daher beliebt, statt dessen allgemein den Ausdruck „Staaten" zu gebrauchen.

ad 2) Erinnert der Herr Fürst von Wrede, daß der Ausdruck der Zusicherung der Rechte für eine jede Classe der Nation um deßwillen zu weitgehend scheine, weil insonderheit in Hinsicht der Juden gedenkbar sey, daß sie in einem Staate nicht gleiche Rechte wie in den übrigen genössen, bezeigte sich jedoch nachmals mit der gegebenen Erklärung zufrieden, daß hier nur von verfassungsmäsigen Rechten die Rede sey, mithin, wenn durch die Verfassung für selbige Nichts festgesetzt worden, durch diesen Artikel keinem Landesherrn die Hände gebunden wären.

ad 3) Schlug der Herr Baron von Linden zwar vor, daß statt des Ausdrucks „Regierungsrechte", „Souverainetätsrechte" zu setzen wären, stand aber für jetzt von diesem Antrage aus den von Preussen angeführten Gründen ab, daß der Gebrauch eines ausländischen Wortes in der BundesActe nicht zu empfehlen sey.

ad 4) Ward beliebt, statt „Fürsten und Stände" zu setzen „übrigen Stände", da dieser letztere Ausdruck, in Hinsicht der in diesem Artikel als in den Bund schon eingetretenen angesehenen Staaten, unbedenklich sey.

ad 5) Erinnerte Herr Fürst von Wrede, daß es noch zur Zeit an dem Grundsatz fehle, daß unter einer Zahl von sieben Kreisen, zwei Kreise auf Oestreich, und zwei auf Preussen fallen müßten; da doch die Bestim-

[4] Nr. 71 S. 350–353.

mung der Kreise von der Population, oder der Ausdehnung der Länder abgemessen werden zu müssen scheine, und noch nicht deutlich erhelle, mit welchem Theile Oestreich und Preussen zu dem Bunde concurriren würden.

Oestreichisch- und preussischer Seits wurde hierauf erwiedert, daß, wie überhaupt der Grund, warum Preussen und Oestreich, einem jeden zwei Kreise, mithin auch zwei Stimmen in dem Rath der Kreis-Obersten zuzutheilen seyen, schon durch die größere Ländermasse, mit welcher sie an dem Bund Theil nehmen, motivirt werde, sie unbedenklich erklärten, daß Oestreich mit seinen gesammten Staaten, mit alleiniger[a] Ausnahme von Ungarn und Italien, und Preussen mit allen seinen Staaten, mit alleiniger[a] Ausnahme von dem eigentlichen Preußen und Polen, dem Bunde beitreten wollten. Unter diesen Umständen sey es aber um so angemessener, daß Preussen und Oestreich, wenn sie unter einander einig sind, in Hinsicht der für den Kreis-Oberstenrath gehörigen Angelegenheiten, der Majorität der Stimmen versichert seyen, als ihnen nicht zugemuthet werden könne, sich in Hinsicht der Angelegenheiten des Kriegs und Friedens, von der Majorität der übrigen Stände dependent zu machen; es sey dieses auch um so weniger den übrigen Ständen zum Nachtheil, als eines Theils vorauszusehen sey, daß in künftigen Kriegen, wenn Oestreich und Preussen einig seyen, sich die übrigen Staaten Teutschlands ohnehin nicht würden von der Theilnahme ausschliessen können, wenn aber Preussen und Oestreich nicht einig wären, eine Majorität für keinen derselben allein mehr vorhanden sey.

ad 6) Wurde beliebt, statt „Fürsten und Städte“, zu setzen „Stände“.

ad 7) Wurde zuvörderst von den Herren Fürsten von Metternich und Hardenberg bemerkt, daß das vorgeschlagene GeschäftsPräsidium für Oestreich, zuerst preussischer Seits in Vorschlag gebracht, und östreichischer Seits nur unter der Bedingung angenommen worden, daß dieses Präsidium sich bloß auf den formalen Geschäftsgang beschränken solle, damit auch dem juri proponendi eines jeden Mitglieds kein Abbruch geschehe.

In Hinsicht der Canzlei, gab auch der östreichische Bevollmächtigte zu erkennen, daß es die Absicht nicht sey, die Canzlei östreichischer Seits allein zu ernennen, und zu verpflichten, vielmehr auch die übrigen Mitglieder zu deren Ernennung zu concurriren haben, und die Canzlei, sowohl als das Archiv, dem Bunde selbst untergeordnet sey, und diesem verpflichtet werden müsse.

ad 8) Bei den Artikeln 8 bis 12 ist für jetzt nichts besonders erinnert worden.

[a] In einem andern Exemplar steht „allgemeiner“. *[Aus d. Druckvorlage.]*

Es ward hierauf beschlossen, die vorgelesenen zwölf Puncte den sämtlichen Herren Bevollmächtigten in Abschrift mitzutheilen, um darüber in der nächsten auf Mittwoch den 19. dieses um 12 Uhr festgesetzten Conferenz ihre näheren Erläuterungen beizubringen.

Womit die jetzige Sitzung beschlossen wurde.

76. Bericht Talleyrands an Ludwig XVIII. (Auszug)

Berichtet über die deutsche Einigungsbewegung und ihre Träger. Mögliche Folgen für Frankreich.

Talleyrand, Briefwechsel S. 42–51, hier S. 47 f. Franz. Text: Talleyrand, Correspondance S. 50–60, hier S. 55–57.

Nr. 6 Wien, 17. Oktober 1814

[. . .]

In Deutschland sind überall revolutionäre Gärungsstoffe verbreitet; der Jakobinismus herrscht hier nicht wie bei uns in Frankreich vor 25 Jahren in den mittlern und untern Klassen, sondern in dem höchsten und reichsten Adel; ein Unterschied, der bewirkt, daß der Gang einer in Deutschland etwa ausbrechenden Revolution nicht nach dem Gange der unserigen berechnet werden kann. Die, welche durch die Auflösung des Reiches und die Rheinbundsacte von dem Range der Dynasten zu der Klasse der Unterthanen herabgestiegen sind, ertragen mit Ungeduld die Herrschaft derjenigen, die ihresgleichen wirklich oder ihrer Meinung nach waren; sie trachten, eine Ordnung umzustürzen, die ihren Stolz empört, und alle Regierungen dieses Landes durch eine einzige zu ersetzen. Mit ihnen im Bunde sind die Männer der Universitäten, die von ihren Theorien erfüllte Jugend, und die, welche der Kleinstaaterei Deutschlands die Leiden zuschreiben, die sich durch so viele Kriege, deren beständiger Schauplatz es ist, über das Land ergossen haben. Die Einheit des deutschen Vaterlandes ist ihr Geschrei, ihr Glaube, ihre bis zum Fanatismus erhitzte Religion, und dieser Fanatismus hat selbst einige der gegenwärtig regierenden Fürsten ergriffen. Diese Einheit aber, von der Frankreich nichts zu fürchten hätte, wenn es das linke Rheinufer und Belgien besäße, würde jetzt die bedenklichsten Folgen für uns haben. Wer kann überdies die Folgen der Erschütterung einer Masse wie Deutschland vorhersehen, wenn die bisher getrennten Elemente in Bewegung kämen und sich verschmelzen? Wer weiß, wo der einmal gegebene Anstoß innehält? Die Lage Deutschlands, das zum großen Theile nicht weiß, wen es zum Herrn erhalten wird, die militärischen Besatzungen mit den Plackereien, die sie gewöhnlich zur Folge haben, das gegenwärtige

Unbehagen, die Ungewißheit über die Zukunft, das alles begünstigt die Umsturzpläne.[1] Es ist mehr als einleuchtend, daß der Congreß, wenn er sich vertagt, wenn er hinausschiebt, wenn er nichts entscheidet, diesen Zustand der Dinge verschlimmern wird, und es ist nur zu sehr zu fürchten, daß diese Verschlimmerung einen Ausbruch herbeiführt. Das dringendste Interesse wäre also die Beschleunigung der Arbeiten und der Abschluß des Congresses. [. . .]

77. Abkommen zwischen Österreich, Preußen und Hannover[1]

Einigung über die unverzichtbaren Punkte der Zwölf Artikel, für deren Durchsetzung man auch einen Austritt Bayerns und Württembergs hinnehmen wird.

Schmidt, S. 231 f.

Von der Hand Humboldts Wien, 21. Oktober 1814

Übereingekommen:

1) daß man für Österreich und Preußen auf zwei Kreise bestehen, hingegen zugeben wolle, daß im Fall beide gegen die drei übrigen Stände wären, Kurhessen und Baden gleichfalls Stimmen eingeräumt werden sollen;

[1] Bericht der französischen Bevollmächtigten an das Ministerium des Auswärtigen, Wien, 16. October 1814: „Noch eine andere Erwägung bestimmt uns, den König einzuladen, seine Genehmigung zu versagen und seine thatkräftige Unterstützung anzubieten, um die Vernichtung des Hauses Sachsen und die Vereinigung dieses Landes mit Preußen zu verhindern; diese Erwägung schöpfen wir aus dem revolutionären Geiste, den wir in Deutschland bemerken und der einen ganz besondern Charakter trägt. Hier ist es nicht ein Kampf des dritten Standes mit den privilegirten Kasten, der die Gärung hervorruft; es sind die Ansprüche und die Eigenliebe eines militärischen und ehemals sehr selbständigen Adels, welche den Herd und die Elemente für eine Revolution vorbereiten. Dieser Adel würde eine Existenz in einem großen Staate vorziehen, als zersplitterten Ländern und Landesherren anzugehören, die er für seinesgleichen ansieht. An der Spitze dieser Partei stehen alle mediatisirten Fürsten und Adeligen. Sie suchen Deutschland zu einer einzigen Monarchie zu verschmelzen, um darin die Rolle einer großen aristokratischen Körperschaft zu spielen. Preußen, welches dieser ganzen Partei sehr geschickt geschmeichelt hat, hat sie durch das Versprechen eines Theiles ihrer alten Privilegien an sich gefesselt. Man darf also überzeugt sein, daß Preußen, wenn es ihm gelingt, Sachsen zu erwerben und sich hier und da zerstreute Landestheile anzueignen, in wenigen Jahren eine für seine Nachbarn sehr gefährliche Militärmonarchie bilden würde, wobei ihm nichts mehr zu statten käme, als die große Anzahl erhitzter Köpfe, die unter dem Vorwande, ein Vaterland zu suchen, sich inmitten der größten Umwälzungen eines gründen würden." *[Aus d. Druckvorlage.]* Vgl. auch Mager, S. 323; Wunder, S. 163.

[1] Zum Hintergrund vgl. Schmidt, S. 230 f.; Hartmann, S. 43 f.

2) daß man auf der Fassung des 9. § bestehen, hingegen bestimmen wolle, daß der deutsche Bund nicht die deutschen Provinzen Österreichs und Preußens gegen fremde Angriffe in einem bloß österreichischen und preußischen Kriege zu verteidigen brauche;

3) daß man auf einem Rat der Fürsten und Stände bestehen und auch im Ganzen dieselben fürstlichen Häuser darin erhalten wolle, über die man früher übereingekommen sei; wobei jedoch

4) zugleich in Beratung genommen ist, ob man nicht, im Fall die Kreiseinteilung zu viel Schwierigkeit fände, oder die Besorgnis erregen sollte, daß die Kreisobersten sich zu viel Gewalt anmaßten, diese Einteilung aufgebe, und dagegen zwar nicht gerade gleiche *[Einteilungen]* in Absicht der Militär- und Justizverfassung machen könne;

5) daß man über den Punkt des an Österreich zu überlassenden Geschäftsdirektorii den beiden anderen Mitgliedern des Direktorii (Comités) diejenigen Aufklärungen geben wolle, die hinreichend sein werden, ihre Zustimmung zu bewirken; daß man aber übrigens davon nicht abgehen wolle;

6) daß man schlechterdings darauf bestehen wolle, daß jeder Stand Deutschlands sich gefallen lassen müsse, wegen verletzter Ständerechte bei der Bundesversammlung in Anspruch genommen zu werden; sowie auch

7) daß ein Minimum ständischer Rechte bestimmt werden müsse, wobei zwar die Festsetzung desselben der Beratschlagung zu überlassen, aber doch dahin zu sehen sei, daß wenigstens diejenigen Fürsten, die nicht Kreisobersten sind, diejenigen vier Punkte annehmen müßten, welche in dem anliegenden Votum des Kgl. hannoverschen Herrn Bevollmächtigten ausgeführt sind;[2]

8) daß man den geäußerten Widerspruch gegen den von Österreich und Preußen ad § 12 gemachten Vorbehalt zwar nicht zugeben, aber auch ohne Not nicht zur Sprache bringen wollte;

9) daß man bei der Fassung des 1. § die Ausdrücke „die Fürsten und übrigen Stände" beibehalten wolle;

10) daß man, im Fall Bayern und Württemberg nicht in solche und ähnliche gerechte und billige Grundsätze eingehen wolle, lieber es auf den Austritt beider Mächte ankommen, und alsdann andere deutsche Staaten in den Rat der Kreisobersten nehmen wolle, ehe man eine Verfassung bildete, welche die gerechten Erwartungen Deutschlands nur täuschen würde.

Wien, den 21. Oktober 1814.

in fidem Humboldt

[2] Es handelt sich um das Votum Münsters und Graf Hardenbergs, Wien, 21. 10. 1814, Klüber, I 1 S. 68–71.

78. Schreiben E. L. Marschalls an Stein

Berichtet über die Vorbereitung einer Erklärung von kleineren und mittleren Staaten gegen die Verfassungspolitik Bayerns und Württembergs und für landständische Verfassungen.[1]

Alte Stein-Ausgabe, V S. 79 f. Normalisierter Text: Neue Stein-Ausgabe, V S. 190 f.

Wien, 5. November 1814

Ew. Excellenz sende ich die mir mitgetheilten Protocolle samt Anlagen zurück.[2] Ich habe davon gestern den verabredeten Gebrauch gemacht. Die beyden Hessen, Sachsen, Mecklenburg, Nassau sind bereit, die Declaration abzugeben. Was insbesondere die Rechte und Freyheiten Deutscher Unterthanen betrifft, so wird man sich verbindlich machen und so erklären, wie in dem bekannten Münsterschen Voto dieselben bezeichnet sind.[3] Deswegen ist dieses Votum von allen extrahirt worden. Dieser wichtige Punkt wäre also bey Hessen-Darmstadt auch durchgesetzt. Ich wünsche nur, daß dieses Beyspiel würken möge. An Badens Nachahmung zweifle ich nach der Ankunft meines Bruders nicht.[4] Es wird nun darauf ankommen, ob es nicht zweckmäßig ist, auch Braunschweig zu veranlassen, die Erklärung mit zu unterzeichnen; der Herzog hat bekanntlich keine liberalen Gesinnungen, man wird ihm aber die Hände leicht auf diese Art binden. Auf die Fortsetzung der Protocolle bin ich sehr begierig, Eure Excellenz verbinden mich sehr durch deren fernere Mittheilung.

Leider habe ich gestern beynahe den ganzen Tag und heute bis Mitternacht an meinem rheumatischen Fieber gelegen. Seit Mitternacht bin ich frey, und ich benutze diesen Intervall, um dieses Ew. Excellenz zu schreiben.

Verabredetermaasen habe ich Gagern nicht zu den Conferenzen gezogen.[5] Die Declaration muss ich ihm seiner Zeit mittheilen, damit er sie mit unterzeichnen kann.

[1] Vgl. Ritter, S. 501; Apian-Bennewitz, S. 45–52.

[2] Die Stein durch Humboldt zugänglich gemachten vertraulichen Protokolle des 5er-Komitees.

[3] Vgl. Nr. 77 S. 368 Anm. 2.

[4] Der badische Minister Karl Wilhelm Marschall.

[5] Vgl. Rößler, Gagern S. 166 f.

79. Note Nesselrodes an Metternich und Hardenberg[1]

Unterstützt den von Österreich, Preußen und Hannover vorgelegten Bundesplan ('12 Artikel').[2]

Pertz, IV S. 150–152. Franz. Text: Neue Stein-Ausgabe, V S. 194 f. (normalisiert).

Wien, 11. November 1814

Der unterzeichnete Staatssecretair hat Seiner Majestät dem Kaiser seinem erhabenen Herrn von den Erfolgen der auf die künftige Deutsche Verfassung bezüglichen Conferenzen Rechenschaft abgelegt.[3]

Seine Kaiserliche Majestät haben daraus mit lebhafter Befriedigung ersehen, daß die Cabinette von Wien, Berlin und Hannover am 14ten October einen Bundesplan vorgelegt haben, welcher den Grundsätzen der Gerechtigkeit und geselliger Einrichtung, dem Glück der Einzelnen und dem Vortheil Europa's entspricht, indem sie verlangen, daß das Recht zu Krieg und Frieden, das Recht die Streitigkeiten der Fürsten zu schlichten und über die allgemeineren Interessen zu wachen, dem Bunde übertragen, und daß zum Schutze der Freiheit und des Eigenthums Landstände gebildet und durch den Bund gewährleistet werden sollen. Ihre Majestäten der Kaiser von Rußland und der König von Preußen erklärten zu Kalisch am 13ten/25sten März 1813 die Auflösung des Rheinbundes und ihren festen und unveränderlichen Entschluß den Deutschen Fürsten und Völkern zu Wiedererlangung ihrer Freiheit und ihrer Unabhängigkeit zu helfen.[4]

Die Siege der verbündeten Mächte hatten die Befreiung Deutschlands vom fremden Joche zur Folge; Beitrittsbündnisse sicherten den Fürsten ihre Erhaltung, aber nichts ward damals über ihre inneren Verhältnisse bestimmt.

Der Bundesvertrag von Chaumont und der Pariser Frieden bestimmten[5]: daß Deutschland ein Bundesstaat seyn solle. In diesem Grundsatze werden Deutschlands Fürsten ohne Zweifel einen neuen Beweis der Sorge der verbündeten Mächte finden und demnach die Nothwendigkeit erkennen, ein System

[1] Der Text der Note stimmt im wesentlichen mit einem Entwurf Steins vom 7. 11. überein. Die Fassung für Hardenberg weist einige Abweichungen auf. Vgl. Neue Stein-Ausgabe Nr. 198, 202, 203.

[2] Vgl. Ritter, S. 500 f. Offiziell war Hannover an der Vorlage der Zwölf Artikel nicht beteiligt. Kraehe, II S. 165 mit Anm. 67.

[3] Vgl. Nr. 72 S. 353 u. Nr. 75 S. 360.

[4] Gemeint ist der Aufruf Kutusows an die Fürsten und Völker Deutschlands, Oncken, Oesterreich I S. 329–334.

[5] Vgl. Nr. 3 S. 61 u. Nr. 63 Anm. 3.

zu bilden, welches sie vor der Unbeständigkeit und allen Gefahren eines vereinzelten Daseyns bewahre. Nur in einem solchen System kann Europa die Gewähr der inneren Ruhe Deutschlands und daher der Hoffnung finden, daß dessen Kräfte demnächst einer vereinfachten Leitung unterworfen, allein für das allgemeine Beste verwendet werden, daß der Zustand von Aufregung welcher noch vorhanden ist, völlig aufhöre, daß die Mißbräuche der Gewalt verhütet, die Verhältnisse des Adels festgesetzt, und daß die Rechte Aller bestimmt und durch starke weise und freisinnige Einrichtungen beschützt werden.

Diese Grundsätze finden sich in ihrer ganzen Kraft und Reinheit in dem durch die Cabinette von Wien, Berlin und Hannover vorgeschlagenen Bundesplane.

S. M. der Kaiser von Rußland vermag daher nur ihnen seine völlige Beistimmung zu ertheilen. Entschieden diesen Plan durch Seine Vermittlung zu unterstützen, wenn die Umstände es erheischen sollten, hat S. M. den Unterzeichneten beauftragt, hievon Seiner Durchlaucht dem Fürsten v. Metternich die Versicherung zu ertheilen und sich mit ihm vertraulich über die Mittel zu besprechen um ihm allgemeine Annahme zu sichern. Die Theilnahme welche der Kaiser dieser schönen und edeln Sache widmet, stützt sich auf Betrachtungen welche noch viel entscheidender für Ihre erhabenen Verbündeten sind, und aus einem solchen Zusammentreffen der Umstände können nur heilsame der Wichtigkeit des Gegenstandes angemessene Entscheidungen entspringen.

Graf von Nesselrode

80. Note Consalvis an Metternich

Legt die kirchenpolitischen Forderungen des Heiligen Stuhls in Deutschland dar.

Ruck, S. 115–119. Übers. d. Hrsg. aus d. Franz.

Wien, 14. November 1814[1]

Der trostlose Zustand der katholischen Kirche in Deutschland muß nicht nur bei denen die schmerzlichsten Gefühle erregen, die diese Heilige Religion bekennen, sondern auch bei denen, die, weil sie die Sicherheit und Ruhe des Vaterlandes lieben, den Vorteil zu schätzen wissen, den der Staat aus der Ausübung der von der Religion auferlegten Pflichten ziehen kann.

Bevor die Revolution ihren verderblichen Einfluß auf das Deutsche Reich ausgeübt und sein ehrwürdiges Gebäude bis in die Grundfesten erschüttert

[1] Die Note wurde Metternich am 17. 11. 1814 überreicht. Ruck, S. 51 f.

hatte, erfreuten sich die Prälaten der deutschen Kirchen als Mitglieder und Fürsten dieses Reichs eines Status, der ihr geistliches Amt in der öffentlichen Meinung noch angesehener machte. Die Säkularisation aller geistlichen Fürstentümer hat ungeachtet der Beschwerden der Besitzer und des Heiligen Stuhls die katholischen Kirchen Deutschlands dieses wichtigen Vorteils beraubt, der ihnen seit so vielen Jahrhunderten zukam. Mit diesem an sich schon großen Verlust stellten sich andere unzählige Verluste ein oder folgten ihnen. Nachdem die Bistümer, die Kapitel, die Abteien, die Klöster beiderlei Geschlechts und andere fromme und wohltätige Einrichtungen aller ihrer Güter beraubt worden waren, fand sich der deutsche Klerus gänzlich aller Mittel entblößt, sein Ansehen aufrechtzuerhalten und für seinen Unterhalt zu sorgen.

Da die Bischofsstühle beinahe alle seit einer Reihe von Jahren unbesetzt gewesen, die Kapitel zerstreut, die Seminare zum großen Teil aufgelöst, die Bildungseinrichtungen, insbesondere für die Geistlichen, soweit zerstört worden sind, daß sie nicht einmal mehr eine ausreichende Zahl von Personen liefern, um die Pfarreien zu besetzen, oder wegen der dort gelehrten Grundsätze sehr verdorben sind, ergab sich die Folge, daß die Unterweisung der Gläubigen, die Predigt, die Seelsorge vernachlässigt oder ohne das Ergebnis, das sie früher hervorbrachten, geübt wurden.

Der Mangel an Dienern der Kirche und an notwendigen Mitteln der Unterweisung – ein Mangel, der sich aus jener zerstörerischen Unordnung der gesamten kirchlichen Disziplin ergibt, – hat der religiösen Unwissenheit, den Irrtümern in der Lehre und sogar der Sittenverderbnis der Gläubigen den Weg geöffnet.

Aber was man noch mehr beklagen muß, die Diener der Kirche, die in der Erfüllung ihrer geistlichen Funktionen eine göttliche Mission ausüben und in dieser Beziehung nicht von der menschlichen Autorität abhängig sein können, sind sogar in diesen Funktionen der weltlichen Gewalt unterstellt worden, und da sie sich dadurch in der Ausübung ihrer wesentlichsten Rechte behindert fühlen, sind sie weder in der Lage, ihre Pflichten zum Wohle des Volkes zu erfüllen, noch die bewunderungswürdige Ordnung aufrechtzuerhalten, die ihren Grund in der Verfassung der Kirche Christi selbst hat.

Als Ergebnis all dieser Ursachen finden sich die Kirchen Deutschlands in einer Unordnung und in einem Niedergang, die in den Gemütern der guten Katholiken die lebhafteste Unruhe erregen; die Erhaltung der Grundlagen der Religion, die Ausübung der Pflichten, die sie gegenüber Gott und seinen Vertretern auf Erden auferlegt, das Heil der Gläubigen sind großen Gefahren ausgesetzt, und sogar das Wohl, der Friede und die Ruhe des Staates können Schaden nehmen.

Aus Pflicht gegenüber den Aufgaben seines Amtes hat Seine Heiligkeit es nicht unterlassen, Beschwerden gegen so schädliche Neuerungen vorzutragen, sobald sie stattfanden, und es nicht daran fehlen lassen, sie bei jeder sich bietenden Gelegenheit zu wiederholen. Er hatte die Hoffnung niemals aufgegeben, ein Ende dieser schrecklichen Umwälzung der kirchlichen Angelegenheiten zu sehen, und daß günstigere Zeiten eine Heilung herbeiführen könnten. Die Heimsuchungen, von denen der Heilige Vater sogar soweit betroffen wurde, daß man ihn seiner Freiheit beraubte, werden *[?]* ihn daran hindern, seine Bemühungen um die Wiederherstellung der kirchlichen Angelegenheiten Deutschlands wie um die anderer Staaten fortzusetzen.

Sobald dem Heiligen Vater sein Stuhl zurückgegeben wurde, lenkte er seine Blicke auf jenen großen und edlen Teil der Katholiken des deutschen Reiches, die sich so sehr durch ihre Frömmigkeit und ihre Hingabe an die Religion, die sie bekennen, auszeichnen. Als er sah, daß die von Erfolg gekrönten ruhmvollen Anstrengungen der Verbündeten Mächte dieses Land von dem Zustand der Dinge befreit hatten, der soviel Unordnung verursacht hatte, durfte er eine begründete Hoffnung fassen, daß der Augenblick nicht mehr fern sei, in dem man auch deren Auswirkungen verschwinden lassen könnte.

Da diese Hoffnung ebenfalls im gesamten deutschen Klerus wach wurde, richteten die kleine Schar der Bischöfe, die noch existiert, die Domkapitel, die Klosterinsassen und andere Geistliche ihre inständigen Bitten an Seine Heiligkeit als an ihr Haupt und ihren geistlichen Vater und flehten ihn um seine Unterstützung und seinen Schutz bei den erhabenen Herrschern an, bei diesen die Entfernung der Hindernisse zu erlangen, die sich ihrer Wiedereinsetzung in ihre geistlichen und weltlichen Rechte wie auch in ihre Güter und Besitzungen entgegenstellen könnten, deren sie sich vor den in Deutschland erfolgten Veränderungen erfreuten; dabei stützten sie sich auf die Überlegung, daß nachdem die Waffen der glorreichen Verbündeten das Land wieder erobert hätten, dessen Verlust der Anlaß für die Entschädigung der enteigneten weltlichen Fürsten mit kirchlichen Gütern gewesen war, dieser Grund aber nun entfallen sei, die Kirche wieder in ihre ursprünglichen Besitzungen eingesetzt werden könne und müsse.

Der Eifer des Heiligen Vaters bedurfte sicherlich keines Ansporns; dennoch sind diese Schritte bei ihm ein Grund mehr für ihn, sich in seiner Eigenschaft als Beschützer und Verteidiger der Rechte und Güter der Kirche besonders lebhaft zu bemühen, die Wiedereinsetzung in diese Rechte und in diese Besitzungen in Deutschland zu erreichen.

Mehrere Mitglieder des deutschen Klerus haben sich auch an den Unterzeichneten als Gesandten des Heiligen Stuhls gewandt. Er glaubt vor allem zwei würdige und achtbare Geistliche nennen zu sollen, die, beflügelt von ihrem Eifer für die Kirche und von einer großen Zahl ihrer Würdenträger beauftragt, deren Sache zu verteidigen, sich zu diesem Zweck nach Wien begeben haben. Es sind dies Herr Baron von Wamboldt, Domdekan des Kapitels von

Worms und Kanonikus des ehemaligen Metropolitensitzes Mainz, und Herr Helfferich, Präbendar der Domkirche von Speyer, deren Zeugnis den unglücklichen Zustand der deutschen Diözesen und die dringende Notwendigkeit, ihm abzuhelfen, noch besser darlegen kann.[2] Nachdem sie zunächst unmittelbar um die Vermittlung und Unterstützung des Heiligen Vaters gebeten hatten und Seine Heiligkeit sie an den Unterzeichneten verwiesen hatte, kann dieser so nur das Interesse für sie verdoppeln.

Der unterzeichnete Kardinal glaubt endlich die Zeit gekommen, da die Beschwerden des Heiligen Vaters zugunsten der deutschen Kirche mit Erfolg gehört werden. Er hat erfahren, daß ein Ausschuß eingerichtet worden ist, um sich speziell mit den deutschen Angelegenheiten zu beschäftigen, und daß Eure Hoheit zu seinem Präsidenten ernannt worden ist.[3]

Für den Unterzeichneten konnte nichts Erwünschteres eintreten, als sich an Eure Hoheit wenden zu können, der mit jener Eigenschaft die des Vertreters eines großen Monarchen vereint, dem es sowohl wegen seiner Religion und seiner Frömmigkeit wie als erstem Beschützer der katholischen Kirche am meisten am Herzen liegt, ihre Vorrechte zu sichern.

Der Unterzeichnete hat Grund zu der Annahme, daß der zur Beschäftigung mit den Interessen Deutschlands bestimmte Ausschuß der Meinung sein wird, daß die Interessen der Religion und der Kirche, die so eng mit den Interessen des Staates, der Sicherheit sowie dem Wohlergehen der Herrscher und ihrer Untertanen verbunden sind, eine besondere Aufmerksamkeit beanspruchen.

Das eben Dargelegte läßt die Einreden Seiner Heiligkeit zugunsten der deutschen Kirchen und ihrer geistlichen wie weltlichen Interessen gegen die Vorstöße erkennen, die seit den eingetretenen Veränderungen gegen ihre Rechte und Besitztümer erfolgt sind.

Der Heilige Vater hofft, daß die Weisheit der Fürsten und die Aufgeklärtheit ihrer würdigen Minister diesen Beschwerden Gerechtigkeit widerfahren lassen werden, da sie sich nicht weniger durch das Interesse des Staates als durch die Gerechtigkeit und die Wünsche der Nation empfehlen, und daß sie dadurch den zerstörerischen Grundsätzen einen ganz festen Damm entgegensetzen, die mit dem Verderben der Religion auch das der Throne herbeiführen, wie eine unheilvolle Erfahrung soeben bewiesen hat; der Heilige Vater schmeichelt sich daher, daß, während er seine ganze apostolische Sorge auf die Wiederherstellung der Kirchen Deutschlands verwendet, sich dessen erlauchte Fürsten seinen Bitten zu ihren Gunsten werden anschließen wollen und ihnen zunächst

[2] Über die Aktivitäten dieser 'Oratoren' der deutschen Kirche unterrichtet neben Ruck, S. 21f., 35–43 u. ö. U. Engelmann, Kirchenfrage. Druck ihrer wichtigsten Eingaben ebenda und bei Klüber, I 2 S. 28–47, II S. 255–260, IV S. 290–299.

[3] Vgl. Nr. 72 S. 353–356.

den Genuß ihrer Freiheit, ihrer heiligen Rechte und desjenigen Teils ihres Eigentums, der sich nicht als veräußert erweist, zurückgeben; daß sie dann daran arbeiten, hinsichtlich ihres übrigen Eigentums und ihrer übrigen Rechte die Schwierigkeiten zu überwinden, die sich einer Erfüllung seiner Wünsche zugunsten dieser Kirchen noch entgegenstellen könnten, indem ihnen ebenso wie der Welt- und Ordensgeistlichkeit und den anderen frommen Einrichtungen die Rechte und das Eigentum zurückerstattet werden, die der Gegenstand seiner Einreden sind.

Der Unterzeichnete hat die Ehre, Eurer Hoheit die Versicherung seiner Hochachtung zu wiederholen.

81. Note der Bevollmächtigten von 29 Fürsten und Freien Städten an Metternich und Hardenberg [1]

Die Note fordert Beteiligung an der Konstituierung des Deutschen Bundes, die Einführung landständischer Verfassungen und „ein gemeinsames Oberhaupt" „an der Spitze der Deutschen Staatenverbindung".

Näf, S. 17–20; mit geringen Abweichungen Klüber, I 1 S. 72–77.

Wien, 16. November 1814

Nachdem der 6te Artikel des von den Haupt-Mächten Europas unterzeichneten Pariser Tractats,[2] als allgemeiner Ausspruch über die künftige Verfassung Deutschlands, den Grundsatz aufgestellt hatte, daß die Deutschen Staaten unabhängig, und durch ein föderatives Band vereint seyn solten, durften die allerseitigen Committenten der Unterzeichneten sowol, als andere in gleichem Verhältnis mit ihnen stehende Deutsche Staaten, mit Recht erwarten, zu den Verhandlungen, welche die künftige Verfassung und Vereinigung des gemeinschaftlichen Vaterlandes betreffen, zugezogen zu werden.

Dieß ist bisher nicht geschehen, und außer denen, als Paciscenten bey dem Pariser Frieden aufgetretenen hohen Mächten Oestreich und Preußen, scheinen einige, in ähnlicher Cathegorie mit mehreren nicht Eingeladenen stehende Deutsche Höfe, als Repräsentanten für die Mehrheit ihrer übrigen Deutschen Mitstaaten auftreten zu wollen.

In dieser Lage der wichtigsten Angelegenheit Deutschlands sind die Unterzeichneten, nach nunmehr officiell angekündigter Eröfnung des Congresses, und nach geschehener Ueberreichung ihrer Vollmachten, der Würde ihrer

[1] Vgl. Ulmann, bes. S. 478f.; Apian-Bennewitz, S. 54–62; Ritter, S. 501f.

[2] Vgl. Nr. 3 S. 61.

Committenten, den Pflichten gegen das Deutsche Vaterland, und den Millionen, die auch sie zu vertreten haben, schuldig, nicht länger zu schweigen.

Die Souverainität der Deutschen Staaten ist von den hohen alliirten Mächten anerkannt und garantirt worden; und wenn dagegen in den von den meisten Deutschen Fürsten abgeschlossenen Accessionsverträgen dieselben versprochen haben, in dieser Hinsicht den Maasregeln beyzupflichten, welche zur Behauptung der Unabhängigkeit von Deutschland für nöthig erachtet werden würden, so liegt in diesem Versprechen kein Verzicht auf das Recht, zur Anordnung jener Maasregeln mitzuwürken. Darüber, daß das Urtheil über die Frage: welche Maasregeln zu jenem höchsten Endzweck nothwendig seyen? ausschließlich und entscheidend von einigen Deutschen Mächten, und von der Minderzahl der Interessenten solle ausgesprochen werden, beobachten die Accessionsverträge[3] ein gänzliches Stillschweigen, und lassen demnach die ursprünglich gleiche Befugnis aller in den Gesellschaftsvertrag des Deutschen Staatenbundes eintretender Interessenten, ihre freye Stimme zu den organischen Gesetzen der einzugehenden Staatengesellschaft abzugeben, unangetastet bestehen.

Gestüzt auf diese Verträge, auf die Bestimmung des Pariser Friedens, und die Grundsätze des Völkerrechts, werden der Unterzeichneten allerseitige Committenten, ihrer Theilnahme an der Constituirung des Bundes niemals entsagen, sondern müssen darauf bestehen, daß dieses allen teutschen Volksstämmen zustehende Recht, auch von den Regierungen Aller, nach billig vestzusetzenden Normen, ausgeübt werde, und behalten sich solches hiermit ausdrücklich bevor.

Dagegen werden sie es mit Dank erkennen, wenn Ihre Majestäten der Kayser von Oestreich und der König von Preußen ihnen, auf der Basis gleicher Rechte und einer vollständigen Repräsentation aller Bundesglieder, beruhende Vorschläge über die künftige Verfassung, und die zur Sicherung der Freyheit und Unabhängigkeit Deutschlands und der Deutschen nothwendig scheinenden Maasregeln, zur freyen Berathung und Beschlußnahme mittheilen wollen, und werden ihre Bereitwilligkeit beweisen, zum Besten des Ganzen, denjenigen Einschränkungen ihrer Souverainität sowol im Innern ihrer Staaten, als im Verhältniß gegen Auswärtige beyzupflichten, welche als allgemein verbindlich für Alle, werden beschlossen werden.

Namentlich sind sie damit einverstanden, daß aller und jeder Wilkür, wie im Ganzen durch die Bundesverfassung, so im einzelnen in allen teutschen Staaten, durch Einführung Landständischer Verfassungen, wo dieselben noch nicht bestehen, vorgebeugt, und den Ständen folgende Rechte gegeben werden:

[3] Vgl. Nr. 63 S. 302 Anm. 4.

1) Das Recht der Verwilligung und Regulirung sämtlicher zur Staatsverwaltung nothwendiger Abgaben.
2) Das Recht der Einwilligung bey neu zu erlassenden allgemeinen Landesgesetzen.
3) Das Recht der Mitaufsicht über die Verwendung der Steuern zu allgemeinen Staatszwecken.
4) Das Recht der Beschwerdeführung insbesondere in Fällen der Malversation der Staatsdiener und bey sich ergebenden Misbräuchen jeder Art;

wobey übrigens den einzelen Staaten die angemessene Einrichtung der ständischen Verfassung, nach dem Charakter der Einwohner, den Localitäten und dem Herkommen überlassen bliebe.

Ebenso ist es ihr Wunsch, daß der Justizgang in jeder Beziehung unabhängig von Willkür erscheine, und insbesondere jede Classe unter ihren ordentlichen Richter gestellt bleibe oder werde.

Endlich halten sie sich überzeugt, die Deutsche Verfassung würde ihren vestesten Bestand alsdann erst behaupten können, wenn ein gemeinsames Oberhaupt, welches dem Deutschen Verband den ersten Rang unter den Europäischen Nationen gab, an der Spitze der Deutschen Staatenverbindung, dem von den Ständen des Bundes gemeinsam beschlossenen, die unverbrüchliche Vollziehung sichere, die Säumigen oder Weigernden ohne Unterschied mit erforderlichem Nachdruck zur Erfüllung des Bundesvertrags anhalte, der Bundesjustiz schnelle und vollkommene Folge verschaffe, die Kriegsmacht des Bundes leite, und so im Innern und gegen Außen, allen Staaten desselben, auch den Mächtigsten, als Beschützer, erster Repräsentant der Deutschen Nation, und Gegenstand allgemeiner Ehrfurcht, der Verfassung aber als kräftigster Garant, der deutschen Freyheit als Aegide sich darstelle.[4]

Indem die Unterzeichneten Seine des Herrn Fürsten von Metternich, Hochfürstliche Gnaden gehorsamst bitten, diese ihre Erklärung zur Kenntnis Seiner Kayserlich Königlichen Majestät zu bringen, und sonst davon zweckdienlichen Gebrauch zu machen, freuen sie sich, eine Veranlassung zu haben, die Versicherung ihrer vollkommensten Verehrung zu erneuern.

Wien den 16. November 1814.

[Unterschriften der Bevollmächtigten folgender Staaten und fürstlichen Häuser: Kurhessen, Großherzogtum Hessen, Herzogliches Haus Anhalt, Herzogtum Braunschweig, Mecklenburg-Schwerin, Mecklenburg-Strelitz, Nassau, Reuß, Fürstlich Lippisches Haus, Freie Stadt Frankfurt, Freie Hanse-

[4] Nähere Angaben über die Rechte und Aufgaben des 'Bundeshauptes' enthält die im Auftrag der 29 an Graf Münster gerichtete Note des braunschweigischen Abgeordneten von Schmidt genannt Phiseldeck, Wien, 16. 11. 1814. Hier war auch ausdrücklich von der „Wiederherstellung der Kaiserwürde" die Rede. Klüber, I 1 S. 77–81.

stadt Bremen, Freie Hansestadt Hamburg, Freie Hansestadt Lübeck, Herzöge von Sachsen, Schaumburg-Lippe und Waldeck, Schwarzburg-Sondershausen und Rudolstadt.][5]

82. Weisung Max' I. Joseph von Bayern an Wrede

Billigt Wredes Verhalten in den Sitzungen des deutschen Ausschusses und kommentiert die eingesandten Protokolle.

MA 1031 fol. 228–233 BayHStA München.

Konzept Wien, November 1814[a]

M*[aximilian]* J*[oseph]* K*[önig]*

Wir haben von den verschiedenen Conferenz Protocollen, welche seit dem 14. vorigen bis zum 16ten l. Monats[1] in Betref der künftigen Verfaßung Deutschlands abgehalten worden sind, genaue Einsicht genommen, und ihren Inhalt sorgfältig geprüft. Es ist Uns zu besonderem Wohlgefallen ersichtlich gewesen, daß Unser zu den obenerwähnten Verhandlungen bevollmächtigte Feldmarschall Fürst Wrédé bei jedem Anlaß Unsern aufrichtigen Willen, zur Herstellung einer allgemeinen Ordnung der Dinge und zur Gründung eines dauerhaften deutschen Bundes kund gethan hat. Wir haben zu jeder Zeit diesen Willen durch That und Wort ausgesprochen, und hegen keinen andern Wunsch, als zu dem erhabenen Zweck, eine kräftige und feste Verfassung Deutschlands zu schaffen, mit aller Anstrengung mitzuwirken. Wir haben es Uns jedoch auch gleich Anfangs zum Gesetz gemacht, daß wir diese Mitwirkung lediglich unter dem Vorbehalt und der Erhaltung der unverletzlichen, durch den bisherigen Besizstand unwidersprechlich Uns gebührenden und durch die neuesten Tractaten Unserer Verbündeten feyerlichst garantirten Souveränetäts Rechte eintreten lassen. Wir können daher im allgemeinen Uns zu keiner Erklärung herbeilassen, welche diesen in der Natur der Sache liegenden, auch mehrmal laut geäußerten Vorbehalt verletzen würde. Insbesondere finden Wir über den Inhalt der Protocolle nachstehendes zu erinnern nöthig.

[5] Im Dezember 1814 umfaßte der 'Fürsten- und Städteverein' 32 (ebenda, I 1 S. 94–97), im April 1815 34 Mitglieder (ebenda, I 4 S. 41 f.).

[a] Die in München konzipierte Weisung wurde laut Expeditionsvermerk „durch Courir (Ditt) den 22. 11. abends 8 Uhr" nach Wien gesandt. Rubrum: „Die Verhandlungen über Deutschlands künftige Verfassung betr."

[1] Druck: Klüber, II S. 64–197. Über Wredes Verhalten Quint, S. 283–308; Winter, S. 163–179.

1) Es scheint bei der bis hieher in den Konferenzen statt gehabten Geschäfts Verhandlung wirklich erforderlich, eine Zusammenstellung aller in Berathung gekommenen Punkte mit Bemerkung der Modificationen in der Beistimmung zu erhalten, auch endlich einmahl eine Übersicht des ganzen Plans des künftigen Bunds herzustellen. Das erste haben selbst die Bevollmächtigten im Gang der Berathung gesucht, die Nothwendigkeit des letztern hat des Königs von Württemberg Majestät ganz evident dargethan.[2] Wir wünschen selbst, daß diesem Bedürfniße bald abgeholfen werde.

2) Das so vielfach schon zur Sprache gebrachte Bundesgericht wird noch immer, obgleich sein eigentlicher Wirkungskreis und Befugniße noch nicht einmal genau ausgeschieden sind, bei allen Gelegenheiten als nöthig angegeben, und zwar darum, daß bei demselben mehr über das Mein und Dein der Rechte unter den Staaten, als unter den Privaten entschieden werden solle. Je näher und mehr man diese Einrichtung prüfet, desto mehr überzeugt man sich von ihrer Unzuläßigkeit. Wir sehen nicht ein warum zu Erreichung des so eben genannten ersten Zweckes nicht schon die Austrägal Instanz hinreichen, vielmehr noch ein Tribunal gebildet werden solle, welches im auffallenden Contrast mit allen Souveränetäts Rechten, und nichts andres ist, als das mit allen seinen Gebrechen, nur unter andrem Namen zurückgekommene Reichsgericht.

Wir gehen immerhin von der wahren[3] Absicht des zu errichtenden Deutschen Bundes aus. Diese ist keine andere, als die Sicherung und Beschützung Deutschlands von Außen, die Erhaltung der Souveränität und der Besitzungen aller Bundes Mitglieder. Die innern Verhältniße und Rechte des einzelnen deutschen Bundesstaats müßen ungekränkt belassen werden. Wenn auch gesagt wird, daß der Unterthan eines Bundesgliedes vorerst bei den Justizstellen seines Landes klagbar aufgetreten, und ihm dort die Justiz verweigert worden seyn müße, ehe er mit seiner Klage sich an das Bundesgericht wenden dürfe, so zieht dieses doch nicht weniger den Souverän vor einen andern Richterstuhl, was mit dem Begriff der Souveränität nicht vereinbar ist. Unser Feldmarschall Fürst Wrédé hat daher in Unserm Namen bestimmt sich gegen die Errichtung des Bundesgerichtes, sobald der Gegenstand wieder zur Deliberation gebracht wird, zu erklären.

3) Wir weisen ferner Unsern Bevollmächtigten ausdrücklich an, auf der bei dem ersten Rathe bisher eifrig in Anspruch genommenen Gleichheit der Stimmen aller Mitglieder zu beharren. Eben so ist auch gegen ein ausschließliches und erbliches Directorium stets und unabweichlich zu protestiren. Bei einer

[2] Vgl. Protokoll vom 16. 11. 1814, Klüber, II S. 196 sowie die württembergische Note an die Mitglieder des deutschen Ausschusses, Wien, 16. 11. 1814, ebenda, I 1 S. 101–104.

[3] In der Vorlage unterstrichen.

fortgesetzten Festigkeit wird man vielleicht am Ende einsehen, daß bei den gleichen Ansprüchen der Mitglieder ein Turnus alle Jahre oder 2 Jahre das billigste wäre. Man könnte sich etwa auch noch einen Director ad dies vitae, aber keineswegs einen erblichen gefallen lassen.

4) Das freye Recht der Bündniße hat unser Feldmarschall bei allen noch vorkommenden Anläßen, standhaft zu behaupten, wie er solches bisher gethan hat. Wir können Uns dazu verstehen, daß dem Bunde die Anzeige der geschloßenen Verträge, jedoch ausdrücklich nur solcher, welche entweder Krieg oder Frieden, oder Subsidien betreffen, keineswegs aber der Handels und sonstiger Verträge gemacht werde. Die Frage, ob den Mitgliedern des zweiten Rathes dieselbe Befugniß, wie jenen des ersten Rathes, Bündniße mit auswärtigen Staaten abschließen zu können, zugestanden werden solle, halten Wir für weniger relevant, sie wird aber auf jeden Fall erst dann zweckmäßig entschieden werden können, wenn die künftige Militär Verfassung Deutschlands festgestellt seyn wird.

5) Was die Annahme und Absendung von Gesandtschaften und die Unterhandlung des Bundes mit auswärtigen Bevollmächtigten betrift, so haben Wir gegen die Zulassung von Gesandten nichts einzuwenden, und können auch geschehen lassen, daß dieselbe ihre Anträge dem Vorsitzenden machen, welcher sodann den Gegenstand an den versammelten ersten Rath zu bringen hat. Auch mit den Vorschlägen der Absendung von Bundesgesandten an auswärtige Mächte können Wir Uns einverstehen.

6) Nicht weniger ist Uns genehm, auf welche Art der Schutz des Bundes gegen eine an seinen Gliedern verübte Gewalt geleistet werden solle.

7) Wir billigen die Beistimmung Unseres Bevollmächtigten zu dem Vorschlage, daß bei Fassung eines Schlußes über Krieg und Frieden ein Ausschuß des zweyten Rathes mit 2 Stimmen beigezogen, und die ersten Representanten des 2ten Raths als ständige Mitglieder dieses Ausschußes benannt werden.

8) Das, was Unser Feldmarschall Fürst Wrédé über den im 11. Conferenz Protokoll vorgekommenen Entwurf der Bildung des 2ten Raths in der 12ten Sitzung erklärt hat, ist vollkommen bemessen. Da es mit den Curiatstimmen auf die Mediatisirten abgesehen zu seyn scheint, so verweisen Wir auf die über diesen Gegenstand ergehende besondere Instruction.

An der Erklärung, daß diesem 2ten Rathe das Recht der Gesetzgebung in Post-, Münz- und Mautsachen nicht gebühren könne, ist recht geschehen. Wir können ihm nur in Bezug auf Anordnungen, welche auf die Eßenz der Föderation sich beziehen, und in Unsren Instructionen vom 24. September[4] und October näher bezeichnet sind, worauf Wir Uns hier wiederholt beziehen, das Gesezgebungs Recht zugestehen, hier aber um so weniger, als die ihn consti-

[4] Nr. 16 S. 166–170.

tuirenden kleinern Fürsten nicht wohl competente Beurtheiler seyn können, indem sie die genannten Regalien nicht ausüben, über welche sie Gesetze geben sollen.

Wir werden auf keinen Fall eine Einwirkung auf Unsere Regalien, und die desfalls bei Uns bestehenden Anordnungen gestatten. Wegen dem Postwesen erfolgt Unsere gesonderte Entschließung. Wenn man über einen allgemeinen Münzfuß für Deutschland übereinzukommen gesonnen ist, was man schon vielmal vergebens versucht hat, so werden Wir gerne bei den diesfalls zu machenden Vorschlägen und den desfallsigen Berathungen mitwirken, und wenn über diesen Gegenstand ein besonderes Comité von Technikern aufgestellt werden wird, gleichfalls einen sachkundigen Commissaire dahin senden. Jedoch muß die Direction und Anordnung der Münzfabrication, die Aufsicht über die Münzstätte, die gänzliche Bestellung des dazu erforderlichen Personals, die Beziehung des Schlaggewinns einem Jeden der größern Staaten ausdrücklich vorbehalten werden. Auch darf auf den Münzen selbst kein anderes Bildnis als jenes des Regenten, und kein anders Wappen oder sonstiges Sinnbild als jenes des Staats, worin die Münze geschlagen wird, erscheinen. Wenn man über ein in Deutschland allgemein einzuführendes Maas und Gewicht wie ein solches dermal schon in Unsern Staaten gleichförmig eingeführt ist, in Berathung treten will, so werden Wir gleichfalls mit Vergnügen daran Theil nehmen, jedoch stets unter Vorbehalt der Uns allein über diesen Gegenstand in Unsern Staaten gebührenden, und von jedem fremden Einfluß freyen Aufsicht. Was das Maut und Zollwesen betrifft, so wird dieses bekanntlich schon seit langen Zeiten den Reichsständen zugestandene Privilegium in Unsern Staaten von jeher unbestritten und zweckmäßig ausgeübt. Die Maut Abgaben zerfallen in Essito[-], Transito[-] und Consumo[-]Maut, welchen noch das Weggeld beigeschlagen ist; sie gewähren Unserer Staats Kasse eine jährliche Einnahme von einigen Millionen. Wir würden Uns niemals einverstehen können, daß irgend eine Abänderung, welche auf diese Einnahme nachtheilig einwirken könnte, geschehe. Sie ist zur Bestreitung der sehr vermehrten Staats Ausgaben unumgänglich nöthig, und es könnte auf keine Weise von den ohnehin durch Auflagen, Kriegs Unglück, Einquartirung etc. belästigten Unterthanen ein Surrogat dafür erhoben werden. Nach dieser Betrachtung ist bei den künftig statt habenden Zusammentritten alles, was dieses Regal stören und vermindern könnte, kräftig und standhaft zurückzuweisen. Wird es jedoch sich darum handeln, allgemeine Anordnungen zur Belebung der deutschen Industrie, des Handels zu berathen, so werden Wir Uns gleichfalls gerne dazu herbeilassen, wenn solche Anordnungen nicht durch Beschädigung dieses Unsers Regals und Unserer Staatskasse bewirkt werden wollen. Jedoch wird auch das zu diesem Zweck etwa aufzustellende Comité aus erfahrenen, und sachkundigen Männern dieses Fachs bestehen müßen.

9) Wenn die Rede von Einführung einer allgemeinen Freizügigkeit seyn wird, so ist zu erklären, daß Wir schon im Allgemeinen allen Staaten gegen einzuhaltende Reciprocität Unsere Willfährigkeit hiezu bekannt gemacht haben, und daß Wir nach Unsern öffentlich ausgesprochenen Grundsäzen jederzeit Verträge desfalls, nur unter dem Vorbehalt der besonderen Vorschriften über die Reluition der Militärpflichtigkeit, mit einem jeden derselben einzugehen geneigt waren.

10) Wir haben auch, wegen des Verbots der Annahme fremder Militärdienste vielmahl auf eingekommene Vorstellungen Dispensation von dem bestehenden Gesetze ertheilt und werden gleichfalls hierin zu weitern etwa gut findenden Verhandlungen die Hand bieten.

11) Gleiche Bereitwilligkeit ist zu erklären, in Betref des wechselseitigen freyen Pensionsgenußes, bei welchem dermal die Beschränkung besteht, daß nur gegen Abzug eines Drittheils, wenn wir nicht besonders dispensiren, eine aus unsren Kassen fließende Pension verabfolgt werde.

12) Da in dem letztern Protokoll eine Anregung von der Hierarchie Deutschlands geschehen ist, so wollen wir dieses Gegenstands wegen Unsern Bevollmächtigten auf die deshalb erfolgende besondere Entschließung verweisen.

13) Auf den am Ende des erwähnten Protokolls vom 16. d. M. nur im Vorbeigehen gemachten Vorschlag, die Offiziere der künftigen Bundestruppen durch die ganze Armée durch avanciren zu lassen, werden Wir keines wegs eingehen.

Überhaupt soll Unser Bevollmächtigter, wenn von der Regulirung des Defensionswesens Deutschlands die Sprache seyn wird, von folgenden zwei Hauptbedingungen niemals abweichen

a) daß in den Festungen Unserer ältern Staaten sowohl als in jenen, welche in den Uns noch zuzutheilenden Ländern sich befinden, kein anderer Einfluß, Commando und Garnison bestehen dürfe, als der Unsrige, und

b) daß nur Uns die ganze Leitung Unseres Militärwesens in allen Zweigen ausschließlich und ohne alle anderwärtige Einwirkung zustehen solle.

Wenn sich bei den fortgesetzten Unterhandlung*[en]* Gegenstände ergeben sollten, worüber Unser Bevollmächtigter Zweifel haben, und in gegenwärtiger sowohl, als den frühern Instructionen die Lösung derselben nicht finden sollte, so sind solche ad referendum zu nehmen, die gefundenen Anstände anzuzeigen, und Unsere allerhöchste Entschließung, welche ohne Verzögerung ertheilt werden wird, abzuwarten.

gegengezeichnet:
Graf von Montgelas

83. Bericht Münsters an den Prinzregenten (Auszug)

Preußen und die territorialen Forderungen Hannovers. – Metternich hat Münster wegen eines neuen, gegen Preußen gerichteten österreichischen Verfassungsplans sondiert.

Schmidt, S. 373–375 u. Übers. d. Hrsg. (Absatz 1–3). Franz. Text: Münster, S. 207–211.

P. S., geheim Wien, 17. Dezember 1814

Nach dem am 2. 12. von Hardenberg vorgelegten Projekt (Tabelle mit Karte)[1], *das Metternich ihm mitgeteilt hat, ergibt sich, daß Hannover 391 500 neue Untertanen erhalten und 71 200 abtreten soll.*

Das ist alles, was ich bei der Überprüfung seiner Karte, die er *[Hardenberg]* sich von Metternich hat zurückgeben lassen, wie in der Unterredung mit ihm verstehen konnte. Er verlangt von uns den ganzen auf dem rechten Elbufer liegenden Teil des Herzogtums Lauenburg, das Amt Klötze und einige Enklaven sowie das südliche Grenzgebiet des Fürstentums Göttingen entlang einer Linie von Duderstadt bis unterhalb von Dransfeld. Es scheint mir sogar, daß der Herzog von Braunschweig nach diesem Plan von uns die hildesheimischen Ämter erhalten würde, die die braunschweigischen Ämter an der Weser mit dem Rest der Staaten des Herzogs verbinden würden. – Diese Abtretung würde wahrscheinlich verlangt werden, um den Herzog für die Abtretung des Fürstentums Blankenburg zu entschädigen. Man will uns als Gegenleistung für diese Abtretungen und um den Verträgen[2] Genüge zu tun, Ostfriesland, das Herzogtum Arenberg, Lingen und Teklenburg, den Rest von Hildesheim und den Teil der Grafschaft Schaumburg, der zu Hessen gehört, sowie Enklaven wie Plesse und Freudenberg zuweisen. Nach dieser Regelung würde das Fürstentum Minden zwischen den hannoverschen Besitzungen bleiben, ein Nachteil, von dem uns nach den ersten Vorstellungen Fürst Hardenbergs[3] die Abtretung von Lauenburg befreien sollte. Ich wiederhole, daß ich noch nicht so weit bin, die Einzelheiten der Berechnungen zu beurteilen.

Was die Abtretungen betrifft, muß man einerseits daran denken, daß es für unsere zukünftige politische Existenz von höchster Bedeutung sein wird, keinerlei preußische Besitzungen mehr zwischen uns und Holland zu haben sowie Ostfriesland zu erlangen. Andererseits hätten wir vielleicht das Recht, einen Zuwachs von 250 000 bis 300 000 Seelen zu fordern, ohne uns auf unangenehme

[1] Es handelt sich um den Anhang zu der Note Hardenbergs an Metternich, Wien, 2. 12. 1814, der bei Angeberg, II S. 1947–1952 abgedruckt ist. Die Karte fehlt.

[2] Hierzu Brandes, S. 66–71.

[3] Vgl. Nr. 1 S. 39, 56; Brandes, S. 73f.

Abtretungen einzulassen. – Die bestehenden Verträge garantieren Eurer Königlichen Hoheit einerseits ihre Besitzungen, aber Preußen hat für sich geltend gemacht, daß es vor allen Zuweisungen an uns das Recht habe, selbst nach dem Maßstab von 1805 wiederhergestellt zu werden und daß dieselben Verträge ihm Gebietsabrundungen zusicherten. Diese ganze Frage ist schwierig zu behandeln. Sich zu bescheiden mit dem, was man besitzt, ist edel, angestammte Untertanen nicht aufzugeben, ist fast eine Pflicht. Aber andererseits werden wir, wenn sich überall der Umfang der deutschen Staaten erweitert, im Verhältnis kleiner werden, wenn wir auf unsere Grenzen beschränkt bleiben. – Der Besitz von Hildesheim ist unbedingt notwendig. Aber auch er könnte gefährlich werden, wenn wir uns nicht freundschaftlich über den künftigen Stand der Besitzungen verständigen. Eure Königliche Hoheit geruhen, sich zu überzeugen, daß ich in dieser Angelegenheit nach den Vorschriften meines Gewissens und meiner heiligen Pflicht Ihnen gegenüber handeln möchte. Ich schmeichle mir, daß ich die Frage endlich zu ihrer letzten Entscheidung bringen und die Regelung Ihrer künftigen Besitzungen nur sub spe rati unterzeichnen kann.

In dieser Krisis machte mir Fürst Metternich gestern einen Vorschlag, der mich notwendig in Verlegenheit setzte.

Die Konferenzen des deutschen Ausschusses sind seit dem 17. vorigen Monats unterbrochen. Von Zeit zu Zeit haben wir uns vereinigt: Österreich, Preußen und Hannover, um uns über irgend welche wichtige Punkte unter uns zu verständigen. Ich habe bereits des Punktes in Betreff der Einteilung Deutschlands in Kreise erwähnt.[4] Im allgemeinen ist überall wahrzunehmen, daß man nicht allzu große Lust hat, sich mit einer Verfassung zu beschäftigen, die das Zerwürfnis, womit wir bedroht sind, im Keime ersticken würde. – Dessenungeachtet war ich erstaunt, als Hr. v. Metternich gestern die Frage an mich richtete: ob ich für Hannover einem deutschen Bunde beitreten würde, an dessen Spitze sich Österreich als Primus inter pares befände, und der zusammengesetzt wäre aus Bayern, Baden, Hessen und den anderen deutschen Fürsten. Er fügte hinzu, daß diese Fürsten sich zu Einer Kammer vereinigen würden, mit Zulassung des Direktoriums [d. i. österreichischerseits], und daß man die liberalen Grundsätze des von uns bearbeiteten Planes sich aneignen würde. Der Gedanke Metternichs war, den Bund abzuschließen, ohne davon dem Könige von Württemberg Mitteilung zu machen, indem er sagte: er sei überzeugt, derselbe werde gezwungen sein hinzuzutreten, durch die Furcht sich der Rache seiner eigenen Unterthanen auszusetzen, falls er sich isolieren wolle. – Ich fragte, ob Preußen aus dem Bunde ausgeschlossen sein sollte. Metternich antwortete nein; man werde demselben die Freiheit lassen hinzu-

[4] Münster an den Prinzregenten, Wien, 17. 12. 1814, Münster, S. 196 f.

zutreten – aber ich sah wohl, daß seine Idee war, ein Bündnis von ganz Deutschland gegen Preußen zu bilden, falls es sich Sachsen auf dem Wege der Thatsache aneignen wolle.

Aufgefordert, meine Meinung über diesen Plan[5] zu sagen, habe ich dem Fürsten Metternich vorgestellt, daß man die Hoffnung nicht aufgeben dürfe, die sächsische Angelegenheit freundschaftlich zu ordnen, und daß ich in diesem Fall keinen Grund sähe, Preußen von dem Bunde auszuschließen. Doch verneinte ich nicht, daß, wenn die Angelegenheit sich nicht ordne, der Kongreß auseinandergehe und Preußen lediglich auf dem Wege der Thatsache, ohne den Willen der anderen Mächte, Sachsen behalte, mir dann der Krieg, früher oder später, unvermeidlich erscheinen würde. Die zu ergreifende Partei sei zu deutlich durch die Umstände angezeigt, um bezweifeln zu können, daß Hannover äußerstenfalls nicht anstehen würde, unter solchen Umständen in einen definitiven Bund mit dem übrigen Deutschland einzutreten. Ich machte dem Fürsten Metternich noch bemerklich, daß es auf alle Fälle nötig sein würde, die Abrundungen zu garantieren, die man uns als unerläßlich zu unserer politischen Existenz schulde. Er schien diese Forderung sehr natürlich zu finden und sagte mir, daß ich recht thun würde, daraus eine Bedingung zu machen. Ich fürchte, daß dieser Minister sich mit zu viel Hitze auf diesen Plan einläßt, in der Absicht sich Bundesgenossen gegen Preußen zu verschaffen, und um seinem Herrn auf dem Wege der Thatsache die Vorteile der kaiserlichen Würde von Deutschland zu verschaffen, die er zu leichtfertig geopfert, als es Zeit war, sich dieselbe zu verschaffen.

84. 'Weitere Instruction' Friedrichs I. von Württemberg für seine Kongreßgesandten

Gibt an, in welchen Punkten der deutschen Verfassungsfrage die Gesandten sich der Mehrheit anschließen dürfen. Haltung Württembergs zu den territorialen Problemen.

E 70 b Bü 40/19 HStA Stuttgart.

Ausfertigung Wien, 23. Dezember 1814

Indem Wir es für nothwendig erachten, vor Unserer Abreise von hier[1] Unsere Königliche Gesandtschaft bey dem hiesigen Kongreße noch mit einer neuen Instruction, welche der gegenwärtige Stand der Verhandlungen erfordert, gnädigst zu versehen; so setzen Wir vorerst im Allgemeinen das Zutrauen

[5] Vgl. Nr. 85 S. 391–394. Ob der Wessenberg-Entwurf damals schon fertig vorlag, muß offenbleiben. Kraehe, II S. 279.

[1] Sie erfolgte am 26. 12. 1814. Patzer, S. 79; Pfister, S. 304, 334.

in dieselbe, daß sie mit Eifer und Thätigkeit das Intereße Unserer Krone und das allgemeine Beste Unserer Staaten berücksichtigen und zu befördern suchen, sofort jede dahin führenden Schritte wohl geprüft thun werden. Da aber sowohl die Gegenstände des hiesigen Kongreßes überhaupt, als auch insbesondere die gegenwärtige Lage, worin sich die allgemeinen Europäischen und die besonderen teutschen Angelegenheiten befinden, einzelne ganz bestimmte Weisungen nicht wohl zulassen: So wollen Wir Uns darauf beschränken, Unserer Gesandtschaft folgende Vorschriften als Directiv-Normen ihres Benehmens, unter Beziehung auf Unsere Instruction vom 2ten September[2] laufenden Jahres, zu ertheilen.

1.

Es sind zwey Gegenstände, welche zunächst bey den Verhandlungen des Kongresses das Intereße Unserer Krone betreffen, und welche nie aus dem Gesichts-Puncte Unserer Gesandtschaft zu lassen sind, nemlich

I. die Verbindung der teutschen Staaten unter sich, und

II. die Territorial-Bestimmungen in Teutschland in Beziehung auf Württemberg.

2.

Da in Ansehung des ersten Gegenstandes die Verhandlungen in dem teutschen Comité wegen Errichtung einer teutschen BundesVerbindung, wozu Oesterreich und Preußen einen gemeinschaftlich concertirten Plan zur Berathung vorgelegt haben, seit einiger Zeit nicht mehr fortgesetzt worden sind, und dieselben von der Entscheidung der Sächsischen Angelegenheiten abhängig gemacht werden wollen; so sind die weiteren Propositionen von Oesterreich und Preußen zu erwarten. Insofern nun dabey

3.

der erstere Plan,[3] wie nach neueren Aufschlüßen zu vermuthen ist, als Basis der weiteren Verhandlungen, jedoch mit neuen Modificationen, beybehalten wird; so haben Unsere Bevollmächtigte

a) jene Puncte, welche ganz neue – von den bisherigen in ihrer Wesenheit abweichende Vorschläge enthalten, ad referendum zu nehmen, und solche be-

[2] Nr. 13 S. 110–120.

[3] Nr. 71 S. 350–353.

richtlich vorzulegen, wohin insbesondere die von Seiten des 2. Oesterreichischen Bevollmächtigten mehrmalen erwähnte, aber bis jetzt noch zurückgehaltene Eintheilung Teutschlands, statt jener in Kreise, gehört;[4] und ist sich auf Militaire- und andere von der Kreis-Eintheilung abweichende Eintheilungen vor Unserer hierüber erfolgenden besonderen höchsten Weisung von Unseren Bevollmächtigten nicht einzulaßen, sondern auf der Kreis-Eintheilung zu beharren.

Außer diesem werden

b) Unsere Bevollmächtigten bey den weiteren Verhandlungen sich nach Unseren – ihnen wohl bekannten, und in mehreren Decreten schriftlich mitgetheilten Ansichten im Ganzen verhalten und dieselben – wo immer möglich – geltend zu machen suchen; wobey Wir sie jedoch

c) autorisiren wollen, über Modalitäten bey solchen Gegenständen, wobey die Hauptsache von Uns angenommen worden ist, mit den übrigen Bevollmächtigten sich zu vereinigen. Und da

d) die teutschen Fürsten, welche zur Berathung über die künftige Bundes-Verfaßung nicht zugelassen worden sind, gegen den Plan derselben, welcher nur durch schnelle Entschließung und kraftvolles Zusammenwirken leicht hätte realisirt werden können, mit allen in ihrer Macht stehenden Mitteln entgegenzuwirken suchen, und dadurch die teutschen Angelegenheiten immer verwikelter werden; so wollen Wir es bey der dadurch veränderten Lage der Sache geschehen laßen, daß Unsere Bevollmächtigten in alle – zu Beruhigung jener Fürsten gereichenden Modificationen, welche auch in dem Konstitutions-Plan nicht lagen, eingehen, insofern dadurch die Einheit und concentrirte Kraft des Bundes nicht vereitelt wird.

Wenn Wir ferner

e) von dem Gesichts-Puncte ausgehen, daß es nothwendig wird, einen festen Stand der Dinge in Teutschland wieder herzustellen, und Wir es den Verhältnißen Württembergs nicht angemeßen finden, Uns in eine isolirte Lage versetzt zu sehen; so können Unsere Bevollmächtigten auch in solchen Fällen, wo Württemberg allein stehen würde, und wo die dißeitige Ansicht nicht durchzusetzen ist, sich den allgemeinen Ansichten anschließen, in welcher Hinsicht dieselben

f) sich in besonderen vertraulichen Communicationen und Unterhandlungen von dem allgemeinen Geiste und den Gesinnungen der übrigen Höfe unterrichten müßen. Insbesondere aber haben solche

g) sich in Betreff der Bundes-Verfaßung mit dem königlich bairischen Be-

[4] Nr. 85 S. 391–394. Württemberg hatte Wessenberg seinen Plan nicht mitgeteilt. Hartmann, S. 60; Wintzingerode an Friedrich I., Wien, 5. 1. 1815, Fournier, Geheimpolizei S. 359.

vollmächtigten, deßen Hof in den meisten Puncten des ersten Plans gleiche Ansichten mit den Unsrigen hatte, freundschaftlich zu benehmen, falls derselbe bey den fortzusetzenden Verhandlungen die nemliche Tendenz seiner früheren Erklärungen zeigen sollte.

4.

Nach diesen allgemeinen Ansichten wird sich dann auch das Benehmen Unserer Bevollmächtigten bey weiterer Berathung über die einzelnen, in den bisherigen Verhandlungen zur Sprache gekommenen, dißeits ad referendum genommenen Puncte bestimmen, als da sind

a) die Frage, ob in dem Falle, wenn das doppelte Stimmrecht Oesterreichs und Preußens angenommen, und die Württembergischer Seits hierauf eventualiter proponirte ficta paritas eintreten würde, diese durch die in Vorschlag gebrachte Zuziehung zweier Fürsten aus dem 2.ten Rathe gehoben werden solle?[5]

b) die von den übrigen Bevollmächtigten angenommene Zuziehung zweyer Stimmen des 2.ten Raths bey Entscheidung über Krieg und Frieden in den 1.ten Rath; – desgleichen bey abermaliger Berathung eines von dem 1.ten Rath verworfenen Beschlußes des 2.ten Raths, und bey der dem 1.ten Rath zustehenden Entscheidung über zweifelhafte Qualification eines zur Berathung des zweyten Raths vorgeschlagenen Gegenstands.

c) die näheren Bestimmungen über Absendung der Gesandten und über den an den ersten vollen Rath oder an den Vorsitzenden desselben zu machenden Vortrag von Gesandten auswärtiger Mächte an den Bundes-Tag in außerordentlichen Fällen.

d) die Organisation des zweyten Raths mit Bestimmung seines Wirkungs-Kreises.

Bey diesen und anderen Fällen haben Unsere Bevollmächtigten der Majorität der Stimmen nachzugeben. Nur wird hievon besonders

e) die Errichtung eines Bundes-Gerichts ausgenommen; wogegen bey den früheren Erklärungen, daß eine Austraegal Instanz, unter welcher Form auch solche bestimmt werde, für das angemessenste gehalten werde, standhaft zu beharren, und ebenso

f) jede Bestimmung, welche in die innere Verfaßung der einzelnen Bundesstaaten eingreift, bestimmt und mit der Bemerkung abzulehnen ist, daß Wir nie solche Anordnungen, welche die durch Verträge gesicherte Souverainetät und die selbst durch den Pariser Friedens-Tractat[6] garantirte Unabhängigkeit zu sehr angreifen, anerkennen würden.

[5] Dazu Hartmann, S. 44f.

[6] Nr. 3 S. 61.

5.

Sollten in dem teutschen Comité oder sonst die Europäischen Angelegenheiten und insbesondere jene des Königreichs Sachsen zur Sprache gebracht werden; so haben Unsere Bevollmächtigten es sorgfältig zu vermeiden, auf officielle Weise in dieselben sich einzulaßen.

6.

Aus dem oben berührten Gesichts-Puncte gehen Wir ferner aus, wenn Wir es Unseren Bevollmächtigten noch zur besonderen Obliegenheit machen, den Gang der Unterhandlungen und Ereigniße genau zu beobachten, und auf den Fall, daß ein teutscher Föderativ Verband nicht zu Stand kommen sollte, eine Verbindung blos in defensiver Hinsicht unter den Staaten Teutschlands in Anregung und Unterhandlung zu bringen, wozu Wir schon früher einen Entwurf gefaßt und der Gesandtschaft mitgetheilt haben.

7.

Bey Errichtung einer teutschen Föderativ-Verbindung muß die Militaire-Verfaßung einer der wichtigsten Gegenstände der Berathung über ihre Einrichtung seyn. Wenn nun hierüber Vorschläge gemacht werden; so sind dieselben Uns mittelst unterthänigster Berichte vorzulegen, und haben Unsere Bevollmächtigten darauf anzutragen, daß solche durch ein eigenes, an einem dritten Ort niederzusetzendes Comité in Berathung gezogen und erledigt werden. Inzwischen werden Unsere Bevollmächtigten dahin zu wirken suchen, daß die wichtige Festung Mainz als Bundes-Festung anerkannt, mit Bundes Truppen gemeinschaftlich besetzt und auf gemeinschaftliche Kosten des Bundes unterhalten werde.

8.

Da bisher eine Menge bloßer Privat-Sachen, welche vor den Kongreß nicht geeignet seyn können, an denselben gebracht worden sind; so haben Unsere Bevollmächtigten sich hiebey, wenn dieselben zur Sprache kommen sollten, nach Unseren in den einzelnen Fällen ertheilten Allerhöchsten Resolutionen zu benehmen, auf gleiche Weise auch alle künftig etwa noch vorkommenden ähnlichen Fälle zu behandeln, und sich in solche nicht einzulaßen, jedoch aber der Majoritaet, wenn diese hierüber verfügen wollte, nachzugeben, es sey denn, daß hiebey etwas vorkommen würde, welches Unser eigenes Höchstes Interesse selbst betrifft. Übrigens sind dergleichen weiter einkommende Sachen Uns in Berichten blos anzuzeigen, und uns in dem zuletzt erwähnten Falle umständlich zu berichten.

9.

Was

II. die Territorial Einrichtungen in Teutschland betrifft; so wollen Wir

a) in die Länder Verteilungen in NordTeutschland Uns durchaus nicht einmischen; was hingegen den südlichen Theil von Teutschland betrifft; so muß von Unseren Bevollmächtigten alles, was durch Vorstellungen und Einschreitung geschehen kann, ergriffen werden, um die stärkere Ausdehnung Bayern's an den Gränzen des Königreichs durch die etwaige Acquisition der Rhein-Pfalz dieß- und jenseits des Rheins zu hindern und Baden von Eingehung in dergleichen abzuhalten.

b) In besonderer Beziehung auf das Königreich ertheilen Wir Unseren Bevollmächtigten die Weisung, sich in keine Tausch- und AbtretungsVerträge mit Bayern, Baden oder anderen teutschen Staaten einzulaßen, sondern jeden Vorschlag, der hierüber an sie gebracht werden dürfte, ad referendum zu nehmen und Uns mittelst a[*ller*]u[*nterthänigsten*] Berichts vorzulegen; dagegen mögen dieselben auf dergleichen Tausch-Anträge zu Gunsten Oesterreichs in dem Fall eingehen, wenn der Kaiserlich Oesterreichische Hof selbst hinlängliche Aequivalente von LandesTheilen, welche ihm angehören, anbieten wird.

10.

Über den Gang der hiesigen Unterhandlungen erwarten Wir eine unausgesetzte Berichts-Erstattung.

In diesem vollzieht Unsere Königliche Gesandtschaft Unseren Königlichen Willen und bleiben Wir derselben mit Königlicher Huld und Gnade wohl beigethan. Urkundlich Unserer Allerhöchsten Unterschrift und beygedruckten Königlichen Insiegels.

So geschehen Wien am 23ten December im Jahr Christi Eintausend Achthundert Vierzehn, Unserer Königlichen Regierung im neunten

Friderich

ad Mandatum Sacrae Regiae
Majestatis proprium
in Abwesenheit des Minister
Staats Secrétaire
Graf von Sontheim

85. Der Wessenbergsche Verfassungsplan [1]

Gleichberechtigung aller deutschen Staaten. Bundesrat unter Vorsitz Österreichs. Landstände. Rechte der Mediatisierten und der Untertanen.

Klüber, II S. 1–5.

[Wien, Dezember 1814]

Entwurf einer Grundlage der teutschen Bundes Verfassung

(Von einem kaiserlich-östreichischen Herrn Minister, im December 1814)

Da bisher die förmliche Einrichtung eines teutschen Bundes in Gemäßheit des pariser Friedens Tractats vom 30. Mai d. J.[2] wegen mangelnder Ausgleichung verschiedener Territorial Verhältnisse, nicht zu Stande hat kommen können: so sind nachbenannte Staaten, um der teutschen Wohlfahrt willen, einstweilen über folgende Bedingungen übereingekommen, welche als Grundlage des teutschen Bundes gelten sollen.

Alle teutschen Staaten sind eingeladen, dem teutschen Bunde unter den erwähnten Bedingungen beizutreten.

1) Die Staaten Teutschlands, nämlich . . . vereinigen sich zu einem Bunde, welcher den Nahmen des teutschen Bundes führen wird.
Jeder Eintretende leistet Verzicht auf das Recht, sich ohne Zustimmung der übrigen davon zu trennen.
2) Der Zweck dieses Bundes ist die Erhaltung der äußern Ruhe und Unabhängigkeit desselben, und die Sicherheit der Verbündeten in ihren Verhältnissen gegeneinander.
3) Alle Staaten des teutschen Bundes geniessen, als Glieder des Bundes, gleiche Rechte; keiner ist befugt, OberherrschaftsRechte über den andern auszuüben.
4) Die Angelegenheiten des Bundes werden durch einen Bundesrath besorgt. Dieser besteht aus den Bevollmächtigten nachbenannter Staaten, die theils einzeln, theils collective das Recht der Stimmenführung ausüben; Oestreich, Baiern, Hannover etc.

[1] Der Plan war keine offizielle Vorlage; Preußen ging er unter der Hand zu. In einem Vermerk in den Berliner Akten heißt es: „Der angeblich von dem Freiherrn von Wessenberg an Bayern konfidentiell mitgeteilte Konstitutionsplan ist äußerst unvollständig, und dabei höchst ungünstig für die sogenannten mediatisierten Reichsstände." Schmidt, S. 379. Vgl. auch Arneth, I S. 251; Hartmann, S. 59–61 sowie Nr. 83 S. 384f.

[2] Nr. 3 S. 61.

5) Oestreich hat in dem Bundesrath den Vorsitz, und die Aufsicht über die materielle Leitung des Geschäfts. Die Stellen der BundesCanzlei werden in dem Bundesrathe besetzt.
6) Die StimmenMehrheit entscheidet; im Fall einer Stimmen Gleichheit entscheidet jene des Vorsitzenden.
7) Der Bundesrath ist ununterbrochen, und zwar einstweilen, bis zur weiteren Bestimmung, in N. N versammelt.
8) Der Bundesrath beschließt über Krieg und Frieden, verfügt über die allgemeinen VertheidigungsAnstalten gegen Auswärtige, und geht Allianzen und andere Verträge mit fremden Staaten im Namen des ganzen Bundes ein. Für die Initiative in den Geschäften mit Auswärtigen, so wie für alle Fälle, wo die Vertretung des ganzen Bundes gegen Auswärtige eine schleunige Behandlung erfordert, ernennt der Bundesrath einen permanenten Ausschuß, welcher, nebst dem Vorsitzenden, aus zwei andern Stimmführenden bestehen muß. Dieser Ausschuß wird alle Jahre erneuert.
9) Die gesetzgebende Gewalt des Bundesraths dehnt sich auf alle Gegenstände aus, welche entweder auf gemeinsame Vertheidigung, oder auf allgemeine WohlfahrtsAnstalten Bezug haben.
10) Das KriegsContingent wird für jeden Bundesstaat nach dem Verhältniß seiner Volkszahl bestimmt; es stellen hiernach zum einfachen Contingent: Oestreich etc.
Wenn mehrere Staaten des Bundes zur Stimmenführung vereinigt sind, haben sie über das Contingent, das jeder Einzelne zu stellen hat, übereinzukommen. Nach Umständen, kann der Grössere das Contingent des Kleinern vertragmäßig übernehmen. Der Bundesrath hat darauf zu sehen, daß jeder Staat in Friedenszeiten wenigstens das einfache, bei angeordneter Kriegsrüstung aber das doppelte Contingent vollständig und wohlbewaffnet erhalte.
11) Die BundesAuslagen werden auf die Bundesstaaten, nach dem Maasstabe der von ihnen zu stellenden Contingente, berechnet.
12) Um zu verhindern, daß ein einzelner Bundesstaat die Sicherheit Teutschlands in Gefahr bringe, verpflichten sich sämmtliche Mitglieder, keine Verbindungen mit Auswärtigen einzugehen, die gegen den ganzen Bund, und dessen einzelne Mitglieder, unmittelbar oder mittelbar gefährlich werden könnten, diese Verbindungen mögen auf Krieg oder Frieden, oder Subsidien, oder was immer für Hülfsleistung Bezug haben.
Die Bundesglieder machen sich ebenfalls verbindlich, einander unter keinerlei Vorwand zu bekriegen, oder ihre Streitigkeiten mit Gewalt zu behaupten, den Fall der Nothwehr ausgenommen.

Streitigkeiten zweier Bundesglieder werden vor den Bundesrath gebracht. Die näheren Anwendungen über die Art ihrer Beilegung, sind der definitiven Verfassung des Bundes vorbehalten.

13) In allen teutschen Staaten werden Landstände binnen Jahr und Tag eingeführt, welchen in Hinsicht der Steuern und der allgemeinen LandesAnstalten besondere Rechte eingeräumt werden. Jedoch bleibt jedem einzelnen Staat überlassen, den Ständen eine der Landesart, dem Charakter der Einwohner und dem Herkommen gemäße Einrichtung zu geben.

14) Um die Lage der durch den Rheinbund oder nach dessen Errichtung mittelbar gewordenen Reichsstände, so viel als die gegenwärtigen Verhältnisse gestatten, zu verbessern, sind die souverainen Bundesglieder darin übereingekommen:

a) diese Stände, als die ersten Standesherren in ihren Staaten, nach der ihnen gebührenden Rangordnung zu betrachten;

b) alle diejenigen, ihre Personen, Familien und Besitzungen betreffenden Rechte und Vorzüge zu versichern, welche mit den Regierungsrechten der Staaten, welchen sie angehören, vereinbarlich sind. Hieher gehört:

1) die unbeschränkte Freiheit, ihren Aufenthalt nach Gutdünken in jedem zu dem Bunde gehörenden, oder mit ihm in Freundschaft lebenden Staate zu nehmen;

2) nach den Grundsätzen der frühern teutschen Verfassung, über ihre Güter und FamilienVerhältnisse, selbstständig, für ihre Nachkommenschaft verbindliche Verfügungen zu treffen; alle hierüber mit Errichtung des Rheinbundes erlassene Verordnungen werden ausser Wirkung gesetzt;

3) die Ausübung der bürgerlichen und peinlichen Gerichtspflege in erster Instanz, so wie auch der Ortspolizei auf ihren ehemaligen unmittelbaren Gütern, jedoch nach Vorschrift der Bundesgesetze;

4) Steuerfreiheit für ihre Personen, Schlösser, Häuser, eingezäunte Gärten und Jagden.

Die nemlichen Rechte und Vorzüge werden dem ehemaligen unmittelbaren Adel zugestanden.

15) Die BundesStaaten, in sofern sie nur teutsche Länder besitzen, garantiren gemeinschaftlich ihren Unterthanen folgende Rechte:

a) Gleichheit der bürgerlichen Rechte, für die christlichen Glaubensgenossen, nämlich Katholische, Lutherische und Reformirte.

NB. Wobei noch die Duldung der Juden zu erwähnen ist.

b) Die Aufhebung der Leibeigenschaft, wo sie noch besteht, binnen 3 Jahren, gegen Loskauf und Entschädigung der Leibherren.

c) Das Recht, Liegenschaften ausserhalb des Staats, den sie bewohnen, zu erwerben und zu besitzen, ohne mehreren Abgaben und Lasten unterworfen zu seyn, als die Einwohner.
d) Das Recht des freien Wegzugs aus einem teutschen BundesStaat in den andern, in sofern der Auswanderer zeigen kann, daß er im letztern als Unterthan angenommen wird. Die Freiheit von allen Abzugs- und ErbschaftsSteuern von ausziehendem Vermögen, welches in einen andern teutschen Staat übergeht.
NB. Hier kommt ein Vorbehalt wegen Erfüllung der Conscriptions-Verbindlichkeit einzuschalten.
e) Für die Freiheit des Handels und Verkehrs, so wie der Schiffahrt im Innern des teutschen Bundes, wird durch die Bundesgesetze gesorgt werden.

86. Aus Steins Tagebuch während des Wiener Kongresses

Gespräche über seinen Kaiserplan und die deutsche Verfassungsfrage u. a. mit Hardenberg und Wellington. Bayern und das linke Rheinufer.

Neue Stein-Ausgabe, V S. 362–368.

[Wien,] 9.–26. Februar 1815

Kapodistrias hatte dem Kaiser *[Alexander]* ein Memoire den 9. Februar über die deutschen Angelegenheiten [1] mitgeteilt und darin auf die Wiederherstellung der Kaiserwürde für das H[aus] Österreich angetragen. Der Kaiser frug ihn, was ich darüber denke. K[apo]di[strias] antwortete ihm, meine Meinung sei beifällig, ich glaube, man müßte aber mit Preußen sich vereinigen, und der K[aiser] gab ihm auf, dieses zu versuchen. Hardenberg äußerte in seiner Unterredung (11. Februar) seine Abneigung und gründete sie auf die Geistlosigkeit der öster[reichischen] Dynastie und Regierung. Ich bemerkte ihm, diese Unvollkommenheiten seien persönlich und vorübergehend, es käme hier auf Verfassungseinrichtungen an usw. Ich behielt mir eine nähere Darstellung vor der Befugnisse, so dem Kaiser beizulegen sein würden. Metternich schien in seiner Unterredung (12. Februar) auch geneigt zur Annahme der Kaiserw[ürde] und versprach mir, Solms und Plessen deshalb anzuhören.

[. . .]

Die deutschen Angelegenheiten wurden durch die preuß[ischen] Noten vom

[1] 'Considérations sur l'Empire Germanique par le Comte de Capo d'Istria', Wien 28. 1./9. 2. 1815. Pertz, IV S. 735–739.

4. Februar[2] wieder in Bewegung gesetzt, worin Österreich die Aufnahme zweier Deputierter aus den Fürsten vorgeschlagen wurde.

[. . .]

Der Fürst Metternich hatte eine Unterredung mit dem Grafen v. Solms über die Annahme der Kaiserwürde, worin er äußerte, er für seinen Teil könne dazu weder raten noch es abraten; im nördlichen Deutschland wünschen sie die kleineren Fürsten, aber Preußen sei abgeneigt, und Österreich werde dadurch in Verwicklungen mit Preußen geraten; hier sei ohnehin schon im Königreich Niederlande ein Gegengewicht vorhanden; im südlichen Deutschland hindere Bayerns Macht jedes Eingreifen der kaiserlichen Gewalt, und hier scheine man ohnehin weniger den Wunsch nach einer Konstitution zu haben als im nördlichen. Der Graf Solms bemerkte hierauf, daß allerdings dieser Wunsch vorhanden sei, da im Württembergischen alles durch den Plan zur dortigen Konstitution[3] aufgereizt worden; um Ruhe zu erhalten, sei es überhaupt nötig, daß der Kongreß ein Dehortatorium erlasse an den König, mit der Einführung einer Konstitution Anstand zu nehmen, bis daß der Kongreß über die allgemeinen Grundsätze entschieden habe.

Der mecklenb[urgische] Gesandte, Herr v. Plessen, hatte gleichfalls eine Unterredung mit Herrn v. Wessenberg über die Herstellung der Kaiserwürde, worin letzterer sich äußerte, daß er es ratsam für Österreich halte, die Kaiserwürde anzunehmen. Unterdessen hatte der Kaiser dem Fürst von Weilburg seine Entfernung, sie anzunehmen, erklärt.

Den 24. [Februar] gab mir Fürst Hardenberg die Humboldtsche Widerlegung meines Aufsatzes wegen der Kaiserwürde[4] zu lesen und äußerte, er könne als preußischer Minister unmöglich in diese Vermehrung der öster[reichischen] Macht einwilligen; diese habe ohnehin eine Tendenz, sich mit Bayern und Frankreich gegen Rußland, Preußen und England zu verbinden, seine Macht werde dadurch nur noch vermehrt; Hannover werde gleichfalls nicht einwilligen; er werde in Berlin alles gegen sich empören, wenn er einen solchen Einfluß Österreich einräume. Ich forderte von ihm eine Abschrift des Aufsatzes, um ihn widerlegen zu können. Er versprach ihn, sobald er vom König zurückkomme, dem er ihn jetzt eben vorlegen wolle, und drang sehr in mich, die Sache fallen zu lassen, da sie nur neue Veranlassungen gebe zur Eifersucht zwischen Österreich und Preußen.

[. . .]

Den 24. Februar. Meine Unterredung mit Lord Wellington begann mit

[2] Note Hardenbergs und Humboldts an Metternich, Wien, 4. 2. 1815. Klüber, I 3 S. 132–134.

[3] Dazu Huber, I S. 331–333; vgl. auch Neue Stein-Ausgabe, V S. 257 f.

[4] Undatierte Denkschrift wohl vom 23. 2. 1815. Humboldt, XI S. 295–302; Schmidt, S. 414.

seiner Äußerung, daß es nötig sei, die deutschen Angelegenheiten zu ordnen. Da Deutschland keine Einheit habe, so müsse diesen Mangel die Einigkeit zwischen Preußen und Österreich und die Beschaffenheit der öffentlichen Meinung ersetzen. Deutschland sei hauptsächlich nur durch Sprache und Sitten gebunden, es sei in sich durch Religion, selbst durch politisches Interesse geteilt. Die föderativen Institutionen, so man beabsichtige, müssen durch die beiden Mächte und die öffentliche Meinung aufrechtgehalten werden. Diese habe sich deutlich ausgesprochen für die gesetzliche Verfassung. Ich antwortete ihm, ich halte die deutschen Angelegenheiten in ihrer gegenwärtigen Lage für verschoben. Sie seien dahin gebracht durch das System, so die Österreicher anfangs gehabt, Deutschland in viele Teile zerstückelt zu lassen; alsdann seien durch eine Menge teils verderblicher, teils hinderlicher Friedensschlüsse die Resultate des Rheinbundes sanktioniert worden. Gegenwärtig habe man einen Plan der Föderation gemacht, der nicht gehen könne, da fünf dirigierende und divergierende Höfe sich nach verschiedenem Verhältnis in den Einfluß teilten; es wäre vielleicht möglich, diesem Übel durch die Bestellung eines Bundesoberhaupts abzuhelfen, da eigentlich das wahre politische Interesse Preußens und Österreichs nicht in Widerspruch stehe.

Er erwiderte, die Bildung eines solchen Oberhaupts sei jetzt nicht möglich; es müsse jedoch etwas geschehen zur Erfüllung der Verabredungen, welche sämtliche Mächte wegen der deutschen Angelegenheiten genommen, und zur Befriedigung der Gemüter. Alles sei gespannt, und besonders in Preußen zeige sich ein militärischer, republikanischer Geist.

Ich bemerkte, daß allerdings es nötig sei, in einem Land, wo eine Verfassung bestanden, wo die Menschen an einen gesetzlichen Zustand gewöhnt waren, einen ähnlichen wiederherzustellen, der Willkür ein Ende zu machen. Anarchie sei übrigens dem ganzen Wesen und Geist der Deutschen zuwider. Wolle man diese Verabredungen der Mächte in der genommenen Art endigen, so müsse man die unterbrochenen Konferenzen über die deutschen Angelegenheiten wiederaufnehmen, weshalb der St[aats]k[anzler] Hardenberg bei Fürst Metternich angetragen.

Er antwortete, dieses werde er sich angelegen sein lassen; Metternich habe ihm von einem preußischen Plan in 120 Art[ikeln] gesprochen,[5] der zu weitläufig scheine. Die Möglichkeit seiner Abkürzung räumte ich ein. In diesem

[5] Humboldt hatte im November/Dezember 1814 in Erwartung einer baldigen Wiederaufnahme der Beratungen des Fünferausschusses Verfassungspläne mit und ohne Kreiseinteilung erstellt, den sog. Doppelentwurf. Druck: Humboldt, XI S. 234–268. Mit einer ausführlichen erläuternden Note vom 10. 2. 1815 (Klüber, II S. 6–18) sandte Hardenberg den zwischenzeitlich unter Münsters Einfluß leicht veränderten Doppelentwurf (Klüber, II S. 18–64) an Metternich. Vgl. Hartmann, S. 62–70.

Fall müsse man nur die wesentlichsten Elemente ausheben und die weiteren Entwicklungen auf einen besonderen Bundestag verweisen. Es sei überhaupt die Beschleunigung der Angelegenheiten, so den Kongreß beschäftigen, sehr zu wünschen, da die Abreise der Monarchen nötig sei. Am dringendsten sei Aufhebung des Provisoriums und die Beendigung der bayr[ischen] Territ[orial]abfindungen. Das Provisorium verursache einen großen Einquartierungsdruck für die besetzten Länder und große Ausgaben den verbündeten Mächten. Bei der Abfindung von Bayern müsse man Bedacht nehmen zu verhindern, daß es nicht durch Besitzungen auf dem linken Rheinufer mit Frankreich in Berührung komme; der Geist seiner Politik werde immer für Deutschland und für seine Nachbarn verderblich sein. Es sei daher nötig, die bayrischen Abfindungen auf das rechte Rheinufer und auf die mit ihm grenzenden Länder anzuweisen. Lord Wellington bemerkte, es sei dennoch nötig, auf das linke Rheinufer eine größere schlagfertige Macht zu setzen statt mehrerer kleiner, die von Frankreich leicht erschreckt und umgeworfen werden könnten, und ob ich nicht glaube, daß, wenn Österreich Salzburg besitze, es bei seiner Übermacht Bayern fest in seinem Interesse halten könne.

Ich antwortete ihm, die Aufstellung einer größeren Macht auf dem l[inken] Rh[ein]ufer sei nur insofern nützlich, als man sich auf deren Treue verlassen könne, welches der Fall mit B[ayern] nicht sei. Durch die Linie von Bundesfestungen und durch die Aufstellung von Preußen und Belgien sei Deutschland gegen einen ersten Anfall von Frankreich hinlänglich gesichert. Österreich habe sich jetzt sehr schwach gegen B[ayern] bewiesen, unerachtet seiner Übermacht, und bei seiner moralischen Schwäche müsse man suchen, ihm alle Verwicklungen, in die es durch Bayern und Frankreich kommen könne, möglichst zu vermeiden und zu erleichtern. Die Unterredung endigte sich mit der Aufforderung L[ord] W[ellingtons] an mich, ihn so oft zu besuchen, als ich ihm etwas zu sagen für nötig finde.

[. . .]

Den 26. Februar. Ich forderte dem Kanzler Hardenberg das Humboldtsche Memoire[6] ab. Er schickte mir Humboldt selbst mit einer ablehnenden Antwort, weil er die Sache nachteilig für Preußen halte und wünsche, sie möchte fallen, indem sie sonst leicht wieder einen Zankapfel zwischen Preußen und Österreich abgeben und die Erbitterung zwischen beiden vermehren könne. Er meinte, bei dieser Lage der Sache müsse man, um größeren Nachteil zu vermeiden, sie fallen lassen. Ich erinnerte, es sei nötig, da der Kanzler mir nicht die Gründe seines Widerspruchs vollständig mitteilte, daß er sie selbst dem Kaiser vorlegte und sich hierzu eine Audienz ausbitte, womit Herr v. H[umboldt] einverstanden war.

[6] Wie Anm. 4.

Kurz nachher kam Herr v. Plessen, der mir erzählte, daß Wessenberg das Vorteilhafte der Wiederherstellung der Kaiserwürde einsähe und ihm eine nähere Unterredung zugesagt habe. [. . .]

87. Denkschrift Steins für Alexander I.[1]

Die Mängel des Direktoriums der fünf deutschen Mächte und die Notwendigkeit, die Österreicher enger mit den Deutschen zu verbinden, sprechen für die Wiederherstellung des Kaisertums. Die Rechte des Kaisers.

Pertz, IV S. 330–332, vom Hrsg. erg. Übers. Franz. Text: Neue Stein-Ausgabe, V S. 274–276 (normalisiert).

Wien, 17. Februar 1815

Über die Wiederherstellung der Kaiserwürde in Deutschland

Die Denkschrift des Grafen Kapodistrias 'Über das deutschen Reich'[2] stellt mit ebensoviel Wahrheit wie Weisheit die Schwäche des föderativen Systems heraus, das der deutsche Ausschuß vorschlägt, die unheilvollen Folgen, die sich aus dieser Schwäche für die innere Ruhe Deutschlands und seine äußere Unabhängigkeit ergeben werden, und beweist die Notwendigkeit, ein einziges Oberhaupt des Bundes einzusetzen an Stelle eines Direktoriums von fünf Kabinetten, die in ihren Absichten, Interessen, sogar in den Formen, die jedes für die Führung seiner Angelegenheiten annimmt, voneinander abweichen.

Wenn eine so offensichtlich fehlerhafte Einrichtung wie ein Fünferdirektorium von dem deutschen Ausschuß angenommen werden konnte, muß man dies nicht etwa einem Irrtum, sondern der zwischen den verschiedenen Höfen, besonders zwischen Österreich, Preußen und Bayern, bestehenden Eifersucht zuschreiben. Jeder derselben sieht mit Unruhe dem andern einen vorwiegenden Einfluß eingeräumt, und zieht einen Zustand der Schwäche, des Schwankens, einem festen starken Zustande aber, der seinen Einfluß verringern würde, vor. Diese Betrachtungen entsprechen jedoch nach meinem Urtheil keinesweges einer weisen und freisinnigen Politik, wie sie allein zwischen ver-

[1] Zu dieser letzten bedeutenden verfassungspolitischen Denkschrift Steins Ritter, S. 510–513; Huber, I S. 553–555.

[2] 'Considérations sur l'Empire Germanique par le Comte de Capo d'Istria', Wien 28. 1./9. 2. 1815. Pertz, IV S. 735–739. Kapodistrias plädiert hier für die Wiederherstellung eines Österreich zu übertragenden deutschen Kaisertums.

schiedenen Bundesstaaten Zutrauen, Anhänglichkeit und Hingebung an das Band, welches sie vereinigt, zu unterhalten vermag.

Die Befugnisse des Bundestages bestehen in der Gesetzgebung über gemeinwichtige Verwaltungsgegenstände, die Kriegseinrichtung, die auswärtigen Verhältnisse, die Entscheidung von Streitigkeiten zwischen den Fürsten unter sich und mit ihren Landständen. Unter allen Deutschen Staaten ist es vorzüglich für Preußen wegen seiner Stellung in der Mitte Deutschlands von überwiegender Wichtigkeit, daß dieses eine starke Verfassung erhält und weise verwaltet werde; es muß mehr als alle übrigen gegen den Verfall der Kriegseinrichtungen des Bundes, Störungen der inneren Ruhe, Hemmung der Bewegung des Handels besorgt seyn; denn es bedarf jener Kriegseinrichtungen zu seiner Vertheidigung, es wird nothwendig in alle Zwiste seiner Nachbarn verwickelt, es wird den größten Vortheil von der Freiheit des Handels haben, da es im Besitz der großen Ströme ist und einen Ueberfluß an Erzeugnissen der Erde und der Gewerbe hat, an deren freiem Umlauf ihm liegt.

Oesterreich wird durch seine geographische Lage zur Seite Deutschlands geschoben; die Bundesfestungen decken nicht unmittelbar seine Gränzen, sein Handel hat die Richtung nach der Donau und dem Adriatischen Meere, die innern Zwistigkeiten Deutschlands gehen es nur schwach an; es wird suchen vorzugsweise mit Bayern gut zu stehen, dessen Abhängigkeit ihm übrigens durch seine Lage gesichert wird, und seine Theilnahme an Deutschland wird stets dem, was ihm augenblicklich paßt, untergeordnet seyn. Wir sehen es in diesem Geiste handeln, im Deutschen Comittee Lässigkeit zeigen, willig, Maynz, Frankfurt und Hanau an Bayern abzutreten, und eine Nachgiebigkeit gegen dasselbe zeigen, welche an Schwäche gränzt, um es fest an sich zu knüpfen und in dem neuen Kampfe, den die Polnische und Sächsische Angelegenheit herbeiführen zu wollen schien, mit Nutzen zu verwenden.

Außerdem ist eine Entfremdung zwischen den Oesterreichern und den Deutschen vorhanden; die Großen sind eifersüchtig auf den Vorrang der Deutschen Fürsten, die große Menge mißtrauet der Einsicht, der Bewegung in den Geistern, in den Meinungen, welche sich bei ihren Nachbarn zeigt: den Oesterreichern behagt die Ruhe; die Beweglichkeit und der Idealismus der Deutschen, selbst die Verschiedenheit in der Sprache, verursacht ihnen Mißbehagen – sie messen alle ihre politischen Leiden Deutschland bei; sie vergessen, daß es das Heer der Deutschen Ligue war, welches ihnen in der Schlacht am Weißenberge Böhmen unterworfen hat, und daß es keine Deutsche Familie giebt, deren Vorfahren nicht ihr Blut in den Ebenen Ungarns vergossen hätten, um dessen Besitz dem Hause Oesterreich zu sichern.

Wenn man zugesteht, daß Oesterreich ein geringeres Interesse an Deutschland hat als Preußen, daß sogar in seinem Innern Bestandtheile sind, die nach einer Trennung streben, wenn man dessenungeachtet glaubt, daß die Vereinigung Oesterreichs mit Deutschland für Letzteres unerläßlich, und für das politische Wohl Europa's im Ganzen nützlich ist, so kann man sich auch nicht weigern einzuräumen, daß ein verfassungsmäßiges Band gebildet werden muß, welches Oesterreich wieder mit Deutschland vereinige und beide dadurch verbinde, daß jenem ein großer Einfluß, ein Uebergewicht eingeräumt werde, welches ihr gegenseitiges Verhältniß auf Vortheil und Pflicht begründe.

Da die gegenwärtige Lage Deutschlands die seltsame Verbindung einer Macht von zehn Millionen Menschen wie Preußen, mit dem Fürstenthum Vaduz von 4000 zeigt, so wird jedes Ansehen, werde es nun einem Directorium von Fünfen, oder einem einzigen und alleinigen Oberhaupt anvertraut, auf so verschiedene Theile eine verschiedene Wirkung äußern; es wird einwirkend seyn für die einen, befehlend für die andern, aber in beiden Fällen ein festeres und lebendigeres Bestehen haben, wenn es einem Einzigen, als wenn es mehreren übertragen ist; denn im letzteren Falle wäre es schwach im Grundsatz und schwach durch die Beschaffenheit des Werkzeuges, welches es ausübt.

Die Befugnisse, deren Ertheilung an die Kaiserwürde man bei der jetzigen Lage Deutschlands mit Hoffnung auf Erfolg vorschlagen könnte, beschränken sich auf Theilnahme an der Gesetzgebung, an der richterlichen Gewalt, an der Leitung der Kriegsmacht, auf Ehrenrechte.

Die Gesetzgebung über Gegenstände von allgemeiner Wichtigkeit für den Bund, und das Recht des Krieges und Friedens müssen dem Bundestage und dem Kaiser anvertraut werden, das Antragsrecht gebührt dem einen wie dem anderen, die Kaiserliche Genehmigung wird erfordert um einem Vorschlage des Bundestags Gesetzeskraft zu ertheilen.

Die richterliche Gewalt wird ausgeübt durch ein Gericht, dessen Vorstand der Kaiser ernennt; die Mitglieder werden es durch den Bundestag; der Kaiser hat die Ausführung der Urtheile nach vorzuschreibenden Formen.

Die Leitung der Kriegsmacht wird in Kriegeszeiten dem Kaiser und einem Rath dreier Fürsten anvertraut, deren einer stets Preußen ist, die beiden andern erwählt der Bundestag.

Es wird eine Ordnung für die Kriegseinrichtung, die Heeresbildung, die Aufsicht und Unterhaltung der Festungen etc. entworfen; die Handhabung dieser Ordnung wird dem Kaiser und einem wie oben gebildeten Rath dreier Fürsten anvertraut. Der Kaiser hat in den freien Städten das Recht der Mannschaftsaushebung und der Werbung solcher Unterthanen der Fürsten, welche ihrer Kriegspflicht genügt haben.

Die Ehrenrechte des Kaisers sind: der Kaisertitel, seine Eigenschaft als erbliches Oberhaupt des Bundes; alle Handlungen der Gesetzgebung und Gerichtsbarkeit geschehen in seinem Namen, die Gesandten welche der Bundestag zu Unterhandlungen mit fremden Mächten ernennt, erhalten ihre Beglaubigungsschreiben vom Kaiser, sein Gesandter am Bundestage genießt den Rang eines kaiserlichen Commissarius.

88. Bericht Rechbergs an Max I. Joseph von Bayern

Berichtet über Gespräche mit Metternich und preußischen Diplomaten, die ihn für die österreichisch-preußischen Verfassungspläne zu gewinnen suchten.

MA 1033 fol. 55–59 BayHStA München

Nr. 228, Ausfertigung[a] Wien, 18. Mai 1815

Allerdurchlauchtigster, Großmächtigster Koenig *[!]*, Allergnädigster König und Herr!

Nachdem ich vernommen, daß über den – eigentlich von dem Meklenburgischen Minister Baron von Plessen entworfenen aber vom Fürsten von Metternich zum Vortrag gebrachten – Entwurf des teutschen Bundesvertrags (worüber ich unterm 14. d. M. alleruntерthänigst berichtet habe) Conferenzen statt hatten, zu welchen mehrere Minister und unter andern auch Graf Münster von Hannover zugezogen wurden,[1] und nachdem verlautete, daß man die Sache vorläufig beenden wolle, um Bayern und Würtemberg in die Nothwendigkeit zu setzen, einen entscheidenden Entschluß zu ergreifen und, entweder die be-

[a] Am Kopf des Aktenstücks: pr*[aesentatum]* 22. Mai; Rubrum des Ausstellers: Den teutschen Bundes Vertrag betreffend.

[1] Rechberg hatte den Entwurf, den er am 14. 5. eingeschickt hatte, unter der Hand erhalten (An Max I. Joseph, Wien, 14. 5. 1815, MA 1033 fol. 36–36' BayHStA; der Entwurf ebenda fol. 37–41'). Es handelt sich um einen Text, der im Aufbau und z. T. in den Formulierungen dem Verfassungsentwurf folgt, den Österreich am 7. 5. als Gegenprojekt zu dem preußischen Plan vom 30. 4. (Druck: Klüber, II S. 298–308; hierzu Schmidt, S. 449–456) vorgelegt hatte (Druck des österreichischen Entwurfs: Klüber, II S. 308–314). Der von Rechberg mitgeteilte Entwurf enthält aber auch bereits Formulierungen des von Metternich am 13. 5. nach Beratungen mit Preußen präsentierten überarbeiteten österreichischen Entwurfs (Druck: Schmidt, S. 456–464). Zur Beteiligung Plessens an dem österreichischen Entwurf, dessen wesentliche Punkte von Wessenberg stammen, vgl. Apian-Bennewitz, S. 67; Arneth, I S. 276 Anm. 2; Steins Tagebuch Neue Stein-Ausgabe, V S. 383. An den Beratungen des überarbeiteten österreichischen Entwurfs – die entscheidende Sitzung fand am 14. 5. statt – nahm auch Münster teil. Schmidt, S. 456, 464; Münster an den Prinzregenten, Wien, 12. 5., 13. 5. (P.S.), 15. 5. 1815, Münster, S. 264 f., 270 f., 274. Vgl. auch Quint, S. 351 und kritisch dazu Klemmer, S. 52 Anm. 34.

sprochenen Puncte ohne weiters anzunehmen oder den Beitritt pure zu refüßieren; so bin ich gestern, mit dem Produckt in der Hand, zu dem Fürsten von Metternich gegangen, um ihn offenherzig zu fragen, ob dies wirklich das Projeckt wäre, wovon er mir vor mehreren Tagen die vertraulichste Mittheilung versprochen habe? Ich kann hierüber die Verlegenheit dieses Ministers nicht genugsam schildern.

Nach mehreren versuchten Ausflüchten gestand er mir, daß einige der erwähnten Umrisse allerdings wahr – andere hingegen durch Zusätze entstellt seyen. Als ich ihn aber deshalb näher angriff, fand ich, daß ihm keiner der 19 Artickel fremd war und daß er über alle diskutirt haben mußte. Um sich zu rechtfertigen, ging er nun selbst ins Detail und sagte mir mit einer Wendung, die ihm ganz eigen ist, deren Unzulänglichkeit aber gleich in die Augen fällt, daß man nur den rechten Gesichtspunkt der Sache auffassen möge. Es gelte nicht, den souveränen Fürsten die Hände zu binden, sondern man wolle vielmehr ihre Gewalt gegen die Neuerungs und Zerstörungssucht des Zeitgeistes in Schutz nehmen und festsetzen, daß die Stände keine größeren Vorrechte mehr verlangen könnten, als allgemein ausgesprochen worden sey. Preußen sey in voller Gährung, alle Leidenschaften seyen in diesem Lande in Bewegung und, wenn man nicht auf seiner Huth sey; so würde von da aus ein gefährlicher Brand ausgehen, das westliche und östliche Europa ergreifen und die südlichen Staaten würden das Opfer davon werden. Die preußische Regierung, gezwungen dieses gefährliche Spiel zu treiben und mit diesem Instrumente zu operiren, wolle den Schein haben, die Kleineren gegen das unter der vorigen Föderation erlittene Unrecht zu schützen und den dadurch vorzüglich Gekränckten wieder aufzuhelfen. Ihr selbst scheine nicht daran zu liegen, etwas Bindendes herzustellen, weil sie voraus sehe, daß, wenn die gegenwärtige Unordnung besteht, sie mit den in Händen habenden Mitteln die Unzufriedenen immer zu ihrem Vortheil benützen könne.

Es müßte also das Interesse aller Staaten seyn, in Bestimmungen einzugehen, wodurch allein die allgemeine Ruhe und Ordnung erhalten werden könne und dem Ehrgeiz jener Macht, welche diese Elemente so zu gebrauchen wisse, Schranken zu sezen seyen. – Dieß würde jezt möglich seyn, wenn Bayern allein nicht alles aufhalten und alle Hoffnungen und Wünsche scheitern machen wolle. –

Mit Freymüthigkeit, welche die innige Verbindung beider Staaten ihm zur Pflicht mache, müsse er mir sein Bedauern ausdrücken, daß eine Regierung, die sich im Innern so liberal ausgesprochen und durch die neue Constitution alle Erwartungen übertroffen habe, Bedencken trage, die Garantie dieser freywillig und so grosmüthig ausgesprochenen Grundsäze in die Hände eines Bundes zu übergeben, bey welchem sie immer eine der Hauptstüzen seyn würde und auf welchen sie durch ihre geographische Lage weit größern Einfluß als selbst Oestreich geltend machen könne. –

Als ich in ihn drang, mir diejenigen Punckte, denen sein Hof beystimme, sowie diejenigen, welche noch in Berathung lägen, mitzutheilen und als *[ich]* über die seit seiner lezten freundlichen Aeußerung stattgefundene Ausschließung mein Befremden äußerte, erwiderte er, daß es gewiß nicht seine Absicht sey, den Bayerischen Bevollmächtigten auf die entfernteste Weise auszuschließen. Da er aber bereits die Ansichten des Bayerischen Gouvernements kenne; so habe er geglaubt, zuvörderst die wesentlichsten Punckte mit den andern Ministern besprechen zu können. In diesen vorläufigen Unterredungen wären bereits Gegenstände vorgekommen, die selbst Oestreich nicht annehmen könne sondern von sich ablehnen müsse. Die meisten der kleinern Staaten wünschten allerdings schon jezt etwas Bindendes abzuschließen. Seine Aufgabe wäre es nun, die verschiedenen Ansichten mit den unsrigen durch eine möglichst unschädliche Redaction zu vereinigen. Er bat mich nur noch um ein paar Tage, worauf er mir feyerlich versprach, mit mir speciell über alle Gegenstände conferiren zu wollen. –

Einzelne im Laufe der Conversation vorgekommene Punckte suchte er durch Erläuterungen zu vertheidigen. So sagte er unter anderm, es sey nicht die Rede, die Landes Verfaßung dem Bunde zu übergeben, sondern es sey vielmehr die Absicht, daß der Bund unruhige Köpfe, die leicht weiter schreiten wollten, durch die gesammte Autorität in Ordnung halten könne. –

Das Bundes Gericht könne eben so wenig als ein Tribunal oder eine Gerichtsstelle angesehen werden, bey welcher in den Streitigkeiten zwischen Bundesstaaten Recht zu suchen wäre, sondern es könne in einem solchen Fall nur als Austrägal Instanz eintretten und nur bey den kleinern Staaten, denen keine dritte Instanz eingeräumt sey, könne es diese Stelle vertretten. Das jus de non evocando müßte ohnehin gesichert werden.

Mit dieser gewohnten Logik, deren Gründlichkeit ich eben so wenig als die darauf gebauten Versprechen verbürgen mögte, suchte Fürst Metternich die wichtigsten Punckte ins Licht zu heben.

Als ich ihm über die kirchlichen Angelegenheiten sagte, daß ich mich über die Faßung dises Artickels nie verstehen könnte, erwiederte er, es handle sich nur um Kirchen Guth und es verstünde sich von selbst, daß der Bund in die kirchlichen Angelegenheiten der einzelnen Staaten keinen Einfluß haben könne. Dieser Artickel sey besonders gegen Preußen gerichtet, welches in Schlesien alles Kirchenguth an sich gerissen habe. –

Unter den Gegenständen, welche bey den Berathungen noch vorkommen würden, wovon aber Oestreich den Vortrag nicht übernehmen würde, weil es vorausseze, wie wenig dieß Eingang finden wird, wären auch die Curiatstimmen für die Mediatisirten.[2] Er habe die Proposition davon gar nicht annehmen

[2] Vgl. den preußischen Entwurf vom 30. 4. 1815, Klüber, II S. 306.

wollen, um hierin Bayern nicht zu mißfallen. Da aber Preußen diese sehr unterstüzt habe und der Beistimmung von Hannover und von den meisten kleinern Staaten, so in die neuen Berathschlagungen aufgenommen worden, gewiß zu seyn versichere; so habe er es nicht ablehnen können. Nach seiner Ueberzeugung könne er auch keinen grosen Nachtheil davon wahrnehmen: denn es handle sich nur darum, daß die Gesammtmasse aller Mediatisirten eine einzige Curiatstimme erhalte, wodurch blos ihre Autonomie und ihre persönlichen Vorzüge gerettet werden sollen, damit sie etwas haben was sie von dem übrigen von jeher mittelbar gewesenen Adel einigermaßen unterscheide. In Hinsicht ihrer Besitzungen würden sie nach wie vor Unterthanen bleiben. Beispiele ähnlicher Arten fänden sich bereits in der ältern Reichs Verfassung z. B. in den Häußern Stollberg-Wernigerode, Schönburg, Giech etc. etc. Uebrigens vermehre es sogar den Glanz der Souveräne, wenn sie Bundesstände unter ihren Unterthanen hätten: Wohlverstanden, daß die gesammte Masse aller Mediatisirten nur eine Stimme erhalte. –

Ich gab ihm hierauf zu erkennen, daß ein Beispiel aus der ältern Reichs Verfassung keine Anwendung begründe und daß es sonderbar vorkommen müßte, wenn in einem engen Bund von 16 Souveränen Fürsten, wo über die wichtigsten Angelegenheiten der allgemeinen Wohlfahrth berathschlagt würde, Unterthanen verschiedener Souveräne, durch politische und geographische Interessen getrennt, vereinigt mit berathschlagen sollten und wenn diese Unterthanen oft abweichende Meinungen vortragen dürften, wobey es unvermeidlich wird, daß sie sogar gegen einen oder den andren Landes Herrn auftretten müßten. – Fürst Metternich wiederholte darauf, daß es sich nur um einzelne persönliche Vorzüge für die Mediatisirten handle und, da die Unterredung, die ich gerne fortgesezt hätte, durch Dazwischenkunft anderer Personen unterbrochen wurde; so muß ich abwarten, was er mir weiters in der versprochenen nähern Conferenz mittheilen wird. –

Da ich indeßen nicht verbürgen kann, ob dieses Versprechen und wie? in Erfüllung geht; so kann ich mich nur auf meine lezten allerunterthänigsten Berichte beziehen und submißest bitten, daß mir die lezten[3] allerhöchsten Bestimmungen über die zu nehmenden Beschlüße baldigst mitgetheilt werden mögen.

Bey den Würtembergischen Ministern ist grose Verlegenheit zu bemerken, und einer von ihnen hat mir gestanden, daß der König, in seinen Beschlüßen und Instrucktionen nicht diejenigen Absichten würde durchsezen können, die er früher hier aufgestellt habe, weil er durch die Landstände beengt werde. Vor der Hand erklären sie übrigens, in nichts einzugehen, was auf die innern Verhältniße auch nur die mindeste Beziehung hätte, geben mir indeßen im Ver-

[3] In der Vorlage unterstrichen.

trauen zu verstehen, daß sie fühlen, man würde manches nachgeben müssen, und daß sie wünschen, der König möge Anfangs keine Grundsäze aufstellen, die man später zurückzunehmen gezwungen werden könnte. –

In einem gleich beruhigenden Sinn, wie eben erwähnt Fürst Metternich gesprochen, haben sich auch einige Preußische Beamte gegen mich geäußert. Fürst Hardenberg selbst sagte mir mit vieler Zartheit, er könne es nach den liberalen Gesinnungen Eurer Königlichen Majestät gar nicht bezweifeln, daß Bayern bey Abschließung des teutschen Bundes gewiß nur die nemlichen Absichten wie Preußen haben könne, und daß kein unbegründetes Mißtrauen die gute Sache hindern würde. Auch Staatsrath von Jordan sprach in diesem Sinn, indem er hinzu sezte, daß auch Preußen nicht wünsche, daß auf dem künftigen Bundestag über innere Angelegenheiten diskutirt werde. Wegen der Mediatisirten glaubte er, daß die Ansichten Bayerns etwas zu streng seyn mögten; nachdem man ihm aber bemerckte, welche persönliche Vortheile Eure Majestaet denselben bereits zugestanden und daß manche auswärtige Mediatisirte laut den Wunsch geäußert haben, nach den Bayerschen Grundsäzen behandelt zu werden, kam er auch davon zurück und gestand selbst, daß auch er nicht begreife, wie man ihnen Curiatstimmen bewilligen und dadurch so verschiedenartige Interessen mit einander vermengen könne. –

Dieß Alles beweißt, daß man in den Grundsäzen noch lange nicht einig ist. Dem Herrn v. Humbold scheint daran zu liegen, durch die größern teutschen Staaten eine eigentlich executive Gewalt hinzustellen (also eigentlich zwey Kammern, eine executive und eine legislative) Oestreich aber will keine getrennten Gewalten.

Bemerckenswerth bleibt immer, daß troz des seit 7 Monaten so vielfach gegebenen Versprechens des Fürsten von Metternich, die vorbereitenden Besprechungen immer fortgehen, ohne daß Bayern dazu eingeladen wird. –

Ich verharre in tiefster Unterwürfigkeit und Treue

Eurer Königlichen Majestaet

Wien, den 18. May 1815

allerunterthänigster
treu gehorsamster
v. Rechberg

89. Österreichisch-preußischer Verfassungsentwurf[1]

Gleichheit der Bundesglieder, aber unterschiedliche Gewichtung ihrer Stimmen in der Bundesversammlung unter Vorsitz Österreichs. Rechte der Mediatisierten und der Untertanen.

Näf, S. 21–27.

Wien, 23. Mai 1815

Entwurf einer deutschen Bundesakte

Art. 1
Errichtung des Bundes

Die Fürsten und freien Städte Deutschlands, mit Einschluß Ihrer Majestäten des Kaisers von Oesterreich, und der Könige von Dännemarck, Preußen und der Niederlande für ihre deutschen Besitzungen vereinigen sich zu einem beständigen Bunde, welcher der Deutsche Bund heyßen soll.

Art. 2
Zweck desselben

Der Zweck desselben ist Erhaltung der Unabhängigkeit, der äußern und innern Sicherheit, so wie der Unverletzbarkeit der deutschen Bundes Staaten.

Art. 3
Eigenschaft der Bundesglieder

Alle Mitglieder des Bundes sind als solche einander gleich. Sie verpflichten sich alle gleichmäßig die Bundesacte unverbrüchlich zu halten.

[1] Der Entwurf beruht auf einem von Humboldt im April 1815 erstellten Verfassungsplan (letzte Redaktionsstufe vom 30. 4. bei Klüber, II S. 298–308) und einem österreichischen Gegenprojekt vom 7. 5. (ebenda, S. 308–314). Er wurde, nachdem Österreich und Preußen sich bereits am 14. 5. im wesentlichen geeinigt hatten, von Metternich in der Sitzung der Bevollmächtigten der deutschen Fürsten und Städte am 23. 5. vorgelegt. Ebenda, S. 341. Vgl. Hartmann, S. 73–81; Huber, I S. 556–558; Schmidt, S. 449–456.

Art. 4
Repräsentation des Bundes

Die Angelegenheiten des Bundes werden durch eine beständige Bundesversammlung besorgt, an welcher alle Glieder des Bundes nach anliegendem Schema Antheil nehmen. Wo es auf Abfassung von Gesetzen, auf allgemeine innere Einrichtungen, oder Abänderung des Bundesvertrags ankömmt, bildet sich die so constituirte Bundesversammlung zu einem Pleno, in welchem jedes Bundes Glied seine Stimme für sich, jedoch dergestalt abgiebt, daß diese Stimmen, zufolge eines in den Grundgesetzen zu bestimmenden Verhältnisses nach Verschiedenheit der Größe der abstimmenden Staaten verschieden gerechnet werden. Die von der Bundesversammlung in der ersten Gestalt gemachten Anträge werden alsdann von dem Pleno entweder angenommen oder verworfen.

Art. 5
Sitz der Bundesversammlung

Die Bundesversammlung hat ihren Sitz zu Frankfurth am Mayn.
Die erste Versammlung ist auf den ersten September 1815 festgesetzt.

Art. 6
Vorsitz und Abstimmung

Oesterreich hat bei der Bundesversammlung den Vorsitz.
Die Stimmenmehrheit entscheidet in allen nicht durch die Grundgesetze des Bundes ausdrücklich ausgenommenen Fällen.

Art. 7
Erste Berathung der Bundesversammlung

Das erste Geschäft der Bundesversammlung nach ihrer Eröffnung wird die Abfassung der Grundgesetze des Bundes und dessen organische Einrichtung in Rücksicht auf seine auswärtigen, militairischen und innern Verhältnisse seyn. Dieselbe wird hiebei dem im Art. 4 festgesetzten Gange folgen, und die von ihr gemachten Entwürfe noch einmal als Plenum zur Genehmigung oder Verwerfung in Berathung nehmen, mit dem Unterschied jedoch daß kein Bundesglied bei der Annahme der Grundgesetze durch Stimmenmehrheit gebunden werden kann.

Art. 8
Gericht dritter Instanz

Diejenigen Bundesglieder, deren Besitzungen nicht eine durch die organischen Gesetze zu bestimmende Volkszahl (bei welcher jedoch verwandte Fürstenstämme und die freien Städte die ihrige zusammenzählen können) erreichen, werden sich zur Bildung eines gemeinschaftlichen obersten Gerichtes vereinigen.

Art. 9
Gegenseitige Garantie der Bundesglieder

Alle Mitglieder des Bundes versprechen sowohl ganz Deutschland, als jeden einzelnen Bundes Staat gegen jeden Angriff einer auswärtigen Macht in Schutz zu nehmen, und garantiren sich gegenseitig ihre sämmtlichen unter dem Bunde begriffenen Besitzungen. Sie werden stets alle ihre Kräfte und Mittel vereinigen, um demjenigen dessen Rechte oder Gebieth verletzt worden wären, Sicherheit und Genugthuung zu verschaffen, auch in diesen Fällen so wie überhaupt in jedem Bundeskrieg, einseitig weder Frieden noch Waffenstillstand schließen, noch einseitig Unterhandlungen irgend einer Art mit dem Feinde eingehen.

Sie verpflichten sich in keine Verbindungen mit auswärtigen Mächten zu treten die gegen den ganzen Bund oder einzelne Mitglieder desselben gerichtet wären, oder dem ganzen Bunde oder einzelnen Mitgliedern unmittelbar oder mittelbar gefährlich werden könnten, diese Verbindungen mögen auf Krieg oder Frieden oder Subsidien, oder auf was immer für eine Hülfsleistung Bezug haben.

Die Bundesglieder machen sich endlich verbindlich einander unter keinerlei Vorwand zu bekriegen, oder ihre Streitigkeiten durch Gewalt zu behaupten. Die Entscheidung in streitigen Fällen über staatsrechtliche Verhältnisse sowohl der einzelnen Mitglieder zum ganzen Bunde, wie auch der verschiedenen Bundesstaaten zu einander, wird der Bundesversammlung vorbehalten. Dieselbe ordnet sich ein Bundesgericht bei, an dessen Besetzung alle seine Mitglieder verhältnißmäßigen Antheil nehmen. Die Gegenstände und den Umfang der Würksamkeit desselben bestimmen die Grundgesetze des Bundes.

Art. 10
Landständische Verfassungen

In allen deutschen Staaten soll eine landständische Verfassung bestehen.

Art. 11
Mediatisirte

Um die Lage der mittelbar gewordenen ehemaligen Reichsstände, so viel als es die gegenwärtigen Verhältnisse gestatten, zu verbessern, soll ihnen:

a) Ein Antheil an den Berathungen der Bundesversammlung durch Curiatstimmen im Pleno gegeben werden.

b) Sind diese Stände die ersten Standesherrn in den Staaten denen sie angehören.

c) Sollen ihnen alle diejenigen, ihre Personen, Familien und Besitzungen betreffenden Rechte und Vorzüge zugesichert werden, welche mit den Verfassungen jener Staaten vereinbar sind. Hierzu ist alles zu rechnen was nicht zu den höhern Regierungsrechten gehört, und aus dem Eigenthum herrührt.

Insbesondere sollen sie

1° Die unbeschränkte Freiheit haben ihren Aufenthalt in jedem zu dem Bunde gehörenden oder mit demselben im Frieden lebenden Staat zu nehmen.

2° Nach den Grundsätzen der frühern deutschen Verfassung über ihre Güter und Familienverhältnisse für ihre Nachkommenschaft verbindliche Verfügungen zu treffen. Die vor Errichtung des Rheinbundes bestandenen Familienverträge werden aufrecht erhalten, und es kann ohne Einwilligung sämmtlicher Agnaten kein neuer errichtet werden. Alle dagegen seit Errichtung des Rheinbundes erlassenen Verordnungen werden außer Wirkung gesetzt.

3° Die Ausübung der bürgerlichen und peinlichen Gerechtigkeitspflege in erster, und wo die Besitzung groß genug ist, in zweiter Instanz, der Forstgerichtsbarkeit, so wie auch der Ortpolizey und der Aufsicht in Kirchen- und Schulsachen, auch über milde Stiftungen, alles jedoch nach Vorschrift der Landesgesetze.

4° Steuerfreiheit für ihre Personen; dagegen sind sie allenthalben den Gesetzen des Staates, seiner Militairverfassung und Oberaufsicht unterworfen.

Dem ehemaligen unmittelbaren Reichsadel werden die unter N^{ris} 1, 2 und 4 angeführten Rechte und Vorzüge, die Landstandschaft, die Patrimonialgerichtsbarkeit und der privilegirte Gerichtsstand zugesichert.

Art. 12
Bestätigung der Verfügungen des Reichsdeputationsschlusses

Die Fortdauer der auf den Rheinschiffahrtsoctroy angewiesenen Renten, die durch den Reichsdeputationsschluß vom 25. Febr. 1803 getroffenen Verfügungen in Betreff des Schuldenwesens und festgesetzten Pensionen an geistlichen und weltlichen Individuen werden von dem Bunde garantirt. Die Mitglieder der ehemaligen Dom- und freien Reichsstifter haben die Befugnis ihre durch den erwähnten Reichsdeputationsschluß festgesetzten Pensionen ohne Abzug in jedem mit dem Deutschen Bunde in Frieden stehenden Staate verzehren zu dürfen.

Art. 13
Posten

Das fürstliche Haus Thurn und Taxis bleibt in dem bisherigen Besitz und Genuß der Posten in den freien Städten Deutschlands, und es werden demselben überdies in Beziehung auf den 13ten Art. des mehrerwähnten Reichsdeputationsschlusses seine auf Belassung der Posten oder auf eine angemessene Entschädigung gegründeten Rechte und Ansprüche gesichert. Dieses soll auch statt finden wo die Aufhebung der Posten seit 1803 gegen den Inhalt des Deputationsschlusses bereits geschehen wäre.

Art. 14
Festsetzung der bürgerlichen und politischen Rechte

Die Verschiedenheit der drey christlichen Religionspartheien kann in den Ländern und Gebiethen des Deutschen Bundes keinen Unterschied im Genusse bürgerlicher und politischer Rechte begründen.

Den Bekennern des jüdischen Glaubens werden, in so fern sie sich der Leistung aller Bürgerpflichten unterziehen, die denselben entsprechenden Bürgerrechte eingeräumt, und wo dieser Reform Landesverfassungen bestimmt entgegen stehen, erklären die Mitglieder des Bundes diese Hindernisse so viel als möglich hinwegräumen zu wollen.

Art. 15
Religionswesen

Die Katholische Kirche in Deutschland wird, unter der Garantie des Bundes, eine, ihre Rechte und die zur Bestreitung ihrer Bedürfnisse nothwendigen Mittel sichernde Verfassung erhalten.

Die Rechte der Evangelischen gehören in jedem Staate zur Landesverfassung, und ihre, auf Friedensschlüssen, Grundgesetzen oder andern gültigen Verträgen beruhenden Rechte werden ausdrücklich aufrecht erhalten.

Art. 16

Allgemeine Anordnungen zu Gunsten der deutschen Unterthanen

Den Unterthanen der deutschen Bundesstaaten wird von den Bundesgliedern gegenseitig zugesichert

a) Grundeigenthum außerhalb des Staats den sie bewohnen, zu erwerben und zu besitzen, ohne deshalb in dem fremden Staate mehrern Abgaben und Lasten unterworfen zu seyn als dessen eigene Unterthanen.

b) Das Recht in Civil- oder Militärdienste eines andern deutschen Bundesstaates zu treten.

c) Das Recht des freien Wegzuges aus einem deutschen Bundesstaat in den andern, in so fern der Auswandernde seine Militärpflichtigkeit erfüllt hat, und ausweisen kann, daß er in dem andern als Unterthan angenommen wird.

d) Die Freiheit von allen Abzugs- und Erbschaftssteuern von dem ausziehenden Vermögen, in sofern es in einen andern deutschen Staat übergeht.

e) Die Bundesversammlung wird sich bei ihrer ersten Zusammenkunft mit Abfassung zweckmäßiger Gesetze über die Preßfreiheit, und die Sicherstellung der Rechte der Schriftsteller und Verleger gegen den Nachdruck beschäftigen.

Art. 17

Allgemeine Wohlfartsanstalten

Die Bundesglieder behalten sich vor, auf der ersten Bundesversammlung für die Freiheit des Handels und Verkehrs zwischen den deutschen Staaten, so wie für die Schiffarth (nach den auf dem Congreß in Wien festgesetzten Grundsätzen) auch andere auf die gemeinsame Wohlfart Bezug habenden Angelegenheiten, die zweckmäßigen Anordnungen zu treffen.

[Schema der Stimmen bei der Bundesversammlung]

1. Oesterreich	1
2. Preußen	1
3. Bayern	1
4. Sachsen	1
5. Hannover	1
6. Würtemberg	1
7. Dänemark für Holstein	1
8. Baden	1
9. König der Niederlande für Luxemburg	1

10.	Kurhessen		1
11.	Großherzogtum Hessen		1
12.	Mecklenburg Oldenburg Anhalt	mit wechselnder Stimmführung	1
13.	Herz. Sächsische Häuser Schwarzburg Reuß	Eines der sächsischen Häuser als Stimmführer	1
14.	Braunschweig Nassau Hohenzollern Lippe Waldeck Lichtenstein	Braunschweig und Nassau mit wechselndem Directorium. Die Stimme des Directors entscheidet bey Stimmengleichheit	1
15.	die freien Städte	haben das Directorium unter sich zu bestimmen	1
			15

90. Bericht Rechbergs an Max I. Joseph von Bayern

Berichtet von den Schlußberatungen über die deutsche Bundesakte und sucht deutlich zu machen, daß er in entscheidenden Punkten den bayerischen Standpunkt durchgesetzt hat. – Anlage: Bayerisches Votum vom 8. 6. 1815.[1]

MA 1034 fol. 21–30; Anlage: fol. 11–14' BayHStA München.

Nr. 281, Ausfertigung[a] Wien, 11. Juni 1815

Allerdurchlauchtigster, Großmächtigster Koenig *[!]*, Allergnädigster König und Herr!

Eure Königliche Majestaet geruhen durch das allerhöchste Rescript vom 3ten d. M. über meine Bemühungen bey den Conferenzen über die teutsche Bundes Acte Allerhöchstdero Zufriedenheit zu erkennen zu geben. Ich würde

[1] Vgl. Quint, S. 385–392; kritisch dazu Klemmer, S. 70–77; Hartmann, S. 81 bis 89.

[a] Am Kopf des Aktenstücks: pr[*aesentatum*] 15. Juny. H[*errn*] g[*eheimen*] R[*at*] v. Zentner zum Rescribieren [?]. Rubrum des Ausstellers: Die teutsche Bundes Acte betreffend.

mich sehr glücklich preisen, wenn es mir gelungen ist, die vorliegenden Instrucktionen mit den schwierigen Verhältnissen des Augenblicks in Einklang zu setzen. Ich darf nicht bergen, daß der Zwischenraum von meinen lezten Berichten bis zum Empfang der definitiven Instrucktionen unter die peinlichsten Perioden zu zählen seyn dürfte, in welche ein Geschäftsmann nur kommen kann. Es galt das ganze moralische Gewicht der öffentlichen Meinung, es galt Bestimmungen, die in die Existenz des Staats tief eingreifen, es galt die Abwendung ungünstiger Absichten, welche die Gegner Bayerns so gerne benuzt hätten, um die Kraft dieses Staats zu lähmen und das Mißlingen der scheinbar liberalen Grundsäze auf die Schuld der Bayerischen Regierung wälzen zu können. Schon waren die geeigneten Pläne entworfen, um auch ohne Bayern den Bund zu stande zu bringen, und ich habe es vielleicht nur der Gefälligkeit des Fürsten von Metternich so wie dem erworbenen Zutrauen der Sächsischen, Darmstädtischen und Naßauischen Minister zu verdancken, daß die Conferenzen zur Annahme der neuen Bundes Acte viermal[2] aufgeschoben worden sind. Wäre der Kourier um 24 Stunden später angekommen; so war ein Bund abgeschloßen, der, in allen seinen Artickeln bindend, die wesentlichsten Rechte der Souveränität angegriffen haben würde. Diesem Bund würde dann nur pure beizutretten oder die Absonderung der Interessen feyerlich auszusprechen gewesen seyn. Der erste Fall würde die Selbständigkeit des Bayerischen Staats vernichtet, der zweite aber eine neue Krisis veranlaßt haben, bey welcher man isolirt, gegenwärtig ohne auswärtige Garantie und Allianz, mit allen Zufälligkeiten des bevorstehenden Kriegs und mit der ganzen Kraft der öffentlichen Meinung zu kämpfen gehabt haben würde. Die Instrucktionen Eurer Königlichen Majestaet haben diesen peinlichen Zustand glücklicherweise verändert, und, wenn mich nicht alle Wahrnehmungen täuschen, so steht jezt Bayern versöhnt mit Teutschland in seiner unantastbaren Souveränität, mit einer neuen Garantie und legalen Bevestigung als ein mäßiger – die kleinern Fürsten durch Zutrauen um sich versammelnder Staat da, der sich nicht blos ängstlich auf Oestreich allein zu verlassen hat, sondern das Gegengewicht Preußens zu seinem Vortheil zu benützen und in der Krisis eine dritte kräftige Parthey zu bilden im stande ist.

Ich lege den Beweiß dieser Ansichten in der beifolgenden nunmehr unterzeichneten Bundes Acte Eurer Königlichen Majestaet allerunterthänigst vor, und erlaube mir darüber theils zur geschichtlichen Uebersicht, theils zur Motivierung meiner Handlungen folgende ehrerbietigste Auseinandersezung:

Die Conferenz Protocolle No. 1 bis 6 welche ich in frühern Berichten eingesandt habe und die Protocolle No. 7, 8, 9 und 10, 11,[3] welche ich jezt mit meh-

[2] In der Vorlage unterstrichen.

[3] Druck: Klüber, II S. 339–568.

rern Beilagen submißest übergebe, erproben, daß der Wunsch zur Herstellung eines teutschen Bundes unter allen Staaten (Würtemberg ausgenommen) gleich gros und daß die Abschließung deßelben nicht mehr zu hindern war, weil man nicht ohne Anhalts Punckt auseinandergehen wollte und sich daraus folgende Vortheile versprach:
a) eine feyerliche Garantie über die Sicherheit und Unverlezbarkeit des Gebiets gegen einzelne Vergrößerungs Absichten;
b) die Vertrettung in der durch den gegenwärtigen Krieg herbeygeführten Krisis;
c) die legale Anerkennung der seit Auflösung des Reichsverbandes eingetrettenen Veränderungen;
d) die Befriedigung der öffentlichen Stimmung und die Aufrechterhaltung einer allgemein angesprochenen Nazionalität;
e) die Paralysirung jener Mächte, die aus dem illegalen Zustand Nuzen zu ziehen im stande gewesen wären.

Daß die durch einen Bund zu erlangenden Vortheile nicht ohne Aufopferung einzelner Rechte erhalten werden können, hat Eurer Majestaet geheimer Rath selbst mehrmals erkannt. Ich bin nun so glücklich, anzuzeigen, daß von den wesentlichen Souveränitäts Rechten gar keines, – von andren Vortheilen aber nur solche geopfert worden sind, die unnachtheilig für das Wohl des Staats und ohne prejudizirliche Folgen für die Zukunft sind. –

Der sprechendste Beweiß für diese Behauptung dürfte in der Unzufriedenheit derjenigen Geschäftsmänner zu erkennen seyn, die sich bemühet haben, das Entgegengesezte zu erreichen. Ich darf darunter nur den Herrn von Humbold nennen, welcher sich in der lezten entscheidenden Conferenz[4] wie ein Verzweifelnder gegen die Bestimmungen auflehnte, deren Abänderung ich bewirkte. Vielleicht werden mancherley Ausstellungen über das Mangelhafte der ganzen Bundes Acte gemacht werden und öffentliche Blätter viele schwache Seiten derselben aufdecken. Ich glaube aber, daß es nicht auf Bayern fällt, wenn ein Werk, was in acht Monaten nicht zu Stande kommen konnte, auch in den lezten acht Tagen nicht in Vollkommenheit hergestellt wurde. –

Was am allermeisten für die Dringlichkeit der Sache spricht, ist, daß die Würtembergischen Bevollmächtigten noch vorgestern in der Nacht mit wahrer Aengstlichkeit nachsuchten, in den Bund aufgenommen zu werden. Der König hatte ihnen zwar noch mehrere Modificationen befohlen, welche sein specielles Interesse berühren (namentlich in der Begünstigung des Hauses Thurn und Taxis) – der günstige Augenblick dazu war aber bereits vorüber, und sie konnten nur pure accediren, soviel sie sich auch Mühe gaben, noch zur Unterschrift der Acte selbst zu gelangen. Es wurde ihnen nemlich gesagt, daß, da die

[4] Sitzung vom 8. 6., Protokoll ebenda S. 530–557; Quint, S. 380–385.

Diskußionen geschloßen wären, der Würtembergische Beitritt durch eine Declaration zu verlangen, die Annahme desselben dann durch die einzelnen Staaten mittelst einer Antworts Erklärung zu bestättigen sey.

Man könnte zwar die Frage noch aufwerfen, ob es Bayerns Interesse nicht angemessener gewesen wäre, den chaotischen Zustand von Teutschland zu seiner Vergrößerung zu benützen und durch Trennung das jenige zu bewirken, was Preußen auf den Fall des nicht zu Stande gekommenen Bundes bezweckte. Gegen diese Berechnung ergeben sich folgende Ansichten:

Im Nieder Teutschland steht Preußen eine reiche Erndte bevor und ehe im Süden durch gewaltsame politische Krisen günstige Conjunkturen herbeygeführt werden könnten, hätte Preußen durch Verträge sich der Militär und Finanzgewalt aller nordischen Staaten, mit Ausnahme von Hannover und Sachsen, bemächtigt. Schon dadurch verlor Bayern negativ *[?]*. Wenn man aber die jüngsten Erfahrungen zu Rathe zieht; so sind die Hofnungen zu Erwerbungen so gering, so weit aussehend, daß vor allem nur an Erhaltung gedacht werden kann. Bayern eröffnete den Kongreß mit den schönsten Erwartungen; sie waren auf feyerliche Verträge gegründet und dennoch konnte nicht ein Dorf erworben werden. Ob mehr zu hoffen war nachdem Preußen und Oestreich mit der Hälfte Teutschlands in einen Bund getretten, die Garantie auch des kleinsten Staats übernommen und Bayern isolirt als Gegenstand des allgemeinen Mißtrauens mit unzulänglichen Kräften, um diese Stimmung zu tragen, hingestellt worden wäre, muß ich dem Scharfblick Eurer Königlichen Majestät in Ehrfurcht anheimstellen. –

Vier Punckte sind es, die ich durch die Beywohnung bey den Konferenzen erreicht zu haben, mir schmeicheln darf:

1) das Wort Souveränität ist gegen den ausdrücklichen Widerstand größerer Mächte feyerlich ausgesprochen und das Band so los als möglich gebunden;

2) kein innerer Gegenstand kann ohne grose Schwierigkeiten vor die Bundes Versammlung gebracht werden und über alle Bestimmungen, die nur im mindesten auf die wesentlichen Verhältnisse der Staaten Bezug haben, können keine Beschlüsse anders als durch Einstimmigkeit gefaßt werden;

3) das Recht der Bündnisse aller Art ist vorbehalten, und

4) das Bundes Gericht abgewendet. Die in dem Gutachten des Königlichen Staats Raths erwähnten Streitigkeiten unter den Bundes Gliedern werden durch die vorgeschlagene Austrägal Instanz erledigt.

Ich hätte noch sehr gewünscht, die geäußerten Intentionen rücksichtlich der Mediatisirten ganz durchsetzen zu können: allein es war nicht möglich, denn Fürst Metternich und Hardenberg haben mir wirklich in den 4 Hauptpunckten nur unter der Bedingung nachgegeben, daß ich ihnen wenigstens in einem Punckte (und zwar in diesem nicht wesentlichen) nicht allzugrose Schwierigkeiten mache. Eure Königliche Majestaet werden sich indeßen gleichwohl überzeugen, daß von mir nichts nachgegeben ist, was für Bayern präjudizirlich werden könnte. Ob den Mediatisirten einige Curiatstimmen im pleno gegeben werden sollen, wird erst auf dem Bundestag unanimiter zu entscheiden, folglich bey dem Widerspruch von 5 Fürsten in keinem Fall zu erreichen seyn. Nachdem übrigens auch die Mediatisirung legal anerkannt und das Unterthans Verhältnis in allen übrigen Punckten ausgesprochen ist; kann es wohl eben so wenig schaden, daß Eure Majestaet einige Ebenbürtige in dem hergebrachten Begriff (wo die Ebenbürtigkeit nicht anerkannt war, fällt sie von selbst weg) unter Ihre Unterthanen zählen. – Die übrigen Vorzüge liegen bereits alle in den Königlichen Verordnungen und Bayern hat sogar die Satisfaction, seine Grundsätze in der Bundes Acte als ein Muster für andere dargestellt zu sehen. –

Daß ich mir noch in der lezten Conferenz Mühe gab, noch günstigere Bedingungen zu erlangen, geruhen Eure Königliche Majestaet aus dem anliegenden voto [5] huldreichst zu entnehmen, das ich sogleich nach Empfang des Kourirs unter dem Anstrich von groser Bereitwilligkeit den oestreichischen, Preußischen und Hannoverischen Ministern zustellte,[6] welche eben mit dem Entwurf einer Constitution, die Bayern ausschloß, beschäftigt waren.[7] Ich wurde sogleich noch zu dieser Conferenz eingeladen und ich hatte nach lebhaften Diskußionen die Beruhigung, daß das Wesentliche meiner Erklärung in die oben allegirte Redaction aufgenommen wurde und daß die gesammten größern teutschen Mächte es auf sich nahmen, solche bey den übrigen kleineren Staaten durchzusetzen. Wenn die Redaction nicht ganz wörtlich den Grundlagen meiner Abstimmungen gleichkommt; so muß ich betheuren, daß es durchaus nicht möglich gewesen ist. Daß aber dem Sinn der allerhöchsten Instruktionen gröstentheils bey sämmtlichen Artickeln entsprochen worden ist; werde ich durch eine specielle Aufführung der Artickel darzuthun versuchen:

Art. 1 ist nach der von Bayern wörtlich vorgeschlagenen Faßung angenommen worden;

Art. 2 entspricht gleichfalls der allerhöchsten Weisung. Er drückt den Zweck der Verbindung aus, die so wenig bindend als möglich, nur auf Sicherheit gerichtet und nur als eine völckerrechtliche Association anzusehen ist;

Art. 3 ist durch die Protocolle noch näher bestimmt, welche erörtern, wie der Umfang gleicher Rechte auch die Bestimmung in sich enthalte, daß keiner über den andern Oberherrschafts Rechte ausüben dürfe. Der Artickel ist daher hiernach vollkommen der höchsten Absicht gemäß.

Art. 4 regulirt die Stimmenzahl, bey welcher eine genaue Berechnung der

[5] Folgt als Anlage.

[6] Rechberg an Metternich, Wien, 8. 6. 1814, Druck: Hartmann, S. 88.

[7] Vgl. ebenda S. 87.

wahrscheinlichen Interessen und der verschiedenen Verhältnisse ergeben hat, daß 17 Stimmen immer zweckmäßiger seyn werden, als 15. –

Art. 5 Den Vorsiz des oestreichischen Kaisers hätte man nur auf Lebens Zeit erstrecken sollen. Nachdem aber für die Fortdauer alle Stimmen sprachen; so glaubte ich nicht allein gegen Oestreich auftretten zu dürfen, da ein Erfolg nicht vorauszusehen war, die Motion selbst aber den einzigen vor dem publico wenigstens scheinbar für Bayern freundlich gesinnten Staat tief gekränckt haben würde.

Art. 6 bildet zur Abfaßung oder Abänderung der Grundgeseze des Bundes ein plenum, in welchem die Stimmenmehrheit zu 2/3 gelten soll. Dieses plenum ist durchaus nicht abzuändern gewesen und ich mußte mir daßelbe nach vielen Debatten gefallen laßen. Nachdem sich aber solches nur erst auf einen Beschluß der Bundes Versammlung vereinigen darf, und, nachdem überhaupt bey allen wichtigen Berathungen die Stimmen Mehrheit ausgeschloßen ist; so ergiebt sich, daß sein Wirkungs Kreis eigentlich auf gar nichts reduzirt ist. Diese Abtheilung war anfangs von Preußen vorgeschlagen, um den Curiatstimmen viril Stimmen zu verschaffen und sich einen Anhang zu bilden: da man späterhin aber die Viril Stimmen der großen Staaten in gleichem Verhältnis vermehrte; so wurde die ganze Einrichtung unschädlich gemacht. Der schon oben bemerkte Punckt der Kuriat Stimmen ist an sich unerreichbar. Es wäre freylich sehr wünschenswerth gewesen, diese Frage ganz niederschlagen zu können: allein alle meine Bemühungen scheiterten. Die Preußischen und oestreichischen Bevollmächtigten hatten Verpflichtungen eingegangen und schämten sich, in keiner Wort halten zu können. Kanzler Hardenberg sagte mir, wenn wir Ihnen so viel nachgeben, daß die Bundes Acte dadurch entstellt und keines teutschen Unterthanen Erwartung erfüllt ist; so setzen Sie uns doch wenigstens nicht in die Nothwendigkeit, diesen Menschen den lezten Schimmer von Hofnung zu rauben. Er redigirte hierauf einen Artickel, wodurch zweifelhaft gestellt war, ob die Berathung über Curiat Stimmen zu den organischen Bundes Gesezen gehört hätte, den ich dennoch verwerfen und mir die vorliegende Faßung um so mehr gefallen laßen mußte, als nimmermehr zu erwarten ist, daß die Mediatisirten durchdringen können. Es ist vielmehr höchst wahrscheinlich, daß sie der Hofnung nunmehr von selbst entsagen, jemals wieder zu einem Schein von Unabhängigkeit zu gelangen. Noch am Vorabend der Unterzeichnung wollte man neue Vorschläge machen und sämmtliche Ansprüche der Mediatisirten einer Commißion von 3 unpartheyischen Höfen übergeben, welche unter Oestreichs Vorsiz den betreffenden Souveränen einen Vergleich hätten antragen sollen. –

Art. 7 ist eigentlich das Mittel, das den Souveränen in allen Fällen freyen Spielraum läßt, denn er sezt fest, daß in allen wesentlichen Gegenständen nur unanimia entscheiden können.

Daß die Bundes Versammlung permanent seyn soll, habe ich nicht abwenden können: allein, sowie die Redaction dieses Artikels gefaßt ist, findet gar keine Beschränkung statt, wenn sie sich den größten Theils des Jahrs vertagt, denn sie kann sich von 4 Monaten zu 4 Monaten vertagen. Man wollte das Wort jährlich in die Redaction bringen, welches ich streichen ließ.

Art. 8 betrift blos die Rangordnung, welche Bayern vollkommen unpräjudizirlich seyn kann.

Art. 9 daß Frankfurt der Siz der Bundes Versammlung wird, war vielleicht anfangs nicht ganz wünschenswerth. – Bey der feyerlichen Garantie, welche den Städten durch die Allianz Tractaten geleistet worden ist, mögte aber auf die Mediatisirung dieser Stadt vors erste ganz zu verzichten seyn.

Art. 10 ist eigentlich eine überflüßige Vorausbestimmung über die Eröffnung der Bundes Versammlung.

Art. 11 war wohl der schwierigste Punckt, den ich zu bekämpfen hatte. Eine Vergleichung mit allen vorigen Redactionen wird ergeben, daß troz allgemeinen Widerstands dennoch die von Bayern vorgeschlagene Faßung durchgesezt worden ist. Das Recht der Bündnisse wurde indessen noch leichter zugestanden, als von einem Bundes Gericht abgegangen: allein ich glaubte in beiden Punckten das Palladium der Unabhängigkeit aufrecht erhalten zu müssen und ich bin, soviel auch dagegen gesagt werden mogte, auf meiner Meinung durchaus bestanden.

Daß Streitigkeiten zwischen Staaten und Staaten ein Auskunfts Mittel nothwendig machen (wie z. B. die Succeßions Fälle der Reußischen Häußer nur auf eine Entscheidung harren) liegt in den allerhöchsten Instruktionen: allein auch hierinn hoffe ich die mäßigste Faßung erlangt zu haben und zur Zeit fehlt dabey sogar noch das wesentlichste, nemlich das Executions Mittel. –

Mit diesem Artickel habe ich eigentlich die Bundes Acte zu beschließen gesucht und die weitern Artickel nur als reglementarisches Übereinkommen hinstellen wollen. Ich konnte aber weiter nichts erlangen, als daß eine Abtheilung gemacht und diese als eine freywillige Übereinkunft ausdrücklich aufgeführt wurde. Hiernach hat

Art. 12 keinem Anstand unterliegen können, da er blos die Appellations Instanz für kleine Staaten betrift.

Art. 13 enthält ebenfalls nur im Allgemeinen, daß eine landständische Verfaßung bestehen soll. Dieser Artickel hätte vielleicht mit einigen unschädlichen Ausdrücken geschminkt werden können, damit er nicht so gar nackt dastünde und dem teutschen Publikum und besonders den Volksblättern Stoff zu Anmerkungen abgäbe: aber ich habe mich wohl gehüthet, dazu selbst einige Veranlaßung zu geben und es ist daher nunmehr Sache der sämmtlichen Staaten, diesen Artikel bey künftigen Angriffen zu vertheidigen.

Art. 14 betrift die Mediatisirten, über welche ich mich theils hier, theils in meinen frühern Berichten weitläuftig geäußert habe. Daß ihnen nicht zu viel eingeräumt worden ist, beweißt ihre fortdauernde Protestation, über welche ich anliegend mehrere Noten allerunterthänigst mit vorlege.[8]

Ohne gänzliche Absonderung vom Bunde war keine andere Stellung zu erlangen. Ja! ich würde, wie schon oben gesagt, bey weitem in den andern Artikeln nicht so viel Modificationen bewirkt haben, wenn ich mich hier nicht einigermaßen nachgiebig gezeigt hätte. Die Persönlichkeit des Fürsten von Metternich und aller Einfluß habenden Geschäftsmänner war in diesem Punckte zu sehr verwickelt, als daß ich mich mit Erfolg in eine unbedingte Opposition setzen konnte. Die Heyrath seiner Schwester mit dem Herzog Ferdinand von Würtemberg[9] hängt von der Einschaltung der Ebenbürtigkeit ab. Daß diese aber nur bey denen Häusern erkannt ist, die solche behaupten können, worunter Metternich freylich nicht zu zählen ist, bleibt immer vorausgesezt und sie kann daher auch nach der eingeschalteten Klausel nie auf alle ausgedehnt werden. Preußen und Oestreich äußerten öffentlich, sie würden diese Ebenbürtigen erkennen, wenn sie auch ihre Unterthanen seyen, und sie beriefen sich auf die Beyspiele von Lobkowitz, Auersberg etc. Dieser Saz ist daher im Grunde ganz gleichgültig, denn kein altfürstliches Hauß wird mehr in ein Mediatisirtes einheyrathen und diese werden sich in der ersten Generation unter dem übrigen Adel verlieren. In allen übrigen Fällen ist den Bayerischen Rechten gewiß nichts vergeben worden, vielmehr ist das Bayerische Edikt[10] als Maaßstab in allen Fällen anerkannt worden. –

Art. 15 hat rücksichtlich der Pensionen der Domherren mancherley Widersprüche von meiner Seite erlitten. Wegen Uebernahme der Pensionen für die überrheinische Geistlichkeit wird nun binnen Jahres Frist Bestimmung getroffen werden. Gegen die Beschränckung derjenigen Domherren, welche nicht mehrere Präbenden besizen und also der Residenzobliegenheit unterworfen werden sollten, hat man mir bündige Vorstellungen gemacht und diese Ausnahme als eine Bedrückung einzelner Individuen ansehen wollen, so daß ich nicht dagegen aufkommen konnte und deshalb die Grosmuth Eurer Königlichen Majestät keinem Zweifel aussezen oder Allerhöchste dero Gesinnungen nicht illiberaler hinstellen wollte. Preußen erklärte, daß seine Domherren von aller Residenz Verbindlichkeit befreyt bleiben sollten. Oestereich that das nemliche, wie es auch bereits mit Preußen beobachtet wurde; ich hielt es daher für zweckmäßig, die Diskußion nicht fortzusetzen.

[8] MA 1034 fol. 17–19 BayHStA München.

[9] Die Ehe Ferdinands mit Metternichs Schwester Pauline wurde am 23. 2. 1817 geschlossen.

[10] Edikt vom März 1807. Hoff, S. 2.

Art. 16 ist nicht wie ein Gegenstand der inneren Verwaltung behandelt, sondern wie ein Punckt, der gemeinschaftliche Zusammenwirkung verdiene, einer Berathung unterlegt worden. Ich konnte wahrnehmen, daß einige der ersten Minister besonders über die Behandlung der Juden ein ganz specielles Interesse haben mußten, indem man noch vor der Conferenz mich angelegentlich ersuchen ließ, doch in diesem Punckt den liberalen Gesinnungen nicht zu widerstreben. Da ich dennoch sah, daß der Artickel nicht zu umgehen war und derselbe den in Bayern bestehenden Verordnungen keineswegs entgegen ist; so ließ ich es dabey bewenden.

Art. 17 Nachdem Eure Majestaet befohlen hatten, daß so bald das Bayerische Interesse gewahrt sey, das Fürstliche Hauß Thurn und Taxis unterstüzt werden sollte; so drang ich besonders darauf, daß die von Bayern geleistete definitive Entschädigung ausdrücklich aufgenommen wurde. Eine weitere Klausel war nicht durchzusetzen und würde auch nichts genuzt haben, da eine Vorausbestimmung für künftige Acquisitionen gewiß nicht sanctionirt worden wäre. Wohl aber würde diese Klausel das Hauß Taxis total ruinirt haben, weil sie auf seine überrheinischen Entschädigungen die nachtheiligste Beruffung herbeygeführt haben würde, aus welchen dieses Hauß durch Preußen und die Niederlande noch einige Einkünfte zu retten hoft. Ich glaubte daher darauf um so weniger bestehen zu müssen, als mir der Geheime Rath Baron von Vrints-Berberich versprach, daß Fürst Taxis bey Abtrettung der Posten, die noch in das Bayerische Gebieth fallen dürften, gewiß keine Schwierigkeiten machen würde und da dieser Gegenstand bey der jezt über die Würzburgischen und Aschaffenburgischen Posten stattfindenen Verhandlung[*en*] einmal für alle mal abgethan werden könne. Die Würtembergischen Bevollmächtigten wollen sich noch gegen die dem Taxisschen Hauße zu leistende Entschädigung verwahren (denn im Würtembergischen ist noch gar keine Entschädigung geleistet worden); es ist aber zu bezweifeln, daß sie damit aufkommen werden, da sie den Conferenzen nicht be[*ige*]wohnt haben und den Beschlüßen der Bundesstaaten nur pure und simpliciter beigetretten werden soll.

Art. 18 Die den Unterthanen bewilligten Rechte liegen sämmtlich in den von Eurer Majestaet schon lange erlassenen Verordnungen und auch wegen besonderer Verhältnisse ist Vorsehung getroffen. Etwas mußte man für die öffentliche Stimmung thun, um dem Publikum wenigstens scheinbar einige Aufmerksamkeit zu zeigen. Es giebt angesehene Geschäftsmänner, die eine grose Gährung in den Gemüthern wahrnehmen wollen. Wenn es gleich unnöthig ist, die darauf gegründete Furcht zu theilen; so ist es doch auch nicht rathsam, sich ganz isolirt gegen anscheinend liberale Ideen in Opposition zu stellen. Was indeßen die gemeinnützigen Wohlfarths Anstalten anbetrift, die eine weitere Ausdehnung erlangen könnten; so habe ich solche, da ihr Begriff zu unbestimmt war, gehörig zu decliniren gewußt.

Art. 19 Die Schiffarths Grundsäze, die bereits in den frühern Verhandlungen angenommen worden, können Bayern nicht wohl präjudiziren.

Art. 20 Die vorbehaltene Ratification läßt übrigens noch die Möglichkeit zu, die ganze Sache noch mit weit mehr Muse zu überlegen, als mir leider vergönnt war.

Somit wäre nun dieses Geschäft in der Hauptsache beendigt: Ob das vorliegende Produkt von 14 Tagen übrigens den Erwartungen entspricht? ob es einige Dauer hoffen läßt? mögte ich in diesem gegenwärtigen Augenblick keineswegs bestimmen. Die allerhöchste Absicht Eurer Majestaet, für den Augenblick nichts ganz Bindendes einzugehen ohne gleichwohl in offenbare Fehde zu tretten, glaube ich glücklicherweise erreicht zu haben. – Ich hätte gewünscht, daß die Protocolle hie und da meine Erklärungen bestimmter aufgefaßt hätten und daß die Diskußionen als Anhalts Punckte bey künftigen Interpretationen dienen könnten. Allein der von allen Seiten bestürmte und schwer hörende Staats Rath Martens konnte kaum der Redaction folgen und da Alles mit einer unbeschreiblichen Eile zugieng; so konnte ich kaum wenigst Abänderung wesentlicher Fehler erreichen, ohne ihn ganz zu compromittiren. Die Acte selbst ist übrigens nur in einfacher Form ausgefertigt worden und in der grosen Verwirrung konnte man noch zu keinem bestimmten Entschluß kommen, wie noch andere legale Ausfertigungen erlangt werden können. –

Ich empfehle mich zu allerhöchster Huld und Gnade und ersterbe in tiefster Ehrfurcht

Eurer Königlichen Majestaet,

Wien, den 11. Juny 1815

allerunterthänigster
treu gehorsamster
v. Rechberg

[*Als Anlage:*] Bayrische Erklärung vom 8. Juny

Der Königlich bayrische Bevollmächtigte hat heute die erwarteten Instruktionen über den zu entwerfenden teutschen Bundes-Vertrag erhalten, und säumt nicht, hiernach unverzüglich seine Erklärung abzugeben:

So wie Seine Königliche Majestät von Bayern zeither mit den größten Aufopferungen die gemeinsame Sache mit allen Ihnen zu Geboth stehenden Kräften unterstützt haben, so bereitwillig werden Allerhöchst dieselben auch zur künftigen Befestigung der Unabhängigkeit, Sicherheit und Selbstständigkeit Teutschlands durch einen föderativen Bund mitwirken, und zu den Maaßregeln beystimmen, welche der Zweck einer solchen Föderation erfordert. Diesemnach glauben Seine Majestät im allgemeinen, daß diese völkerrechtliche Vereinigung mit den in den Votis des Bevollmächtigten enthaltenen Modifikationen durch die Redaktion der vorgelegten Artikel von § 1 bis 11 inclusive unbedenklich hergestellt werden kann, daß aber dagegen die Art. 12 bis 20 als freywillige staatsrechtliche Bestimmungen der durch ihre Bevollmächtigten hier versammelten souveränen Fürsten, und als reglementarische Verfügungen in Folge freyer Übereinkunft separat aufgeführt, und höchstens nur als Beilagen der Bundes Akte angehängt werden können.

Nach diesen Voraussetzungen glauben Seine Majestät im speziellen, daß

Art. 1, 2, 3, 4, 5 und 6 nach den bisherigen Verabredungen redigirt werden können.

Art. 7 wäre das Wort nur abzuändern und zu setzen:

„wo es aber auf Abschaffung organischer Gesetze ankömmt etc.".

Art. 8, 9 und 10 finden nicht das mindeste Bedenken.

Art. 11 wird also lauten:

„Alle Mitglieder des Bundes versprechen sowohl ganz Teutschland als jeden einzelnen Bundesstaat gegen jeden Angriff in Schutz zu nehmen, und garantiren sich gegenseitig ihre sämmtlichen unter dem Bunde begriffenen Besitzungen.

Bei einmahl erklärtem Bundeskrieg darf kein Mitglied einseitige Unterhandlungen mit dem Feinde eingehen, noch einseitig Frieden und Waffenstillstand schliessen. Die Bundesglieder behalten zwar das Recht der Bündnisse aller Art, verpflichten sich jedoch in keine Verbindungen einzugehen, welche gegen die Sicherheit des Bundes, oder einzelner Bundesstaaten gerichtet wäre[*n*].

Streitigkeiten unter den Bundesgliedern werden vor die Bundes Versammlung gebracht, als welcher vorbehalten bleibt, staatsrechtliche Differenzen durch einen Ausschuß zu vermitteln, und jene Gegenstände, welche eine streng richterliche Entscheidung erfordern, durch eine wohlgeordnete Austrägal Instanz zu erledigen."

Hiemit wäre die eigentliche Bundes Akte zu schliessen.

Wenn nun aber weitere Gegenstände festgestellt werden sollten, die in den Art. 11 bis 20 der vorigen Redaktion aufgeführt sind, so können sie nur als reglementarische Bestimmungen angesehen werden, weil mehrere derselben in wesentliche Regierungsrechte und in die innern Verwaltungszweige eingreifen. Da diese Bestimmungen ganz allein von einer freywilligen Übereinkunft abhängen, so kann der Bevollmächtigte nur unter der Voraussetzung zu deren Aufnahme mitwirken, daß die freywillige Übereinkunft in der Redaction ausdrücklich bezeichnet werde.

Hiernach dürfte demnach folgender Eingang vorzuschlagen seyn:

„Die souveränen Bundesglieder sind übereingekommen, über einige Gegenstände, die zwar die innern Verhältnisse berühren, aber gleichwohl zur allgemeinen Wohlfahrt dienen, schon jetzt reglementarische Bestimmungen zu treffen, nämlich etc etc."

1. ad art. 12 wird die Fassung angenommen.

2. ad art. 13

„die Bundesglieder kommen überein, in ihren Staaten landständische Verfassungen einzuführen, oder da, wo sie schon bestehen, solche aufrecht zu erhalten."

3. ad art. 14 kann man sich nur auf diesseitiges Votum beziehen.

Zu Bewilligung von Kuriatstimmen ist der Bevollmächtigte durchaus nicht instruirt.

Da auch die Ebenbürtigkeit selbst in der vormaligen teutschen Verfassung nicht von allen unmittelbaren Reichsgrafen anerkannt war, und in den Hausverträgen mehrerer altfürstlichen Häuser Bestimmungen dagegen enthalten sind, so dürfte wegen daraus erfolgen könnenden Irrungen beyzusetzen seyn:

„Ebenbürtigkeit derjenigen Häuser, bey welchen solche vormals allgemein anerkannt war."

4. ad art. 15. Wegen der Sustentations Beyträge für die überrheinische Geistlichkeit und ihre Diener sollten die Bestimmungen des Reichs Deputations Schlusses nunmehr bey den eingetrettenen veränderten Verhältnissen, wo die überrheinischen Länder wieder mit Teutschland vereinigt sind, keine weitern rechtlichen Folgen haben, und auf die dringenden und jahrelang fortgeführten Beschwerden der Domherrn, und bey der Wahrscheinlichkeit, daß diese Sustentations Zahlungen nächstens ganz erlöschen werden, dürfte dahin anzutragen seyn, daß das Sustentationswesen einer nähern Revision und Regulirung unterworfen, und die Individuen in denjenigen Ländern bezahlt werden, wo sie eigentlich ihre politische Existenz begründet haben.

Gleiche Bewandtniß hat es mit den Bischöffen, da Seiner Majestät dem König nicht zugemuthet werden kann, geistlichen Oberhirten, welche in fremden Ländern ihrem Amte vorstehen, beträchtliche Pensionen zu bezahlen.

Es dürfte daher noch der Termin zu bestimmen seyn, von welcher Zeit an die Zahlungen aufzuhören haben.

5. ad art. 16 mögte wegen der vielen Folgen und Irrungen, die seine Redaktion veranlassen könnte, vor der Hand ganz auszusetzen seyn.

6. ad art. 17. So liberale Grundsätze die bayrische Regierung über diesen Gegenstand ausgesprochen, und so wenig spezielles Interesse der Bevollmächtigte hat, diesem Artikel zu widersprechen, so darf er doch nicht unterlassen, die Aufmerksamkeit der sämmtlich Herren Deputirten auf diesen Artikel zu leiten, damit er wo möglich, als ein innerer Gegenstand, aus den gegenwärtigen Bestimmungen wegbleiben, oder einer reiferen Berathung unterworfen werde.

7. ad art. 18 ist das Wort: „angemessene Entschädigung und in der Zukunft" näher zu bezeichnen.

8. ad art. 19. Mögte zu setzen seyn:

„die souveränen Fürsten kommen überein, den Unterthanen folgendes zu bewilligen etc etc."

9. ad art. 20. Die Beschlüsse hierüber können nur durch Einstimmigkeit aller Bundesglieder gefaßt werden.

91. Bericht Consalvis an Pacca

Berichtet über das Problem der deutschen Kirchenverfassung in den Schlußverhandlungen über die Bundesakte. In Zukunft werden Verhandlungen mit den deutschen Einzelstaaten erforderlich werden.

Ruck, S. 161–165. Übers. d. Hrsg. aus d. Ital.

Wien, 13. Juni 1815

In den Konferenzen, die man hier ununterbrochen über die besonderen Angelegenheiten Deutschlands gehalten hat,[1] debattierte man viele Male von neuem darüber, wie die Formulierungen des Artikels lauten müßten, in dem von der Katholischen Religion und ihren Interessen die Rede ist. Jener Artikel, von dessen Inhalt ich schon in meiner Depesche vom 30. April, Nr. 307,[2] die Ehre hatte, Eurer Eminenz Mitteilung zu machen, ist gerade endgültig abgelehnt worden. Dann wurde ein anderer zur Einfügung in die Verfassung unter der Artikelnummer 15 in zwei Teilen vorgeschlagen, dessen erster die Katholiken, dessen zweiter die Protestanten betrifft, und hier ist sein aus dem deutschen Text übersetzter Wortlaut: Artikel XV. Die Katholische Kirche in Deutschland wird, unter der Garantie des Bundes, eine, ihre Rechte und die zur Bestreitung ihrer Bedürfnisse nothwendigen Mittel sichernde Verfassung erhalten.

Die Rechte der Evangelischen gehören in jedem Staate zur Landesverfassung, und ihre, auf Friedensschlüssen, Grundgesetzen oder andern gültigen Verträgen beruhenden Rechte werden ausdrücklich aufrecht erhalten.[3] Der Wortlaut eines solchen Artikels wurde mir sogleich indirekt von einer Person meines Vertrauens mitgeteilt, die von mir beauftragt war, mich darüber zu unterrichten, was zu diesem Thema vorfallen würde. Dieser Artikel stellte sich mir sogleich in seiner zweideutigen Natur dar, da er gewissermaßen zwei Bedeutungen in sich birgt: eine für die Kirche gute und günstige, und eine für dieselbe verwerfliche und höchst schädliche. Wenn tatsächlich mit den Worten die Katholische Kirche in

[1] Vgl. Nr. 90 S. 413 mit Anm. 3.

[2] Ruck, S. 156–158.

[3] Der Text entstammt dem österreichisch-preußischen Verfassungsentwurf vom 23. 5. 1815, Nr. 89 S. 410. Consalvi gibt den Artikel in französischer Übersetzung wieder. In der Vorlage kursiv gedruckt.

Deutschland wird eine Verfassung erhalten nichts anderes beabsichtigt wäre, als daß man der Katholischen Kirche durch Wohlwollen und die Unterstützung günstiger Gesetze, die einen Teil der Deutschen Verfassung bilden, die freie Ausübung der Rechte garantieren will, die unabhängig von jeder weltlichen Macht dieser Kirche zustehen und die sie in Deutschland vor den eingeführten Neuerungen genoß, dann wäre der Sinn des Artikels nicht nur ungefährlich, sondern von wirklichem Vorteil für die Kirche gewesen. Wenn man mit jenen Formulierungen beanspruchte, daß die Verfassung der Deutschen Nation – was so viel heißt wie die Gesetze und Verordnungen der weltlichen Macht – der Katholischen Kirche Rechte zu verleihen oder ihr Regelungen vorzuschreiben hätte, wäre eine solche Verfügung letzten Endes schädlich für die Unabhängigkeit, die Freiheit sowie die heiligsten und wesentlichen Rechte der Kirche Jesu Christi.

Ich habe nicht einen Augenblick versäumt, zweckmäßige Schritte bei den verschiedenen sowohl katholischen wie akatholischen Mitgliedern des Deutschen Ausschusses zu unternehmen, um sie zu veranlassen, die Formulierung des geplanten Artikels zu verbessern, bevor er die Zustimmung dieses Ausschusses erlangen sollte; und in den mit diesen abgehaltenen Konferenzen sagte ich zu dem Entwurf alles, was ich mußte und konnte und was ich der Kürze halber hier Eurer Eminenz nicht in allen Einzelheiten berichten werde; und meine Worte wurden nicht verworfen, denn in der folgenden Konferenz wurde der Artikel nach den Äußerungen einiger derer, die ich zuvor dafür interessiert hatte, gestrichen.[4] Jemand trug dort die Meinung vor, in der Verfassung solle von den kirchlichen Angelegenheiten keine Rede sein; da dies aber nicht gefiel, wurde in einer weiteren Konferenz ein neuer Entwurf des Artikels mit folgendem Wortlaut vorgelegt: Die katholische Kirche in den teutschen Bundesstaaten wird eine ihre Rechte und Dotation sichernde Verfassung erhalten.[5] Dieser Wortlaut des Artikels machte mir weniger Schwierigkeiten, weil die Wendung eine ihre Rechte sichernde Verfassung weniger zweideutig ist und besser die Vorstellung zum Ausdruck bringt, daß die Gesetze der Kirche die ihr schon zustehenden und ihr wesenseigenen Rechte nicht etwa zuteilen, sondern schützen. Was das Wort Dotation angeht, so trifft es zu, daß dieses der Kirche und ihren Dienern die Dotationen mit Gütern und eigenen Einkünften nicht eindeutig zusichert, wie es sicherlich wünschenswert gewesen wäre und wie man es so sehr erbeten hat, es schließt sie aber auch nicht aus, noch setzt es irgendeinen Grundsatz zugun-

[4] Die Streichung erfolgte in der Sitzung vom 31. 5. 1815 auf Metternichs Antrag wegen der „wider diesen Artikel gemachten Erinnerungen". Klüber, II S. 441.

[5] Der Artikel wurde in der Sitzung vom 2. 6. 1815 beantragt. Ebenda, S. 471, 476; Consalvi gibt ihn in französischer Übersetzung wieder. In der Vorlage kursiv gedruckt.

sten von Pensionen fest, was fatal oder dann nur sehr schwer zu ändern gewesen wäre. Mit der Verwendung eines Allgemeinbegriffs hätte man daher die Dotation auch mit Gütern zu sichern ermöglicht oder wenigstens die Möglichkeit nicht ausgeschlossen, wenn man zu den Einzelverhandlungen geschritten wäre. Was mir im zuerst vorgeschlagenen und auch in diesem Artikel keine geringe Bitterkeit verursacht hat, ist der Ausdruck wird eine Verfassung erhalten, was anzudeuten scheint, daß man durch die weltliche Gewalt der Kirche in derselben Weise eine Verfassung geben will, wie man sie Staaten und Völkern gibt. Ich habe mit größtem Nachdruck gesprochen und gehandelt, damit eine solche Formulierung beseitigt werde: man antwortete mir, daß diese Stelle, wie sie im Artikel lautet, in der deutschen Sprache nicht den gleichen Sinn hat wie in der französischen Übersetzung. L'Eglise . . . recevra une Constitution oder anders die lateinische Übersetzung, die mir auch angeboten wurde, Ecclesia . . . cum in modum regulabitur ut etc., was aber nichts anderes besagen will, als daß die Kirche eine gewisse Gesamtheit oder einen gewissen Komplex von Anordnungen haben wird, kraft derer ihre Rechte und ihre Dotationen gerettet, gesichert und garantiert sein werden. Dennoch habe ich mich nicht beruhigt, sondern beharrlich darauf hingewiesen, daß sich bei all den Nationen, die den Artikel in seiner französischen oder lateinischen Übersetzung kennenlernen, die gleiche ungünstige Meinung bilden wird, die jetzt bei mir aufkommt, und daß sich damit die Vorstellung verbinden wird, daß man sich gleichsam daran macht, ein Äquivalent zur Zivilkonstitution des Klerus für Deutschland herauszubringen, die in Frankreich schon während der Revolution ausgedacht wurde; und daher habe ich lebhaft darum gebeten, daß man die Formulierungen auch im deutschen Original derart verändern möchte, daß sie in der Übersetzung keine Schwierigkeit böten.

Die andere Tatsache, die ich auch hervorgehoben habe, besteht darin, daß keine Erwähnung des Heiligen Stuhls und der mit diesem zur Regelung der kirchlichen Angelegenheiten zu führenden Verhandlungen erfolgte; da dessen Mitwirkung von so großer Notwendigkeit ist, war es höchst nötig, dies wegen der Sache selbst wie auch, um den deutschen Katholiken eine rechte Zuversicht einzugeben, in dem Artikel zum Ausdruck zu bringen.

Was die Beseitigung des Wortes Verfassung betrifft, so wurde mir von einigen Mitgliedern des Komitees versichert, daß dies leicht erfolgen könne: was sodann die ausdrückliche Erwähnung des Heiligen Stuhls betrifft, so konnte ich dafür nicht die gleiche Hoffnung fassen, obwohl man mir gesagt hatte, daß dies schon beabsichtigt werde, da es bei den Katholiken und selbst den Protestestanten bekannt ist, daß man bei der Regelung der Angelegenheiten der Katholischen Kirche nicht den Einfluß von und die Zusammenarbeit mit deren Oberhaupt ausschließen kann.

Die letzte Konferenz der Kommission für die deutschen Angelegenheiten fand schließlich am Abend des 8. dieses Monats statt.[6] Der Artikel wurde eingehend durchgesprochen. Aber sei es wegen der Eile, mit der man vor der Abreise der Gesandten die deutsche Verfassungsfrage abschließen wollte, oder sei es wegen der ungünstigen Absicht irgendeines Mitglieds der Kommission, man einigte sich völlig über die Deutsche Bundesakte und unterzeichnete sie. Der Artikel aber über die Katholische Kirche in Deutschland wurde in der Erwägung ganz weggelassen, daß es sich als zu schwierig und heikel erwiesen habe, den Artikel so abzufassen, wie er sein sollte, und alles das zu vermeiden, was Auseinandersetzungen hätte entstehen lassen können. Es wurde ebenfalls auch der Teil des Artikels weggelassen, der die Protestanten betrifft, und es gibt in der Bundesakte nur einen oder mehr Artikel über die Juden, eine Sache, die Gegenstand dreitägiger Diskussionen war.

So ist die Angelegenheit zu Ende gegangen, und meine so großen Sorgen, die Aktivitäten und die Mühen der beiden geistlichen Abgeordneten[7] haben zu einem solchen Ausgang geführt. Sicherlich ist es auf der einen Seite besser, daß man von diesem Gegenstand überhaupt nicht gesprochen hat, als daß man in einer Weise davon gesprochen hätte, die den Interessen der Kirche Schaden zugefügt und ein ihr widriges Prinzip festgesetzt hätte, das dann schwierig und gleichsam unmöglich zurückzuziehen gewesen wäre: auf der anderen Seite aber ist nicht zu verstehen, wie man in den seit der Bestellung des Deutschen Ausschusses abgelaufenen sechs Monaten nicht einmal einen einzigen Artikel zustande bringen konnte, um so mehr, als es dem Ausschuß für einen in angemessener und annehmbarer Formulierung gefaßten Beschluß zugunsten der Kirche nicht an Aufklärung gefehlt hat, und zwar sowohl in der von mir vorgelegten Note[8] und in einer Reihe von mir mit mehreren seiner Mitglieder abgehaltenen Besprechungen, als auch in den Eingaben und verschiedenen Papieren, die von den beiden obengenannten wahrhaft unermüdlichen kirchlichen Abgeordneten vorgelegt wurden.

Da so inzwischen die Dinge beendet sind, bleibt noch zu sehen, was von seiten des Heiligen Stuhls geschehen soll. Das erste, was zu tun wäre und was außer Frage steht, ist, gegen alle gegen die Interessen der deutschen Kirche beschlossenen oder aufrechterhaltenen Dinge durch mich Protest einzulegen. Diesen Protest hätte ich losgelassen, auch wenn man irgendeinen günstigen Artikel in die Bundesakte eingefügt hätte, denn dieses alles hätte höchstens die Hoffnung bestärkt, die in dem Protest selbst, wie ich sage, zum Ausdruck

[6] Protokoll der Konferenz bei Klüber, II S. 530–537; die letzte Sitzung fand erst am 10. 6. 1815 statt. Protokoll ebenda, S. 558–561.

[7] Vgl. Nr. 80 S. 373f. mit Anm. 2.

[8] Nr. 80 S. 371–375.

gebracht ist, nämlich zu einer lobenswerten Ordnung der kirchlichen Angelegenheiten in Deutschland zu gelangen: doch die Existenz eines solchen Artikels hätte keine Abhilfe für die Übel im weltlichen Bereich der Kirche gebracht, die der Kongreß entweder sanktioniert oder in Kraft gelassen hat, als da sind die Säkularisation der geistlichen Fürstentümer, die Auflösung der Klöster usw. Um so mehr muß ich ihn also jetzt loslassen, da sicher ist, daß die gemachten Einwände noch nicht die gewünschte Wirkung erzielt haben. Ich lasse ihn deswegen heute oder gleich morgen den betreffenden Gesandten zukommen. Ich habe Eurer Eminenz schon die Kopie der förmlichen lateinischen Protestnote zusammen mit der des französischen Memorandums, das ich ihr beifüge, übersandt. Da ich jedoch einige Veränderungen angebracht habe, beeile ich mich, Ihnen die entsprechenden Kopien in dem genauen Wortlaut zu übersenden, in dem ich sie verteilen werde.[9]

Bleibt noch zu überlegen, wie der Heilige Stuhl darüber hinaus für das Wohl oder besser für die geistlichen Bedürfnisse von ungefähr zehn Millionen Katholiken, wie sie nun einmal in Deutschland leben, sorgen könnte. Die Dinge können sicher so nicht länger bleiben, wenn man nicht die Heilige Katholische Religion bei dieser Nation gänzlich erlöschen sehen will. Es erscheint als sicher, daß im September oder, wie manche behaupten, noch im August die Bundesversammlung in Frankfurt zusammenkommen wird, um die den Deutschen Bund betreffenden Einzelheiten zu regeln. Gott weiß, ob man sich dort noch vorteilhaft mit Fragen der Religion befassen wird und ob dies der richtige Ort sein wird oder nicht, einen Nuntius dorthin zu schicken. Vielleicht könnte man an einen provisorischen Ausweg denken, und zwar vor allem daran, die Bischöfe einzusetzen; und wenn es in einem Einzelstaat gelänge, die Annahme vom Papst ernannter Bischöfe durchzusetzen, oder wenn das nicht gelänge, solche auf die Bischofssitze zu bringen, die von der Regierung bestimmt werden, weil sie wirklich geeignet sind, und wenn es gelänge, wenigstens im wesentlichen Vorteile für die an der Seelsorge Beteiligten zu erhalten, so könnte man dann hoffen, eben dieses System nach und nach auf die anderen Staaten auszudehnen. Dem Heiligen Stuhl steht es jetzt sicher frei, mit den einzelnen Fürsten zu verhandeln, da in der ganzen Zeit des Kongresses von der Gesamtheit nichts zugunsten der Religion getan wurde und mehr als einer der Gesandten dieser Fürsten durchblicken läßt, daß man es vorziehe, Einzelverhandlungen zu führen.[10] Wir werden also sehen, was sich machen läßt, und ich werde mich unterdessen nach meiner Rückkehr nach Rom über das, was sich in Frankfurt ereignet, unterrichten lassen, um Klarheit über das künftig zu beobachtende Verhalten zu gewinnen.

[9] Memorandum und Protest bei Klüber, VI S. 437–441, 441–446; Dt. Übers. d. Protests bei Huber, Staat u. Kirche I S. 116 f.

[10] Dazu Ruck, S. 43–46, 55–66.

So viel schuldete ich Eurer Eminenz über diese höchst wichtige Angelegenheit, und mit vollkommenem Gehorsam küsse ich Ihnen untertänigst die Hände.

VI.

QUELLEN
ZU DEN TERRITORIALPROBLEMEN MITTELEUROPAS

92. Weisung Graf von Engeströms an Carl Graf von Löwenhielm (Auszug)

Die Verhandlungen über Pommern werden Löwenhielm entzogen.

Fournier, Geheimpolizei S. 136 f.
Übers. d. Hrsg. aus d. Franz.

Stockholm, 27. September 1814

Seit meiner letzten Depesche von 22.[1] hat man Nachrichten aus Preußen erhalten, die uns die Gewißheit zu geben scheinen, daß die preußische Regierung sich mit Schweden über das Thema Pommern verständigen möchte, und es scheint, daß diese Angelegenheit Gegenstand besonderer Verhandlungen sein wird. So werden Sie sich, Herr Graf, darauf beschränken, dem Fürsten Hardenberg bei passender Gelegenheit zu erklären, daß sich der König nur mit Seiner Preußischen Majestät auf ein Abkommen über diese Provinz einlassen wird.[2] Falls man die pommersche Angelegenheit auf dem Kongreß aufs Tapet bringen wollte, werden Sie strikt jede Diskussion über einen Gegenstand verweigern, der in keinerlei Beziehung zu den Angelegenheiten des übrigen Europa steht. Der Frieden von Kiel[3] gibt Pommern dem König von Dänemark in dem Falle, daß dieser Souverän seinerseits die Verpflichtungen erfüllt, die er Schweden gegenüber eingegangen ist. Da nichts von allem, was er versprochen hat, ausgeführt worden ist, hat er nichts zu fordern. [. . .]

[1] Instruktion vom 22. 9. 1814, Carlson, S. 130 f.

[2] Dazu Höjer, Bernadotte II S. 217.

[3] Vom 14. 1. 1814. CTS 63, S. 45–57.

93. Note Hardenbergs an Castlereagh (Auszug)

Da die Niederlande sich allein nicht gegen Frankreich verteidigen können, müssen Preußen und Bayern größere Erwerbungen auf dem linken Rheinufer zugestanden werden.

Gedenkstukken, VII S. 187–193.
Übers. d. Hrsg. aus d. Franz.

Wien, 28. September 1814

Indem ich Eurer Exzellenz die beiliegende Denkschrift [1] über die Verteidigung der Niederlande, Hollands und Norddeutschlands übersende, deren Inhalt ich Ihrer besonderen Aufmerksamkeit und der einsichtigen Beurteilung, mit der Sie gewöhnlich die Dinge von einer höheren Warte ins Auge fassen, empfehle, so füge ich noch eine Bemerkung hinzu, die ich nicht in die Denkschrift setzen wollte, da sie wahrscheinlich von Holländern und Belgiern gelesen wird. Hat man wohl an den Fall gedacht, für den die Geschichte unserer Tage mehr als ein Beispiel bietet: daß Holland sich von unserem System loslöst und sich mit Frankreich verbindet? Es hat in Holland immer französische Parteien gegeben, und Belgien beheimatet noch eine große Zahl französischer Parteigänger. Wenn man den Fehler begeht, den Niederlanden eine zu ausgedehnte und zu kostspielige Verteidigungslinie zuzuweisen, wenn man ihnen politische Verpflichtungen auferlegt, denen sie nicht nachkommen können, wären das nicht genügend Vorwände oder Motive, um sich in die Arme Frankreichs zu werfen und sich mit der Macht zu verbünden, von der man das meiste zu fürchten hätte und gegen die die Verteidigung am schwersten fiele? Ist dies nicht ein sehr starkes Argument, um der Vergrößerung des niederländischen Territoriums gewisse Grenzen zu setzen und seine Sicherheit und Unabhängigkeit auf ein wohlberechnetes Bündnissystem zu gründen?

[*Als Anlage:*] Über die Verteidigung der Niederlande, Hollands und Norddeutschlands gegen Frankreich

28. September 1814

1. Die Verteidigung eines Staates und folglich seiner Unabhängigkeit beruht

A. auf den Mitteln, die er selbst einsetzen und dem Angreifer entgegenstellen kann;

B. auf seiner geographischen Lage und anderen Örtlichkeiten;

C. auf der fremden Unterstützung, die er aufgrund seiner politischen Bezie-

[1] Zur Bedeutung dieser Denkschrift Fischer, S. 74–76; Klinkenburg, S. 98–100.

hungen und seiner geographischen Lage, in der er sich gegenüber anderen Staaten befindet, erhalten kann.

2. Das Verhältnis, in dem sich die eigenen Verteidigungsmittel eines Staates gegenüber den Kräften des Angreifers befinden, und die entsprechenden Örtlichkeiten bestimmen, ob er sich allein und unabhängig von der Unterstützung seiner Nachbarn verteidigen kann, oder ob er sich um Hilfe an sie wenden muß.

3. Nur gute Beziehungen können einen Staat, der sich in letzterer Lage befindet, aus der Klemme ziehen, und wenn man daran arbeitet, einen solchen Staat zu gründen, muß man notwendigerweise alles daransetzen, um ein gegenseitiges Interesse zwischen ihm und den Staaten aufzubauen, von denen er Unterstützung erhoffen darf. Seine Sicherheit und Erhaltung werden dadurch gründlicher gesichert als durch das Zugeständnis von einigen 100000 Quadratmetern mehr, die, weit davon entfernt, seine Unabhängigkeit zu festigen, sie gefährden würden, besonders wenn man sie einem Nachbarstaat wegnähme, der dazu aufgerufen ist, ihn zu unterstützen, und wenn sie dessen Kräfte verminderten.

4. Nach diesen allgemeinen Prinzipien wollen wir erörtern, was die Verteidigung der Vereinigten Provinzen der Niederlande, die so eng mit der Norddeutschlands verknüpft ist, bezüglich der Gebietsverteilung erfordert.

5. Holland umfaßt künftig mit den belgischen Provinzen auf dem linken Maasufer folgende ehemalige französische Departements: das westliche Emsdepartement 110 000 Seelen; Friesland 95 000; Zuidersee 650 000; Ijsselmündung 170 000; Obere Ijssel 275 000; Maasmündung 258 000; Rheinmündung 185 000; Scheldemündung 80 000; Holland insgesamt 1 823 000; das Departement Lys 470 000; der Schelde 594 000; der beiden Nette 300 000; der Unteren Maas 232000; der Dyle 363000; von Jemappes 412000; einen Teil von Sambre-und-Maas 60000.

Diese so vereinten Gebiete haben eine Bevölkerung von 4 254 000 Seelen.

Nach der Rede, die der Fürst von Benevent gerade in der Pairskammer bei der Vorlage des Finanzplans gehalten hat, zählt Frankreich noch 28 000 000 Einwohner. Es springt ins Auge, daß diese 4,25 Millionen ihre Unabhängigkeit nicht allein gegen 28 Millionen aufrechterhalten können, welchen Vorteil auch immer die Örtlichkeiten bieten. Ohne Zweifel hat Holland Sümpfe, Kanäle, Festungen, Engpässe; Brabant hat Hecken, Gräben, Kanäle, ein leicht zu verteidigendes Terrain; aber bei einem Kampf zwischen zwei, noch dazu benachbarten Nationen benötigt man vor allem ein gewisses zahlenmäßiges Gleichgewicht. Ohne dieses können die Verteidiger des Vaterlandes wie wahre Spartaner kämpfen, aber nicht siegen, und für das Wohl des Vaterlandes ist nichts gewonnen, selbst wenn sie wie jene bei den Thermopylen umkämen.

Man macht sich gewöhnlich eine zu günstige Vorstellung von den Vorteilen des Geländes, und dies gilt besonders für die Verteidigung Hollands und der Niederlande.

Weder der Kampf der Batavar gegen Alba noch der Spanische Erbfolgekrieg zu Anfang des vorigen Jahrhunderts können von denen, die diesen Vorteilen zuviel Wert beimessen, angeführt werden, denn man muß bedenken, daß die günstigen Umstände, unter denen diese Kriege stattfanden, mehr zu ihrem Erfolg beitrugen als das Terrain. Zunächst gilt, daß die Batavar jener Zeit weitaus kriegerischer waren als die heutigen; dann besteht ein Unterschied je nachdem, ob der Angriff durch einen entfernt liegenden Staat und ob dieser Angriff von Söldnertruppen gegen die Verteidiger des Vaterlandes, oder ob er von Armeen, die beide für ihr Vaterland kämpfen, durchgeführt wird.

Alba gehört zur ersten Kategorie. Der niederländische Krieg war für Spanien eine Art Kolonialkrieg; für die Bewohner der Niederlande war er ein Nationalkrieg.

Im Spanischen Erbfolgekrieg hatte fast ganz Europa für die Batavar Partei ergriffen; es war fremde Unterstützung, die hauptsächlich zur Entscheidung führte; und wenn Holland damals allein 130 000 Mann auf den Beinen hatte, erfolgte dies doch nicht aus eigener Kraft, sondern mit Hilfe derer, die in seinem Sold standen, die es sich jedoch jetzt nicht beschaffen könnte, denn welches Land, die Schweiz ausgenommen, wäre in der Lage, sie ihm zu stellen?

Die an solche Hilfe gewohnten Holländer sind weniger kriegerisch geworden und haben sich dem Handel und der Schiffahrt zugewandt.

Ihre Abneigung gegen das militärische Leben ist so stark, daß in der letzten Zeit, als es um ihre Existenz ging, man in Holland nur einige tausend mit Geld angeworbene Leute auf die Beine stellen konnte.

Aber, so wird man entgegnen, der Gemeingeist in Belgien ist besser und der der Holländer ist fähig, es zu werden. Selbst unter dieser Voraussetzung müssen diese Länder zu ihrer Verteidigung auf das Ausland zurückgreifen, denn sie werden stets zu schwach sein, aus eigener Kraft dafür zu sorgen, besonders bei der heutigen Art der Kriegführung.

[...]

Dann muß man sie, wird man sagen, noch um einige Departements auf dem rechten Maasufer vergrößern, wie z. B. um das Departement der Ourthe und der Wälder, die ihrer Bevölkerung 650 000 Seelen hinzufügen würden; man muß ihr Gebiet auch zum Rhein und zur Roer hin ausdehnen; das wird über eine Million hinausgehen; man muß ihnen Luxemburg und Jülich zuweisen, um sie von dieser Seite aus unangreifbar zu machen. Weit davon entfernt, dadurch ihre Lage zu verbessern, würde man sie noch schwieriger machen. Ihre Verteidigungslinie gegen Frankreich würde sich fast verdoppeln (denn Namur bildet ungefähr die Mitte zwischen Luxemburg und Ostende); und selbst wenn man den Zuwachs in diesen Gegenden so weit wie möglich treiben würde, änderte dies nichts an der These, denn es würde stets unmöglich sein, die erforderliche Bevölkerungszahl und das notwendige Maß an Kraft für die Verteidigung zu erreichen, welche die Ausdehnung der Grenze und so viele feste Plätze erforderten, die einen Großteil der Armee binden würden. Luxemburg vor allem scheint eher eine Bürde als ein Vorteil für Holland zu sein, da es eine sehr beträchtliche Garnison von 12 000 Mann erfordert. England und die Mächte Norddeutschlands, namentlich Preußen und Hannover, sind höchst interessiert daran, den Niederlanden alle notwendige Kraft zu geben, sich zu verteidigen und dem politischen System, das wir errichtet haben, als Bollwerk zu dienen; aber es ist wohl klar, daß man sich nicht schmeicheln kann, dieses heilsame Ziel zu erreichen, wenn man den Niederlanden eine zu große Ausdehnung gibt und ihnen eine Bürde auferlegt, die ihre wirklichen Kräfte übersteigt: dies wäre im Gegenteil mit Sicherheit ein Mittel, das Ziel zu verfehlen.

Luxemburg und Jülich werden in den Händen der alliierten Mächte die Niederlande viel besser verteidigen als in deren eigenen. Deutschland braucht diese Plätze, und wenn es möglich ist, Bayern auf dem linken Rheinufer einen beträchtlichen Gebietsanteil zuzuweisen, dann soll Luxemburg an Bayern und Jülich an Preußen gehen. Um ihr System eng an das der Niederlande anzubinden, muß man diese nicht auf deren Kosten verstärken wollen, muß man sie nicht dazu verpflichten, ihre erste Verteidigungslinie am Rhein aufzurichten, muß man das Verteidigungssystem auf eine gemeinsame Grundlage stellen und die Interessen zueinander in Beziehung setzen. Wenn Preußen mit sträflichem Egoismus nur sein eigenes Interesse verfolgte, gäbe es jegliche Besitzung auf dem linken Rheinufer auf und bestände auf einer für seine Kräfte geeigneteren Abrundung, auf der Wiedererlangung aller seiner ehemaligen Provinzen.

Es wäre ein großer politischer Fehler von seiten Hollands und derer, die sich mit Recht für sein Schicksal interessieren, Preußen dahin zu bringen, einem System der Isolierung zu folgen; es scheint mir im Gegenteil, daß alle ihre Bemühungen darauf abzielen sollten, diese Macht durch Besitzungen zwischen Rhein und Maas dafür zu gewinnen, die Verteidigung der Niederlande als ihre eigene zu betrachten; sie sollten den Absichten Preußens entgegenkommen, unlösbare Bande mit diesem Land zu knüpfen, die auf beiderseitigem Interesse beruhen. Die gleiche Überlegung trifft für das übrige Deutschland und für Bayern zu, wenn es das obenerwähnte Land erhält.

Namur, die Maas und Maastricht stellen bereits all das dar, was für die Verteidigung der Niederlande vonnöten ist, ja sogar in einem höheren Maße als die Roer, Luxemburg und Jülich.

Holland und die Niederlande, die schon mit Festungen überzogen sind, die Lebensmittel und Garnisonen benötigen, was fast über ihre Kräfte hinausgeht, sollten nicht noch nach diesen beiden letzteren Besitzungen trachten, die ihnen nur unendlich zur Last fallen könnten.

Fassen wir zusammen. Die Niederlande können nicht selbst für ihre Verteidigung sorgen; was müssen sie tun, um dafür zu sorgen? Sie sollten ihrer Angriffslinie nach Frankreich hin so wenig Ausdehnung wie möglich geben, damit ihre Verteidigung um so leichter, weniger kostspielig zu unterhalten und stärker ist.

Sie sollten das innere Verteidigungssystem so anlegen, daß man sicher sein kann, daß der Feind sich nicht im Land festsetzen kann, bevor fremde Hilfe verfügbar ist. Es sollte so gelegen sein, daß es fremder Hilfe durch klares und beiderseitiges Interesse versichert sein kann.

Hier richten sich unsere Blicke zuerst auf England, da England in der Tat höchst interessiert daran ist, daß Frankreich sich nicht in den Besitz der Niederlande setzt. Aber wenn man die Sache näher betrachtet, fragt man sich:

Kann die englische Hilfe immer rechtzeitig zum Wohl der Niederlande eintreffen? Und werden die Franzosen als wendige Kämpfer und schlaue Politiker dieses Land nicht so angreifen, daß es fast vollständig erobert ist, bevor die Engländer versammelt, eingeschifft und an den Küsten gelandet sind? Mehr noch, könnte die Unterstützung Englands zahlenmäßig groß genug sein, um dem Stoß der Franzosen nur mit den Kräften der Niederlande zu widerstehen?

Die Verfassung Englands verlangsamt solche Operationen unvermeidlich; die Einschiffung und die Landung sind nicht ohne Schwierigkeiten; die Besitzungen Englands haben eine solche Ausdehnung, daß die Zahl der Truppen, die notwendig ist, um sie im Falle eines Krieges mit Frankreich zu decken, es verhindern würde, eine genügend große Zahl abzustellen, um in den Niederlanden das Ziel zu erreichen. Nehmen wir die englische Hilfsarmee mit 40 bis 50 000 Mann an; das wäre eine sehr ansehnliche Unterstützung, aber verschweigen wir nicht, daß sie nicht ausreichen würde, um die Niederlande vor einem wohlberechneten Angriff seitens Frankreichs zu schützen.

Welche Hilfsmittel verbleiben diesem Staat also?

Ein einziger Blick auf die Karte zeigt uns, woher die schnellsten und wichtigsten Hilfeleistungen kommen müssen, und die Vergangenheit lehrt uns, wie verfahren werden muß, um sich ihrer zu versichern.

Von Deutschland und hauptsächlich von Preußen.

Dieses brauchen die Niederlande nicht zu fürchten, vorausgesetzt, daß ein gemeinsames Interesse sie verbindet. Die Niederlande brauchen Jülich nicht, um ihre schwache Seite abzusichern, denn sie wird durch alle Kräfte Preußens besser als durch einen einzigen festen Platz garantiert. Sie werden die Absonderung Preußens nicht zu fürchten brauchen; sie fände statt, wenn man es durch falsche Maßnahmen dazu zwänge, und nehmen wir den unglücklichen Fall, der bei Errichtung eines Systems nach unseren Vorschlägen aber unzulässig erscheint, daß Preußen sich gegen Holland erklären würde, böte Jülich keine Sicherheit gegen ersteres, da es Holland weiter unten angreifen würde. Die wichtigste Stelle, die Holland vor allem unangreifbar machen muß, ist Dinant und Namur, denn eine feindliche Armee, die dort nach Löwen durchbräche, würde alle anderen Hauptfestungen umgehen und im Herzen des Landes operieren.

Die Niederlande müssen also sehr eng mit Preußen und dem deutschen Bund verbunden werden, sei es, daß sie einen integrierenden Bestandteil von ihm bilden oder mit ihm in eine unauflösbare Allianz eintreten, was einfacher erscheint.

Man kann es nicht genug wiederholen, diese Bande müssen ihre Kraft und Beständigkeit durch ein beiderseitiges Interesse erhalten. Deutschland muß folglich bei der vorzunehmenden Neuordnung zukommen, was seine eigene Verteidigung sichern kann. Was wir vorschlagen, läßt auch Bayern seinen Vorteil finden und verpflichtet auch den Süden Deutschlands durch ein gemeinsames Interesse, mehr als durch Verträge, zur gemeinsamen Verteidigung.

So werden die Niederlande zum Knotenpunkt der Union zwischen dem Festland und Großbritannien, ja sie werden dadurch zum kostbarsten Glied in der Kette der europäischen Staaten, durch ihre Flotte mit England, durch ihre Armee mit Deutschland verbunden.

Dies ist der einzige Weg, die Unabhängigkeit dieses Landes zu sichern und es vor dem Joch Frankreichs zu retten, dem es sonst nicht entgehen würde.

Es ist noch wünschenswert, daß der souveräne Fürst der Niederlande, der wahrscheinlich den Königstitel annehmen wird,[2] keine isolierte oder von dem Interesse seiner Staaten entfernte Besitzung hat. Deshalb möge er seine Erbländer auf dem rechten Rheinufer eintauschen, indem er sie Preußen gegen das Land Lüttich – es gehört zu Deutschland[3] und ist den Niederlanden benachbart –, soweit es sich auf dem linken Maasufer befindet, und mit einem diesen Fluß überschreitenden Rayon für Lüttich abtritt. Er wird dabei beträchtlich gewinnen, denn die gegenwärtigen Staaten des Hauses Nassau-Oranien umfassen 127 000 Seelen, der besagte Teil des Landes Lüttich 255 000; ein Profit von 128 000 Seelen in einem gewerbereichen und wohlbebauten Land. Nichts verhindert angemessene Regelungen für die Sekundogenitur, wenn man sie für ratsam hält.

Preußen wird den Niederlanden den Teil preußisch Gelderns auf dem linken Maasufer sowie einen Saum dem rechten Ufer entlang abtreten, um ihnen diesen Fluß ganz und mit Rayons für die festen Plätze zu geben. Die beigefügte Karte[4] zeigt die Grenze, die wir zwischen Preußen und den Niederlanden vorschlagen, als eine blaue Linie, die mit Frankreich als eine rote Linie und die,

[2] Vgl. S. 103 Anm. 5.

[3] In der Vorlage kursiv gedruckt.

[4] Liegt nicht vor.

welche wir mit Bayern planen, als eine grüne Linie. Die festen oder noch zu befestigenden Plätze sind dort ebenfalls wie auch der Teil des Lütticher Landes, der dem Fürsten von Oranien zugewiesen werden soll, durch eine braune Linie markiert. Das für die Niederlande bestimmte Gebiet ist gelb koloriert. Sobald man zwischen Preußen und den Niederlanden einig geworden ist, wird es darum gehen, sich mit Bayern zu verständigen.

94. Schreiben Castlereaghs an Wellington (Auszug)

Erbittet Wellingtons Meinung über die niederländischen Grenzfragen und nimmt im ganzen positiv zu Hardenbergs Plan vom 28. September Stellung.

Gedenkstukken, VII S. 193–195;
ferner Webster, S. 195–197 (gekürzt).

Wien, 1. Oktober 1814

Sendet ihm Hardenbergs Memorandum vom 28. 9. 1814[1]*, für dessen Autor er General Knesebeck hält, ein Papier Clancartys*[2] *sowie einen Auszug aus Hardenbergs Memorandum vom 29. 4. 1814.*[3] *Nach einer kurzen Inhaltsangabe des Hardenbergschen September-Memorandums fährt er fort:*

If this reasoning is solid, there can be no doubt that the support of so highly military a power as Bavaria on the left flank, with Prussia in second line to Holland, and Bavaria as proposed in the present plan, presents a much more imposing front to France than Holland spread out to the Moselle, as suggested in the former plan, with Prussia behind the Rhine, and the territories between the Moselle and the Rhine m o r c e l l é s ,[4] as mere indemnities, between the Grand Duke of Baden and other petty princes.

The arrangement, as suggested, is less liberal, in a territorial point of view, to the House of Orange than could be wished: perhaps, in this respect, some modification may be effected, but the great question for them, as well as for us, is to weigh what is the best security for peace, and for keeping the Low Countries out of the hands of France. In this view of the subject, beyond all others the most essential for Great Britain to look to, I doubt the policy of building our system of defence exclusively upon the Prince of Orange's power, enfeebled as it must be for great military exertions by the genius of his people, and by the principles of his government.

[1] Nr. 93 S. 434–440.
[2] Gedenkstukken, VII S. 195–197.
[3] Nr. 1 S. 33–59.
[4] In der Vorlage kursiv gedruckt.

You will weigh this in deciding on the alternatives into which the question resolves itself. We should both wish to press what was most acceptable to the Prince of Orange, but the point ought to be ruled upon larger principles, and, in examining them, I am always led to revert, with considerable favour, to a policy which Mr. Pitt, in the year 1806,[5] had strongly at heart, which was to tempt Prussia to put herself forward on the left bank of the Rhine, more in military contact with France. I know there may be objections to this, as placing a Power peculiarly military, and consequently somewhat encroaching, so extensively in contact with Holland and the Low Countries. But, as this is only a secondary danger, we should not sacrifice to it our first object, which is to provide effectually against the systematic views of France to possess herself of the Low Countries and the territories on the left bank of the Rhine: a plan which, however discountenanced by the present French Government, will infallibly revive, whenever circumstances favour its execution.

95. Schreiben Clancartys an Wilhelm VI. von Oranien (Auszug)

Weist auf die Bedeutung der polnischen Frage für die westlichen Grenzregelungen hin; Castlereagh hat sich gegen den Eintritt der Niederlande in einen Deutschen Bund ausgesprochen.

Gedenkstukken, VII S. 198f.

Private and confidential — Wien, 7. Oktober 1814

I have the honour of inclosing herewith for Y. R. H.'s information, two papers of M. le Prince Hardenberg's.

The first[1] is an extract of a larger work embracing the whole European Question, but a full extract or copy of that paper as far as relates to the Low Countries; the second[2] is an entire work, putting forward other and more confined propositions; it treats the subject upon alledged military grounds, and asserts its proposals to contain the only means of securing the independence of the Low Countries, and saving them from the yoke of France.

It is not difficult to perceive the object with which both have been framed. No discussion has yet taken place on either of them, neither do I conceive that for some time matters will be advanced to a sufficient state of maturity for the arrangement of the countries entre Meuse et Rhin. Y. R. H. is already aware

[5] Gemeint ist Pitts Note an den russischen Botschafter Graf Novosil'cev vom 19. 1. 1805. Webster, S. 389–394.

[1] Nr. 1 S. 33–59.

[2] Nr. 93 S. 434–440.

that the manner in which this question may ultimately be treated, will probably much depend upon the relinquishment or inforcement of the pretentions of a great Northern Power in Poland; should these be happily withdrawn, it is to be hoped we shall be able to act with greater freedom. In the mean time, I have only to add upon this part of the subject, that the memoire N°. 2 has been read at length to Mess.rs de Spaen and Gagern and that I have generally conversed with them upon the substance of that marked N°. 1 as far as relates to Y. R. H.

In conversing with Lord Castlereagh upon the question whether it would be most for Y. R. H.'s interest to connect your territories as an integral part of Germany with the Germanic body, he is strongly of opinion that this would not be for Y. R. H'.s or for the advantage of your people, but would rather recommend an intimate and indissoluble defensive alliance between your Government and the Germanic league. As far as the latter goes, the reasoning is plain: each is immediately and even vitally interested in the defence of the other. But to involve Y. R. H.'s Government in all the petty questions and intrigues of the confederacy, as it must be if forming an integral part of Germany, he thinks would be productive of considerable embarrassment; detrimental as affecting the commercial interests of the Low Countries; and he does not wish to conceal from Y. R. H. that he does not conceive it would be for the interests of Great Britain, that Germany thro' Holland should become a great naval, as she already is a great military Power.

[...]

96. Schreiben Wellingtons an Castlereagh

Wenn die Niederlande den linken Niederrhein erhalten, sollte Luxemburg an Preußen fallen.

Gedenkstukken, VII S. 201.

Paris, 17. Oktober 1814

Lord Harrowby is here, and has got your papers upon the Netherlands,[1] and I cannot reply to them by this messenger. I agree so far in principle with you, that I think it would be desirable that, if possible, all the territories on the left of the Rhine should belong to one Power only, besides the Sovereign of the Netherlands, and that that Power should be Prussia. If all this territory cannot be given to Prussia, it is better that a part should be given to Bavaria, than that it should be parcelled out among several Powers. It must be observed, however, of Bavaria, that that Power has generally been in the opposite system to ours;

[1] Vgl. Nr. 94 S. 440.

and that any distant territory, in the hands of so weak a Power as Bavaria must still continue to be, is seldom well defended. There will arise the question of Luxemburg. It is essential to the defence of the Netherlands to keep that fortress out of the hands of the French: at the same time, I see the military inconvenience of extending so far the system of the Sovereign of the Netherlands. I should rely upon Prussia keeping that fortress, but not upon Bavaria.

There is another view, in which the disposal of Luxemburg is important, and that is the standing connexion between that duchy and the provinces on the left of the Meuse. The inconvenience of the separation of a few cantons ceded to France has been felt and complained of by the Netherlanders; and I fear they will feel more severely the separation of the provinces on the right of the Meuse, with which they have been so long connected, and in which so many of them must have properties. This point deserves consideration. Upon the whole, what I should prefer for the Netherlands would be, that Prussia should have the territory on the left of the Rhine, to a line drawn from Huy to that river; and that the Prince of Orange should, from that line, have both banks of the Meuse to the left bank of the Rhine. If this arrangement could be made, Luxemburg would be more secure in the hands of the Sovereign of the Netherlands than in those of the King of Bavaria, and should be given to the former.

This is what occurs to me, upon reading your papers over once; but I'll write to you again more in detail, when I shall get them from Lord Harrowby.

97. Schreiben Wellingtons an Castlereagh

Wiederholt seine Ansichten über die niederländische Grenze und empfiehlt, Mainz an Preußen fallen zu lassen.

Gedenkstukken, VII S. 206.

Paris, 27. Oktober 1814

I have not written to you since the 17th,[1] respecting the countries on the left of the Rhine, as, in fact, the substance of what I had to say to you is in that letter. The Prince of Orange will have a bad frontier if Luxemburg is in the hands of Bavaria, for the reasons therein stated: he will not have a very good one if he has Luxemburg himself, because it will be too extended, and he will, in fact, have only a lisière along the French frontier, and between that and the Prussian dominions. He will have a very good one if Prussia is brought forward to Luxemburg, and his frontier goes along the Meuse, to Huy or even Liege, and runs

[1] Nr. 96 S. 442f.

thence to the Rhine by any convenient line. This is, I believe, what he would himself prefer.

These are the only military points in the case; the others are for political consideration. First, the cession of the territories of the House of Orange in Germany, in exchange for Liege, which I always understood the Prince of Orange was to have, at all events. I don't think the Prince will agree to this exchange. In fact, if he does not get the course of the Meuse from the Powers of Europe, on the principle of the necessity of forming a great Power on the north frontier of France, without a sacrifice on his part; or, if Liege is to be kept back, as belonging to Germany, he had better not take the other provinces of the Netherlands, as he will be placed in the advanced post, to cover others, without the means of defending either them or himself; whereas, by remaining within his old frontier, he must be protected by others. I think the same reasoning might almost be applied with fairness to throwing him back from the Meuse to the left bank of the Rhine; and here, secondly, would arise the question whether, considering the interest which all the Powers of Europe have in keeping the French out of Germany, and therefore away from the Rhine, it would not suit the interest of the Powers of the South of Germany to put Prussia in possession of Mayence, with a view to induce that Power first to come forward to the French frontier, and next to make such cessions to the Prince of Orange between the Meuse and the Rhine as would make him a real bulwark.

These are not the points on which you wished to have my opinion, but I throw them out for your better consideration, and merely to show you what I think would be the military arrangement of the countries of the left bank of the Rhine.

I'll send a copy of this letter, and of mine of the 17th, to England.

98. Bericht der französischen Gesandtschaft an Jaucourt (Auszug)

Die Haltung der Großmächte zu den Problemen der Schweiz. Befürwortet den Tausch eines Teils von Gex gegen einen Teil des Bistums Basel.

Talleyrand, Memoiren II S. 331–336, hier S. 335 f. Franz. Text: Talleyrand, Mémoires II S. 419–427, hier S. 424–427.

Wien, 6. November 1814

[...]

In Bezug auf die schweizer Angelegenheiten hätte Lord Castlereagh gern die Mitwirkung Frankreichs beseitigt, aber der Vertreter Berns erklärte, daß seine

Regierung dieselbe auf das bestimmteste verlange, und die Vertreter von Solothurn und Freiburg sprechen sich in dem gleichen Sinne aus. Der russische Minister Graf Capo d'Istria und Sir Stratford Canning schlossen sich dieser Erklärung an, und so wird die Regulierung der schwierigen Verhältnisse keine großen Schwierigkeiten bieten.

Der Kanton Bern verlangt einen Teil des Kantons Argau zurück, und der Kanton Zürich will dies nur genehmigen, wenn er gleichfalls einen Teil erhält; der Streit erinnert an denjenigen in Deutschland wegen Sachsen. Die Mächte scheinen geneigt zu sein, dem Kanton Bern das Bistum Basel zuzusprechen, und dadurch entsteht ein Zwischenfall, der sofort Sr. Majestät dem König zur Entscheidung vorgelegt werden muß.

Der Kanton Genf sucht 10–12000 Einwohner aus dem Gebiet von Gex mehr zu erlangen, um besser mit dem Waadtland verbunden zu sein. Frankreich würde dafür die doppelte Einwohnerzahl aus dem Bistum Basel bekommen und dadurch seine militärische Grenze zwischen Hüningen, Vésoul und Besançon wesentlich verbessern.[1]

Frankreich verlöre nur den Punkt, der es zum Genfer See führt, aber man könnte vereinbaren, daß es dort freie Schiffahrt und Handelsfreiheit behält.

Dieser Tausch erscheint ganz zweckmäßig, aber deshalb müßte ein Teil von Argau dem Kanton Bern gegeben werden, weil das Bistum Basel dadurch allzusehr verkleinert würde. Jeder Vorteil übrigens, der Bern zugewendet wird, kommt Frankreich indirekt zu gute, denn Bern war dem Hause Bourbon von jeher aufrichtig ergeben.

Der Kaiser von Rußland wünscht, im Falle dieser Tausch nicht stattfindet, den Kanton Genf alsdann von einem Teil Savoyens zu umschließen; aber dieser Wunsch wird durch das obige Abkommen gegenstandslos.

Wir ersuchen Sie, Herr Graf, uns sobald wie möglich hierüber die Befehle Sr. Majestät und die etwa gewünschten Modifikationen zugehen zu lassen. Die Einwilligung Sr. Majestät in diesen Tausch wird die schweizerischen Bevollmächtigten mit großer Genugthuung und Freude erfüllen, und der Einfluß Frankreichs in der Schweiz kann dadurch nur erhöht werden. Der Fürst Talleyrand empfiehlt die Zustimmung sehr, aber wir bedürfen dazu einer besonderen Vollmacht.

Talleyrand

[1] Den hier befürworteten Gebietstausch hat Talleyrand im Dezember erfolgreich bekämpft, weil er zu erkennen meinte, daß die Genfer sich stärker an die Alliierten hielten, und er fürchtete, daß England durch die Begünstigung Genfs seinen Einfluß in der Schweiz zu sehr vergrößern werde. Oechsli, II S. 266–274.

99. Protokoll der 2. Sitzung des Schweizer Komitees[1]

Die schweizerische Gesandtschaft trägt ihre Vorstellungen über die Regelung der eidgenössischen Fragen vor.

Angeberg, I S. 432 f.; ferner Klüber, V S. 181–184. Übers. d. Hrsg. aus d. Franz.

Wien, 15. November 1814

Lord Stewart verlas sein Votum über die territoriale Frage hinsichtlich der Ansprüche Berns.[2] Der russische Bevollmächtigte wird das seine in der nächsten Sitzung schriftlich vorlegen.[3]

Die schweizerische Gesandtschaft wurde hineingeführt. Der österreichische Bevollmächtigte forderte sie auf, den Gegenstand ihrer Mission darzulegen. Herr von Reinhard, der Präsident dieser Gesandtschaft, nahm das Wort. Er erklärte, daß die schweizerische Nation die Gesandtschaft beauftragt habe:

1. den hohen Mächten ihre tief empfundene Dankbarkeit für das wohlwollende Interesse, das sie ihr widmeten, zu bezeugen;

2. die feierliche Anerkennung der Freiheit und Unabhängigkeit dieses Staates sowie die Zustimmung zur Einfügung der Urkunde, die diese festzustellen hätte, in das Instrument zur allgemeinen Befriedung Europas zu fordern;

3. zu fordern, daß alle am Kongreß teilnehmenden Mächte gleichermaßen die Neutralität der Schweiz anerkennen;

4. daß demgemäß diesem Staat seine militärischen Grenzen zurückgegeben werden mit den Verbesserungen, die geeignet sind, sie achtunggebietend zu machen.

An die Aufzählung dieser Forderungen und um ihre Billigkeit zu rechtfertigen, schloß Herr Reinhard einen Überblick über die innere Lage der Schweiz, über die sie spaltenden Fragen und die von der Tagsatzung beschlossene Methode, sie zu entscheiden. Für sich persönlich äußert dieser Beamte die Meinung, daß das Eingreifen der Mächte zur Lösung dieser Probleme dringend notwendig sei, da die Schweiz selbst nicht über diese Differenzen entscheiden könne, ohne einen Bürgerkrieg zu riskieren. Am Ende seiner Rede bittet Herr von Reinhard seine Kollegen, noch zu ergänzen, was sie für diesen Bericht für notwendig halten.

Der zweite schweizerische Abgeordnete, Herr von Montenach, schließt sich

[1] Ein Bericht über diese Sitzung auch bei Reinhard, S. 297–300. Vgl. auch Oechsli, II S. 261 f.

[2] Angeberg, I S. 434 f.

[3] Ebenda, S. 435–438; dt. Übers. Pertz, IV S. 356–360.

hinsichtlich des Gegenstandes der Mission der Meinung seines Vorredners an, kann jedoch dessen Meinung über die die Schweiz spaltenden Fragen nicht teilen. Er glaubt, die Schweiz könne und müsse sich selbst, unabhängig von jedem fremden Eingreifen, damit beschäftigen.

Herr von Wieland, der einige speziellere Bemerkungen hinzufügt, stimmt in allem mit Herrn Reinhards Ansichten überein, sowohl was den Gegenstand ihrer Mission betrifft als auch hinsichtlich der territorialen Fragen.

Der österreichische Bevollmächtigte versichert zunächst die Gesandtschaft aufs neue des Wohlwollens, das die vermittelnden Mächte gegenüber der Schweiz erfüllt, sowie des Interesses, das sie für ihr Wohlergehen und ihre Ruhe hegen, und sagt den Abgeordneten, man werde sie nach reiflicher Erwägung der Bemerkungen, die sie soeben gemacht hätten, auffordern, weitere Erläuterungen zu geben.

Die russischen und preußischen Bevollmächtigten bezeugten den Wunsch, der Abgeordnete Herr von Montenach solle veranlaßt werden, die Mittel vorzuschlagen, die er für geeignet halte, die die Schweiz spaltenden territorialen Streitigkeiten ohne Beteiligung einer fremden Vermittlung beizulegen. Dieser Abgeordnete beschränkte sich in seiner Antwort darauf, das als wirksames Mittel vorzuschlagen, was ihre Vorfahren in einem solchen Fall angewendet hätten, nämlich: das Schiedsgericht.

Nachdem Herr von Reinhard im einzelnen bestimmte Umstände dargelegt hatte, die das Schiedsgericht gegenwärtig undurchführbar machten, bekannte sich Herr von Montenach zu der Überzeugung, daß die Hohen Mächte die Parteien leicht dafür gewinnen könnten, wenn sie ihre Meinung in diesem Sinne äußern und seine Annahme empfehlen würden. Er räumte gleichzeitig ein, daß das, was er gerade vorgeschlagen habe, ein wenig gegen das Prinzip der nationalen Ehre sei.

Danach zog sich die schweizerische Gesandtschaft zurück. Die Herren Canning und Capo d'Istria brachten dem Komitee den Entwurf einer Note zur Kenntnis, die diese Gesandten in der Absicht an die Tagsatzung richten sollen, die Ruhe in der Schweiz während der Zeit, da man sich in Wien mit den inneren Angelegenheiten dieses Staates befassen wird, aufrechtzuerhalten.

Dieser Entwurf fand Zustimmung. Der österreichische Bevollmächtigte übernahm es, sein Kabinett davon in Kenntnis zu setzen, damit Baron von Schraut seinem Inhalt entsprechende Anweisungen gegeben würden.

Das Komitee beschloß, für die Sitzung am kommenden Donnerstag, dem 17. d. Monats, den Abgeordneten Berns einzuladen.[4]

[4] Diese fand wegen Unpäßlichkeit Wessenbergs erst am 30. 11. 1814 statt. Oechsli, II S. 262 f.

Daraufhin schloß man das Protokoll der vorigen Sitzung[5] ab, und es wurde von den Mitgliedern des Komitees unterzeichnet.

Unterzeichnet: Stewart, von Stein, Humboldt, Wessenberg, Graf Capo d'Istria, Stratford-Canning

100. Protokoll der 6. Sitzung des Schweizer Komitees (Auszug)[1]

Beratung über das Schicksal des Veltlin.

Angeberg, I S. 521 f.; ferner Klüber, V S. 220–224, hier S. 222–224. Übers. d. Hrsg. aus d. Franz.

Wien, 13. Dezember 1814

[. . .]

Die schweizerische Gesandtschaft und die Abgeordneten von Graubünden sowie die des Veltlin werden hineingeführt.

Nachdem Baron von Wessenberg ihnen die Erklärung seines Kabinetts über das Schicksal des Veltlin mitgeteilt hat,[2] legen die Abgeordneten dieses Gebiets dem Komitee ein Memorandum vor,[3] das den Wunsch ihrer Auftraggeber vorbringt, mit der österreichischen Lombardei vereinigt zu werden.

Die Abgeordneten Graubündens, die danach aufgerufen werden, ihre Meinung zu dieser Frage zu äußern, stellen ihre Sache gänzlich der schweizerischen Gesandtschaft anheim.

Nachdem die Abgeordneten von Graubünden und des Veltlin sich zurückgezogen haben, ergreift Herr von Reinhard das Wort. Er glaubt, daß trotz des Wunsches, den man gerade als den der Einwohner des Veltlin vorgetragen habe, diese die Vereinigung mit der Schweiz wünschen. Die Eidgenossenschaft, fügt er hinzu, betrachtet diese Vereinigung als sehr wichtig für ihre Interessen, und wenn die Graubündener selbst weniger Eifer für diesen Gegenstand zeigten, als man hätte erwarten können, so deshalb, weil sie fürchteten, daß der Einfluß der Katholiken in ihrem Kanton dadurch zu sehr anwachsen würde, und weil sie geglaubt hätten, bei einer Trennung eine leichtere Rege-

[5] Protokoll der 1. Sitzung des Komitees vom 14. 11. 1814 bei Angeberg, I S. 430.

[1] Ein Bericht über diese Sitzung auch bei Reinhard, S. 307–309. Vgl. auch Oechsli, II S. 278–283.

[2] Vgl. die Note des österreichischen Bevollmächtigten an das Schweizer Komitee vom 10. 12. 1814. Angeberg, I S. 515 f.

[3] Note der Abgeordneten des Veltlin an das Schweizer Komitee vom 13. 12. 1814. Reinhard, S. 523.

lung ihrer finanziellen Ansprüche zu finden als bei einer Vereinigung mit ihren ehemaligen Untertanen. Was die Art und Weise, die Vereinigung durchzuführen, betrifft, schlägt Herr von Reinhard vor, besagtes Territorium dem Kanton Graubünden anzugliedern, entweder als einen vierten eigenen Bund, der zwar im Bereich der Zivil- und Justizverwaltung nicht ganz unabhängig, aber in angemessenem Verhältnis an der allgemeinen Vertretung des Kantons in allen Fragen, die die eidgenössischen Angelegenheiten angehen, beteiligt wäre; oder als einen unabhängigen politischen Körper, der aber in der gleichen Verbindung mit Graubünden stünde, wie sie zwischen den beiden Teilen des Kantons Unterwalden und dem Kanton Appenzell besteht, derart jedoch, daß die Graubündener immer einen deutlichen Vorrang behielten.

Die Meinung des Herrn von Reinhard wird durch die seiner Kollegen von Wieland und von Montenach bestätigt, abgesehen davon, daß letzterer der Ansicht ist, daß wenn man sich an den zweiten Vorschlag halte, es angemessener wäre, ein Gleichgewicht zwischen den beiden Parteien zu schaffen, so daß ihre Stimme auf der Tagsatzung jedesmal, wenn sie sich nicht einigen könnten, unberücksichtigt bliebe.

Auch zur Frage der finanziellen Entschädigungen, die die Graubündener fordern, äußert Herr von Reinhard auf eine entsprechende Aufforderung hin seine Meinung und schlägt dabei einen Plan für eine Regelung vor, woraufhin man ihn veranlaßt hat, dem Komitee eine vertrauliche Zusammenfassung seiner Vorstellungen wegen der Verfügung über die in England plazierten Fonds zu geben.

Da die Mitglieder der schweizerischen Gesandtschaft sich nicht auf eine einheitliche Meinung einigen konnten, veranlaßte man sie, die genannte Frage nochmals zu prüfen und dem Komitee das Ergebnis ihrer Beratungen mitzuteilen.

Unterzeichnet: Stewart, Stein, Wessenberg, Dalberg, Humboldt, Graf Capo d'Istria, Stratford-Canning

101. Schreiben Clancartys an Wilhelm VI. von Oranien

Die Erhaltung Sachsens wirkt sich auf Preußens Entschädigung im Westen aus. Schlägt die Abtretung der nassauischen Erblande vor, deren Verlust durch Luxemburg kompensiert werden kann.

Gedenkstukken, VII S. 720f.

Wien, 4. Januar 1815

Y. R. H. has been from the first aware that much of our question must necessarily depend upon the arrangements in Poland, and that having to a considerable extent failed in that quarter with respect to the mass of indemnities, influence to the amount of this failure must be felt in the further allotments. This is deeply experienced here, and with the outstanding claims for unsatisfied demands, and the universal feeling (except in the Prussian and Russian cabinets) in favour of preserving Saxony (tho' diminished) still a power of Germany, it is indeed difficult to discover means for the reconstruction of Prussia under her treaties, and I believe impossible without resorting to the country between the Rhine, Meuse and Moselle for at least a portion containing a population of 1 000 000 inhabitants, and pushing her to a considerable extent likewise to the south of the Moselle. This Y. R. H. will perceive calls upon us in prudence to make considerable sacrifices, even upon the amount stipulated by the convention of Troyes.[1] My own wish would be, under these circumstances, but it is beyond my power to foresee how far even this can be accomplished, to obtain in addition to a lisière along the Meuse from Moock, as nearly as possible, that the pays de Liège outre Meuse should not be separated from that on the left bank of that river, already under Y. R. H.'s government, and that the mass of the Duchy of Luxembourg should also, if feasible, be preserved.

Calculations are making, with a view of endeavouring to shew that the treaties with Prussia may be fulfilled, without destroying the existence of Saxony, and this (a most difficult work in itself) naturally brings, tho' indirectly, the subject of the further annexations to the United Provinces into view.

The pretensions of Prussia tend to thwart any hope of approaching these to the Rhine, and drive us consequently to seek for the best principle we can, for Y. R. H.'s advantage: it is imagined this will be found in endeavouring as far as possible to keep together countries formerly connected under the same government. What the result of such endeavours may be, it is impossible yet to say.

P.S. Since writing the above, Lord Castlereagh has called here, and directed me to state that it would considerably facilitate the object above described, if Y. R. H. could be induced to cede in order to its attainment the hereditary states of Y. R. H. in Germany. That with these in his hands, he should hope to place the important fortress of Luxembourg with the Duchy under your sovereignty, and that as Duke of Luxembourg he should conceive no difficulty would exist to your being placed in at least the same degree of influence in the German Confederacy as could be obtained from the distant hereditary states of the House of Orange outre Rhin; while at the same time that Duchy or such part thereof as might be considered eligible, might be equally assigned as an establishment for the second geniture, an object which he is aware has been in

[1] Vom 15. 2. 1814. Gedenkstukken, VII S. 63. Vgl. Klinkenburg, S. 63–65.

Y. R. H.'s contemplation. It will be for Y. R. H. to decide, I trust favourably, upon this proposal, and to communicate your good pleasure thereon, which we humbly hope will not be long withheld.

102. Schreiben Wilhelms VI. von Oranien an Clancarty

Äußert Unzufriedenheit mit der Entwicklung seiner Angelegenheiten in Wien und kündigt die Entsendung Capellens an.

Gedenkstukken, VII S. 726. Übers. d. Hrsg. aus d. Franz.

Den Haag, 17. Januar 1815

Die Briefe vom 4.[1] und 6.[2] Januar habe ich am 13. und 14. wohl erhalten, und ich bin Ihnen für die darin enthaltenen Informationen sehr verbunden. Die Haltung, die zu der Defensivallianz vom 3. Januar[3] einzunehmen ist, kann nicht zweifelhaft sein, und mit großem Bedauern darüber, daß die Dinge zu dem Punkt gelangt sind, der eine solche Maßnahme verlangt, werde ich schnellstens meine Gesandten in Wien bevollmächtigen, in dem Augenblick beizutreten, in dem es angebracht erscheint. Ich bin im übrigen tief traurig und betroffen über den gegenwärtigen Stand der Angelegenheiten und empfinde mehr, als ich es zum Ausdruck bringen kann, wie delikat und schwierig meine Lage ist. Die Opfer, die ich schon bringen mußte, und die, die mir noch abverlangt werden, sind wirklich, die Vorteile unsicher und relativ. Sie könnten sicher nicht den Preis aufwiegen, zu dem sie erworben werden. Unter diesen Umständen ist es mir unmöglich, meine Interessen ohne vorherige Diskussionen und Erklärungen aufzugeben, trotz des stillschweigenden und blinden Vertrauens, das ich in Ihre Absichten und diejenigen Lord Castlereaghs setze.

Ich hätte mich bemüht, selbst nach Wien zu kommen, um Sie zu sprechen, wenn die große Entfernung und die Unzuträglichkeiten einer längeren Abwesenheit mich nicht daran hinderten; infolgedessen schicke ich Baron van der Capellen[4], der ab morgen dem jetzigen Kurier folgen wird. Er wird mit den nötigen Ermächtigungen, Instruktionen und Vollmachten versehen und über meine Absichten genügend informiert sein, um meine Abwesenheit wettzumachen und den Zweck der für die Herren von Spaen und von Gagern geforderten Weisungen zu erfüllen. Es wird mir sehr angenehm sein zu erfahren, daß die

[1] Nr. 101 S. 449–451.

[2] Gedenkstukken, VII S. 721–723.

[3] Nr. 54 S. 278 Anm. 2.

[4] Hierzu Fischer, S. 90–92.

sofortige Entsendung des Barons van der Capellen Ihren Absichten entspricht. Alles, was ich mit gutem Grund hoffen zu können glaube, ist, daß ich meine Staaten nicht für die Vergrößerung der Staaten der einen und für die Aufrechterhaltung der Staaten eines anderen verliere, ohne dafür ausreichend entschädigt zu werden, nach den 1813 durch die nicht erfolgte Rückgabe von Fulda, Corvey, Dortmund und Weingarten erlittenen Verlusten, ohne daß Rückforderungen auch nur zugelassen wurden.[5] Im übrigen beschränke ich mich darauf, die Erfüllung der mich betreffenden Artikel des Vertrags von Paris[6] zu begehren: die Ausführung der für die Ruhe Europas festgelegten und anerkannten Grundsätze, d. h. die Vergrößerung Hollands durch Belgien und die deutschen Provinzen auf dem rechten Maasufer, um daraus einen unabhängigen Staat zu machen, ohne daß von Abstrichen oder Opfern für den allgemeinen Nutzen die Rede ist.[7]

103. Bericht van Spaens an van Nagell (Auszug)

Berichtet über die Regelung der niederländischen Angelegenheiten; sie wurde weitgehend unter den Großmächten ausgehandelt.

Gedenkstukken, VII S. 733 f. Übers. d. Hrsg. aus d. Franz.

Wien, 12. Februar 1815

Nun ist die große Sache endlich beendet. Ich muß nach Lord Clancartys Wunsch auf das Bezug nehmen, was er dem souveränen Fürsten dazu schreiben wird.[1] Leider gibt es doch einige Punkte, die nicht den Wünschen Seiner Königlichen Hoheit entsprechen, aber wir haben die Angelegenheit noch nicht abgeschlossen; es wurde uns gesagt, daß man den Augenblick nutzen müßte; daß die Organisation Europas davon abhinge und daß man im allgemeinen Mittel gefunden hätte, mehr zu erhalten, als man zu hoffen gewagt hätte. Tatsächlich glaube ich, daß wir den souveränen Fürsten zu einer Regelung beglückwünschen können, die ihm einen der schönsten Staaten Europas gibt. Nahezu die gesamten österreichischen Niederlande und fast das ganze Bistum Lüttich bis auf einige Parzellen werden – verbunden mit dem gesamten alten Territorium der Vereinigten Provinzen – den neuen Staat bilden.

[5] Ebenda, S. 29–39.

[6] Nr. 3 S. 61, 63.

[7] Über den Fehlschlag der Mission Capellens vgl. seinen Bericht an van Nagell, Wien, 3. 2. 1815, Gedenkstukken, VII S. 729–732.

[1] Clancarty an Wilhelm VI., 14. 2. 1815, Gedenkstukken, VII S. 736–740.

Die meisten Punkte, auf die unser Souverän besonderen Wert legte, konnten nicht erreicht werden, und wir haben einigen Grund zu der Annahme, daß die englischen Minister sie nicht durchsetzen wollten.

Daß das Herzogtum Luxemburg deutsch geworden ist und vom übrigen Königreich getrennt wurde und daß sich die Festung gleichen Namens ohne militärischen Zusammenhang in der Gewalt dieser großen Konföderation befindet, sind zwei Artikel, gegen die wir viele Einwände erhoben haben, jedoch völlig vergebens. Da wir im Grunde genommen mit dem Abschluß dieser Angelegenheit nichts zu tun hatten, können wir nur wiederholen, was die englischen Minister, unsere Vormünder, uns unaufhörlich sagen: daß es in dieser Sache nichts zu ändern gibt. „Sie können im Augenblick nur unterschreiben", sagte uns Lord Clancarty, „und wenn der Fürst von Oranien nicht zufrieden ist, muß er uns, die englischen Minister, tadeln." Uns bleibt auf diese kategorische Art zu reden, nichts zu erwidern. Tatsächlich sind es die Minister der vier alliierten Mächte, die untereinander provisorisch ein vorläufiges Abkommen unterzeichnen werden,[2] das Wort für Wort in den großen europäischen Vertrag eingefügt werden wird, der am Ende des Kongresses seitens Seiner Königlichen Hoheit zusammen mit den anderen europäischen Mächten unterzeichnet werden muß. Lord Clancarty ließ uns letzten Donnerstag [*9. Februar*] um sechs Uhr abends ganz überstürzt zu sich rufen, um ihn bei der Redaktion des jetzigen Abkommens zu unterstützen, und wir sind bis drei Uhr nachts dort geblieben. Diese Redaktion fiel dann ziemlich schlecht aus, und das konnte auch nicht anders sein; aber sie wurde seitdem mit ruhiger Besonnenheit korrigiert.

Die Abtretung der nassauischen Erblande ist ein empfindlicher Verlust, den ich mehr als alles andere hätte vermeiden wollen; aber es schien mir, daß man von Anfang an stillschweigend damit gerechnet hatte. Der Verlust des Kantons Eupen im Herzogtum Limburg hat mir auch weh getan; aber dies ist eine Folge der allerseits gebrachten Opfer. Hannover hat seinerseits auch 50 000 Einwohner abgetreten, und Kaiser Alexander war wie gewöhnlich auf Kosten anderer großzügig, indem er die Stadt Thorn zur Verfügung Lord Castlereaghs stellte.[3] Nach dem, was Lord Clancarty uns mitteilte, wird die Übernahme der Hälfte der russischen Schuld unvermeidlich sein; und die Russen haben bereits Schwierigkeiten gemacht, der jetzt beschlossenen Abmachung zuzustimmen.[4]

[2] Dies erfolgte durch das Protokoll der Fünfmächtekonferenz vom 12. 2. 1815. Angeberg, I S. 774 f. Ein entsprechender Vertrag wurde erst am 31. 5. 1815 zwischen dem König der Niederlande und den vier alliierten Mächten abgeschlossen. CTS, 64 S. 379–385.

[3] Vgl. Nr. 62 S. 295f.

[4] Eine entsprechende Konvention wurde erst am 19. 5. 1815 unterzeichnet. CTS, 64 S. 294–296. Vgl. Renier, S. 299.

Was mir noch unerfreulicher vorkommt, ist die Absicht Österreichs, auch die belgische Schuld mit dem Land dem neuen Herrscher zur Last zu legen. Die englischen Minister behaupten, daß man sich dem nicht widersetzen könne und daß die Forderung natürlich und gerecht ist. Sie ist ohne Zweifel nicht ungerechter und vielleicht weniger ungerecht als die der russischen Schuld; aber sie ist deshalb nicht gerechter, denn ich sehe nicht ein, warum diese Schuld anderer Art sein soll als die österreichische Schuld in Holland. Man will es auch nicht so verstanden wissen, als ob sie jetzt beglichen werden müßte; aber heißt das nicht, gewissermaßen eine Art österreichischen Bankrotts gegenüber den holländischen Gläubigern anzuerkennen, es sei denn, daß man ihretwegen gleichzeitig einige Bestimmungen trifft, um wenigstens ihre Lage zu sichern? Gleichwohl haben wir davon offiziell noch nichts vernommen, und was wir darüber wissen, entnehmen wir nur einigen Worten Lord Clancartys. [. . .]

Es ist fast nicht möglich, der unermüdlichen Arbeit und dem Eifer Lord Clancartys gerecht zu werden, wie auch dem lebhaften Interesse, das er der ganzen Angelegenheit entgegengebracht hat. Er hat selbst nicht alles getan und nicht alles tun können, was er gewollt hätte, und ich glaube, daß er oft von Lord Castlereagh beauftragt wurde, uns mancher Dinge wegen zu besänftigen, die ihm selbst noch mehr als uns mißfielen. Der Premierminister interessierte sich für uns als Staatsmann, der frühere Botschafter aber als Seiner Königlichen Hoheit und der ganzen holländischen Nation wahrhaft verbundener Mann.

Ich hätte fast vergessen, von unseren neuen, engeren Nachbarschaftsbeziehungen mit dem Königreich Hannover zu sprechen, dem Ostfriesland als sein Anteil zufällt. Graf von Münster und wir haben deswegen schon unsere Komplimente ausgetauscht. Er scheint sehr zufrieden damit. Ich erklärte ihm lachend, daß er uns jetzt das Reiderland abtreten müßte. Er antwortete mit der gleichen Miene, daß wir zu eroberungslustig und gierig würden.

104. Bericht Wellingtons an Castlereagh (Auszug)

Berichtet über den Stand der österreichisch-bayerischen Territorialverhandlungen sowie über die dänisch-schwedischen Streitfragen.

Wellington, Suppl. Desp. IX
S. 584–587, hier S. 585–587.

Vienna, 4th March, 1815

[...]

I enclose a new projet given in by Marshal Prince Wrede for the settlement of the questions still depending between Austria and Bavaria.[1] Upon receiving it, Prince Metternich sent for the Chancellor Prince Hardenberg, Count Nesselrode and myself; and with the exception of Frankfort, which is to remain a free imperial town, and of a cession on the left of the Rhine for Prince Eugene, and with the addition of the cession on the part of Bavaria of the town of Salzburg, the principle of this projet was generally admitted to be reasonable and fit to be adopted. The Chancellor has, I understand, since spoken to the Emperor of Russia upon the subject, who equally approves of the plan; objecting, however, positively to Bavaria receiving anything more than she has a right to by treaty.

Knowing that your Lordship had always intended that Bavaria should be the German Power on the left of the Rhine in communication with the Sovereign of the Netherlands, I urged this measure upon the consideration of the meeting at Prince Metternich's; but the Prince de Wrede has expressed himself so decidedly against the possessions on the left of the Rhine, even with Mayence, since the Prussians were placed on the right of the Moselle, but in any case without having Mayence, that there was no hope of succeeding in prevailing upon him to take them. The Chancellor and Count Nesselrode were decidedly against any alteration of the system agreed upon for Mayence; and both appeared to think that it was most fortunate that Bavaria had herself proposed to receive her compensation on the right instead of on the left of the Rhine.

There will be no difficulty respecting the cessions to be required from Wurtemberg; and, as it appears, none on the part of the Emperor of Russia respecting those required from Baden. This Power will not receive a complete indemnification. It is intended to place Prince Eugene in a sovereignty dependent upon the King of Bavaria: where is not settled.

The only difficulty in this settlement appears to be Salzburg, to which both

[1] Über die Verhandlungen zwischen Wrede und Metternich vgl. Winter, S. 215–230. Ein definitiver Ausgleich wurde auf dem Kongreß nicht erreicht. Dazu Griewank, Wiener Kongreß S. 265–271.

Austrians and Bavarians attach the utmost importance. The former are strong in treaties. The secret Treaty of Paris,[2] which explains the three articles of the Treaty of Ried, regarding cessions, particularly specifies Salzburg among other points to be ceded to Austria; in return for which Austria promises her good offices to obtain for Bavaria the cession of Mayence, Frankfort, and Hanau. The two former cannot be got, and Bavaria will have the last.

The line of the Inn and Salzburg are certainly important to Austria. In the possession of Bavaria, Salzburg is a menacing point upon Vienna, and upon the communication with Italy, and it breaks in upon the whole system of the Austrian line of defence. It is true that Salzburg in the hands of Austria is likewise menacing upon Munich; but it is to be observed that Austria does not require that point for that object. Even though Bavaria should possess Salzburg, a movement from the Tyrol or from Bohemia would turn her position on the Inn; and the two Powers are not, nor cannot be, so nearly balanced in strength as to render it desirable for Bavaria to keep Salzburg as a menacing point to be used in a countermovement for her own defence.

In every view, then, of the question, whether of the treaties by which the parties are bound, or of their military convenience and security, I conceive that Salzburg ought to belong to Austria.

The Austrian Cabinet appears determined to persist in demanding it, and the Bavarians to refuse it. It is unfortunately not only a point of personal convenience to the Prince Royal, but has been made one of vanity to the nation; and I am much afraid that it will not be ceded to Austria without occasioning a good deal of coolness.

The Emperor of Russia was here some nights ago, and spoke to me respecting the state of the questions between the Kings of Sweden and Denmark regarding the Treaty of Kiel. His Majesty appeared at first to think that the Prince Royal had some cause for complaint against the King of Denmark, and he wished to know what line the Prince Regent intended to take upon this subject. I referred His Majesty to your Lordship's letter of the[3] to Mr. Thornton, which it was obvious he had not read. I then told him that after the inquiry and reports which had been made by the Commissioners on the part of the Allies, it was quite impossible to allow the Prince Royal to charge the King of Denmark with encouragement of the resistance of the Norwegians, and that His Majesty could not now be put on his trial on the vague surmises of M. de Löwenhielm; that the Prince Royal, if he has any proof, ought to produce it; and if he had not, he ought to be required to perform his treaty.[4] I then begged His Majesty

[2] Vgl. Nr. 16 S. 163f. Anm. 5.

[3] Das Datum fehlt im Manuskript.

[4] Zu den dänisch-schwedischen Auseinandersetzungen vgl. Nr. 9 S. 89f., Nørregaard sowie das Tagebuch von Rosenkrantz.

to reflect upon the unfavourable impression which would be made throughout Europe if a treaty which had drawn so much attention were not performed in its articles in favour of the King of Denmark; and I told him that I was quite certain that the Prince Regent would not pay the compensation for Guadaloupe till the treaty was performed.[5] His Imperial Majesty said he would read your Lordship's despatch to Mr. Thornton; and it appeared to me that what I had said to him had made some impression upon him.

[...]

105. Bericht Wellingtons an Castlereagh

Berichtet über die endgültige Regelung der Schweizer Angelegenheiten.

Wellington, Suppl. Desp. IX S. 615f.

Vienna, 25th March, 1815

My Lord,

I have the pleasure of informing you that the affairs of Switzerland are settled, and the Declaration, of which, with the Protocol in the Swiss Commission, I enclose copies, was delivered to the Swiss Deputies three days ago.[1]

Your Lordship will observe that the principal difference between this Declaration and that agreed to by the Swiss Commission[2] previous to your Lordship's departure from Vienna consists in the retention of the valleys of the Valteline, which are to be annexed to the Duchy of Milan, and in the annexation of the Porentrui, as well as of Basle, to the Canton de Berne. The first measure was occasioned by the strong objection of the inhabitants of the Valteline to become a part of the Canton of the Grisons. They are by local circumstances connected naturally with Italy instead of with Switzerland, and for the last eighteen years they had been a part of the kingdom of Italy. For these reasons, and as the Valteline is a military position of importance to the Austrians for the defence of their dominions in Italy, it was thought expedient that that district should remain attached to the Duchy of Milan.

[5] Hierzu Höjer, Bernadotte II S. 211f.

[1] Die Achtmächtedeklaration vom 20. 3. 1815 über die Regelung der Schweizer Angelegenheiten, die der Kongreßakte als Beilage Nr. 11 angeschlossen wurde, bei Angeberg, II S. 934–939. Bei dem erwähnten Protokoll dürfte es sich um das der Achtmächtekonferenz vom 19. 3. 1815 handeln. Ebenda, S. 932f.

[2] Anlage C zum Protokoll des Schweizer Komitees vom 16. 1. 1815. Ebenda, I S. 630–633.

The principality of Porentrui could not be used, as was intended, to negotiate with France for a cession to Geneva; and as we had obtained by other means a cession from the King of Sardinia for Geneva, it was thought expedient to annex the whole Bishopric of Basle to the Canton de Berne.

The King of Sardinia has agreed to cede a district in the neighbourhood of Geneva, including Carouge, containing about 9000 souls, and connecting the town with some of their detached territories, in exchange for the Genoese Imperial fiefs, to which the Emperor of Austria has ceded his claims. His Majesty has likewise consented to the neutralisation, under the Swiss protection, of the districts of Chablais and of Faucigny. We had hoped that he would likewise cede a district which extends between the Lake and the great road of the Valais; but His Majesty has stated some well-founded objections to making this cession, and I believe we must be satisfied with the cession of Carouge, &c.

The affair of the precedence of Ambassadors is likewise settled, and I will forward your Lordship the protocol by the first messenger.[3]

In consequence of our refusing to agree to any arrangement regarding naval salutes, and explaining that our practice was by no means objectionable, all mention of that point is omitted.

I have, &c.,
Wellington

[3] Das von der Achtmächtekonferenz am 19. 3. 1815 verabschiedete 'Reglement über den Rang der diplomatischen Vertreter' bildete Beilage Nr. 17 der Kongreßakte. Angeberg, II S. 939f.

VII.

QUELLEN ZU DEN PROBLEMEN ITALIENS

106. Bericht Saint-Marsans an Vallesa

Berichtet von einem Gespräch mit Metternich über die italienische Politik des Kaisers.

Bianchi, I S. 400 f. Übers. d. Hrsg. aus d. Franz.

[*Wien*,] 30. Juli 1814

Herr Graf!

Fürst Metternich hat sich mir gegenüber eingehend über die Pläne seines Herrschers im Hinblick auf Italien ausgelassen. Lebhaft beteuerte er, daß von Kaiser Franz niemals der Gedanke zu irgendeinem Überfall ausgehen würde: er wiederholte mehrere Male, daß der Kaiser nichts wolle und von niemandem etwas beanspruche; daß es seine Absicht sei zu versuchen, den Gedanken der Einigung Italiens zu einer einzigen Macht und die Idee des Verfassungsstaats auszulöschen;[1] daß diese Überlegung ihn von dem Vorhaben abgebracht habe, den Titel eines Königs von Italien anzunehmen, und seinen Entschluß veranlaßt habe, die italienische Armee aufzulösen und alle Einrichtungen abzuschaffen, die in diesem Land den Plan oder das Bestehen eines großen Königreichs anzeigen; alle diese Umstände seien dazu angetan, sagte er, die Nachbarstaaten aufzuschrecken, und sie könnten den Glauben hervorrufen, daß der Kaiser in die Fußstapfen Napoleons treten wolle; daß es sein Wunsch sei, von gleich zu gleich mit den anderen Mächten Italiens zusammenzuarbeiten und besonders mit Seiner Majestät dem König, der Vorhut zur Verteidigung der Halbinsel, um ihr einen dauerhaften Frieden zu sichern und den Geist des italienischen Jakobinismus zu beseitigen. Er sagte mir, daß wir darüber noch eingehender sprechen würden,[2] wenn die Fragen etwas weiter geklärt seien.

Ohne diesen letzten Gedanken wiederaufzunehmen, der auf den Plan eines Bündnisses oder einer Föderation zu zielen scheint, habe ich Fürst Metternich geantwortet, daß die Grundsätze des Königs hinsichtlich der in Italien verbreiteten Unabhängigkeitsideen und sein Wunsch, sich in die Lage zu versetzen, dessen Verteidigung zu sichern, vollkommen konform mit denen Seiner Majestät gingen; daß solange das Haus Savoyen keinerlei Beunruhigung über die

[1] Das Wort 'étendre' der Vorlage muß offensichtlich in 'éteindre' korrigiert werden.

[2] In der Vorlage kursiv gedruckt.

Absichten seiner Nachbarn verspüren werde, es sein größtes Interesse sei, kräftig an der Entfernung der Fremden aus Italien mitzuwirken; daß es gerade dafür stark und unabhängig sein müsse.

107. Bericht Ruffos an Ferdinand IV. von Sizilien (Auszug)

Metternich hat zugesagt, sich für die Wiedergewinnung Neapels einzusetzen; er erwartet, daß ein Königreich beider Sizilien sich der geplanten italienischen Liga anschließt.

Maturi, II S. 19–21. Übers. d. Hrsg. aus d. Ital.

[*Wien,*] 30. August 1814

[...]

Ich habe von Fürst Metternich das mündliche, aber feierliche und ausdrückliche Versprechen, daß er die Rückgabe des Königreichs Neapel an Eure Majestät veranlassen wird. Er hat sich mir gegenüber wiederholt mit diesen Worten geäußert: „Unser Bündnis mit Murat[1] ergab sich aus der Not des Augenblicks. Wir haben es aber in der Absicht abgeschlossen, daß, wie auch immer der Krieg endete, ich etwas finden würde, was Sie das Königreich zurückgewinnen lassen würde. Das verspreche ich und das werde ich tun, seien Sie sicher! Ich will, daß Sie es bekommen, aber ohne Verfassung und ohne Trennung von Sizilien. Lord Castlereagh denkt wie ich, und ich bin einig mit ihm.[2] Um Unannehmlichkeiten zu vermeiden, um die Angelegenheit abzusichern, braucht man sich nicht zu beeilen, nichts zu überstürzen. Ich übernehme und verspreche es, die Sache zu einem guten Ende zu führen. Sprechen Sie mit den anderen Mächten, empfehlen Sie sich, aber intrigieren Sie nicht, binden Sie mir nicht die Hände! Wenn ich so deutlich mit Ihnen spreche, wie ich es tue, so sehen Sie wohl, daß ich glaube, mit Ruffo als meinem Freund zu reden, mit einem Menschen, dem ich vertrauen kann. Ich befehle Ihnen größte Geheimhaltung an, und wenn Sie,

[1] In diesem am 11. 1. 1814 in Neapel unterzeichneten Bündnisvertrag verabredeten Österreich und Neapel, darauf zu achten, „untereinander gegenseitige Freundschaft und Übereinstimmung aufrechtzuerhalten und alles zu vermeiden, was die Eintracht und das gute Einvernehmen, die in so glücklicher Weise zwischen ihnen bestehen, verändern könnte" (Artikel I). Artikel IV sprach eine Garantie aller Besitzungen Murats in Italien aus. In einem geheimen Zusatzartikel sicherte Österreich Neapel eine auf „400000 Seelen berechnete Erwerbung zu, die nach gegenseitiger Konvenienz der beiden Staaten vom Kirchenstaat zu nehmen ist." – CTS, 63 S. 18 f., 22 f. (Übers. d. Hrsg. aus d. Franz.) Zu dem Vertrag und seiner Entstehung vgl. Weil, Eugène III, S. 370–399.

[2] Vgl. Nr. 113 S. 484.

was ich nicht glaube, der Sicherheit nicht genügen, in der ich von Ihnen abhängig bin, werden Sie nichts weniger als die Sache selbst und Ihr Ansehen bei mir verlieren."

[. . .]

In einer meiner Besprechungen mit Fürst Metternich – es scheint mir die letzte gewesen zu sein – legte er mir das System zur Erhaltung der zukünftigen Ruhe Europas dar, ein System, so sagte er mir, das man annehmen müsse und das Österreich im Einvernehmen mit England angenommen habe. Der Minister behauptet, daß der Frieden künftig nur gestört werden kann durch Rußland, das ständig zur Vergrößerung neigt und das sich mit dem Erwerb ganz Polens schon bis zur Oder ausdehnen will, und durch Frankreich, das eines Tages ganz oder teilweise zurückgewinnen will, was es an Land und Einfluß verloren hat. Diese beiden Mächte, sagt Fürst Metternich, haben ein gleichartiges Interesse, sie können sich wegen ihrer geographischen Lage nicht angreifen und schädigen und befinden sich deshalb in einem natürlichen Bündnis. Österreich, Preußen, ganz Deutschland, die Türkei werden das Ziel der Unternehmungen dieser beiden Mächte werden und sind folglich daran interessiert, sich dem zu widersetzen. England ist es aus denselben und anderen Gründen, deshalb bedarf es einer Liga zwischen diesen, um ein Gleichgewicht der Kräfte herzustellen und die Ruhe aufrechtzuerhalten oder den Unternehmungen der ersteren Einhalt zu gebieten. Dazu kommt noch, daß man vor Preußen nicht sicher ist und daß dieses sich bis jetzt eng an Rußland anschließt. Für dieses System hält es Fürst Metternich für unerläßlich, und er hat mit besonderm Nachdruck zu mir darüber gesprochen, daß Eure Majestät wegen der Sicherheit Italiens, und weil die österreichischen Streitkräfte im Notfall anderswo eingesetzt werden, diesem System beitreten, sich an dieser Liga beteiligen, sobald Sie das Königreich Neapel zurückerhalten haben und das Königreich Sizilien wieder mit ihm vereinigt ist, damit das Königreich beider Sizilien genügend Kraft und Mittel hat, sich selbst und der gemeinsamen Sache der genannten Liga nützlich zu sein.

108. Bericht Consalvis an Pacca (Auszug)

Metternich hat ihm in einer langen Unterredung dargelegt, daß Österreich keine Absichten auf die Legationen hat und welche Politik es Murat gegenüber verfolgt.

La missione Consalvi, I S. 421–434, hier S. 421–429. Übers. d. Hrsg. aus d. Ital.

s[*ine*] n[*umero*] Wien, 8. September 1814

Der Inhalt dieser Seiten ist von so großer Bedeutung, daß er die ganze Aufmerksamkeit Unseres Herrn und Eurer Eminenz verdient.

Ich hatte gestern abend eine Besprechung von ungefähr zwei Stunden mit Fürst Metternich. Die Kürze der Zeit, in der ich den Bericht darüber schreiben muß (weil die Abreise Seiner Königlichen Hoheit des Großherzogs von Toskana morgen früh mir die unmittelbare Gelegenheit gibt, das Briefpäckchen nach Florenz zu schicken, von wo es an Eure Eminenz weitergeleitet wird), erlaubt mir weder, der Reihenfolge der abwechselnd gemachten Ausführungen zu folgen, noch die Dinge im einzelnen zu berichten, sondern ich bin gezwungen, kurz das Wesentliche der Sache zu sagen, was aber auch das Wichtige ist. Und so spreche ich von den Gründen, die das Verhalten und die zu ergreifenden Maßnahmen bestimmen, von denen es mir genügt, die hauptsächlichen zu erwähnen; und Eure Eminenz wird den Rest mit seinem Scharfsinn und der Überzeugung ergänzen, daß neben den Motiven, die ich vortragen werde, es noch andere gibt, die ich nicht die Gelegenheit und die Zeit hatte, darzulegen. Ich beginne mit dem, was der Hauptgegenstand meiner Sendung ist; ich habe allen Grund, Unserem Herrn die gute Nachricht geben zu können, daß er (so hoffe ich) den unsterblichen Ruhm besitzen wird, alle drei Legationen für den Heiligen Stuhl zurückgewonnen zu haben. Ich sage, daß ich allen Grund habe, darauf nicht vergeblich zu hoffen. Ungeachtet dessen, was man darüber anderswo und auch hier glaubt, worüber die von verschiedenen anderen schon hier befindlichen Bevollmächtigten gesammelten Nachrichten mich nicht in große Besorgnis zu versetzen vermochten, kann ich mit Sicherheit sagen, daß Österreich sie nicht für sich nehmen wird und daß es darüber hinaus alles daransetzen wird, daß sie anderen nicht als Entschädigung gegeben werden, sondern daß der Papst sie zurückbekommt. Nach meiner Freude bemesse ich die Unseres Herrn und Eurer Eminenz über eine so frohe Kunde. Fürst Metternich hat mit der größten Offenheit zu mir gesprochen; wenigstens zeigte mir dies unsere ganze Unterredung; und ich glaube nicht, mich zu täuschen, und sollte ich mich täuschen, so wüßte ich in Wahrheit nicht, was ich von mir halten soll. Wir haben gemeinsam die für unser und das Verhalten Österreichs ausschlaggebenden Gründe erörtert, auf dem Kongreß an diesem Ziel festzuhalten, Gründe, die, auf das feste Interesse dieses Hofes gegründet, eine solide Grundlage dafür bieten, mit der Richtigkeit der Sache zu rechnen. Österreich ist davon überzeugt, daß es seine Vorteile und die zukünftigen Erwerbungen wird bewahren können, wenn es Maß hält, und daß es sie andernfalls in kurzer Zeit verlieren könnte oder wenigstens zu ungeheuren Ausgaben und blutigen Kriegen gezwungen sein würde, um sie zu behaupten. Der Fürst hat mir gesagt, es sei der erste Plan Österreichs, seine Grenze am Mincio zu haben, und daß es auch nicht bestrebt sei, die Lombardei zu haben; aber daß es sich gezwungen gesehen habe, sie zu nehmen, und zwar aus dem einzigen Grunde (ich werde mich seines eigenen Ausdrucks bedienen), um „in Mailand den italienischen Jakobinismus und das Einheitskönigreich Italien zu töten", da diese Stadt das Zentrum dieser beiden großen Pläne sei, die darauf abzielten, aus Italien einen einzigen Staat zu machen und es wieder in den Rang einer Nation zu erheben. Um dieses große Risiko zu vermeiden, das den Untergang aller Herrschaften in Italien und auch der österreichischen Herrschaft selbst im Mantuanischen und Venezianischen zur Folge haben würde, habe man es für notwendig gehalten, auch die Lombardei zu nehmen, um es *[Italien]* mit einer überlegenen Macht im Zaum zu halten; aber darüber hinaus werde man nicht gehen. Er hat mir gegenüber mit keiner Silbe über die Grenzziehung bis zum Po gesprochen, von der ich hier jedoch viel habe reden hören, durch die wir einen langen Gebietsstreifen Ferraras zwischen dem Canal Bianco und dem Po grande verlieren würden, d. h. den Streifen von Mesola (das darin eingeschlossen wäre) bis Melazza *[heute Melara]*. Wir würden noch viel mehr verlieren, wenn der Po di Primaro gemeint wäre, womit uns Comacchio und seine Täler und Ferrara selbst und nach und nach gleichsam die ganze Legation weggenommen würden. Da der Fürst nicht mit mir darüber sprach, glaubte ich auch nicht, dies annehmen zu müssen, und ich habe über ein solches Projekt auch den Mund nicht aufgemacht. Und wirklich, was die Grenzziehung bis zum Po di Primaro betrifft, so glaube ich überhaupt nicht daran, und auch nach dem Gespräch mit dem Fürsten kann ich nicht die geringste Furcht empfinden, obwohl ich glaube, mit Sicherheit zu wissen, daß man daran gedacht hatte, weil dieser Landstrich eine starke militärische Linie bildet. Ich könnte aber nicht dieselbe Sicherheit gegenüber der Grenzziehung bis zum Po grande haben, wenn auch der Fürst mir gegenüber davon nichts gesagt hat, denn da das Gebiet von nur geringer Ausdehnung ist (und auch nur geringe Bedeutung haben würde, wenn nicht wegen Mesola), könnte es sehr gut sein, daß man offiziell zur Zeit hier nicht darüber redet und daß man, wenn die Sache abgeschlossen ist, d. h. wenn dem Papst die Legationen zugesichert sind, vielleicht mit diesem Anspruch herauskommt, weil es doch eine so kleine, aber für die Grenzziehung notwendige Sache ist, die, so möchte ich sagen, unter der Hand laufen kann. Dieser Verdacht erhärtet sich durch einen gewissen Hinweis, der mir in meiner ersten Unterredung darüber deutlich geworden zu sein scheint, wie ich schon schrieb, und mehr noch durch die noch neue Tatsache, daß sie bei der Regelung der provisorischen Verwaltung der drei Legationen das ganze rechte Poufer als Grenze dieses ganzen Landstrichs festgelegt und der provisorischen Regierung mit Sitz in Bologna unterstellt haben; und sie haben unter der Regierung, die in Venedig residiert, den Gebietsstreifen belassen, der bis zum linken Ufer reicht, d. h. das Gebiet zwischen dem Canal Bianco und dem Po grande mit Mesola, Trecenta, La Polesella und Melazza *[heute Melara]*, wie man auf der Karte sehen kann, was mit dem übereinstimmt, was sie zuerst erklärten: daß nämlich die Grenzen des österreichischen Landes Po und Tessin sein sollten. Wenn dieser Fall eintreten sollte, werden wir darüber diskutieren, und man wird dann zweckmäßige Einwendungen erheben; tatsächlich hat mir der Fürst in dem langen Gespräch, das er mit mir hatte, nicht den geringsten Anhaltspunkt dafür gegeben. Die ganze Schwierigkeit bei der Wiedergewinnung der Legationen liegt also bei den drei anderen Mächten und nicht mehr bei Österreich, und Eure Eminenz erkennt den ganzen Vorteil, der darin liegt. Was nun die anderen Mächte angeht, so ist der Fürst mit mir auf viele Einzelheiten über diesen Gegenstand im Hinblick auf England eingegangen. Er sagt, unter der Voraussetzung, daß Joachim in Neapel gehalten werde, würde England, um irgendwie die mit Ferdinand IV. eingegangenen Verpflichtungen zu erfüllen, wünschen, daß ihm *[J. Murat]* die Legationen als Entschädigung gegeben würden; hinsichtlich Frankreichs sagte er, daß es, weil es dem Hause Bourbon Parma und Piacenza (wie es auch von Spanien gewünscht würde) erhalten will, die Legationen für Marie Luise und ihren Sohn in Vorschlag bringt; was Preußen betrifft, so schlägt dieses, weil es Sachsen für sich haben will, die Legationen als Entschädigung für dessen König vor; was schließlich Rußland angeht, so stimmt es, weil es sich soweit wie möglich in Polen ausdehnen will, mit Preußen in dem oben genannten Plan überein, weil man, wie er mir anvertraute, in den Verträgen zu Beginn des Krieges unter den Alliierten festgelegt habe, daß jede der drei Mächte, wenn sie sich vergrößere, das Verhältnis wahren müsse, in dem sie sich untereinander im Jahre 1806 befanden.[1] Nun versetzt die erhebliche Vergrößerung Österreichs in Italien und Rußlands in Polen Preußen in die Notwendigkeit, noch Sachsen zu besitzen, ohne das es mit dem, was es nimmt, nicht das obenerwähnte Verhältnis erreicht. Das bedeutet also, daß Preußen, um Sachsen zu bekommen, die Legationen dessen König geben will, und daß Rußland darin mit Preußen übereinstimmt, damit dieses es in Polen sein Vorhaben ausführen läßt. Diese Schwierigkeit Preußens, so hat er mir gesagt, ist die eigentliche und vielleicht einzige zu überwindende Schwierigkeit; denn, was die Sache mit Parma angeht – und ich wies ihn mit Nach-

[1] Vgl. Nr. 12 S. 107f. Anm. 3, Nr. 36 S. 222f. Anm. 6 (Gebietsstand von 1805).

druck darauf hin, daß nämlich der König von Frankreich den Sohn Napoleons weder in Parma noch in irgendeiner anderen souveränen Herrschaft wolle, wie er mir selbst gesagt hatte, und daß es der Wunsch Frankreichs wäre, daß die Legationen dem Papst gehörten –, so fügte er hinzu, daß die Angelegenheit Marie Luises und ihres Sohnes vielleicht einen anderen Ausweg biete; über diesen Vorschlag kann ich Eurer Eminenz sagen, daß ich durch einen anderen Kanal sicher erfahren habe, daß Marie Luise durch einen Brief des Kaisers Franz hierher zurückgerufen wurde, als sie von Savoyen nach Parma gehen wollte; darin wurde ihr gesagt, es sei bis zum Ende des Kongresses nicht angebracht, daß sie dorthin ginge, und am Ende findet sich eine höchst bedeutungsvolle Wendung, nämlich: „oder an einen anderen besseren Ort", eine Wendung, die nach meinem Dafürhalten anzeigt, daß man den kleinen Napoleon aus Italien entfernen und anderswohin versetzen will, während man in Parma die Königin von Etrurien und ihren Sohn wiedereinsetzt, und so wird hier keine Entschädigung mehr zu vergeben sein. Was dann schließlich England angeht, so fügte der Fürst nach meinem Bericht über alles, was der Prinzregent selbst mir gesagt hatte, und über die mir gegebenen Versicherungen, entschlossen für den Papst zu wirken, wenn feststehe, daß Österreich die Legationen nicht für sich beanspruche, hinzu, daß für den König Ferdinand Entschädigungen vielleicht nicht nötig sein würden, wenn man einen Plan verwirkliche, über den ich weiter unten reden werde. Die einzige Schwierigkeit also, die noch Nachdenken verlangt, ist die Preußens, das Sachsen haben will, woraus sich, wie ich gesagt habe, die Notwendigkeit einer in den Legationen zu verwirklichenden Entschädigung für den sächsischen König ergäbe. Aber abgesehen von der Ablehnung, die der König von Sachsen ausgesprochen hat, von der ich mit größter Gewißheit sprechen höre, ergibt sich dabei ein noch wichtigerer Aspekt, und zwar die Tatsache, daß Österreich es nicht gern sieht, daß Sachsen an Preußen fällt, und zwar wegen der militärischen Stellungen, die dieses damit zum Schaden Österreichs hätte, weshalb man irgendeinen anderen Ausweg finden wird; und ich rechne damit um so mehr, als der Fürst im Gespräch mit mir über dieses durch Preußen verursachte Hindernis für unsere Rückgewinnung der Legationen sagte, er hoffe, es zu überwinden, was er mir, so glaube ich, nicht gesagt hätte, wenn er dessen nicht gleichsam sicher wäre. Ich meine also, daß nach einer solchen Unterredung mit dem Fürsten die wegen der Legationen gemachten Äußerungen praktisch so sicher sind, daß ich mich schon im voraus mit Seiner Heiligkeit darüber freuen kann. Aber es genügt nicht, sie zurückzugewinnen; es ist auch notwendig, sie zu erhalten: und das war sozusagen der zweite Teil unserer Unterredung, die Eure Eminenz auch von höchstem Interesse finden wird. Über die Absicht, die italienischen Staaten zu erhalten, sprach ich mit dem Fürsten immer wie über ein gemeinsames, beiderseitiges und für beide Parteien gleich bedeutsames Interesse, wobei man sich darin gegenseitig unterstützt. Er erzählte mir von zwei wichtigen Maßnahmen, die künftig miteinander zu verbinden seien: die eine nämlich, eine Art Zentralpolizei zu bilden (wir werden noch sehen, was er genau mit dieser Bezeichnung meint), bei der zur allgemeinen Sicherheit und Ordnung alle Nachrichten in Bezug auf Komplotte, Umtriebe und ähnliche Dinge zusammenfließen sollen; und die andere bestand darin, eine Art italienische Liga zu bilden, um das Land gegen jedweden inneren oder äußeren Angriff zu verteidigen, mit dem Ziel, daß keine Erpressung, kein Krieg die getroffenen Regelungen verändern könnte. Man sprach von der Notwendigkeit, mit harter Hand alle neuen Umtriebe und Verschwörungen zu unterdrücken, aber gleichzeitig die Zahl der Unzufriedenen durch die Ermittlung des Geschehenen nicht zu vermehren; bei dieser Frage kam er auf die harte Politik Roms zu sprechen. [. . .] Ich berichte also, daß er noch über einen weiteren wichtigen Punkt mit mir gesprochen hat, zu dem ich hier dieselben Ideen vorfand, die ich mir selbst dazu gebildet hatte und von deren Richtigkeit ich mich immer mehr überzeugt habe, obwohl durchaus nicht alle dieser Meinung sind. Bevor ich sie darlege, muß ich vorausschicken, daß man sich [2] irrt, wenn man glaubt, daß man hier Muratist sei. Man hat mir ausdrücklich gesagt, daß man sehr zufrieden wäre, ihn *[Murat]* nicht dort zu sehen, wo er ist, und wenn er auf seinen Platz zurückkehrte. Die ganze Sache befindet sich in diesem Stand. Um mich richtig verständlich zu machen, muß ich Eurer Eminenz sagen, daß man hier überzeugt ist (und ich habe noch andere ebenso denken und es mit den sichersten Argumenten unterstützen und beweisen hören, und zwar mit solchen, die sich aus der Natur der Sache selbst ergeben), daß, wenn Murat sieht, daß man ihn nicht stürzen, sondern halten will, er ein König so ganz nach der alten Art sein wird, wie man ihn nur wünschen kann, d. h. ein scharfer Gegner der Jakobiner und Napoleons, von dem er alles zu fürchten hat, sowie jeder Revolution,[3] da es in seinem höchsten Interesse liegt, sich ein so schönes Königreich wie das von Neapel zu erhalten. Wenn er aber sieht, daß man ihn stürzen will, so wird er sich bei seinem kriegerischen Charakter und seinen Geistesgaben nicht nur bis zum äußersten verteidigen, sondern, um sich auf dem Thron von Neapel zu behaupten, den Italiens besteigen. Aus der Unmöglichkeit heraus, mit den neapolitanischen Kräften allein den Angriffen derer zu widerstehen, die ihn straucheln lassen wollen, wird er das Banner erheben und das einige und unabhängige Königreich Italien

[2] Chiffriert.

[3] Am Schluß seines Berichts (S. 433) trug Consalvi noch nach, Metternich habe dieser Feststellung die Bemerkung angefügt, man müsse Murat „aber ständig überwachen, und wenn er anders handelte, müssen ihm in einem solchen Fall alle mit einem wirklichen geistlichen und weltlichen Kreuzzug (das sind seine eigenen Ausdrücke) den Untergang bereiten und ihn mit Stumpf und Stiel ausrotten".

ausrufen, das so sehr von allen Schlechten und auch von einem großen Teil der Nicht-Schlechten herbeigesehnt wird; und indem er allen goldene Berge verspricht, wird er sich an die Spitze aller Unzufriedenen stellen, im ersten Anlauf in den Kirchenstaat, die Toskana und die Lombardei eindringen und auf lange Zeit Grund genug zu Klagen geben, selbst unter der Voraussetzung, daß es gelingt, ihn zu bezwingen, was nicht so sicher ist, um so mehr, als nicht alle Mächte (und diese *[Österreich]* ist eine von ihnen) sich dafür einsetzen werden, einen neuen Krieg zu führen und wieder 60 oder 70 Tausend Mann für ein solches Unternehmen in Bewegung zu setzen. Aber das ist noch nicht alles. Man ist davon überzeugt, daß wie in Frankreich keine Bewegung entsteht, ohne daß sie auf Italien überspringt, so auch keine in Italien entsteht, ohne daß sie auf Frankreich überspringt; und deshalb fürchtet man eine Schilderhebung[4] Murats in Italien wegen der Auswirkungen, die sie auch in Frankreich hervorrufen könnte; denn wenn sich dieses erhebt, würde es noch schwieriger, den Rest zu schützen. Ich habe daher festgestellt, daß dieser Hof auf dem Kongreß nicht dafür votieren wird, Murat frontal anzugreifen, d. h. ihn zu bekriegen, um ihn zu entthronen (da es unmöglich ist, dies ohne Krieg gegen ihn zu erreichen, bereitet man sich besser auf diesen vor; und so muß man seine Rüstungen, seine geheimen Agenten und die anderen zu treffenden Maßnahmen in Gang setzen), sondern ihn von hinten anzugreifen, d. h. ihn einen sizilianischen, und nicht einen italienischen oder europäischen Krieg entfachen zu lassen (ich benutze die Ausdrücke, die ich die Leute verwenden hörte); dabei ist man davon überzeugt, daß der Herrscher Siziliens, der natürlich bestrebt ist, das verlorene Königreich zurückzufordern, es mit Hilfe seiner mächtigen Verwandten leichter fertigbringen kann, einen Mann zu stürzen, der, da er sich nicht der Kräfte ganz Italiens bedienen kann, mit deren Regierungen er sich im Frieden befindet, sich nicht von der Stelle rühren[4] könnte, auch aus Furcht, seine Feinde zu vermehren, und der, nur auf die neapolitanischen Kräfte beschränkt, schließlich zwangsläufig weichen müßte. Das ist die Art, wie man die Sache hier betrachtet, und ich glaube mich nicht zu täuschen; aber Eure Eminenz sieht, welche strikte Geheimhaltung hierbei notwendig ist, und ich bin beruhigt über diesen Punkt. Auch angenommen, daß man hier bei einer solchen Betrachtungs- und Denkweise vielleicht noch eine andere Ansicht von der Sache hätte, die nämlich, im Falle eines Krieges mit anderen Mächten einen notwendigen Verbündeten in Italien zu haben (ich sage notwendig, weil Murat sicher nur auf diese eine Macht hoffen kann, und sicher nicht auf die Bourbonen, und deshalb immer auf ihrer Seite sein muß), so wird nichtsdestoweniger das oben Gesagte immer richtig sein, weil es in der Natur der Sache liegt. Der Fürst hat mir auch noch etwas anderes gesagt, was ich Eurer Eminenz rasch

[4] In der Vorlage französisch und in Kursivdruck.

mitteilen will. Da er meinen Antworten entnahm, daß ich die Sache unter demselben Aspekt sehe, und da er sich auch noch daran erinnerte, was ich dem Herzog von Campochiaro darüber gesagt hatte, Murat bis zur Entscheidung des Kongresses die gewünschte Anerkennung zu verweigern, auch wenn man dann die Mark nicht sofort zurückerhalten werde, und daß ich ihm gegenüber allerdings gleichzeitig hervorgehoben hatte, daß das geforderte Junktim, das der König um den Preis einer sofortigen Rückgabe anstrebe, darin zur Genüge zu finden sei, daß der Heilige Vater auf dem Kongreß nicht aktiv Stellung gegen ihn beziehe, sondern zwischen den beiden Rivalen neutral bleibe; da er sich an all das, sage ich, erinnerte und sah, daß wir in denselben Gedanken übereinkamen, sagte er mir, daß er sofort einen neuen Kurier zu König Murat senden werde, um ihn nach dem mit mir geführten Gespräch noch mehr zu drängen, sich gut mit dem Heiligen Vater zu stellen, indem er unverzüglich noch vor dem Kongreß das ganze Land, das diesem gehöre, räume, ohne sich länger auf eine unmögliche Bedingung zu versteifen (als solche betrachtet sie der Fürst, und als solche behandelt er sie), nämlich sofort die Investitur zu erhalten; er müsse sich mit der äußersten Inaktivität Seiner Heiligkeit ihm gegenüber auf dem Kongreß zufriedengeben, was nicht wenig sei. Ich erwarte vielleicht zuviel von der Verhandlung der Angelegenheiten, was aber ein kleinerer Fehler ist, als unvorsichtig zu sein; ich ließ nicht ab, den Fürsten darauf hinzuweisen, daß ich keinerlei ausdrückliche Befugnis hätte, auch nur diese Inaktivität und Neutralität des Heiligen Vaters zwischen den beiden Rivalen zu versprechen (obwohl man in einer der Depeschen Eurer Eminenz ausdrücklich genehmigt, was ich darüber dem Herzog von Campochiaro sagte, und man sagt mir sogar noch mehr: daß der Heilige Vater in demselben Sinne zu dem gesprochen hatte, der ihm Murats Wort nach Rom brachte); und ich fügte hinzu, daß es mir lediglich wahrscheinlich erschiene, daß Seine Heiligkeit nicht darangehen werde, auf dem Kongreß feindselig gegen den zu handeln, der ihm all das Seine zurückgegeben habe, sondern daß er vielleicht neutral bleiben werde, wie es mir umgekehrt wahrscheinlich erschiene, daß er eine aktive Rolle gegen den übernehmen werde, der ihm beharrlich und soviel er könne, das Seine vorenthalte; der Fürst erwiderte mir, daß er ihm genau in diesem Sinne und in keinem anderen schreiben werde, weil seine Meinung darüber so und nicht anders sei; und er glaube auch nicht, daß Seine Heiligkeit eine andere Haltung einnehmen könne. Es könnte also vielleicht der Fall eintreten, daß Murat zufolge dessen, was ihm um den 15. oder 16. August der Herzog von Campochiaro aus Paris und Fürst Metternich von hier schrieb, und zufolge dessen, was dieser ihm jetzt von neuem schreibt, sofort die Rückgabe vornimmt, wenn es doch so wäre![5]; in einem solchen Fall scheint mir, daß Seine Heiligkeit und Eure Emi-

[5] In der Vorlage lateinisch und in Kursivdruck.

nenz besonders auf zwei Dinge achten sollten, nämlich nicht mehr zu versprechen (vielmehr gilt hier die Methode, zu verstehen zu geben, daß man so etwas nicht tun wird, ohne dabei jedoch ein ausdrückliches Versprechen zu geben), und darüber zu wachen, daß bei der Rückgabe auch Benevent mit einbezogen wird, denn ich bin nur zu überzeugt, daß es nicht mit einbezogen sein wird; in einem solchen Fall darf man weder Zeit noch Ruhe lassen, sondern man muß offen zu verstehen geben, daß man umsonst damit rechnet, mit dem Heiligen Vater gut zu stehen, wenn man ihm nicht auch dieses Herzogtum und Ponte Corvo zurückgibt. Benevent ebenfalls zurückzuerhalten wäre sehr geeignet, um als Beispiel für Avignon zu dienen. Ich will aber nicht sagen, daß man unerschütterlich darauf bestehen sollte, wenn man es wegen des Prinzips der Enklaven[4] auf keinen Fall zurückgeben, sondern eintauschen will. Wegen Murat verdient es wohl, noch angemerkt zu werden, daß es sehr wahr ist, daß er es auch nach seiner Anerkennung auf dem Kongreß sehr nötig hat, mit dem Heiligen Vater gut zu stehen (weil nicht alle sie geben werden und er dadurch auch nicht aufhören wird, ein Emporkömmling[5] zu sein); und auch hier ist man sehr davon überzeugt, daß es tatsächlich in seinem Interesse liegt, mit dem Heiligen Vater gut zu stehen, und sie sind zu seinem, aber auch ihrem Nutzen interessiert daran, daß Unser Herr sich seiner auch nach dem Kongreß bedienen kann, indem er sich Murat auch durch die Investitur und das Konkordat mit der Kirche verpflichtet hält, worauf ich glaube, die Aufmerksamkeit lenken zu müssen.[2]

[. . .]

109. Note Consalvis an Talleyrand (Auszug)[1]

Begründet die territorialen Forderungen des Heiligen Stuhls mit juristisch-historischen und politisch-moralischen Argumenten.

Rinieri, S. 665–673. Übers. d. Hrsg. aus d. Franz.

Wien, 23. Oktober 1814

Der durch den Vertrag von Paris[2] angekündigte und von der ganzen Welt lebhaft herbeigesehnte historische Augenblick ist endlich gekommen, da alle

[1] Consalvi übermittelte diese Note allen Vertretern der Unterzeichnerstaaten des Pariser Friedens vom 30. 5. 1814. Consalvi an Pacca, Wien, 26. 10. 1814, La missione Consalvi, II S. 131. Ihr lag der Text einer Note zugrunde, die er am 23. 6. 1814 an die Teilnehmer der Londoner Besprechungen gesandt hatte. Rinieri, S. 127 f. Über die Schwierigkeiten, den hier abgedruckten Text zu erstellen, berichtete er Pacca am 4. und am 19. 10. 1814. La missione Consalvi, II S. 36–38, 110.

[2] Nr. 3 S. 61–63.

Fürsten Europas, die die Wirren, die es während der letzten 25 Jahre erschütterten, unterdrückt oder geschädigt haben, nun ihre Beschwerden vor einen Kongreß tragen werden, der in der Absicht einberufen wurde, der Gerechtigkeit zum Triumph zu verhelfen und die geheiligten Rechte der Schwachen wie der Starken aufrechtzuerhalten.

Der Heilige Vater hätte größte Befriedigung darin gefunden, selbst nach Wien kommen zu können, um dort persönlich den in dieser Stadt versammelten Souveränen seine hohe Wertschätzung zu bezeugen und um vor ihnen seine unbestreitbaren Rechte geltend zu machen. Immer bereit, sich allen Gefahren auszusetzen, um die Rechte und Interessen der Kirche zu unterstützen, hätten weder sein hohes Alter noch seine durch so viele Leiden und Ängste beeinträchtigte Gesundheit den Heiligen Vater davon abhalten können, wenn nicht die Notwendigkeit, sich mit den Angelegenheiten der Religion zu befassen, woran er über so lange Zeit wegen seiner Gefangenschaft gehindert war, es ihm verboten hätte, seinen Wunsch zu verwirklichen.

Er bringt seine Beschwerden daher durch die Stimme des Unterzeichneten vor. Er ist sicher, daß sie jetzt nicht ohne Wirkung sein werden, da nicht mehr ein absoluter Wille über das Schicksal der Fürsten und Staaten entscheidet, sondern tugendhafte Herrscher, die durchdrungen sind von den Grundsätzen der Gerechtigkeit und den gegenüber der göttlichen Vorsehung eingegangenen Verpflichtungen, die sie mit der Segnung ihrer militärischen Anstrengungen dazu bestimmt hat, in Europa wieder die Ordnung und die Herrschaft der Gerechtigkeit aufzurichten.

Der Heilige Vater weiß sehr wohl, daß mehrere der Fürsten auf dem Kongreß nicht der katholischen Religion angehören, deren Haupt er ist, und dennoch ist er weit entfernt davon, darin einen seinen Interessen nachteiligen Umstand zu sehen; er weiß, daß keine Voreingenommenheiten gegen die römische Kirche mehr bei denen bestehen, die von ihr getrennt sind; und Rom, offen für alle Nationen und die Vielzahl der Fremden jeden Standes und jeder Sekte, sieht sie aufbrechen und mit den Katholiken in der Verehrung für ihre geistlichen Oberhäupter wetteifern. So hat Seine Heiligkeit in dieser Hinsicht nichts zu befürchten; und diese allgemeine Gerechtigkeit, die ihre Stimme für alle beraubten Fürsten und um so lauter für den Heiligen Stuhl erhoben hat, als keine andere Usurpation mit der ihm widerfahrenen vergleichbar war, wird keinem Hindernis begegnen, sich vernehmlich zu machen.

Wenn diese Betrachtungen den Heiligen Vater nicht an dem Schutz und dem Wohlwollen der von seiner Gemeinschaft getrennten Mächte auf dem Kongreß zweifeln lassen, wieviel mehr muß er nicht auf Schutz und Wohlwollen der katholischen Mächte zählen, für die dazu noch ihre Eigenschaft kommt, seine Kinder zu sein. Die Gründe, dem Heiligen Vater günstig gesonnen zu sein, nehmen bei ihnen einen religiösen Charakter an, der nicht einen Augenblick daran zweifeln läßt, daß sie den Titeln gerecht werden, deren sie sich durch ihre Verhaltensweise gegenüber dem Haupt der heiligen Religion, die sie bekennen, rühmen, mit dem sie als ihrem gemeinsamen Vater durch die heiligsten und innigsten Bande verknüpft sind.

Seine Heiligkeit verlangt die Wiedereinsetzung des Heiligen Stuhls in die Gesamtheit seiner Staaten, deren ihn die französische Revolution zu verschiedenen Malen unberechtigterweise beraubt hat.

Die Berechtigung der Forderung des Heiligen Vaters und die Haltung, die er eingenommen hat, sprechen gleichermaßen zu seinen Gunsten.

Die Rechte des Heiligen Stuhls auf die Staaten, die er zurückfordert, sind die unbestreitbarsten und ältesten von allen. Ein Besitz so vieler Jahrhunderte enthebt den Heiligen Vater von aller Beweispflicht seiner Rechte auf sie, die im übrigen nicht legitimer sein könnten.

Das Verhalten des Heiligen Vaters, dessen Edelmütigkeit und Heldenhaftigkeit die ganze Welt anerkannt hat, war auch sehr verdienstvoll für die gute Sache.

Als Beweis führt Consalvi die Weigerung Pius' VII. an, sich dem napoleonischen System anzuschließen; er bezahlte sie schließlich mit der Gefangensetzung, wobei er sich allen Ausgleichsversuchen Napoleons widersetzte. Diese Festigkeit hat „die Meinung aller Völker" für den Papst gewonnen.

Die Anteilnahme für den Papst beschränkt sich nicht allein auf seine eigenen Untertanen. Alle Katholiken des Erdkreises, die wegen der Religion mit dem Papst verbunden und von Kindheit an gewöhnt sind, ihn als ihren geistlichen Vater zu respektieren und zu lieben, können nicht umhin, das lebhafteste Interesse an allem, was ihn betrifft, zu empfinden. Diese Überlegung kann dem Scharfblick so aufgeklärter Fürsten nicht entgehen: sie werden einsehen, daß dem Heiligen Vater mit ihrem Schutz zur Seite zu stehen, seinen Ansprüchen Recht zu verschaffen, mehr und mehr dazu führt, die Herzen ihrer katholischen Untertanen für sich zu gewinnen.

Der Unterzeichnete muß den hohen Mächten einen weiteren, ebenfalls aus ihren Interessen abgeleiteten Grund darlegen, um sie dazu zu bewegen, die gerechte Forderung Seiner Heiligkeit zu verwirklichen. Dieser Grund liegt in der Notwendigkeit einer wirklichen Unabhängigkeit des Papstes. Da alle hohen Mächte eine mehr oder weniger beträchtliche Anzahl von Katholiken in ihren Staaten haben, ist es für sie wesentlich, daß der Papst wirklich frei von allem fremden Einfluß ist, damit seine geistlichen Beziehungen zu ihren Untertanen ihnen wegen seiner Bedürfnisse in keiner Hinsicht verdächtigt werden können.

Wollte man sagen, dazu genüge es, daß der Papst souverän ist, daß hingegen der mehr oder weniger große Umfang seiner Besitzungen wenig wichtig sei, so täuschte man sich. Es bedarf in allem und vor allem hier, wo es sich nicht um einen Familienbesitz handelt, sondern um die Ausstattung einer zentralen und beständigen Regierung der Kirche, gerechter Verhältnisse. Ein unzureichender Staat würde den Papst nicht so unabhängig machen, wie er sein sollte: für die Achtung der Völker, für die Wertschätzung der anderen Staaten, für die zu tragenden Belastungen ist es notwendig, daß seine Herrschaft einen angemessenen Umfang hat: alles läßt vermuten, daß der mit der Zeit entstandene Umfang richtig ist und daß es nach allem keinen Grund geben könnte, nach einem anderen zu suchen, solange er in dieser Form besteht, und daß die Gerechtigkeit, die ihn heiligt, von unnützen Berechnungen entbindet.

Es ließe sich mit keinem stichhaltigen Grund rechtfertigen, den Heiligen Vater eines Teils seiner Staaten zu berauben.

Diejenigen, die die Meinung äußern sollten, daß der Papst bei einer allgemeinen Regelung Opfer bringen müsse, müßten zunächst prüfen, ob alle anderen es ebenso halten. Und selbst wenn dieser Grundsatz tatsächlich für alle angenommen würde (was bei weitem nicht der Fall ist), könnte der Papst, wie oben nachgewiesen wurde, niemals darein einbezogen werden und müßte eine Ausnahme von der Regel bilden. Seine Besitzungen, die einen seit Jahrhunderten feststehenden und nur gerade angemessenen Umfang haben, um den Rang, den er unter den Souveränen einnimmt, zu behaupten und um die unerläßlichen Ausgaben der Kirche abzudecken, können keinerlei Verkleinerung vertragen, und weit davon entfernt, Opfer von ihm zu verlangen, sollte man vielmehr um des allgemeinen Wohls willen versuchen, sein Territorium zu vergrößern (was er indessen nicht verlangt).

Würde man sagen, daß der Papst mit seinem gegenwärtigen Zustand (nach der Wiedererlangung eines Teils des Patrimonium Petri) verglichen mit dem, in welchem er sich befand, als er aller seiner Staaten entblößt war, zufrieden sein müßte, so hieße dies nicht weniger alle Feinfühligkeit verletzen, als die Gerechtigkeit beleidigen. Wenn so viele Gründe, die für die Sache des Papstes zusammenkommen, nicht ausreichen, um ihm wie anderen Vergrößerungen als Entschädigung für all die Übel einzubringen, die er und seine Staaten erlitten haben, so sollten sie ihn wenigstens angesichts der ganz besonderen Umstände, die zu seinen Gunsten zusammenwirken, davor bewahren, einen Teil seines Besitzes zu verlieren.

Die Begründung durch politische Konvenienz wäre gleichermaßen unzulässig. Ihrer kann sich nur der Sieger gegenüber dem Besiegten bedienen, um ihm Abtretungen zu entreißen, oder auch, wenn Abmachungen zwei Mächte gegenseitig zum Gebietsaustausch bestimmen. Aber wenn dieser Grund es zuließe, ohne weitere Formalität eine entweder angrenzende oder eine Enklave bildende Provinz gewaltsam in Besitz zu nehmen, vor allem wenn sie zu einem Staat wie dem des Papstes gehört, den alles zu achten, zu verteidigen und zu schützen gebietet, was wäre dies anderes als die Verletzung des Rechts und der

Gerechtigkeit? Welches andere System leitete aus der Konvenienz oder der Absicht, die Enklaven ohne einen Gegenwert verschwinden zu lassen, den Grund für eine Beraubung und den Anspruch auf Annexion her? Und welche Grenzen würde man den Folgen eines solchen Systems setzen? Europa hat es mit Entsetzen im System dessen gesehen, der gerade beseitigt wurde.

Seine Heiligkeit glaubt auch nicht fürchten zu müssen, daß man ihn eines Teils seiner Besitzungen beraubt, um sie anderen als Entschädigungen zu geben. Der Hl. Vater fragt, mit welcher Berechtigung man für diese Entschädigungen die Provinzen eines Souveräns bestimmen könnte, der nicht nur den ruhmreichen Bemühungen der Alliierten von sich aus nicht das geringste Hindernis in den Weg gelegt hat, sondern der im Gegenteil, nachdem er alles verloren hatte, um nicht die Absichten und Interessen ihres Feindes zu unterstützen, dessen Opfer wurde? Wieviele Fürsten vereinigten sogar gegen die Alliierten ihre Waffen mit denen dieses Feindes? Der Heilige Vater ist weit davon entfernt zu glauben, daß man ihnen dies vorwerfen kann, da sie dazu mit Gewalt gezwungen worden sind. Aber wenn diese Fürsten alles, was sie verloren hatten, wiedererlangt haben und vielleicht noch Vergrößerungen erhalten werden, sollte dann der Papst, der vor dieser Gewalt überhaupt nicht zurückwich und dadurch seinen Untergang besiegelte, ärmer gemacht werden, um auf seine Kosten Entschädigungen zu liefern? Wird er fürchten müssen, daß er nach der Wiederherstellung des Friedens durch die Hand der tugendhaften Fürsten, die Millionen von Menschen als ihre Befreier segnen, für immer aus einem so ungerechten Grund einiger seiner Besitzungen beraubt wird, so als dauerten die unglückselige Zeit der Revolution und das Schreckensregiment des Despotismus für ihn noch an? Wenn er nicht ohne Überraschung und Kummer feststellen konnte, daß er, während andere Fürsten seit dem Ende des Krieges wieder in die Gesamtheit ihrer alten Besitzungen eingesetzt wurden, sich trotz alledem, was zu seinen Gunsten sprach, auf die Grenzen des kleinsten Territoriums beschränkt sah, so schrieb er dieses Mißgeschick den Umständen des Augenblicks zu, die sein Schicksal dem der anderen Fürsten gleichgestellt haben, und betrachtete es nur als eine einfache Verzögerung der vollständigen Wiedererlangung dessen, was ihm gehört. Aber jetzt, da man darangeht, das Schicksal aller Staaten Europas endgültig zu bestimmen, welcher gerechte Grund könnte sich noch seiner gänzlichen Wiederherstellung in den Weg stellen?

Die im Vertrag von Tolentino [3] zugestandenen Abtretungen (Avignon, Venaissin und die drei Legationen) können nicht gegen die Ansprüche des Papstes geltend gemacht werden, weil auch anderen Fürsten formell abgetretene Gebiete zurückgegeben wurden und weil der Partner, mit dem der Vertrag geschlossen wurde, nicht mehr existiert. Im übrigen wurde der Vertrag durch eine ungerechte Aggression erzwungen; die französische Regie-

[3] Zwischen Frankreich und dem Papst vom 19. 2. 1797. CTS, 53 S. 487–490.

rung hat ihn schließlich selbst annulliert und den ganzen Kirchenstaat genommen. Auch die Alliierten haben den Vertrag nicht anerkannt, da sie Frankreich im Pariser Frieden die vom Papst beanspruchten Gebiete bestätigen zu müssen glaubten.

Wenn der Vertrag von Tolentino, wie bis zur Evidenz bewiesen wurde, keinerlei Wert hat; wenn die Gerechtigkeit, wenn alle anderen oben angeführten Gründe, deren Durchschlagskraft man sich unmöglich entziehen kann, dem Heiligen Vater garantieren müssen, daß ihm kein Teil seiner Besitzungen genommen wird; wenn seine Rechte auf Avignon und die Grafschaft Venaissin unbestreitbar sind und aus so ferner Zeit stammen: was wäre gerechter und besser begründet als seine Beschwerde über ihren Verlust, den man ihn erleiden lassen möchte? Auf einem Kongreß, wo es darum geht, den allgemeinen Frieden wieder auf feste Grundlagen zu stellen und alle Ursachen berechtigter Klagen zu beseitigen, die ihn zukünftig stören könnten, muß Seine Heiligkeit annehmen, daß entweder Frankreich als Teilnehmer an diesem Kongreß diese beiden Provinzen, die es nur durch einen Gewaltakt dieser Revolutionsregierung erworben hat, den die gegenwärtige rechtmäßige Regierung mit soviel Grund mißbilligt, nicht zum Schaden ihres wahren Souveräns behalten will; oder aber, daß die hohen Mächte, die im Vertrag von Paris aus Gründen, die der Heilige Vater nicht beurteilen will, Frankreich ihren Besitz zugesichert haben, den Heiligen Stuhl für diesen Verlust durch einen Gebietsausgleich entschädigen werden, der dem Wert des weggenommenen Landes entspricht.

Sogar die konstituierende Nationalversammlung hat Entschädigungsverhandlungen in Aussicht gestellt, und viele damalige europäische Souveräne haben dem Papst versprochen, sich für die Restitution der Provinzen einzusetzen.

Ebenso verlangt der Unterzeichnete offiziell im Namen Seiner Heiligkeit die Rückgabe des Herzogtums Benevent und der Stadt Ponte Corvo mit ihrem Umland, die von der gegenwärtigen Regierung von Neapel besetzt gehalten werden und seit Jahrhunderten dem Heiligen Stuhl gehören. Die hohen Souveräne werden sich der Beschwerden erinnern, die der Heilige Stuhl ihnen deshalb zu der Zeit zukommen ließ, als ihm diese Länder durch ein Dekret Napoleons, das immerhin die formelle Zusicherung einer entsprechenden Entschädigung enthielt, weggenommen wurden.

Was die Mark Ancona angeht, die ebenfalls von der genannten Neapolitanischen Regierung besetzt gehalten wird, und mit deren Rückgabe Seine Heiligkeit jeden Tag rechnen zu können scheint, so kann der Heilige Vater sie nicht einmal als Beschwerdegegenstand betrachten. Er kann nicht den geringsten Zweifel hegen, daß die Besetzung dieses Eigentums des Heiligen Stuhls bald enden wird und daß dieses Land seinem rechtmäßigen Souverän zurückgegeben wird. Es ist indessen unbedingt notwendig, daß diese Rückgabe wirklich so bald wie möglich erfolgt, um endlich den Leiden dieses unglücklichen

Landes und den unerträglichen Belastungen, die es zum größten Schaden des Heiligen Stuhls erträgt, ein Ende zu setzen. Der Heilige Vater hofft, daß die verbündeten Mächte aus Gerechtigkeitsliebe und ihrem Wohlwollen ihm gegenüber seine Beschwerden über all die Schäden, die man dort angerichtet hat, unterstützen werden.

Da der Heilige Stuhl nie auf seine Rechte auf die Herzogtümer Parma und Piacenza verzichtet und deswegen den Souveränen, die in ihrem Besitz waren, auch nie die Titel zugestanden hat, sieht sich seine Heiligkeit nach den neuen Abmachungen im Vertrag von Fontainebleau vom 11. April dieses Jahres[4] genötigt, seine Rechte auf diese Länder aufrechtzuerhalten.

Sicherlich nicht aus Machtstreben (der Heilige Vater hat dafür hinreichende Beweise geliefert) verlangt er die Gesamtheit seiner Besitzungen zurück. Der Heilige Vater ist dazu durch seine sehr strengen Pflichten als Sachverwalter des Patrimonium Petri und durch die feierlichen Gelübde, sie zu erhalten, zu verteidigen und zurückzugewinnen, gezwungen. Er ist dazu auch, man muß es wiederholen, durch die Notwendigkeit gezwungen, für den Dienst an den Gläubigen und für das Wohl der Religion seine Würde aufrechtzuerhalten und die damit verbundenen Ausgaben zu bestreiten. Jeder kennt die ungeheure Verminderung der von außen wie von innen kommenden Einkünfte des Heiligen Stuhls seit der Revolution; der Heilige Vater sieht sich dadurch die für die Bestreitung so vieler Bedürfnisse unerläßlichen Mittel entzogen, und die hohen Mächte werden darin einen weiteren Grund finden, daß er wenigstens nicht der Einnahmequellen beraubt wird, die die völlige Wiedererlangung seiner Staaten ihm geben kann.

Seine Heiligkeit verzichtet darauf, das Bild seiner Verluste aller Art vor den Augen der hohen Mächte auszubreiten; den Verlust allerdings, der die alte Hauptstadt der Welt der Kunstdenkmäler beraubt hat, empfindet er sowohl wegen der Wegnahme dieser Meisterwerke wie auch wegen der Vorteile, die der Staat und seine Untertanen daraus zogen, allzu schmerzlich, um ihn hier nicht zu erwähnen und ihn stets zum Gegenstand seiner Klagen zu machen.

Dies sind die Beschwerden, die der Heilige Vater, erfüllt vom Vertrauen auf das Wohlwollen der hohen Monarchen, ihnen vorlegt. Sie werden anerkennen, daß nur das Empfinden dafür, was er sich selbst wie seinen Völkern schuldet, ihn dazu bringt, ihnen seine Rechte darzulegen und Gerechtigkeit zu fordern. Der Heilige Vater kann nicht einen Augenblick an der vollständigen Erfüllung seiner Wünsche zweifeln; wenn er wider Erwarten das Unglück hätte, sie nicht verwirklicht zu sehen, würden dann nicht dieselben geheiligten Pflichten, die seine Haltung inmitten der Verfolgungen bestimmten, ihm das Gesetz auferle-

[4] Vgl. Artikel V, der Parma, Piacenza und Guastalla der Kaiserin Marie-Luise zusprach. Angeberg, I S. 149.

gen, nicht nur seine Zustimmung zu jedweder Aufteilung des geheiligten Patrimonium Petri zu verweigern und [5] so seine letzten Tage mit einer Pflichtvergessenheit zu beflecken,[5] der er sich nicht einmal in Ketten schuldig gemacht hat, sondern auch diejenigen, die sich Eigentum des Heiligen Stuhls anmaßen würden, als illegitime Inhaber anzusehen und infolgedessen eine seinen Verpflichtungen entsprechende Haltung einzunehmen?

Aber der Heilige Vater befürchtet ein solches Ereignis überhaupt nicht. Voller Hoffnung auf Gott, der ihn inmitten so vieler Unglücksfälle bis zu diesem Tag erhalten hat, hofft er im Gegenteil nun fast am Ende seines Lebens seine Augen in Frieden schließen zu können, im Genuß des Glücks, mit Hilfe der großmütigen und tugendhaften Monarchen als der Werkzeuge der Vorsehung in der Lage gewesen zu sein, das für den Heiligen Stuhl wiederzuerlangen, was ihm durch die schlimmste aller Revolutionen entrissen worden war.

Der Kardinal Consalvi, Staatssekretär Seiner Heiligkeit, bittet Seine Exzellenz (den Fürsten von Talleyrand), Minister und Staatssekretär seiner Allerchristlichsten Majestät im Departement der Auswärtigen Angelegenheiten, seinem Erhabenen Souverän diese Note zu unterbreiten, dessen edle und gerechte Seele ihm die Überzeugung gibt, daß er geruhen wird, sie gnädig aufzunehmen.

Er nimmt diese Gelegenheit wahr, um Seiner Exzellenz die Zusicherung seiner Hochachtung zu wiederholen.

110. Vortrag Metternichs an Franz I. (Auszug)

Hat Saint-Marsan seine Vorstellungen über ein „föderatives Vertheidigungs-System in Italien" dargelegt.

Le relazioni diplomatiche, I S. 57–60,
hier S. 58 f.

Wien, 3. November 1814

[. . .]

Auf diese schriftliche Vorstellung des Marquis de St. Marsan,[1] welche er übrigens vorzüglich zu seiner persönlichen Bedeckung machen zu müssen glaubte, nahm ich keinen Anstand ihm zu erklären: dass E. M. zu jeder Stunde bereit sind, dem König seinem Herrn die beruhigendsten Zusicherungen in Bezug auf die gänzliche Räumung seiner Staaten, so wie auch der Festung Alexandria zu

[5] Diesen Satz hat Consalvi logisch nicht klar plaziert, der Sinn ist aber deutlich.

[1] Saint-Marsan verlangte den Abzug der österreichischen Truppen aus Piemont und der Festung Alessandria. Vgl. auch Großmann, S. 48–50.

geben; – dass aber diese Massregel, indem sie in enger Verbindung mit der Sicherheit von Italien stehet, für das beiderseitige Interesse nicht übereilt werden könne; dass der dermalige Stand der piemontesischen Armee, die noch nicht vollkommen organisiert ist, keine hinreichende Beruhigung gegen unvermuthete Anfälle darbiethe; – dass ferner E. M. gesonnen sind, mit dem König vorläufig in reife Ueberlegung zu nehmen, ob nicht vor Allem ein föderatives Vertheidigungs-System in Italien, unter dem Schutze Oesterreichs, und zu welchem alle italienischen Staaten nach dem Verhältnisse ihrer militärischen Kräfte beizutragen hätten, zu organisiren wäre; – dass mithin erst alsdann die Frage entschieden werden könnte, ob Alexandria, welches in jedem Falle unter piemontesischer Bothmässigkeit zu verbleiben hätte, dennoch nach diesem Vertheidigungs-System als ein Waffenplatz für Italien zu betrachten – folglich auf gemeinschaftliche Kosten zu befestigen – oder ob dessen angefangene Festungswerke, vielleicht als unnöthig, zu schleifen wären? – ob nicht endlich, wenn man sich von der Nothwendigkeit überzeugen sollte, Alexandria als Waffenplatz beizubehalten, und dessen Festungswerke vollenden zu lassen, die für eine solche Festung erforderliche Besatzung, welche, wenn sie bloss aus piemontesischen Truppen bestehen sollte, den grössten Theil der Armee des Königs absorbiren würde, am füglichsten von den italienischen Bundes-Staaten, nach dem Verhältnisse ihres Militär-Standes, zusammen zu stellen wäre?

Vollkommen einverstanden mit diesen allgemeinen Ansichten, welche die Sicherheit Italiens und das beiderseitige Interesse Oesterreichs und Sardiniens zum Zwecke haben, versprach mir der Marquis de St. Marsan, sie zur Kenntniss des Königs seines Herrn zu bringen, und in diesem Sinne an ihn zu berichten. In den gegenwärtigen Umständen ist es aber, meines gehorsamsten Erachtens, unumgänglich nöthig, dieses föderative Vertheidigungs-System für Italien ohne Verzug vorzubereiten. Ich nehme mir daher die ehrfurchtsvolle Freiheit, Er. M. gehorsamst vorzuschlagen, den F. M. L. Grafen Neipperg zu Allerhöchst Ihrem ausserordentlichen Gesandten in Turin zu ernennen, und demselben die diessfälligen Negoziationen, die ihm in Rücksicht seiner militärischen Kenntnisse mit voller Beruhigung anvertraut werden können, und welche den wesentlichsten Theil seiner Instruktionen ausmachen sollen, allergnädigst zu übertragen.[2]

[2] Franz I. versah den Vortrag mit einer zustimmenden Resolution. Le relazioni diplomatiche, I S. 59 f. – Instruktion für Neipperg vom [?] Dezember 1814 ebenda, S. 64–67.

111. Protokoll der Achtmächtekonferenz (Auszug)

Eine Kommission für italienische Fragen wird nicht eingesetzt. Die Vollversammlung des Kongresses wird auf unbestimmte Zeit vertagt.

Angeberg, I S. 424–427, hier S. 425–427; ferner Klüber, VIII S. 85–90, hier S. 86–90. Übers. d. Hrsg. aus d. Franz.

Wien, 13. November 1814

[...]

Nach der Verlesung eines Paragraphen des geheimen Artikels II des Pariser Vertrags mit folgendem Wortlaut:

„Der König von Sardinien wird eine Gebietsvergrößerung durch den Staat Genua erhalten. Genua wird ein Freihafen bleiben, und die Mächte behalten sich vor, mit dem König von Sardinien deshalb Verabredungen zu treffen;“ [1]

schlug Fürst Metternich den anwesenden Bevollmächtigten vor, über die Ausführung dieses Artikels zu beratschlagen.

Ritter von Labrador bemerkte, daß der fragliche Artikel, dessen Text ihm nicht genau genug erschienen sei, nur so verstanden werden dürfe, daß er zugunsten des Königs von Sardinien einen von dem Gebiet Genuas zu nehmenden Ausgleich für den Verlust eines Teils von Savoyen vorsehe, der durch den Pariser Vertrag an Frankreich abgetreten wurde, und daß es, um diesen Ausgleich festzusetzen, nicht notwendig sei, über dieses gesamte Gebiet zu verfügen.

Er fügte hinzu, daß es sich nach seiner Auffassung vor allem darum handele, ein Komitee für die allgemeinen Angelegenheiten Italiens zu bilden, wie es eines für die allgemeinen Angelegenheiten Deutschlands gebe, und daß es keinen Grund gebe, sich jetzt schon mit der Einzelfrage der Entschädigungen für den König von Sardinien zu beschäftigen.

Fürst Metternich bemerkte bezüglich der Hauptfrage, daß es nach dem Artikel des Vertrages unbestreitbar sei, daß die Mächte den König von Sardinien nicht auf dem Gebiet, sondern durch das Gebiet des Staates Genua entschädigen wollten, und wenn man heute die Verfügungen des Pariser Vertrages nicht umgestalten wolle, die der Kongreß nur zu vervollständigen berufen sei, man nur noch zu beraten habe über die Mittel, diese Verfügungen auszuführen, und im vorliegenden Fall über die zu treffenden Maßnahmen, um der Stadt Genua die Vorteile zu sichern, die der Artikel des Vertrages ihr in Aussicht stelle.

[1] Vgl. Nr. 3 S. 62f.

Zu der Zwischenbemerkung des Herrn von Labrador über die Notwendigkeit, zuerst die allgemeinen Angelegenheiten Italiens zu behandeln, legte Fürst Metternich dar, daß die Fragen der politischen Organisation Deutschlands sich wesentlich von denen Italiens unterschieden, da Deutschland eben nach den Verfügungen des Pariser Vertrages einen durch ein föderatives Band verbundenen Körper von Staaten zu bilden bestimmt sei, wohingegen Italien, das nicht dazu bestimmt sei, einen eigentlichen politischen Körper zu bilden, nur eine Ansammlung unabhängiger Staaten darstelle, die unter der gleichen geographischen Bezeichnung zusammengefaßt seien. Fürst Metternich sprach infolgedessen die Meinung aus, daß die Fragen Italiens einzeln und nacheinander behandelt werden müßten, und da die Frage der Vereinigung Genuas mit Piemont sich natürlicherweise als erste stelle, man sich unverzüglich damit zu beschäftigen habe.

Graf Nesselrode unterstützte diese Meinung.

Fürst Talleyrand bemerkte zwar, daß es vielleicht wünschenswert sei, daß der auf die Entschädigungen des Königs von Sardinien bezügliche Vertragsartikel mit mehr Genauigkeit verfaßt worden wäre, erkannte jedoch an, daß der Sinn dieses Artikels nicht zweifelhaft sei und daß es die unbezweifelbare Absicht der vertragschließenden Mächte gewesen sei, die den ehemaligen Staat Genua bildenden Provinzen mit den Staaten des Königs von Sardinien zu vereinigen.

Lord Castlereagh sagte, da das Prinzip der Vereinigung Genuas mit Piemont seiner Meinung nach voll und ganz durch den geheimen Artikel des Pariser Vertrags festgesetzt worden sei, handle es sich nur noch darum, die Durchführung dieses Artikels in einem Sinne vorzunehmen, der am meisten den Interessen und dem Wohle Genuas entspreche.

Fürst Metternich faßte die Beratung zusammen und formulierte die als erste zu entscheidende Frage folgendermaßen:

„Will man sich mit der Angelegenheit der Vereinigung Genuas mit Piemont vor jeder anderen auf Italien bezüglichen Frage beschäftigen?“

Die Bevollmächtigten Rußlands, Englands, Frankreichs, Portugals, Schwedens, Preußens stimmten mit ja, und Fürst Metternich schloß sich ihrer Meinung an: Es wurde beschlossen, daß man sich unverzüglich mit dieser Angelegenheit befassen werde.

Man schritt sodann zur Beratung über die Mittel fort, mit denen der geheime Artikel II des Pariser Vertrags auszuführen sei.

Fürst Talleyrand schlug vor, dem Gesandten des Königs von Sardinien (durch einen Auszug aus dem Protokoll) offiziell Mitteilung von diesem Artikel und dem, was weiterhin in der jetzigen Sitzung beschlossen worden sei, zu machen und gleichzeitig den Abgesandten Genuas davon zu informieren, wobei ihm mitgeteilt werden solle, daß die Mächte die liberalsten Bedingungen für die Vereinigung Genuas mit Piemont gelten lassen und bei der Ausführung dieser Maßnahme das Interesse und die Zufriedenheit der Genuesen soweit möglich berücksichtigen würden.

Dieser Vorschlag, der besonders von Lord Castlereagh unterstützt wurde, wurde angenommen, und man forderte Fürst Metternich auf, Marquis de Saint-Marsan, dem Gesandten des Königs von Sardinien, die besagte offizielle Mitteilung zu machen; Lord Castlereagh forderte man auf, Herrn de Brignoles, dem Abgesandten Genuas, von allem Kenntnis zu geben, was seine Auftraggeber bei diesen Verhandlungen angeht.

Es wurde ebenfalls beschlossen, daß der Marquis de Saint-Marsan einerseits und Herr de Brignoles andererseits eingeladen werden sollten, mit den französischen, englischen und österreichischen Bevollmächtigten, die zu diesem Zweck benannt werden, über die Mittel zu konferieren, in dieser Angelegenheit das Interesse des Königs von Sardinien mit den Wünschen und Bedürfnissen der Einwohner Genuas zu vereinbaren, und daß besagte Beauftragte nach diesen Konferenzen ein Projekt verfassen sollten, das alle Einzelverfügungen enthält; diese sollten sie den Unterzeichnern des Pariser Vertrages zur Kenntnis bringen.

Der beigefügte Auszug[2] gibt an, wie Fürst Metternich diese Mitteilung durchführen wird.

Nachdem diese Beratung beendet war, brachte Fürst Metternich die Frage vor, ob es ungeachtet der Schwierigkeit, denen eine Vollversammlung aller Bevollmächtigten zum jetzigen Zeitpunkt begegnen würde, geboten sei, diese Versammlung nach dem Abschluß des Protokolls über die Einreichung der Vollmachten einzuberufen? Es wurde beschlossen, daß angesichts des jetzigen Standes der Einzelverhandlungen diese Vollversammlung keinen Nutzen hätte und daß es besser sei, sie auf einen späteren Zeitpunkt zu vertagen.

Gezeichnet: Castlereagh; Metternich; Gomez-Labrador; Humboldt; Löwenhielm; Lobo; Palmella; Alexis de Noailles, Bevollmächtigter Frankreichs; Latour du Pin; Dalberg; Talleyrand; Rasoumowsky, Bevollmächtigter Rußlands; Nesselrode; Stewart

[2] Metternich übermittelte Saint-Marsan den Protokollauszug mit Schreiben vom 17. 11. 1814. British . . . State Papers, II S. 570 f.

112. Bericht Talleyrands an Ludwig XVIII. (Auszug)

Für sein Entgegenkommen beim Problem des Sklavenhandels erwartet Talleyrand englische Zugeständnisse in den italienischen Fragen.

Talleyrand, Briefwechsel S. 155–164, hier S. 162 f. Franz. Text: Talleyrand, Correspondance S. 175–185, hier S. 183 f.

Nr. 16 Wien, 15. Dezember 1814

[. . .]

Ich schlug vor einigen Tagen die Bildung eines Ausschusses für die Frage des Negerhandels vor.[1] Dieser Vorschlag stand in Aussicht, und ich wollte mich desselben bemächtigen, um dem Lord Castlereagh einen Gefallen zu erweisen und ihn dadurch zu einer Annäherung an uns in den schwierigen italienischen Fragen, an die wir jetzt kommen, zu veranlassen. Ich habe etwas erreicht, denn er hat mich ganz von selbst gebeten, ihm anzugeben, wie ich die neapolitanische Angelegenheit zu ordnen vorschlagen würde; zugleich versprach er mir, einen Kurier nach England zu schicken, um die Befehle, deren er bedürfen würde, zu erbitten. Ich habe infolge dessen das beiliegende Schreiben an ihn gerichtet.[2] Nach Empfang desselben schlug er mir vor, mir seinen Schriftwechsel mit Lord Bentinck zu zeigen.[3] Ich habe denselben gelesen und mich überzeugt, daß die Engländer in dieser Frage völlig freie Hand haben. Aber man hat Murat gewisse Versprechungen gemacht, die man persönlich nicht gern unerfüllt lassen möchte, wenn er selbst alle seine Versprechungen gehalten hätte.

[. . .]

[1] In der Achtmächtekonferenz vom 10. 12. 1814. Die sog. Abolitionskommission kam jedoch erst am 20. 1. 1815 zustande. Mayr, S. 101–103. Zum Gesamtproblem Webster, Castlereagh S. 413–424. Vgl. auch die entsprechende Bestimmung des Pariser Friedens Nr. 3 S. 62.

[2] Vom 13. 12. 1814. Angeberg, I S. 525 f.

[3] Vgl. Webster, S. 181 f.

113. Bericht Castlereaghs an Liverpool (Auszug)

Sieht England an seine bedingt eingegangenen Verpflichtungen gegenüber Murat nicht mehr gebunden. Im Gespräch mit Talleyrand hat er aber für behutsames Vorgehen gegen Murat plädiert.

Wellington, Suppl. Desp. IX S. 485–488; ferner Webster, S. 261–263 (gekürzt).

Vienna, 18th December, 1814

My dear Lord,

[...] I think Murat's pretensions to be acknowledged by us cannot be sustained: they do not rest upon any formal engagement. The whole claim turns upon an assurance contingent upon two conditions: 1st. His effective cooperation; 2ndly. The King of Sicily being indemnified. Neither of these conditions have or are now to be realized. If Murat's conduct in the war had been such as we were entitled to expect, it might be urged that he ought not to suffer from the King's refusal of indemnity, even were it possible to propose one for his acceptance, which it is not; but where the whole course of Murat's proceedings was, in the judgment and view of the whole army, dilatory, wavering, and suspicious, and when we know from the Viceroy, although he will not be an evidence on the question, that he was engaged the greater part of the time in a traitorous intercourse with him, it appears to me impossible to suffer the contingent assurance given by Lord William Bentinck to the Marquis di Gallo on the 1st of April, under the authority of my letter from Châtillon of the 21st of February [1]–an assurance which you will observe from the enclosed was given under expressions of pointed qualification at the time–to supersede all the claims the Sicilian family have to the favour and protection of Great Britain, much more to engage the employment of our power, under such circumstances, to secure an usurper against them in their kingdom of Naples.

Prince Talleyrand a few days since spoke to me on this subject; and as I found that the Emperor of Russia had been making overtures of concert with him on this point, in hopes of rendering France less adverse to his views in other quarters, I thought it of importance to enter so far into the question as to make him understand that I considered the British government as not bound to Murat. I stated the circumstances under which the assurance of the 1st of April had been given, and my reasons for being of opinion that the conditions had not been fulfilled on Murat's part. The Prince added some circumstances which had come to his knowledge, which also went to establish Murat's treachery. I sug-

[1] Darin waren die beiden oben genannten Bedingungen enthalten. Webster, Castlereagh S. 259f.

gested that possibly something might be found in the offices at Paris to prove this fact. He promised me to have immediate search made, but stated that he believed both Murat's and the Viceroy's correspondence was carried on directly with Buonaparte, and did not pass through any of the offices of government.

Prince Talleyrand pursued the subject with a view to some understanding as to the course to be taken on the question here. Not deeming it proper to show any indisposition to meet his views upon this point, I repeated to him the satisfaction the Prince Regent would feel in contributing as far as prudence would justify to restore his ally to the throne of Naples; that I should be glad to know the ideas of his Court as to the steps advisable to be adopted, short of war, to effect this object. I used the terms "short of war," as any concert of this nature would require time, could only grow out of the previous failure of milder measures, and must ultimately be influenced by circumstances not capable of an immediate estimate. I begged the Prince would give me a confidential memorandum upon this point, that I might profit by the interval to consult my government upon the most suitable course to be adopted.

I now enclose this memorandum.[2] In receiving it from Prince Talleyrand, I had a further conversation with him upon the subject. I urged the importance of distinct proofs of Murat's treachery, if such could be procured at Paris, not only as making our case more clear both before Parliament and the world, but also for the purpose of liberating Austria from the embarrassment of her existing engagements. I think I succeeded in making Prince Talleyrand understand our real situation on this subject; that he was satisfied of the desire we felt to concur with France on this object; and that the danger that might have arisen from a doubt in the mind of his Court, either as to our ability or our inclination to support the King of Sicily's pretensions, a doubt to which the publications and discussions in England were but too much calculated to give countenance, has been obviated.

As the object of my asking for this memorandum was to secure, if possible, a reference home before we were called upon to take a final decision, I thought it better to elicit, as far as possible, Prince Talleyrand's views rather than anticipate the discussion of what ought, under all circumstances, to be our final measure. I clearly perceived that France is as little disposed as we are for immediate war to enforce compliance. You will perceive, to quiet the alarms Austria and Sardinia feel of a French army crossing the Alps, he formally declares against any hostile operation by the north of Italy, which leads to all the delays of a maritime attack, the distant period of which may be estimated when France and Spain are to be prominent features in its execution.

[2] Talleyrand an Castlereagh, Wien, 13. 12. 1814. Angeberg, I S. 525f.

Prince Talleyrand's main reliance for getting rid of Murat is the pledge proposed to be taken against his pretensions, and which he hopes all the Powers except Austria would concur in. This would for the time save the honour of his government; but I doubt its having any serious effect upon Murat's situation, or inducing him, as Prince Talleyrand expects, to come forward with terms of accommodation. On the other hand, there is always an inconvenience in such abstract declarations, unaccompanied with any practical measure, either of war or negotiation, and which are capable of being represented, in theory at least, an interminable bar to the relations of peace being re-established between the principal States of Europe and the kingdom of Naples.

It appears to me that this species of declaration would be open to peculiar inconvenience in a Parliamentary point of view. I think it would not be difficult to satisfy Parliament and Europe that Great Britain owed it to herself to concur in a negotiation to remove Murat from the throne of Naples, under all the circumstances of the case, viz. the existing state of Europe, now comprising two great States, viz. France and Spain, who cannot be expected to acknowledge Murat; the strong, I may say the almost irresistible claims, now incapable of being satisfied in any other manner, which the Sicilian family have upon those States, with whom they have cooperated throughout the war, and the very small claim established by Murat by his conduct in the field to be protected against the ancient family.

I should, therefore, prefer an actual offer of terms to Murat, whether successful or not, to a more insulated declaration. If liberal, they would reconcile the public feeling to any future policy of a more hostile nature. The case against him in reasoning is abundantly strong to bear out this first step. The mere fact of the negotiation is by inference a denial of his title and a recognition of his adversary. A refusal on his part would justify his non-recognition, and leave open all future measures to prudential consideration. The attempt on the part of so many preponderating States to restore the ancient family must tend to weaken Murat's authority within the country, and call forth a sentiment, if such exists, in favour of Ferdinand IV., without seeming to provoke insurrection by a sentence of illegitimacy passed upon Murat, unaccompanied, however, by any expedient to facilitate a favourable settlement between these rival pretensions.

The future course to be pursued would remain fairly open to decision. The public mind of Europe, once satisfied of the propriety of the first measure, would be gradually prepared for any ulterior proceedings, and we should close the transactions before Congress without any further embarrassment than a

[3] Wellington, Suppl. Desp. IX S. 488f. Inhaltsangabe bei Webster, S. 263.

dissent on the part of Austria alone to the institution of a negotiation to settle, if possible, amicably a point which certainly in its present shape menaces most seriously the peace of Italy, if not of Europe.

I enclose a short memorandum,[3] suggesting for your consideration the course which I should myself prefer to that proposed by Prince Talleyrand on this question.

Castlereagh

114. Weisung Metternichs an Bombelles

Weist Bombelles an, wie er mit dem beigefügten ostensiblen Schreiben zur neapolitanischen Frage verfahren soll. Die Rolle Talleyrands.

Weil, Murat II S. 327–329. Übers. d. Hrsg. aus d. Franz.

Vertraulich — Wien, 13. Januar 1815

Sie erhalten anbei ein ostensibles Schreiben[1] für Herrn von Blacas. Es führt ihm klar die Haltung vor Augen, die wir in der neapolitanischen Frage gegenüber Neapel und Frankreich einnehmen. Wenn Sie ihm mein Schreiben vorlegen, bringen Sie bitte sowohl die Prinzipien, die den Kaiser leiten, als auch die Umsicht, die sein Vorgehen auszeichnet, zur Geltung.

Man kann nicht gut leugnen, daß die Komplikation mit Neapel ganz einfach zu lösen wäre,[2] wenn sie nicht mit Fragen des Gefühls verbunden wäre. An sich vertreten wir eine ganz andere Position als der König von Frankreich; aber wenn wir uns seine Wünsche zu eigen machen, haben wir das Recht zu erwarten, daß er sich unserem Vorgehen anschließt.

Es existieren zweifelsohne wirkliche Schwierigkeiten in Italien, die unser politisches Verhalten in der Diskussion über die großen Angelegenheiten Europas außerordentlich beeinträchtigen. Wenn die Tatsache, ob Joachim oder ein Bourbone in Neapel herrscht, für die anderen Zweige dieses Hauses sehr wichtig ist, so ist dieser isolierte Gesichtspunkt für uns äußerst unbedeutend, solange wir uns mit der Auseinandersetzung über Fragen befaßt sehen wie der Wiederherstellung eines Polen unter russischem Szepter oder der Veränderung unserer Grenzen von Eger bis zur Bukowina!

Würde Europa nur auf eine solide Basis gestellt, wäre das Schicksal Joachims unproblematisch. Aber riskieren wir nicht, Österreich, Frankreich und Europa zugrunde zu richten, um diese Frage im unge-

[1] Nr. 115 S. 489–493.

[2] Chiffrierte Stellen werden gesperrt gedruckt wiedergegeben.

eignetsten Augenblick, in dem man sie auf die Tagesordnung setzen kann, zu lösen.

Herr von Talleyrand, der wahrscheinlich auf Grund genauer Instruktionen in der neapolitanischen Frage sehr drängt, dem gegenüber es mir aber unmöglich ist, mich mit dem Freimut zu äußern, wie ich es durch Sie Herrn von Blacas gegenüber tue, muß neue Befehle erhalten, wenn wir uns nächstens nicht Komplikationen zwischen den beiden Kabinetten aussetzen wollen. Herr von Talleyrand hat eingeräumt, daß die neapolitanische Frage die letzte sei, die man auf dem Kongreß zu erörtern hätte. Es ist notwendig, daß er Anweisung erhält, nicht gegen das von uns vorgebrachte Prinzip zu protestieren, daß diese Frage keine Kongreßangelegenheit ist. Der König von Frankreich und die bourbonischen Häuser werden zur gleichen Zeit erklären, daß sie ihre Ansprüche offenhalten. Von diesem Augenblick an wird die aus jeder Diskussion über ein Prinzip entstehende Komplikation ein Ende finden, und wir werden alle zu den Wegen und den Möglichkeiten zurückkehren, die die Behandlung jeder politischen Frage in normalen Zeiten bietet.

Es scheint mir, daß diese Betrachtungsweise so einfach ist, da sie jeden Druck und folglich jede Voreingenommenheit und jedes Vorurteil beseitigt, und daß sie Seiner Majestät dem König nur angenehm sein kann. Wir meinen um so mehr, daß seine Entscheidung so ausfallen müßte, weil Ihre Depesche, Herr Graf, uns große Erleichterungen in dieser Verhandlung erwarten läßt.

Der König wird ohne Zweifel sehr zufrieden sein, die erneute Bestätigung der Denkweise des Kaisers in Sachen des Königs von Neapel zu erhalten, und wir hoffen, daß er kaltblütig genug sein wird, die sehr realistische Berechnung der Risiken zu akzeptieren, die Österreich und Frankreich eingingen, wenn wir von unserem Weg abwichen.

Diese wichtige Angelegenheit brauche ich Ihrer ganz besonderen Sorgfalt nicht eigens zu empfehlen. Sie geben uns bei jeder Gelegenheit zu viele Beweise für den Eifer, der Sie für den Dienst Seiner Majestät erfüllt, als daß ich glaube, ihn anspornen zu müssen.

Sie werden unter keinen Umständen, auch nicht für einen Augenblick, eine Kopie des ostensiblen Schreibens in Herrn von Blacas' Händen lassen, und ich bitte Sie, ihm ebenso wie Herrn von Vitrolles die Briefe zu übergeben, die Sie beigeschlossen finden.

Metternich

115. Weisung Metternichs an Bombelles

Metternich erteilt Anweisungen, wie Blacas und Ludwig XVIII. die Prinzipien der neapolitanischen Politik Österreichs zu erläutern sind. Er tritt dafür ein, die Lösung des Problems in Übereinstimmung mit Frankreich auf die Zeit nach dem Kongreß zu verschieben.

Weil, Murat II S. 330–335. Übers. d. Hrsg. aus d. Franz.

Wien, 13. Januar 1815

Ich habe die Berichte, die Sie unter dem Datum des 12. und 14. November sowie des 23. Dezember an mich gerichtet haben, erhalten.[1] Ich habe sie dem Kaiser vorgelegt, und ich beeile mich, Sie in den Stand zu versetzen, sich gegenüber Herrn von Blacas in den vertraulichsten Formen[2] zu erklären. Es wäre unnütz, Sie zu beauftragen, diesem Minister die Details unserer politischen Situation zu entwickeln. Unsere Haltung liegt dem König klar vor Augen, und Seine Majestät kann gewiß nur der Korrektheit der Prinzipien Gerechtigkeit widerfahren lassen, die der Kaiser, unser erhabener Herr, in der augenblicklichen großen Krise unermüdlich dargelegt hat.

Die Depeschen, die ich heute Baron von Vincent[3] übersende und die dieser Minister Ihnen mitteilen wird, sind von der Art, alles erschöpfend zu behandeln, was ich Ihnen auftragen könnte, Herrn von Blacas Ihrerseits zu sagen, um ihm die vollständige Übereinstimmung der Ansichten unseres Kabinetts mit dem der Tuilerien zu beweisen.

Ich werde also nur die Teile Ihrer Berichte beantworten, die sich auf den Gegenstand beziehen, der Herrn von Blacas veranlaßte, mir zu schreiben.[4]

Ich hatte die Ehre, mich am Tage meiner Abschiedsaudienz direkt gegenüber dem König über unsere Art, die neapolitanische Frage zu betrachten, zu erklären. Nichts hat sich seit dieser Zeit am Standpunkt des Kaisers geändert. Seine Kaiserliche Majestät hat ganz im Gegenteil im Verlauf der Ereignisse gute Gründe gefunden, die ihn überzeugt haben, daß die von ihm befolgte Verhaltensregel allein in Übereinstimmung mit dem Interesse seines Reichs und der Festigung der Ruhe in Europa steht.

Ich werde Sie indessen, Herr Graf, im Vertrauen auf die Zuverlässigkeit, die der Charakter des Königs bei dem Kaiser erweckt, und überzeugt von dem Vertrauen, das wir dem Grafen Blacas schenken können, in den Stand setzen,

[1] Vgl. Weil, Revirement S. 397–399.

[2] Chiffrierte Stellen werden gesperrt gedruckt wiedergegeben.

[3] Weil, Murat II S. 336.

[4] Blacas an Metternich, Paris 23. 12. 1814. Ebenda, S. 253.

durch Vermittlung dieses Ministers und ohne jeden Vorbehalt Seiner Majestät die unverkürzte Denkweise unseres erhabenen Herrn über diese wichtige Frage vor Augen zu führen.

Der französische Hof kann nicht entschiedener für das Prinzip der Unterstützung der alten Dynastien eintreten als der Kaiser.

Welche stärkeren Beweise könnte er noch erbringen als durch sein Verhalten in Frankreich?

In dieser Hinsicht teilt er alle Ideen des Königs bezüglich des Thrones von Neapel; aber welche Ähnlichkeit auch immer die Haltung des Kaisers in vieler Hinsicht mit der des Königs aufweisen mag, sie ist doch weit entfernt davon, in der fraglichen Angelegenheit dieselbe zu sein.

Es ist unmöglich, daß wir vom Standpunkt der Legitimität her in die Diskussion eintreten könnten. Wir haben die gegenwärtige Regierung von Neapel seit dem Frieden von 1805[5] anerkannt. Während dieser ganzen Zeit haben wir neapolitanische und sizilianische Gesandte bei uns gehabt, und österreichische Gesandte haben ständig in Neapel und Palermo residiert.

Wir können nicht gestatten, daß die in Frankreich erfolgten glücklichen Veränderungen tatsächlich das Recht Murats beeinträchtigen, den Thron von Neapel einzunehmen, und die diplomatischen Beziehungen verurteilen, die sich zwischen ihm und den europäischen Höfen, die ihn formell anerkannten, eingespielt haben.

Wenn wir es auch für natürlich halten, daß der König von Frankreich ein Mitglied der Familie des Usurpators seines Thrones, das er auf dem Thron eines Zweiges Seines Erhabenen Hauses vorfindet, nicht anerkennt, so ist es doch nicht weniger wahr, daß wir zugleich neue und alte Verträge verletzen würden, Verträge, die wir mit von uns nach allen diplomatischen Regeln anerkannten Regierungen geschlossen haben, wenn wir wegen der bloßen Tatsache eines politischen Wechsels in einem anderen Staat, so glücklich er für sich selbst gesehen auch ist, die Waffen ohne ein anderes Motiv als das dieses Wechsels gegen den Chef einer Regierung wendeten, der mit uns durch Verträge über Anerkennung, Bündnis und Garantie verbunden ist.

Der König würde in dieser Frage wie der Kaiser denken, befände er sich an dessen Stelle.

Der Kaiser erkennt jedoch nicht weniger als dieser Herrscher all die Unzuträglichkeiten, die die Beibehaltung eines französischen Militärs auf dem Thron von Neapel bedeutet, während die alte Ordnung der Dinge sich in Frankreich und Spanien wiederhergestellt findet und der Prätendent auf eben diesen Thron sich in einer anhaltend bedrohten oder bedrohlichen Lage befindet. Gerade die Ruhe Italiens hängt von der Möglichkeit ab, ein dauern-

[5] Friede von Preßburg vom 26. 12. 1805.

des Hindernis für den Frieden beseitigt zu sehen; aber alles, was wir im Sinne einer offenen Komplikation im südlichen Teil Italiens hätten haben, machen oder tolerieren können, bevor Europa auf solide und ruhige Grundlagen gestellt ist, hätte sich gegen uns und in der Folge gegen Frankreich selbst gewendet.

Wir wissen die Einstellung des Königs von Neapel sowohl uns als auch anderen Mächten gegenüber sehr wohl zu würdigen. Keine Regierung kennt besser als wir den Geist Italiens und die Risiken, die diesem wichtigen Teil des Kontinents der Jakobinismus bringt, der sich dort seinen Mittelpunkt geschaffen hat. Wenn der König von Neapel keinen verzweifelten Entschluß gefaßt hat, so ist dieser Vorteil allein uns zu verdanken. Wenn er Anlaß zu Besorgnissen gibt, reagiert er nur auf die, die seine Lage ihm verursacht. Wenn Frankreich bis jetzt seine Aktivität auf einen einfachen Protest ohne Drohung mit einem offenen Angriff beschränkt hätte, wäre der König (von Neapel) zu Hause und unbewaffnet, die Parteien in Italien wären nicht mehr so in Sorge, wie sie es sind, und die Entscheidung dieser großen Frage fände sich ganz natürlich für das Ende der politischen Geschäfte aufgehoben, die uns im Augenblick beanspruchen.

Die neapolitanische Angelegenheit muß nach unserer Meinung auf einer höheren Ebene entschieden werden, und sie wäre sehr weit entfernt davon, wenn sie das Gegenstück zu einer Komplikation würde, die wir im Norden zwei Mächte haben lähmen sehen, die auf die wirksamste Weise zur Vollendung der glücklichen Revolution, die Ludwig XVIII. auf den französischen Thron brachte, hätten beitragen können. Wir sind in diesem Augenblick damit beschäftigt, das politische Bauwerk Europas auf Fundamenten zu errichten, die leider nur äußerst schwer zu befestigen sind. Österreich findet sich in vorderster Front allen Angriffen ausgesetzt.

Sicherlich können wir nicht an einem der verletzlichsten Punkte unseres Reichs in Komplikationen geraten, deren Resultat sich außerhalb jeder Berechnung befände; und selbst wenn der Kaiser sich nicht um die Risiken für sein Reich sorgte, könnte er sich der Gefahr nicht verschließen, die einem Krieg entspringen würde, der sich in Italien unter dem Banner der *sogenannten nationalen Freiheit* entzündete und der vielleicht nur allzubald sein Feuer bis nach Frankreich selbst ausbreiten würde.

Der Kaiser kann sich folglich auf nichts einlassen, was ihn veranlaßte, seine gegenwärtigen Verhaltensgrundsätze hinsichtlich Neapels aufzugeben. Der König scheint die Macht dieser Wahrheit zu empfinden, da er von Österreich nur eine passive Haltung verlangt. Aber wie soll Frankreich heute Krieg gegen Neapel führen? Durch unsere italienischen Staaten hindurch? Würde der König es wagen, eine französische Armee Italien durchqueren zu lassen, und würde er sicher sein, daß eben diese Armee allen

Verlockungen widerstünde und sich darauf beschränkte, nur die bourbonische Sache zu verteidigen? Und welche Rolle würde Napoleon bei all dem spielen?

Zweifelsohne ist im gegenwärtigen Augenblick kein Land weniger dazu geeignet, der königlich französischen Sache sichere Erfolgschancen zu bieten, als Italien. Der Kaiser könnte nicht gut einen Zug durch das Innere der Halbinsel gestatten, und man braucht Zeit, eine maritime Expedition vorzubereiten, die wesentlich von England unterstützt werden müßte.

Zusammengenommen führen diese Betrachtungen zur Prüfung einfacher und natürlicher Fragen, die nach unserem Dafürhalten die Grundlage aller Pläne gegen Neapel liefern müssen.

1° Ist der gegenwärtige König in seinem Lande fest etabliert oder nicht? Wenn er es wäre, so müßte er es in zweifacher Weise sein: im Augenblick und auch solange er darüber befinden kann, die italienische Frage zu seiner Unterstützung aufzuwerfen.

Wenn er es nicht ist, so wird er es noch weniger an dem Tage sein, an dem das Schicksal Italiens keine Unsicherheit mehr aufweist, an dem der provisorische Zustand, dem unglücklicherweise ein großer Teil seiner Provinzen ausgeliefert ist, nicht mehr besteht und an dem reguläre Regierungen die Militärverwaltungen abgelöst haben.

2° Wird der König von Neapel durch die allgemeine Neuordnung Europas seine Verteidigungsmittel verstärken?

Wir geben diese Möglichkeit nicht zu. Wir werden niemals hinnehmen, daß er die Marken besetzt hält. Er hat seine Finanzen durch außerordentliche Truppenaushebungen erschöpft. Auf seine eigenen Mittel beschränkt, wird er zu unermeßlichen Kürzungen gezwungen sein und zugleich die gute Meinung der Italiener verlieren, die sich seiner Sache verbunden haben und die alleingelassen nach Hause zurückkehren werden. Und welche Wirkung wird die Überzeugung bei dem neapolitanischen Volk zeitigen, daß allein der Anwesenheit seines Regierungschefs die Verlängerung eines Spannungszustandes zuzuschreiben ist, der für ganz Europa gerade sein Ende gefunden hat?

Der Kaiser wünscht, daß Graf Blacas diese Überlegungen dem König unterbreitet. Er ist überzeugt, daß Seine Majestät mit ihm der Überzeugung sein wird, daß das sicherste Mittel, an ein Ziel zu gelangen – das Seine Kaiserliche Majestät nicht weniger als der König wünscht, das wir aber auf anderen Wegen ansteuern müssen –, in einem außerordentlich vorsichtigen Verhalten liegt. Je weniger Seine Kaiserliche Majestät zugunsten Joachims voreingenommen ist, desto weniger kann er die unmittelbaren Interessen seines Reichs vernachlässigen, nur um etwas eher zu einem Ergebnis zu gelangen, das ihm sicher erscheint, auch ohne daß er übermäßige Eile an den Tag legt. Dieses Ergebnis kann ganz natürlich herbeigeführt werden, und zwar ohne den Kaiser vor die mißliche Alternative zu stellen, entweder seine Verpflichtungen verletzen zu müssen, Verpflichtungen, an die Seine Kaiserliche Majestät sich ohne Rücksicht auf Veränderungen, die die Zeit mit sich bringen mag, zu halten pflegt, – oder sich scheinbar in eine dem französischen Herrscher entgegengesetzte Position versetzt zu sehen, in einem Augenblick, da alles zur Aufrechterhaltung der vornehmsten Interessen Europas ihre engste Verbundenheit erfordert.

Wenn der Kongreß zu Ende geht, ohne daß weder das Haus Bourbon noch England den König von Neapel anerkannt haben und ohne daß der Kriegszustand zwischen Sizilien und Neapel beendet ist, werden sich die Angelegenheiten auf natürliche Weise und von selbst regeln. Der Augenblick der Kapitulation wird kommen, und wir zögern nicht, mit Frankreich in unmittelbare Erörterungen über die Mittel einzutreten, die letzten Reste eines Zustandes verschwinden zu lassen, zu dessen Beseitigung wir so außerordentlich beigetragen haben, und diese Mittel mit unserem politischen Verhalten gegenüber Neapel in Übereinstimmung zu bringen.

Empfangen Sie usw. Metternich

116. Bericht Talleyrands an Ludwig XVIII. (Auszug)

Bei seiner Rückkehr nach England kann Castlereagh auf Fortschritte in der Frage der Flußschiffahrt und der Abschaffung des Sklavenhandels hinweisen. Offen bleibt noch das neapolitanische Problem.

Talleyrand, Briefwechsel S. 240–258, hier S. 246–248. Franz. Text: Talleyrand, Correspondance S. 270–291, hier S. 277–279.

Nr. 27 Wien, 15. Februar 1815

[. . .]

Die Abmachungen betreffend die freie Schiffahrt auf den Flüssen sind nur erst im allgemeinen entworfen; doch hat man sich über die Grundsätze bereits verständigt.[1] Dieselben sichern dem Handel alle Vortheile, welche die europäische Industrie nur verlangen konnte; und gewähren besonders Frankreich

[1] Zum Gesamtproblem Griewank, Wiener Kongreß S. 284–286. Über die Tätigkeit

durch die Freigebung der Schelde die Vortheile, die ihm der Besitz Belgiens verschaffte.

Endlich ist auch die Abschaffung des Negerhandels, für die das englische Volk eine bis zur Raserei gehende Leidenschaft zeigt, von den beiden einzigen Mächten zugestanden worden, die noch nicht darauf verzichtet hatten.[2]

Lord Castlereagh ist also gegen die Angriffe der Opposition hinlänglich gewaffnet; er bringt Ergebnisse mit, deren er bedarf, um der öffentlichen Meinung zu schmeicheln. Aber, wie ich nicht verfehlt habe ihm bemerklich zu machen, in einer Repräsentativverfassung haben die Minister nicht allein die populären Parteien, sondern auch die der Regierung zufrieden zu stellen „und das", sagte ich, „können Sie nicht, wenn Sie nicht in Uebereinstimmung mit uns handeln und Ihr Verhalten in der neapolitanischen Frage ändern".

Ich habe die letzten acht oder zehn Tage dazu verwendet, ihn für diese Frage zu erwärmen, und wenn ich ihn nicht vermocht habe, aus sich heraus einen Entschluß zu fassen, wozu er sich nicht für ermächtigt hält, so habe ich ihn doch dahin gebracht, ebenso lebhaft als wir die Vertreibung Murat's zu wünschen; er reist ab mit dem Entschlusse, alles zu thun, um seine Regierung zur Betheiligung daran zu bestimmen.[3] [. . .]

117. Weisung Metternichs an Vincent

Die von Castlereagh überbrachte Depesche enthält die Punkte, über die Österreich und England sich bezüglich Italiens geeinigt haben und für deren Annahme Frankreich gewonnen werden soll.

Weil, Murat II S. 457–461. Übers. d. Hrsg. aus d. Franz.

Vertraulich — Wien, 18. Februar 1815

Diese Depesche wird Ihnen von Lord Castlereagh ausgehändigt, der Sie auch über die Einzelheiten der wichtigen Sache in Kenntnis setzen wird, die in diesem Augenblick unsere Aufmerksamkeit fesselt.

Sie haben aus den Depeschen, die ich an Herrn von Bombelles gerichtet habe,[1] und aus seinen Berichten ersehen, in welchem Stand sich die neapolita-

der Schiffahrtskommission Mayr, S. 106–108. Vgl. auch die entsprechenden Bestimmungen des Pariser Friedens Nr. 3 S. 61, 63.

[2] Am 8. 2. 1815 kam eine Erklärung der acht Unterzeichnerstaaten des Pariser Friedens gegen den Sklavenhandel zustande. Angeberg, I S. 726 f.

[3] Über Castlereaghs geplante Verhandlungen in Paris war Talleyrand nicht unterrichtet. Vgl. Nr. 117 S. 494–496.

[1] Vgl. Nr. 114 S. 487f. u. Nr. 115 S. 489–493.

nische Frage zwischen unserem Hof und dem König von Frankreich befindet.

Ich habe zu dem, was die genannten Depeschen über die Motive beinhalten, die unser Vorgehen bei diesem politischen Geschäft leiten, keine weitere Erörterung mehr hinzuzufügen. Ich beschränke mich darauf, Eurer Exzellenz zu versichern, daß der Kaiser mit jedem Tag mehr überzeugt ist, daß das einzige Mittel, seine Monarchie und Europa vor außerordentlichen Verwicklungen zu bewahren, in der Ruhe zu finden ist, mit der er der Zeit die Entwicklung der Aushilfsmittel überläßt, die sich jetzt anbieten können, um auch in einem bedeutenden Teil Italiens eine Ordnung der Dinge wiederkehren zu sehen, die mehr derjenigen entspricht, die sich in so glücklicher Weise in Frankreich wieder eingestellt hat.[2]

Lord Castlereagh wird Ihnen, Herr Baron, eine Kopie des hier beigefügten Vertraulichen Memorandums zukommen lassen, das ich ihm als Ausdruck der Ansichten des Kaisers übergeben habe, worin sowohl die Bedingungen, unter denen Seine Kaiserliche Majestät glaubt, sein Vorgehen dem der bourbonischen Häuser annähern zu können, als auch die zu vereinbarenden Maßnahmen, mit denen wir um so sicherer das ins Auge gefaßte Ziel erreichen können, enthalten sind.

Ich übersende Ihnen als Anhang B ein kleines Memorandum[3] über die militärischen und finanziellen Gesichtspunkte, die unbedingt so bald wie möglich geregelt werden müssen, um eine vollkommene Übereinstimmung zwischen den Höfen Österreichs, Frankreichs und Englands herbeizuführen. Die Leidenschaft, mit der im allgemeinen die Situation Joachims von den Individuen, die der Dynastie der Bourbonen eng verbunden sind, betrachtet wird, bewirkt, daß ziemlich allgemein befremdliche Irrtümer für oder gegen den Umfang der Anstrengungen Anklang gefunden haben, deren Einsatz den Mächten vorbehalten sein soll, die aufgerufen sind, die Existenz des gegenwärtigen Königs von Neapel zu bekämpfen. Wenn es auch unmöglich ist zu berechnen, bis zu welchem Punkt diese Existenz im eigenen Land populär ist oder nicht, so ist es doch sehr sicher, daß nicht eine einfache auf dem Kongreß oder durch den Kongreß verkündete Absetzungserklärung genügt, einen Mann vom Thron zu stoßen, der an der Spitze einer imponierenden Armee steht und der überdies alle italienischen Jakobiner und ebenso vielleicht eine ansehnliche Zahl der französischen Jakobiner zu seiner Unterstützung um sich scharen kann.

Nach den letzten Eröffnungen des Herrn von Blacas scheint sich der König

[2] Chiffrierte Stellen werden gesperrt gedruckt wiedergegeben.

[3] Weil, Murat II S. 461–465.

von Frankreich, der viel behutsamer in seinen Urteilen ist als viele seiner Diener, unserer Meinung anzunähern, und wir erkennen in dieser Einstellung sowie in der völligen Übereinstimmung, die zwischen dem Kabinett Seiner Majestät von England und uns existiert, ein hervorragendes Mittel zur nützlichen Vereinigung der drei Mächte, die am unmittelbarsten dazu aufgerufen sind, sich über einen Gegenstand zu verständigen, der unbestritten Interessenprobleme erster Ordnung für Frankreich und uns in sich birgt.

Nachdem Lord Castlereagh es auf sich genommen hat, die Punkte, die wir abgesprochen hatten, dem König unmittelbar zu unterbreiten, kann ich Eure Exzellenz und Herrn von Bombelles nur beauftragen, die wohlwollenden Schritte dieses Ministers auf jede Ihnen nützlich erscheinende Weise zu unterstützen. Wir müssen großen Wert darauf legen, diese Verhandlungen mit einem Schleier zu bedecken, der bis zu dem Tag undurchdringlich bleiben muß, an dem man sich verständigt, die politischen wie militärischen Mittel gegen Neapel einzusetzen. – Wir werden versuchen, erstere in dem Verhalten zu finden, das Joachim in letzter Zeit ohne unsere Zustimmung in den Angelegenheiten des Papstes beobachtet hat, sowie in dem Auftrieb, den er der jakobinischen Frage gegeben hat; dies sind Umstände, die weit davon entfernt sind, ihn auf unsere politische Linie zu bringen, sondern ihn eher davon abgebracht haben.

Wir brauchen noch einige Zeit, um unsere militärischen Kräfte zu sammeln, und ich kann die Aufmerksamkeit Eurer Exzellenz nicht genug auf die Einzelheiten des beiliegenden Militärischen und Finanziellen Memorandums lenken. Alle Angaben, die es enthält, sind unbedingt durchzusetzen, und der Kaiser verläßt sich, was den Abschluß dieser wichtigen Angelegenheit oder die Beseitigung der Hindernisse angeht, auf die sie treffen könnte, auf den Eifer Eurer Exzellenz, da die Haltung, die Seine Kaiserliche Majestät wird einnehmen müssen, unter keinen Umständen über einen sehr nahen Zeitpunkt hinaus zweifelhaft für ihn bleiben kann.

Anhang A zur Hauptdepesche an Generalleutnant Baron von Vincent vom 18. Februar 1815.[4]

Vertrauliches Memorandum

1° Militärisches und politisches Einverständnis zwischen Österreich, England und Frankreich in Anbetracht der Lage in Italien und der politischen Schwierigkeiten, die die Position Österreichs gegenüber Neapel bietet.

[4] Das Memorandum trägt den Vermerk: „Lord Castlereagh hat Abschrift von diesem Schriftstück genommen."

2° Aktive Kooperation von seiten Österreichs, Frankreichs, Englands und Siziliens gegen Neapel.

Die kategorischen Erklärungen sind dem Problem der Art und Weise sowie des Zeitpunkts des Abschlusses der militärischen Maßnahmen unterzuordnen.

3° Verpflichtung Frankreichs, im Norden Italiens nichts ohne eine Aufforderung von seiten Österreichs zu unternehmen.

4° Formelle Garantie aller österreichischen Besitzungen in Italien und des politischen Zustands dieses Landes, wie er sich infolge des Vertrages von Paris und der gegenwärtigen Regelung festgelegt findet; diese Garantie wird im besonderen von England, Frankreich, Rußland, Spanien und Preußen gegeben werden.

5° Die bourbonischen Häuser übernehmen die Entschädigung oder die Versorgung der Königin Marie-Luise.

Parma, Piacenza und Guastalla bleiben bei der Kaiserin Marie-Luise.

Lucca wird an Toskana zurückgegeben, das auch die Souveränität über Piombino und zu seiner Zeit über die Insel Elba mit dem Vorbehalt der Rechte des Prinzen Ludovisi Buoncompagni erwirbt.

Die kaiserlichen Lehen sowie die von Toskana abgetrennten Besitzungen werden Österreich zur Verfügung gestellt zum Zwecke territorialer Abmachungen unter den Fürsten Norditaliens.

Das Veltlin, Chiavenna und Bormio werden mit Mailand vereinigt.

Die Sieben *[Ionischen]* Inseln werden der Souveränität und dem Schutz Österreichs unterstellt.

Die Durchführung dieser Verpflichtung ist ausdrücklich für den Zeitpunkt der Rückkehr der alten Dynastie Neapels vorbehalten.

6° Kaiserin Marie-Luise verzichtet für sich auf den Punkt des Vertrags vom 11. April, der zu Lasten Frankreichs geht.[5]

7° Verpflichtung Englands und Frankreichs, Österreich entweder durch finanzielle Mittel oder durch Gütersendungen zur Verwendung durch die Armee in Italien zu unterstützen.

8° Geheime Verpflichtung Österreichs, dem Sohn der Kaiserin Marie-Luise und Napoleons niemals den Status eines Souveräns zu geben.

9° Rückgabe der Legationen an den Heiligen Vater mit Ausnahme von Ferrara auf dem linken Ufer des Po gegen einen formellen Verzicht seinerseits auf jeden Anspruch auf die Grafschaften Avignon und Venaissin, Ponte Corvo und Benevent.

10° Verpflichtung der Mächte, gegebenenfalls durch eine freundschaftliche

[5] Artikel 3 des Vertrags von Fontainebleau vom 11. 4. 1814 setzte Marie-Luise eine Rente von 1 Million Franc aus. Angeberg, I S. 148.

Vermittlung die Abmachungen zwischen Österreich und Bayern zu unterstützen.[6]

Diese Verpflichtung sollte besonders von Frankreich und England eingegangen werden.

118. Vertrauliche Denkschrift von Gentz für Caradja (Auszug)

Schildert die Entstehung der Achterklärung gegen Napoleon und den Umschwung im Verhältnis zwischen Österreich und Murat.

Oesterreichs Theilnahme, S. 596–626, hier S. 596 f., 616 f., 622 f.

Wien, 24. April 1815

[. . .]

Es ist ganz natürlich, daß die erste Nachricht von dem Unternehmen Napoleon's allgemeine Entrüstung hervorrufen mußte und es war vielmehr dieses Gefühl als jenes der Bestürzung, das in Wien zuerst zum Ausbruche kam. Niemand (ich glaube beifügen zu können, ohne Ausnahme) war hier auf die Ereignisse gefaßt, welche diesem Unternehmen folgten; Niemand vermuthete, daß in Frankreich Alles für eine Revolution reif sei. Wenn die französischen Minister Nachrichten in dieser Beziehung hatten, so verheimlichten sie dieselben wenigstens sorgsam; in diesem Falle wäre ihr Vorgehen unverzeihlich und fast verbrecherisch gewesen; ich habe jedoch keinen Beweis, um sie anzuklagen. Bis zu dem Augenblick, da wir den Einzug Napoleon's in Lyon erfuhren, ging die Ansicht, welche die Franzosen uns darlegten und die wir mit ihnen aufrichtig theilten, dahin, daß Ludwig XVIII. auf seinem Throne hinlänglich befestigt sei, um einem vorübergehenden Sturme standzuhalten; daß ein Theil der Armee sich wahrscheinlich dem Abenteurer anschließen, daß aber der andere Theil und die ganze Nation der bestehenden Ordnung treu bleiben würde; mit einem Worte, daß Napoleon in Frankreich zwar viel Unheil anrichten könnte, daß es ihm aber nicht gelingen würde, einen gänzlichen Umsturz herbeizuführen.

In diesem Zeitpunkte und von diesen Ansichten und Voraussetzungen ausgehend, erließen die Mächte die Declaration vom 13. März.[1] Indem sie Lud-

[6] Vgl. Nr. 16 S. 164f. Anm. 5.

[1] Über die Entstehung der Erklärung unterrichtet umfassend Hausheer, S. 38–51, 125–127, über ihre völkerrechtlichen Aspekte Rie, Kap. IV. Druck: Angeberg, II S. 912 f. Teilübers. ins Dt. bei Pappermann, II S. 286.

wig XVIII. als Souverän von Rechtswegen und der That nach, Napoleon aber als Rebellen betrachteten, der sein Wort und seine Verpflichtungen gebrochen, glaubten sie ihn ohne Bedenken außerhalb des Gesetzes stellen und als Feind des öffentlichen Wohles behandeln zu können. Ich muß indessen beifügen, daß die Meinungen im Congresse selbst über diesen ersten Schritt nicht durchaus übereinstimmen. Einige der einsichtsvollsten Minister sahen ihn als falsch und übereilt an, keiner hatte jedoch Lust sich in einer so heiklen Frage direct auszusprechen. Herr von Talleyrand hatte diese Declaration schon am 7. (an welchem Tage wir die Abfahrt von der Insel Elba erfuhren) verlangt; seine Reise nach Preßburg in Gesellschaft Lord Wellington's und des Fürsten Metternich bewirkte einen Aufschub von vier Tagen; am 11. aber ließ er durch Herrn de la Besnardière einen ungemein heftigen Aufruf verfassen, worin sogar Jedermann aufgefordert wurde, Bonaparte wie ein wildes Thier zu tödten, überall wo man ihn treffen würde. Die Ungebührlichkeit der Ausdrücke in dieser Erklärung gab Jedermann Anstoß; man beauftragte mich mit einer anderen Abfassung, die Anfangs allgemeinen Beifall fand und selbst Herrn von Talleyrand befriedigte. Am Tage der Unterzeichnung entspannen sich jedoch lebhafte Erörterungen über mehrere Stellen und erst nach sechsstündigen Verhandlungen wurde die Declaration vom 13. März unterzeichnet. Die Aenderungen, welche sie erlitten, waren alle im Sinne der Mäßigung und obschon mein Entwurf schon weit weniger scharf war als jener des Herrn de la Besnardière, so stellte ich mich während der Erörterung immer auf die Seite Derer, die Milderungen beantragten.

[...]

Die Frage der Entthronung des Königs von Neapel war eine derjenigen, wobei das sogenannte europäische Interesse im directesten Gegensatze zu jenem Oesterreichs stand. Es war für Oesterreich von Wichtigkeit, erstens soweit es in seinen Kräften stand, die Wiedereinsetzung des Hauses Bourbon in Italien zu verhindern; zweitens auf den Thron von Neapel einen Souverän zu heben, der stark genug war, es bei seinen Maßregeln zur Aufrechthaltung der öffentlichen Ordnung und im Nothfalle bei einem auswärtigen Kriege zu unterstützen, aber nicht stark genug, um eine unabhängige Gewalt auszuüben. Murat vereinigte alle diese Eigenschaften. Man darf diesen Mann nicht nach den thörichten Schritten beurtheilen, zu denen er sich zuletzt verleiten ließ, erbittert durch das Verfahren Derer, die er als seine einzigen Freunde angesehen, und dann hingerissen durch seinen aufbrausenden Charakter. Man muß ihn nach seiner Haltung in der guten Zeit seiner Beziehungen zu Oesterreich beurtheilen. Er hatte vollständig eingesehen, daß er ohne den Schutz dieser Macht nichts sei, daß er sich weder gegen noch ohne sie behaupten könne und daß seine ganze Politik in der innigsten Harmonie mit dem Wiener Cabinete bestehen müsse. Der Minister, welchen er zum Congresse schickte, der Herzog von

Campo Chiaro, ebenso achtungswerth durch die Loyalität seiner Grundsätze wie durch die kluge Mäßigung seiner Ansichten, nahm sich dieses System zur unverbrüchlichen Richtschnur. [. . .]

[. . .] Als der Herzog von Campo Chiaro die Noten vom 25. und 26. Februar erhielt, erkannte er sogleich den wahren Stand der Dinge und sah alle seine Hoffnungen vereitelt.[2] Er verheimlichte jedoch mit beneidenswerther Fassung seine Bekümmernisse, ließ dieselben kaum in seiner Antwort durchschimmern und verhehlte sie sogar (was noch muthiger und verdienstlicher war) seinem Souverän, den er durch alle die scheinbarsten Gründe zu beschwichtigen suchte, welche der dienstbeflissenste Oesterreicher hätte ausfindig machen können. Er war überzeugt, daß selbst in diesem kritischen Augenblicke für den König von Neapel nichts gefährlicher werden konnte, als ein unbesonnener Ausbruch, den seine offenen und verborgenen Feinde am meisten herbeiwünschen mochten. Er war auch überzeugt, der König von Neapel könne durch eine jede Probe aushaltende Klugheit und Mäßigung den ihn bedrohenden Sturm beschwören, wenn er keinen neuen Vorwand darbiete, Oesterreich von der Durchführung eines schlecht begründeten Projectes abhalte und verhindere, daß das Werk des Herrn von Talleyrand zur Vollendung gelange. Er hatte vollkommen Recht.

Ich glaube selbst, der König von Neapel hätte trotz seiner hitzigen Gemüthsart und seines ausschließlich auf militärische Dinge gerichteten Sinnes die Rathschläge dieses einsichtsvollen Ministers befolgt, wenn die Noten vom 25. und 26. Februar und die Nachricht von der Truppenbewegung Oesterreichs ihm nicht in einem Augenblicke zugekommen wären, wo ihn andere Ereignisse schon ganz aus dem Gleichgewichte gebracht hatten. Er empfing sie am 10. März, drei Tage nachdem er von der Landung Napoleon's in Frankreich benachrichtigt worden war! Durch dieses außerordentliche Abenteuer elektrisirt, von untüchtigen und furchtsamen Ministern umgeben, deren keiner würdig ist, der letzte Schreiber des Herrn von Campo Chiaro zu sein, angefeuert durch die tollen Rathschläge der Prinzessin von Wales, die sich seit mehreren Monaten in Neapel aufhielt, in den König sterblich verliebt war und die in ihn drang, sie an ihrem Gemale zu rächen und diesen sowie alle anderen Ver-

[2] Die Noten waren ein Ergebnis der Geheimverhandlungen zwischen Blacas und den österreichischen Vertretern in Paris, die zur Verständigung zwischen Frankreich und Österreich über Murats Entfernung aus Neapel und über die Regelung der noch strittigen territorialen Fragen in Italien gemäß dem Vertraulichen Memorandum vom 18. 2. 1815 (Nr. 117 S. 496–498) führten. Zusammenfassend dazu Weil, Revirement S. 425–435. In den Noten an Talleyrand (25. 2.) und Campochiaro (26. 2.) erklärte Metternich, daß Österreich den Einmarsch fremder Truppen in Italien bzw. Truppenbewegungen außerhalb des Königreichs Neapel als gegen sich gerichtet betrachten müsse. Druck: Weil, Murat II S. 621–626. Vgl. auch ebenda, S. 448 f.

bündeten desselben durch eine allgemeine Umwälzung Europa's in's Verderben zu stürzen – verlor dieser Mann, der keiner reiflichen Erwägung fähig und allen Tollheiten zugänglich war, ganz und gar den Kopf. [. . .]

119. Bericht Consalvis an Pacca (Auszug)

Berichtet über die weitgehende Erfüllung der territorialen Forderungen der Kurie; wegen der nicht zurückgegebenen Gebiete hat er Protest eingelegt.

La missione Consalvi, III S. 631–633.
Übers. d. Hrsg. aus d. Ital.

Nr. 332 Wien, 12. Juni 1815

Der Herr hat endlich die Bemühungen des Heiligen Vaters mit glücklichem Erfolg gekrönt und auch hienieden seine großen Verdienste und seine Tugend belohnt. Acht Provinzen und ein kleines Fürstentum, nämlich die drei Marken, die drei Legationen (außer dem jenseits des Po gelegenen Teil von Ferrara), das Herzogtum Camerino, das Herzogtum Benevent und das Fürstentum Ponte Corvo kehren unter die Herrschaft des Heiligen Stuhls und Seiner Heiligkeit zurück. Das Pontifikat Pius' VII., so berühmt durch so große Ereignisse, wird unter seine großen Ruhmestaten auch die zählen, alle die oben genannten Provinzen wiedererlangt zu haben, zu Zeiten, in denen die Natur eben der Zeiten und Umstände eine solche Rückgewinnung menschlich gesprochen unmöglich zu machen schien.

Ohne das außerordentliche persönliche Ansehen des Heiligen Vaters und die Meinung, die man von seiner Heiligkeit und seinem Charakter hat (Gott weiß, daß ich nicht lüge[1] und mit solchen Worten nicht schmeichle), hätte man vergeblich gefordert und verhandelt und gebeten oder hätte wenigstens sehr wenig zurückbekommen.

Ich lasse sogleich einen Kurier aufbrechen, um dem Heiligen Vater eine so erfreuliche Neuigkeit zu überbringen; und dieser Kurier ist mein Kammerdiener Giovannino, nicht etwa, weil ich keinen anderen bei mir habe, sondern weil er ausreichende Beweise von seiner äußersten Schnelligkeit im Reisen erbracht hat.

[. . .]

Für die Länder, die man nicht wiedererlangt und für die man auch keine Entschädigung erhalten hat, d. h. für Avignon und Carpentras und für den jenseits

[1] In der Vorlage lateinisch und in Kursivdruck.

des Po gelegenen Teil von Ferrara, habe ich einen zweckmäßigen Protest[2] verfaßt und mit einer amtlichen Note[3] dem Fürsten Metternich und den anderen sieben Gesandten als Unterzeichnern des Vertrags von Paris zugesandt, als dessen Vollendung der Vertrag von Wien bezeichnet wird. Eure Eminenz werden in der Anlage den genannten Protest und die Note finden. Auf diese Weise ist es mit der Hilfe des Herrn nicht nur gelungen, keinerlei Verzicht oder Abtretung zu leisten, sondern es ist noch gelungen, feierlich protestieren zu können und alle Rechte und Ansprüche des Heiligen Stuhls auf die oben genannten Länder sicherzustellen. Der Protest erstreckt sich auch ausdrücklich auf das Österreich zugestandene Besatzungsrecht in Ferrara und Comacchio. Nach allen möglichen ohne Erfolg unternommenen Anstrengungen, damit diese Maßnahme nicht stattfände, blieb mir nichts anderes übrig, als selbst gegenüber Österreich gegen einen solchen Beschluß zu protestieren, der die Souveränität des Heiligen Vaters verletzt und eine an Verlegenheiten und Anfechtungen allzu reiche Quelle darstellt.

Wenn die Zurückgewinnung der Länder, die man wiedererwirbt, Kosten verursacht hat, die man sich unmöglich vorstellen kann, so kann ich wahrhaftig sagen, daß es ebensoviel, wenn nicht mehr gekostet hat, sie jetzt zu verwirklichen und nicht erst am Ende des großen Krieges, der gerade begonnen hat,[4] wie man unbedingt wollte.

Nach all den unvorstellbaren Anstrengungen, die ich auch für diese sehr schwerwiegende und wichtige Sache unternehmen mußte, ist es mir schließlich mit der Hilfe des Herrn gelungen, auch dies zu erreichen; und um es abzusichern, mußte ich einen Vertrag darüber schließen, den Eure Eminenz in der Anlage findet; durch diesen Vertrag wird vereinbart,[5] daß am 10. Juli, an dem die vier Wochen zu Ende gehen, die im Vertrag als Frist für die Übergabe angesetzt werden, Seine Heiligkeit wieder in den vollen Besitz aller obengenannten Länder treten wird, unter Einschluß auch Anconas, das man schließlich noch um jeden Preis zurückbehalten wollte.

Im Laufe der Verhandlungen sagte mir Fürst Metternich ein- oder zweimal wegen der Marken, daß sie vielleicht zu dieser Stunde zurückgegeben werden, da er Graf von Saurau geschrieben habe, es nach Möglichkeit zu tun. Wenn dem so ist, um so besser; aber ich zweifle ziemlich an dieser Art der Ausführung. Auf jeden Fall wird man am 10. Juli alles zurückhaben.

[...]

[2] Angeberg, II S. 1450f. (14. 6. 1815).

[3] Die Begleitnote vom 14. 6. 1815 bei Angeberg, II S. 1924–1929.

[4] Gemeint ist der Krieg gegen den aus Elba zurückgekehrten Napoleon.

[5] La missione Consalvi, III S. 634 f.

120. Weisung Metternichs an Bellegarde

Fürst Starhemberg ist beauftragt, ein Defensivbündnis mit Sardinien zu schließen, das Teil eines von Österreich geführten italienischen Verteidigungssystems sein soll. Bellegarde soll die für die Verteidigung erforderlichen Plätze benennen.

Le relazioni diplomatiche, I S. 472 f.
Übers. d. Hrsg. aus d. Franz.

Wien, 12. Juni 1815

Da ich schon lange mit dem Plan beschäftigt bin, ein föderatives Verteidigungssystem in Italien unter unserer Ägide zu bilden, das diesem wichtigen Teil von Europa einen soliden und dauerhaften Frieden nach außen und die Ruhe im Inneren sichern kann, wartete ich nur auf die erste günstige Gelegenheit, den Plan weiter zu verfolgen. Der ruhmvolle Feldzug, der König Ferdinand IV. soeben auf den Thron seiner Väter zurückgeführt hat, verschaffte mir die natürlichste Gelegenheit, die ersten Grundlagen dieses Systems zu legen, indem ich hier mit dem Bevollmächtigten Seiner Majestät, des Königs beider Sizilien, eine Defensivallianz abschloß, deren Kopie Eure Exzellenz anbei findet.[1] Nachdem dieses erste Ziel erreicht war, war es mir wichtig, mich der Absichten des Hofes von Sardinien zu versichern. Da der Marquis de Saint-Marsan mir auf meine ersten Eröffnungen geantwortet hat, daß man den König, seinen Herrn, sehr geneigt finden würde, sich bereitwillig auf unsere Pläne einzulassen, hat Fürst Starhemberg, der sich als außerordentlicher Gesandter und bevollmächtigter Minister des Hofes nach Turin begibt, soeben den Befehl

[1] Vertrag vom 12. 6. 1815. CTS, 65 S. 14–17. Dazu Maturi, II S. 58–61. In der Instruktion für Ludwig Fürst von Jabłonowski, Wien, 11. 6. 1815, heißt es:

„Unter den Gründen, die uns veranlassen sollen, Wert auf die Unterhaltung der besten Beziehungen zu dem Hof von Neapel zu legen, [. . .] wiegt das Interesse, das wir an der Bildung eines Verteidigungssystems in Italien unter dem Schutz Österreichs haben und das man nie aus den Augen verlieren darf, zweifellos am schwersten. Der beigefügte Vertrag, den ich soeben mit dem Kommandanten Ruffo abgeschlossen habe *[Vertragsunterzeichnung am 12. 6.]*, enthält die Grundlagen dieses Systems, das sich nach und nach auf alle Staaten Italiens erstrecken wird und das sie schließlich alle eher zu ihrem als zu unserem Vorteil unter unserem Schutz vereinen wird.

Fürst Jabłonowski wird keine Gelegenheit versäumen, dem neapolitanischen Ministerium zu verstehen zu geben, daß die Aufrechterhaltung dieses Systems, wenn es allgemein eingerichtet ist, der sicherste Garant eines gefestigten und dauerhaften Friedens in diesem schönen und bedeutenden Teil Europas sein wird."

Staatskanzlei Neapel 37, Kopie fol. 27–30', hier fol. 28'–29, HHStA Wien. (Übers. d. Hrsg. aus d. Franz.) Vgl. Großmann, S. 52.

erhalten,[2] bei seiner Ankunft ein Defensivbündnis auf derselben Grundlage auszuhandeln, die für das Bündnis, das wir mit dem Hof von Neapel unterzeichnet haben, angenommen wurde. Die Stärke des Kontingents, das Sardinien zu stellen hätte, ist in den Instruktionen, die diesem Minister gegeben wurden, noch nicht bestimmt, weil wir wünschen, daß er sich zuvor mit Eurer Exzellenz über diesen Gegenstand verständigt. Er ist ebenfalls beauftragt, sich mit Ihnen, Herr Graf, über den beiliegenden Artikel[3] abzustimmen, der im Vertrag mit Neapel unnötig war, der aber von höherem Interesse für den Vertrag ist, den man mit Sardinien abschließen will. Er betrifft die festen Plätze, die man dazu ausersehen wird, in Verteidigungsbereitschaft gehalten zu werden. Ich stelle es Eurer Exzellenz zuversichtlich anheim, daß Sie Herrn von Starhemberg die nach Ihrer Überzeugung für die Interessen Österreichs günstigsten Anweisungen über die beiden Punkte geben werden, und ich zweifle nicht, daß es ihm Pflicht und Vergnügen sein wird, ihnen zu entsprechen.[4]

[2] Metternich an Starhemberg, Wien, 11. 6. 1815, Le relazioni diplomatiche, I S. 92–95.

[3] Es handelt sich offensichtlich um Artikel 5 des Allianzprojekts, das Starhemberg der sardinischen Regierung vorschlagen sollte. Ebenda, S. 94 Anm. 1. *[Anm. d. Vorlage.]*

[4] Résumé der Antwort Bellegardes vom 23. 6. 1814 ebenda, S. 473 Anm. 3.

NAMENREGISTER

Das Register erfaßt Personennamen und geographische Bezeichnungen. Weicht die heute übliche Schreibweise oder die offizielle Namensform von der der Quelle ab, wird sie, soweit es erforderlich erscheint, in eckigen Klammern beigefügt. Zur Charakterisierung politischer oder administrativer Einheiten werden auch Bezeichnungen verwendet, die 1814/15 rechtlich nicht mehr gültig waren, wenn über die Zuweisung dieser Gebiete noch nicht entschieden war. Angaben in runden Klammern hinter politisch-geographischen Namen ordnen diese heutigen Staaten oder Landschaften zu. Soweit möglich, wurden die Lebensdaten der Personen und ihre amtliche Stellung in der Zeit des Wiener Kongresses ermittelt. Wo Personen als Empfänger oder Verfasser bzw. Aussteller von Aktenstücken begegnen, erscheint hinter der Seitenzahl die entsprechende Dokumentennummer. Auf diese Weise werden auch die Stellen hervorgehoben, an denen Auszüge aus Verträgen abgedruckt sind, auf die unter dem Unterzeichnungsort verwiesen wird. Der Buchstabe A hinter der Seitenzahl verweist auf die Anmerkungen.

Zur Herstellung des Registers wurde neben den üblichen Hilfsmitteln insbesondere Bd. X der Neuen Stein-Ausgabe herangezogen. Für sachkundige Mitarbeit bin ich Herrn Peter Brandt M. A. zu großem Dank verpflichtet.